復刻版

記録映画

第1巻

創刊号～第2巻第5号
（1958年6月～1959年5月）

不二出版

〈復刻にあたって〉

一、復刻にあたっては、日本記録映画作家協会にご協力いただきました。
また、底本は阪本裕文氏の所蔵原本を使用しました。記して深く感謝申し上げます。

一、本復刻版は、より鮮明な印刷となるよう複数の原本にあたりましたが、原本自体の不良によって、印字が不鮮明な箇所があります。

一、資料の中には、人権の視点から見て不適切な語句・表現・論もありますが、歴史的資料の復刻という性質上、そのまま収録しました。

＊弊社では『記録映画』復刻に先立ち、あらかじめ執筆者及び著作権継承者の方々に、復刻のご了解を得たうえで製作・販売にあたっております。しかし、現在のところ連絡先が不明の方もいらっしゃいます。お心あたりのある方は、弊社編集部までお知らせいただければ幸いです。

（不二出版）

〈第1巻　収録内容〉

巻号数	発行年月日
第一巻第一号〈創刊号〉	一九五八(昭和三三)年六月五日発行
第一巻第一号	一九五八(昭和三三)年八月一日発行
第一巻第二号	一九五八(昭和三三)年九月一日発行
第一巻第三号	一九五八(昭和三三)年一〇月一日発行
第一巻第四号	一九五八(昭和三三)年一一月一日発行
第一巻第五号	一九五八(昭和三三)年一二月一日発行
第二巻第一号	一九五九(昭和三四)年一月一日発行
第二巻第二号	一九五九(昭和三四)年二月一日発行
第二巻第三号	一九五九(昭和三四)年三月一日発行
第二巻第四号	一九五九(昭和三四)年四月一日発行
第二巻第五号	一九五九(昭和三四)年五月一日発行

『記録映画』復刻版と原本との対照表

復刻版巻	原本巻数	原本発行年月
第1巻	第1巻第1号（創刊号）～第2巻第5号	1958（昭和33）年6月～1959（昭和34）年5月
第2巻	第2巻第6号～第3巻第4号	1959（昭和34）年6月～1960（昭和35）年4月
第3巻	第3巻第5号～第4巻第3号	1960（昭和35）年5月～1961（昭和36）年3月
第4巻	第4巻第4号～第5巻第1号	1961（昭和36）年4月～1962（昭和37）年1月
第5巻	第5巻第2号～第6巻第1号	1962（昭和37）年2月～1963（昭和38）年1月
第6巻	第6巻第2号～第7巻第2号	1963（昭和38）年2月～1964（昭和39）年3月

教育映画作家協会編集

記録映画

THE DOCUMENTARY FILM

昭和三十三年六月五日発行（第一巻第一号）

1

祝　創　刊

ミクロの世界 —結核菌を追って—

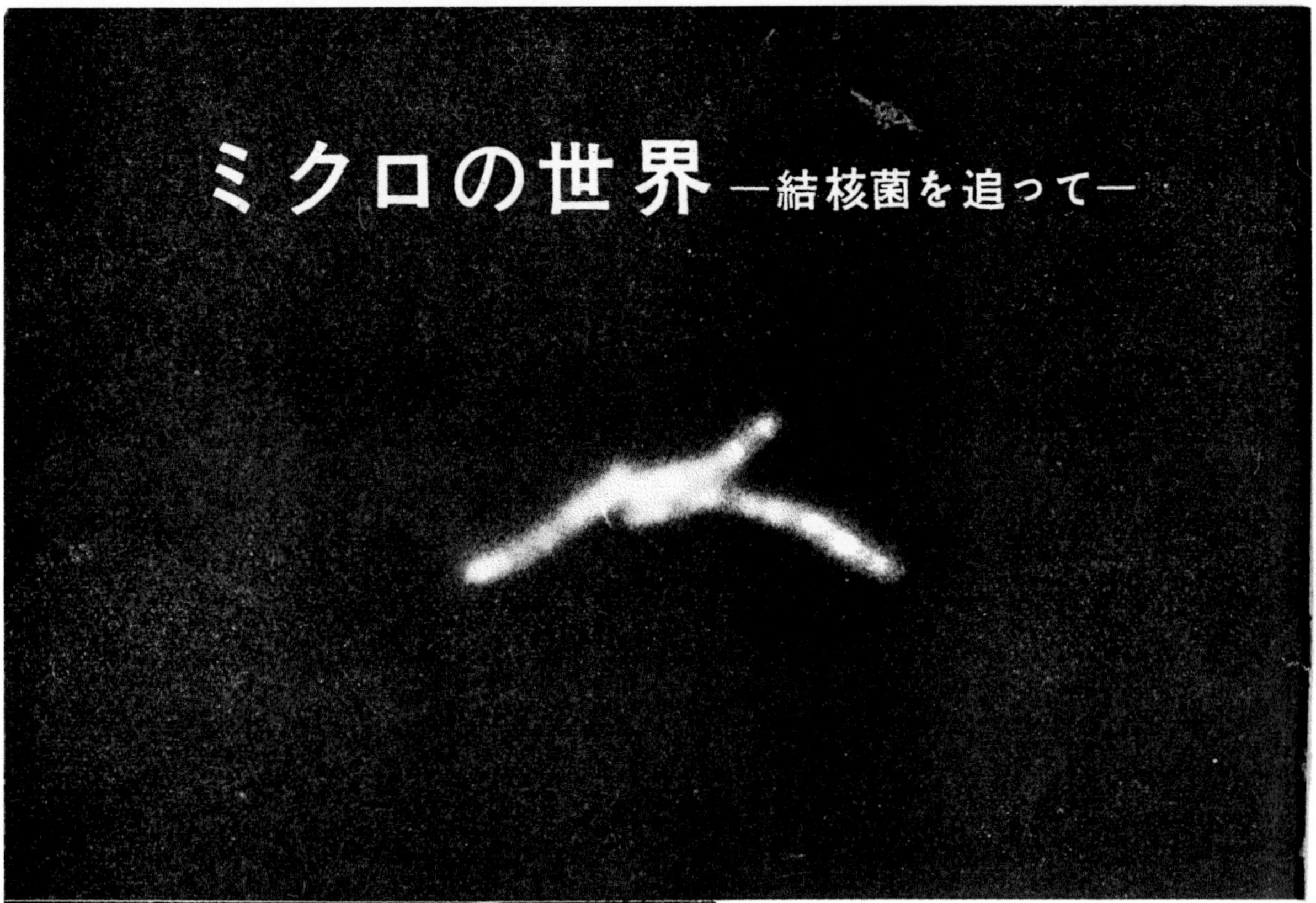

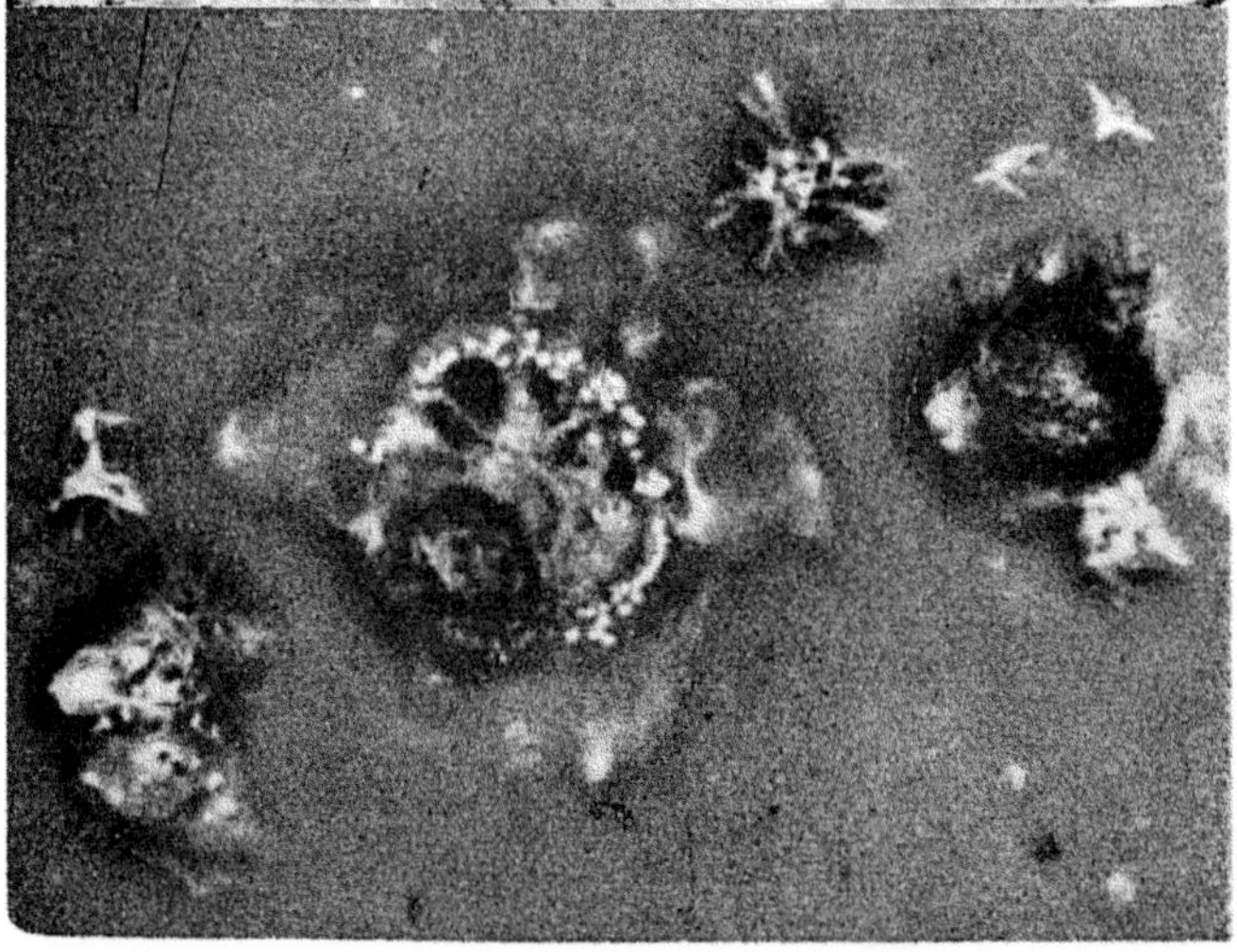

顕微鏡撮影による結核菌の生態観察映画である。培養された結核菌の増殖は、はたしてどのようにおこなわれるのか、この画期的な研究をおさめている。培養された細胞内での大食細胞（白血球）と結核菌とのいきづまるような闘いが、70時間の連続微速度撮影によって、克明に記録されている。結核菌をどん食しておとろえ、ついに死滅した大食細胞の死ガイの中から、とつぜん、生きているたくましい結核菌が頭をもたげる。この最後の場面はミクロの世界のできごとであることを忘れ、思わずぞっとするようなスリルがある。

上の写真は培養された結核菌。中は結核菌と闘う大食細胞。

（東京シネマ作品、製作岡田桑三、脚本吉見泰、演出大沼鉄郎、杉山正美、撮影小林米作、編集伊勢長之助　三巻）

井川五郎ダム

ダム建設予定地に測量班がのりこむところから撮影を開始し、着工までに起った反対運動のありさまや、それから転じて、村民の協力態勢ができ、いよいよダム工事に着工、そして完成までを収録した記録映画である。

場所は、大井川上流の井川村に、日本最初の空洞式ダムとして建設された。

（企画間組、英映画社作品、製作高橋銀三郎、脚本演出赤佐政治、撮影守部甫、八巻）

どこかで春が

大阪のある中学校に起った実話を、当時の在学生がふんし、現地の町を背景に撮影している。

（企画大阪教組、奥商会、新映画プロ共同作品、製作米山彊、脚本厚木たか、監督柳沢寿男、撮影瀬川浩、解説宇野重吉、七巻）

法隆寺

日本最古の木造建築である法隆寺の全ぼうを記録する。その建物、仏像などを通じて、古代の人がどう生きたかを追求している。

（岩波映画作品、企画文化財保護委員会、製作吉野馨治、脚本演出羽仁進、撮影瀬川順一）

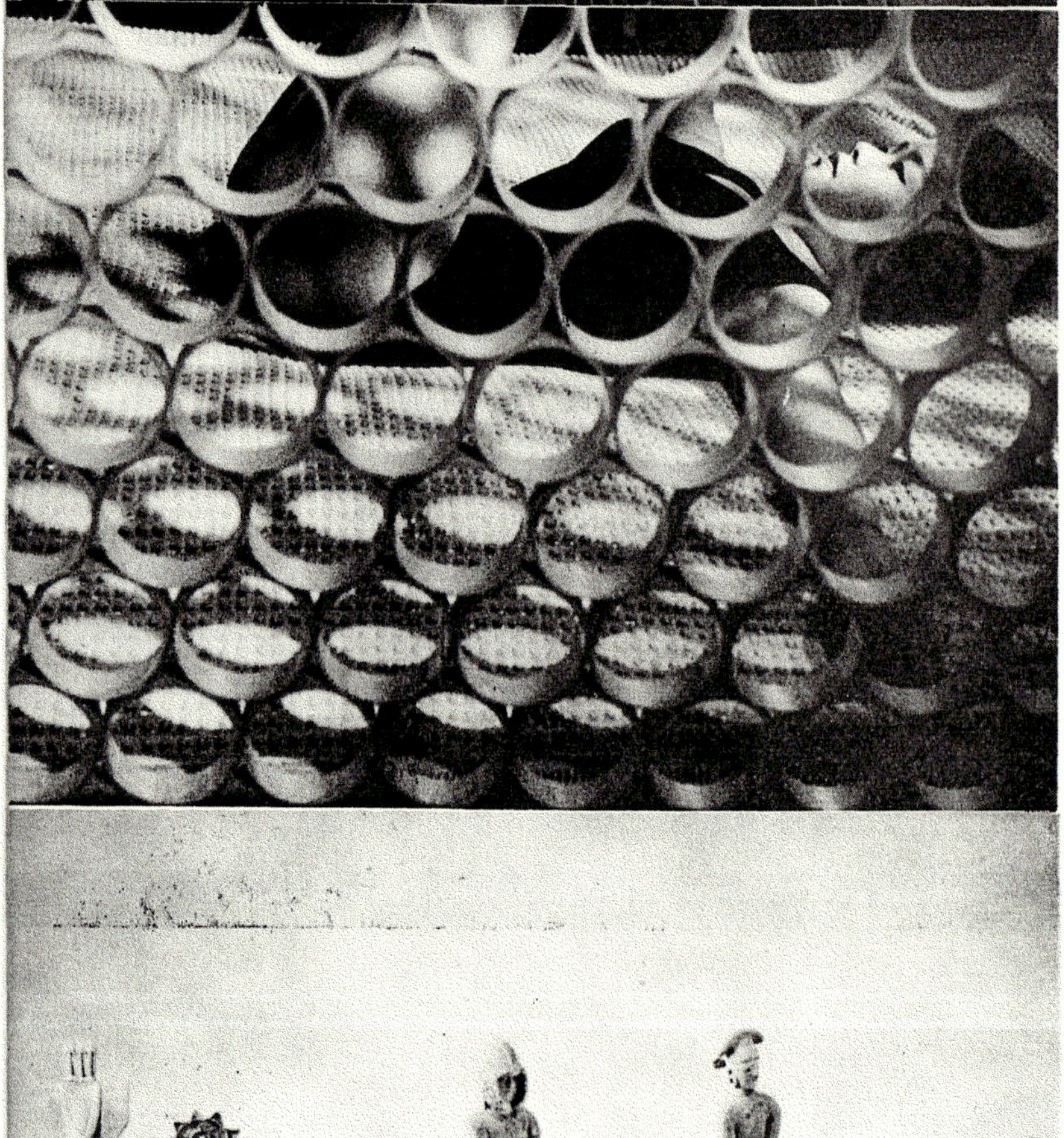

東京1958

東京を舞台に、アヴァンギャルドの手法で現代日本の古さをさぐる実験映画。

ブリュッセル万国博の実験映画コンクールに出品。

羽仁進ら９人の同人からなるシネマ58同人製作。

（撮影 菊地 周、瀬川浩、藤井良孝）

古代の美

歴史時代以前のいわゆる縄文式彌生式古墳文化時代における美の創造を、当時の土器装飾品埴輪などによって追求したもの。

（岩波映画作品、企画東京国立博物館、製作吉野馨治 脚本 演出 羽田澄子、撮影 藤瀬季彦）

オモニと少年

父をなくして一人ぼっちになった少年が、朝鮮人のおばさんに育てられているうちに、ほんとうの母子のような愛情で結ばれるという児童劇映画。

（民芸映画社作品、企画岩崎昶、製作松丸青史、脚本片岡薫、皆川滉、監督森園忠、撮影荒牧正、主役北林谷栄）

道産子

北海道のオホーツク海沿岸の寒林を舞台に道産子とよばれる北海道特産の子馬と、その子馬を愛している少年の物語。

（芸術映画社作品、監督金子精吾）

盗まれた虚栄

クラス会に出席するため隣家で借りたコートが盗まれてから虚栄にとらわれた自分を反省するという教訓劇。

（東映教育映画作品、監督豊田敬太）

カット・朝倉 摂

記録映画

1958 No. 1

発刊のことば

かねての念願がかなって、わたしたちの教育映画作家協会は、ここに、機関誌「記録映画」第一号を発刊いたします。

これは、わたしたち記録映画、教育映画作家なかまの共通の広場です。共通の討論の場です。

これはまた、作家と教育映画界との交流の場です。

さらに、これはまた、作家と観客との結びつきの場であり、文化の各パートの専門家や外国の記録映画界との交わりの場です。

教育映画作家協会は、記録映画、教育映画作家の集まりで、作家生活を擁護しあい、創作活動の前進を目ざして努力しあう団体です。

こんにち、わたしたちは、新しく解決し、発展させなければならない多くの課題に当面しています。

記録映画におけるリアリズムの問題、科学映画の新しい展開の問題、児童劇映画の新たな分野の開拓の問題、記録・教育映画におけるおもしろさの問題等々、創作上の技術と理論の問題はもとより、官製の思想統制、教育統制、道徳教育問題との対決、作家の自主性の（主体性）確立の問題など、平和と自由と人間性の解放の問題と直接関係してくる、いわば作家としての生命にかかわる課題に当面しているのです。

こうしたことがらは一人で解決できるものではありません。作家が全体として、意識して、共通の課題として取りあげ、取り組むときにはじめて解決の糸口をつかむことができるのです。

しかも、それは、観客との結びつきのなかで、また、さらに各専門文化人との結びつきのなかで、いっそうたしかな、いっそう豊かな解決が見いだされるものだと考えます。

これまでも、教育映画作家協会は、会員作家相互の連絡と意思の疎通のために会報を編集発行してきましたが、当面する多くの課題を乗り越えて、創作活動をいっそう前進させようとする気運の昂揚にともなって、会報もまた、新たな発展を迫られまし

もくじ

★発刊のことば……………………(1)
★記録映画発刊によせて…阿部慎一…(2)
★戦後の記録映画運動(1)
―記録教育映画製作協議会の運動を中心に―……吉見　泰…(3)
★前衛記録映画の方法について
……松本俊夫…(6)
★「アラン・ルネエ」と
フランス記録映画……宮本正名…(8)
★座談会　教育映画をめぐって……(12)
出席者　岡田　好枝　海貝　英子
森　和子　佐木　秋夫　山家　和子
大久保正太郎　菅　忠道　鈴木　幹人
高橋美代子　岩佐　氏寿　吉見　泰
かんけまり　谷川　義雄　中村　麟子
★メソポタミアの経験
―優越感について―…桑野　茂…(20)
★作品評「この目で見たソ連」
……時実象一…(24)
★対談「おふくろのバス旅行」と……(25)
「きよ子ちゃんの日記」
厚木たか・藤原智子
★プロダクションだより……………(26)(31)
★科学映画「死を運命づけられた
人々の命のために」…ゲ・イワノワ…(28)
★現場通信
下水にもぐった話………岩佐氏寿…(30)
忘れられた土地………野田真吉…(30)
〝人災〟ミクロの世界…杉山正美…(31)
★書評　野田真吉　岩佐氏寿　谷川義雄
★ワイド・スクリーン　編集後記……(32)

た。従来の会報はもはや古い皮袋となったのです。

わたしたちの機関誌が充実するか否か、発展するか否かは、わたしたち作家の日常の創作活動の質のいかんにかかっていると考えます。わたしたちは常に問題意識を持ち、さまざまな経験とともに、これを機関誌によって、作家全体の問題として発展させるように心がけたいと考えます。

それと同時に、わたしたちは、観客との結びつき、各専門文化人との結びつきを積極的に求め、これを機関誌に反映させていきたいと考えます。それによって、マス・コミのうずまきのなかにおける作家の位置と立場を見あやまることなく、真に大衆的国民的な創作方法を追求し、発展させていきたいと思うのです。

わたしたちの機関誌が、作家なかまの広場として効用を高めるばかりでなく、多くの方々の支持を得て、作家の歩みに対する批判、助言など、作家と広い社会との交流の場としても価値あるものにしていくよう努力したいと思います。

発刊にあたって、あついご支持とご援助をくださった各プロダクション、配給社、各方面のご好意ならびに印刷出版の実質的なご助力をくださった出版社の方々に、ここに深く感謝いたします。

教育映画作家協会

『記録映画』発刊によせて

阿部慎一

劇映画は公開されると、その作品の反響が、見ている人からすぐ製作者にはねかえってくる。教育映画の場合は、どんなところで、どんな人たちが見ているのか、またその反響がピンとはねかえってこない。

富山県から高山線で岐阜と境の片いなかに、富山県の視覚教育の研究大会が開かれた。婦人学級では「十代の反抗」を教材に使って、こどもの問題の熱心な討論が続けられていた。

「ほんとうに、自分のこどもたちのことを、具体的に考えさせられた。」とか、「このごろのこどもたちは手に負えない。」、「こどもだ、こどもだと思って親がおせっかいをしすぎる。」など、おかあさんらしい話しあいのなかで、ひとりのおかあさんの、「あんなわざとらしい映画は、あほらしくて、見ていられない。」という爆弾発言で場内はざわめく。別のおかあさんが立って、「私たちは映画を見にきているのではない、映画で勉強をしにきているのだから、問題は内容だ。」と反論する。司会者はここぞと、おかあさんがたの発言をうながす。「どの教育映画を見ても、同じ出演者が同じような役をやっている。」とか、「私たちは映画を見て考え、自分たちのまわりをもう一度、見なおすことができればよいではないか。」、「教育映画は、楽しみに見る劇映画とちがう。」と、討論は続く。私は、この婦人学級の模様を見て、教育映画が、こんないなかの奥まで浸透して役だっている姿を作家のみなさんにも見ていただいて、おかあさんと話しあったら、どんな新しいアイデアが生まれるだろうかと思った。

社会教育でも、学校教育でも、映画が使われている現実は、全国的にはまだ映画会の域を脱してはいないが、すでにこのような婦人学級や青年団で、また学校の教育で、学習に利用されている例は多くなっている。富山のある市の学校ライブラリーでは、もう教材映画で新しい作品を購入するものがないくらいだという声も聞いた。日本の映画教育運動も、戦後十二年かかって、全国で地味ながら効果をあげはじめている。

作家の方がたは、このような作品の反響がつかめない悩みが大きい。しかし、撮影や調査で全国の村や町へ行かれる機会は多いはず。映画を実際に使っている素ぼくな人たちの声をナマできいてほしい。そして教育映画の製作の実情を話しあって、おたがいに理解しあっていけるなら、もっとよい作品が、生まれると思う。最近にいたって、テレビの攻勢は、相当に、地方に影響が現われはじめている。テレビと映画のもっている媒体として根本的な制約を考えれば、教育の場での映画の利用は、さらにテレビが出ることによってふえるであろうし、また、教育映画の性格も、技術的にも、内容的にも、高められるであろう。

作家協会のみなさん、みなさんの作品は地味であるが、こつこつと町や村で私たちの予想以上に役だっています。百七十人会員が、この映画教育運動のオルガナイザーとなってくださることをお願いするとともに、新しく出発するこの会報もその一役をかっていただきたいと思います。（教育映画製作者連盟事務局長）

戦後の記録映画運動 ①

——『記録教育映画製作協議会』の運動を中心に——

吉見 泰

戦後十年、この間に記録・教育映画がたどった道は文字通り多岐多端。生き抜くために払われたあらゆる努力のあとを、今もなまなましくふり返ることができます。

その多難な歩みの中で、作家を中心にした組織的な記録映画運動があったことは、その貴重な経験にもかかわらず、あまり多くは知られていないようです。

私は、創作方法上の一つの経験として、その運動の概括を書きしるしておきたいと思いました。

この運動はまた、戦後の記録映画の国際交流にも一つの道をひらくことにもなったので、その点についても、最後に触れておくことにします。

戦後の記録映画の最初のしごとが、広島と長崎に投下された世界最初の原子爆弾による惨禍の記録であったということは、あらゆる意味で特筆されるべき事がらです。

世界史上に一大エポックを画する、この歴史的な破壊と殺りくの直後に行動が起され、その非人道的な惨状の記録とともに、医学的、生物学的な面からの、調査研究をも記録し、白昼公然と人類にあびせられた、かつてない歴史的な犯罪の記録として世界に訴えようと意図されたものです。

当時の社会的な無秩序と混乱、驚愕と放心状態の蔓延するなかで、期せずしてこの行いを起した有志スタフに対して、ここに改めて深い敬意を表します。

そこには、現実の決定的瞬間と対決して、常に真実を記録し追求しようとする記録映画作家の確かな思想性が貫かれています。またそこに、記録映画の持つ典型的な本質を見てとることができます。

また、あえて言うなら、戦後の日本の記録映画のすべり出しは、こうして、平和運動への歴史的な第一歩をふみ出すことから始まったとも言えるのです。

しかし、その作品は、完成を見ずして、とつぜん、アメリカ占領軍によって没収され、世界史的な犯罪のなまなましい証拠は、いん滅されました。

戦後の日本の記録映画はまことに劇的なスタートをきったわけです。

そして、その後につづく一連の記録映画も、また、政治的ないし社会的な真実の追求という点で一貫されていました。

しかし、その代表的なもののなかには、これまた占領軍の検閲によって、没収あるいは原型をとどめぬまでに切りきざまれました。

「日本の悲劇」（太平洋戦争を起した財閥、軍閥の戦争犯罪をついたもの）が没収され、「この一年」（米軍の占領後一年間の日本の民主化の記録）は、労働組合を中心にした民衆勢力の拡大の項を中心に、原型は無惨なまでに切りくずされました。

当時、労働組合運動の昂揚に伴い、電産、国鉄、海員、全繊維、日教組等々の主要な労働組合が集まって労働組合映画製作協議会が結成され、各組合のたたかいや組合員の生活の真実の姿を映画に記録し、組合内の教育宣伝に活用するとともに、それをもって国民一般への訴えとするという活動がありましたが、そこでとりあげられた作品「世界をつなげ花の輪に」（はじめて来朝した世界労連代表の歓迎記録――それぞれの労働条件のもとで働く日本の労働者の実情とその日本の労働者と世界労連代表との交流の記録）は、検閲によって、ついににぎりつぶされて日の目を見ず、国鉄労組のたたかいの記録「号笛鳴りやまず」は検閲のハサミで切りきざまれてしまいました。

しかし、そうしたなかで、電産の労働者の記録「われらは電気産業労働者」、海員組合の「海に生きる」（遠洋漁業労働者の生活記録）、全繊維の「少女の発言」（組合の大会で一少女労働者がはじめて発言できる喜びの記録）などは、検閲の犠牲となることをまぬがれ、労働組合映画製作協議会を基盤にして作られた労働者の生活記録として、今日もなお記憶の新たな、代表的な作品でした。

しかし、その後、労働組合映画製作協議会の企画・製作のあり方が、組合員全体の検討と支持を基礎にするという原則からはずれて、一部の組合幹部だけの間で処理されてしまうという傾向が強くなり、組合員からの支持が薄れるとともに、レッド・パージをはじめとする組合運動の抑圧が進み、組合の力が弱められて、せっかくの組織も尻つぼみとなり、製作よりはむしろ移動映写活動に重点が置かれることになって、現在の共同映画社を誕生させることになったわけです。

それはとにかく、戦後急速に台頭しよう

とした記録映画によるリアリズムの追求は占領軍による相次ぐ検閲の圧迫によって出鼻をくじかれる一方、各プロダクションの経済的窮迫と崩壊によって、自主的な記録映画製作は息をひそめてしまいました。

いわば、思想的・経済的の両面から、作家はその製作の自由を束縛されたのです。

そして、占領軍によるＣＩＥ映画の製作とスポンサー映画の製作が支配的になってきました。

もちろん、一方では、各プロダクションの経営ならびに製作の自主性を守ろうとする努力が、しつこく重ねられ、教育映画配給社の設立、非劇場地帯の上映組織の確立・普及など非劇場運動の推進母体としての映画教育協会の設立をはじめ、視聴覚教育運動の推進とともに、日本学校視覚教育連盟、教材映画製作協同組合、全国視聴覚教育連盟、社会教育映画製作者連絡会などの発足を見、作家のしごとは、ＣＩＥ映画やスポンサー映画のほかに、学校向けの教材映画や成人向けの社会教育映画の分野が新たに開けることになりました。それはたしかに重要なしごとであり、新しい分野の開拓でした。

しかし、一方には、戦後いちはやく台頭しかけたリアリスティックな記録映画の発展をうけつぎ、なまなましい政治的、社会的現実の動きや国民の大多数である労働者・農民諸君の生き、前進しようとする生活の実態のなかに真実を追求する自主的な記録映画をどのようにして作っていくかという探究が、作家の間に、常につづけられていました。

そして、記録映画の前進のためには、労働者・農民諸君の生活感情や日常生活の要求に根ざした所から出発し、真に国民的な支持を得られるような作り方をひろげていかねばならない――非劇場運動の基本もそこにある。まず、国民の日常の要求をくみとり、記録映画によってそれを社会的にひろく訴えていく――そこに記録映画が広い支持を得られる道があるという考えが一部の作家の間に生まれてきました。

一九五〇年当時、占領軍によるレッド・パージに端を発した企業整備や、経済的破綻によって、各プロダクションに属していた多くの作家は街頭に投げ出されて、フリー契約者となりましたが、記録映画の発展の道をそのような所に求めようと考えはじめたのは、このフリーの作家の間からまず起ったのです。それも、フリーとなった後も、作家の孤立化を防いで、お互いに経済生活を守りあい、創作の相互研究をつづける組織を持った（たとえば日映を出てフリーとなった作家の日映作家集団、東宝教育映画を出てフリーとなった作家の新映画作家集団など）作家の間からまず起ったのです。本来のしごとである記録映画を発展させぬかぎり食っていけないフリーの記録映画作家が、もっとも切実な問題として組織的に話しあいを深めた結果なのです。

そして、そのような考えをはじめて実際に試みたのが、一九五二年メーデーの記録「メーデー――一九五二年」であったわけです。東京での中央メーデーの記録です。

前述の両集団の作家と少数の企業所属の作家、ならびに日映技術集団を中心にしたフリーのカメラマンが中心になって、メーデー実行委員会並びに都下の各労働組合に呼びかけ、映画人と有志労働組合とで、メーデー映画製作委員会準備会を作り、各労働組合にメーデーの意義と統一メーデーへの参加を呼びかけ、日常のたたかいを通じてメーデーに結集する全労働者の力の昂揚を映画に記録し、それを活用してさらに大きな統一と団結をかちとろうと訴えつつ、製作費のカンパを求めました。財政的には、こうした大衆カンパを基本に、各団体からもカンパを仰ぎ、ネガ・フィルムとカメラの貸与を各プロダクションの援助に仰いでスタンダード黒白二巻の作品を完成させました。スタフは交通費と弁当代だけで、奉仕的に活動したのです。

作品は期せずして、宮城前広場での警官隊との衝突事件を記録、大きな反響を呼び、移動映写による各労組、各農民団体、各青年団体での上映は活況を呈し、ついには映画館でも上映されるという成功でした。

この製作を通じて、経済的には無一物の作家も、その企画と製作の努力が真に一般の支持を得れば、映画を製作完成できるという教訓を身をもって経験し、勇気づけられました。

統一と団結を望む労働者諸君の要求にこたえようとして奉仕的に活動した多くの作家仲間の、努力の一つの成果だったわけです。それは、当時のフリーの記録映画作家にとっては画期的な経験でした。そして、行動を共にした作家・技術者の間には、いっそうの相互理解といっそうの意志統一を固めることができたし、その統一と協力の態勢をいっそう広げることができる可能性をもつかむことができました。記録映画の前進と発展を目ざす運動を展開するには作家の統一を固め、その統一を広げることが重要だし、作家が孤立しあい、相互の無理解と不統一があっては、映画を全体として前進させていくこともできません。

とにかく、こうした映画の作り方は多くの作家にとって、まったくはじめての経験でした。労働者諸君にカンパを訴えるにしても、力を出しあって（作家はその技術を労働者は金を、またどんな映画にしたらいいかその考えを出しあう）いっしょに映画を作って、それを組合運動の前進のために活用しようと、労働者諸君と話しあうわけです。作家の方もはじめての経験なら、労働者諸君の方もはじめての経験です。作家が映画を作りたいための利己心で、金を集めに来たとも受けとられがちです。幸いメーデーを記録するという一点は理解しやすい事がらなので、そのことは悪いことではないとすぐ分ってもらえても、さて自分たちが金を出すことの意味については、なかなか理解のむずかしい事がらです。製作費もないのになにを無理してメーデーをとるのか――そこが話しあいの中心になってき

ます。作家の側にとっても、そこが重要な一点でした。メーデーをとることの意義について、よほどの確信がなければ、話し合いは、おざなりになります。むずかしい理屈を並べても納得ずくの話しあいにはなりません。この一点での話しあいが具体的にうまくいけばいくほど、作家にとっても、メーデーへの理解はそれだけ深く具体的になるというぐあいで、話しあいは、作家にとっての一つの試金石でもありました。

しかし、そうした話しあいを通じての労働者諸君との交わりは、非常に不十分でした。けれども、そうした交わりこそ重要だということが、身をもって理解できたわけです。

この作品は、予期以上に多くの人々に見てもらうことができ、予期以上の効果を残すことができましたが、にもかかわらず、製作費は回収されませんでした。

製作費のカンパは集めることができたけれど、そのために動員された組織を、見る組織に切りかえるだけの活動が不十分だったからです。言いかえれば、製作のための組織、メーデー映画製作委員会のなかに多くの強力な労働組合に参加してもらうまでにいたらなかったので、製作委員会の力が弱く、したがって、映画が作られたあと、それを見るための組織活動もまた弱かったということになるわけです。この点、製作委員会を強力に拡大すればするほど、見る組織も広汎かつ強力になり得るはずだということを知る経験にもなりました。

そうした幾つかの欠陥を残しながらも、作家はこうして、国民と直接結ぶことによって映画を作り、真に映画を国民のために役立てるという実践の第一歩を、ここにふみ出したのです。そして、その試みは、第二、第三……の作品へとつづけられました。

第二弾は、農村記録映画「米」の製作です。これは、一九五二年の夏から準備され、五三年の春に完成したものです。

当時、積極的なテーマの記録映画を自主的に製作したい希望を持っていた第一映画社という小プロダクションで企画されたもので、製作費はそのプロダクションがスポンサー映画の製作費をやりくりしてひねり出したもので、さきのメーデー映画のように、製作費の基礎を大衆カンパに求めたものとは違います。

しかし、主題を農村に求め、農民諸君との直接の話しあいのなかで、農民諸君とともに作品内容を検討し、農村生活の実態と農民諸君の要求を描いて、それをひろく社会に訴えようとしたもので、農民諸君といっしょになって映画を作り、その映画を農村生活の前進のために役だてる――いわば、農民諸君の日常生活を描き、その日常の要求をとりあげて、これを映画によって訴える作品。映画を真に農民諸君のためのものとするために、作家は技術をもって協力する――そうした意図は、さきのメーデー映画のそれと本質的に同じものであったのです。

作品は、ラストで左翼的なはねあがりを見せ、観念的なきらいがあって、結果的には不評で、配給関係者の意欲をそそらず、財政上完全な失敗作でしたが、創作方法の上では、作家に新しい貴重な経験を積ませてくれ、むずかしい農村記録映画への一つの突破口をひらいたものとして、高く評価されるべきものと言われています。

創作はどのようにして進められたか。また、作家はどのような経験を得たか。その経験はどう発展したか。

紙面のつごうで、以下の詳細は次号にゆずります。（教育映画作家協会委員長）

書評

アンリ・アジェル著『映画の美学』岡田真吉訳

「映画の美学」はカニュードから最近までの、映画芸術に関する、重要な理論家その理論を要領よくまとめて紹介している。

著者は独自な立場をもって、体系づけてはいないが、むしろ、その研究的な態度と、豊富な引用文は、映画美学の入門書としての、価値をあたえている。また、アヴァンギャルド映画の系譜。バラージュ、プドフキン、エイゼンシュテイン、アルンハイム、を論じた、「偉大な理論家たち」。

戦後イタリア映画の新しい理論の展開。「美学の混乱」として大型映画の問題などをとりあげた章は、映画の美学理論の探究にも、多くの手がかりを提供している。

映画芸術はいまや演劇や文学などに追従しているものとしてでなく、反対に、リアリズムを指向する新しい芸術創造の、方法論的な追究の一つのよりどころとして、大きい意義をもってきている。

わが国では最近、安部公房の「映画芸術論」（群像）や、「野獣の心に計算器の手を」佐々木基一の「現代芸術はどうなるか」（群像）花田清輝の「大衆のエネルギー」、柾木恭介の「ドキュメンタリーの方法」（新日本文学）などに、その理論的展開がみられる。

このような時期に、「映画美学」のもつ役わりは、大きいと思う。とくにこの種のものがなかった、わが国においては。

（白水社刊・クセジュ文庫）

野田　真吉

前衛記録映画の方法について

松本俊夫

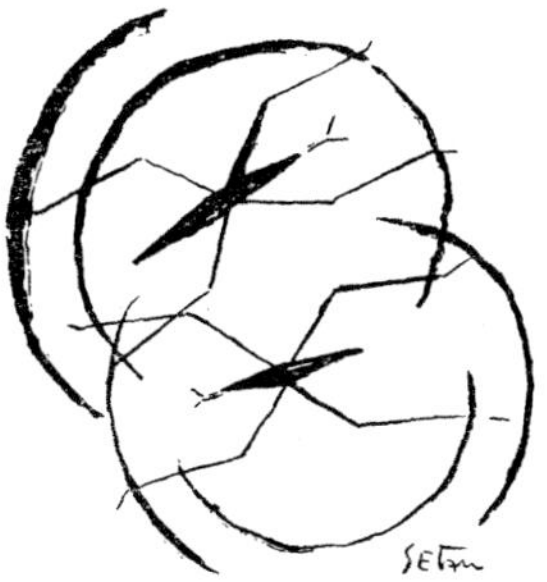

◇

私はかつてフランスの短編映画「ゲルニカ」をみたときの強烈な印象を今でも忘れることができない。この映画はピカソの傑作「ゲルニカ」を素材としているが、いわゆる普通の美術映画ではない。カメラがタブローの上を運動するとき、それはさまざまな部分を分析的に示すことによって、一歩つっこんだ鑑賞映画を意図しているのでもなければ、また、タブロー自身の表現している世界を、映画独自の表現形式を通して一段と強調し、そのことによって、演出家の解釈や感動という主観を交えた一種の解説啓蒙映画を意図しているのでもないのだ。むろん、そんなものをみるくらいなら、せめてスキラ版かなんかの複製でもみていた方がましである。ところが、この映画の監督アラン・レネーは、どうやら、サドの目で状況をみつめることのできる数少い作家の一人であるらしく、映画はなまぬるい感傷などかなぐり捨てて、あの猛烈なピカソの絵をさらにズタズタに分解してしまうのだから、すごい。カメラは縦横無尽にタブローを切断し、それらの部分としての意味を奪いとり、それらを対立させ、はげしく結合する。そして、いたるところ、たとえば「青の時代」のうちひしがれた人物像が、現われては消え、消えては現われるといったぐあいにダブル・エクスポージャーが駆使されていて、まさに超現実的な世界の妖気がもうもうと立ちこめ、みる者をいやおうなく異常な緊張のうちに圧倒せずにはおかないのだ。それにしても、この映画のなかには、絵画「ゲルニカ」のフル・ショットは、ただの一カットも出てこないのだから、ふるっている。もっとも三対四の普通トーキー・フレイムによれば、このやや横長の絵は、処理上はなはだ都合が悪いという事情もある。だが、もし、あくまでも作家の前に置かれたタブローそのものを映画的に再現することが問題であったとすれば、それが一貫して、ただ一枚の絵を素材としているものだけに、たとえ横移動をしてでも、一カットのうちに絵の全体を収めないということはまず考えられない。とすれば、アラン・レネーにとっては、ピカソの「ゲルニカ」をみせることなど、はじめから全然問題ではなかったにちがいないのだ。

◇

彼にとって、対象をフレイムで選択するということ、個々のカットをモンタージュするということ、それは、対象を説明的に描写する消極的な技術とおよそ無縁のものであることはもちろん、対象をエモーショナルに表現する主観的な方法ともまた無縁なのだ。今日、カメラ・ワークやモンタージュが、対象のもつ意味を強調し、対象に対する作家の心理や情緒を対象に同化させるという能動的な方法として、いまさらのようにその機能的な意味が再認識されてきているが、そんなことはそもそもミュンスターバーグやエイゼンシュテイン以来の常識に属することで、むしろ現代芸術の課題は、このような対象に対する素朴な信仰を、したがってまた、対象との融和的な関係の上に成り立つあまりにも古典的な人間像を、どう破壊するかにこそ向けられるべきなのだ。アラン・レネーにとって、フレイミングやモンタージュは、厳密に内部世界の運動と対応して何よりも内在的に規定されるものであり、まさに与えられたままの対象的な外部世界を否定して、主体的な内部世界へと突き進む積極的な方法そのものにほかならなかった。対象的な外部世界と対立した主体的な内部世界というものは、およそ自然や社会と人間の間に保たれていた相対的な均衡と調和が根底からくつがえされた瞬間から、具体的には第一次世界大戦を決定的な契機として、この呪われた季節をくぐり抜け、もはや既成の価値や秩序のいっさいを信ずることのできなくなった新しい戦後世代の作家たちによって、はじめて自覚的に解放されたものである。彼らは現実のメカニズムによって引き裂かれた人間状況を、物質と意識、外部現実と内部現実との全く新しい関係の認識の上に、対象に対する主体そのものの根本的変革というパースペクティヴからえぐり出そうとした。したがって、それは当然古典的なリアリズムの方法に対するアンチ・テーゼとして自己を規定したのである。私が第一次大戦後のアヴァンギャルドに今日的な意義を見いだそうとするのは、まさにその点なのだ。

——◇——

しかし、私がアラン・レネーを引き合いに出しながら新しい方法を問題にしようとしているのは、なにも二〇年代のアヴァンギャルドまで後退するためではない。今日なお支配的な公式的俗流リアリズムを粉砕し、新しいリアリズムを確立するためにはこの内部のリアリズムともいうべき二〇年代のアヴァンギャルドとはどうしても対決を避けることが許されないと思うからだ。第一次大戦後のアヴァンギャルド映画は、ドイツとフランスで、かなり対照的な展開をみせた。ドイツでは、たとえばウィーネの「カリガリ博士」のように、怪奇と幻想を異常な背景的効果と誇張されたアクションのうちに現わそうとする表現主義の映画、およびエゲリングの「対角線交響楽」、リヒターの「リズム」、ルットマンの「作品」のように、いっさいの文学的説明的要素を排除して、抽象化された内的運動そのものを純視覚的な運動に還元しようとする絶対映画があった。また一方フランスでも、最初はムシナックのシネ・ポエム論などの影響下に視覚的リズムを求めて、いわゆる純粋映画が生まれ、マン・レイの「理性への復帰」、レジエの「機械的舞踊」、ピカビアとクレールの合作「幕間」等を代表作としたが、まもなくシュールレアリズムの運動と結びついて、人間の無意識の世界に迫り、想像力の無限の解放をめざして、デュラックの「貝殻と僧侶」、ブニュエルとダリの合作「アンダルシアの犬」、マン・レイの「ひとで」などを代表作とした。それらシュールレアリズムの方法は、対象のもつ日常的な意味と効用の剥奪による物体化（オブジェ）、および異質的な物の逆説的な結合と転位（デペイズマン）をその特徴としており、それらを手がかりとして内部世界の対象化を試みた。これらのアヴァンギャルド映画は、花田清輝流にいうと、一方は観念の世界の非具象的――合理的なもののうごきを、他方は無意識の世界の具象的――非合理的なもののうごきを大胆に視覚化しようとしているわけだが、一九三〇年代以降の社会状勢の変化と、それに対決した作家の主体意識の変化のなかでは、この歴史的なアヴァンギャルドの方法は、そのまま今日のアヴァンギャルドの課題に直結していかない限界をもっているのだ。問題はそれらが内部世界をとらえる方法として、それぞれ他方に対立する極としての一面性にとどまっているという点だけにあるのではない。むしろいっそう問題なのは、自然主義者が素朴に外部世界にへばりついているように、それらが総じて素朴に内部世界にへばりつき、その即自性に安住している点にあるのだ。だから、彼らは内部世界の分析を不断に外部世界とかかわらせ、あくまでも外部世界との対決を回避することなく、それと厳密に対応する内部世界を組織的に形象化するという操作に極めて不十分であったばかりでなく、まして、外部世界を主体的にとらえていくためにこそ内部世界を媒介するなどという方法意識は、まったく持ち合わせていなかったといってよい。たしかに「アンダルシアの犬」のなかの、雲が月の上を通過し、かみそりの刃が女の目を截断する、などという描写や、手のひらの上にいっぱい群がるアリ、などというイマージュは、いちおう内部と外部の対応をふまえてはいても、しょせんその熾烈厳格な想像的精密さで具象化された世界は、ダリのいわゆる象徴機能のオブジェ以外の何ものでもなく、そこには強力な現実批判と、主体の回復につながらないフェティシズム（呪物崇拝）の危険がすでに胚胎していたといえる。「糧なき土地」を契機にアヴァンギャルドをドキュメンタリーに統一させていく方向へと進んだブニュエルが、物体と人間の葛藤をとおして内部の不条理をえぐり出し、それを媒介として外部の不条理を浮彫りにしていくというアヴァンギャルドの方法的核心を、「忘れられた人々」のような高度のリアリズムに集約していったのに反し、他方ますます社会的諸現実からきりはなされた閉鎖的な物体の神秘のなかに埋没することによって、商品生産社会では人間の基本的関係が物と物との幻影的関係としてあらわれるというマルクスの言葉の現実的立証者となりつつあったダリが、やがて、ファシズムへの傾斜を示し、アメリカ移住後は、まったく、はしにも棒にもかからぬような愚劣極まりない素朴実在論的古典主義へと転落していったのも決して偶然ではなかったのだ。

——◇——

私は否定の否定を目指して第一次大戦後のアヴァンギャルドに、その可能性と限界をみてきた。私のいいたかった積極的な方法は、すでにその否定のしかたそのもののうちに示されているはずである。ふたたびアラン・レネーを引き合いに出すならば、彼にとって映画「ゲルニカ」は、与えられたままの絵画「ゲルニカ」を否定しながらも、絵画「ゲルニカ」と無関係なものに変貌したのではなく（つまり絵画は単なる媒介物となったのではない）、むしろ絵画「ゲルニカ」を対象としてのみ、すなわち、荒れ狂う馬、横たわる屍、炸裂する燈火、のけぞる女、すべてが黒と白と灰色で覆われたあのピカソのアクチュアルな造型そのものの即物的なドキュメントを通してのみ、はじめて外化しうる内部世界の形象となったのである。（それは絵画「ゲルニカ」の世界と別次元で同質化している。）つまり即物的なドキュメントは、皮相な意味性を剥奪するというその機能によって、対象の直接的所与性を否定し、同時にそこに主体的な意味を与えるのだ。そして、まさにそのことによってのみ、彼は対象の本質に主体的に切り込むことができたのであり、一九三七年四月二十六日のあの忘られぬできごと、フランコをたすけるドイツ空軍の三時間半にわたる無差別爆撃によって二千人の市民が殺戮されたあのゲルニカの惨劇と、この事実に対決する作家の主体的世界のすべてを総体的に表現しているのだ。（それは、さらに、人間をゆがめ、解体し、疎外する

非人間的なもののいっさいに対する作家の怒りと、苦しみと、戦闘的な変革の意志に普遍されている。)ここで私は外部世界とか内部世界とかの言葉の概念規定を明確にしておかねばならない。というのは、最近「外部」や「内部」ということが、あまりにも恣意的に乱用され、問題を混乱させているからであり、各自がどういう意味で使っているのかを明示しておく必要を感ずるからである。もう大分以前のことになってしまったが、「美術批評」誌上で、針生一郎と武井昭夫が、政治のアヴァンギャルドと芸術のアヴァンギャルドの関係について論争したとき、私はそのことに触れて、「東大新聞」二五七号に次のように書いたことがある。

◇

「内部の概念規定をあいまいにしているところからは、内部の絶対化、神秘化が生まれ、逃避の合理化が生まれる。だが花田のように内部は外部の反映であると一応唯物論めいたことをいってみても、そのような機械的形式的な反映論にとどまるならば、同一の外部条件の中で、階級の相異、実践内容の相異、過去の生活過程の相異等によって特殊的に区別されて規定される内部の具体的内容は明らかにされず、いくらでも形而上学のはいりこむ余地が残されるのだ。内部、それは物質的実在の脳髄における能動的反映、つまり外部(自然と社会・物質的実在)と特定の能動的関係を結ぶなかで外部と対応的に形成され、外部を変革する実践を方向づける意識、および外部との極めて複雑な条件反射のくり返しによって固定化された自然生成的本能的な無意識 そしてまた両者の有機的関係の総体である。外部が内部を媒介として、内部が外部との対応において弁証法的にとらえられねばならない理論的基礎がここにあるのだ。

◇

私は現在この規定のなかの「脳髄における」とか「条件反射」とかいう自然科学的基礎づけを試みた部分に若干厳密を欠くきらいがあると考えているが、全体としてはここであらためてこれを再確認した上で論を進めようと思う。ただこの規定はあくまでも客観的一般的な規定であって、私にとって本質的な意味をもつもの、私が現実の認識を強調する時その意味するもの、それらの具体的内容は、たとえば次のようにいうことができる。外部世界とは、私の芸術的な創作意欲を抑圧し、低俗なPR映画の製造という殺人的なメカニズムによって私を解体しようとするものであり、労働強化と低賃銀、搾取と弾圧であり、よみがえる軍靴の音であり、帝国主義的自立を夢みる独占資本の急速な復活であり、そして沖縄であり、チュニジアであり、ウォール街と原水爆戦争の危機であり、骨抜きにされ物神化されたいまだ多数の民衆の姿であり、しかし、もはや、だれも阻止することのできぬ力で現実変革の主体を作りつつある人民のたたかいであり、また一方前衛党をも腐蝕していた恐るべき人間疎外の状況であり、しかしまたこの病める部分と非妥協的にたたかっている真の前衛の歩みであり、休火山のような大衆のエネルギーであり、プロレタリアートを中核とした自覚的組織と運動であり、階級闘争であり、革命であり、国際的規模での平和運動の前進と、自由と独立のたたかい、人間解放の確信に満ちた歴史である。内部世界とは、そのような外部世界に対する私の怒り、悲しみ、苦しみ、喜び等、さらにいっそう複雑な感情と心理であり、思索と認識のすべてであり、私自身を不断に襲う自己疎外と主体喪失の危機であり、それをまさに危機として自覚し、強靱な主体と真に人間的なものの創造を実現しようとする意志であり、したがって、激しい相剋と葛藤であり、そのような自己の解放と、矛盾に満ちた外部世界の変革を、自ら歴史のアヴァンギャルドにアンガジェすることによって達成しようと

「アラン・ルネエ」とフランス記録映画

宮本正名

アラン・レネエは一九五三年に、黒人の芸術と文化をあつかった「偶像もまた死す」を作りましたが、フランスではいまだに上映禁止をされているとのことです。しかし、その後彼の作った、捕虜収容所をえがいた「夜と霧」は、賛否両論のあらしにとりまかれました。また、彼の近作「世界のすべての記憶」は去年のカンヌ映画祭で優秀映画賞をえました。

この三つの作品行程はおのずからレネエの作家としての経歴とその成長を物語っていて興味があり、また、フランス国民が彼に何を期待しているかを知る上での参考ともなりましょう。

フランス国立図書館の「楽屋裏」を描いたその作品「世界のすべての記憶」について、レネエはこう語っています。

これは外務省の委嘱によるものだが、われわれが前からいだいていた好奇心を満足させてくれた。シナリオはレモ・フォルラニ、カメラはギスレエン・クロケである。

われわれは図書館を描くのにその外部より内面的なもの、たとえば人がカードに書きこむ時から本を受けとるまでのことを一つの空想から出発してえがこうとした。

撮影は三週間つづいたが、しかし三カ月そこですごしたとしてもなお描きたりないほどの内容をもっていた。六百万冊にのぼる蔵書の一部には、いわゆる「春本」もあるわけだが、それが存在していないことをしめすために撮影することができなかったのは残念だ。しかし、図書館、ことに読書室の静寂は印象的である。

なお主題について、われわれは書物の有用性と記憶の無限の側面をえがきだしたかったが、それはモーリス・ジアールの音楽によってより豊かなものと、することができた。

短編映画の「形」に関して、私自身としては、たとえば諸雑誌や週刊誌のすぐ

れた記事を書くのと同等の価値ある映画的手法をみいだしたい。技術的、教訓的な資料としての記録映画とかスケッチよりも、むしろエッセエとか論説としてそれを考えている。

一面、短編映画の存在は経済的な意味で不安定であり、奇蹟みたいなところもある。しかし他面、別の生き方があるはずだ。短編映画を長編映画と併映することはよい。だが現在のように数編の短編映画を続けてみせる方式には賛成できない。一回の上映を四十五分として入場料金をひきさげ、短編映画と漫画（図表形式のもの）をあつめて見せる映画館を考えたらばと思う。

かつてコメディアンであったアラン・レネエは劇場をとることを考えているといわれます。また、彼には絵画、彫刻についての作品も幾つかあり一九五〇年にはサッサンと共同してピカソの「ゲルニカ」を、また一九四八年には「ヴァン・ゴッホ」を作っています。「ゲルニカ」はかつてスペイン内戦の当時、一九三七年ピカソがスペイン人民戦線を支持して描いたパリ博の油絵の大壁画ですが、その主題は先年死んだ世界的記録映画作家フラハテイが選んでいたものでした。フラハテイのいない現在、同時代人としてはオランダの生んだすぐれた短編映画作家であり世界人であるヨリス・イヴェンスをあげなければなりません。イヴェンスの行くところ常に新しい世界があるとまでいえるほど、彼の記録映画作家としての活躍は目ざましいものがあります。イヴェンスの作品「海の歌」は世界の労働者を扱ったものですが、フランスで公開されるとき、実際には一時間四〇分あるものを三〇分にちぢめてやっと上映を許可されたということです。レネエが作家としての一部をフラハテイやイヴェンスに負うていると考えることは、あながち間違いでもありますまい。

昨年、レネエとイヴェンスはチュニジア政府の招きをうけて、この戦後一九五六年に独立した若いアフリカの国の映画をそだてるしごとを、共同してやっています。

映画の国際交流の地理的条件にめぐまれているフランスは、その開拓者ジョルジュ・メリエスの名をはずかしめないでしょう。しかし、一面ヨーロッパの中心であるフランスは政治情勢を反映する上でも敏感で、それがフランス国民の生活にあたえる影響は、われわれ日本人には想像もおよばない深刻なものがあるようです。日本で公開されるフランス映画の商業的宣伝文句の華やかなかげにわれわれはフランス映画人の悩みを思わぬわけにはいきません。ことにレネエを始めとするフランス短編映画作家の現実とのたたかいを。一九五八年度には「アルジェリア平定作戦」の戦費は四〇〇〇億フランを上まわるだろうといわれています。今日ではこの巨額の金をくう怪物の息の根をとめないかぎり、フランス映画の物質的基礎に対する改善は、とうてい望むことができないようであります。

〔この小文のテキストは、レットゥル・フランセーズ第五五六号、六六七号。テクニシアン・デュ・フィルム第三〇号。ボー・ザール・エ・シネマ・セルフ版。世界経済年報第五号、日本評論社新版。ルガール第四〇六号を主として参考としました。〕

（筆者は世界映画資料同人）

するイデオロギーと情熱であり、また同時に、強い粘着力と衝動的なエネルギーをもった自然生成的本能的なもの、有機的生命的なもの、意識しないところで外部の抑圧に抵抗する心の複雑なうごきのすべてであり、そしてこれらを表現したいというやむにやまれぬ創作の欲求である。私が現実を主体的にとらえ、表現するというとき、私はこれら外部と内部を総体的にとらえていくこと、すなわち外部をあますところなくとらえるためには、内部をあますところなくとらえねばならぬこと、内部のうごきを正確につかみとるには、外部を正確に認識せねばならぬこと、それらの有機的な関係の上に精密な方法を確立することを意味している。その際とくに、今までほとんど無視されてきた無意識的、非合理的なものを意識化し、対象化すること、つまり、変動するアクチュアルな新しい現実に対応して、常に意識された部分からはみ出るように生成する内部の複雑なうごき、および疎外と社会的抑圧によって心の虚像ともいうべき潜在的部分に閉じこめられたユングのいわゆる集合的無意識のようなもの、あるいはルフェーブルのいわゆる芸術の生物学的内容という、性的なものまで含んだ本能的無意識的な自然生成性（スポンタネイテ）、それら総じて意識されていない莫大なエネルギーをリアリズムに組織することがたいせつである。そして、それは方法的には、既成の意識や感性によって事象に与えられている因習的な意味や効用を事象の表面からはぎとることによってそのアクチュアルな姿を発見し、そのむき出しになった事象そのものの独自な運動にしたがって対応的に心のかくれた部分をひき出し意識化するという操作を必要としている。アルチュール・ランボーはイザンバールにあてた手紙のなかで、「詩人はあらゆる感覚の、ながい、とてつもない、しかも合理的な錯乱によって見者ヴォワイアンとなります。」と書いているが、われわれドキュメンタリストにとって今日特に重要なのは、この見者（ヴォワイアン）の精神ではないだろうか。それは偶然とアクチュアリティを必然とリアリティに転化させていく内容とならねばならぬのだ。外部の発見と内部の発見の弁証法的な関係をくり返し要約すれば、外部世界の日常的・表面的な対象性を破壊し解体する過程そのものが、主体内部の複雑な矛盾をその一つ一つのひだまで照明し対象化することを可能にしており、同時に、内部世界の追跡と対象化を押し進めること自体が、外部世界を覆っている因習的な意味性を追放し、その実体の発見と肉迫を可能にしているのである。したがって作家は、対象へのかかわりのなかに生起する主体内部のはげしい葛藤を、容赦なく対象に投げかえすことによって与えられたままの外部世界の表面的意味性を否定し、これを裸形の物体にまで解体していく操作を手がかりとして、あくまでも外部との厳密な対応をたどりながら、複雑な内部世界の深層部にまで分析的に下降していく。そし

て、このような存在の内部照明を不断に外部とかかわらせつつ、内部現実の追求を媒介として外部現実の実体に迫り、内部のイマージュを、あくまでも重層的な人間体験の新しい綜合と等価的な「物」として、創造的に発見された外部世界そのもののうちに対象化するのだ。外部から内部へ、内部から外部へ、この弁証法的な往復運動の精密な深化こそが作品のリアリティを保証し、現実の主体的な表現を可能にする。対象としての具体的なものが、作品としての具体的なものとなって高度のリアリズム芸術を創造するにいたるまでには、このような複雑な分析と綜合が行われねばならないのだ。それはヘーゲル流にいえば、即自性を否定して対自的となり、対自性を否定して即自対自的となるという弁証法を、その作品の構造として持ったものである。その点、はからずも映画「ゲルニカ」の創作方法が、絵画「ゲルニカ」の創作方法と多分に共通しているのは興味ある事実である。またエイゼンシュテインの「戦艦ポチョムキン」のなかのオデッサの階段における虐殺場面の形象にも、われわれは、そのような複眼による方法意識の一典型を見出すであろう。

——◇——

私はさきに「作家の主体ということ」(会報五七年十二月)のなかで、戦中戦後にわたって前世代の記録映画作家のほとんどすべてを根深く腐蝕してきたそのおそるべき主体喪失の状態を糾弾したが、そのなかの創作方法の問題に触れた部分で、

「内部の意識とは、現代における外部世界と主体との決定的断絶、その関係の物神化、古典的人間像の崩壊という事実の認識の上に成立する意識である。自然主義者は、資本主義的疎外が、何よりも自己の内部の物質化、主体解体の過程としてあるということを肝に銘ずべきであろう。自らの内部世界を自覚することなく安易に外部にもたれかかる時、彼らは因習的な意味と情緒、事柄と雰囲気を通してしか事物をとらえることができず、想像力を涸渇させ、救い難き感性のパターンをつくり上げるに至ったのだ。対象を非情な目でとらえようとするドキュメンタリストが、内部のドキュメントということを媒介として現実の総体的把握に進み得ず、一見縁もゆかりもないかにみえるアヴァンギャルドと鋭く対決し、これを自己否定の契機としてより高次のリアリズムを志向し得なかったのは、ほかならぬ作家の主体意識の欠如にもとづくものであった。」

と述べたのも、以上の私の主張と考え合わせるならば、その目ざすところはおのずと明瞭であろう。問題を普遍化すれば、上記のアラン・レネーの対象としたピカソの「ゲルニカ」は、もっと現実のアクチュアルな状況一般として理解してもらって、一向差支えないわけだ。

今日われわれをとりまく現実の姿は、そもそもその表面にまつわる常識的な因果律をはぎとるとき、極めて超現実的な世界となってたちあらわれるものなのである。ここでは事がらは状況として、意味は裸形の物体として把握される。

そして、この本質の世界のドラマには、情緒や雰囲気という形であらわれる甘ちょろいヒューマニズムなど、まったく介在する余地はないのだ。同じく社会主義リアリズムが本質的な世界の把握と創造を意図しながらも、事実としては極めて素朴なテーマ、至上主義、政治主義へと自己を追い込むにいたったのは、たとえばエレンブルグのいうように「人間」を描くことに欠けていたからとか、ニコラエーヴァのいうように論理的思惟と形象的思惟とを混同していたからといったような単純なことに原因があったのではなかった。それはステロ・タイプと化した自己の観念や感性を、アクチュアルな物質的現実によって不断に自己否定していく強靭な主体意識の欠如と、外部現実と内部現実の対立と統一によって世界を総体的に把握し表現するという方法意識の欠如にこそ帰せられるべきだったのだ。したがって社会主義リアリズムは、主体的な内部世界との対決と変革を回避し、対変に対する主体の関係において自然主義の本質をそのまま温存したのである。要するに疎外の状況から真に人間的なものを回復するためには、むしろ事物の本質に迫ることを妨げているあいまいな「人間性」などというものを一度徹底的に追放しなければならないのだ。しかし、その際、あくまでも物体(オブジェ)の発見による方法上の意識的な人間解体と、人間そのもの、あるいは作家そのものの、社会現象としての物質的自己解体との、微妙ではあるが決定的なこの二者のちがいを、明確に区別しておくことが極めて重要である。物体(オブジェ)への無批判的呪物的な信仰が、作家の自己疎外された状況の芸術的反映以外のなにものでもないことは前にも指摘した通りである。

——◇——

すでに明らかなように、われわれドキュメンタリストにとっての緊急の課題は、いわゆるグリアスン流の認識至上主義的な方法のゆきづまりを徹頭徹尾破壊し、記録(ドキュメント)ということばの意味を自然主義の桎梏から解放することにあるのだ。その記録(ドキュメント)ということばの新しい今日的な意味は、事実を事実としてそのアクチュアルな物質的現実を、それがまさに同時にそれと対応する内部現実の克明な記録であるようなしかたで記録すること、外部の記録と内部の記録を、外部の記録を主要な契機として弁証法的に統一すること、すなわち内部の記録を媒介として外部の現実を記録することをその内容としている。そして、それが映画的形象としてのフレイミング、モンタージュ、コンストラクションという三つの基本的な要素のうちに保証されることはいうまでもない。ここにドキュメンタリーがアヴァンギャルドと統一される地点がある。そして、それは、もはや過去のいわゆるドキュメンタリーをも

映画ですね。

森　そうでしょうね。……わたし児童劇映画の方のことをうかがえたらいいと思うんですけれど。今の映画ですと、あれを柱にして勉強するときに役にたつ映画ですね。そのなかにもっとおもしろさをという要求の度あいは、児童劇映画の場合とは違ってきますね。

岩佐　東映の児童劇映画をよくごらんになるのですか。

森　ときどき、山葉ホールで見せていただきます。

大久保　テレビで児童劇映画や教育映画をよく見るが、ぼくは無条件で、みな、おもしろいんだ。うちのこどもたちなんかも、はじめは教育映画、自分たちのためにつくられた映画だと、ばかにして見なかったが、このごろは、日曜日など、かならずみている。おもしろがっているね。

岩佐　映画館でやっている劇映画でないとおもしろくないという

森和子さん

傾向はどうなんですか。

森　それはないでしょうね。

岩佐　教育映画など学校でやれば喜んで見ますか。

森　わたしたちが映画を見る会をはじめたときはスリルのあるものでないと興味がないだろうかという心配もあったわけだが、毎月やる映画会になじみを重ねていくうちに、だんだん変ってきてるということで、要するに、与え方じゃないかと思う。

吉見　こどもたちのために作られた映画だと、非常に教訓めくとか、なにか、その目的が表面に出すぎてしまって、そのためにおもしろくなかったというようなことは感じませんか。

森　そりゃあるでしょうね。

大久保　さいきんは、教訓性がろこつに出ているというようなものは、少なくなってきた。

岡田　自然におもしろくみられるようになってきた。いちばん教えこみたがるわたしたちでさえ、教育映画はおもしろくないものと思っていたのが、最近はおもしろく見られるようになりました。

大久保　「長崎の子」など、こどもたちは感激してみていた。ろこつな教訓は出していない。

岩佐　われわれ、作る側はそこがいちばんつらいんだ。ぼくの経験では、東映の「捨った小犬」のとき、こどもが犬を拾ってきて自分の家で飼えぬものだから、教室へつれてくる。音楽の時間なのに、犬がチョロチョロ歩きだすわけだ。こどもがガヤガヤしはじめるので、女の先生が途中でピアノをガンとやるわけだ。ガンとやるのは、けしからぬというんだよ。そういう先生はいるはずがないということでね。削られちゃうんだ。あれは強くつっぱって入れることになったがね。それから、東映ではないが、「働きに来た少女」のシナリオで、いなかから始めて来たこどもが、駅前の自動車の多い通りを横ぎっていく。シナリオ審議のときに、いなかから来た子が、そんなにすぐ、つっきれるはずがないということでね、削られてしまった。つっきれるようなある一つの強い個性をもったこどもの設定をしたかったわけだが、それができずに、類型的なこどもにしてしまわれた。今の教育性の問題と関連した具体的な例だ。

吉見　その点では、今の映画「町の政治」で、新しい教室のところで、机をもちあげるときに窓からはいってくるこどもたちがいたでしょう。あれをね、文部省の教育映画等審査会では、あんなことを放任しておくのかというわけですよ。また、別の映画だが、屋根を走る子がいる、こんなのはもっとも非教育的だというわけですよ。

菅　ああいうところがあるので、こどもたちは、かえって親近感を覚えるんじゃないのか。

岩佐　こっちはそのつもりでも、なかなかやらせてくれんのだ。

菅　やらせてくれぬのはだれだ。作家をしばりつける、有形無形のなにかがあるのかね。

かんけ　具体的にありますね。配給者には、たいてい、教育的な効果がこれだけあるとたいこ判を押してもらえるようなブレーンをもっており、ここからでる発言はかなり圧倒的にいろんな問題を提起する。

菅　ということは、配給関係の方たちの教育観とか児童観とかいうやつですね。

かんけ　それと、それをとりまいている先生方の一部の意見がかなり強力です。そのさい、現場の先生の意見と違うのではないかと思うことが、しばしばあるけど、現場の先生方と恒常的につながることがないために、配給者を通してくる先生の意見で、ある程度処理しなければならぬ現状です。

菅　そこの指導性というものはもちろん必要だと思うが、作り手のもっている考えと、観客であるこどもたちの考え、それから父母の考え、その三つをもっと具体的に考える必要があるわけだね。

かんけ　そうです。そのことは長年、作家の側から話されてますが、うまくいってない。わたしたちは現場の先生とひざをつきあわせて接触するわけですが、なかなか、継続的にのばせぬ弱さが、こちら側にもあると思います。

岩佐　作家側の教育についての考え方にも、いろいろあるわけだよ。こどもに見せる映画だから、教育性をぜんぜん否定はできないんだ。それは児童文学の問題と同じだと思うのだが、それについて作家側の教え方に確信がない。

かんけ　一口に教育映画といっても、児童劇映画とか、純粋に教材であるもの、あるいは中間のような形にあるもの——それぞれについての教育的効果をどうだすか作家の創作の問題とからんで、まだそこらは作家としてもモヤモヤしているのが、わたしなどについていえば、現状です。

岩佐　出てくるこどもが、みな同じタイプにみえるということはありませんか。みなすなおでよい

子ばかり出てくる。現実的に描くためには、屋根の上をあるいたり、窓からとび出したりすることもがいても、かまわないのだが、そういうのはこまるといわれるものだから、どうしても、こどもの性格がせばめられてきて、みな、同じタイプになるのだが。

森　ありますね。もう一歩そこで一押ししていただくことは、だめですか。そういう映画を見たときには、こどもたちもやっぱりよかったなアと喜ぶだろうと思うのです。教育映画作家は、すこし、ちぢこまりすぎているのではないですか。

鈴木　映写会活動のなかで出会ったことだが、ある中学の先生がみていて、おかあさんがたには、こういうものより、もっと教育的なものをやれといった。これは一蹴されたがね。教育的なことをやるのなら学校でやりなさい。わたしたちは、これでいいんだと、やりこめられたわけだ。教師の指導がよくいきわたっていないようなこどもがでてきては困るということ。その指導性と称するもののなかに、いまいったような現象面がでてくるのではないか。文部省の考えかたはハッキリしている。お行儀の悪い子はきらわれてしまう。その辺を、作家と教師で話しあわなければならないんだが、部分的にはやってるにしても、もっと大きな形でやる必要がある。

岩佐　若い監督さんの意見では、東映の児童劇に限らぬが、だいたい、うそをつかぬよい子になりましょうということと、共同で何かやりましょうということ、その二つに、テーマが限定されているというんだ。そういうことはどうなんだろう。

岡田好枝さん

かんけ　社会的条件を無視して、いっしょうけんめい、家じゅうで働けば、しあわせな生活ができるというテーマも設定されているということをつけ加えたい。だいたい、東映はこれですね。他の児童劇も右へならえのようで、それでいいのかどうか、おかあさん方の意見をぜひうかがいたい。

岩佐　東映である人とその話をしたら実はそれで頭うちになって困っているという。テーマがないということなんだ。ウソをつかないということは、たいへんに多いね。

大久保　名古屋の「子供を守る文化会議」でも正直の問題が、かなり大きなテーマとして取りあげられた。正直であれということはだいじだが、個々バラバラで正直を守ろうとしたってだめだ、たとえば定時制高校の生徒ならば職場に労働組合というものもあるんだから、そういう場で、みんなで手をつなぎあって、正直を守るにはどうすればいいかを話しあう、そのなかで、周囲の判断力とか実行力を身につけていくということがだいじなんだという、まあ、だいたい、そんな結論だった。正直を扱うにしても、社会的条件を抜きにしては意味がない。

岩佐　ひとりで正直を守ろうとするのはだめだ。

菅　ぼくたちは、徳目というものがいけないといっているのじゃない。具体的な条件を抜きにした徳目主義、ある一つの固定概念をこどもに押しつけようとする考え方に対して反対なわけです。映画の世界のなかで、こどもの共感、実感に訴えながら、じぶんの問題として考えさせるためには、モラリッシュなテーマをもった教育映画がほしいわけです。おもしろく感動的に考えさせることは歓迎すべきことだ。

知的興味について

菅　おもしろさにもいろいろあるが、こどもは知的興味が、あんがい強いですね。

岩佐　科学映画の例などでは、たしかに、こどものための科学映画を求める要求が強い。おかあさんたちも、そういうものがほしいわけだ。その場合、おかあさんたちは、科学的知識を与えたいという意味でいってるのだが、ぼくらはもうすこしそれを掘り下げて拡大解釈をしなければならないと思う。科学的なコマギレを与えて、それを見てかしこくなったというふうなものでなくて、必要なことは、上皮をはがしていって、どこに本物があるのかというふうなこと――、掘り下げていく科学的な態度を忘れて、科学的現象だけを追うものを作ったのでは、物知りをつくるだけだ。

吉見　それは二つあると思う。「稲の一生」という太田さんの代表作があるけれども、それは、いま、岩佐君がいうことからいうと、どうなるかという問題が一つあるんだ。一つにきめてしまうんでなしに、やはり科学が掘り起してきた遺産として残っている知識、一種の科学啓蒙映画としては、知識の切り売り的な、一種の教材としての科学映画もありうるだろうし、もう一つは、岩佐君のいうように、掘り下げていって、現象の裏に隠れている法則をどう引っぱり出してくるか、また、法則がみつかっただけではだめなんで、その法則にたちいたる論理の展開とか思想などを追求する、その両方がないといけない。

岩佐　できあがった映画としては、そうなんだ。ところが、作る側の問題なんだな。見せればいいだけの映画でも、こっちに本質に迫る構えがないと、どこかで、いいかげんなものになってしまう。

吉見　作る側としては、一つの科学思想なり自然科学の思惟の論理だとか方法だとかを、根底にもっていなければならぬ。しかし、たとえば、農家でも、このごろ電化が進んでいて、いろんな電気器具がはいっているが、安全弁のあけ方一つわからず、おかあさんはこわいから、こどもにやってもらうというようなことがある。そこで、一種の生活を豊富にするという意味での科学的知識をあたえるようなものも、わりきってつくる

ことが必要ではないか。

岩佐　これは態度の問題だな。

菅　態度の問題としては、吉見さんと岩佐さんに対立があると思えぬが、態度の問題というだけで解消しきれぬ問題がないか？

時代劇映画について

かんけ　そういう態度で作られた映画にしても、見る側に立っていえば、このましくない映画がいかに多いかということがありましょうし、さきほどから伺いたいと思っていたのは、東映の児童劇などがたくさん出ておもしろいとおっしゃってくださるのだが、そのおもしろさをくわしく話していただけると、いろいろな問題が出てくると思いますが……。わたしなどは、東映の児童劇には否定的なわけです。たとえば、「二宮金次郎の少年時代」のようなものは、おかあさん方がごらんになって、ご自分のこどもさんにみせてよいとお思いになるでしょうか。

森・岡田　みていません。

大久保　昔の金次郎だよ。見なくても、だいたいわかる。

森　昔の修身の教科書と同じじゃないんでしょ。

大久保　同じですよ。新しい解釈はぜんぜんない。

海貝　作ろうとする意図がそこから始まっているわけでしょう。

大久保　ぼくは、こどもたちといっしょに見たんだ。「幽霊船」といっしょに封ぎられて、「幽霊船」が見たくていったわけなんだが、金次郎の映画が始まったとたんに、こどもたちは、つまんなくなってしまったんだ。小学五年生と高校一年の男の子なんだがね。「ナンダアイツ」ってんだ。あんなばかなことがあるかいというわけだね。ぜんぜんおもしろくない。

吉見　今のこどもが昔のあんなことを信用するかということね。たとえば、アサヒグラフに昔の修身と今の修身の比較がでている。その中に、二宮金次郎があるんです。たきぎをせおって本を読んであるいてくると、あんなことをしたら自動車にひかれてあぶないというわけだ。

岡田　やっぱりそうです。

菅　「二宮」については、さっきの作り手と、配給者と、見る側、それぞれの教育観や児童観のズレといったものが出ていて、いい例になると思う。

大久保　いまだって、校庭に、二宮金次郎の像があるんで、こどもたちは、金次郎という名まえはいちばんよく知ってるわけだね。こどもたちは、あいつは偉いんだと思ってるわけだ。ところが、映画に出て来る金次郎を見て、幻滅させられてしまう。

菅　「幽霊船」と二本立の興行成績は悪かったらしい。「二宮」とだきあわせたことが原因でないかと関野嘉男さんがいってたがね。

谷川　「幽霊船」は児童に見せていい映画だと方々でいっていますがね。だきあわせになった、かんじんのこどもに見せるための「二宮」がこまるということだ。

菅　「二宮」も時代教育映画というわけなのだが、教育映画の世界に、こどもたちがひじょうに喜ぶ時代物のよいものを作る可能性はないものか。

岩佐　お金の問題だろうね。

かんけ　「二宮」はひじょうに金をかけていますね。あれは、大川さんが、尊徳を非常に尊敬しているそうで、そのために、ばくだいな製作費をかけてもかまわぬということで始められたと聞いています。そうでもないかぎり、あのくらいのスケールのものでも、なかなかむずかしいですよ。

大久保　それにしちゃ、おしいですね。「社長命令」だから、気がすすまぬながらもやるというのではなくて、尊徳を今、どう描いたらいいかというつっこみね。尊徳のえらさ、歴史的な評価ね、進歩的な歴史学的にも、積極的な評価をしているひともあるんだから、そういう人と社長を会わせて、社長の尊徳観から教育してかかる。そのうえで、こういう見かたでいこう、というようなことにはならないものかね。

谷川　そういう点では惜しいと思う。農業経営の合理化といったような点に力点をおけば、農家のこどもが見ても、じかに、じぶんたちの生活と結びついた今日的な問題に結びつくものが出てくる。

岩佐　それができれば問題はないわけでそういうところに、大プロダクションの限界がある。だから、いちばんいいのは、見る人と作り手とで考えてやったのが、いちばんいいわけだ。お金の出所がそのばあい、問題にはなるが。

菅　戦後、劇映画の世界では時代劇が復活して、こどもたちは、そのことだけで夢中になってしまう事情がある。教育映画の世界でも、作家が時代劇にたいして創意を働かせる余地はないか。

岩佐　東映では、いい脚本があればやるというんだが、それは映画館にかけて採算がとれるということを考えてのことだろうと思う。一般の教育映画の予算ではできない。

海貝英子さん

大久保　はじめから、こどもを対象としなくても、おじいさんからこどもまで、いっしょに見て楽しめるような劇映画がうんと出てくるといいね。

カケハシ論に関連して

かんけ　おかあさん方はいま、よい映画をみる会はおやりになってますか。

海貝　ええ。

岩佐　場所はどこですか。

海貝　港区です。さいきんは、一月に「愛のリレー」をやりました。

森　その前は「横丁の豆腐屋」です。

海貝　あさって、二十二回目の試写をもちます。月に一回二校を会場にして、おのおの二つの小学校が集ってやります。

岩佐　こどもだけですか。

森　対象はいちおう、こどもで

すが、おかあさんがたもいらっしゃいます。教育映画はおもしろいというし、そのことで、こどもたちと話しあいができるようになった。おかあさんがたは、実際に、こどもたちがどんな遊びをしたりどんなものをよろこんだりしているかということは知らないんですね。それが、映画を見て、話しあいをするようになって、ほんとうに、こどもの興味はどこにあるんだとか、どんなことを望んでいるのだとかというようなことが考えられるようになってきた。わたしたち、映画会を続けてきて感じることは、ウソをいわぬこととか、仲間のなかでどうとかいうようなことを、お説教でなく、うんとこどもをおもしろがらせ、そういうおもしろさのなかでこどもに自然に感じられるようなもの、そういった、すごくユーモアのあるものがほしいということです。そういうものが、なかなかない。

岩佐　ぼくらも、そういうものが作りたくてしょうがない。

海貝　児童劇映画は、生活に困っているこどもたちが主体になったり、農村の話だったりというふうだが、もうすこしありふれた、わたしたちの身じかな、庶民的な生活のなかから、こどもたちの喜ぶようなものがほしいと思う。

森　こどもたちね、見ているとちゅうで喜ぶばあいがあるが、その時は、やってる方でもうれしくなっちゃう。「小さな探偵たち」をやったときなんか、ほんとうに、あの講堂がにぎやかになって、あんなうれしいことはなかった。こどもとおかあさんの話しあいが持たれたが、スリル物がおもしろいという意見がでた。

大久保　単純なスリルがいいんですね。

森　三回ぐらい、そういったものをやった。あとで「子犬のいる町」「川風の子ら」をやったが、これも喜んだ。

山家　あれは、ずいぶん、おぼれちゃいそうなところがある。

大久保　去年だったか、東京少年劇団の「ジャックと豆の木」を、こどもたちといっしょに見たんだが、こどもたちは、あぶない所が出てくると手をたたくんだ。非常に単純だね。おとなの目では、みえすいたようなスリルだと思うようなところで、こどもたちは、むちゅうになってしまう。そのあとで、ソヴィエトの物だが、「うぬぼれうさぎ」をやった。こっちは、そういうスリルはないんだ。すこし、だれたね。こどもは正直だ。

岩佐　筋がややこしいのはまずいでしょうね。そういうふうに理解できるかどうかと、ぼくらもシナリオを作っていて心配する。

山家　教育映画と娯楽映画は截然とちがうという立場に立って、それならこどもはどっちに魅力があり、たくさん見るかというと、娯楽映画にいってしまう。名古屋の、「子どもを守る文化会議」ででたカケハシ論は、あとで、専門家の会議で、反対という結論になったらしいが、なにかそのまんなかのところで、しかも上へ引っぱっていけるような、そういう作品がほしいというのが、いちばん強い要求だったわけです。

大久保　カケハシ論は二つの意味を含めていたと思う。一つは、読者と作家をどう結びつけるかということ。たとえば、「子供を守る文化会議」に常置的な機関をおくかしてね、そこで、おかあさんや先生たちの声を集約的に整理する。それを作家や出版社に、はねかえらしていく。そういうしくみを作ろうということが一つ。つまり読者と作家の間にカケハシをかけるんだな。もう一つは、いま山家さんがいったように、良書とマンガなど低俗な読物とのミゾが深くて困る。この二つのものを別々にしておいてはいけないので、それをどうするか。現実の問題としては、現在マンガだけを読んでいるこどもを、もうすこしましな本をよめるようにするためには、なかなか、一足とびにはいかぬ。低いものから高いものへ、ひと足ひと足のぼっていくような、そういう中間の物が必要ではないか。もちろん、良書といわれているものにも、批判はあるが……。そういうことも、カケハシ論のなかにふくめられていたと思うんだ。

菅　ただ変った形では、まちの興行館の世界と、教育映画の世界が、別世界になっている。その教育映画には、いままで、二巻物の社会教育映画とか文化映画とかいわれるものが多かったところに、わりあいによい児童劇映画が出はじめた。ここに前進がある。そういうところに、さっきのおかあさん方のお話のように、こどもたちがおもしろがるという面がでてきたのだろうと思うが。児童出版の方には、まだそれがない。それで、一昨年の第四回文化会議で、映画が大量的に参加したときに、そのことを児童文化のあらゆる部門でそういう条件があるのかないのか考えたいという話があったが、そのことをカケハシ論もあわせて考える必要があるのじゃないか。

名古屋では、興行映画がもっとよくならぬかということと、教育映画がもっとおもしろくならぬかという意見がでた。興行物と教育物が截然たる別世界だということになると論議がそれ以上発展しないんだ。専門家はその世界のことをよく知っているから、いわば、その客観的な条件を心得ているわけだ。つまり、一朝一夕に直るもんじゃないと整理しちゃうんだ。それは、へたすると解釈に終ってしまう。カケハシ論も、名古屋会議では、専門家会議で多面的に検討してほしいと投げだしたが、あとで、専門家の会議で、名古屋の会議に出なかったようなひとたちが、専門家としての自分の意見を言っちゃったんだ。専門家のたちばで単純化して、芸術性と大衆性の統一という、昔からある基本的命題に還元してしまっているわけだ。

山家　豊島区では、映画を見る会という形にはなっていないで、主婦連といっしょになってやっている。会のできたきっかけが、太陽族映画反対ということにあったので、青少年向けの映画問題を考えるについて、おかあさんたちは知らないで、ああだ、こうだいう

はまずい、若いひとが関心をもっているものを、おかあさんたちが見て、両者話しあう、ということをやっている。会のおかあさんたちと婦人会の会員たちでは、十歳から二十歳ぐらい、年齢がちがう。したがって、ずいぶんくいちがいも起るし、逆に、いろんなこともわかる。

「いねむり一家」をめぐって

岩佐　作る側としては、内容の問題でどういうふうによい映画を作るかについて、おかあさんがたの注文を伺い、両者で、なんとか、いいものを作っていこうという考えなのですが、実際に、いままでおやりになっていて、こどもたちが喜んだものは……。

山家　「川風の子ら」「小さな探偵たち」などが、足ぶみして喜ばれた。「いねむり一家」なども、すきですね。男向きと女向きというのもやはり大きくなると別れてしまう。「いねむり一家」は、一種の人情物みたいなにおいがするんですが、親たちが生活にうち負かされてしまうが、こどもたちが、みんなで、なんとかがんばってやろうというので、親たちもはげまされていくというものなんです。

かんけ　ああいうものが喜ばれるということは、どういうところですか。

山家　あとで父母の話を聞いたところでは、とにかく、おとなたちが涙をこぼしたらしいです。こどもたちの生活力が、ずいぶん、ひびいたのではないかしら。おとなたち自身がうれしかったみたいな感じです。

かんけ　あの作品は、問題がありますね。あの作品の底に流れている思想は、いまの道徳教育復活に結びついている危険なものだと思う。一般に喜ばれているとすると、どういうことなんでしょう。やはり、社会性が切り離されたところで……。

山家　同感です。かなり、浪花節的要素が多いわけですね。社会機構の矛盾はつかないで心構えだけに焦点が向いているようです。

鈴木　画面で同年輩のこどもたちが活躍して筋を運んでいく映画は、こどもたちは納得するし、喜ぶ。その時に、いま、かんけさんが心配されていたような筋だての上にのせられては困るので、感想を聞く。聞いてもすぐには出てこない。そのばあい、こどもたち同志で話しあわせて、そのうえで、もう一度見せると出てくる。だから、指導することによって効果をあげるものと、おかあさんたちが、こどもが喜んでくれるという効果をねらうのと、おかあさんがたがやるばあい、選定すること自体、むずかしい。作家の側からは、指導を予想して作っているのでしょう。ところが、実際に、指導がどれだけやられているかということを計算にいれてないと、足をすくわれる。城南の人たちのやる映画は、だいたい、教配のものだ。それは選定するときに、おかあさんたちのわがままを相当許しているわけです。おかあさんたちに見てもらうんだが、見たものをぜんぶ選ぶわけではなく、選択にもれるものもあるわけです。教配はそれでいいんだが、多くの配給業者が、こういう選ばせかたをどれだけやってくれるか、これは大きな問題ですね。そういうことをやってくれれば、意図もわかってもらえるし、短編はどんなものを上映するか、ということが、企画者の頭にはいってくるわけです。そうして、見せたときは、説明が十分いかなくても、こどもは、そのペースにのっかって見てくれる。だから、見る構えをつくらせることがだいじだ。おかあさんがたが、そういうことをやってくだされば、こどもたちは、自分が見てきた映画の話を家にかえってしゃべるようになる。これが、だいじな副産物だ。こんどは、それによって、おかあさんたちが、自分たちで映画を使って研究会をやっていけるわけでしょう。そうせざるを得なくなってくる。このまえ、ああいう問題が出たが、それはどういうことなんだろうということが、それぞれ出てくる。そうしたら、専門の人をよんで、一つの具体的なテーマをもったものを見て話しあう。すると、今までの話しあいから一歩出たものになると思う。その点で、よい映画とはなにかということになると、社会から切りはなされたものでも、こどもが喜んでくれさえすればいいかということが、問題になる。

岩佐　作者は切りはなされたものとしてしかとらえていない、底の浅い所でしかとらえてないところに、問題があると思う。

鈴木　同時に、それは、なにかの形で画面に表現されていれば、指導するひとが、そこを軸にして話しあいを展開できるわけだ。画面を越えた理解が出てくる。

山家　解説つきでなければ通用しない、話しあいをしなければ、よい効果のあげられぬ映画は、映画として成りたつかどうか。そんなものを作られるのは迷惑だ。

吉見　賛成です。

鈴木　ぼくは反対だ。だいたい岩佐さんたちが作る映画は、あだやおろそかでできないわけだ。作家の意図がぜんぶ画面に出ていれば、指導しなくてもいいが、作品をつくること自体がたたかいなのだ。そういう点では、特に学校が教科外指導などで使うばあいに、その映画が生かされるような指導がなければだめだ。

大久保　これは、文学教育のばあいだが、はじめから、こどもにポンと与えて、楽しく読ませさえすればいいんだ、指導なんて不必要だという意見もあるんだがね。それだけでは、かえってこどもたちにムダをさせることもある。年齢と作品のむずかしさとにらみあわせて、ほどほどに指導しなければ、やはり、文学はわからないね。それと似た問題ですね。

山家　わたしのは極論だったが、そんなにちがうとは思わない。映画を見る前に予備知識を持たせることはあるでしょうが、指導されるというばあいを先に想定してしまうのは、作る側としては不勉強だと思う。そのまま見て、それでも、なにか得られるということ

がだいじだ。もう一つはマイナス面が解説つきでなければ除けない、ということは、やはり失敗だと思う。話しあいによって鑑賞する力を高めるのはよいが、それをしなければ、映画の意図がわからなかったり、誤って考えられるようなものは、映画として不完全なものだと思う。

菅　波多野さんの視聴覚教育についての理論がそれに関係あると思いますね。視覚に訴えたものをこどもの世界でどう理性化していくかという問題です。それには、ただ視聴覚教育だけの良さを手放しでいっていたような、今までの雰囲気であってはならないという問題提起ですが、そんなことに、関連があるのではないか。問題が今の製作条件にからまる話と、映画をこどもにどう見せるかという、次元のちがう問題が混同して出ている気がする。

岩佐　鈴木君のいったことは、われわれ作り手としては考えなくていいわけだ。そういう条件とたたかいながら作らねばならないのは、あたりまえのことなんだ。

山家　「いねむり一家」は、とにかく親にもこどもたちにも、魅力があった。なぜあったかについては、研究する必要がある。種々のおもしろさがあるし、害のないおもしろさは、できるだけ自分のものにしてしまわなければいけない。そういうことを話しあうために出してみたのです。「チビクロサンボ」は文句なしに喜ばれている。

岡田　「おもちゃの国」は、大騒ぎして大喜びだった。

おとなの感覚か　こどもの感覚か

森　こどもたちは、どんな映画でも、みな、おもしろがる。それは飢えているということだ。どこに興味を持っているかということだが、「いねむり」にしても「二宮」にしても、おとなの考えたおもしろさだと思う。「仔犬のいる町」は、こどもと見ていて、どこが悪いというのは一つもないが、どこがおもしろいかはつかめなかった。とにかく、こどもたちは、すごく喜んだ。こどもの心の中に、動物も自分もいっしょだという考えの年代がある。自然な平常な生活のなかで、あまりに刺激が多すぎて見られなかったシーンが出て、こどもの心に触れたわけですね。

おとなの考えで作るのか、ほんとうのこども——忘れられているが——ほんとうに、心の底にあるものを出そうとしているのか、その辺のところで、ずいぶんかわってくると思う。東映のばあいだと、こどもの心を無視した、おとなのおもしろさ、教訓めいた感覚で作られていると思う。「五円の天使」を見て腹がたった。

山家　いやですね。あれは、こどもをばかだと思っている映画ですね。

森　ああいうところで、こどもの興味をつかもうなんて思うんだったら、やめてもらいたい。いったい、製作者側は、何を意図として作っているかというところへくるんです。今の段階ではやっぱり、おとなの感覚から出られない。現実のなかから、常にそういうことを考え、努力しなければ、ほんとうのこどものは育たない。

菅　さっき、まずしい家とか、農村とか特殊なものばかり多いといわれたが、そのことと、日常性というか、そういうものをあつかったものは、こどもに親近感を持たれると同時に、その反面、へたに作ると、たいくつなものになるばあいもあるということ、そういうことについて……。

山家　たとえば、今の童話が生活つづり方に近い。映画では教育映画がそれに近いということがある。こどもたち自身、それらに親近感はあるが、一方では、うんとドラマチックなものに引かれる。だからといって教育映画がドラマチックでなければいけないとは思わぬが、今の教育映画のようなものばかりでも、どうかと思う。

岩佐　想像力が貧困だということは、映画にも、文学にもある。

山家　あんまり貧困だから、「五円の天使」みたいな、ばかげたものができる。

岩佐　いい本を持ちこめばできる条件は、東映などにあるわけです。なかなかいい脚本ができない。

山家　「小さな探偵たち」も無条件でほめられない。どういうものが理想的なのか。

吉見　それは、いろんな形があるが、さいきん、思い当っている節は、佐藤春夫自伝の「わんぱく時代」で描いているこどもの世界で、こどもたちが非常に期待とか夢とかが満たされぬ、おさえられた雰囲気のなかで、個性を解放するという、そういう瞬間の感じ、つまり解放感を遊びを通じて満喫している。これなんかおもしろいと思う。「幽霊船」だって、同じ要素があるのではないか。

かんけ　映画には、原作の雄大さが出てないが、もっと本格的に映画化されればよかったと思う。吉見さんのいっている、そういうものが望まれていることは事実で、それに関連して作家側にそういう貧しさがあるのは問題だ。

菅　おもしろさのなかには、筋のおもしろさと、こどもの生活感情をいきいきととらえたデテールのおもしろさとの両方があると思う。ところが、今の教育映画は、モラルにも問題があるが、メロドラマこども版といった作り方に抵抗が感じられる。生きたこどもではないわけだ。今のこどもたちは少女雑誌などを見なれて、考えのうえでは、妙なことになっている。それが「いねむり」を受けつけさせるものになっている。

鈴木　「小さな探偵」を見ても、こどもたちは、自分たちだったらこうする、けれど、あれはお話だからああせざるを得なかったろうという。こどもは決して少女小説が好きだから……ということではなく、それしかないから読んでいる。「探偵たち」を見ても、自分たちは、実生活では、どうするかちゃんと知っている。つまり判断力も批判力も持っているわけだから、もっといいものができれば無条件で喜ぶ。

継続的な話しあいを

菅　映画は、何といっても有利だ。映画が先行して、今のこどもが、もっといい文学を読む土台をつちかうようなものを望む。

岩佐　マンガと童話だと、マンガが圧倒的だが、映画のばあいだと、何でも喜んでいる。それだけに責任が重いということになる。

山家　しかも、映画はたまにしか見られない、それだけに精選したものが望ましい。

大久保　児童文化というものを考えたばあい、なんといっても映画は、大きな役わりをもっている。こどものための映画に児童文化関係者の頭脳を結集できる組織がほしいね。

岩佐　いったいに映画はメロドラマの傾向が多いんだ。そういう伝統のなかで育ってきたので、なかなか、それをふりきれない。そこで、われわれでいえば、記録映画の方法というか、もっと新しい手法を持ちこむ必要がある。

菅　こどものためのセミ・ドキュメントを作れないか。

岩佐　ぜひやりたい。

菅　単なる記録ではだめだ。知らない世界をのぞく知的興味とか作りごとでないドラマチックな要素を持てば迫真性がでてくる。

佐木　受けいれ側にも問題がある。教育研究大会での要求を見ても、来年から視聴覚研究の専門の部を作ってほしいということが出ている。日教組でもその程度だ。現場の先生が受けいれやすい体制になればずいぶん変る。

岩佐　視聴覚関係の先生のなかには映画ファン的なひとが多い。パンがどうの、クローズ・アップがどうの、とかいってね、それよりもっと根本的な話しあいがほしい。

菅　児童文学の方は生活童話が主ですが、おもしろみがない。生きたこどもを描き、こどもの心にふれるようなものを、多様な分野で冒険して、からを打ち破って他分野との交流を計っていくことだ。父兄だけでなく、こどもたちとも交流して、なにか試作的なものを期待したい。

かんけ　賛成。もっともっとつながりを持っていくことだ。マスコミでも、テレビなど量的にたいへんなものだ。そのなかでよい映画をこどもたちとともに成長させるには、下からのつきあげが強くなければ、いろいろな障害も突きくずすことはできないわけで、それは、さきほどからいわれている道徳教育の問題について、ハッキリ発言することにも連なることだ。「いねむり一家」などが、ほんとうの意味で問題とされていない弱さがある。それをふりきって前向きになるように話しあいを継続的に持つことが必要だ。

佐木　教員組合がもっと重視すれば、伸びますね。並行して組織を考えていけば伸びます。

山家　組織の方は、おかあさんがたでやれるが、何よりも奇想天外な想像力を持つこどもたちと接触してほしいですね。

かんけ　おかあさんやこどもたちとの恒常的な接触が必要です。

森　おかあさんがたも、具体的にいろんな意見を持っているんです。それをぜひ聞いていただきたい。

岩佐　映画は、こんごは、どんどんテレビにかかるわけで、作家の底の浅いつかみかたではたいへんなことになる。これはどうしても、見る側とのつながりができていなければ、作者側だけでは解決がつかない。見る側に支えられて、よい映画をのばしていかなければならないと思います。きょう、はじめて、このような話しあいをもったのですが、こんご、さらに教育映画をよくするために、見る側と作る側が手をにぎりあって努力したいと思います。

書評

羽仁進著

「演技しない主役たち」
――記録映画作家の眼から――

羽仁氏の作品を見ていない人たちにとって、この本は、彼の作品の概要を知るうえに、大いに、役だつものとおもう。

また、記録映画の製作ウラ話としてひろく知らせたい読物として、かっこうのものである。

しかし、記録映画作家として彼が何を考え、どのような意図をもって、作品にたちむかっているかという点で、はなはだ不十分だといえる。

自分の経験を地道なひかえめな態度で書きしるす羽仁氏に好感はもてるが、ものたりなく思う。

イギリスのドキュメンタリスト、S・レッグ氏とのインタビューではその点をおぎなう。この著書のうち、もっとも感銘深いものである。

真実のドキュメンタリストは芸術に奉仕するだけで満足すべきでなく、社会の矛盾を解決するため、正しい行動に大衆を動かす宣伝家でなければならない。そのため、単なる、映画技術者でなく、政治学者・経済学者・心理学者であり、あるいは、社会問題の専門家でなければ資格がないという。

最後にレッグ氏は、わたしたちドキュメンタリストの、現在の大問題は、第一に水爆、第二に未開発地域における生活水準の向上。

第三に全世界的な食糧と人口の調節、貧困の防止である。という。

こういうレッグ氏の態度にはイギリスの記録映画運動の基盤にたつ、彼にして、はじめて示すことができる無言の誇りが感じられると、羽仁氏はかたっている。

記録映画の方法論について、羽仁氏には強い主張があるはずである。

わたしはそうした彼の理論を期待する。

（中央公論社発行
定価二四〇円）

谷川義雄

メソポタミアの経験

――優越感について――

桑野　茂

バスラ港で（向って左が筆者）

「メソポタミア」の最初の試写の終った直後、ある中国の人から批評のはがきをいただいた。いちおうの賛辞のあと、次のように書いてあった。

「……しかし、あの映画のなかには、故意に観客を笑わせようとして現地の人々を侮蔑して描いたところが随所にある。あのような態度は製作者として許されないことではないか。……現在メソポタミアの人々が、いかなる生活をしているにしろ、かつてわれわれ人類に偉大な文明をもたらした人々の子孫として、われわれはもっと謙虚に、しかも尊敬の念をもって対すべきではないのか！」

この簡単な一枚のはがきは、ドキンと私の胸をつき刺した。うすうす感じていた胸の片隅の鈍痛をピリッと皮をひきさいて、ヒリヒリする赤ムケにした。そのはがきを手にしたまま、しばらくは、頭のなかに、ことばが作れなかった。

正直に言うが、私は現地に出発する以前から、この映画では、へたな優越感を出して、現地の人々を蔑視してはならぬ、何よりも謙虚であらねばならぬと、自分に言いきかせた。

ひきあいに出して、たいへん申しわけないが、「カラコルム」について、京極高英君が、「あの映画のなかの、ことにバター作りなどの場面などには、現地人蔑視のにおいがして、とてもイヤだった。」といっていた。私も心から同感であった。もちろん、あの場面は、意識的にそう表現しようとして撮影された画面ではない。しかし、だからこそ、いっそう――意識しないでも思わず知らずに、日本人の優越感が出て現地の人々を蔑視してしまうところに、いっそう、警戒しなければならない重点がひそんでいるのだと私は思った。

飛行機からテヘランのまちにはじめて降り立ったときも、ジープで国境を越えてメソポタミアに第一歩をしるしたときも、私はむしろ、オズオズとした気もちで、そこに生活する人々に近づいていった。もし万一にもその人々が私たちに反感を示せば、そこでの長編記録映画の撮影など思いもよらないからだ。

しかし、ペルシアの人々もメソポタミアのアラビア人も好奇の目を輝かしてではあったが、まったく心からの人間的善意で私たちを迎えてくれた。ひがみも、そねみも、妙な敬遠の風もなかった。もっとも単純素朴な意味で「友あり、遠方よりきたる。また、楽しからずや。」の感じがした。私は救われたようにホッとした。と同時に、改めて自分の心に誓った。

「どうしても、この人たちの、この善意に報いられる映画を、作らなければならない。侮蔑するなど思いもよらない。」

そのつもりで、私は、それから以後行動した。すくなくとも、行動したつもりであった。

イランの国内を旅行すると、いたるところに、皇帝シャー・レザーの銅像が立っている。なかには、こどものオモチャのように、金ピカにぬってあるのさえある。それが、どんないなか町にも、かならず町のセンターにぬっと立っていて、そのまわりには、きまって銃をぶらさげた警官や兵隊やらが三、四人、ハイカイしている。

イラク（メソポタミア）でもそうだったが、映画館にはいると、かならず一番さきに、皇帝やキングの肖像が、スクリーンいっぱいに胸を張って映る。国歌吹奏、全員起立！である。私は戦争前の日本を思い出

してゾッとした。バスで宮城前を通る度ごとに、「ただいま宮城前通過でございます。」と、最敬礼を強要されたあのヘドっぽい思い出である。〝やれやれ敗戦後の日本はなんとありがたいところだ。日本人に生まれてよかった〟とつくづく肝に銘じた。

銅像の下をうつむいたまま、黙々と横ぎり、食いかけのスイカの種をペッペッとはき出しながら、国歌吹奏とともにものうげに起ち上るペルシア人やアラビア人に、心ひそかな同情を感じた。

イラクの北部、テルサラサートの発掘現場でキャンプしていたころ、ある朝「重病人が出たからすぐ助けに来てほしい。」と、近くの部落からアラビア人が飛んで来た。私たちの調査団のお医者さんでもある人類学のI博士が、

「いっしょにいきませんか。」

誘われて、私は即座に薬箱を抱えて応急の助手になった。このあたりの半砂漠にくらすアラビア農民の日常生活を、じかにのぞいてみたかったからである。

泥でぬられたみすぼらしい家々が、荒野のまんなかに、押しつぶされたように、グシャグシャとよりかたまっていた。近づくと犬がしきりにほえた。案内されて、そのうちの一軒のガタガタの木戸を押してかがむようにはいると、まっくらで一瞬、なんにも見えなかった。窓が一つもなく、人ひとりやっとはいれるその戸口がただ一つの明かりとりらしかった。

目がなれてきて瞬間、私は二、三歩あとずさりしたくなった。四畳半ほどの広さ。ふみかためられた泥の上に、じかに、アンペラ一枚と、うすい、文字通りのセンベイブトンがしかれてあった。その上に、同じく、あかで黒くよごれた、センベイブトンで巻かれるようにして、二人の病人がころがされていた。老爺と老婆であった。目やにがこびりついた両眼が、ゲッソリとくぼみ、かぼそいアラビア語で何か訴えながらゆっくりと動かす両手、両足は棒きれのように骨が露出していた。室内には素焼の水がめ、かんづめのブリキで作った安物のコウリ風のもののほか何もなかった。しめって臭い空気が充満していた。

私は日本で貧しい農家の生活を沢山眺めてきた。しかし、これほど、ひどい、何もない生活の場は見たことがなかった。私は今でも住宅難で日本で板の間にねている。だから、フトンの下の堅いものの痛さは、体じゅうで知っている。それだけに、カチカチに固まった床土とアンペラとうすいセンベイ・ブトンだけの痛さが、立って眺めているだけで背中に走った。これはかなわないと思った。こんなところに生まれないでよかったと思った。一刻も早く、すぐうしろの狭い戸口から、明かるい外に逃げ出したかった。

その後、メソポタミアの各地をロケしながら、このような生活の場にいたるところでぶつかった。もはや、そのつど逃げ出すわけにはいかない。そのかわり、いつのまにか馴れてしまっていた。ことに、いなか町のアラビア人向き旅館などに泊ると、どんなに最上級と称する旅館でも、われわれ日本人には、あの、どろの農家と大差ないように思えた。あかがまっ黒くこびりついた洗面所には、いつも、こまかいチリメンじわをよせた汚水がつまって、たまっていた。顔を洗うには、そのなかに手をつっこんで、それを流してからしなければならない。便所にはいっても汚物が充満し、テンテンとへりにまでくっつき、あたり一面がビショビショとぬれていた。

驚きや同情はもう消えていて、そのつど厭悪感だけが胸にこみあげてきた。

ロケも半ばを過ぎ、メソポタミアも冬を迎えて、毎日天候がくずれているころだった。ある朝バグダッドのホテルでぼんやり朝食をたべながら、ふと、なにげなく、意外なことばが、頭にぽっかりと浮び上った。

——〝大衆の中へ〟〝大衆とともに〟——いったい、このことばは、今の私には、どういう意味を持つのか？——雨もよいの空を眺めくらしながら、一日じゅう、その思いが頭を去らなかった。

日本にいたころ、私はそのことばに、ある反感をおぼえていた。〝大衆のなかにはいって、大衆とともに映画を作る——などといったって、どうして、そう安直に、すぐに、われわれが、大衆のなかに、はいって、大衆とともに立場を同じくすることができるのか！　結果は、結局、大衆追随になり、作家が、映画製作の技能提供者——単なる職人になることではないか。それは、テイのいい自己放棄であり、いわゆる「大衆」をスポンサーとするPR映画とかわらないじゃあないか？〟そこまで私は極言した。

しかし、正直にいって、それで私に割りきれたわけではなかった。作品を評価するのに、その作品の客観的な価値評価をぬきにして、作者の主観的態度だけを問題にするなら、なにも、多くの他人に見せるための映画を作るのなんか、有害無益のわざに過ぎない。

〝大衆のなかへ〟〝大衆とともに〟——このことばは、あいかわらず、私の心の片隅に巣くって、私をチクチクと刺した。

だが、当面、このことばを信奉するとして、いったい、どうすればいいのか？

それをセンサクしているうちに、私は重要なことを発見した。アラビアの農家のまっ暗い土室にはいって驚いたときも、銅像の下をうつむきながら通るペルシア人に心ひそかな同情をしたときも、実は私は一歩も、彼らの生活にふみこもうともしていない。ほんのすこし、背中を走る堅い床土の痛さを感じ、戦争中の宮城前のイヤさを思い出しただけで、すばやく身をひるがえして、遠くからのぞいていた。ただの旅行者という無関心な第三者とすこしも変りはない。

しかし、それにしても、外国で記録映画

を撮影しようという私のようなものに、はたしてこれ以外の立場が可能だろうか？日本で撮影しているんじゃあない。アラビア人の世界で〝大衆とともに〟あるためには、アラビア人になるほかしかたがないじゃあないか。

それに、たった二人で、シネスコ・キャメラをふりまわすことは、肉体的にも精神的にも、人間力の限界点に近かった。いちいち、対象に共感したり、ともに涙を流したりしていた日には、こっちが気狂いになってしまう。自己保存の本能からいっても、今のやりかたがまあまあ自然なのだ。疲れはてて、とうとう私は、思考の糸を投げ出してしまった。

バスラに行ったとき、今までのジープの運転手が、あまり乱暴な運転をして危険きわまりないので、首にして、新しい運転手をやとった。新しい運転手、アブドラ・ムスタファ君が、はじめて私の横にすわってハンドルを握ったとき、私はなんとなく彼の人がらに親しみを覚えた。よごれたソフト。ズックのくつ、私と同年配の四十四、五。気の弱く、人のよさそうな顔には、くたびれた生活の重さを語る幾重ものしわがきざまれていた。

「まるで、昔の小津安の小市民映画にでてきそうですね。」

私はキャメラの中村岩と笑いあった。

片ことの英語で私たちは急速に親しくなった。彼はよく、ふところから四つになった末娘の写真など出して見せては、女房のこと、こどものこと、生活の苦しさのことなど話した。私も遠く一万キロのかなたに残した家族の話をした。そんな彼と肩を並べて、人っ子ひとり通らない、はてしない砂漠を走り過ぎていたりすると、よく〝やっぱり〟人間には、国境なんかないのだ。

〝心はかならず通いあうものだ〟とわかりきったことのように、胸につぶやいた。もはや、私はすくなくとも、このアラビア人運転手に対しては、単なる旅行者的傍観者ではなくなっていた。

その彼は、しかし、およそ金にはルーズだった。いくら堅い約束をしても、かならず、先取りの金を使いはたして、期日よりはるかな以前に、前借りの又前借りを請求した。三度に一度は当然に言い争いとなった。そのとき、きまって彼は、

「あなたがたは、私のマスターだ。どうして部下が苦しんでいるときに救ってくれないのか。」

最初、やっぱり、彼は気の弱い仮面をかぶったズルイ人間なのかとうたがった。もちろん、その面はあったろう。しかし、まもなく、彼の考え方の多くが、あのイスラムの教えとがっちり結びついているのに気がついた。

「みずから求めずに貧窮の苦しみに陥ったのなら、それは運命である。その本人に責任はない。神が助け、あるいは神の代りに、金を持った者が助けるのがあたりまえである。」

ある山のなかのダム建設現場で、彼の不注意からジープががけから顛落したとき、私は、彼の考え方の底に横たわるものを、ついに発見したように思った。負傷してねている私のへやにはいってくると、彼は目を伏せながらも、いきなり、

「アイ、ディズ、ノット、ウォント」（私はこの事故をみずから望んだのではない。）

ペルセポリスの遺跡で移動撮影する中村カメラマン

だから、それは運命なのだ。私に責任はない。彼は言外にそう言っていた。伏せた両眼が、酒気でほんのり赤くなっていた。

すくなくともこの考え方に私はそのとき妥協することができなかった。金の問題のときは、極力、ロケマネの中村君と彼の間をとりなした私も、そのときは、怒りをおさえることができなかった。しかし私はなにに対して怒ればよいのか、無気力な彼に対してか、あるいは、彼をがっちりつかまえているイスラム教にか？

あれほど心を許しあったと思えたアブドラ君と私の間に、イスラム教という巨大な歴史的、地理的な巨壁が立ちはだかっているのに私は気がついた。人間の心には国境はないとかつては考えた。しかし、やっぱり越えがたい歴史的・社会的国境があった。

バグダッドに帰ると、私たちはアブドラ君を首にした。もちろん、ジープがこわれてしまったので、運転手の必要もなくなっていた。

彼は、調査団の他のジープに自分を推せんしてくれと頼んできた。私たちは断った。こんどは、さいごのせんべつに金を借してほしいと懇願してきた。それも拒否した。疲れた目にぽっかりと涙を浮べると、私の手をぎゅっと握って、だまって、ドアを出ていった。あの涙の、すくなくとも大部分が、こんな別れ方をした悲しみの涙であることを私は知っていた。あのジープ事故の直後、酒を飲んだのだって、彼としたら、「責任はない」と信じながらも、私を傷つけたことに、たまらない気もちだったのらしい。小雨にぬれたアル・ラシッド通りを、肩をすぼめ、なおむせび泣きになきながら、自分の安ホテルに帰っていく彼の姿が、しょんぼりと目に浮んで、その夜、私はどうしても眠れなかった。

テル・サラサート住居跡の発掘

日本に帰った今も、私はアブドラ君に人間的親しみを感じている。

しかし、当時もいまも、それは、はっきりとレンビンの情に裏うちされている。レンビンの情は、そっくりそのまま裏返えせば、私の彼に対する優越感ではないか。すこしも優越感の伴わない、軽蔑の情の少しもまじらない、そんなレンビンの情はありはしない。私のアラビア人に対するただ一つの友情が、この優越感を底に持っていたことを私はどうにも否定できない。

その後、バグダッドから日本ゆきの飛行機に乗るまで、私はアラビア人が徹底的にイヤになった。まちを歩いて彼らと肩をならべるのがヘドが出そうなくらい厭悪感におそわれた。ホテルの一室にこもりきりにくらした。

いったい、すこしでも進んだ社会の人間が、すこしでもおくれた社会の人に接して、(進んでいるとかおくれているとかには、すくなくとも客観的な指標がある。)絶対に優越感を持たないで対することなぞできるのだろうか。たとえば、ソ連のフルシチヨフ氏は、アフリカのホッテントット族の人に対して、小指のさきほどの優越感も、軽侮の心情もなく接しうるのだろうか。そのようなことが、はたして、この人間に可能なのだろうか。

いささかの軽蔑の情も、優越感ももたずに、人は人とつねに接しられるのだろうか。

もし、不可能だとすれば、いったい、〝大衆のなかへ〟とか、〝大衆とともに〟とかのことばは、何を意味するのだろうか？

モスール附近で耕作する農夫

あの中国の人のはがきの一節は、いまもなお私の心のなかに、でんとあぐらをかいて、しじゅう、私をつき刺している。しかし、それにもかかわらず、私は、いまだに結論を見いだしていない。いったい、どうすればいいのか？

（一九五八・二・九）

作品評

―西独映画― この目で見たソ連

西独のカメラマンが、ソ連国内をかなり自由に駈け歩いて撮影した記録映画であるということに、すくなからぬ興味を感じてみたが結果は期待以上のものではなかった。しかしつまらない映画ではない。ソ連の都会、産業、国民の生活ぶりなどを、これほどくわしく描いた記録映画はこれまでなかった。その見方には、いままでナゾとされていた社会主義国ソ連の内側に、つとめて焦点をおいてみようとしている。日本版の字幕が(日本語説明版はみていない）それに拍車をかけていたのかもしれないが、かなり意地の悪い解釈も随所にある。しかしこれをソ連側で撮影し、かりに社会主義の繁栄ぶりを自画自賛するような映画になるよりも、われわれにはこの意地の悪い見方のほうが面白くみられる。

冒頭にでてくる、レーニン、スターリン廟に参詣する長蛇の列は、毎日早朝から、全国各地から集まった人たち、外国の旅行者たちがつめかけるのだそうだが、そのならんでいる無表情な顔がいくつも撮影される。製作者はこのへんで、何かの意味をさぐりだそうとするのだが、結局何もつかみえていないようである。無表情といえば、この廟の衛兵の交代するところの場面は、これがソヴィエト軍隊式というのか、ひどく印象に残っている。

百貨店にはたいていの品物があるが、高級なものはバカ高いという紹介。銀座通りのようなモスクワ市内の街をあるく人の群。ソ連は交通規則が非常に厳格にまもられていて、事故もすくないというが、なるほどそうである。地下鉄、高層ビルの大学、スターリングラードのトラクター工場。黒海の海水浴場、シベリアの石炭の露天掘り。カスピ海の海底から石油を採掘する石油の町。ウクライナ穀草地帯。モスクワ近くにいまだに残るロシア正教の教会の儀式。カザクスタンの蒙古人。タシケントの野天市場。マルカンドの回教寺院。最後の赤い広場のメーデー行進は、ニュース映画などでもよくみる場面で、とくにめずらしいものではない。

広大な領土をもち多数の民族をかかえ、多種多様の生活が同居しているソ連の大雑把なスケッチに終っているのは、外国人の紀行映画という製作条件のなかではやむをえなかったかもしれない。しかし事実を故意にゆがめているとか、無理にアラ探しをやっているとはみえないので、むしろそれは、かなり客観的な描写に終始しているといえる。

どこの生産現場に行ってみても、婦人労働者がきわめて多いことが目につく。それと夏休みに学生の集団がシベリアへ出かけて働いている姿など。このへんに社会主義国らしいふんいきが一通り感ぜられるだけである。

しかしまだ表面をなでているだけで、真髄をついているということではない。だからどうしても、めずらしい風物や民俗を探しまわるということになり勝ちである。

黒海北岸ゾッチの海水浴場

モスクワのレーニンスタジアム

モスクワ市内の一場面で、一人の外国人がカメラでこわごわ撮影しているところがでてくるが、その説明が何か要領をえなかった。以前はそういう撮影は許されなかったので、その外国人はいまでもその気持で撮影していると、いうことらしかったが、そういう場面をなぜわざわざ挿入したのか、意味がわからない。

黒海の海水浴場の山腹にある故スターリンの別荘だったらしい建物が、ワンカットだけ説明されるが、これも興味本位的ながら印象に残っている。

一時間半位の長さの映画には、社会主義ソ連という対象はあまりにもおおきすぎたようである。スケッチ的であると同時に、あれもこれも断片を欲ばってつめこんでいるので、中心がつかめないパノラマ映画になっている。そしてどの断片もが不十分な描写で、いままでわれわれが、新聞や雑誌で見聞していたものが、実際の動きになってとらえられているという以上の興味ではなかった。

現在のソ連社会主義を支えている新旧の対照など、むしろ外国人カメラマンがみた方が、くっきり描きだせるのではないかと思った。中心テーマをねばり強く追究するというような記録映画ではない。

海豹島の場面や、カスピ海の石油の町の場面は、ソ連でつくられた記録映画の場面を借用しているものである。余談ながらその記録映画「カスピ海の石油労働者」は、海底から石油の採掘をはじめるまでを多年にわたって収録したものであるが、この事実のすばらしさに、映画の方がやや圧倒されているようなものであった。

この映画をみて、ナゾのソ連もこれでだいぶナゾがとけたということの意義は大いにあると思う。そしてソ連にかぎらず、およそわれわれが簡単に行くこともできないし、知識ももっていない各国の産業や国民の生活をえがいた記録映画をみたいものである。

時実象平

「おふくろのバス旅行」と「きよ子ちゃんの日記」

厚木たか（シナリオ・ライター＝フリー）

藤原智子（シナリオ・ライター＝新理研）

――対談――

きよ子ちゃんの日記

編集部　はじめに『きよ子ちゃんの日記』から……。

藤原　前半、ねらいが、ボケてるところがあったけど、ああいう形で、自分の欠点というものに、きびしく対決していくものには、はじめてぶっつかった。児童劇に共通の欠点はありますけど、たいへん感心しました。

編集部　共通した欠点というのは？

藤原　芝居が、類型的なことです。

厚木　前半の責め方が、類型的・常識的ですね。いわゆる、いじめっ子式の責め方……。だけど、ひとりの人間の、たいへん重大な問題を、その人間の内がわから起させるようなものは、たいへん意義のあるテーマですね。

藤原　今でも、ああいったささいな事をとらえて、しつこいまでに、いじめるこどもの世界は変らぬものだろうかと疑問に思った。

厚木　わたしもそう思った。

藤原　逆に、隣りのレイ子ちゃんが、好意的だという理由がわからないんです。きよ子ちゃんの内部では、いろいろ相剋があると思うんですけど、そとがわの人間として、レイ子ちゃんが、狂言まわしみたいに出てくるんでなくて、もっと、なにかあっていいんじゃないでしょうか。

厚木　その辺が出てくれば、芝居くさい感じはなくなるかもしれないわね。おとうさんが転任になって、あの町に親しみがうすいというふうに設定されていた。それが一つの責め道具にはなってるのだけど……わたし、はじめ、都会の人間の優越感――それに対する地方の人の劣等感ということも、からみあってくるのかなと思ったんだけど、そうでもないんですね。ただ、髪の毛の問題だけで、一本調子に責めたてられてる感じで、親しみが持てなかったんだけど……。

編集部　あのちぢれっ毛の子をいろいろな子たちが、いろいろな形でいじめますね。そのいじめる側から描くということは、できないでしょうか。

藤原　今までの児童劇が、しばしば、そとがわの反省などで解決されてきたことが多かったと思いますが、あの映画は、小さな子のうちがわから問題に対決しようとしている描き方がしてあったので、逆にびっくりしたのですが……。

厚木　その辺がもうすこしからみあうと、ああシャニムニという感じは、なくなるかもしれませんね。……まあ、偶然に、一人の、めくらの子の姿にうたれて、絵を描くまでに育った気もちが、また、偶然に、隣りのおばさんの発言で、みんなの前に発表して、その気もちを、シャンとしたものにする、そのされ方に問題はありますね。

藤原　そとがわから解決する……それは一時的にはいじめたりしなくなるかもしれないけど、やはり自分自身の劣等感は、いじめられるからだけじゃないと思う。

編集部　いじめる側のこどもたちの問題は、たいせつじゃないですか。

藤原　すると、映画が根本から違ってくるんじゃないですか。ひとりの人間が欠点をどう克服するかというのが、あの映画ではテーマなんだけど、いじめる側が反省したりすることは、映画そのもののねらいが根本的に違ってくる……。

厚木　あの先生は、なにもしてくれないですね。いじめる子もいるし、中間派もいるだろうし、それを学校のなかで、全体に、……いじめられる側も、うちがわからふるいたたせねばならないし、ふるいたたせる気もちを育てる、その育て方が集団のなかで育っていくような、そういう描き方が、とくに教育映画では必要なんで、おまえが劣等感を克服せよということを、とくに、ひとりに責めるのでなく……からみあいというのは、その辺なんですけどね。先生も、なにもしてくれないし、隣りの子もただ遊んでくれるだけでね。東映の教育映画の典型ですね。『九十九里浜の少年たち』なんかは特殊だけど、問題の処理のしかたが個人的ですね。

編集部　この映画は、まあ、生まれつきのちぢれっ毛ということなんだけど、これから現実の問題として学校で起ってくるのは、混血児の問題ですね。混血児だと、

こうは簡単にかたづかないでしょうね。

厚木　善玉悪玉でなく、クラスメートがどう考えているかという問題……。

厚木たかさん

藤原　隣りの子が、まわりを説得するという気もないらしい。印象がひじょうに薄かった。集団のなかで起ち上ることは、その辺のところは、わたし、不勉強で、いまだに個人主義的なところからぬけきれないでいる。集団がどうしてくれても、自分の問題は、自分の問題として残ると思うんです。

厚木　しかし、個人はまた集団のなかの個人なんでね。きよ子ちゃんが、偶然に感動的な子どもにぶっつかった。そういうこともあるでしょうけど、ぶっつからなかったらどうなんだということがある。そういう話の裏に、すいて見えるような、集団の描かれ方がされるといい。むずかしい問題だけど……。

藤原　その点、わたしも、ものたりないと思ったけど、あの映画のねらいが、逆に個人の問題としてしぼられてるんだから……。そういう描き方はむずかしいでしょうね。

編集部　教育映画一般の問題にひきもどして考えてね。個人の問題だけれども、集団のなかの個人という関係で描かれないと……。

厚木　逆に藤原さんのおっしゃるように、東映以外の映画は、集団のなかでの個人の問題が、あまりに個人をぬきにしていたところはあるわね。

編集部　あるね……。

藤原　集団のなかですべてが解決できるようなものを、あまりに見すぎてきた。そんなものじゃないんじゃないかという疑問が、いつもあったんです。もっとそこには、個人同志の……個人主義をあれするわけじゃないけど、もっと葛藤なりがあって、そこへいくはずなのに、いつも、ふわっとした話しあいのなかで解決できる映画を見てたものですから……。

編集部　いま教育映画は、そのむずかしいところへ、きてるのじゃないですかね。個人を描くにしても、集団のなかの個人としての描き方……。

藤原　そういうふうに解釈していいのかどうか……そういう欠陥はあたっていると思うんだけど、それは次の段階であって、一度、個人の内面的なものにしぼっていって、それから次の映画ができていいんじゃないでしょうか。その意味でこの映画はかえる……。

厚木　いい方ですよ、東映のものとしては……。

編集部　あれを基準に考えて、東映の教育映画は、今後どうなってほしいかという問題……。

厚木　もうすこし学校へいったり、家のなかでいっしょにシナリオを書いたり、演出する人がいっしょに暮してもらいたい。

藤原　せっかく東映は上映組織をもってるのだから、もっと夢をもったものがほしい。

「きよ子ちゃんの日記」の一場面

プロダクションだより

日本視覚教材株式会社

○編集中「輪軸と滑車」一巻―構成杉田真○完成「昆虫の変態」二巻―演出樺島清一撮影、関口敏雄、「植物の運動」―一巻―演出樺島清一撮影鈴木喜代治、「日本の気象」―二巻―文部省企画(改訂版)演出岡本昌雄、撮影鈴木喜代治、動画村田映画製作所

三井芸術プロダクション

○完成「セメント機械」―カラー四巻―企画神戸製鋼所、脚本古川良範、金子敏撮影佐藤昌道「花と生活」―カラー二巻―企画外務省、脚本厚木たか、演出柳沢寿男、撮影植松永吉「道路標識」―二巻―企画三井金属鉱業、脚本演出尾山新吉、撮影城所敏夫○企画中「漁網と遠洋漁業」「都市計画と住宅問題」

三木映画社

○企画脚本執筆中、社会科教材「ゆうびん」「しかられて」(仮題)日映との提携「男性白書」(仮題)日映との提携○完成、「女のくらし」―三巻―「隣人を愛せ」

記録映画社

○企画中「オートメーション」企画横川電機「畑地かんがい」監修

編集部　今の新しい先生、つまり教育はこうなければならないと実際に考えて行動している働き手が学校にたくさんいるわけですね。おかあさんたちも考えている。それとは別のところで映画がつくられている感じだ。

「おふくろのバス旅行」

厚木　これは実話です。はじめ全視連が各地方の公民館用の社会教育映画として、リクリエーションが家庭の人間関係におよぼす影響をテーマに注文があった。そこで、今までの作家たちが、映画の社会性ということになると、話を外へ外へひろげていくものが多かったから、変ったものをつくってみようということになった。で、農家の人間関係をイロリばただけでやってみよう。「一枚の座ブトン」というシナリオを書いた。座ブトンがほかの人にはなくて、家長の座だけあって一枚座ブトンがある。だれもいないときにはほかの人もそっとすわるが、オヤジがくると、すぐそこから座をはずし口もきかずに、ひとつの家にいても、オヤジと青年は口をきかず、スレ違い、スレ違いの生活。それにおふくろは、オヤジの前へいったときと、カマドの前で火をふいているときは違うのね。ひとりの人間のなかでね。もう一つは農村のなかに新しい社会的いぶきが、婦人学級もあるしいろいろある。おかあさんも外では解放的な気もちになって笑いさざめいて話しあうが、家へ帰って、オヤジの前へくると顔の表情がちがって、筋肉がかたくなって話もしない、そういうのを書いた。ところが、演出の菅家さんが、イロリばたの芝居だけでは自信がない、やはりどこかにあった話を記録映画的にとりたいということで、そこで、仙台の鈴木道太さんのところへいった

藤原智子さん

のです。二、三の候補地を歩いたのち、仙台から一時間半ほどさきの村でこの話をきいた。これでいこうということになったのです。ところが、調査がズサンで、一晩で聞いてきたもんで、二人とも話をまちがえて聞いてきた。撮影の前にシナリオを送ったら、現地から話がちがうといってきた。あれやこれやで、菅家さんはシナリオを直しながら演出したのです。結局いちばん弱いのはシナリオで、わたしも責任を感じてるんですけど、プロダクションの予算のワクなんか、あまり考えずに、現地へもういっぺんいって、シナリオをコンクリートにすることを考えるべきだったと思います。

藤原　話の筋ですが、今のその間の経緯を伺ってよくわかりましたけど、農村の人たちは家のなかでしゃべらない。その辺のところはよく出てたと思います。たいへん印象批評みたいになるけど、ちょうど「ひとりの母の記録」と対照的な気がした。「ひとりの母……」は演出もりっぱですし、作品としてもアレですが、やはり観念的な気がしたんです。それに対して「おふくろのバス旅行」が、まあ最後の話などで、ホームドラマ的になっちゃったところもあるが具体的な問題にとりくんでいただいたという気がした。

厚木　全視連の映画だからこのくらいのワクのなかでという気もちがあって、もうすこし態度をチャンとしなければならなかったとあとで思うんですが……。

編集部　「ひとりの母……」のばあい、おふくろの生活を通じて、農村の構造的な問題を浮び上らせようとしているが、「おふくろのバス旅行」のような具体性をもったもので、なおかつ構造が浮んでくればもっとよい。全視連のばあい、そこまで考えないんですか？

厚木　そうなんですが……といってね。じゃ、オレのところもひとつバス旅行をやってみようかというふうな、簡単なことでもいいという程度に考えてつくった。じっさいにバスにのっけてみれば、また、いろんな壁にぶっつかり、問題は前進する。「ひとりの母……」はもっと根本的に問題を考えていくもので、これはその点はそうではない。

藤原　それは、全然、ねらいが違うと思いました。正反対の感じがした。

厚木　その点で態度が甘かったと思います。

編集部　それは両方とも……。「ひとりの母……」はもっと具体性があった方がよかったろうし……。

農林省企画畑地かんがい研究会○近々完成、歴史教材映画大系第一篇「昔の旅」第二篇「飛脚」

新理研映画株式会社

○完成「新しいまちづくり」（三巻PR）脚本藤原智子、演出斎藤益広「西本願寺まことの光」（二巻PR）演出下村健二「福井ダム」（三巻PR）演出島内利男「地下鉄」（二巻PR）演出原本透「村の消防隊」（一巻PR演出青砥隆幸○製作中「自然に搏くもの」（八巻自主）「御母衣ダム」第一部（五巻PR）演出田部純正「興国化学」（二巻PR）演出草間達雄「海上幕僚監部もの」（三巻PR）演出草間達雄「八戸火力発電」（二巻PR）演出原本透

日映科学映画製作所

○製作中（三月末現在）「サッポロ物語」（三五ミリシネスコ二巻）脚本演出奥山大六郎、撮影後藤淳「受胎の神秘」（三五ミリカラー二巻）脚本岡野薫子演出奥山大六郎、撮影後藤淳「昭和石油、四日市精油所建設記録」（三五ミリカラー）脚本演出下坂利春撮影佐藤登「石油と私たちのくらし」（三五ミリカラー二巻）脚本演出諸岡青人、撮影川村浩士「進みゆくビタミンB_1」（三五ミリカ

〔三十一ページ四段目につづく〕

藤原　具体性というよりも、あまりにいろいろな問題をもりこんで最初に観念的なものがあって、それにあてはまるものを積み上げていったという気がした。演出力・構成は、わたしなど及びもつかぬりっぱなもので、ひじょうにすぐれたものだし、ところが、卒直にいって、感動がなかった。整いすぎてる気がした。「おふくろ」の方はとても楽な気持で見終った。ひとつ感心したのは、農民の沈黙がよく描かれていた点。

厚木　あの村は東北でもおくれた村で、その点、おくれた面だけが出ているのじゃないかと心配してるんです。

藤原　青年の集まりで、多少若い世代がうごいてる感じはしましたよ。いままでの農村映画を見ますと、たいてい青年が新しいことをやろうとすると、年よりの反対にあう。それが青年たちの力で実現すると、年よりたちも、しかたなくそれを納得するというものが多い。その辺のところが、観念的でなく、なごやかな形で描かれたところが、気もちよかったですね。

編集部　さっきの厚木さんの話で、婦人会で聞いてきたことが、そのまま肉体化されないで、もやもやしたままでいる。そのことはいま、ひじょうにたいせつですね。婦人会だけでなく、むしろ青年たちとのかかわりあいのなかにあるでしょう。若い連中はよいことをいうとおかあさんたちが思っていても、うちへ帰ると、そうはいかぬ。その辺をわれわれは、もっと突込んで考えなきゃいけないでしょうね。

藤原　逆に集団から、個人のいろいろな条件へ——具体的な生活へもってくることが必要だという気がしました。あまり欲ばらないことですよ。

厚木　だけど、裏打ちされてないとね。

編集部　つくる前には欲ばった方がいい。

藤原　その辺の勉強は必要なんですけど、いつも見て欲ばらなければ、いいのになあと思うことがある。——この映画で、年よりと若い者たちの話しあいが積極的に行われることが出てましたけど、これは今まであまりなかった。

厚木　オヤジと話しあいができれば、わざわざバスにのっけなくてもいいんだけど、それができないから、突破口をつくろうとしてバスにのっけた話だと考えた。

藤原　実際問題として、ああいうもの（オヤジさんたちと青年の話しあい）ができないのが農村の現状ですか？

藤原　どういうふうにして会合がもたれたのでしたかね。

厚木　たいへん会合がうまくいってるような話なんですよね。会合をやるためにたいへん苦労したという話はなかった。青年はオヤジと話をしなければいけないと思ってるんですよ。オヤジの気もちまでわかってるんです。もっともそう簡単にはわからぬと青年にしかられたけど……。とにかくオヤジとは口がきけぬ。だから、おふくろを、その問題で、そこを突破口としたんですね。

藤原　あれは、現地の人々ですか？

厚木　ええ、みなそうです。演出はうまかった。

編集部　うまかった。ただ、ああいう映画を見るばあい、いつも感じるのですが、共通の欠点として、論理的には納得のいく映画ですよ、ね。ところが、あれだけの材料を、もうすこし感性的に訴えて、ジーンとくるような感銘を与えられないものだろうか。

厚木　むしろ、わたしの責任。シナリオの構成がよくないにもかかわらず、わりあい感性的なといい人がら……おかあさんなんかね。

★科学映画★

「死を運命づけられた人々の命のために」　ゲ・イワノワ

科学大衆映画「死を運命づけられた人々の命のために」は心臓障害の外科治療の分野での、ソヴィエト医学の最新の成果にささげられた作品である。

従来、心臓の疾患は、もっとも重くもっとも危険なものとされ、医者が病人に心臓疾患を認めればたいてい、病人の先は長くないことを意味した。しかし、現在の外科医術の発達は、かつては空想と思われたことを、すばらしい現実に転換させた。これには技術だけでなく、ぼうだいな知識と、科学者たちの豊富な体験が必要であった。

それだけではない。鼓動する一塊の筋肉——人間の心臓を手にするには、大胆さ勇敢さと人間に対する深い愛情がなくては不可能である。この新しい映画の構成の基本は、心臓疾患に苦しむ三人の病人の実際の「医学的運命」である。そして、これらのできごとは、わが国のもっともすぐれた専門家であり科学の功労者であるア・エヌ・バクリョフ教授、ア・ア・ヴィシネフスキー教授、ペ・ア・クプリヤノフ教授のところで実際に行われた手術である。この人たちは、また、この映画の重要な登場人物となっている。映画製作者たちは強い調子で、微妙に、そして興味深く、かれらの不安、苦心などを描いている。

きわめて危険な手術をした重病の娘の母親と話しているクプリヤノフ教授の顔が思いだされる。へやに一人居残ったかれが、凍りついた窓にちかづいて行く。かれの全身に、かれの歩みに、ものを考えこんでいるようすがうかがわれる。それにひきかえ、娘が命をとりもどしたと知るや、その顔はなんと喜びに輝くことであろう。これは一場面であるけれども、病人のイグナーシャ・クニャージュがバクリョフとヴィシネフスキーに対して、念をおすように「すこしも痛くないって、ほんとう？」ときく。教授たちは威厳のある口調で、「ほんとうだ！」と答える。私たちは不安をもって外科医たちの作業を見まもり、かれらといっしょになって病人のことを考え、心臓がふたたび鼓動をはじめると喜ぶのである。

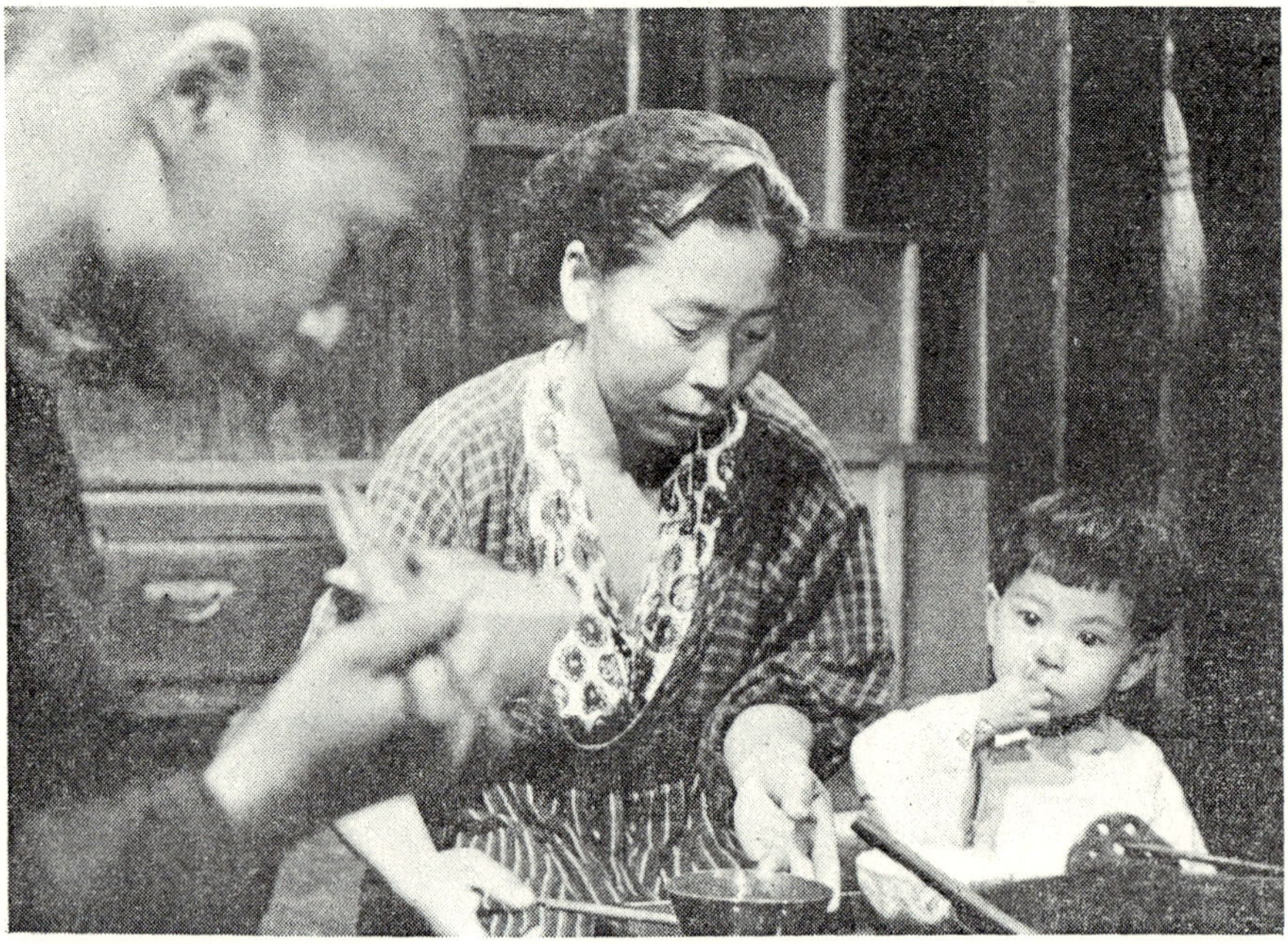

いい人がらをつかまえて感性的なものに訴えてる。でもそれにしては、せっかく、あれだけの人をつかまえてるんだから花火のシーンでもうすこし夫婦の色気が出たらよかったと思う。あのオヤジさんの妹さんが死んで花火の日が葬式だったんです。農家として葬式にいかないのはたいへんなことですよ。花火は一日しかないので、葬式にいかれてはたいへんなのでシャニムに連れてった。だから、こうしてくれ、ああしてくれとあまりいえなくて、たいへん苦労した。それにしてはよくとれてた。

藤原　ひじょうに素朴な感じがした。話もそうだけど演出も…。ただ、やはり、気になるのは青年団の集りとかいうものです。それが描き方がいつも同じ、たいがい、ガリ版を刷ってて、はだか電燈の下で公民館に集まる。それは事実としてそうなんだけど、もうすこしなんとか……。

編集部　それはやはり都会生活と違ってバラエティがないから、だいたい、きまったような形なんだが、作家としては、そういうなかから、いろいろなものを拾ってこなければいかんでしょうね。

藤原　もっと身ぢかなところでそういうことが……。

編集部　会合でも、ほんとの会合のふんいきが出れば、会合そのものも、じつにおもしろい。

厚木　日本の民族文化のなかにも、いろいろいいものがあるけど、農村のなかにあるなんともいえない人間的なもの、そういうものがまだまだありますね。

編集部　では、この辺で……。ありがとうございました。

映画が物語っている三つの困難な手術――ペ・ア・クプリヤノフ教授のところでは、肺動脈に血液を送らない心臓弁の摘出が行われる。ア・エヌ・バクリョフ教授は心臓を拡大し、ア・ア・ヴィシネフスキー教授は、血液の一部が心臓を通らず迂回して肺臓に達するような人工輸血路をつくっている。もちろん、それは、複雑な手術の百分の一にも及ばぬきわめて簡略な解説である。映画製作者たち、脚本のヴェ・モルドヴィノワ撮影のペ・ペトロフは、この手術の真意をまげないように、すべてを幼稚なものにしないように、独創的な方法で、簡単に、一般にわかりやすく、同時に観衆の興味をひきつける作品をつくりあげている。

スクリーンの白い画面いっぱいに、人間の心臓があらわれる。見たことのない人の目には、その構造を判別することすらできない。ところが、とつぜん、それは図解に変り、器官の略図が示され、心臓がいかにつくられており、いかに活動するかが一目瞭然と示される。解説者の声が、わかりやすいことばで、心臓の活動における常規の逸脱とは何か、正常な活動を妨げるものは何かを説明する。ついで、外科的処置が、どれほど罹病の原因を除去するかをみせられる。アニメーション線画法により、病気の性質と治療法についての明快な描写がある。

とくに、大きな手術に際して、若干の病院において行われている診断法が、ふたたび写しだされる。これはギポテルミヤとよばれ、体温を三三―三四度まで下げる人工的組織冷却法である。

映画は、二つの病院の平凡な日常生活を背景に描かれる。バクリョフ教授、アンドレーフ教授を製作顧問に、製作スタッフは、撮影以前に、ソヴィエト医学アカデミー胸部外科研究所附属病院の活動と生活を見学し、約五十の手術、夜間病人の寝直、実験室の研究等にも立会った後、撮影をはじめた。

映画には不十分なところもあれば、なんとなくぎこちないところもあるが、映画の特殊性はけっして印象を低下させない。製作スタッフの創造的大成功である。

（世界映画資料同人訳）

現場通信

下水へもぐった話

小泉　堯

つい二三ヵ月前まで、小河内ダムの一四〇メートルからの足場をよじのぼって、膝から下が、がくがくしてフヌケのようになる目にあったが、こんどは、東京の下水道へもぐりこむということにあいなった。

「第三の男」「地下水道」をはじめ、下水道の場面は、すでに人に知られており、おもしろいなと思っていたが、さてもぐりこんで見て、これはたいへんなことになったと思った。東京の下水道は、パリやロンドンのようではない。天現寺あたりでは、トラックが通れるくらい広いが、幹線である飯田橋や赤坂、虎の門あたりでは、人間が三人ならんで通れるくらいで、ほぼ流速二メートル五〇ぐらいの下水――台所・大小便その他いっさいの水が流れている。深さは時によって違うが、ヘソあたりまでくることもある。色彩映画なので、ライトをたくさん食うが、入口のマンホールは、ご承知のとおりの大きさなので、五キロを入れることができない。すべて三キロ編成である。そのうえ、ずんべらぼうのトンネルだから、ライトの隠し場所がない。これにはシッポをまいた。

そのうえ、臭い。ミソもクソもいっしょのにおいがする。ライトのコードはそのなかをはわせ、三脚もそのなかに立てるので、地上へ引き上げると、東京都民の排せつ物がいっしょについて上ってくる。しばらくは、うちにいても、においが鼻について困った。

下水道が完備しているのは、東京都の旧市内だけで、大東京も、人間が生きていくための設備では、とても話にならぬおくれかたである。軍艦を買って、それでハワイへ出かけていくよりも、人間のすまいの方へ、もう少し金を使ったらどうだと、下水道のなかで考えた。ゴムの、魚河岸のあんちゃんなどの着る、胸まであるズボンをはいて、毎日ザブザブと歩いていたら、スタッフはみんな、腹をこわした。冷えたのである。

「忘れられた土地」について

野田真吉

わたしはまえまえから、僻地と大都会の二つの場所で、いまの社会のうんだ両極点の場所で、集中的にあらわれている社会矛盾を記録映画で描きたいと思っていました。「忘れられた土地」は僻地をとりあつかったものです。

僻地と大都会は、それ自身が資本主義社会のうんだ矛盾です。両者の外的な条件はまるで反対です。自然的地理的条件も、経済、文化の点でも、僻地は疎外され、大都会は集中する。その現象的なうごきはまるで反対ですが、実はそこに、最大利潤の追求を目的とする資本主義の本質的な法則が二つの反対的なうごきを規定しているのだと思います。だから、都会には集中の矛盾が、僻地には疎外の矛盾が、おのおのの条件のなかで貧困としてあらわれています。

そのような意味で、僻地というものを、たんに、自然的な条件や地理的条件のみで意味づけることはまちがっていると思います。もちろん、その条件も一つの要素ではありますが、主要な要素ではなく、その土地の生産にかかっていると思います。その土地が多くの利潤をうみだすか、どうかにかかわっています。どんな山奥でも、たとえば大きい鉱山などのあるところには、たちまち町ができあがり、交通がひらけます。

ダムの工事などでも、普通ならやらないような工事をしてダムを建設します。黒部渓谷のダムをつくるためにほられている長野県大町から現場へのトンネル工事などもそうです。同じような事実を、わたしはこんど、「忘れられた土地」をつくるために、青森県下北半島の北端の部落へ調査にまいりましたときに、みました。その部落は、まったく文字どおりの僻地です。バスも通らず、医者もいない。昔ながらの磯船とスキをもちいて半漁半農の暮しをしている。沿岸漁業の不振と人口の増加は出かせぎを唯一のたよりにしてジリ貧の生活をつづけています。

映画を一回みにいくためには、三十キロもはなれた町まででかけなければいけません。それには一泊二日を要するような土地です。

ところで、わたしのいった部落と隣部落の間にある山々には、石灰岩の豊富な鉱床をもっています。戦前、小資本の会社の手で採石していましたが、輸送手段の不備などで、時をえず、事業はつぶれてしまいました。戦後「日鉄」が鉱床の有望なのに目をつけ、開発にのりだしました。土地の人々は働き場のできることに大きい期待をよせていました。

いよいよ、開発に着手ときまると会社は数億円を投じて、採石から搬出まですべて機械化しました。国や県の補助金をえて、さらに隣部落の海岸に築港をたちまちのうちにつくり、船で直接、室蘭の工場にはこぶようにしました。土地の人々の期待はうらぎられました。鉱石をつんだ長い貨車をひいて、ディゼル機関車が、海岸を土地の人々との生活と何の関係もなく、はしっています。このきびしい光景の前で、わたしは「忘れられた土地」の忘れられるわけをいまさらのように知りました。僻地はいまや自然的な、地理的な条件によってのみよばれるものではなく、資本主義社会の社会的な、経済的な条件によって、忘れられた土地であることを意味するという

ことです。

こんどの「忘れられた土地」(東京フィルム作品)で、わたしはそうした観点で僻地の問題をとりあげ追求してみたいと思っています。できれば、つづいて、都会の「忘れられた人々」をもつくりたいと思っています。

"人災"「ミクロの世界 ―結核菌を追って」

杉山正美

結核菌が食菌された後も細胞のなかで増殖するという研究報告をたよりに、研究所にはいって、それの撮影を始めたのは十一月も終りに近かった。

染色標本で報告されたものを生態で映画に記録するには顕微鏡下で観察にたえるような小さな培地しかも長期間培養できるような培地を作ることが必要とされた。

今まで、結核菌の培養は自力でやりとげてきたわたしたちも、細胞の培養には手も足も出なかった。培地作りは、研究所の先生が引き受けてくださったので、わたしは先生の手伝いをやり、手のあいた撮影の助手さんたちがガラス器具の洗浄・つまり、研究所の助手さんのお手伝いをすることで、しごとは始まった。

モルモットの腹のなかにブドウ糖の注射をして、三、四日してから、細胞を取り出す。

細胞を取るには、そのモルモットを犠牲にしなければならない。キイキイと哀れな声を出して逃げまわるモルモットのえり首をつかまえて、その頭に無残な一撃を加える。何べんやってもよいものではない。

哀れなモル君は、その一撃で簡単に昇天してしまう。すぐ解剖台に乗せて、その腹のなかから細胞液を取り出す。

無菌室で細胞液をカバーグラスに附着させて、培養液を入れて標本を作る。一回の実験に人手の少なさも手伝って、五日から七日間かかってしまう。

何回めかの実験がうまくいかなかった後、それがどうやら培養液のPHに原因していることがわかった。りちぎな研究所の助手さんは、すっかり神経質になってしまっていた。これはガラス器具の洗浄を人にまかせたからだ、自分の責任だ、こう思いつめた助手さんは、ガラス器具の洗浄は、いっさい自分がやる、今まで使用していた器具はもう一度洗いたいから、二週間ばかり実験を停止してもらいたいといってきた。

PHの変る原因を先生が調べてみると、培養液のなかにはいっている重曹が変化するためであることがわかった。しかし、ガラスに附着しているアルカリも原因することがあるので、あの人のいうとおり、二週間の余裕を与えてください、という話だった。

わたしたちは、この期間を人災と名づけることにした。詰ったスケジュールのなかで二週間もとられてしまうことは、たえられない苦痛だった。しかし、その期間をできるだけ短くしてくださいという以外に、何とも方法はなかった。

人災が終った後、わたしたちは、それをとりもどそうと、懸命に努力した。研究室の借用期間、十二月までの約束を一月十五日、二十日、二十五日と延ばしていた。

しかし、そのころから、先生はあまり協力的でなくなってきたことに気がついた。そして、学会の報告の研究をそろそろ始めたいから、という申し出を受けた。人災はどうやら、わたしたちだけが受けたものではなかったらしいことに気がついた。(筆者・演出担当)

現場通信

(二十七ページ最下段「プロダクションだより」のつづき)

ラー三巻脚本加藤松三郎、演出樋口源一郎、撮影川村浩士「気象と火事」(三五ミリ白黒二巻)脚本岡野薫子、演出荒井英郎、撮影川村浩士「カナマイシン」(一六ミリ白黒二巻)脚本加藤松三郎、演出飯田勢一郎、撮影弘中知則○企画中「液体酸素の話」(白黒三五ミリ二巻)脚本演出中村麟子

岩波映画製作所 ○完成「五十万の電話」演出矢部正男「新しい建築軽量型鋼」演出樋口源一郎「新しい厚板工場」演出伊勢長之助「古代の美」演出羽田澄子「法隆寺」羽仁進○近日完成「小河内ダム」演出岩佐氏寿「国鉄のディーゼル化」編集岩佐氏寿「ガード・レール」演出京極高英「肝臓」演出渥美輝男

日本映画新社 ○撮影中「愛知用水」―四巻―演出西沢豪「花ひらく愛知紡」―二巻演出苗田康夫、撮影稲垣邦浩「黒部峡谷第二篇」演出西尾善介、撮影藤田正美「水道」―三巻―演出落合朝彦、撮影中村誠二「その後の夫婦」―二巻演出太田皓三、撮影藤洋三「富士TV建設記録」演出大峰晴、撮影山田武朗○編集中「アフリカ横断」演出編集伊勢長之助・大峰晴、撮影林田重男・今村俊輔「国連と共に」演出中村敏郎○編集準備中「日本の工業地帯」(二巻)演出西沢豪、撮影橋本正「トーヨー工作機」(二巻)演出落合朝彦、撮影橋本龍雄○撮影準備中「東北の農村」―二巻―演出中村敏郎「大阪火力建設記録」演出大峰晴

ワイド・スクリーン

WIDE SCREEN

○…機関誌創刊、おめでとうございます。おいおい先輩各位のシナリオをのせていただくことができたら、どんなにか勉強になるでしょう。（深江正彦）

○…機関誌にシナリオをのせていただきたいと思います。とくに、優秀なもの、あるいは未熟でも問題になるようなものを。映画化されたシナリオでも、討論や作品の鑑賞や各自の創作活動に参考になりますし、もし、未発表のシナリオでしたら、なおさら結構です。そのシナリオを映画にする会社がないとしても、発表の場があれば、みんなの参考にもなりますし、よい作品が生まれる刺激にもなりますので勉強をするかいも生まれてくるでしょう。（河野哲二）

○…機関誌をみんなが自分たちのものとして主体的に受けとめ

これを守り、育て、自分たちの切実な声と意見で充実させていくよう努力しましょう。私は機関誌が常に私たち作家の真剣な論争の場となることを希望します。さしずめ私の見解を容赦なく批判するような論文の現われるのを期待しているのですが。（松本俊夫）

○…ありきたりな機関誌でなく会員相互はもちろん、広く記録映画に関心を持つ人々にも寄与するものにしていただきたい。

内容についての希望。……優秀作品のシナリオや理論的実践的研究の発表論文、海外記録映画界の動き、連続式の記録映画講座のようなもの。（楠木徳男）

○…映画——なかでも記録映画の部分が、そのおかれたきわめて窮屈な社会的、経済的条件とそれらの媒体をとおして表現がなされなければならない特殊な環境のなかで、多くの個人芸術（文学・美術）などの分野にみられる自由な発表と、創作方法の検討の開花にくらべ著しくそれらの活動が沈滞していることは、あるいは一面の理由がないでもない。機関誌「記録映画」の発展が、その沈滞の打破に大きな力となることを、期待したい。（日高昭）

○…機関誌「記録映画」の前途を祝します。問題のシナリオを掲載してください。普通は日の目をみない記録映画のシナリオを。（勝田光俊）

(1) 協会と協会員をつなぎ研究の場として——

協会と各プロダクションをつなぐものとして——

協会と大衆を結びつけるものとして発展していただきたい。

(2) ことしこそ、真の意味の「作家活動前進のために」のスローガンを実行するために、各研究会の討論を活発化し、その前進を機関誌が援助すること——研究会を機関誌が開くくらいに。また記録映画の基礎あるいは発展のしたじをつくるため全会員の意見発表をこの機会にとりあげ討論することなど、どうでしょう。各職場からの意見も出してほしいと思います。

(3) 理論だけでなく（素材シノプレス）等ものせてほしい。（島谷陽一郎）

○…がんばってください。ご苦労多謝。（八木仁平）

このページは、協会会員と・読者観客諸氏のための広場です。ハガキ一枚程度で、さまざまのご意見・ご感想などなんでもお寄せください。今回は、創刊号なので、読者からの通信はありませんが、どしどしお書きくださいますよう。（編集部）

編集後記

たいへんおそくなりました。

申しわけなく思います。なにぶん、編集委員と称する者たちが、すべて、映画をつくっているスキマを縫って、ああでもない、こうでもないと、慣れぬしごとをやるのですから……というふうなイイワケはやめにして、とにかく、おそくなってすみません。

できばえについては、とやかく申しますまい。批評家と小じゅうとの充満している作家協会のことであるから、こっちがとやかくいうよりも、待っていれば、さんざん、とやかくいってくださるであろうなどと、委員一同タノシミにしております。

ただ、次のことを申しあげておきたい。

この雑誌は、記録映画の問題だけを扱うのではなく、教育映画も児童劇映画も人形映画もマンガもP・R映画も——つまり協会員のやっているしごとのどれをも、とりあげていきたいと考えています。しかし、慢然と、その全部をとりあげていくとアブハチとらずになる恐れがあるので、ある号では、科学映画が大きな場を占めるだろうし、ある号ではアニメーション特集ということになるだろうしというわけで、創刊号は、だいたい記録映画に重点を向けました。しかし、記録映画の方法——ドキュメンタリーの方法は、どのジャンルの映画においても、たいせつなことであるので、つねに一本そうしたスジを通しておかねばなるまいと考えています。

会員にはさまざまの人がおられます。理論が好きな人もいれば、リクツはとんと、ぐあいがわるいが、現場であった奇怪な事件なら書けるという人もいます。

そのどちらの方々も書けるような欄が、ちゃんとつくってありますから、お好きなところへお書きください。現場からのたよりはとくにお待ちしています。ただし、ガリ版刷りでなく、市販であるということは、いままでの会員同志だけの公報でなく、世間に対して、いままでより以上に責任をもつことであり、また、世間の人びとに、わたしたちのしごとをわかってもらうことでありますから、いわでものことですが、お含み願いたいと存じます。編集委員たちもそのつもりでカクゴをきめてがんばっております。なお、会員には、器用な人たちもたくさんおられるはずです。カットを、たくさんかいて、ひとつ、カンパしていただけませんか。

現場だよりには、できれば写真をいただけるとありがたいのですが……。

なお、会員外の読者諸氏の投稿は、むろん大歓迎です。ただし、協会は、ひどい貧乏でありますので、当分、稿料などをさしあげることができません。みなさまのご支持によりまして、稿料が出せるような状態へ、なんとかして持っていきたいと考えています。

さて、二号三号の準備で、委員はすでに、てんやわんやです。エライコッチャ。いまのうちに、できるだけ、ああしたらどうか、こうしたらどうかという知恵を、会員諸氏は、気楽に、お寄せください。

次号をおたのしみに……といいたいが、ウマクいくかな。（岩佐）

★カットは、本誌発刊の遅れをおわび申しあげる岩佐氏寿君。（吉見の発案）

記録映画 第一巻 第一号
昭和三十三年六月五日 発行
定価七十円
編集人 教育映画作家協会
吉見 泰
東京都中央区銀座西八の五
日吉ビル内電話(57)五四一八
発行人 人久保 正太郎
発行所 日本児童文庫刊行会
東京都千代田区神田神保町三の一七
アルス内
電話(33)三四二九・三七七七
振替 東京 一九五二二六

昭和三十三年八月二日国鉄東局特別扱承認雑誌第三〇九号

教育映画作家協会編集

記録映画

THE DOCUMENTARY FILM

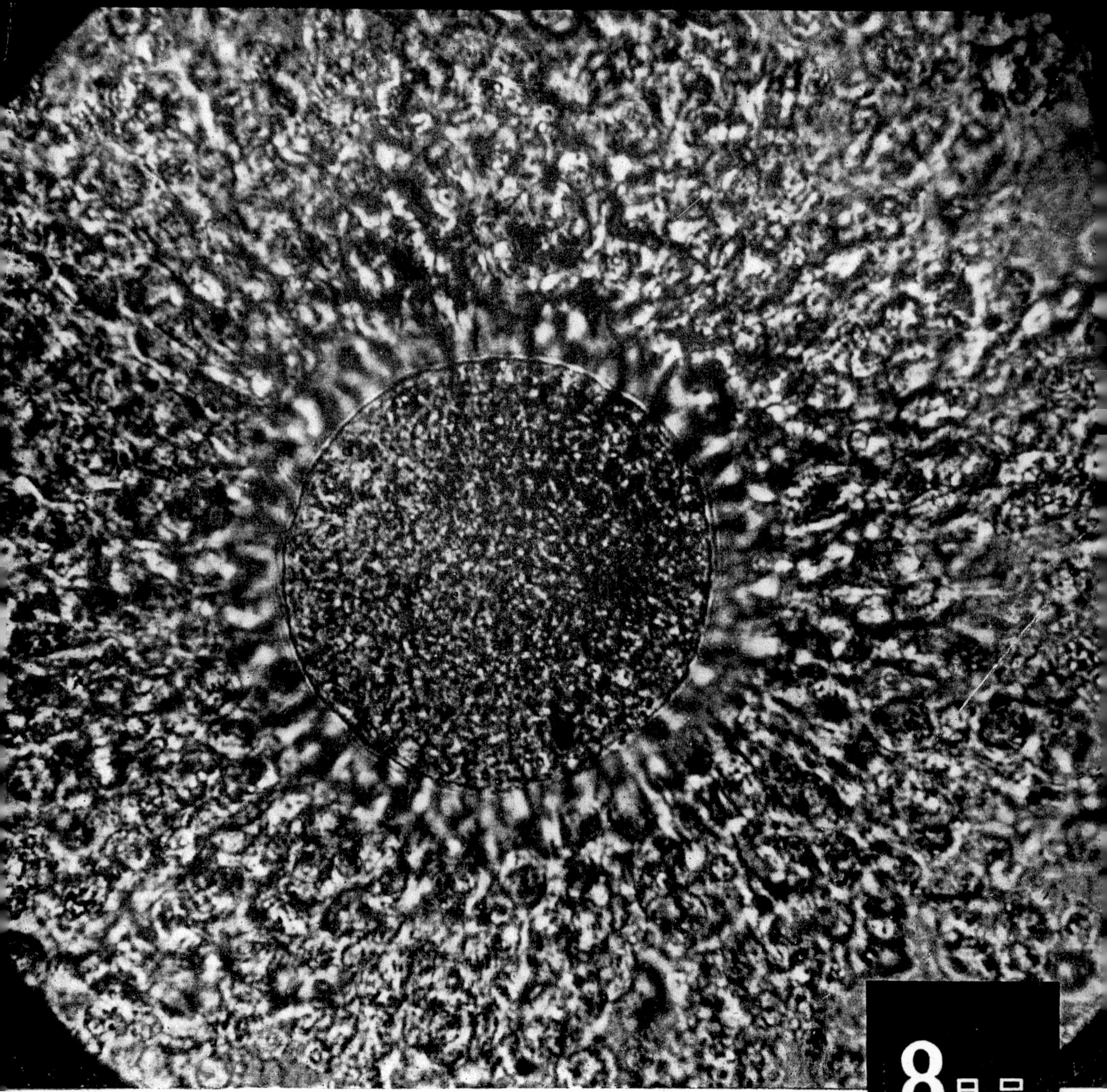

受胎の神秘

8月号

カット・朝倉 摂

記録映画

1958 8月号

第1巻 第1号

時評

非選定映画をめぐって

最近また非選定映画がにわかにふえた。「どこかで春が」(奥商会・新映画プロ)「千羽鶴」(共同映画社)、「季節風のかなたに」(東映)、「つづり方きょうだい」(東京映画)がそれである。非選定ということは教育上おもしろくないということだ。しかし「どこかで春が」は所謂、問題児を暖かい目で見つめながら、その環境の問題をついた作品で、一般の人々には「良い」映画として迎えられたものであった。さきに非選定となって問題となった教材映画「漁村」も、社会教育映画「子供の目」等々も、一般には「良い」作品だと評価されたものであった。こうしたズレは前大達文部大臣の手で犠牲となった「月の輪古墳」以来、連綿とつづいているようだ。

文部省の教育映画等審査委員会による、この審査のされ方に就ては製作会社からも深刻な疑義が出ている。選定、非選定は今や作品の売行きに関係する程の権威を持ってきているからだ。

「月の輪古墳」事件以来、審査委員は文部大臣による任命制となったが、それ以後、審査結果に就ての疑義は絶えない様子である。

所で、審査というものは、たとえ審査規準があっても結局は、その人の主観的判断によることになる。「視聴覚教育」誌（一九五七・七月号）の、審査委員と製作者の座談会を見てもそのことがよく分る。

従って、映画教育の面で経験深く、また芸術について鑑識眼のゆたかな人で、多数の幸福という点で、多くの人々から信頼され得る人――そうした人々によって民主的に判断されないと、審査問題は作品の売行き、ひいては普及に影響するのだから、問題はただごとではすまなくなる。

最近、上からの道徳教育問題がやかましくいわれているが、もし、上からの意中の人が任命されて、一方的に、「権威」ある審査が行われるようになつたとしたら、国民の多数の不幸であり、問題は一層重大となる。

表紙の写真

太陽ではありません。排卵直後の卵子を顕微鏡で拡大したもので実物10分の2㎜です。〃受胎の神秘〃奥山大六郎演出、日映科学映画製作所作品。

もくじ

★時評……(3)
★戦後の記録映画運動(2)……吉見 泰……(4)
―教育映画製作協議会の運動を中心―
★実践的前衛記録映画の方法……渡辺 正己……(6)
★「ミクロの世界―結核菌を追って―」の製作始末記……岡田桑三……(9)
★記録映画はブームなのか……小島義史 その他……(12)
★海外だより
東欧の人形劇映画……川尻泰司……(14)
★現場通信
ロケセット……豊田敬太……(16)
赤石の山峡……苗田康夫……(16)
いろり学級……松岡新也……(17)
★プロダクション・ニュース……(18)
★新作紹介グラフ……(19)
★ワイドスクリーン……(24)
★コンティニュイティ
「忘れられた土地」(三巻)……野田真吉……(25)
★書評 吉見 泰 松本俊夫 岩佐氏寿
★編集後記……(38)

戦後の記録映画運動 ②

——『記録教育映画製作協議会』の運動を中心に——

吉見　泰

㈠

記録映画「米」の創作について

前号に述べたメーデー記録「メーデー——一九五二年」にひきつづいて、一九五二年の秋から一九五三年の春にかけて作りあげられたものです。メーデー映画の製作とは違って、これは第一映画社という教育映画の小プロダクションで企画され、製作費はそのプロダクションがスポンサー映画の製作費をやりくりして捻出したものです。しかし積極的なテーマでの記録映画をという狙いは、メーデー映画の製作と同じ方向を目指していました。

製作費の関係で、スタフは、脚本、演出、撮影の四名。種々検討の結果、農地開放、山林開放のはげしい斗いで有名であった長野県の南佐久郡を選んで、その地帯に入りました。農民諸君の生活の実状とその斗いをうつし撮り、その映画によって広く世の中に訴え、斗いの前進に役立てようとしたのです。当時は、一応完了した農地改革の後、それに取り残された貧農の不満が醸成され、激化していた頃のことです。

スタフは地域の青年団や農民団体を通じて、農家の間を泊り歩き、農作業を手伝いながら、農村青年や農家の人々との話合いをはじめました。農村生活の真実を理解するためには、作家の側からまず、農村の生活の中に入り、作家自身が農民の立場を身につける訓練を積まねばならぬ、(毛沢東の言う、プチブル出身作家の人間改造)という思想の実践をはじめたのです。同時に映画などは自分たちには縁のないものと思いこんでいる農家の人々を相手に、映画を農民の要求と斗いの発展のために役立て、「映画の力を農民自身のものにする」ということを理解してもらう話合いを進めて行ったのです。「映画に出るのは美男美女、こんな真黒なきたないババを撮ってどうするのだ」という、山村の婦人会のおばさんたちとも話合いを進めて行きました。自分たちの生活を記録して都会の人たちに見てもらうという所までは話合いは一応進みます。しかし、都会からひょっこり入りこんで来た「よそ者」に、自分の家の暮らしの実情や部落の事情など、所謂、農村の真実を、最初から安心して胸襟を開いて語ってくれるような人はいません。農民団体や青年団の幹部を摑えたり、農協に飛びこんだり、そういう手ずるのない所は村長や村や部落の有力者の筋から部落から部落へ入って行くわけですが、そうした最初の入り方の筋道の如何によっても、調査の内容が左右され、真実を摑むことの困難さにスタフは一再ならず当惑してしまいました。部落や村の旦那衆の筋から入った時は、話合いはますますうわっ面の話になります。村や部落の封建的な関係が根強く残っていて、話が当りさわりのない所でとまってしまいます。しかし少しずつでも道を切りひらいて行ったのはスタフの誠意以外のなにものでもありません。これは俺たちの味方らしいと次第に思ってくれるようになったわけです。しかし限られた二、三ヵ月の間ではついに最後まで貧農層の中にまで深く入りこむことはできませんでした。日本はせまいと言われながら、見ず知らずの農林地帯に入りこんで、部落から部落へ話合いを進めて歩きながら、農村は限りなく広すぎると痛感したことです。食生活の違い、生活環境の違い、人の気分の違い——それに馴れようとするだけでも気ずかれでくたびれ果てるのに、深入りすればする程、複雑な封建関係や土地問題にぶつかり、それをどう整理して、どう理解して、表現すれば良いのか、壁につき当るばかりでした。大ボス、小ボス、部落の中にはかり知れない摩擦ばかりです。しかしそれが事件や現象となって形の上にはなかなか現われてくれません。大ボスや小ボスも、階級関係もただの概念の域を出ないのです。しかし日常の生活の奥の方では、そうした人間関係や階級関係が、日常の出来ごととして顔を出しているのです。けれどそこまで分け入って、その現実をうつし撮ることは全く不可能です。スタフの目の見えぬ所でしか起らない出来ごとだからです。人が近ずけばみんな取りすましてしまいます。

こうした中で、スタフは、すぐれた作家はまた同時に、すぐれた組織者でなければならぬという経験を身をもって体験しました。貧農諸君の不満や要求を聞くためにもまた更にその生活を撮影し描写するためにはいっそうのこと、その貧農を守る防衛態勢を組織しなければならなかったのです。そうでなければ権力者からの圧迫を恐れて貧農は真実を語ってはくれないし、ましてカメラの前に立ってはくれません。その人を守る部落の人々の団結が弱まると、権力者による誹謗と脅しの離間策が虚をついて来ます。この離間策と斗うには農民諸君と

スタフが常に一体となる団結力を広く深く組織しなければなりませんでした。取りあげるテーマや課題が階級間の利害に深く結びついたものであればあるほど、この斗いは深刻なものになるし、摑みうる真実の深さ（また、作品を貫くリアリズムの深さ）は、そうした斗いの力関係を如実に反映するものだということを痛感しました。そして農民諸君と作家・スタフの間の団結力の深さは、両者の信頼と相互理解の深さであり、そのためにこそ真に農民の立場に立ち得るだけの、作家自身の人間改造の問題が要求されていることを痛感したものです。

こうして、スタフの得た創作方法上の訓練はまことに貴重なものがありました。そして或程度深く、農村の真実に近ずきながら、しかし、作品は、農民の要求とその訴えのとりあげ方が性急で、全体として形象化が不充分で、問題の提示が左翼的なはねあがりの印象をまぬがれず、不評を招き、経済的にも失敗しました。作品の形象化が不充分であったという、もう一つの原因は、農村一般を向うにまわして、農村問題と真向うから取組んだ点にもあったようです。そして複雑な農村生活を描くには、毛沢東の「農村調査」が、その対象を一戸一戸の農家を単位にしたように、われわれもまた、一戸の農家を単位にとりあげ、その生活の中に、農村の諸矛盾の反映を見てとるのがいいのだということをスタフは肉体的に学んだものです。

いずれにせよ、この作品は失敗作だったというものの、むつかしい農村記録映画への突破口を開いたものとして高く評価さるべきものだと言われます。

㈢

「京浜労働者」の場合

こうした経験を経て、一九五三年二月、前号で述べた日映作家集団と新映画作家集団とが中心になって、「記録教育映画製作協議会」が結成されたのです。反戦、平和を目指し、国民の色々な要求、そしてそれに基いた色々な運動と結んで、その記録映画を製作、活用して、平和と幸福を求める国民の斗いの前進に役立てようとして結成されたのでした。そしてその頃は、ほとんど窒息状態にあった記録映画を、広く国民的な支持の上に発展させようと、記録映画運動の推進体となることを期したのです。

結成と同時に着手した、その第一回作品は「京浜労働者」です。さきの「米」とは対照的に、京浜地帯の組織労働者の統一のために映画を役立てようとしたのです。

はじめ、製作費は無一文でした。一九五二年メーデー記録の経験を生かして、統一を訴えつつ、各単位組合から資金カンパを求め、生活の実情や要求に就て話合い、それに基いて作品の構成案を固めて行くことにしました。しかしそれだけでは、事態はなかなか発展しませんでした。しかしやがてここでも生かされたのは映画を生活の斗いに奉仕させるという経験と思想です。

京浜地帯は当時、横須賀の米海軍基地を控えた、日本有数の大工業地帯です。そしてその頃、米駐留軍施設に働く人々の労組（全駐労）をはじめ、金属、教職員、造船、官公労等々、この地帯の殆んどの労組は首切反対、賃上げ、或は平和のための教育防衛などの斗いに突入していました。それはすべて、日米講和条約後の再軍備政策の強行を反映した、首切り、労働強化、平和教育の破壊に対する反対斗争でした。この作品が企画されたのも、軍事基地を控えた、日本の代表的工業地帯での労働者の斗いを記録し、戦線統一とその前進に役立てようとしたのです。

作家たちは、班を組んでは各労組の斗いの中に入り、映画を斗争の教育宣伝活動、組織宣伝活動に役立てるよう訴えてまわったところ、各組合ごとに製作実費を出して、その組合の斗いを記録して行くことになりました。各組合の映画による斗争記録運動は次第に広まり、それによって各労組間の統一行動が組織されついには京浜地帯労組による初の統一メーデーにまで発展しました。そして作品もまた、この統一メーデーを頂点とする各労組の斗争記録の集大成という形で完成したのです。

この間、スタフは交通費と弁当代だけ、全くの行動費だけで労力奉仕をしました。

こうしたスタフの犠牲的な経済出血をもとにして、記録映画運動は、少しずつ、国民の間に進展して行ったのです。

一九五三年の中央メーデーの記録は五二年の時よりも、映画人側も、また労働組合側もより広く、より大きな組織（メーデー映画製作委員会）で撮影、完成されました。

こうした記録映画運動は、岡山県の一山村にも影響を与え、「月の輪古墳」を完成することになりました。一九五三年の夏に製作をはじめ、翌五四年二月に完成したのですが、この「月の輪古墳」は、運動の面から見ても、作品の面から見ても、記録教育映画製作協議会による記録映画運動の一つの頂点を築いたのです。

（つづく）

（教育映画作家協会委員長）

現代日本の映画

岩崎　昶著

「その思想と風俗」という副題がついているが、映画の思想史的な側面が強く打ち出されている。とくに「序、暗黒の歳月」―九・一八から八・一五―は、この本の中では、重要であって、著者の具体的な体験を通して書かれている。いわば自己批判を媒体としてこの期間の映画史が語られているので、迫力がある。ずるずると戦争に引きずりこまれて行った日本の映画を手きびしくかえりみることで今後の教訓にもしたいといったふうな意図が見られる。本題に入ってからも、そうした態度はくずされていない。東宝争議前後から、独立プロの興廃にかけての部分は、いままでの類書の中で最もくわしいし、岩崎氏はまた最もよく知る立場にあった。厳密にいえば、なにか、もうひとつ、奥歯にものがはさまったような感がないでもない。しかし、戦後十年夢中だったけれども波瀾万丈だったなと思うし、いままた日本映画は、難しい時期にさしかかっていることをひしひしと感ずる。記録映画の運動にふれられていないのは残念である。　岩佐

中央公論社・四百円

実践的、前衛記録映画の方法

渡辺正己

〔I〕

絵巻物の構図は、奇妙である。それは、作者の視点が、空中からの腑瞰の移動によっている事である。この、非現実な、作者の視点を、時代的・社会的なもののイデオロギー的反映という観点から説明づけると、これは、仏教の理念に関連しているのだという。

諸行無常。覚悟して、仏様のいる辺から俗世の人間の営みを、眺めているわけなのだろう。

絵巻物の空間が、時間を契機にしている事から、映画との関連が、云々されているが、この、作家の、非現実な位置、という点に於て、身辺に発表される、記録映画の大概が、絵巻物と、切っても切れない関連を示している、といえない事もない。

社会科学的な観念が、仏教の理念に取り替った事はあっても、作者の姿勢は、どうだろう。俗世のボン悩を解脱して、腑瞰の仕置から、俗世の営みを、解釈しているように、感じられてならないのだ。

仏様と、ボン悩で、ドキュメンタリーと、アバン・ギャルドを区分するわけではない。けれど、俗世を生き、内部のボン悩と対決する中で、人間を把えようとする試みが実践されるとすれば、それは、アバン・ギャルド芸術の方法によらねばならない事は確かだ。

初期のピカソを、ユングが分析して、精神病医としての断定を下している一文があるが、これが、アバン・ギャルド芸術の方法を、代弁しているみたいで、面白い。

かれは、ピカソの作品を手がかりにして、その、冥府の青に彩れた作品の主題は、外部の世界に散見する性質のものでなく、他の世界から探り出しているものだ、という。ピカソは、自己の内部の、意味深い洞窟の中へと下降し、意識下の世界に、間断なく相剋し合う、生命と抑制とのドラマを追っているのである。作品に現われたこのドラマは、ピカソの内部世界の分裂が、予断を許さないまでに緊張し、運命的な破局を暗示している、のだそうだ。しかも、解説によると、ピカソがその後、共産党に入党した事件も、予測しているのだという事である。

内部世界に向かっていた、アバン・ギャルドの眼が、外部世界にそそがれる時、芸術のアバン・ギャルドは、ただちに、政治のアバン・ギャルドに、転化するという、花田のテーゼを、ユングは精神分析の場から、すでに、いっているようだ。

しかし、ピカソの運命的な破局がどのような契機で実現するのかを、ユングはいっていない。サドールは、二〇年代のアバン・ギャルド映画も分析しながら、美学のアバン・ギャルドが必然的に、政治のアバン・ギャルドに転化するものだとはいえないといっている。花田は、内部世界と外部世界をつなぐものが、実践以外には、あり得ないといっているが、私は、ひどく悲しく、子宮から子宮へとさまよっていたダダのアラゴンが、決然、夜の闇の中から、フランスの起床ラッパを吹きならした事を思い浮べる。歴史的・必然的な契機が、そこに介在しているに違いないと思う。

それならば、第一次大戦を契機にして、アポリネールは、果して、政治のアバン・ギャルドに転化し得たであろうか。アポリネールはその方法に於て、アバン・ギャルドに多く貢献しながらも、その創造の実践に於て、いささか、アバン・ギャルドとは質的な違いを示しては、いないだろうか。

外部世界と内部世界との関連の仕方は、精神分析の手をかりていうならば、社会的抑制とフラストレーションに至る過程である。この内部世界に於ける、疎外された自己の発見は、アバン・ギャルドの質を決定する。内部に於ける、自己と抑制の関係を、二つの極として創造の実践の上に把える時、矛盾は、変革の主体としての自己の、発展の契機として浮び上がってこよう。内部を媒介にして、外部世界を把える地点はこれ以外にない、と私は、考える。

自己の解体を、危機として意識した松本俊夫が、アバン・ギャルドの方法を、記録

映画に於て展開しようとした事に、だから私は、共感する。

だが、自己疎外を、社会的抑制の側からも問題にしうる、第二次大戦後のアバン・ギャルドは、その方法論を打ち出すにあたって、アバン・ギャルド芸術の成立しうる、外部の状況をも同時に、問題にしなくてはいけないのだ。つまり、五〇年代の、アバン・ギャルドが、二〇年代のそれと、異なる点は、これが、内部と外部の、連立方程式として提示されている点であろう。

再び、ピカソを例にすれば、かれが、内部に深く下降しえた、文字通りの、背景があったわけだ。ユダヤ系の財団が、描写力の並々ならぬ、このピカソに、投機的に投資し、このかけに勝ち、しこたませしめたわけである。あるいは、ピカソが、ゲルニカ以上に、前衛的であり得ない由縁がまた、この辺の事情との関連に於て、明らかにされるべきだと、私は考えてもいる。

わかりにくい。スタイルがキザだ。花田のエピゴーネン。松本俊夫の前衛記録映画論に、聞いた範囲では、かなり批判的な意見が多いが、これは、ほとんど問題の外である。ただ、松本が、これを、実践的な場の問題を含めて、論じなかった点についての不満には、答える必要があろう。

二〇年代の映画のアバン・ギャルドを引合いに出す場合には、如何にして、彼らがアバン・ギャルドで、あり得たのか、という点を、同時に考察するべきなのだと思うのである。

〔Ⅱ〕

二〇年代のパリで製作された、シュール・レアリズムの一連の映画を、プチブル・インテリゲンツアの、敗北的・逃避的傾向と規定して、この提出している問題には無関心の、いいいレアリズム批評に対して、アバン・ギャルドとドキュメンタリーを統一する所に、新らしいレアリズムを発見してゆく方法論の場からは、これが、重要なプログラムの内に、組み込まれる。

ジエルメーヌ・デュラック、ルイ・ビュヌエル、ルネ・クレールなど、どこかで知った名の人々によって作品が発表されている。

これは、ルイ・デュラックの主宰する、シネ・クラブの組織の中から生まれている事に、私は注目するのだ。これらの、映画美学を推し進める、いくつかの実験的作品は、パリのインテリの観客と、批評家を結ぶ、一つの組織を母体として、始めて、生まれているものである。

われわれは、あらゆる美学的関心というやつが、美と道徳を、どれほどの虚偽にみちびいたかを知っている。髪の長さは、知性の力と生殖力を示すだろうなどというほどだ。あらゆる美学的乃至は臆病なきまりへの、職業のすぐれた馴れにむすびつく完全な侮蔑だけが新らしい社会的条件に役立ち、それを引立てうるのである。（マン・レイ）

ジェルメーヌ・デュラックの「貝殻と僧侶」は、ロートレアモンの所謂、解剖台の上でコウモリ傘とミシンが出合ったような美的な作品であるという。この美学は、物体の象徴機能のフロイト的判断から成立っている。

おそらくは、ビュヌエル——ダリの「アンダルシアの犬」に共通の美学でもあったに違いない。

不合理の論理にまで自己を高める事の出来ない、あれらのごくそまらない理屈屋ども。「ボードレール」のそしりが、これらの作家の頭上にふりかからねば、幸いというものだ。

メキシコ政府の資金を得て、青少年の不良化問題を取り上げたビュヌエルの「忘れられた人々」は、身辺にある記録映画や教育映画とは、まったく別のほり下げ方をしたものだ。そこでは、メキシコにある階級的コンプレックスが、その外的状況と共に画き出されているではないか。だが、しかし、アバン・ギャルドと、ドキュメンタリーを弁証法的に統一した所に発見した、これが、新らしいレアリズムの作品であるかといえば、断じて、そうではない。内部の状況を視覚化する技法を、この作品からとりのぞいたら、暗い表情のビュヌエルが腕をこまぬいている姿が残るだろう。矛盾に変革の主体としての自己の発展の契機として対庶する方法を持たない、旧態依然の、シュール・ドキュメンタリストに、かれはすぎないように思われる。「サドの眼」の中で針生一郎は、これを、社会主義レアリズムの作品だなどといっているが、とんでもないはなしである。

話しを二〇年代にもどそう。冥府の闇の中に相剋する生命のドラマを、超現実の方法で視覚化しようとした、純芸術的な試みである、シュール・レアリズムの映画の推進母体であるシネ・クラブは、映画製作と批評活動に、ますます活動を進めると共に

いくつかの上映館を持つ、強力な組織になってゆく。

だが、この運動は、二七年頃に、消滅する。ちなみに、これは、トーキーの企業化した時でもあり、映画製作のコストの暴騰し、いよいよ強力な資本の裏附けなしには映画製作の不可能となった時でもある。

クレールが商業主義のプログラムの中に組み込まれたように、フォトジエニイやリスムもまた、技法としてこの中に組み込まれて行ったのだ。

この反商業主義の地盤の上に立ってこそ、純芸術的な主張が、実践されたのであり、そこに、かろうじて作家の主体性が発見しうるのだと思う。松本俊夫の論に、この観点がないので、ドイツの表現主義の映画だといわれるカリガリ博士を、アバン・ギャルドのレパートリーに数え上げる事になったのではないか。

デクラ社を主宰していた名プロデューサー、エリッヒ・ポンマーが、商才にたけた多作家のロベルトウイネールに精神病院のはなしを、患者の幻想というスタイルで画く事を命じた間の事情は、サドールの映画史が紹介している。これは、ベルリンの市街を、旋風のようにひっくり返していた、表現派の進出から、ポンマーのはじいたソロバンである。しかも、この映画は、ドイツ社会民主党の機関紙「フオリベルツ」によって賞讃されているのだが、何とフオリベルソとは前衛という事だそうだから皮肉なものである。

ドイツのアバン・ギャルドは、アブストラクトにその面目を発揮しているようだ。ハンス・リヒターは、おそらく、立体幾何学要素からの抽象構成を発展させて、金属的空間に至る、ロシヤの構成主義のテクニックを軸にしているみたいだが、作品はむしろ、モダニズムの音楽に近く、主題は現代。「リスム二一」等、年代のつくリスムをスクリーンに造型した後、政治を欲する、と宣言してロシヤに渡り、反ナチのアバン・ギャルド映画を作ったという事である。

「ベルリン…大都会交響曲」に、キノ・グラーズの手法を応用したワルター・ルットマンは、別にこのナチ帝国に住みづらくもなかったと見えて、ゲッベルスのために色々とドキュメンタリーを製作し、フランスに進軍するヒットラーの装甲自動車隊を讃えた「ドイツ機甲部隊」を発表して、安眠したという事である。

政治のアバン・ギャルドに転向しえない美学のアバン・ギャルドを、アバン・ギャルドの質の問題としてだけでなく、映画の場合には特に、これを成立させる外部の条件としても考えなくてはならない。

〔Ⅲ〕

新らしい映画はまづ、フロニカから始められねばならない。

そして、このフロニカは、ソヴェトの変革の、歴史を記録しつつ、歴史と共に発展してゆく、労働階級の世界観を、主導理念にし、労働階級の政府の援助の下で、当然、アバン・ギャルドが結実するべきであった。

キノ・キーは、ライトを否定し、メイク、アップも、俳優も、スタヂオも、演出の一切を否定した。そこにあるものは、事実。その記録だった。墓の上で悲嘆の涙にくれる家族を撮影するために、草叢の中に、望遠レンズを持って待期する、といったわけだ。これは、一〇年代の末に於ける劃期的な出来事であった。

カウフマンが、皮のジャンバーにハンチングを反対にかぶり、決死の表情で、オートバイにまたがり、すわ、発車の寸前。かれの、そのハンドルの上にパルボが落ちないようにセットされている、一枚のスナップ。ヴェルトフの、カメラを持つ男、の撮影風景である。

このアバン・ギャルドが、眼の前に展開する、旧いものの崩壊の中に産声をあげる新らしい現実の姿に、対決する事だと、両手をあげて、ロマンチカに溺れてしまい、その現実の表面を、突っ走って行ったのは残忍な事だ。

あらゆる発展の過程には、矛盾が含まれているのであって、この人達こそ、記録されねばならない、まさに、歴史を創り出しているのはこれらの人達なのだ。といった場合に、これを、芸術的に実践する事は、パルボを積んだオートバイを空っ走らせる事ではなかったはずだ。

野田争議実説、山宣の告別式、第十回メーデーの記録。に記録された人達は、確かに、歴史を創り出してゆくべき人達の一部だったに違いないが、日本のプロ・キノの運動もまた、歴史的な事象そのものが、レアリティであり、その記録がそのまま、芸術であるような考え方をしていたのではなかろうか。

映画同盟の種々の具体的プランは、金がないために活動が思うように出来ないという結論にからみつかれている。だが、プロレタリヤ芸術の活動について金がないという事は、問題にならない。金がなければ、集めるがいい。そして金を集める方法は、具体的活動そのものだ。フイルムを作れ。それを映写せよ！　一切は実行だ！　という批判が、上映組織の強化の方針を生む。

だが、政治のアバン・ギャルドが、そのまま、芸術のアバン・ギャルドに変貌するような事はない。写真映画の組み立てという制限が、更にわれわれを苦しめ、すべての作品が公式的、説明的、暗示的で、具体的に生きいきと描かれていない事。そして早くも、題材の取り上げ方が固定し、観察が皮相になり、プロ・キノ映画に一種のマンネリズムを生んでいる事。という批判、絵巻物の作者の腑瞰の視点との切っても切れない連関に対する批判は、他人事でない。

そして、この運動が、内部から壁をこわすより以前に、ファシズムの思想統制により、組織は解体を余技なくされたのである。芸術的にはともかく、政治的にアバン・ギャルドであったこの奇妙な芸術運動を支えていた、上映組織に、前衛記録映画の基盤となるものがある事は、確かだろう。

宿題。記録映画製作協議会の解体の原因を、まづ明らかにする事。

（フリー助監督）

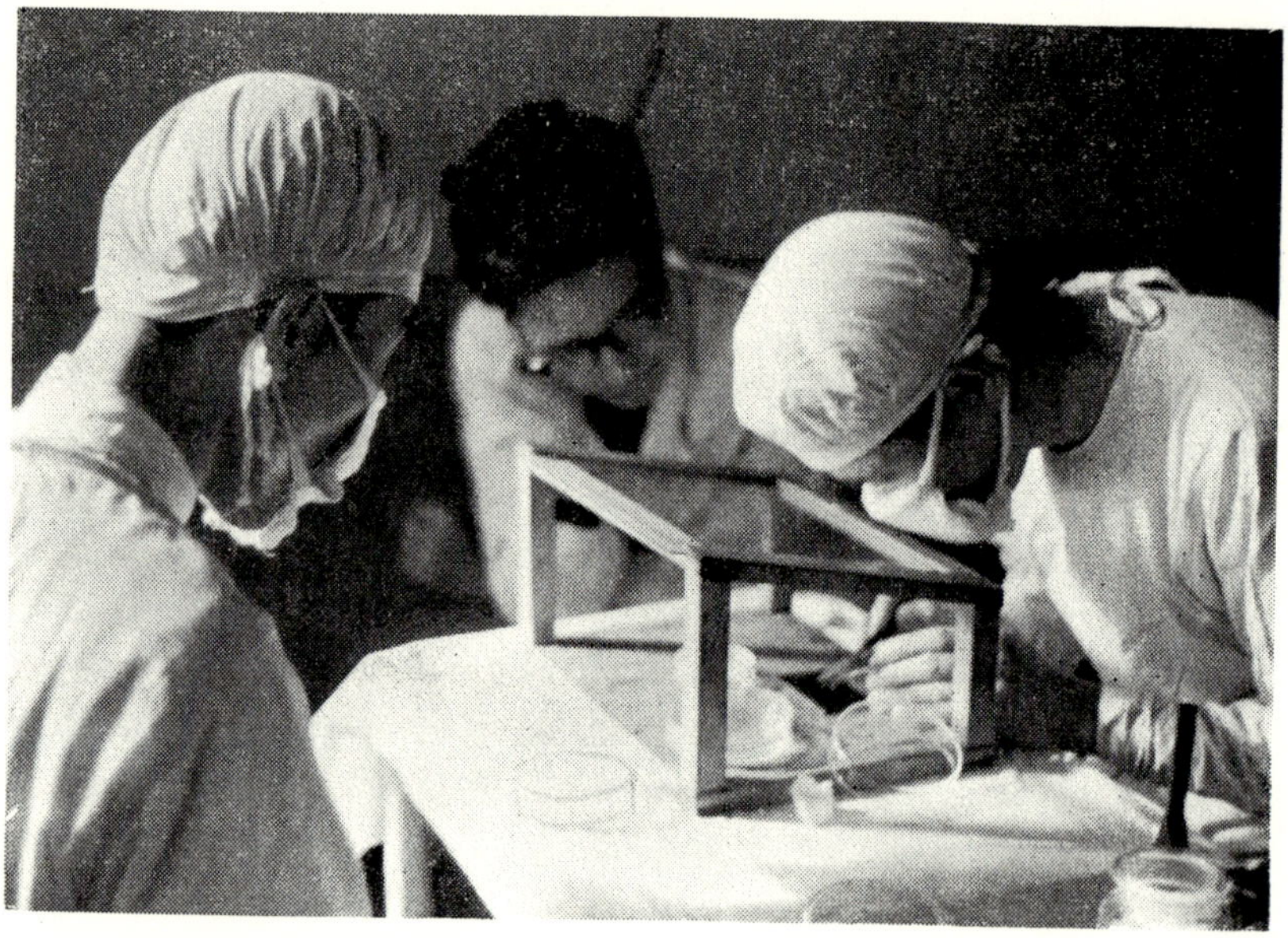

『ミクロの世界――結核菌を追って』の製作始末記

岡田桑三

私たちがはじめ吉見泰と小林米作と――「結核」をとりあげて見ようかということになったのは一九五六年の六、七月でした。

今また、結核についての映画をつくるとしたら、これまでに作られた内外の作品から、なにか前進したものでなければ意味もないし、第一おもしろくもない。

それに私たちの持ちあわせている技術や、機材を有効に生かすことも考えなければならない。

では、どんな取りあげ方がいいだろうかというので、八月、九月と考えを練った。十月にはいって、専門学者の意見を求めることになった。

私たちの最初の台本は今までの作品ではまだ十分につかまれていなかった結核菌の本態をさらに追求して、結核の化学療法の考え方の発展を追って、結核療法についての正しい科学的な知識を求めようと、結核菌と生体細胞という二つの生命の世界のたたかいと、科学が積み重ねつつある化学療法という第三の世界との関係の仕方をつかもうと思った。

それで、私たちは東大医学部衛生学教室の豊川行平助教授、国立公衆衛生院の衛生微生物学部長染谷四郎博士、国立予防衛生研究所化学部長の水野伝一博士と、予研結核部**BCG**室長の室橋豊穂博士等と数回の会合をもって企画案の検討をやった。それから東大医学部の他の部や、伝研等の専門学者の意見を求めて歩きもした。その間に教えられた海外での最新の最も優れた結核菌と食細胞に関するいくつかの研究論文を選んで、その飜訳版を作ることもしなければならなかった。

こうして十月の下旬には吉見が第一稿「第三の世界――結核菌に挑む――」を書きあげた。そして、この作品のスタッフ編成について討議の結果、演出は大沼鉄郎、杉山正美の両君に共同してもらうことに決った。

一方、この仕事に欲しいいろいろな機材類をライツやリヒターから大急ぎで取りよせなければならないので、輸入元や通産省との折衝。それにさきだつ金ぐりについては銀行の諒解も肝心だった。

それと平行して、十一月になってからは大沼、杉山も加えて学者たちとの検討を重ねて、だんだん撮影の輪郭もはっきりしてきた。撮影基地をどこに置くのがいいかについての決定もしなければならないので、公衆衛生院か、予研か、それとも伝研がいいかと、スタッフと学者側と両者でいろいろ考えあった末、十二月になって予研結核部にお願いして、お世話になることに決まった。本も十二月はじめには第三稿がかたまった。正式には一九五七年一月からスタッフ六名が予研結核部の実習生として、結核部長柳沢謙博士の指揮下に入って、結核菌と取り組むことになった。

暮から持ちこんだ機材とともに、一九五七年正月の仕事はじめの日から、予研結核部実習生として、スタッフたちは先づ結核菌の培養からはじめることになった。

一月、二月、三月、そして三月の末にはスタッフの手で顕微鏡用フィルム寒天培地で人型菌の培養がいったんうまくいくようになった。次にスタッフは、こんどは化学剤と菌とのテストに入ることになり、四月五月、六月と、この間、パス、ストマイ、ヒドラジッド、アイナG、カナマイシンについて、いろいろテストして、できるだけのデータをそろえることをやった。

その一方、六月から七月、八月はじめまで、スタッフは仕事の間をみて、手わけして新しい知識を求めに歩いた。阪大医学部結核部長堂野前教授を訪ね、京大結核研究所の門をたたき、岡山大学医学部平木教授のもとへ食細胞学術映画を見せてもらいに行き、北上して東北大学抗酸菌研究所に結核菌の超薄切片の電子顕微鏡像について、

そのミトコンドリア等についての調査にも行った。また慶大医学部の五味教授に訊ね、結研岩崎部長に聞き、そうして結核菌とその顆粒の問題、菌と毒性、耐性菌について菌と喰細胞との関係、等々いろいろな研究、実験の知識を深めて帰えり、協議し、シナリオ構成の検討をくりかえした。

七月末、人型菌の顆粒の動きを前より大分はっきりととらえることができた。

八月はじめ大分、現実に即した撮影用台本「結核菌に挑む」ができあがった。

七月、八月、九月、十月、十一月下旬までかかって、人型結核菌の生長――単孤菌の生長、顆粒の動き、菌の分裂、コロニーのコード状増殖等の撮影が、その間、大半を徹夜の連続で、幾多の失敗を繰り返したあげくに一応あがった。

しかし、はじめに机上プランで考えられた結核菌と化学剤との関係は、なんとも人間――といっても映画的なものを要求する私たち――の希望的な思惑のような動きや変化を菌は見せてくれなかった。長い時間をかけてデータをいろいろ集め、ずい分とテストをくりかえして、やってみたのだったがどうにも、こんどの作品ではこの点は最後までうまく行かなかった。

また、スタッフたちは八月ごろから細胞の培養もいろいろと手をかえ品をかえて、やって見ているのだったが、この方も思うにまかせなかった。

このころ国際酵素学会に出席のため在京中だったソヴェトの生物学者オパーリンに、ソ連で最近、製作されたという「生命の起源」の科学映画についてきくため、同博士に面会を求めたところ、明日離京するという十月三十日朝、宿舎の山の上ホテルに来いとのこと。話をうかがったところ、シュネイドロフ監督作品で一九五七年にできてはいるが自分はまだ見ていない。モスクワに帰ったら連絡させましょうとのことだった。（つい最近、モスクワのソフ・エクスポルト・フィルムの副総裁からこの映画について手紙がきた。）

予研での撮影が、はじめの予定をはるかに超過して、思いの外に長びいたので、十一月下旬で、撮影基地を清瀬の結研に移すことになった。

十一月二十五日から結研で菌と食細胞の撮影がはじまった。十二月中には、先づ多核球の食菌の撮影からやりだして、単核細胞の食菌まで撮影できるだろうという見とおしだった。正確にいえば、そんなふうに撮影がはかどることを希望したのだ。

はじめ、この仕事にかかった時にはこうまで厄介なことになろうとは、また、こうまで長引くとは考えなかった。しかし、そうかといって今となってはここで打ち切るわけにはいかない。

人型結核菌の単孤菌から分裂し、増殖していくようす、菌の生長と、顆粒の動き、コロニーの生長、増殖しながらのコード状のうねりと、これだけでは、学問的な価値はともかく、科学普及映画作品としてはどうにも始末がつかない。この仕事にかかってもう十四、五カ月もたってしまったが、結核菌をせめ、細胞に文句をつけたってはじまらない。なんとか今年中に食細胞と菌とのからみあいを、ものにしたいものだ。なんとか作品としてのかっこうをつけなければならない。製作者の心の中でのあせりをスタッフにそのままぶっつけるわけにはいかない。

十二月にはいっても、ミクロの世界には節季も師走（しはす）もあろうはづはなく、暮の三十日までスタッフはがんばったが、人間の定めた暦の区切は通用しなかった。

一九五七年中では、この映画撮影の成果を作品としてまとめられるところまではとうていいかなかった。一応きめた年末いっぱいというラインは空しく消えて、明くる年の正月も撮影を続けるより、しょうがなかった。

一九五八年の正月六日、撮影を開始した。十二月いっぱいで、というのをスタッフと話しあって一月いっぱいに延ばしていたので、この一カ月でなんとか勝負がつくようにひたすら祈っていた。多核細胞と菌とのからみ合いのいくつかのカットが、この間に撮影されたが、ラッシュを見てもどうもまだ、これでは、これだけ時間をかけてしまった仕事としては、なっとくいかない。一月末、結研を引きあげた。

二月三日、清瀬の国立らい研究所に撮影基地を移して研究部長義江博士、菅原博士に食細胞と結核菌撮影の指導を願った。今度が勝負だぞと成功を心に念じる。

二月六日、単核細胞の食菌撮影がうまくいきだした。

二月七日から毎日毎夜づっと連続して、単核細胞の結核菌の食菌が、次から次へと捕えられはじめた。その間、絶えず現像所からあがってくるラッシュを次々と見た。徹夜に徹夜が重なってスタッフの疲労がつのるのとは逆にこうなると製作者の最後的な意欲は増してくる。ここでがんばらなければ！

毎日、日に何度か、らい研の撮影現場と電話連絡が繰りかえされる。最後のなけなしのフィルムを、――もうとうの昔、切れてしまっている許容、――こんな時、そんなことをいってはいられない。この好条件、チャンスの続く限り、培地の細胞と菌の生きの根のある間は、菌と細胞とのたたかいを追い、その行きつく先きを見とどけ写しとらなければならない。ミクロの世界と人間の意志と努力とのたたかいでもある。スタッフもよくがんばりにがんばって、そしてついに二月十六日の朝まで細胞と菌とが共に全く死に果てるまで、最後のカット七〇時間の連続撮影で、終止符を打った。その間、現場と何度も電話で菌と細胞の状態、変化をきく。みんなが、出せるだけの力を出しきったかたちで……。

菌と単核細胞のいくつかの主要なカットが捕えられだした頃、たまたま中外製薬の上野社長から「現在、撮影中だと聞くが、その結核菌の映画を、私の方にスポンスさせないか。作品はそのままで内容について

は一切干渉しない。」という申し出が伝えられた。

その前から、まとまった総ラッシュを見ていただくことにしていた田宮猛雄先生に二月十五日――最後の撮影はまだ続けられていたが――フィルムを未完成のまま試写して御覧いただいた時、中外製薬社長の申し出について、ご意見をうかがって見た。田宮先生は昔から上野十蔵氏をよくご存じで、理解のある人だからお受けになってもいいでしょうとのこと、スポンスを受ける腹をきめた。田宮先生から、いろいろいいご助言をいただく。作曲のため松平頼則氏にも見せる。

二月二十二日緒方知三郎先生に試写して見ていただく。その後、お話をうかがう。三月十七日、撮影終了の午後、スタッフは吉見、小林、杉山、渡辺で研究室へ田宮先生をお訪ねして再びご助言を受ける。

三月一日、編集済みのフィルムを朝日新聞科学部の半沢、奥田氏、学芸の森本氏等にプレヴュで見てもらう。早速、朝日が科学欄でとりあげてくれることになった。コメントについてのいいアドヴァイスを受けた。

三月六日朝、加納竜一、岩崎昶、小倉真美氏に試写を見てもらいコメント作成上の助言をもらう。その日の午後は細菌学会の幹事の学者たち――秋葉、緒方、山本、川喜田、沼田、牛場、矢追、清水、岩田、荒川の諸先生――が見て下さった。細菌学会での試写きまる。

三月九日、コメント決定のための試写。岩崎、加納、小倉氏が参加して吉見に修正意見を出す。

三月十日、ラジオ九州音楽録音。

三月十一日、テレセンでコメント録音。東大豊川助教授に立会っていただく。半徹。

三月十五日、コメント一部録音訂正。

三月三十一日の英語版録音までの間、製作につき、いろいろお世話になった学者たちに幾度か試写してお見せすることも仕事だった。

この映画を製作して、私自身教えられたことを誌して、この始末記を結びたい。

まことに単純、且つむかしからいい古るされたことかもしれないが、なにをするにも、ことの大小、軽重を問わず、努力し…努力して、ねばり抜くということ。最後の瞬間まで、なんともつらいところをがんばり抜くということが、できるかできないかの別れ道だということ。

この映画は、一九五八年七月十七日から二十七日に開かれる第九回ヴェニス記録映画及短篇映画祭の科学映画部門に参加出品することになった。その科学映画部門、学術映画部門に参加する作品は、パドヴァ大学で十月末から十一月初めにかけて催される第三回国際科学学術映画祭に出品される。

それとは別に、八月二十四日から九月十四日まで開催のエジンバラ国際映画祭に出品する。

また、日本も教育映画製作者連盟として今年から入会することになった、パリに本部をもつ国際科学映画協会の年次会が、今年の当番国、モスクワで（九月十日から十九日まで）開かれる。この総会中に国際科学映画祭が行なわれるが、これに「ミクロ」出品をモスクワ科学映画撮影所からすすめられて出品することになった。

（株式会社東京シネマ製作者）

集団製作の近代化

『芸術の創作』（中山書店 芸術心理学講座3）

この書物のなかの「創作の技術」という項で映画の創作における集団製作の問題が扱われている。（担当執筆者岩佐氏寿）

総合芸術としての映画は、各スタフによる集団製作によるものだが、その集団のあり方ないし集団製作のあり方は社会的な条件によってそれぞれに性格づけられるものだとして、まずその分析からはじめている。ソヴェートのような社会体制のもとでの創作集団は企業の資本的制約というようなものからは自由だが、資本主義社会でのそれは、企業資本の制約のもとにあるといった工合に整然と分析される。映画という芸術ほど社会の下部構造に直接つながっているものはないという観点からの分析である。

日本での集団製作の特徴を、その内容は前近代的、形だけが近代的と規定、しかも企業資本の強い制約のもとに置かれてあるとする。そして、かっての東宝争議の端緒となった集団製作の民主化運動や「どっこい生きてる」、また記録映画での「米」や「月の輪古墳」「一人の母の記録」における集団製作の経験を引用しつつ、集団製作の近代化、民主化の方向を示唆しようとしている。

近代的な個人の確立が不充分な日本では演出者（監督）という権威に盲従しがちになったり、あるいはまた、集団成員相互の間の気がねから無原則的な妥協をやり、そのために、成員間の見せかけの統一―最大公約数的統一に陥入りがちになるもので、われわれの間にもそうした経験はたくさんある。この書の中ではそうした段階から抜け出た高度な有機的な統一の問題が提起されているのが重要である。

これはもちろん、筆者岩佐自身の経験からの問題提起であるが、何によってその統一が可能なのか、またその統一のための日常の訓練はどうすればよいのか。

そうした具体的な問題については詳しくは触れられていない。それはむしろ、今後のわれわれの討論に残された課題であろうし、われわれ自身で発展させねばならない課題なのである。

（吉見）

記録映画はブームを起しているか

——劇場上映された長編記録映画から——

五月二週から六月一週にかけて四本の長篇記録映画と一本の動物劇映画が劇場上映された。「大自然にはばたく」（新理研　古賀聖人監督作品　松竹系）「長い鼻」「神秘の国インド」（大映　今村貞雄監督作品　大映系）「民族の河メコン——日本民族の源流を探ねて」（読売　中村正構成・編集　東和系）「アフリカ横断」（日映新社　伊勢長之助編集・東宝系）である。

大自然にはばたく

記録映画が作品の良さをかわれて、常設館の番線に進出するかぎり、それは大変喜こばしい現象である。併し、この一月の間に五本も非劇映画が上映されたということは異例のことである。観客層の要請があったのか、二本立全プロ体制移行過程にみられる一時的現象でしかないのか？

「エヴェレスト征服」「砂漠は生きている」の成功以来、記録映画ブームという言葉がいわれ、普通では仲々近づけない南極や深海、或いは原始の国々の探険、調査記録とか、動植物の生態観察といったものが、長編記録映画と銘うたれて劇場の看板を賑わし始めた。ドキュメンテールという言葉はもともと族行をさすものであり、ドキュメンタリー・フィルムとはそうした珍らしいもの、知らないもの遠いものを見たい、知りたいという人間の欲望に応えるものとして作られた映画の謂いであるからその限りでは、これらの映画は長篇記録映画と呼ばれて一向に差つかえない。もっともこのブームは出版界でも極地ものの売行きに現われており、こうした極地への人間の讃仰は社会現象としてみてもここ数年来とみに昂っているらしく、朝日あたりは極地は〝現代の神々〟であるとして神聖な座を与えている始末である。同紙の学芸欄はこのような現象は社会の転換期にかならず目をさますものであり、「文明が一応行づまりを示す時期」に、「人間は二つの脱出路を見出す。ひとつは、はるかな、〝過去〟へ通じ、もうひとつは、はるかな〝極地〟へ通じる」「それはふたつながら〝遠きものへの憧がれ〟であり、同時に〝変革期の情熱〟なのだ。」と、ブームの内容を解剖している。（六月四日附）これこそは記録映画が得意とする素材であり、かかる志向を充足させてくれると期待できるかぎり、この種の長篇記録物が続けられる条件は充分にある。

ところで、上記の作品は観客にうけたかというと余り良くないようである。新宿地区を例にとると「大自然——」がグランド松竹で八千、「長い鼻」が新宿大映で三千となっている。一週のメーターが普通作品で一万といわれているので、これらの数字は少し淋しい。松竹、大映系とも最近は不調を続けているので、上映館に対する魅力がないことや宣伝不足も不振の原因にあげられるが、作品自体に観客をあきさせる条件——構成のマンネリ化、劇への妥協——が入りこんでいるのではないかを調べてみる必要がある。

長い鼻

地味な仕事がそのまま単調な作品となってけ困るのである。縦に細長い日本の各地で行われる「自然界の愛と斗争と神秘」の叙事詩を出来るだけ自然の形で捉らえてくれた「大自然にはばたく」は手近なとこにいながら案外みたこともないいろいろな生物の生態観察の場を与えてくれる。ジュウイチの托卵、朝日岳のブロッケンの妖怪、九州と北海道にくる鶴の種類など。だがこれらの場面はピリッときても持続せず、見終っての印象が極めて散漫で自然の豊さを知る前に乱雑な自然の老大な営みの量に混乱してしまう。全体として同じような画面の繰返しが各場面の印象を薄め、相殺し、つめこみすぎた材料の多さが退屈をさそったのではなかろうか。

春、さまざまな植物の芽が開きさまざまな鳥は卵をかえす。夏、若鳥が各地にはばたき、秋、死の饗宴があって（カマキリ）きびしい冬の雪景色で終るスタイルは、ディズニーの〝大自然の神秘〟以来おなじみの構成法である。そこにはサソリのダンスのような旺盛な見世物精神があって観客をあかせない仕込みをしている。そんな要素をとり除いてしまえば四季の移り変りだけがタッチの弱い雑然とした見世物になってしまうだろ

う。「大自然――」が真面目に生態を撮れば撮る程対象も広く取る限りそれは損な方式である。はばたくものから焦点をしぼって、一つの馬が生きてゆくために必要な依存の関係を縦糸にした方が生態映画に密度を加えたのではなかろうか、真面目な生態映画、ディズニーを克服するものとして期待されたこの映画が歳時記程度に終ったのは残念である。

「長い鼻」と「神秘の国インド」が併映されたのは面白い。それはねらおうとしてるテーマと、極地に行ったという旅行記の性格を分離したことである。劇場にかかる記録映画という程のものが、当初の目的と観客へのサーヴィスとの野合からテーマに奇妙な混乱が起りがちな現状に対する一つの試みだったといえよう。従って、この二つの映画は本質的には一本の写真であり、その表裏をなすものである。本格的動物劇映画と銘うたれた「長い鼻」も極地映画であることの証査に、インド南部ケララ州西ガッツ山脈のジャングル地帯にロケすることは必要な手続である。

神秘の国インド

ところでこの映画は、象の本能生態を基礎として動物を主人公にした劇映画となっている。これはこれまでの動物生態映画の陥いりがちな退屈さを克服するために、又、記録映画といえども面白くなければならぬという今村氏の前作「白い山脈」以来の所論の帰結として到達したものらしい。今村氏は「ほんとうの生きた(野性)の象の姿、生活」をとるために劇形式を持込んだという。そこで親子三匹の象のいじらしい愛の葛藤のエピソードが語られてゆくが中味は安手の母物の手法で、人間の代りに象が出演したのと変りない。密林の象の生活も馴らされた象では臨床感がとぼしく、筋のある安心感からか所々手を抜いた画面処理が、象への親近感をそがされている。

民族の河メコン

いまインドでは原始林を開拓して耕地を増やしているらしいが、そのため棲息地を段々せばめられた野性象はどこにゆく、とラストで急に哀切をおびた解説が今日のインド象の状況を語りかけるが、これは中味の大半を費している人(象)情劇とは無関係である。つけたりともみられるラストの一語に生きたインドの象をみせられた気がした。アニメイションの骨法のかわりに安手のドラマを持込んでみても動物のほんとうの生態はつかめないし、逆に今村氏は、ドラマにひきづられて最初の目的を見失ったのではなかろうか。

「神秘の国インド」は、今村氏にとっては余録である。あらかじめ出来てる解説原稿をもとに大急ぎでとった長篇観光写真集である。望遠と全景がとられてるカジュラホにしてもそれは、印度を知るモンタージュ断片としてでもなく、この美術を創りだした古代人のエネルギーを再現させるでもない記念写真にとどまってしまっている。

アフリカ横断

〝日本民族の源流を探ねて〟という、いわば民族の親探し運動ともいえる、人文学的興味はこの作品を支えてゆけるだけの重味あるテーマである。「民族の河メコン」それははるかなる〝過去〟でありはるかなる〝極地〟だから。カンボヂャの国、――そこでは穀倉が、子守りの帯の扱い方が、ペエロン競漕の起りであるというレガッタが、笙に似た楽器……が日本とよくにた生活慣習が次々と破壊される。最後に日本人にもっともよく似ているといわれる苗族の部落で、日本稲の原種が発見され、ここに民族の源流ありという訳で、てれながら兄弟の対面を終える所で終っている。併し、これらは散発的に並べられており、メコンの流域に住むいろいろの部族の消長の過程が判らないと源流のあとづけがむづかしくなってくるし日本との相異と相似の関係ももう少し納得ゆくような配慮がないと〝源流を探ね〟ることにならないだろう。それだけで充分な映画になったろうし、南北四つのルートから入ってきたという日本民族の形成という老大な連作映画も考えられるのに。監督が欲しかったという意見はその意味でうなづけるのだが、全体としてみるとこの映画はメコン河紀行なのである。プノンペンの市場の賑いからアンコール・ワットの廃墟まで、インドシナ半島のことはなんでも判りますといったサーヴィス過剰精神がここでも躍動している。テーマをもちながら、それに徹しきれないのは興行への迎合なのか、その姿勢は考え直さなければいけない。

「アフリカ横断」はアフリカ遠征ということを主目的にする早大山岳部の同行者としてついていったキャメラであることが「メコン」の場合の妥協が妥協でないという有利さもあって、気軽に遠征のあとをついてゆける紀行映画になっている。しかもその中で、今日のアフリカ――その古さと新しさ―

を教えられる。林田氏の手なれた手腕（現場にのぞんでの適切なシューティング）がものをいっている。アフリカ、その新しさといってもそれはスタンレーのころのアフリカ探険といった古いアフリカについての知識が、案外に立派な都市や東京のどこかよりも装備された道路をみたことの驚きといった程度のものであり、西独の映画『動物たちはどこえゆく』の冒頭のシークエンスでアフリカの主人である黒人が西欧の資本に押出され、文明の縁におしやられ、早くも形成されているスラム街と白人の住宅街とをパンショットで見せられたときのショックをうけてたつような文明批評がある訳ではない。もっともこの映画でも、都市の経済は30%の外人が握っており70%の現地人は労働者になっているといっている。でも彼らは背広がきられるのであり、文明を享受しているのだそうである。それについて気になったのは、ラストで西アフリカのコンゴ流域に拡がる大密林の俯瞰で「未開拓の宝庫をもつアフリカの前途は明るい」といったような解説である。まさか緑の森林を赤地の布れになぞらえてお金持ちの投資をさそったものでもあるまいが、無人称的（没階級的）な解説は考えものだ。

何故、記録映画ブームといわれて、観光映画ブームといわれないのか、ある助監督はポツンといった。劇場上映された記録映画といわれるものは殆ど紀行――観光映画――に還元され、本来のテーマがパセリ程度の添え物になってる現状をついた発言である。企画はぼろい儲けを期待できない迄も、「うり」のきく話題が必要であることは可としょう、いわく、東南アジア稲作民族文化綜合調査団、いわく、早大アフリカ遠征隊、いわく、……である。だが残念ながら出来上った映画をみた限りではそれらが海外に出かける口実を与える為に利用された位にしか理解されない。企画にみられる便宜性や追随性はいきおいテーマの追求を弱めることになる。各地の渡り鳥、インドめぐり、プノンペンの市場、砂漠の蜃気楼、かくしてその映画が取上げた地方のことは一通り判ってもらえるという便利帖が出来あがる。この微温湯的な態度が現代の神々にふれたいと希む観客の期待を裏切るのではなかろうか。そこにさまざまな要素（神）が氾濫し、変りばえのない手法でどこかでみたようなものが語られてゆくからだ。

さまざまな要素を一つの稀少乃至は有価値体系にまとめ上げるために、放送、芸能界のタレント（徳川夢声、宮田輝、財前和夫、森繁久弥、フランキー堺）が動員される。神々を人間に結びつけるものとして彼ら巫女たちがマイクから語りかければかける程、これらの映画は長編記録映画から長編極地譚になってゆく。極地に住む民族の現実の生活条件――その停滞性と発展の契機――を、或いはそうした極地の中のどの部分をみようとしているかという作家の視点を具象的に関連づけようとする意志が生きた画面の配列の中で形成されてないからである。

劇場にかかる長編記録映画が、爆発的人気を呼んだ当初のスタイルに安住し踏襲してゆくなかで観客にあきられ始めているとき、「メソポタミヤ」で桑野氏が優越感をもたないことを第一義としたような消極的姿勢からは記録映画を豊かにする前進の契機は希めない。

そのためには、これらの演出担当者のもっとつっこんだ意見をきかせて欲しいし、それをふまえた上で記録映画の可能な条件と質を高めるための運動論の争論を起さねばならない。

（フリー助監督**川本博康**、**間宮則夫**、**小島義史**による座談会をまとめたものである。文責小島）

海外だより

東欧の人形劇映画

――チェコの旅から帰って――

川尻泰司（人形劇団・プーク）

1

国際人形劇フエスチバルが、五月十五日から六月二日まで、ブルガリアの首都ブカレストで開かれ

そのコンテストの審査員として招かれたのを機会に、東欧諸国の人形劇及び人形劇映画を見て来ました。今度の旅行の目的はそのほかに、同時に開かれた国際人形劇連盟の大会に参加することにもありました。人形劇団プークが、この連盟（UNIMA）に加盟することで日本の人形劇も、国際的なつながりを持つことができたわけです。

私はあとで一般公開のブルガリア、インド、ドイツの人形劇映画を見ました。ブルガリアのものも、勿論カラーで、技術的には、チェコよりは素朴な感じがしました。しかし日本よりは数段、すぐれています。なんとしても、人形劇映画を、映画の一つのジャンルとして、真正面からとり組んでいる点、うらやましく思いました。

2

さて、人形劇映画のスタジオで

すが、ブカレストでは、ボップ・カリネスクのところを訪ねました。

カリネスクは今年三十七才で、もとは映画俳優だったのですが、撮影中に電気の事故で、顔に大きな傷をうけたので、俳優をやめて人形劇映画をはじめたのだそうです。日本のこともよく知っていて私の名前や仕事のことも予め知っており、大へん喜んで、来て協同製作をやらないかなどといっておりました。この人は、チェコは勿論、世界でも人形劇映画の大御所であるトルンカのところへ習いに行ったことがあり現在でもひじょうにオリジナリティに富んだ作品をつくっております。行ったときは、プークでもやったゲーテの「魔法使いの弟子」を撮影しておりました。この人は独自の工夫で、自分で人形も何もかもつくるという器用人で、スタッフは大体四、五人、アニメーションで人形劇を撮影しておりました。大体東欧では、人形を操作することをせずに、アニメーションでやっているようです。現在四間四方ぐらいなステージがひとつ、二間に二間ぐらいのものがひとつほかに五間に三間ぐらいのステージを、現在建築中でした。カメラは一台ですが、大きなものをやるときはほかからカメラを借りて来るのだそうです。日本との交流をひじょうに望んでいて、諷刺的なものとともに、原爆を扱つた映画もつくっております。

3

次にチェコスロバキァですが、ここは何としても、世界一の人形劇の国です。首都プラハには、四つの固定した人形劇場があります。映画でも同じですが、そうした劇場、映画館は、全国各地に、平均して配置されているようです。

チェコでは現在三人の人形劇映画作家が第一線で活躍しております。ひとりはもちろん御存知のトルンカ――（あいにく旅行中で会えませんでした）それにカレルゼーマン、女の作家のティルローヴァなどです。

トルンカは、ディズニィのような大作をつくる人で、プラハの街のどまんなか――メインストリートからちょっとはいったスタジオで、丁度シェークスピアの「真夏の夜の夢」を撮影しておりました。二年がかりだそうですが、ちょうど半分ぐらいなところでした。チェコでは、このトルンカの撮影所が一ばん大きく政府でも一目おいて、彼を大事にしているようです。カメラは二台ですが、同時に六つのセットを撮影できるんだといって、いばっておりました。私の行ったときは、セットが五はい、組んであり、じつに、すばらしく美しい、豪華なものでした。これはシネスコでした。

これにくらべると、カルル・ゼーマンのところは、ずっと小規模です。しかし、私としては、このゼーマンの仕事は、余程高く評価しなければならぬだろうという印象を受けました。このスタジオがあるのは、ゴットワルトという、靴の生産工場ばかりで成り立っている街の、まん中にあります。そこは、記録映画・教育映画のセンターになっていて、ラボも何もすべてそこへ集っています。彼のスタジオも、ティルローヴァのスタジオも、そのひとつであるわけです。どうして、靴の街にあるかと申しますと、戦前からここは、靴の大生産地であって国内は勿論、輸出用の靴工業は、全部ここへ集中していたのです。ところが、ドイツのナチスに占領されたとき、その靴の資本家が、ナチに協力した、戦後その資本家は追放されたのですが、ずっと前から、そこで、靴の宣伝映画をつくっていたのです。そのためのスタジオの立派なやつがあった、それを、戦後、社会主義国となって、そっくり、記録映画教育映画が、頂いたというわけです。

で、カルル・ゼーマンは、日本へも輸入された「水玉の幻想」をつくった人ですが、パンプロコークという名前をもつ主人公を中心とした人形劇映画の連作をやっています。パンプロコークというのは、まあ、ポパイのような、名の知れた人形スターです。ゼーマンは主に現代的なテーマの気の利いたものが多く、私は、トルンカの大作でアテようとするような日本の輸入映画の考え方よりは、むしろゼーマンの作品のような、小粒で面白いものを入れることに力を注いだ方がいいように思うのですが……。ここもやはり四、五人のスタッフで、ごく簡素なやり方でした。ティルローヴァのところも同じで、ここはカメラマンも女の人、アニメーターが四人、照明はどこもカメラマンが兼ねていました。

チェコの人形劇映画は、あらゆる点ですぐれています。日本へも来た「飲みすぎた一杯」の作者なども、若いですが、すばらしい才能です。アヴアン・ガルドというよりは、むしろモダニズムといった方がよいと思うのですが、ひじょうに感覚的な、リズミカルな作風をもっています。ゼーマンはゼーマンで、人形劇の一つの典型をつくり上げたようです。単純、素朴で、的確な表現をもっています。風景のアニメーションにしても、もはや説明ではなく、ことごとくが表現になっている次元の高さといったものに強い印象を受けました。

結局、日本の場合のように、人形劇映画も悪くはなさそうだというのでつくるのではなく、ちゃんと、独自のジャンルとして確立している、その上、アニメーションの計算なんかも段違いで、私はアニメーションというのは、多少のギクシャクから逃れられない、ある限界をもつものだと思っていましたが、チェコの映画では、じつにスムースで、これは私は考え違いをしていたと思いました。

社会の成り立ちが違いますから製作の条件は違いますが、しかし今後は大きくなるにしても、現在あの小さな規模でやっているのを見て、私達も努力しなければならぬと思いました。（談・文責岩佐）

お詫び

会報表紙写真の説明をおとしまして申しわけありません。あれは読売映画社作品「民族の河メコン」の中の、アンコールトムの浮彫です。提供して下さった読売映画社及び読者諸氏に深くお詫びいたします。（編集部）

現場通信

ロケセット

豊田敬太
（フリー・監督　最近作
東映「切手のいらない手紙」）

短篇映画を撮っていて、困ることの一つはロケセットである。少い製作費でセットなど組めないし、無理して組んでも、お粗末なものになってしまう。どうしてもロケ地の現実の家を借りてやらざるを得ない。

そのために、キャメラを据える場所やライトの置き所を制限され、一カットで撮りたいところを二カットに割らざるを得ないハメになる。もう一つは、それまで全くの見ず知らずの人の家を借りて多少でも破損させる気兼だ。シンゾウの弱い僕など、これでいつもハラハラする。

最近東映で撮った「切手のいらない手紙」では、僅か三巻物だが五家族、五軒の家が出てくる。変化をつけるため、一軒は都営アパート、一軒は豪勢な金持の家、二軒を長屋、残りの一軒を八百屋店と住居という設定で探したが、これには相当往生した。

進行主任は、平然と全然見ず知らずの家へ入っていって交渉する。「大したもんだなァ！」と、その押しと粘着振りに感服の他はない。しかし、これが僅かな謝礼で案外貸してくれるのである。といっても、教育映画に理解をもって貸してくれるというのでもない。半分好奇心と不意の収入（というほどでもないのだが）と撮影を簡単に考えていることから、雨宿りに軒を貸す程度のつもりで、貸してくれるのである。「世間は広いもんだなァ！」と僕はここでまた感心してしまう。そんな風だから撮影が延びてくると、すぐ飽きてくる。午後七時頃に了る予定だったのが、十二時すぎにもなってくると、ライトの蔭で見ている家族の人たちを見ると、全く気が気でない。二カットのところを「ええ一カットでいってしまえ！」と思うのだが「待て、しばし……」と考え直すようなことが度々ある。

三年ほど前、西伊豆の方へロケに行った時、こんなことがあった。

最初ロケハンの時、村の漁業組合に協力を懇請したら、大ニコニコの二つ返事であったが、さて具体的な交渉になってくると、だんだん雲行きが悪くなってきて、とどの詰り、「教育映画、教育映画というが、君らの方も営業だろう。まさか損してやっているんじゃないだろう。予算を公開し給え。その上で、納得がいったら、こっちも奉仕的に協力しよう！」といい出した。これには練達の進行主任も、一瞬絶句した。

これなどは、伊豆地方は、劇映画がしばしばロケをするので、劇の予算と教育映画の予算の違いからきた誤解が原因であったが、相当往生した。

しかし、現状では、教育映画ではこれに類した問題は、撮影の度に附いて廻るだろう。

「ほんとうに協力してよかった！」と思われるような、よい教育映画をつくること、これ以外に、撮影の度に迷惑をかける市民や農山漁村の人々に応える方法はない。

（三三、六、一六）

『赤石の山峡』

苗田康夫
（フリー・監督）

高瀬島—桑ノ木間道路工事
貫通地点

この数年間、日本中の大きな川という川に随分沢山のダムがつくられてきた。その殆どは電力会社のつくった水力発電用のダムである。ダムといえば必ず、多かれ少なかれ、湖底に沈む水没部落の悲劇を伴っていた。ダム建設をあつかった多くの記録映画も、必ずこの問題を扱っている。

平和な谷間の暮しが、建設のハッパにかきみだされて、騒がしくなる。水没反対の部落の動き、補償金獲得の運動などが起る。が、ダム完成の暁には、立ちのきに反対の人も、賛成の人も、幾ばくかの補償と交換に、父祖伝来の田畑山林、家屋を捨てて、部落を去り村を離れてゆかざるを得ない。そして彼らの故郷は永久に湖の底に沈んでしまって、二度と再び立ち寄ることも出来なくなってしまう。その土地で住みなれた農民にとって土地を離れることは自殺も同然で、莫大な補償金をもって村を出て、なれない事業に手を出して失敗したり、費い果して、その日の生活に困る人も、いろいろ噂にきくことがある。

ダム建設をめぐって、土地を追われる農民の姿は、現代の日本の社会の大きな矛盾のあらわれである。

だが、そんなことにはおかまいなく、川という川に水力発電のダムは依然つくられてゆく。数多くの犠牲と莫大な建設費用をついやしても水力発電は石炭などの燃料のいる火力発電よりも有利なのであろう。

しかし、相次ぐ電源開発は、いつのまにか、川を遡って、上流へ上流へときてしまった。人里を沈めつくして、次々と遡って、いよいよ、人間の住まないところまできてしまったらしい。

ここ大井川の上流は奥泉ダムと村造りの補償で有名な井川ダムがあるが、今度は更に上流、赤石山脈の山峡にダムをつくる計画がすすんでいる。

静岡から六十二キロの山越えの道を下りると、昨年完成したばかりの井川五郎ダムへ抜ける。

そこより更に、湖畔道路を車で約四十分ばかり遡ると、井川ダムの湖水の北端、そこで道路はなくなって、部落はつきている。それより先は人一人通れる位の登山道しかない。その山道を川にそってゆく。丁度山は新緑のころとて、両岸にそそり立つけわしい山々は全山緑に覆われて、実に快い。だが、木立の茂みを、重なり合った山々の連続と、見通しのきかない

こと、まるで森の中でも歩いているようだ。途中、人家などは全くない。ところどころ、下の部落の人たちが利用している沢のワサビ畑や、シイタケの栽培木が木立の間にみえる位なもの。それでも約四時間ばかりゆくと、僅かにひらけたところに木立は切り倒され、横坑がいくつも掘られている。そこがダム建設予定地だそうだ。それより更に一時間程上流に今一つのダム地点があって、この二つのダム発電所を合わせて十七万キロワットの発電を行う計画だそうだ。佐久間の三十五万キロ、黒部の二十五万キロなどと比べると、ずいぶん小規模のものだが、そんなことよりも、気にしていた水没部落の問題が全くないのにはホッとした。そのあたりで川幅は三四十米もあろうか、上流に人がすまないためかきれいなすき通った水が帯のように曲りくねってかなり激しい勢で流れている。スタッフの誰もが喉がかわいたときにのんでみたが、冷たくてうまい水だった。

しかし、道路も人家もないところなので、まずは下の井川村田代部落からの輸送道路をつくることから始めなければならない。道路が出来るまでは、ここでも人力で物を運んでいる。四人、五人、と組をつくった輸送隊が毎日、二十人、三十人と、食糧や燃料、資材を担いで、この山道を一往復していた。道路工事は約半分に相当する地区の切りひらきが行われていた。

道路をつくるといっても下流から段々につくってくるのではなくていくつかの工区にわけて、一斉にとりかかるのだそうだ。峡谷の中腹、川から百メートルくらい高いところを走る道路の現場ではブルドーザーや、エアーコンプレッサーなどが活躍して、ハッパの音を谷間にひびかせている。何でも道路がないのだから、川の中を遡ってこれらの建設機械を運んできたのだそうだ。川からは、四五十度から六十度ちがい斜面をブルドーザーは、自分で道をつけながら現場までのぼってきたそうである。その道を私は上り下りしてみて、その傾斜に驚いてしまった。道路の現場も、仲々の険しい崖で工事中、あやまって川中に転落したブルドーザーが二台ばかり、埋もれて小さく見えた。南アルプス赤石山脈の山峡とは言え、その肝心の赤石岳は全くみえない。赤石のみえる麓までは、二日ぐらい歩いて奥へ入らないとみえないらしい。赤石へ登る多くの登山客も、この長い途中をきらってか、殆ど北の下伊那地方から入るそうだ。山小屋の設備も十分ではないようだ。

この工事用の道路が出来て赤石の見えるあたりまで車がゆくようになれば、南から赤石へ登るものもきっと多くなることだろうと思う。

社会教育映画
いろり学級

松岡新也
（マツオカ・プロダクション）

三月二十日、私達ロケ隊は新しい作品の製作に大いなる成算を持って東京を出発した。

金沢に着くと、その足で県庁を訪れ、スタッフと関係者の初顔合を行い、協力を誓い合ってロケ地へと急行した。県庁側の社会教育委員と車中で行った加賀の千代に関する俳法で、話題の花を咲かせた。ロケ地である松任町は、千代の生家のある古い町である。

翌日、ロケハンは、すでに終っていたが、スタッフの眼をなれさせる意味で千代の生家暁鳥敏の碑砂丘、農村の住宅をつぶさに見学した。なるほど、私達が映画に取り上げ、雑誌に……と多くのジャナリストが、話題にするだけの努力の跡が随所に見られた。

給水塔が広い砂丘に打ち建てられた情景は生活する人間のたくましい意欲を感じたのは私一人ではあるまい。

三月に入れば、もはや春であるが、日本海をうける石川県では、まだまだ寒く冬である。今朝がたからやけに寒いと思った処、外は一面の銀景色、いぶし銀のように白い粉が眼を痛く反射させる。後で土地の人の爐辺の話題によれば五〇年来の大雪との事であった。

寒い寒いと不平の波が若いスタッフから出たが、この雪のおかげでドキュメントを狙う私にとっては、かけがえのない雪であった。

サクサクとふりうりに出かける婦人らの生活する真の姿が実写そのままに表現出来たからである。

いろり学級

映画に出てくる主婦の動き、青年の動き、そして親爺連中の動きが、画面から見て、それはよい処だけをとったのだと思われないとも限らないが事実私達が見聞してすべてを写実した積りである。

うたごえ運動も最近は下火になっているようだが、松任町では老いも、若きも健全なる身体の運動と、親交の手段として盛になっている。

そのうたごえは、必ずしもうまいものとは言えないが結着する点は限りない隣人愛の外に何もないのである。

理想的な村づくり、町づくりは現実に松任にあった事が事実として残された訳である。人間の力が如何に重大にして偉大であるかがいろり学級の製作で知らされた。

いろり学級のテーマは、伝統と因習にあえぐ農村地帯で、とくに婦人は労働、家事の二重の負担に悩み、文化の恩恵に浴しない実情にあり、これらの問題を婦人自らの意志と力で解決した姿をとらえ農村の生活向上に密与しようというものである。

☆　☆

プロダクションニュース

日本映画新社

○完成「店頭サービス」2巻、演出太田皓三撮影藤洋三。「若き美と力」（アジア大会）カラー9巻演出中村敏郎、大峰靖。「花ひらく愛知紡」カラー2巻、演出西沢豪、苗田康夫。

○製作中「愛知用水」カラー4巻演出西沢豪、山添哲撮影稲垣浩邦「黒部」第二篇カラー。演出西尾善介撮影藤田正美。「東京の水道」カラー3巻、演出落合朝彦撮影中村誠二。「日本の庭園」カラー2巻演出下村健二撮影橋本竜雄。「大阪火力」カラー4巻演出大峰靖。「新朝日ビル」演出大峰靖。「関門トンネル」4巻演出太田皓三撮影俣野公男。「陽のあたる窓」2巻演出丹生正撮影藤洋三。「太平洋戦記」9巻演出岡田弘。「赤石の山肌」カラー演出苗田康夫撮影平木靖。

○準備中「日本の造船所」2巻演出中村敏郎。「東北の農村」2巻演出中村敏郎。

桜映画社

○完成「小さな仲間」6巻演出堀内甲シナリオ堀内甲その他撮影荒牧正。

○撮影中「おじいさんは頑固者」（仮題）3巻演出堀内甲シナリオ勝目貴久窪川健造撮影荒牧正。「鼻つまみ物語」（仮題）3巻演出青山通春、島田耕シナリオ八田大八撮影山根重視。

○準備中「でんでん虫の歌」7巻演出木村荘十二シナリオ筒井敬介撮影木塚誠一。来月クランクインの予定「心の重荷」（仮題）2巻演出シナリオ丸山章治撮影未定。

共同映画社

○完成「千羽鶴」7巻演出木村荘十二撮影木塚誠一。

三井芸術プロダクション

○完成「北洋漁業」カラー2巻演出柳沢寿男脚本古川良範撮影岡田三八雄。

株式会社東京シネマ

○撮影中「川崎航空機」1巻脚本演出八木仁平撮影黒田清己。

東京フイルム

○完成「忘られた土地」

○撮影中「近郊農業」（白黒2巻）製作吉中晃、脚本演出上野大梧、撮影高尾隆。

○撮影準備中、国語の教室シリーズ第一篇「正しい発音」（白黒2巻）製作吉中晃　脚本演出岩堀喜久男　撮影高橋佑次

英映画社

○撮影中「静岡県政ニュース四十四号」四十三号完成に引きつづき撮影中「空気潜函」（間組企画）二月より撮影開始、八月クランク・アップの予定。「橋梁」（間組企画）二月より撮影開始、編集中「富士は割れるか」（静岡県企画）昨年度より撮影、約七割を撮影済、本年十月完成の予定。

日映科学映画製作所

○完成「サッポロ物語」脚本演出奥山大六郎、撮影後藤淳。「わたしたちの石油」脚本諸岡青人、演出諸岡青人・岡野薫子、撮影川村浩士・野見山務。「進みゆくビタミンB_1」脚本加藤松三郎、演出樋口源一郎、撮影川村浩士。「カナマイシン」脚本加藤松三郎、演出飯田勢一郎、撮影弘中和則。「気象と火事」脚本岡野薫子、演出荒井英郎、撮影川村浩士。「建設譜・第一部(昭和四日市)」脚本演出下坂利春、撮影佐藤登。「受胎の神秘」脚本岡野薫子・奥山大六郎演出奥山大六郎、撮影後藤淳。

○製作中「石油を探す・第二部」脚本演出諸岡青人、撮影鈴木武・野見山務。「建設譜・第二部（昭和四日市）」脚本演出下坂利春、撮影佐藤登。「空洞を探る」脚本河野哲二、脚色演出奥山大六郎、撮影後藤淳。「あさかぜ」脚本諸岡青人、演出吉田功、撮影川村浩士。「モートル」脚本演出松尾一郎、撮影佐藤登。

東映教育映画部

○完成「あるぷす物語」（5巻）脚本菊島隆三・松下東雄、監督田代秀治、撮影高山弥七郎。「自分たちでかけた橋」（3巻）脚本岩佐氏寿、監督津田不二夫、撮影横光信雄。「お迎え狸」（5巻）脚本和田博、監督今泉善珠、撮影　北山年「切手のいらない手紙」（3巻）脚本古川良範、監督豊田敬太、撮影福井久彦。「子供のくせ」（2巻）脚本倉田研次、監督田中徹、撮影赤川博臣。「かまきり」（1巻）脚本中野正之、監督高橋成知、撮影白石彰。「蜜蜂のちえ」（1巻）脚本尾田道夫、編集構成高橋成知撮影小林一夫。

○撮影中「五千羽のイワツバメ」（5巻）脚本監督高木俊朗、撮影仲沢半次郎。「生きもののたすけあい」（1巻）「昆虫のたべもの」（1巻）脚本尾田道夫、編集構成高橋成知、撮影小林一夫。「人工衛星のはなし」（2巻）脚本監督前田一、チーフアメーニター笹原信雄

○準備中「家族音楽会」（仮題）脚本清水信夫、監督田代秀治（5巻）「原子力シリーズ原子炉」）仮題）脚本監督前田一（1巻）

日本視覚教材株式会社

○完成「役に立つカビ」（1巻）教材映画理科映画大系、製作谷口豊一、脚本演出西本祥子。

○製作中「動物の親子」演出樺島清一

三笠映画社

○完成「太陽と地球の動き」教材映画（1・5巻）製作川久保勝正、脚本演出加藤守男。

三木映画社

○完成「約束はしたけれど」（2巻）脚本野田真吉、演出衣笠十四三。「叱るもの叱られるもの」（2巻）脚本演出丸山章治

○準備中「郵便」（仮題）

電通映画社

○完成「若さの泉」日清精油カラー2巻「農機具の合理化」小坂農機「アラフラ海の真珠貝」「シャープ交響楽」早川電機、カラー2巻

○撮影中「白棚高速線」国有鉄道

アジア20カ国の代表によってくりひろげられたスポーツの祭典を記録したカラー作品。マニラからの聖火リレーにはじまり，閉会式までの実況をえがく。（日本映画新社作品，）撮影総監督白井茂，構成編集中村敏郎，音楽服部正，東宝配給，八巻）

太平洋岸ペルーからアンデス山脈を越え，インカの遺跡や原住民やそして南米における日本人移民の生活ぶりをえがくルポルタージュ（毎日映画社，光報道工芸共同作品，構成，撮影，編集佐伯啓三郎，配給パラマウント七巻）

千羽鶴

原爆症で死んだ少女をしのぶ子供たちのねがいが実現して，全国学童の拠金で記念の像が広島に建設された。このエピソードに取材して，現地ロケで製作された作品。）共同映画中四国共同，広島平和を築く児童生徒の会共同作品，製作坂斉小一郎，脚本諸井条次，監督木村荘十二，撮影木塚誠一，主演菅井美知子，加藤嘉，七巻）

めがね小僧

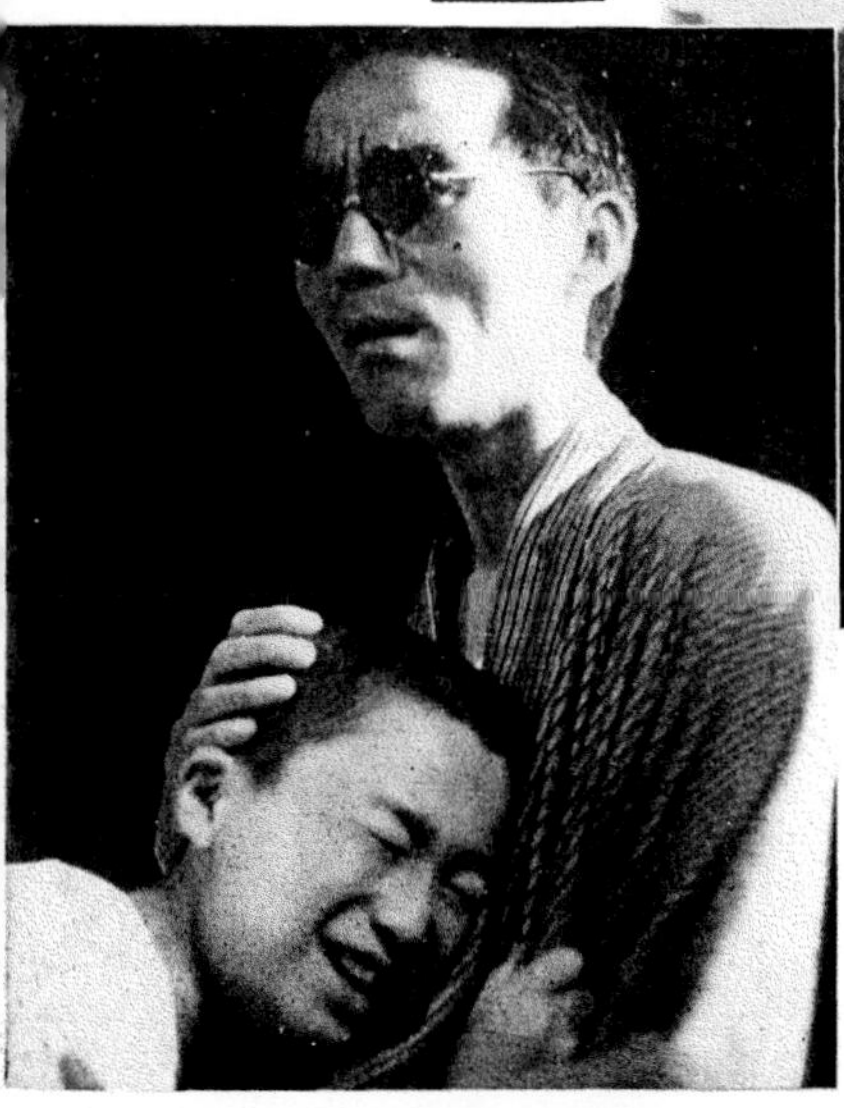

めがねをかければ，黒板の字や本がよく読めるとわかつていて，内気な進はなかなかかけられない。受持の先生のすすめで，それをついにかける日がきた。そして進は生れかわったように明るい子供になるという物語。（民芸作品。脚本久板栄二郎，監督宇野重吉，撮影荒牧正，主演中西一夫，宇野重吉，小夜福子，教配配給，五巻）

忘れられた土地

本州最北端，青森県下の漁村東通村尻労部落のまずしい生活をえがいた生活の記録シリーズ第２集でいわゆる辺地の悩みにメスをいれる。（東京フイルム作品，脚本演出野田真吉，撮影高橋佑次，教配配給，二巻）

野鳥の生態

美しい森林を喰い荒らす虫をとらえて，森林保護に重要な役目をはたす野鳥。わが国に棲息している各種の野鳥の様々の生態を，動く図鑑としてえがいたカラー作品。（企画林野庁，新理研作品，製作小山誠治，脚本演出古賀聖人，撮影保刈富士夫，三巻）

荒海に生きる

高知県室戸岬の漁業で生活をたてている村の人々は，漁港がないので神奈川県浦賀を根拠地に，遠く太平洋上にまぐろを追い，年に一度村へ帰ってくる。その漁場でのはげしい労働をえがく。（日本ドキュメント作品。製作大野忠，撮影武井大，編集亀井文夫，教配配給三巻）

手におえない子という評判は，案外親たちの無理解が原因である。子供たちはそんなことに頓着なく，すぐ仲よしにもなる。こうした問題をとりあげ世に警告する社会教育映画。（東映作品，脚本古川良範，監督今泉善珠，撮影赤川博臣，主演綿貫優，大川昌平，二巻）

東京でひらかれた新生活運動の実践報告大会で報告された，石川県松任町旭地区のばあいをとりあげ農村の生活建設と婦人会の活動をえがく。（企画監修新生活運動協会，マツオカプロダクション作品二巻）

ワイド・スクリーン

○…〃記録映画〃の発刊を祝す。けれど正直にいってねらいが中途半端な感じ、佐々元十氏編集の文化映画まで望むのは無理なら、もっと研究的な同人誌的なものの方が吾々にふさわしいような気がするが如何　（村田達二）

○…記録映画創刊、御努力感謝いたします。（桑野　茂）

○…記録映画創刊号の表紙は予想以上に良い。色調構成は一級品でありましょう。御努力に敬意を表します。中味で、何を言ってるのかわからん論文があった。私のような頭の悪い協会員もいるから平易に、誰にでも判る文章で書いてもらいたい。（西尾善介）

「難かしい論文について、いろいろと批判を頂いております。ご尤もだとは思いますが、ただ難かしいだけで中味が箸にも棒にもかからん場合は、もちろんのせる必要はないと思います。しかし、文学や絵画など他の芸術部門で最近しきりに「記録芸術」が問題になっているのに、映画の側から、同じ問題を基本的に論じたものはありませんでした。松本君の論文は、その意味で、大切な問題提起をしていると思われますし、とくに記録映画の現場からそのような理論が提出されたことは、他の芸術部門にとっても、大きなプラスになるだろうと思います（編集部）

○…記録映画、創刊号の対談「おふくろのバス旅行」と「きよ子ちゃんの絵日記」は「きよ子ちゃん」の脚色者田中澄江氏も出してテイ談にすべきであったと思います。（豊田敬太）

そのうち、次第に外部の方にも参加して頂きたいと思っています。ただいまのところ、協会はお金がないので、わるくて、なかなか外部の方におねがいしにくいのです。だんだん、解決して行きたいと思います。（編集部）

○…機関誌「記録映画」の発刊はうれしく、また編集の諸兄の努力を多としたい。だが欲をいえば、もう少し取材に神経を使ってはと思う、少々泥臭い感じ。それに座談会で家庭の主婦たちと、一方対談で婦人では余りに女の人の発言がダブッた感じ。記録映画というより教育映画的記事に傾いてるようだ。桑野氏の文はたいへん小生面白くよみました。こんな記事なら毎号でも……（永富映次郎）

○…作家協会機関誌「記録映画」創刊号が出ました事、大変喜んでおります。今後この機関誌が生長するよう、皆様で努力いたしましょう。（小谷田亘）

○…待望の「記録映画」の発刊心からうれしく思います。各記事ともほぼ面白く読みましたが、ただ座談会の記事の中で見ていない作品の出てくるところは判りにくい、簡単なシノプシスでもつけて頂ければ都合いいのではないかと思います。それから、シナリオをのせてほしいという意見には同感です。（榛葉豊明）

○…大変にスマートな「記録映画」ができ、スガスガしい気分になりました。（スポンサーといやなことがあって帰ってきたところなのです）プロダクションだよりに読売がないのが残念でした。長い間仕事をしていたので情がうつるというものでしょう。ますますよくなることを期待します。（入江勝也）

プロダクションだよりに、いくつか落ちているところが出来まして、申しわけなく思っております。何分にも、人手不足で、しかも創刊号は不慣れなため、不手際をいたしました。今後できるだけ多くのプロダクションの様子をのせて行きたく思います。しかし、何分にも、何百というプロダクションの数ですから、とても全部はのせ切れませんが、どうか、各プロダクションから、積極的にたよりをお寄せ下さいますよう。落ちができないよう御協力をおねがいいたします。（編集部）

○…立派な機関誌ができましたこと、とに角お目出度うございます困難な仕事ですが、続けて発刊して下さるようお願いします。（徳永瑞夫）

○…編集委員の方々の御努力によって遂に機関誌第一号が発刊されたことに心から嬉しく思います。今後註文したいことはいろいろありますが、それはさておき、第一の意見は、月刊という線でムリをするより隔月乃至は季刊で確実に出して頂きたいことです。内外まじえての論戦が誌上に展開されること、実のある各種研究会の報告などを期待してます（藤原智子）

○…機関誌とやらいうものをみて一つ編集委員は絶対にかくな、必ず他の会員に語らせよ。二つ、必ず多数が問題としている問題を問題とせよ。さもないと、せっかくの公器が一握りの好事家の趣味の道具になってしまう。二月の原稿が六月に出るのもどうかと思う。巻頭言の「協会は記録映画、教育映画作家の集まりで」というのはひどい独断だ。会員の大部分を占める広告映画作家を無視してかかるから、いろいろギャップもできるのではなかろうか。（岩堀喜久男）

編集委員は絶対に書くなという御意見ですが、その根拠がちょっとのみこめません。従っていまのところ、委員であるなしにかかわらず、協会の沢山の方々に書いて頂く方針です。岩堀さんも大いに書いて下さい。また「広告映画作家」ということばを、使っていないのは、広告映画を日常つくっている私たちは、記録映画教育映画作家の中に含まれていると考えているからです。岩堀さんも、いままでに「たのしい版画」「たねまく人々」など、すぐれた教育映画記録映画をつくっておられるではありませんか。それにわざわざ広告映画作家などということばをお使いになると、そのため広告映画そのものの格を下げるような印象を与えます。わざわざ下げることはあるまいと思います。（編集部）

○…ひきあいに出して、大変失礼だが、往時の「アカハタ」に見られたような大仰な文章は書かぬようにお互いに自重しょう。いわでもがなのことを「客観的には、この偉大なる献身的、同志的、友愛の……」とやる奴である。その点創刊号はそれぞれ経験を通し具体的で地に足のついたもので大変勉強になりました。（中島日出夫）

書評

花田清輝著「映画的思考」

例によって例のごとく、たくましい批評精神が全篇にみなぎっており、極めて今日的な映画の課題とその可能性が、方法と運動の問題としてあざやかに展開されている。

かって「アヴァンギャルド芸術」で、人間の内部世界をあますところなくとらえるための方法としてアブストレとシュール・リアリズムの弁証法的統一をとなえ、更にその内部世界を媒介として再び外部世界に肉迫することの必要を強調し、アヴァンギャルド芸術と社会主義リアリズムの弁証法的統一を二十世紀後半の芸術の根本課題としてそのコースを予言した彼はその後すでに「さちゅりこん」で、その二十世紀後半の芸術家こそ、十九世紀末の象徴主義者の音楽的思考や、二十世紀前半のアヴァンギャルディストの絵画的思考を止揚した映画的思考の持主ではないかと書いていた。

新著「映画的思考」で彼がそのライトモチーフとしたものは、それらの具体的分析を通して、既成の各ジャンルの自己否定の上に立つ綜合芸術としての映画を、なによりもアヴァンギャルド芸術と大衆芸術との弁証法的な綜合としてとらえようとすることである。これは「大衆のエネルギー」を媒介として当然ゆきつくべきところではあった。

彼はそのような点から、ミュージカルやファース、見世物、サーカス、活劇、その他様々の民衆芸能の中にアヴァンギャルド的なモメントを発見し、それを挺子として既成の「芸術」を容赦なく否定しようとする。そのような視点から、セリフによりかからず、観念や心理にとらわれず、ひたすらアクションに映画の本質をみるべきこと、ベタベタした文学趣味や、甘やかされたヒューマニズムに手きびしく批判を加え、現象や実感を排してむき出しの「物」と主体に迫る非情な眼を必要とすること、すなわち感性や観念のステロオタイプを対象の即物的乃至主体的把握によって打破すべきこと、ただし徹底的に自己が客体化される場合にのみ、作家の主体性は確立し、客体は主体的にとらえられること、そのためには、偶然とアクチュアリティを手がかりとしてそれを必然とリアリティに転化させるドキュメンタリーの方法が必要なことなど、いくたの重要な問題が提起されている。しかし花田のいうドキュメンタリーが、従来のドキュメンタリーの客観主義的、社会改良主義的限界をアヴァンギャルド芸術や大衆芸術によって自己否定したものであることはいうまでもない。このような方法論は、彼がコミュニケーションに於ける受け手の組織を重視し、下から上へのサイフォン的コミュニケーションの確立を強調した運動論と共に、私たちドキュメンタリー作家にとって、大いに真剣に考えてみる必要のある問題ではなかろうか。

（未来社、三〇〇円）

松本俊夫

（二三頁よりつづく）

○…定期刊行の態勢をなんとかかためることではないだろうか。

（野田真吉）

○私が旅立ちますに際して大変皆さまに御後援頂いて、御厚志を有りがたく思って居ります。

五月十日ウィーン着以来大変忙しい日々を過し、昨十五日、三十五日のオーストリアの旅を終えてスイスのジュネーヴにはいりました。これからパリ、ハンブルグを経由して、七月十二日からのチェコの映画祭（お骨折りありがとう招待状落手しました）を一寸のぞいて十六日からのストックホルムの平和会議に出席する予定です。オーストリアでは婦人の平和運動をひろげるのに多少の役に立つことができました。今日はいくらかヒマがありますから又おたよりします。皆さまにどうぞよろしく

（ジュネーヴで　厚木　たか）

（一八頁よりつづく）

カラー1巻「ディディダーグエ法」住友電工、カラー2巻「明電社の全貌」カラー2巻

記録映画社

○準備中歴史教材「江戸時代の農民」「オートメーション」TV「日本の資源」

日本ドキュメント フイルム株式会社

○完成「モデルと写真家」(3巻）演出中村正二、撮影瀬川浩。

新理研映画株式会社

「紀勢西線」E・C3巻、演出岸光男。「北陸トンネル」E・C5巻、演出島内利男。「躍進する東都製鋼」E・C3巻、演出草間達夫。「御母衣ダム」E・C8巻、演出赤佐政治、清水進。「原子力研究所第二部」E・C3巻、演出松本俊夫。「八戸火力発電所建設記録」E・C2巻、演出原本透。「イラン皇帝訪日記録」E・C3巻演出大口和夫。「東京」E・C2巻、演出秋元憲。「牛乳と乳製品」3巻、演出清水進。「地下鉄第二部」3巻、演出岸光男。「この子等と共に」2巻、演出富岡捷。

岩波映画製作所

「東芝貿易」演出富沢幸男。「新名古屋火力」演出肥田侃。「有峯ダム九頭竜川」演出 坊野貞男。「奥只見川」演出樋口源一郎。「原子力」演出矢部正男。「久保田鉄工、ビルマ」演出高村武次。「醬油」演出時枝俊江。「下水道」脚本演出羽仁進。「東芝の電気〝車輛〟」脚本黒木和雄、編集伊勢長之助。「アジア鉄道主脳者会議」編集岩佐氏寿。「子どもの四季」脚本、演出京極高英。「肝臓」脚本、演出渥美輝男。

株式会社　東京シネマ

○撮影中「肝臓―生命の化学工場」（メディカル・シリーズ1）カラー2巻脚本吉見泰演出杉山正美撮影小林米作。「川崎航空機」1巻脚本演出八木仁平撮影黒田清己。「ミクロの世界―結核菌と抗結核剤」カラー2巻脚本吉見泰演出杉山正美撮影小林米作

"忘れられた土地" の一シーン

まえがき

このシナリオは完成した映画をもとにコンテニュイテイとしてかいたものです。編集にあたっては、こんどの仕事をともにした高島一夫君の手をわずらわしました。

記録映画のシナリオはもっとも文学的な表現が困難です。それに完成したものをシナリオ化するのはなおさらです。なぜなら記録映画の世界こそは文学的な表現の世界でなく、まったく映画的な表現の世界だからです。このシナリオをよまれ、映画をごらんになった方々の意見を編集部まで御よせ下さることを御願いして前書とします。

野田真吉

（六月二十日記）

シナリオ（コンテイニユイテイ）『忘れられた土地』（全三巻）

——生活の記録シリーズⅡ——

画面構成	呎	解説	（音）（効）
(1)トップタイトル			
（F I）			
○東京フィルム作品	10		M……………
○忘れられた土地 —生活の記録 シリーズⅡ—	14		
○脚本 演出 野田 真吉	12		
撮影 高橋 佑次			
音楽 間宮 芳生			
○解説 高島 陽	10		
録音 大橋 鉄矢			
演出助手 高島 一男			
撮影助手 吉田海八郎 小川 薫			←……………
（F・O）			
(2)卒業写真			
（F・I）			
○中学校の玄関の前	18		

画面構成	呎	解説	（音）（効）
十一名の卒業生が先生たちと卒業記念写真の撮影準備をしている。写真屋が並びをなおしている。写真機（暗箱式）なめのF・S		卒業写真の撮影。この中学校も今年、十数名の卒業生を送りだす。彼等はどんな希望をいだいて学校を巣立っていくのだろうか——。	
○その整列した二人の男生徒の正面Bust・s（A・B）	10	＜オフの声＞ A『そうだな、おれ漁師する』	
○同じく女生徒のBust・s（C）	5	B『おれも』 C『百姓する』	
○同じく二人の男生徒Bust・s（D・E）	9	D『出稼ぎにいく』 E『おれも』	
○同じく二人の女生徒のBust・s	7	F『私も出稼ぎ』 G『私も』	

画面構成	呎	解説	(音)(効)
(F・G)			
○同じく男生徒のBust・s (H)	12	――と答える彼等にどんな将来が、生活が待っているのだろうか。	
(F・O)			
(3)陸の孤島（冬）			
(F・I)			
○地図――青森県の略図。キャメラ、下北半島の東部にトラックアップする。	18	彼等の村は本州の最北端にある青森県。そのまた北にある東通村。	
(O・L)			
○東通村を中心とした地図。尻労（しっかり）部落を矢印はしめす。	17	彼等の部落は太平洋に面した尻労部落である。	
(O・L)			
○雪におおわれた部落のフカン、L・S 部落の彼方につづく長い砂浜。雲影が斑点のようにうごく。太平洋の波がうちよせている	15.5		
○同じく部落のフカン全景。	10	尻労部落は戸数約百戸。人口、八百八十人あまり。漁業と農業をほそぼそといとなんでいる	……M

画面構成	呎	解説	(音)(効)
○フカンで、海に面した部落の全景から雪に埋もれた畑へパンする。せまい畑はうの木の垣にかこまれてモザイックにつらなっている。	32	畑や田は原野の中にひらかれ、部落から数キロもはなれた田や畑もおおい。畑は約四十町歩。平均一戸あたり約四反	……
○その雪に埋もれたいくつかの畑。フカン。亀甲のようである。	6		
○雪に埋もれた畑。畑をとおして広い海がみえる。	6		
○雪山を水鏡した水田。分けつのすくない貧弱な切株。	6	水田は山あいにひらかれ約十町歩。三十戸あまりの本家だけがもっている。平均約三反。	
○雪のつもった谷間の水田の全景。	7		
○稲の切株の大写。	8		
○雪の原野の中にひらかれた畑や水田。フカン。L・S	7	冬は雪のために交通がとざされ、春がきて雪がとけてもバスはとおらず、どこへいくにも歩かねばならない。ここはいわ	
○同じく畑。フカン。	6		

画面構成	呎	解説	(音)(効)
○海岸線にそった台地の上に畑は遥かの岬までつづいている。フカン。L・S	8	ゆる僻地。陸の孤島である。	……M ←
○再び雪の部落のフカン。L・S 部落の後方に長くつづく砂浜。うちよせる太平洋	22		
(F・O)			
(4)部落の生活			
(F・I)			
○未明の砂浜。うちよせる波。	13		……波の音……E
○部落の前の浜。フカン。L・S 崖の上に部落の屋根、屋根。崖の下の砂浜に小さな舟小屋がたっている。磯舟がその前に沢山ならんでいる。波は静かにうちよせている。	12		
○流れを利用した水汲み場。一人の主婦が天びん棒にバケツをつけて水汲	21	部落の生活は女たちの水汲みから目覚める。	……み汲水…

画面構成	呎	解説	（音）（効）
みにくる。水を汲む。水を汲んでいく。フカンめ。			
（F・S）			
○部落の道。天びんで水のはいったバケツをはこんでいく主婦。水汲みにくる他の主婦にあう。	10		
○崖ぶちの道を水をはこんでいく主婦	24		
○ある漁師の家。薪ストーブの前で朝飯をたべている漁夫。水汲みから主婦が帰ってくる。	19		
○主婦、水かめにバケツの水をあけるM・S	5		
○柱時計のu・s三時半すぎ。	6		
○寝間で眠っている女の子からパンアップ。	40		
茶の間。食事をおえた漁夫は道具をもって漁にでかける。主婦も一緒に送りにでていく。		漁にでる男たちは早い朝飯をたべる。	
○舟小屋のある浜へ夫婦は崖をおりていく。	20	漁に出る男たちを送り迎えするのは女や老人たちの仕事なのである。	
○磯舟の舳の大写。	5		
○夫婦は力をあわせて磯舟をひきおろす。フカンめ。	5		
○磯舟は海におしだされる。漁夫は磯舟をこいで沖に向う。波うち際に立って主婦は見送っている。フカンめ	20		
○波うち際。見送っている主婦のゴム長靴の大写。波がうちよせる。きびすをかえして帰っていく。フレームアウト。	7		
○畑の土をほりおこす刃の大写。	9		
○薄明。海辺の畑で鋤をふるって耕作に懸命な主婦。	17	漁に男たちを送りだした女たちはその足で近くの畑にいって子供たちの起きる朝飯時まで働らく。	
F・S			←……
○しらじらと明けはじめた海。磯舟が沢山でている。さきほどの漁夫も一心に釣っている	10	この部落の漁は昔乍らの磯舟で殆んどやられている。磯舟では浜の近くでしか漁ができない。それもシケると漁にでられない。比較的、海の静かな春さきのマス釣りがここの漁師の働き時である。でもとれ高はすくない。	
○釣ってる漁夫の大写。	5		
○同じく舷側で釣糸をたぐる手の大写	3		
○その磯舟のF・S、B・Gに磯舟が点々。太陽が水平線上に昇っている。	9	どこも同じにこうした沿岸漁業はすっかりおとろえている。	
○磯舟をこぐ若い漁夫のBust・S			
○同じく釣糸をたらす。	7		
○釣糸をたぐる手の大写。	6		
○釣糸をたぐりあげる手もとの大写。	6		
○再び磯舟をこぐ若い漁夫。Bust・s	9		

画面構成	呎	解説	(音効)
○朝の海をとぶ鷗。	2		
○太陽はしだいにあがる。沢山の磯舟が釣りをしている	12		
○釣糸をたぐっている漁夫の手の大写	2		
○磯舟の間を数隻の小さな発動機船も釣っている。	5		
○発動機船の上。漁夫のF・S	7		
○朝日のぎらつく海に釣糸はたれおちていく。大写。	10		
○その釣糸を流している漁夫の顔。大写。	6		
○小さな発動機船。釣糸を流し乍らまわっている。	9	磯舟や小さい発動機船ではもう魚に手がとどかなくなったのである。大資本による新しい設備をもった漁船が沖合に進出して、昔は沿岸までおしよせてきた魚を沖合でとらえてしまうからである。	
○磯舟。釣糸をたぐりあげる。Bust・S	8		
○磯舟の中、数匹の小魚の大写。	5		

画面構成	呎	解説	(音効)
○すっかり明けきった朝。はるかに残雪のある山々の連なる陸地をバックに、うねりのある海の上に磯舟は見えかくれして釣りをしている。パノラマ――。	18		
○部落の小・中学校の校庭。一棟の校舎。その前の運動場。小学五年生たちは体操している校庭からは海が見える。フカン。	8		
○元気一杯に体操している子供たち。キャメラよってパンする。	19		
○畑。頭巾をかむって農婦が鋤で耕作している。Bust・S	8	子供たちを学校におくりだすと女たちは畑にいく。	
○鋤の大写。鋤は深く土にくいこみ、土をほりあげていく。前進移動撮影	16	この部落も漁村の常として漁業は男、農業は女の仕事である	

画面構成	呎	解説	(音効)
○鋤で耕作する農婦のF・S	22	耕作は鋤でなされている。鋤は子供や年寄りはつかえない。わずかばかりの畑におびただしい労力がつぎこまれている。	←……
○鋤をふみこむ足の大写。後方より―	10		
○そのM・S	9		
○鋤をつかう農婦の力のこもった背の動き。Bust・S B・Gに遥か海が見える。	10		
○そそりたつ山の下の畑に鋤をつかって耕作するその主婦。L・S	12		
○鋤が土にささる。大写。B・Gに磯と海。	6		
○海辺の畑。鋤で耕作している農婦のBust・S	14		
○畑が遠く連なる海辺。農婦がひとり鋤をつかっているのが遥るかに見える。水平線がB・Gに高い。	11		……波の音…E

画面構成	呎	解説	(音)(効)
○校庭。休み時間。子供たち、運動場一杯にあそんでいる。フカン、L・Sパン。	24	部落の小・中学校には百七十名の子供たちがいる。村の教育予算がすくないので校舎の建設などの費用の大部分が部落負担になっている。だが父兄たちの苦しい暮しは思うように学校の費用がだせない鉄棒がブランコにもつかわれている。	E…校庭ノイズ……←
○校庭の一隅。鉄棒に縄をかけてブランコをつくってあそんでいる低学年の子供たち。	14		
○学校の廊下。数名の子供がオルガンをはこんでいる。	13.5	音楽の時間はオルガンを教室から教室へともちまわしである	
○古風な幻燈器。若干の理科実験用具などの大写。	4.5	数すくない教材教具	
○吊してある数本の掛地図。大写。そ	5	それをおぎなうのは教師の苦心である。ありあわせの雑誌などをつかっている。	
○教室。女教師が絵本を教材にして教えている。	4	学級も二つの学年を一人の教師が一つの教室で教えている。	…授業ノイズ…
○その教室全景。	7		
○みいっている子供たち。	6		
○教えている女教師	7		

画面構成	呎	解説	(音)(効)
のM・S			←……波の音……
○みいっている子供たち。	8		
○磯舟が砂浜にならんであげられている。午さがり。フカン。L・S	8		
○その数隻の磯舟。	5		
○午さがりの部落の道。人影もない。	6		
○ある家の表。鳥籠と干されているゴム合羽。	5		
○家の中。漁具を手入れし乍ら寝こんでしまった漁夫の大写。	7	漁から帰った男たちは漁具の手入れのできないほど疲れて寝こんでしまう。	……M
○そのきりかえし。ストーブがチョロチョロ燃えているその前に寝こんでいる漁夫。F・S	7		
○家の裏庭。仕事着の干しものが風にゆれ、鶏が餌をあさっている。	4		
○畑。立木にくくり	6		

画面構成	呎	解説	(音)(効)
つけた着物やカマスの大写。			
○前面に耕やされた畑。B・Gに鋤をつかう女たち。	12		
○部落の入口。参々伍々、下校する子供たち。	10		
○前面の舟小屋をとおして午さがりの長い砂浜。	5		
○家の前でむしろに座って子供をお守りしている老婆。むしろに干してあるひえをついばもうとする鶏をおう	7		
○うちよせる波にぬれ乍ら浜で昆布を拾う少年たち。L・S	10	このような生活のはげしさの中では父も母も、子供たちをかえりみるひまがない	
○そのより。M・S	8		
○波におっかけられるように昆布を拾っていく少年たち	11		
○砂浜に座ってあそんでいる兄弟。兄の方は赤ん坊をお	6		

画面構成	呎	解説	(音)(効)
ぶっている。F・S			
○そのフカン。L・S	9		←……
○流れ(水汐み場)でままごとしている女の子たち。B・Gに舟小屋。磯にしぶきをあげる波。	7		
○山あいの畑。石ころまじりの赤土。鍬をふみこむ娘の足もとの大写。	15		
○そのF・S 力をこめて鍬をふみこむ。	10		
○砂丘で無心にあそぶ二人の幼女。	8		
○長い砂浜を三人の女の子が帰ってへる。	13		←……波の音…E
○フゴ(籠)でジャガイモを洗う大写。	7	大きい女の子は学校から帰ると家事の手伝いをする。	
○流れでジャガイモを洗っている女の子。陽も傾いて影がふかい。F・S	10		

画面構成	呎	解説	(音)(効)
○夕暮れの道。家路を急ぐ女たちの足の大写。	6	畑にでた女たちが家路につくのは何時も日がとっぷり暮れてからである。	←……
○赤ん坊をしょい、肩に鍬をになって夕闇のなかを疲れた体をはこぶ女たち。F・Sからキャメラつけてパン Bust・S	34		
(F・O)			
(5)荒れた海 (F・I)			
○荒波が磯の岩々を嚙む。パン。強い風に、波は白く波頭を幾重にもたてて長い砂浜に狂ったようにうちよせる。L・S	40		……波の音風…E
○うちよせる荒波をキャメラ正面からうける。	10		
○岩にうちくだける白波。たちあがるしぶき。	12		
○石をおいた屋根。	6	ある漁師はゆきづまった漁業につい語る	

画面構成	呎	解説	(音)(効)
○ある漁師の家。炉の前、漁夫は荒れ狂う海の音をきき乍ら焼酎をのむ。老婆と女の子がじっと炉にあたっている。F・S・	16	漁師の声(オフ)『ゼニだ。ゼニッコがあれば沖にいって漁のできる船や港もつくれる。こんなジリ貧じゃあどうにもならぬ。沖の魚もとられっぱなしだ。でも漁師で暮しが立つならやりていよ。	……
○焼酎のコップをあおる漁夫のBust・S	14		
(O・L)			
○神社の欄間にかかげられた大漁祈願の奉納額。	8	お宮に額が沢山あがっているが、昔はこの浜でよくとれたもんだ……』	
○奉納額の絵 ——帆の大写	4		
○同じく ——大漁旗の大写	3		
○同じく ——船の舳の大写	3		
○同じく ——船上で沖をみている二人の人物	5		
○同じく ——まいあがる太陽の大写。	8		
(急速にアウトホ			

画面構成	呎	解説	(音)(効)
ーカスする)			←……波の音風…E
○岩にうちよせる荒波。高くしぶきがまいあがる。	5		
○焼酎をグーッとのむ漁夫の顔。大写。	8		
○浜に白い歯をたてうちよせる荒波	9		
○荒れ狂う海の音に聞き耳をたてる漁夫の横顔。大写。	2		
○うちよせる荒波の大写し。	4		
○前同。漁夫の横顔大写	14		
○岩にうちくだけ、しぶきわあげる荒波の大写	5		
○前同。漁夫の横顔大写。	3	だが、彼等の昔の夢は再び同じようには帰ってこないだろう	
○もう、残りすくなくなった焼酎のコップ。	3		
○舟小屋の中から磯舟をなめて、荒れた海をみせる。風は強くなり白波は	14		

画面構成	呎	解説	(音)(効)
岩を噛む。(F・O)			←……M
(6)だいぼ網 (F・I)			
○三艘の大きい和船で約四十名の漁夫が分乗して、定置網であるだいぼ網をひきあぐL・S	15	春になると岩手県の大きい網元がやってきて、部落の沖でマスやマグロの「だいぼ網」を毎年はじめる。だいぼ網の漁師たちは殆んど岩手県の漁村から連れてこられた出稼ぎの人たちである。	
○そのより。漁を待つ親船の発動機船が、作業している三艘の舟の近くに見える。	9		
○掛声勇ましく漁夫たちは網をたぐっていく(一艘のF・S)	9		
○網をたぐる漁夫たち。F・S	6		
○網をたぐる手元の大写	4		
○網をたぐる漁夫たち	5		
○その手もとの大写	4		
○網をたぐる漁夫のSust・S	5		

画面構成	呎	解説	(音)(効)
○網をたぐる漁夫たちのF・S	4		
○舟一艘の掛F・S 掛声にあわせて網はしだいにつめられる。	7	だいぼ網をつくる費用は約五百万円だといわれる。その資金がこの部落の人々にはないのである。	
○網をたぐる漁夫の大写。B・Gに網をたぐる漁夫たち	7		
○網をたぐる手もとの大写。	2		
○その漁夫の顔。大写。	2		
○網をたぐる手もとの大写。	2		
○網をつめた二艘の船。	7		
○つめられた網から魚をあげようとする漁夫たちのF・S	3		
○網の中にはねあがる魚の群れ。	7		
○すくいあげられ、ザルにいれられた魚。魚。その大写。	5		
○同じく、ザルの中のはねる魚。	5		

画面構成	呎	解説	(音)(効)
○同じくはねる魚。大写。	5		
○魚をつんで発動機船は水揚港に向う三艘の和船は浜に漕ぎかえってくる。L・S	14	とれた魚は親船にのせて八戸や大畑などの水揚港に直接もっていかれる。部落の人たちはだいぼ網を陸から眺める――海の幸のはこばれていくのを――。広い海も彼等にとってはせまい海となってしまったのである	←……宮古の大漁歌いこみ…M
○部落の潮見場でこの土地の漁夫たちはその光景をみまもっている。F・S	10		
○複雑な感情をかみしめて、しゃがんで沖をみている漁夫。	10		
○石垣を腰をおろしてみている老漁夫	4		……波の音…
○波をのりこえて水揚港に向う発動機船 L・S	7		
○しゃがんで沖をみている中年の漁夫	3		
○同じく、舟をみおくる三人の漁夫。Bust・S	4		
○魚をつんだ発動機	13		

画面構成	呎	解説	(音)(効)
船は沖へ、沖へと向う。L・S			
○みおくる三人の漁夫の横顔。大写。	7		
○沖をみながら、いしれぬ口惜しさをかみしめ、煙草をふかす中年の漁夫の大写。	14		←…… ←……
(F・O) (7) 石灰岩の鉱床 (F・I)			
○石灰山からパンダウンすると、断崖に石灰石の船積場の跡が廃墟のように残っている。大きい荒波がつぎつぎとあたってはしぶきを高くあげる	24	戦争の前、部落の北の山から石灰石をほりだし、船積した跡が残ってい。輸送の不便に加えて小資本のために事業はうまくいかず、つぶれてしまった。	……M
○石灰山と船積場の跡のL・S	7		
○荒波がうちあげるにまかせている船積場の跡。F・S	8		
○船着場の石灰石積込口の鉄骨が昔の名ごりをとどめてならんでいる。	18	戦後、日鉄が大々的に開発にのりだし、山々には無尽蔵の石灰石があることが判	

画面構成	呎	解説	(音)(効)
パンダウンしてその大写。荒波がしぶきをあげて下からうちあげてくる		った。部落の人々は近くに仕事場のできるのを期待した。	
○岩礁にうちよせる波。波は泡立ち、しぶきをあげる。	15		
○尻屋の採石場の山から津軽海峡に面した海岸へパンダウンする。荒涼とした海岸に石灰石をはこぶ軌道が砕石場に向っている。小さい岩島を利用して防波堤をつくり、港ができている。砕石場から港までは約一キロをコンベヤーで鉱石をはこぶようにしてある。岸壁には貨物船が着いている。L・S	71	だが、採石場は尻労部落の反対側の津軽海峡に面した海岸につくられた。何億円という金をかけて作業を機械化した。そして国や県の予算で築港をつくり、鉱石は船で室蘭の製鉄工場やセメント工場へ送るようにした。	…… ←…ハッパ…E
○ディーゼル機関車で石灰石を満載した貨車はえんえんとひかれて砕石場へ向う。	16		←……E 貨車のノイズ

画面構成	呎	解説	(音)(効)
○砕石場。貨車から鉱石は自動的に砕石室へ落される。(O・L)	17		←………落石の音
○長い一直線のコンベヤーにのせられて送られてくる石灰石の大写。	17		←………コンベヤーノイズ
○砕石場から海を渡って小島までつくられた長いコンベヤー装置の外景。L・S	9		
○コンベヤーの内部。石灰石をはこんでいくコンベヤー。	7		←………コンベヤーノイズ
○コンベヤー装置の外景。小島からさらにのびているコンベヤーにつれてパン。 岸壁に横着けされた貨物船に石灰石は船積されている。	8		
○もうもうと埃をたてて石灰石はコンベヤーにのせられて船倉へ。大写。	8		←…落石の音…

画面構成	呎	解説	(音)(効)
○コンベヤーから船倉へおとされていく石灰石。耳をつんざくそう音と埃。	9		←………
○尻屋の海岸を石灰石をつんだ列車がはしっていく。L S	10		
○つぎつぎとつづく石灰石を満載した貨車の大写。貨車につけてパンする。列車は無人の海岸を砕石場に向う。かんだかいレールのきしむ音をたてながら——B・Gに石灰石をつみこんでいる貨物船がみえる。(F・O)	31	尻労部落の人々は目の前に宝の山をみたのだったが、今では石灰石の山も遠いところの山のようになった。	←……… ←………貨車のノイズ…E
(8) 子供たち (F・I)			
○部落の前の磯で小中学生が総出でギンナン草(海藻の名)をとってい	14	四月のはじめ、毎年学校の子供たちは海藻とりをする。自分たちの手でとっ	………M ……波の音…E

画面構成	呎	解説	(音)(効)
る。フカン。J・S		た海藻をうって学校の教材や教具を買うのである。	……… ………
○小さい女の子たちが磯の岩にしがみついてギンナン草をとっている。M・S	5		
○男の子たちも潮のよせる岩の間のギンナン草をとっている。腰にはギンナン草をいれるフゴという籠をつけている。M・S	7		
○岩から岩をとび、うちよせる波をあびながら、ギンナン草をとっている子供たち。F・S	4		
○うちよせる波の間をみて、一人の男の子は小岩の上にうずくまってギンナン草をとっている。	11		
○荒磯の岩のつづく	9		

画面構成	呎	解説	(音)(効)
ところ。あちらにもこちらにも子供たちは波にぬれて一生懸命、とっている。			……
○同じく、波うち際の岩の上でとっている男の子たち。大き波がうちよせてくる。あわててたちあがる彼等。	9		
○岩の上に潮水につかってとっている子供たち。	11		
○カマスに、フゴにいっぱいとったギンナン草をつぎつぎもってきてつめる子供たち。	7		
○砂浜。いっぱいギンナン草をつめたカマスをしょって子供たちは列をつくって学校にかえっていく。B・Gに長い砂浜がみえ	16		

画面構成	呎	解説	(音)(効)
くりかえし波はうちよせている。			←……
○校庭の一隅にムシロの上にほされているギンナン草。(O・L)	9		←……
○ドッヂボールをトスする女の子の大写。	5	ドッヂボールやグローブなどは子供たちのとった海藻の金で買ったものである。	
○休み時間の校庭。ドッチボールや野球をしてあそんでいる子供たち。F・S	10		……校庭ノイズ…E
○学校の廊下。全校生徒、教師がならんで朝礼のあとの朗読会である。中学一年生の女生徒が中央で作文をよんでいる。	9	朝礼の時の朗読会にある中学生は、この忘れられた部落のことや学校のことをかいた新聞記事をみて全国各地の小中学生や父兄から励ましの手紙や学用品。本雑誌などを送ってきたその御礼の手紙をよみあげた。	……朗読の声（コメントバック）E
○作文をよんでいる女生徒のM・S。	6		
○きいている子供た	5		

画面構成	呎	解説	(音)(効)
ちなめ、よんでいる女生徒。			……M
○作文をよんでいる女生徒のBUST・S。(D・L)	6		
○教室の壁にはりだされた各地からきた図画、手紙、など。	7		
○三人の子供がカルタをとっている絵。——その男の子の顔。	2		
○同じく——その女の子の顔。	2		
○そのカルタあそびの絵のF・S	4		
○手紙の大写。……北国のみなさん……	5		

画面構成	呎	解説	（音）（効）
○各地から送ってきた学紙文集や雑誌。	9	作文をよむ女生徒の声。『このごろの私たちのたのしみはみなさんから送っていただいたいろいろな本をよむことです。休み時間には先を争って本箱の前に集ります私たちは本をよむたびにみなさんに何か御礼がしたいと思ってみんなでいろいろ考えましたが田舎のことですので珍しいものもなく浜から貝をひろってお送りすることにしました』	………………
○おくられてきた本でつくられた学級文庫の本箱（空箱でつくられている）	2		
○長い砂浜。広い砂浜に四年生たちはちらばって貝殻をひろっている。春の海はしづかである。L・S	10		
○砂の上にすわりこんで貝殻をひろっている女の子二人。F・S	10		←………………
○同じく、小さい入殻をひろっている女の子二人の大写。	7	彼等に多くの友だちやあたたかい同情をもつ人々があることをっした喜びが一つ一つひろう貝殻にこめられている。	
○教師といっしょにひろっている子供たち　パン、砂浜	20		

画面構成	呎	解説	（音）（効）
にちらばって貝殻をひろいつづける子供たち。長い砂浜に静かに波はうちよせている。			←………………
○砂の上をはうようにして一つ一つ心をこめて貝殻をひろっている女の子供。	8		
○その大写。（O・L）	14		
○画面いっぱい美しい貝殻。貝殻。大写。（O・L）	8		
○朗読会で作文をよんでいる女生徒。『私たちにも名前のわからない貝が沢山ありますが、きれいな貝ばかりです。私たちが一生県命に拾ったものですからどうぞお受けとり下さ	21		

画面構成	呎	解説	（音）（効）
い。』（F・O）			………………M
(9)海霧（ガス）（F・I）			
○耕された畑、畑。畑にはジャガイモのうえつけがはじまっている。パンフカン。L・S	25	米がわづかしかとれないので畑には主食としてヒエアワの種まき、バレイショのうえつけがなされる。休みの日などは子供たちも手伝いする。魚はとれず、人口はふえる農作物の収穫はしだいに大きなたよりとなって女たちの肩に重くかかってきている。畑作も小石や砂まじりの赤土であり収穫はすくない。バレイショも反当り三百貫から四百貫位で他の地方にくらべると半分以下の収穫である。さらに、ここの農業をきびしくするものがある。それは五月から六月	
○畑。主婦たちはジャガイモをうえつけている。子供たちも手伝っている。F・S	15		
○種ジャガイモを一つ一つ、うえていく老婆のF・S後退。移動。	23		
○種ジャガイモがうえられた畑のみぞ。B・Gにうえられた種ジャガイモの上に土をかけている主婦。（F・O）	10		

画面構成	呎	解説	(音)(効)
○フカン。L・S。ガスのおそいはじめた長い砂浜からゆるいパンで畑や原野の方へ。	22	の間、海流の関係でおそってくるガス、海の霧である。ガスは海も畑も山もつつんでしまう。日光をさえぎりイネなどの作物の大切な成長をさまたげる。米などはそのために三年に一度冷害で全くとれない。	…………………………………………波の音…E
○ガスにつつまれた畑。黒く並木やボサがみえるだけ。	10		
○部落の道。ガスにつつまれている。屋根の形と人影がやっとみえる。	11		
○浜の岩礁もシルエットのようである。	4		
○長い砂浜と二棟の葺ぶきの家。ガスにつつまれて波うち際もさだかでない。	9		
○磯舟と舟小屋。崖の上の部落の屋根もガスにとじこめられている。	7		

画面構成	呎	解説	(音)(効)
○フカン。L・S 舟小屋のならぶ浜より太平洋の方へパン。海はガスで何もみえない。岩礁にうちよせる波だちがかすかに白くみえる。	40		←…………………………………
(F・O)			
○フカン。L・S 耕された畑。畑。ジャガイモなどのうえつけ、種まきをしている。	9	だが、あの鋤で女の手だけで耕やした畑のつらなりは女たちの底力をしめしている。	←………………………………
○フカン。L・S 原野のなかにひらかれた畑がきれいに耕されてつづいている。パン。	35	(農婦の声—オフ)『こんな畑にしがみついて生きてきたのだがいまとなっては畑のことも。もっと考えねばならないと思うが、父ちゃんはまだ漁のことを思っているし、それにせめて畑でももうすこしひろげりや——』と女たちの語る言葉のなかにここの農業をすすめていくいろいろな問題がある。	
(F・O)			

画面構成	呎	解説	(音)(効)
⑽出稼			
(F・I)			
○部落の道。ゴザにつつんだ蒲団をになっていく青年。弟や姉が荷物をもって見送りについていく。	26	農業をしても一年中たべるだけの収穫がない。漁はすくない、人口はふえる。交通が不便なために売るものはやすく、買うものはたかい。苦しい家計を助けるために働きざかりの青年たちは五月ごろ——ダイボ網が部落の沖で始まるころに毎年、八十名から百名もの人が出稼にいく。	……………………………………M
○他の道。ゴザ包みの蒲団をになってくる男。	11		
○部落の入口にきているトラックに蒲団包みをあげる。	5		
○トラックの上にはたくさんの蒲団包がのっている。その上へ、また蒲団包みをのせる。	8	出稼の期間は五、六月ごろから十二月までである。主に男は八戸あたりの船主に漁業労働者としてやとわれていく。なかには一家の主人もいる。	
○蒲団包を肩にかついでトラックにもってくる娘。	6	また女や中学校をでたばかりのものは営林署のやっている防砂林の植林などに出かけていく。	
○風呂敷包みをさげシャベルを肩に、まだ学帽、学生服の青年がくる。	8		

画面構成	呎	解説	(音)(効)
○トラックの上にはもう十数名の青年男女がのっている。父親がトラックにのっている娘に荷物をはこんでくる。	23	出稼の収入はおおくないが、部落の人々の生活にとってはまとまった大きい現金収入なのである。	……
○中年の男もトラックにのりこみ、見送りの人と別れの酒をのみかわしている。	10		
○トラックの上にはぞくぞくと出稼にいく者がのりこみトラックの周囲にはたくさんの見送りの家族や友だち、子供たちがあつまっている。F・S	7		
○トラックの上と下。送られるものと送るものがテープを渡しあっている。	10		

画面構成	呎	解説	(音)(効)
○トラックの上から。テープをもった見送りの人々、をパン。トラックの上の出稼にいく人たちへ。	21		←……
○トラックの上。トラックはうごきだす。出稼の人たちをなめてテープをにぎる見送りの人たち。テープはきれ、見送りの人々は手をふって送るしだいに遠ざかる見送りの人々。	27		……トラックノイズE
○走っているトラックの上。学校をでてはじめて出稼にいく青年の顔。	14		
○同じく、中年の男。	8		
○同じく、娘。	11		
○そのみた目。流れる故郷の畑、海の風景。	4		

画面構成	呎	解説	(音)(効)
○トラックの上。出稼にいく人たちはじっと故郷の山や海をみつめている。トラックは走っていく。	13		←……
○部落の入口。トラックの上に出稼にいく人たちがのっている。見送りの人々がまわりにあつまっている。だがその数はすくない。	10	昨日、見送ったものも今日はまた出稼にでていく。	
○トラックはうごきだす。トラックの上で手をふっている。見送りの人々もいつまでも手をふって走り去ったトラックを見送る。	18		
○トラックの上の出稼にいく人々。雨がパラつく。雨傘さしているもの。そでなしを頭にかぶっているものもある。F・S	3		……トラックノイズ…E

画面構成	呎	解説	(音)(効)
○トラックの上。娘たち。雨をよけてうずくまっている。	8		←…………
○同じく。雨傘を兄にさしかけてやっている見送りに同乗した小さい弟。その後姿。	8		
○同じく。ハンチング帽をかむった中年の男。トラックの動揺ははげしい。	8		
○トラックは出稼の人々をのせて小雨のなかを畑の道をとおく赤りさっていく。	17		
○茶の間。出稼にいった後、老婆と三人の男の子供たちの食事。F・S 出稼にいったものに陰膳がそなえられている。	11	残った家族は出稼にいつた夫や息子や娘たちの無事をいのつて陰膳をかかさない。	…………M

画面構成	呎	解説	(音)(効)
○陰膳の大写。	7		←…音の波…E
○老婆。自分が一杯たべおわると陰膳の茶椀をとる。	17		
○陰膳の大写。茶椀をとる。	4		
○老婆。陰膳の飯をもりかえる。F・S	34		
○陰膳の大写。もりかえられた茶椀が老婆の手で心をこめて膳の上におかれる。(F・O)	19		M ←
(11)卒業記念写真 ○トップシーンと同じ。いよいよ、写真の撮影である。写真屋は乾板をいれる。F・S	13	このような生活のなかにそだち年々、中学校を巣立っていく少年少女たち。	
○十一名の新卒業生のBUST・S。ゆるい横移動。(O・L)	53	彼等が将来の夢を豊かに描くにはあまりにもきびしい現実である。彼等に海原のような若々しい希望を与え	…………M

画面構成	呎	解説	(音)(効)
○尻労部落と長い砂浜のフカン。L・S キャメラはゆるいパンで、太平洋の大海原へパンしていく。(U・L)	33	ることはこの土地の人々だけの問題であろうか。このような土地の人々とともに私たちすべてが考える問題ではないだろうか。	←…………
○タイトル「終」	7		

編集後記

シナリオをのせろという御希望が大へん多いので、プロダクション側の御了解を得て、今月は〝忘れられた土地〟のコンテを、野田氏から貰いました。ちょっと長いですが、シナリオから演出への研究の参考になれば、さいわいです。

今までのところ、編集部は、やや手さぐりの形でしたが、発行所の好意ある協力を得て、月刊の態勢がととのいましたので、いよいよ来月あたりから、全体の体裁や内容の方針を、定着させて行くような方向をとらねばなるまいと考えています。半年後には、デンとした、押しも押されもせぬところへもって行きたいものです。会員ならびに読者諸氏の、キタンのない御意見御希望をお待ちしております。なお、少々長くてもよろしいですから、撮影現場の報告新しい試みの研究おもしろかった話など、とくに監督助監督の方々に、おねがいしておきます。

（岩佐）

記録映画 八月号
昭和三十三年八月一日発行
第一巻第一号 通算第一号
編集人 吉見泰 発行人 池田恒雄
発行所 ベースボール・マガジン社 東京都千代田区神田錦町三ノ三
電話東京(29)代表七九〇一番 振替口座東京四六六二〇番
定価 七十円

KIROKU EIGA
Published Monthly By Baseball Magazine Co., Ltd.

IBM 2863

第一巻第二号
昭和三十三年八月二日 国鉄東局特別扱承認雑誌 第三〇九号

教育映画作家協会編集

記録映画

THE DOCUMENTARY FILM

〝海は生きている〟より

9月号

カット
朝倉摂
栗津潔
岩佐氏寿

記録映画

1958　9月号

第1巻第2号

時評

科学映画と映画館

今年のヴェニス映画祭の科学映画部門で、日本の記録科学映画「ミクロの世界―結核菌を追って」（東京シネマ作品）が最優秀賞を得た。ヴェニスの科学映画部門で、日本の科学映画が賞を得たのは、これがはじめてだそうである。全く御同慶の至りであり、スタフ諸君の努力に敬意を表したい。

ところが、この作品の国内上映については、映画館側乃至配給部門側にはとんと関心がなかったそうである。一方、各所での試写会の座談会ではしかし、観客の間に大きな関心が湧いている。一人の母親は、世の中のどこを見ても行きづまりばかりで、学校に行っている自分の子供も、将来なにをするという特別な希望を失っているが、この映画を見ると、まだまだすべきこと、追及すべきことの多くが世の中に残されていることを知った、このことを子供に話したいと、語ったそうである。また、京都の記録映画を見る会では、学生、母親、父親の間に科学映画への関心と見たいという要望が大きくひろがっていると言われる。

今や科学映画に対する観客の要望と配給、興行部門との間には抜きがたいズレがあるようだ。人工衛星を一つの頂点とする科学への一般的関心の高まりに反して、配給、興行部門では科学映画は一般には迎えられないという偏見が多くの観客の要望を阻んでいるとしたら、由々しい問題だ。

科学映画はほんとうに一般に迎えられないのかどうか、配給、興行者は偏見を捨ててもっと謙虚に事態を調査し、見なおす必要があるのではないか。細胞が不気味に動きまわる画面は不快感を催すから上映には不向きだという意見が一部の配給者の間にあるそうだが、そんな調子では、誰も納得しないだろう。これは「ミクロの世界」についてのことだが、すべてのすぐれた科学映画がこんな調子で扱われては観客は浮かばれまい。

数少ない科学映画作家も、ここで安易に洗れず、一層すぐれた作品のために研鑽を積むと共に、観客とジャーナリズムが協力して、興行、配給側の偏見とぶつかってみることがここらで必要なのではないか。そうでないと映画館は配給・興行者の偏見に専有されてしまうのではないか。

これは一般に短篇記録映画にも言えることだ。

表紙の写真

この映画のテーマは「生命の故郷としての海―」を描こうとし琉球八重山の島々と海が舞台になっています。映画は一人の島の少年を設定します。少年は彼等独特の珍らしい漁を行います。銛を持って様々の魚や花野菜珊瑚に出合うのです。写真は水中で少年にカメラをむけたところです。企画・配給日活株式会社　製作・岩波映画製作所　脚本・演出　羽仁進

もくじ

★時　評……(3)
★自然科学映画の発展のため……吉見泰……(4)
★受胎の科学が神秘になるまでの裏話……奥山大六郎……(9)
★海外だより
科学映画とは何か……レモ・ブランカ　田中ひろし訳……(11)
★座談会〃黒部峡谷〃……西尾善介　村井米子　福田蓼汀……(13)
★プロダクション・ニュース……(18)
★新作紹介グラフ……(19)
★記録映画の方法
明るいということなど思うまま……京極高英……(23)
★書　評……(25)
★アニメーション映画の技術……岡本昌雄……(26)
★戦後の記録映画運動史(3)……吉見泰……(28)
―「記録教育映画製作協議会」の運動を中心に―
★ヨーロッパから帰って……厚木たか……(30)
★観客のページ……(33)
★最近の記録映画について……岩佐氏寿……(35)
★現場通信
沖縄の印象……田中実……(37)
「千羽鶴」の上映運動について……坂斎小一郎……(37)
雨を待って……間宮則夫……(38)
★編集後記……(38)

自然科学映画の発展のために

吉見泰

(一) 思想性の問題

1 何が欠けていたか

今日の科学映画は、個々にはすぐれたものがあっても、全体としては一つの停滞にきています。かつて戦前に発祥し、戦後にうけつがれて来ている昆虫や植物や動物の生態観察映画や医学映画、理科教材映画などの科学映画は、その撮影技術の面ではまことに進歩したものです。しかしその内容や題材の扱い方に就ては、タイプのマンネリズム、一つの類型に陥いって、停滞しております。

これには、科学映画の製作のされ方が、多くの場合、極めて散発的で、従って、科学映画の系譜を、逐次積みあげて行く科学映画作家の努力もまた散発的で、試みを系統的に発展させて行く機会がまことに少ないことにも、一つの原因があるでしょう。

しかし今日、作家たちはその少ない機会を摑んで、停滞からなんとかして脱け出ようと苦心しています。新しい発展を求めねばいられない程に、作家は現在の停滞を痛感しています。

私は、この停滞からの脱却の基礎的な問題を、科学映画作家の思想性という点に求めて考えたいと思います。創作上の観点から見て、今日の科学映画の停滞の主因は、科学映画作家の思想性の弱さ（稀薄さ）にあると考えるからです。そしてこの基本を棚あげにしていては、問題は解決しないと考えるからです。

科学映画に限らず、一般的に言ってどんな作品でも、作家の思想性を度外視して創作はなり立ちません。

事実、日本での科学映画の発展の過程をふり返ってみても、いかにして作品に思想性を与えるか、言いかえれば、どんな態度どんな思想性をもって創作するかという作家の努力の過程がうかがえます。

例えば、生態観察映画に例をとってみましょう。それは、花の開花の動きや、植物の種の芽生え、根の生長、或は望遠レンズによる鳥の生態、顕微鏡撮影による極微の世界の紹介など、極く単純な生態紹介映画にはじまりました。単純な生態観察の域を脱したものではなかったとはいえ、しかしそれは、記録映画に於けるたしかに新しいジャンルの誕生でした。日常の視野の中では見られないことがら、乃至はなかなか見る機会の少ないことがらをスクリーン上にうつし見る面白さ——それは単に珍奇な面白さを越えて、映画を通じての人間の視野の拡大というかつてない貢献をもたらし、理科教材としての教育効果と結びつき、また学問的に言っても、自然界の法則の追求の糸口はまず現象の観察と実験にあるという意味で、このジャンルの形成は大変な成功でした。

ただその時、問題として残されたことは科学映画というものに対する作家の態度、それへの理解の仕方が不充分であり、不鮮明であったということです。昆虫の習性や鳥の習性に通暁しようとする忍耐強い努力や、肉眼には見えないあらゆる現象をうつし撮ろうとする手段の追及の努力など、凄まじいばかりに強じんな追及の精神がそこには勿論脈うっていたのです。しかし、生態をとりあげる意味はなにか、それをどのような方向で追及しようとするのか、なんのために生態を観察するのか——科学映画を追求するそうした思想性は不鮮明であり、稀薄だったのです。

そこには、ジャンルの若さという制約もたしかにあったでしょう。生態をどう追いどう捉えるかという技術の追求と駆使で精一ぱいという悩みから来るゆとりのなさもあったでしょう。そこにはまた、専門学者と作家の間のコンビネーションの不備もあったでしょう。——映画による科学の普及啓蒙にまだ不馴れであった学者の側に、なにをとりあげ、それをどの方向で展開すればよいかというサジェストの戸迷いもあったでしょう。

いずれにせよ、当時の生態映画は、単純な生態紹介の域を出ず、極たんに言えば、見えなかったものが見えた見えた、という単純な興味と喜びにとどまっていました。

しかし、微速度撮影による開花の驚異や感嘆の新鮮さは、そう長つづきするものではありません。

この弱さを補うために科学映画作家たちは、生態の意味づけ、生態の解釈を映画に持ちこみました。文学的な、乃至詩的な、また哲学的な解釈や感懐を通して生態を描くことを試みたのです。例えば「**蟬の一生**」（故太田仁吉作品）では、長い地中の生活を経て成虫となり、太陽の輝く広い空間を飛びかって生命の自由を歌うとみるや、僅か数日を出でずに再び生命を終え、卵に帰る蟬の姿に、はかない哀感が寄せられていました。

また、「**或日の干潟**」（下村兼史作品）

魚の愛情

では、干潟に集るかに、しゃこ、貝類などの小動物――それぞれの生態はまことにほほえましく、小動物同士の小さな闘いはあっても、全体として平和でのどかな干潮の間のひととき、そこへ餌食を求めて突如襲いかかってくる鷹．平和を乱す鷹が描かれました。平和な干潟の生態を乱す一羽の惨忍な鷹によって、強奪的な侵略者への怒りを托す試みがなされたのです。そうした一連の傾向は、戦後に受けつがれて「**魚の愛情**」（奥山大六郎作品）を産みました。トゲ魚の雄が産卵期の雌のために巣を作り、雌を誘導してそこで産卵させ、卵を守って外敵を防ぎ闘い、孤軍奮闘、子供がかえった時、力尽きて命を終えるという習性を一貫して撮り、これを魚の愛情として表現したものです。

このような一連の努力はすべて、思想性のない単純な生態紹介映画に思想性を持ちこみ、それによって生態映画を芸術表現の中に捉えようとしたすぐれた試みだったのです。

これらの試みは、単なる珍奇、単なる生態から脱け出て、自然界での生命を感じとろうとし、自然界での生命の生き方に近ずこうとする科学映画作家の真面目な思想性の発展を如実に語っています。

しかしふり返って考えてみると、自然界の生命の問題に近ずこうとし、或は自然界での生命の生き方に近ずこうとする時、文学的解釈に頼った所に、科学映画としての問題を残したと考えられます。文学的、詩的な解釈に頼っている限り、自然科学映画は行きづまります。

何故なら、自然科学映画の本質は、自然科学の思惟の方法乃至論理によって裏付けられるべきものだと考えるからです。事実今日では、文学的乃至詩的な道筋での科学映画は行きづまりを見せています。その方向は当然なことながらすでに、自然科学映画としてではなく、例えば、動物（或は生物）と子供との交情を主題にした一連の劇映画の道に進んでいます。従って、自然科学映画に思想性を通そうとして文学的解釈に頼ったということは、自然科学映画を自然科学映画としてどう発展させるかという課題意識に欠けるものがあったのだと考えます。

2 科学映画の方法

こうしたジグザグから発展して、生態映画はその後、自然の客観的、科学的な観察で一貫しようとする傾向のものが主流をなすようになりました。その頃のものとして代表的な作品には「**あげは蝶**」「**稲の一生**」（共に故太田仁吉作品）などがあります。それぞれの作品の狙った意図が充分に出ているかどうかはともかく、あげは蝶は、一定の食葉を離れては生きられない（幼虫は甘橘類の葉など一定の葉しか食べない、従って蝶はそうした一定の葉だけに産卵する）ことや、その変態の観察を通して、環境と蝶の生命との関係、自然界の生命の法則に迫ろうと意図されたものであり、「**稲の一生**」は種籾から成長し成熟するまでの、その時々の生理と状態を科学的に観察して、主として栽培者である農家の人々に役立てようとしたものです。初期の単純な生態紹介映画からはずっと発展したものであったことは明かです。

所が生態観察映画はこの段階で停滞してしまったようです。

そして、それはそのままにしておいて、日常生活と科学とを結びつけ、日常生活を科学的な知識で豊富にするという意図のもとに、生活科学映画とも言うべき科学映画が盛んに行われるようになりました。イースト菌でパンがふくらむ原理を描いた往年の名作「**生きているパン**」（奥山大六郎作品）や「**洗濯の科学**」「**腐敗の科学**」（中村鱗子作品）などはその典型です。

あげは蝶

また、小中学校のカリキュラムにもとずいた理科教材映画も盛んに作られるようになりました。（これはカリキュラムの立方自身に問題があるように感じますが、その点に就ては私にはまだよく書けません。是非どなたかにお願いしたいと思います）

しかし、そうしたすべての科学映画が、それぞれの分野で類型化し、タイプのマンネリズムに陥って停滞しています。

何故停滞が来たのか――これを考えるためには、前にも触れたように、科学映画作家の側から見て、その思想性の脆弱さをまず考えぬわけには行きません。生態映画に例をとって述べたように、日本の生態映画の発展の歴史は即、日本の科学映画作家の思想性の発展の歴史であったことは明かです。しかしその歴史はまた、科学映画に対する確固とした考え方が作家に欠けていることを語っているように思えてならないのです。

科学映画の創造の基本は、自然科学の思惟の方法を映画の中に生かすことだと考えます。ここで自然科学の思惟の方法というのは、科学の理論と科学の方法を発展させつつ、自然の法則、自然のかくされた真実に迫る迫り方のことです。

科学映画で大切なことは、科学的なもの

の見方、科学的なものの考え方を伝えることだという言葉が、よく議論の中で聞かれます。しかしそれを口にする人は、そのことをどんな風に理解して、言っているのでしょうか。科学的なものの考え方とはではどんなことだと聞き返してみても、そのことをハッキリ答える人は少ない。ハッキリ答えられないということは、その人は、科学的なものの考え方ということを、何か抽象的なこととして理解しているからです。そういう人に限って、科学的なものの考え方とは分析し、綜合することだとか、自然弁証法的な考え方だとか、更に抽象的な言い方を繰り返して答えるだけです。そのことに違いはないのですけれど。実は私もかつて長い間、そのことが抽象的にしか分らないで困ったことがあります。しかしそれは、抽象的なことでもなんでもなくて、現実の事実としてあることに気がつきました。その事実は、毎日、少くとも方々の科学の研究室でくり返されています。また少くとも科学の歴史の書物の中にもあります。必要に迫られて、或研究室を訪れたとしましょう。そして何かの結論がどうして得られたのか、根掘り葉掘り聞くとします。その時、科学者はそこに至った過程を説明してくれます。完全にはなかなか分りにくいことの方が多いけれども、その中に科学的な思惟の方法を聞きとり、それに就ての理解を深めることができます。そして自分なりの理解の仕方の中で、科学的な追及の興味を湧かします。その興味は、自然のかくされた真実に近ずく、その近ずき方の興味です。そして或事実に到達する面白さです。そこに科学的な考え方の具体的な事実があります。勿論それがすべてではありません。しかし、科学的な考え方を摑む一つの土台がそこにあります。科学映画の発想の一つの起点もそこにあります。

従って科学映画作家にとって重要なことは科学の思惟の方法をどう理解するかということです。そのことを直接、表現するかどうかは別にしても、科学映画作家はそのことを基本的に重要視する必要があると思います。

或小学校でこんな話があります。二年生の話です「雨は何故降るのか」との先生の質問に、「雨はお月様の涙だ」と物語りからの連想で一人が答えた。するとまた一人が「お月様の涙なら運動場ぐらいしか降らないよ」「いや、大きいからあっちこっちに降るよ、きっと」そんな議論の中で一人が「でも涙ならショッパイはずだ」と言ったというのです。ショッパクないからお月様の涙ではないという推理です。そしてこれは子供にとっては連想力から推理力へのすばらしい飛躍であり、こういう子供の全人的な能力をのばす方向で認識の過程の訓練をすべきだと言われています。子供には子供の認識の過程があるとしても、そうした認識の過程の訓練は大人でも同じことです。また科学映画作家にとっても同じことです。科学映画作家にとって、このことがなおざりにされ過ぎてはいないでしょうか。

しかし、科学映画作家は自然科学者とは違います。自然科学の思惟の方法を理解することが重要だからと言って、作家が自然科学者にならねばならぬ理由は毛頭ありません。芸術の世界、創作の世界には、その世界の思惟の方法があります。そして作家は、科学映画に限らずどんな作品の作家も彼の世界観によって、様々な現象を連関づけ、その奥の本質を洞察し、様々な現象をそれぞれに位置づけ、これを芸術の方法によって形象化します。いわば、創作の糸口は、作家の世界観と芸術の方法の統一にあります。ただ、自然科学映画の場合には、現象の奥の本質――自然の法則を洞察し理解するのに、自然科学の思惟の方法をかりねばなりません。科学映画の本質は、映画によって自然の法則に近ずこうとする所にあるからです。自然科学の思惟の方法を映画の中に生かして、自然の法則に近ずき、自然の法則（真実）をひき出し、描き出そうと努める所にあるからです。

3 科学の周辺

所がここで、科学映画作家にとって、もう一つ大切な基本があると思います。

科学映画作家はあくまで映画作家としての立場にたって、自然科学の思惟の方法をかりねばならぬということです。「映画作家の立場に立って」と言う意味は「作家としての世界観を持って」と言うことです。様々な現象を綜合的に見、様々な現象をそれぞれの位置に位置ずけて見ることができる世界観は科学映画作家にとってもまた重要です。作家として、とりあげるべき題材の位置づけをはっきり見きわめた上で、その題材の自然科学的追及をすることが重要だと考えます。

例えば最近、鶏卵から雛がかえる過程を追った理科映画を見ましたが、作家はその過程の中の何に興味を持ったのか、その過程の発展のどんな道筋に関心があったのかまことに判然としませんでした。過程がただ捉えられているだけで、観察の態度がよく分りません。卵が鶏になるのは当り前のことなのですから、その感を余計に深くしました。なるほど、変貌し、生成する過程を理科教材として撮ったと言われるかも知れません。それならそれでいいかも知れません。しかしそれなら何故おわりに自然は神秘なものだと言わなければならなかったのでしょう。折角観察したことのすべてが神秘だと片ずけられていいのでしょうか。神秘を実証するために観察したのでしょうか。何故こんなにくいさがるかと言うと、科学映画がそういう所に安住しているのではないかということが気にかかるのです。観察の意味、観察の目的意識をもっと吟味して、作家の立場、観察者の立場をもっと明瞭にすべきではないでしょうか。理科教材だからこの程度でよいという考えがあったとすれば、それは論外です。少くとも作家の態度の中では、もう、ただ肉眼では見えないものを見せるだけという段階を越えて、観察の意味、観察の目的意識をもっと吟味しなければいけないのではないでしょうか。吟味を可能にするものは、彼の世界観、自然観――思想性にあると思います。例えば、人工衛星の原理或はそれを可能に

している法則を描き出そうとする時、人工衛星の持つ社会的位置乃至世界的位置、乃至は宇宙的位置をはっきり見きわめないでかかる作家はいないでしょう。こういう国際的に尖端的な現象にだけ、思想性を働かせることに敏感で、その底辺の日常的な事柄になると、あまり敏感ではなくなるということがあったとしたらおかしなことです。

かつて作家の間の一部に、社会的な思想性がなくても自然科学映画は作れる。自然科学映画は政治的、思想的に中立であるという考え方がありました。それが今日もまだなにか糸をひいていることはないでしょうか。そうした考え方の裏返しが、〝自然科学映画への現実逃避〟という考え方ですいずれも明らかに誤まりです。そしてそうした考え方に、科学映画の発展をはばんで来たもう一つの重要な原因があると考えます。

私たちは社会的現実の中に生き、社会的現実の中で生活しています。資本主義社会の矛盾が私たちの日常の中に浸透しています。それが私たち作家に、基本的に、立場を要求します。——進歩の立場か、否か。人間生活の幸福と前進のための立場か、否か。そこに作家の世界観、思想性の課題がうまれてくるわけで、自然科学映画作家だけが、そのらち外にあり得るわけはありません。かりに、らち外にあると思っていたとしても、現実には、基礎科学と応用科学の連鎖的な発展の一つの方向が、その彼にのっぴきならぬ危害を与えようと襲いかかっている今日です。事情は今や全く明らかです。

たしかに科学そのものには、言わば中立的な一面を持っています。しかしその事は同時に、進歩の立場からも利用されるし、またその反対の立場からも利用される可能性を持っているということです。科学映画作家に主体的立場が要求される所以です。そうした立場の選たくに目をつぶることは自由です。しかし主体性のない所に、創造活動の進歩や発展のないことも確かです。

科学的な考え方や、科学的なものの見方が必要なのはなんのためなのでしょうか。人間生活を豊富にし、前進させるために必要なのです。科学の思惟の方法を映画に生かすということは、作家が、映画を中にして、観客と共に、そうした考え方や見方を訓練し合うということです。もし作家に主体的な思想性がないと、かりに科学の思惟の方法が与えられたとしても、それを活用して、目的意識的に主題を追及する方向もなく、そうした科学映画の役割を果すこともできません。

こうして科学映画作家は、科学を常に民衆と共にあらしめ、民衆と共に、生活を前進させるための科学的態度を訓練し合う努力を積極的に払いたいものです。

(二) 科学映画の課題

1 法則性への追求

前節では、創作以前の問題——科学映画の思想性の問題に就て触れたわけですが、ここでは、科学映画をこれからどう手がけてみたいかという考えを、まとめておきたいと思います。

「科学とは思惟の発展の過程である」と言われ、また「科学とは組織づけられた知識である」と言われます。両者ともに、その通りだと思います。見方によって、そうした二つの面が捉えられます。科学映画もまた大きく言って、そうした二つの流れ或は二つの面をもって今日に至っています。

後者の面に焦点を置けば、科学知識の解説映画が浮かんで来ます。所が、これに属する科学映画がややもすれば陥りがちな危険は、自然科学の探究の歴史が産み出した或結論的知識の切り売りになりがちだと言うことです。組織づけられ、集積された科学知識の遺産をそのまま映画にして伝達し普及することに何の異議もありません。しかしその伝え方がただの切り売りでいいものかどうか。そこが疑問です。科学映画作家は、断片的な科学映画の押し付け映画で満足できるでしょうか。

組織づけられた科学知識と一口に言っても、その背後には長い集積と吟味の歴史的過程があった筈です。そこに至る思惟の発展を描きたいものです。思惟の発展として描きたいものです。一つの科学知識を静的なものとして伝えるのではなく、そこに至る論理、思考の動きを描くのです。描く手法は様々にあるはずだと思います。そこに至る過程と言っても、実際にあった科学の歩みをそのまま描くとは限りません。誰もが日常の経験として知っている知識を、分解し或は連関づけて、結果に至る論理の発展として描くことだと思うのです。こうした傾向は今までの理科教材にも多くとり入れられ、「**写真機**」（岩波映画）のようにすぐれた作品もあります。しかし多くの場合には、そこに至る知識の組み合わせが、こうだからこうだという風に、まるで既成の事実として説かれていて、そこに至る道筋が探究的乃至探索的ではないのです。科学映画乃至科学教育というのは、そんなにドライなものではないはずで、もっと全人間的なものだと思います。ショッパクないから、雨は月の涙ではないと推理した子供の全人間的な探索の過程に、作家はもっと共感したいものです。

また同じ科学知識の解説映画でも、こういうやり方ももっと考えられていいと思います。自然の現象の中から抽出された一つの科学知識（基礎科学的な原理・原則）が社会生活、日常生活の現実に応用され、活用されている姿を描くことです。これも原理とその応用という形で、ずい分今までにも描かれて来ました。しかし、そうした原理・原則とその応用という姿が、自然の法則支配、自然を支配する法則性という観点から見る意識が欠けてはいなかったでしょうか。原理の応用を通じて、自然（現象）を貫く法則支配という事実を見る重要さがあると思います。いくら科学知識を応用し活用しようとしても、法則（原理）にのっ

とらなければ成功しないということを知ることは重要です。世界的な話題に例を求めれば、人工衛星の打上げ失敗があります。失敗した、成功したということが、色々な意味で騒がれますが、成功は自然の法則に乗ったのであり、失敗は法則に反したのです。自然の法則に乗せるまでに技術が至らなかったのです。自然の法則（原理）をわれわれの実生活に活かそうとして技術（応用）の発展を試みつつ（その技術すら自然の法則に支配されている）今日を築いて来ているのですし、われわれの社会生活の発展が、自然の法則支配の外にあるわけはないのですし、われわれ自身、自然の外にあるわけはないのですから、こうした自然構造の一つの原則（法則支配）に就ての意識はもっと強調されなければならないでしょう。このことは医学映画にも言えることです。子供の社会でも、大人の社会でも、自然の法則の正しい活用によって、また諸法則の正しい組み合わせによって、どれほど豊かなものになっているか、またなり得るか。そこに科学への信頼がもっと具体的になる足場があり、基礎科学による原理・原則の追究にも、新たな関心を呼ぶことができるでしょう。

原理・原則――法則性の追究は、例えば生態観察映画（生物映画）にも通じる問題です。生態の意味の追究。そして生態を貫く生命の問題。生命を支配する法則の問題に近ずくことです。すべて勿論、科学そのものの研究の発展の程度に左右されることですが、生物にも物理的、化学的、乃至生化学的な追及の目を向け、そこに流れる自然の法則をひき出す態度と、その法則にいかに近ずくかという思惟の方法を、意識的にとりあげてみたいものです。

そして一種類の生物だけを追うのではなく、諸生物間の相関関係を通じて、生存のあり方を綜合的に見て行き、そこに流れる法則性をもさぐって見たいものです。

そうした法則性は当然、人間の生命の問題に波及するでしょう。

ただここで問題にしておきたいことは、前節でも述べたように、観察の目的意識、意識的観察――なにを、なんのために観察するかということです。その観察の意味が判然としない観察は今や無意味です。そしてその意味が、観察以前に吟味されねばならないのは勿論です。

いずれにしても、一般的に言って、科学映画は、自然の法則への接近という課題をもっと意識的にとりあげ、そのための思惟の方法を生かすことに、もっと積極的でありたいものです。

2　科学映画はだれのものか

そのためにはどうしても、作家と科学者との間の組織的提携が必要になってきます。科学映画の発展が、そうした組織的な提携と協力に期待する所は、はかり知れぬほど大きいのです。

理論をたて、予測し、実験し、観察し、そこから再び理論をたてなおし、予測し、新たな方法で実験し、観察する。そして失敗と克服。そのくり返しの中に捉えられる探究の発展。――それは或テーマでの研究をつづける研究室の研究記録です。科学の思惟の方法を駆使しての、人間のため、人類のための、科学の闘いの記録です。こうした科学の歩みを記録することも、科学と民衆を肉体的に結びつけ、科学への関心と信頼を強く呼び起すことになるでしょう。

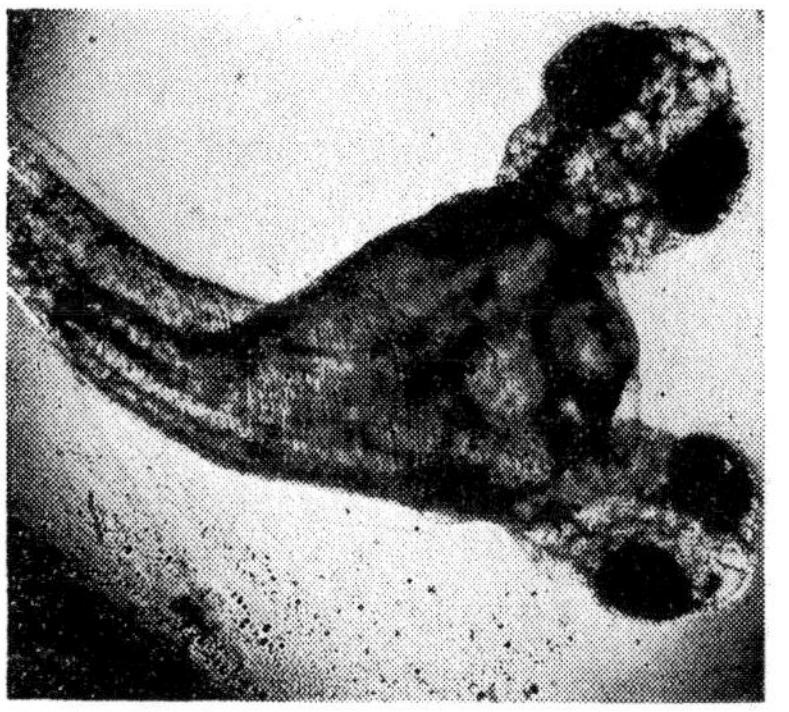

世界は恐怖する

科学は常に人類のためのものであり、民衆のためのもの、また民衆のものでなければなりません。そして科学映画は、科学を民衆のものとするためにこそあるのです。そして科学映画作家はそのためにこそ闘わねばなりません。

科学の研究室の研究テーマによっては、社会問題と結びつけて描く分野もひらけています。広島の世界史的悲劇を、医学的に裏付け、原水爆禁止、世界平和への訴えとする試みはすでに「**世界は恐怖する**」（亀井文夫作品）によって試みられました。私たちはこの分野を一層拡大することができると信じます。

科学を社会的な視野の中で見た場合、例えば害虫や結核菌に就ての研究がすぐれた成果をおさめているにも拘わらず、その成果が社会的には行き渡っていないという社会的欠陥がすぐ目にうつります。科学の研究とそうした社会的欠陥をつき、科学の成果を民衆のためのものとする社会的訴えを映画によって起すこともできます。私はいま、この二つの企画の具体化をすすめている所です。

科学映画作家の主体的な興味と関心によって、科学の思惟の方法を選択的に駆使する所に科学映画は多種多様な発展を見せるはずです。

科学映画によって、科学を民衆のものに――。いま、科学技術の振興が政府によってうたわれています。なんのための科学技術の振興なのでしょうか。果してそれは本当に民衆のための、人類のための、生活を豊かにするための科学技術の振興がうたわれているのでしょうか。もしそうならば、もっと前から、或はかりに今からもで、早急に手をうつべき課題は沢山あります。科学技術の振興が今日急に言われだした動機は今や全く明かです。一方には「生産性向上」の要請から、また一方には、人工衛星によって新たに端を発した米ソの対立という緊迫の中で、米国の軍事的な科学技術の底辺を強化するという要請からの出来事です。軍事的科学技術が民衆の幸福のための科学でしょうか。生産性向上のための科学技術が民衆のための科学でしょうか。生産性の（**二五頁につづく**）

"受胎の科学"が

神秘になるまでの裏話

日映科学映画　奥山大六郎

産み出された卵に雄からの精液が凄まじく噴きかかる

　性に関する映画はいろいろとあるが、その殆んどはエログロ映画で、真面目な啓蒙映画としては、アメリカの「人間の成長」、イギリスの「生殖の生理」等が記憶に残っているに過ぎない。これらの映画は、性に目覚める青少年たちの為に作られたもので、その企画や製作態度には充分な時間をかけた跡が見られた。

　今回の「受胎の神秘」は、一姫二太郎三サンシーで知られている山之内製薬の企画で、対象の目標を青年及び成人において作られたものである。スポンサーとしては稀に見る深い理解があったので、シナリオに約一ケ年、撮影に約六カ月余りの期間をかけた末、文部省の選定と映倫の審査も得て、どうにか製作会社の名も汚さずにすみ、ほっとしているところである。

　この映画は撮影が長期間にわたる為、同じく長期撮影のニッポンビール企画の「サッポロ物語」と同じスタッフで編成された。即ち八月の北海道ロケから同時にスタートを切り、クランクアップまでの約六カ月の間、全くのテレコテレコの撮影をつづけた。幸いにして「サッポロ物語」の場合は、北海道紹介のムード映画がねらいだったので、気楽に仕事を進めることが出来たが、「受胎」の場合にものがものだけにそう易々とはゆかなかった。

　ともすると動線画が主となり勝ちなこの種の映画で、どうしたらその逆の効果が得られるか、性に関する「さわり」を、どう具体的にしかも上品に表現するかでいろいろな苦労が連続した。それは、人間の生殖に話をもってゆく前の動植物の受精や、本題では女性の排卵、受精の瞬間、それにつづいて起る生命の芽生え等、これまでの映画では逃げている夫々の点をどう埋めるかにあった。

　その第一話……昔は、サケの産卵期になると川を上る魚が群をなして浅瀬を埋めたというが、今日では乱獲のせいかそうした姿を見ることは出来ない。その為、サケの生態については未だ判っていないことが多いらしい。サケの受精の様子もその一つである。幸いにして、ここ数年来、北海道さけます孵化場でそうした実験研究が進められていた。一定の流域間に数十組の雄雌を放流するとか、三面ガラスの大きな水槽を用意し、中に産卵期の雌雄を入れてその産卵状況を観察するのである。撮影はそれらの協力を得て始められたが川面を通しての撮影では充分な効果が得られなかったので、すべては水槽内の撮影に期待がかけられた。

　今まで、サケの産卵状況を充分に観察した人はいないらしいが、多分産卵は夜間に行うだろうという。しかし暗してはカラー撮影は出来ないので、約十キロ近い照明をつけたり消したりしながら、ぶっつけ本番が始まった。産卵の予備行動は、よろめくように身体と背ビレをふるわせながら雌のお腹をさする、雄の誘いかけから始められる。その刺激を受けた雌が尾ビレで、水底の小石や砂をたたくと、そこに次第に凹みが出来てゆく、これが産卵場所になるらしい。

　産卵の瞬間をどうしてつかむかは、観察

者の勘に頼るしかない。北海道千歳の十月はもう冬近く、毛布に身体を包み、その機会を待つ。やがて冷え切った夜が過ぎ朝が来てしまう。この機会を逃がしたらプロローグの価値は半減してしまうので、どうしても撮りたい、産んでもらいたいと願う。やがて次の日の昼近く、両者のよろめきが次第に濃厚さを加え、時々水底の凹みに腰を据えようとするらしい。何回目かの仕切り直しの末、ついに十キロの照明の下で産卵が始った。あっという間に雄がその雌と並んで寄りそう、その一瞬カメラがスタートした。産み出される卵に雄からの精液が凄まじく噴きかかる。雄雌とも興奮の余り口をぱっくりと開けたまま、一生のうちただ一度のきびしいばかりの受精の瞬間が続く。やがて何秒たったろうか、射精液の為水がどんどんにごってゆき、魚の姿がかすんできた。ふと気がつくとカメラの回転音がまだつづいている。ほっとしてそのスイッチを切る。撮影に成功したのだという実感が、おくればせながら、ひしひしと来た

第二話……十一月、十二月は精子を主役とする撮影に当った。人間の場合、精子はいつでも女性の体内に入りこむとは限らないという。即ち、受精可能期間以外は、子宮頸管からにじみ出ている粘液が、ねばり気の強い壁を作って精子の侵入をはばむのである。

撮影場所が病院だったので材料となる女性の粘液の入手には事を欠かなかったが、元気のいい精液はアルバイトだけでは間に合わず、止むを得ずスタッフのものも供出してもらった。身を分けた自分の種が見も知らない女性の粘液の中を突き進んでゆく様子を見ることは、当事者にとっては甚だ興味深いものである。しかしいつまでも面白がって眺めていることは許せない。この映画のクライマックスはまだ残されているからである。手術がある度毎、もしかして得られるかも知れない、女性からの卵子を期待したが、それをとり出すのが目的の手術ではないので、次第にその期待が消えてゆき、これからの仕事の荷が次第に重くなっていった。

第三話……三月に入り、人間で出来ないものは動物実験でやることにして、千葉にある農業技術研究所繁殖科にたてこもることになった。これまでの数カ月の間、いろいろな動物についての前実験をお願いしておいたのである。

撮影は、兎の卵子による卵分割から始められた。前日交配しておいた兎の卵管をとり出して、生理的食塩水で中の卵子を洗い出し、その液の中から肉眼でやっと見られる位の小さな受精卵をえらび出し特殊な培養基に入れてやるのである。撮影直前のテストでは、こうして得られた六個の受精卵の大部分が、その中身が二細胞から四、八十六細胞と分割をつづけ、撮影の見通しがついたのだが、いざ本番となるとテストの時のようにスムースにゆかず、数カ月の前実験が決して長くはなかったことを痛感した。

あれやこれやで何回目かの撮り直しが終った頃、二十四近くの兎が犠牲になったことを知った。こうして、卵分割の場面だけでなく、精子核と卵子核がとけ合う姿や、それにひきつづいて起る染色体の分れてゆく様子等も辛うじて撮ることが出来たが、これらは残念ながら満足したものとは思っていない。フィルムと製作期間に制限があり、その上、最後の難関である受精の瞬間が撮り終えていなかったからである。

ウニなどの下等動物の場合は別として、哺乳動物における体外受精は技術的に大変困難なことで、ましてその瞬間を映画に撮ることは、世界でもまだ成功していないらしい。卵子をとり出すまでの技術的な操作の間にも、生体的とは違ったいろいろな影響があるだろうし、数億のうちのただ一個の精子が卵子に入りこむ瞬間をピント面でどうとらえられるか、撮影技術の面から見ても、これは万に一つの僥倖を望むことである。そして撮影はそれ以前の問題からつまづき始めた。排卵したばかりの卵子は、その廻りに口胞細胞というものをぎっしりつけている。精子が卵子の中に突入するには、この邪魔ものを突破しなければならない。生体内では、のびちぢみする卵管の動きで、この口胞細胞が物理的に次第にとれてゆくことが考えられる。また、無数の精子から出される、ヒヤルロニダーゼという酵素がそれらの口胞細胞をとかすのだという説もある。だがケンビ鏡下で見た限りでは、目に見えて口胞細胞がとけてゆく様子は認められなかった。時間がたつにつれ、精子の群は口胞細胞の間に頭を突っこんだまま次第にその活動を止めてしまう。何らかの方法で人為的に手を加えなければならない。

卵の入った液に、ヒヤルロニダーゼと似た働きをする特殊の薬を加えてみると、またたく間に口胞細胞がとけてゆく。これをうすくした液にしばらく卵子をひたした後、極めて細いガラス棒でまわりの細胞をとり除いてやり、それに精液を加えてケンビ鏡下におく。卵子に群る無数の精子の場面は、以上のような方法で撮影したものである。

ところで、これを高倍率にしてピントを卵子の中心、つまり卵のまわりに合わせて見る。不思議なことに、その面には精子の姿はまれにしか見ることが出来ない。精子は卵の上と下だけに多く集っているのだ。こうした現象は精子の性質によることが次第に判ってきた。即ち、精子は間隙にもぐりこもうとする性質をもっているので、卵子を軽く押さえた上下のガラス面近くに多くの精子を見ることは当然であった。しかし、こうした映画の仕事では、精子が入りこむその瞬間を拡大してつかむことが要求される。そしてそれは、仕事に対する映画人の単なるねばりだけで解決出来る問題ではなかった。また、我々の為に貴重な時間をさいて指尚と協力を頂いた農研の方々にも、これ以上の助力を頼むことは許せなかった。またの機会を約し、この映画は一応クランクアップすることにした。

仮題「受胎の科学」を、受胎の神秘と改題することに同意せざるを得なかったのはこのような次第からである。

科学映画とはなにか

レモ・ブランカ
田中 ひろし 訳
「世界映画資料」同人

この論文は、イタリア公衆教育省の視聴覚専門月刊誌〃ランテルナ〃に発表された論文からの抜萃である

科学映画、それは教育の新しい方法ではなく、研究の新しい方法である。

十九世紀には、顕微鏡のたすけをかりて、微小の世界を研究することがはじまった。その結果、微生物についての知識が、実験にもとづく推理によって得らたた時代から、直接に視覚によって得られる時代になった。すなわち、微生物の世界が視覚的現実（a visible reality）となったのである。過去においては科学的推理によって証明されたにすぎぬ地表のわん曲も、今では、高々度を飛行するミサイルからの写真撮影によって、この目で見ることができる。

ところで、過去において科学者の目が直接に見ることができなかったもう一つの世界がある。それは、高速度と低速度との変化の世界である。すなわち、激しい変化のために、またゆるい変化のために、人間の眼がとらえることのできない現象の世界である。人間の眼は、普通、一〇分の一秒間だけ網膜に映像をのこす現象を識別することができるが、この程度の能力では、写真のたすけをかりることなしに運動を分析することができない。人間の跳躍とか、馬の疾走とか、鳥の飛行とかいうような、普通に知覚できる運動のいろいろの切断面を、写真をつかって記録する方法を、つくりあげたのは、フランスの生理学者、ステファン・マレイ博士（一八三〇―一九〇四）である。しかし、映画カメラが発明されるまでは、これより速い運動の映像による分析は不可能であった。

映画カメラは、人間の普通の視覚能力（the normal visual abilities of man）と、運動速度の増大あるいは減少（the increase and decrease in the cadence of motion）とのあいだの媒体（the medium）とならなければならなかった。それは、速度をはやめる道具としてあるいは速度をゆるめる道具として、すなわち、一こまの写真と次の一こまの写真との間隔をひろげたりちぢめたりする道具として機能することが予定されたのである。

事実、ある選ばれた速度で撮影するということは、科学映画の基礎となった。花の開花の模様は、花が開き終るまでの時間を等しい間隔で分割し、その間隔ごとに撮影された何十枚かの写真によって見ることができる。この現象を撮影するのに一〇〇こまの写真があれば充分である。この一〇〇こまによって、花が花びらを開ききるのにかかる二四時間のありさまがはっきりと記録される。毎一五分のありさまを一こま、一こまに写すことにより開花という自然の驚異を、四秒間に再現するのである。

普通のカメラの回転速度は、一秒間六四こままでが限度である。普通の照明度の場合（太陽光線による場合）で、競馬を撮影するにはこの速度で充分である。この速度で撮影したフィルムを一秒一六こまの映写速度でうつしても、馬の運動のいろいろな断面を知ることができる。しかし、ジェット機が平均速度で一〇〇米はなれた地点を飛行する場合、一秒六四こまの撮影速度で撮影しても、映写機でうつすとスクリーンには黒い影以外には、なにもうつらない。また、一秒間三〇〇米を飛ぶ弾丸のコースは見ることができない。この場合には、太陽光線のかわりにかんけつ電気照明（intermittent electric light）すなわち複合フラッシュが実験室にそなえつけられる。高速度撮影の場合は、フィルム・ロールは、連続的に回転する。一こまごとの間隔は、一定の小時間毎に起るように調節された照明源のちらつきによってきまるのである。

大産業が、高速度撮影を実験的な目的に使用しないかぎり、イタリヤの大学では、この技術は発達しないだろう。一九五五年に、わたくしは、マサチュセッツ技術研究所のハロルド・E・エヂャートン博士をたづねた。その時に、アメリカ合衆国でおこなわれたある実験について知ることができた。わたくしは、一秒間一万こまの超高速度撮影が行われていることを知った。

その一つの例をここで紹介しようフット・ボールを射撃すると、ボールは破れつする。われわれの眼は、何が起ったか知るが、カメラの眼は、これが如何に起ったかを記録するのである。その効果は弾丸がボールをつきぬけてから、ボールが破れつする場合に、もっともよく見える。この実験は一秒間四千こまの速度で撮影された。ショットの速度が増大するにしたがって、三五ミリフィルムの一こまごとのサイズが縮小されるのは言うまでもない。このために、超高速度で撮影された科学映画は映写できない。しかし、これは、一こまのサイズが縮小するという理由によるだけではない。超高速度の現象が限定された数のこまの速度に対応づけられるという理由にもよるのである。このような特別の場合には、われわれは、それぞれの一こまを写真としてとりあつかわなければならない。出発点は映画的綜合であるが、結果、すなわち分析は写真なのである。一枚の写真を多くのこまに焼付けるというような、トリック写真の方法によって、一秒間一六こまのフィルムにして映写することが可能になる。エヂャートン博士がわたくしにかしてくれたスチール写真からわかるように、フット・ボールを射撃する場合には、一八枚の写真でこの現象を充分に説明することができる。しかし、このフィルムがいろいろな方法で処理されるようになると、科学映画は科学映画でなくなり、教育映画になる。

座談会

黒部峡谷

記録映画「黒部峡谷」第一部は、すでに公開されたが、スタッフはひきつずつ第二部を撮影中である。山の専門家の参加を得て、黒部を語ってもらった。

監　督　西尾善介
女流登山家　村井米子
山岳俳人　福田蓼汀

「黒部峡谷」第二部撮影中のスタッフ。
三十三年一月、白馬連峯のローゼンモルゲンを撮影中
左から　西尾監督　浅野助手　藤田カメラマン

冬山

編集部　「黒部」第二篇の完成は何時頃ですか。

西尾　八月でしょうね、約一カ年半ですか。

編集部　第一篇と違う点、何か——テーマとか狙いとか。

西尾　そうですね。風と雪と氷にとざされる冬という季節、寒さ、きびしさ、冷たい美しさを表現する為に、イーストマン・カラー・フィルムの適正露出より2ステップ位アンダーロ全巻を統一して、特に朝と夕方を選び、逆光線を多く狙った画調で仕上げる方針をとっています。第一篇が夏山を適正露出で統一し順光線の真昼を主体にしたのとは全く反対な点がちがいます。また、第一篇は地上の登山コースからみたアルプスの夏山と峡谷ですが、第二篇は飛行撮影によるアルプスと、冬山に働く人々を主体としてます。

福田　冬山を主体にしたという理由は？

西尾　夏山は第一篇でもう沢山でしょう。理由は他にもあるんですが、第二篇一カ年半の工事は殆んど輸送路のトンネル工事で、そもそも黒部第四開発の性格は、場所が山岳国立公園であるところから、その自然の景観をこわさないという条件でダム以外は全部地下に架設されるのですから、工事場面は殆んど地下の穴の中といってよく、そのドス黒い暗さの世界と、最も対照的な雪山の白さといいますか天と地底のコントラストで映画のシテューションを立てたからですね。この極端な二つの世界で闘う人間の記録がテーマといえば、いえますがね。

福田　なるほど、ちょっと違いますね。

西尾　工事全般をみれば以外のことも沢山ありますが、フィルムに制限がありますし焦点をしぼっ

てゆかないと、まとまりにくいでしょう。とにかくそういう風に作りたいのです。

編集部　フィルムはどの位使うんですか。

西尾　大体完成呎の三倍ですね。一万五千呎廻して六千呎位にまとめることになるんじゃないでしょうか。自分のペースに入らないものは撮影しません。

村井　ディズニーの記録映画などは三十万呎も使って六、七千呎ですね。正味は。

西尾　国の大きさも違いますからね（笑声）

村井　何人位でロケにいらっしゃるんですか。

西尾　藤田カメラマンとその助手浅野君と私と三人です。アイモ一つ、身軽で機動性を発揮しなければなりませんから、冬山は夏山と違って装備も大へんですしね。食料衣類の着替、時には天幕、ピッケル、ザイル、アイゼン、カンジキ、リュックは相当肩に喰い込みますよ。強力を二名乃至三名連れて行きます。山のことは村井さんが御専門だから。

村井　お正月山から年賀状いただいて……、何処へいってらしたんです。

西尾　白馬、五竜岳の手前、大遠見の尾根です。

村井　ああ、あすこは白馬連峯が一目ですからね。正月に遭難があったんじゃございませんか。雪崩で天幕ごと四名亡くなられましたでしよ。

西尾　ええ、下山して知ったんですが、丁度同じ頃でしたね。今年は雪の量は二十日程おくれていたんですがね、わからんもんですね。

村井　お正月には鹿島槍へパーティが随分登ったようですね。

西尾　百八十名位ときいてます。実はそれを昨年の暮に知って、これは踏跡が出来るから楽だとみてすぐ出発したんです。実はローゼンモルゲンをとる為、一昨年も行ったんですが、ひどい吹雪にやられて、失敗したんです。完成までに今年の冬しかありませんからね。やっと巧くキャッチしました二カ年掛りです。日の出がパッと出た瞬間から廻して百八十度パーンすると白馬連峯の雪領がバラ色に染っていて、五竜岳の上に、青白い残月がかかっている。こうゆうチャンスは一冬に一回位しかないんじゃないですかね。太陽が頭を出して、出きってしまうまで、一分間で消え失せてしまいましょう。冬山の最も美しい瞬間ですね。それと雪嶺の月夜もとりました。ほんとの月夜は全然感光しません。西に太陽がおちた時、その残照がまだ東の空を幾分明るくしている時に月が出ている。これは一月四日から八日位までの間でないとそうゆう条件にならんのですね。天体を調べると太陽と月が丁度反対の現象になる時期がつかめます。見た眼では太陽の残照が多少東の空にピンクがつってますが、開放一秒間八コマでやると、全く見た眼の月夜に仕上りました。しかし大したものでなかった。見た眼とカメラを通すフレームというものの限界を知る点で勉強になります。経験すること、考えていること、描きたいと思うイメーヂを、自分の中にある実感より以上に映画のフレームの中で再現することは六カ敷しい。冷たいゾッとする美しさはとてもとらえられない。

鹿島槍岳に向う撮影隊　33年正月

地底の世界

村井　大町トンネルは何時貫通することになりましたのですか。

西尾　今年の二月末です。予定は去年の七月。十カ月間の筈でしたが、一年と五カ月もかかりましたね。おくれた原因は、扇沢から一六九〇米掘り進んだ三十二年七月、赤沢岳の頂上部から真下八百米の地点、破砕帯にぶっかつたんですね。

編集部　破砕帯といいますと。

西尾　岩がぐぢやぐぢやに崩れている層です。地質学者も全く予測出来なかったんですね。

村井　レーダーで調べてもわからないのですか。

西尾　山の中心部へ行く程、岩はよくなるのが常識だそうですからね。地下水が滝のように出てくる。とにかく半年もその水が止らず減りもしないんですよ。どこにこんな水があるんだろうと驚きますね。堀っても岩質がくじゃくじゃだから山の地圧力で左右から押しつぶされてしまう。下からも盛り上ってくるんです。杭木なんか一ペンにヘシ折れてしまうんです。一尺角の鉄の支保工で支え、すぐコンクリートを巻いて行かなくてはつぶされてしまう。一日僅か二十糎しか進めない。

編集部　結局どうして突破したんです。

西尾　ボーリングで破砕帯は約六十米とわかったんです。そこで堀ってゆくトンネルの左右両側に枝坑を堀って行き、その側面から本坑の上部に何十本も配水ボーリングをやって水を左右に流し出しパイロット、つまり水ガラスですか、すぐ凝結するビニールとセメントを合成したものを先の岩層に注入して破砕岩を固めて、手堀で前進したんです。一米、百万円かかったそうです。六十米を二カ月かかってますね。

村井　そうゆうところも撮影されたんですか。

西尾　ええ、トンネルの中はライトがいります。岩の天井から雨のように水がおちるので、ライト

に雨よけの傘をブリキで造って、カメラは番傘さしてね。水がかかってライトの球がパンパン破れましてね、撮影の終る頃、雨合羽きているんですが。パンツまでびっしょりぬれて、ガタガタふるえました。寒くてね。水が氷のように冷たくて、労働者はその頃一時間交替でやってました。作業は人力で、水にうたれるし、冷えるし、何時間も続けてやってられませんわね。映画もそうゆう自然の抵抗が、グッとないと、面白くないですね。しかし、岩の中のことは撮影出来ませんし、何をやっているのか、見た眼ではさっぱりわからないのです。こういう事件を取材するのに、やっぱり映画の限界がありますね。

大町トンネル内破砕帯突貫工事撮影中。天井の岩から雨のように落ちる地下水のため傘をさて撮影隊

村井　非情な地底の世界ですね

西尾　そうですね。地底の世界も照明は逆光線で統一します。岩の凹凹の効果、水の光、労働者は黒いゴムの雨合羽を皆来てますから濡れて逆光だと艶が出きます。顔半面は片ライトでつぶして彫を深く、逆のキイライトで暗い中の黒いものの形を浮き出させる。それ等で坑道という世界の硬質感といいますか、それを外景の雪という白い清冽な感触とをコンストラクティグに摑む。山岳の天と地底のあらゆる要因をつかんでそこへ入っている人間、シチュエーションを充分に描いておかないと、穴の中のそのもののドキュメントだけでは、ものにならないのです。まあそう言ったドキュメントなドラマの中から人間が意志をもち集合される力といいますか、更に自然の大きさえの認識。

福田　立山の方は火山でしょう

西尾　白馬連峯とは違うでしょう。

村井　違いますね。

西尾　それと仙人ダムに高熱地帯というのがありますね。

村井　トンネルの中をおとりになったのですか。

西尾　ええ。水攻めでなく、ここは熱攻めですか、地下発電所からの放水路もトンネルであって、このトンネル掘削の岩が百度以上の熱をもっている。真裸で水をぶっかけられながら掘っている。鉄帽の外、褌一つ、パンツ一つです。発破をつめる前に一つ一つ温度を計る。撮影の時百〇八度ありました。合成の特種ダイナマイトをつめる。普通のダイナマイトだとすぐ爆発してしまう。発破のあとは熱い岩が坑内一杯にとびちる、この時は坑内にいられない。メラメラ、カゲロウがゆらいでますね。それを撮影したかったのですが、ライトの準備が出来ない。とにかく熱くて入って行かれない。カゲロウはアキラメました。労働者も一時間皆退避して少し冷えるのを待つのです。それからホースで水をかけて、岩を冷やします。一時間半位、かかります。そしてズリ出しするんです。処々は地から熱泉を吹いてます。カメラをすぐ外から入れると、曇ってしまう。徐々に入れて一時間位かかってレンズをならして撮影するんです。顔や身体の「皮フ」がヒリヒリしました。しかし、ほんとの熱さというものが撮影出来ない。人力で耐え得る範囲の中でしか作業が出来ない。しかし画面ではそれ以上の感じを出したい。劇とドキュメントの違う六カ敷しい点ですね。

雪崩

放水路トンネル掘削。高熱で百度以上ある坑内熱湶を吹いている午前の白煙

西尾　厳寒は山の水も凍っていて、雪をとかして飲料水をつくります。ほんとです。雪崩は峡谷に入って撮影するんですが、昨年からその地点を調べて三カ所きめています。これはちょっと危険で、しっかりカメラの位置を計算しておかないと、一ペンですからね。

村井　発破などかけてうまくとれませんかね。

西尾　その雪崩の大きさとそれが引っかかっている個所の力の計算が出ないと、どの位の力の発破を何処に仕掛ければよいかが、出て来ません。これは六カ敷しいことですね。理屈ではわかっも実際の問題となるとね。まあ大砲でももって来てブッ放せばね。(笑声)計算がちゃんと立っていないと実

黒部峡谷の雪崩の跡。夏でもまだその雪塊が崖道をはばむ

行出来ません。偶然なんてものは一番雪崩に関しては命とりでしょう。

福田　雪をあつめて上から落しては、その反動の力で自然といきませんかね。

西尾　よくやりますね。然し小さいです。力がないです。黒部峡谷の雪崩は本流をせき止めてしまう大きなものですから、半年位、残ってますよ。第一篇の峡谷で御覧になったように、夏でも、まだ谷の中腹に、下がとけて、アーチ形にのこってましたでしょう。黒部峡谷のものは、雪切りの谷の雪崩と、ガラ谷の雪崩を狙ってます。山岳のものは鹿島槍岳東面の釣り屋根のをね。ここは両方から落ちてきて底で一つになりぶつかります。高砂平に天幕はって狙うわけです。その中で一番成算があるのは雪切り谷のやってでしょうね、雪崩も下から撮って初めて迫力がある。そこが危くて、いたしかゆしですね。

村井　うまくとれると見物でしゃうが、注意して下さいよ。

西尾　峡谷の雪崩は定評あるものですが、みた人も少く、大体みられないところですから。勿論カメラにとったことはまだありませんし、何んとか、ものにしてみたいですね。

飯場

福田　昔、黒部の源流の方に岩魚を釣りにでかける時には、山の縄ばりの人に一升持ってかないと途中何されるか解らんということがあったそうで、そんな話をきいたことがあります。

村井　よく工事に入っているところを、女の人とか、若い男の一人二人歩きされる方がございますが、あれは危険ですね。飯場の入ってるところはこわうございますね。

福田　終戦直後、濁の小屋に学生達が四人泊って、三人殺されてしまった大事件がある。全部やったと思ったら一人だけ助かって高瀬川沿の道二本だからそれを警察に連絡して、大町の方からジープでやって来て、降りてくる怪しい奴をジープに乗せてそのまま警察に連れていってしまったという飯場なんですね。全部殺されるところを一人助かったためにすぐつかまったというのですが、うす気味悪くて、人が沢山行きます間はいいけれど。山を歩いていて何時もこわいのは飯場ですよ。あの前を通るときは身の毛がよだつ。丹沢あたりには新型の山賊が出るっていいますね。

福田　ハイキングのような女のグループの登山するのは、ハラハラするのですよ。

村井　こわいもの知らずで、山の危険も知らないそういう飯場の危険も知らず、この頃は北アルプスなんか飯場を通るところは殆んどありませんから、そういう経験も持てないですから。

西尾　班長というのは柔道五段空手三段という私らより一回りも大きい。腕力も強いし技術も持っている。それでないとつとまらない。まともにぶつかったんじゃ歯が立たない、殴られたのですよある男がかなわないものだから晩にダイナマイト六本くくって寝ているところえ放り込んだから、バンと飛んじやった。ちようど班長は外に小便に出ていていなかったんですが生涯最良の小便でしたね。二階に副班長がいて。それもまあ寝ていた畳がちょうどパッキングになって打撲くらいで助かった。より集りの飯場というのはこわい。統制のとれているところは非常にいい。そうゆう事件は絶対に起らない。

仙人谷黒部本流に湧く天然岩風呂，仕事を終って一浴びする労働者

福田　まああいう世界で冬になるときびしいでしょう、何もありませんから、黒部の越冬は成功したんですか。

西尾　大体成功したようです。最初入ったらどんなになるかわからないので、去年の冬あたりは皆んな非常に殺気立っていた。いらいらしていた。撮影の為に協力はあまりしてくれなかった。そんなことにかまっていられなかったのでしょう。一冬大へんうまくいったので、事件が起らないで成功したため案外大丈夫だという自信を持ったのですね。そう言ってましたよ。最初の冬は、ライト球をわられました。酒をのんでいて、わるとパンといって気持ちがいいらしくてね。そういった消耗率を計算して準備してゆく、

村井　冬のそうゆう人たちの娯楽設備を考えてやらないと。

西尾　ずいぶんよくやっており

ます。山の中にも映写機二台据えて、一週間に一度必ず映画をやるように、そういった工夫はしていますね。後できいたのですが、この工事で一番心配して、不安だったのは、果して労働者が集るか、それだったそうです。非常に働く人の気持ちというものを考えている。それが戦前のタコ部屋といわれたのと違う点でしょうね。労働省というものが出来て、いろいろな設備がないと許可できないという人権尊重という点は昔の飯場と今の飯場と違うところです。また質の悪い流れ者といった人たちは来ない。来てもそうした人たちはすぐ去ってゆく、そうゆう人たちが居られるような空気でない。統制がとれているし、労働者相互が、そういった人をはじき出してしまう。さっき申しましたように、一人に六十万円もかけた地下式飯場、その人たちは生涯で一番いい生活といっては、おかしいですが、つまり電気洗濯器あり電気風呂あり一冬中春のような温度に調節してあるといった点ではですね（笑声）螢光灯はついている。ラヂオ、テレビ、電気アンマ器、電気屋さんの工事だから電気仕掛けは到れりつくせりで……、

村井　そこの電気の電源はどうしたのでございましょうね。仙人ダムから引いたのですが。

西尾　そうです。

福田　とにかく自然と直面して目の前の防壁がないんですから。

西尾　もしそこにうまくないことが起ったとしても、たとえば病人はヘリコプターで山を越して里に入院出来る。このことは精神的な非常な安心感でしょうね。

村井　夜間ヘリコプターで下した記事をみたのですが。

西尾　私も非常に感動したのですが、盲腸炎になった人が、そこは御前沢でした、手術しないと手おくれになるんです。ダムサイドの越冬小屋で盲腸の手術の設備がないところです、それが夕方四時頃なんですよ。日はくれていきますし明るいときでも三〇〇〇米の山を越すというのはヘリコプターは大へんですよ。しかも暮れてから助けに行ったんですから。全部明りをつけて明りといってもたいまつですね。そこへ降りる。帰るときなんか、月あかりか星あかりでしょう。いや曇っていたんだ、あの夜は、あの深い峡谷の下に降りて、そこからとび上って山を越して、手術に間に合った。非常に感動的でしたね。働く者にとってこの事実は強い支えですね。ヘリコプターの操縦士だって命がけです。それがさっきお話しした木村さんです。だから私はあの人を映画にとりたくなるのです。そういう行動の出来る人。立派な人です。

村井　立山をこえるときは何処をこすのでしょうか。

西尾　ザラ峠を越すわけです。立山は越せないそうです。弥陀原に基地を持ってくれれば簡単だと思うのですが、気圧の関係で機体が上らないそうですね。美女平ですが、あそこを基地にして上り、ザラ峠を越します、冬も夏もそうですね。立山の一の越は絶対だめ、空にも道があるのですね。

患者をのせヘリコプターが仲間と別れを告げてとびたつ。ヘリコプターの左右についている赤十字の白い長箱に患者が入っている。

冬の立山の彌陀ヶ原

福田　昔からザラ峠は知られていたわけですね。

西尾　佐々成政ですか。牛をつれて越したという、大したものだったでしょうね。

村井　しかも兵を従えて。

西尾　ザラ峠の急なこと大へんなところです。あの辺歩いて、剣沢ですか、あのあたりがいいですね。雪渓なんか、クレバスの関係とかあのあたり人物を持って来ないと大きさがわからないですね、映画では。三十五ミリではうまくつかめなかった。

村井　マノスルを写す時、それでわかったらしいですよ。四、五千のたとえばすごい絶壁でしょう。その高さの感じが出ないらしいのでございますね。比較するものがない。

西尾　映画をみる人は、動物でも自分という人間の感情で見るし大小をみるのも自分の大きさを基礎として見る。やはり人間とアルプスを廻っていかないと大きさの感じが出ない。景色だと知っている人はわかるけれども、知らない人は、どの位の大きさか想像できない。

村井　映画だと何か動くものが

入ってないと、やはりスチール写真と違って、その点むずかしゅうございましょう。

西尾　風景は、ワンカットといっても十呎ですね。大体六秒か七秒くらいしかもたない。

福田　俳句を作る連中はみる感じがちょっと違うんです。「白い山脈」のときなんか最後に渡り鳥が晩秋にむれるところなど非常に哀愁がありましていいですね。ところが一般の人は興味ないのじゃないでしょうか。

西尾　一般の人でも興味がありましょう。あれだけ持つのです、あれは六十か七十呎あるでしょう。あれだけ持つんです。大群の強さといいますが。

福田　それだけ興味がつなげる

西尾　トンボだけだったら六、七秒で次に変ってくれないと、やはりタイミングがあるのじゃないですか。勿論、ほんとうに山そのものが好きな方は、かえってじゃまな場合もあるでしょう。もっとそこを見ていたい。

福田　もう終っちゃったと思いましてね。その瞬間のところ、じっとしていてもらいたい（笑声）

エピローグ

編集部　いろいろ面白いお話伺ったのですが、自然をそこなうという弊害がありますが、文化的に利用するためには自然の景観が変っていくということは一面では非常に惜しいのですけれども、またそこに新しい自然を加味した景観も生れるとも言える。なるだけ人為的に自然を壊さないように僕らも念願したい。われわれが山へ行きますのは、自然の純粋さに触れるのが一番、同時に人間の純粋さという気持ちにひたりたいというのが多いので、そこへ人為的なものを加味しますと、よほどうまくやらないと、そこなわれますね。あまり長くなりますからこの位にして、ともかく大へん御多忙のところおもしろいお話を聞かしていただいてまことにありがとうございました。

☆「ちびくろさんぼ」が入選 児童優秀映画賞！

バンクーバー国際映画祭の審査員会では日本の「ちびくろさんぼの虎退治」（電通作品）を児童映画部門で最優秀映画となった。なおこの映画祭には二十八ケ国から三百本の映画が参加し、このうちから百本が公開され、二万人の観客を集めた。

☆国学院大学映研で 記録映画「山に生きる子ら」製作

国学院大学の映研では去年の夏休みから一年ぶりで辺地教育をテーマに長野県布施村にロケ「山に生きる子ら」三巻を製作。

ワイドスクリーン

第二号の〃忘れられた土地〃のコンテ掲載は大変有意義だと思います。頁数の関係もあるでしょうが、毎号特集を中心として編集された方が一号、一号が意義あるものになるのではないでしょうか。（久保田義久）

二号まで発行された、苦労が誌面に出ております。先づ定期発行する事が大切です。映画製作の報告や製作方法の実態をのせて下さい。（能登節雄）

今第二号を拝見しました。印象だけ申上ると、第一号よりは面白くない。何故か？　それを考へてみる必要があります。

むづかしい論文の件――文章はやっぱり人によませ、わからせ、人と交流するために書かれるのですから、わかりよい方が当然いいと存じますが、如何？　何故むづかしくなるか考へてみる必要がありますネ　（丸山章治）

編集委員のお骨折り感謝致します。まあいろいろと皆さんからの御意見もあることでしょうが、あんまり気にせず、ある時期まで決めた方針をつらぬいて下さい。凡ては段々です。とに角勉強せずにはいられなくなりました。（京極高英）

面白く拝見しています、外国記録映画の動向や手法や理論なども紹介して頂きたいと思います、それと若い作家の抱負というか哲学というか――とにかく記録映画についての意見を大いに聞かせてほしいと思いました。（羽田澄子）

アジアの映画を見る会の感想

第一回アジアの映画を見る会で「八・一五解放記念」（北鮮）は一般に見る機会がないものだけに大変興味深いものであった。

ヴィエトナム民族の歌と踊は若い国の青年達の楽しさと明るさが溢れ出ている。この国の文化が極く若い十代の人達によって進められているという感じを強くした。砲をひく歌声、ディエンビェンフーの勝利等を歌った国防部の人達はびっくりする程子供っぽい少年少女であり「出立する夫」に出演の〃夫〃は恥しげにしている少年であった。磨きあげられた芸術ではないけれど楽しい将来を思わせる映画であった。

八・一五解放記念は一九五六年のもので、字幕がなかったが隣席の朝鮮人がすっかり説明してくれ大変有難たかった。これはこの日の一番の収獲だった。ソ連、中共については知る機会が多いが、北鮮については全く内情が伝わっていない。それだけにこの映画からみなぎっている力強さは当然の事ながら、永い間支配していた側の目を見張らせるものだ。金日成広場での堂々たる行進、伸びやかな体育大会、ここかしこで開かれている職場の人達の歌や踊り、演ずる人達は若いが古い伝統が底に光っている。北鮮の建設は強い柱を打ち込み、高らかに進んでいる。敦煌の壁画は模写された画を年代順に見せているが、物足りない。もっと立体的な角度から作って欲しいと思った。光と悪魔は正義の王子が悪魔の誘惑に打ち勝って人々を幸せにするという伝説のバレー映画である。踊りはしっかりと立派で粗雑なところもなく、ソ連バレーの確さを十分発揮しているが、どうも少し時代がかって古くさい感じがしてならなかった。民衆の伝説らしい軽快さがあったらと思った。

（高橋智江記）

―プロダクションニュース―

記録映画社

○準備中「**畠地かんがい**」カラー2巻演出上野耕三、「**昔の農民**」十六ミリ一巻演出上野耕三、「**オートメーション第二部**」カラー3巻演出上野耕三

共同映画社

○準備中仮題「**若い妻**」3巻演出未定内容農村の封建制をあつかったもの、「**海員組合**」2巻内容小形船の組織活動に使用するもの

桜映画社

「**最上川風土記**」脚本演出丸山章治パートカラー2巻、「**心の重荷**」脚本丸山章治、岩崎太郎演出丸山章治2巻。

学習研究社

○「**もんしろ蝶**」2巻脚本演出西川茂樹撮影清水ひろし、「**電気の旅**」2巻脚本森田純撮影佐竹荘一「**動物の親子**」1巻演出脚本伊藤治雄撮影清水ひろし「**日本の工業地帯**」2巻演出脚本森下博美撮影高綱則之、「**兄弟喧嘩**」脚本監督森田純撮影佐竹荘一、「**かぶと虫**」2巻脚本演出石川茂樹撮影清水ひろし、「**武家政治の始まり**」2巻脚本演出森田純撮影佐竹荘一

日本映画新社

○完成「**バック・ミラー**」演出丹生正撮影藤洋三、二巻。「**東京の水道**」演出落合朝彦撮影中村誠二、三巻カラー。「**新朝日ビル建設記録**」演出大峰靖十六ミリ。「**太平洋戦記**」構成編集岡田弘九巻

○製作中「**愛知用水**」演出西沢豪、山添哲撮影稲垣浩邦四巻EKカラー。「**建設進む愛知用水**」演出西沢豪、山添哲撮影稲垣浩邦二巻、「**黒部第二篇**」演出西尾善介撮影藤田正美、六巻EK巻カラー。「**赤石の山峡**」演出苗田康夫撮影平木靖、四巻EKカラー。「**日本の庭園**」演出下村健二撮影橋本竜雄、二巻EKカラー。「**大阪火力**」演出大峰靖四巻。「**南極越冬記録**」演出大峰靖八巻アグファカラー。「**関門トンネル**」演出太田皓三撮影俣野公男二巻EKカラ。「**日本の造船所**」演出中村敏郎撮影中村誠二2巻、カラー。「**東北の農村**」演出中村敏郎2巻。「**チョゴリザ**」撮影潮田三代治カラー。「**バチスカーフ**」脚本西尾善介撮影山口弐朗カラー。「**ビニロン物語**」演出太田皓三、藤洋三3巻EKカラー。

日映科学映画製作所

○完成「**受胎の神秘**」イーストマンカラー三五m/m、二巻、製作石本統吉、演出奥山大六郎、撮影後藤淳。「**気象と火事**」白黒三五m/m、二巻、製作片田計一、演出荒井英郎、撮影川村法士。

日本短篇映画社

○撮影中「**東京の機械工業**」イーストマンカラー三五m/m、二巻演出、脚本日高昭、撮影宮本栄司、「**日本の葉たばこ**」バレー篇、黄色種篇、イーストマン・カラー、三五粍各二巻、脚本、演出岩下正美、撮影佐藤利明、「**楽しい観察**」黒白十六粍一巻、演出山岸静馬、撮影内田茂雄。

○完成「**ヨコハマ**」イーストマンカラー三五粍二巻、演出山岸静馬撮影宮本栄司

神奈川ニュース映画協会

○準備中「**花子さんオブジャパン**」イーストマンカラー35m/m二巻スタッフ未定。「**丹沢**」白黒35m/m二巻演出深江正彦、撮影高坂広「**農業改良普及員**」白黒16m/m一巻演出吉田和雄、撮影藤岡進。「**国民健康保険**」白黒16m/m一巻未定。

○編集中「**東南アジア善隣運動記録**」白黒35m/m二巻演出深江正彦、撮影久村守、高坂広。撮影中「**城ケ島大橋**」パートカラー35m/m四巻演出深江正彦、撮影久村守、「**川崎工業地帯埋立記録**」白黒35m/m二巻演出吉田和雄、撮影久村守、高坂広、「**みかん山の子ら**」白黒16m/m二巻、脚本・演出吉田和雄、撮影久村守。

○完成「**ヨコハマ**」イーストマンカラー、35m/m二巻演出山岸静馬、撮影宮本栄司、「**黒い影**」白黒35m/m二巻演出深江正彦、撮影久村守、「**漁村**」白黒16m/m二巻演出吉田和雄、撮影高坂広、

新理研映画製作部

○準備中「**住友金属**」カラー35m/m三巻スタッフ島内利男、「**精神薄弱児**」白黒35m/m二巻スタッフ富岡捷、「**八郎潟干拓**」白黒35一巻スタッフ未定、撮影中、「**牛乳と乳製品**」白黒35m/m三巻演出草間達雄、撮影清水進、「**地下鉄第二部**」白黒35m/m三巻演出岸光男、「**ユースコープ**」白黒35m/m一巻演出原本透、「**北陸トンネル**」カラー35m/m三巻演出島内利男、「**紀勢線工事記録**」カラー35m/m二巻演出岸光男、「**八戸火力発電所建設記録**」カラー35m/m二巻演出原本透、「**原子力第二部**」35m/m三巻演出松本俊夫、「**東京**」カラー35m/m二巻演出秋元憲、「**御母衣ダム**」カラー35m/m五巻、演出赤佐正治、撮影清水進、「**躍進する東都製鋼**」カラー35m/m三巻、演出草間達雄

インターナショナル映画会社

○準備中、「**日本と国連**」白黒16m/m十五分、「**眼の科学**」カラー35及16m/m十六分、「**働く山本一家**」カラー16m/m二〇分

○完成「**若人と夢**」白黒16m/m十五分、演出村田達二、撮影古泉勝男、「**私達の法律**」白黒、十六ミリ、十五分、演出平沢譲二撮影古泉勝男、「**血の四十年**」白黒35及16m/m三〇分、スタッフ未定、「**進め赤馬**」白黒、16m/m二〇分、演出尾山新吉、撮影古泉勝男、「**ラーマン首相訪日**」カラー35m/m十五分、製作大鶴日出夫撮影瀬川浩、田島侃宣

株式会社東京シネマ

○撮強中「**川崎航空機**」イーストマンカラー一巻、脚本演出、八木仁平、撮影黒田清己。「**肝臓**」副題―生命の化学工場、イーストマンカラー二巻、脚本吉見泰、演出杉山正美、撮影小林米作**（後は次号まわし）**

地下鉄

写真は外堀川底工事

東京駅から西銀座に至る地下鉄工事の記録。この区間は，距離こそ短いが，地下埋物設備の処理，国電ガード下や外堀川底横断工事があって，なかなかの難工事であった。そして新しい潜函工法によって行われ，レールの施設，電気工事，検査を終って開通までを描く（企画帝都高速度交通営団，新理研作品，製作小山誠治，構成草間達雄，脚本演出原本透三巻）

多摩川の流れをさかのぼったところにある水源地。この多摩川の水を玉川上水にひきいれる羽村の取入口。そして玉川上水路によって送られる淀橋浄水場。また一方村山，山口の両貯水池。江戸べりにある金町浄水場。こうした諸種の施設をめぐって，われわれの日常使用する水道がどのようにして送られてくるかを描く。（企画東京水道局，日映新社作品脚本演出落合朝彦，撮影中村誠二カラー三巻）

東京の水道

写真上は浄水場、下は小河内ダム

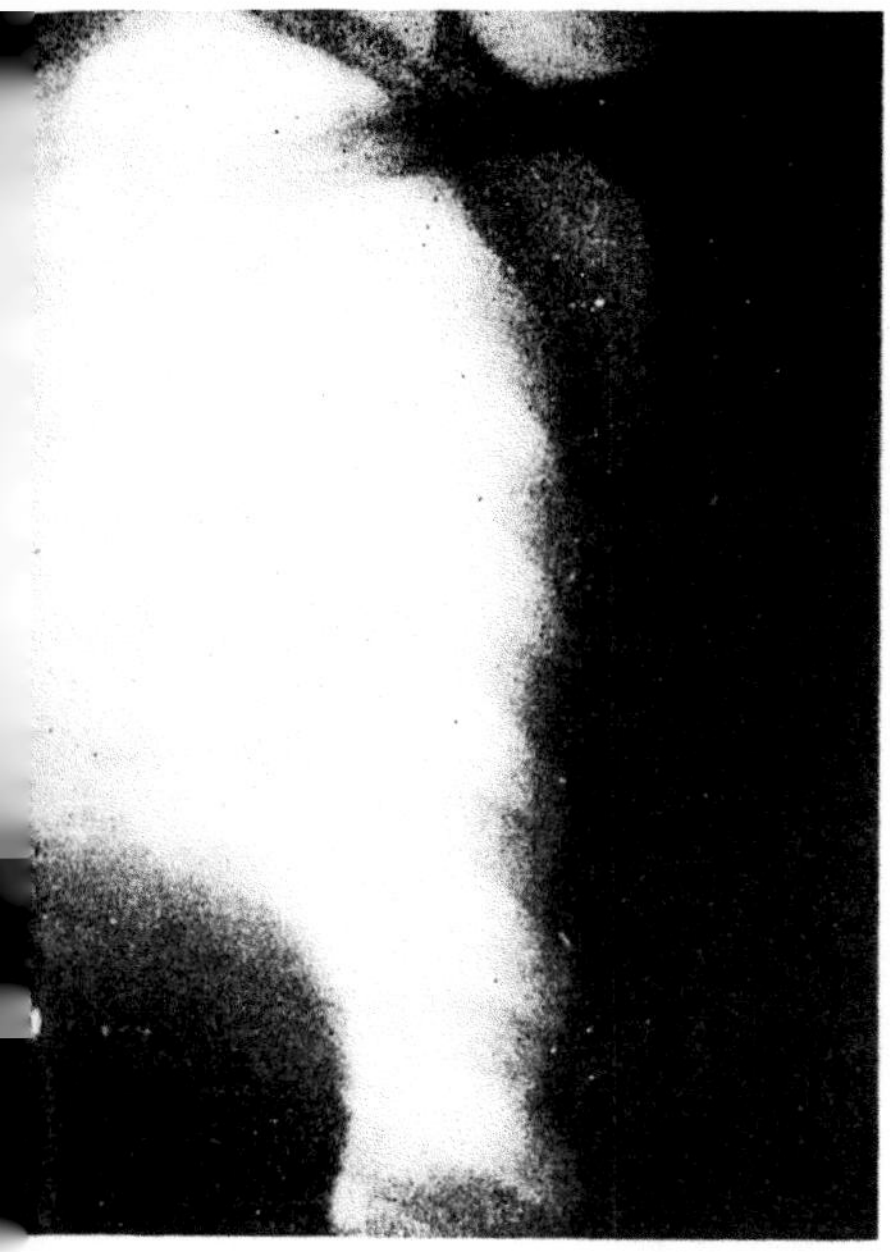

漫画映画　**肺　戦　記**

立つということをえがく。

（企画厚生省，読売映画作品，製作山田忠治，構成岩堀喜久男，撮影中西公弘，石川安生　一巻）


結核で入院した動物村の熊さんの話から，漫画で結核予防の大切なことをえがいた映画。

（企画厚生省，協賛三共株式会社読売映画社作品，製作山田忠治，脚本演出芦田いわお，動画森川信英，カラー一巻）

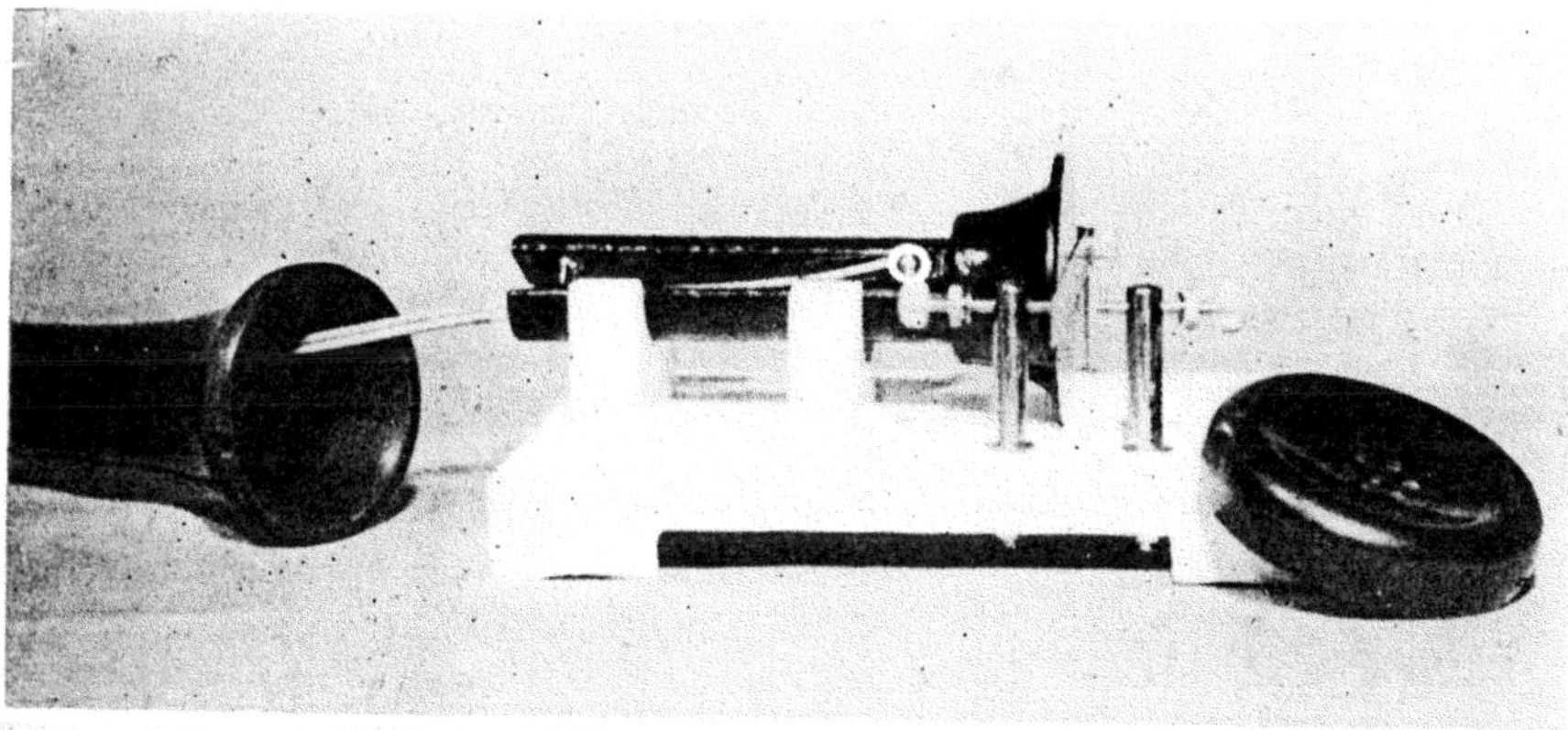

電　話

現代生活にかくことのできない電話。この電話はどうして聞えるのか，その原理と作用をわかりやすく説明した理科教材映画。

（監修協力電々公社，協賛日本電気株式会社読売映画社作品，製作山田忠治，脚本演出入江勝也，撮影行山洸成カラー二巻）

太陽と地球の動き

地球の自転と恒転，地球と太陽との位置や関係，それによって生ずる昼と夜，四季，春分，秋分，冬至，夏至などの起る理由などをえがいた基礎科学シリーズ。

（三笠映画作品，製作川久保勝正脚本演出加藤守男，撮影笹瀬秀正，岡本哲男，二巻，日本視覚教材配給）

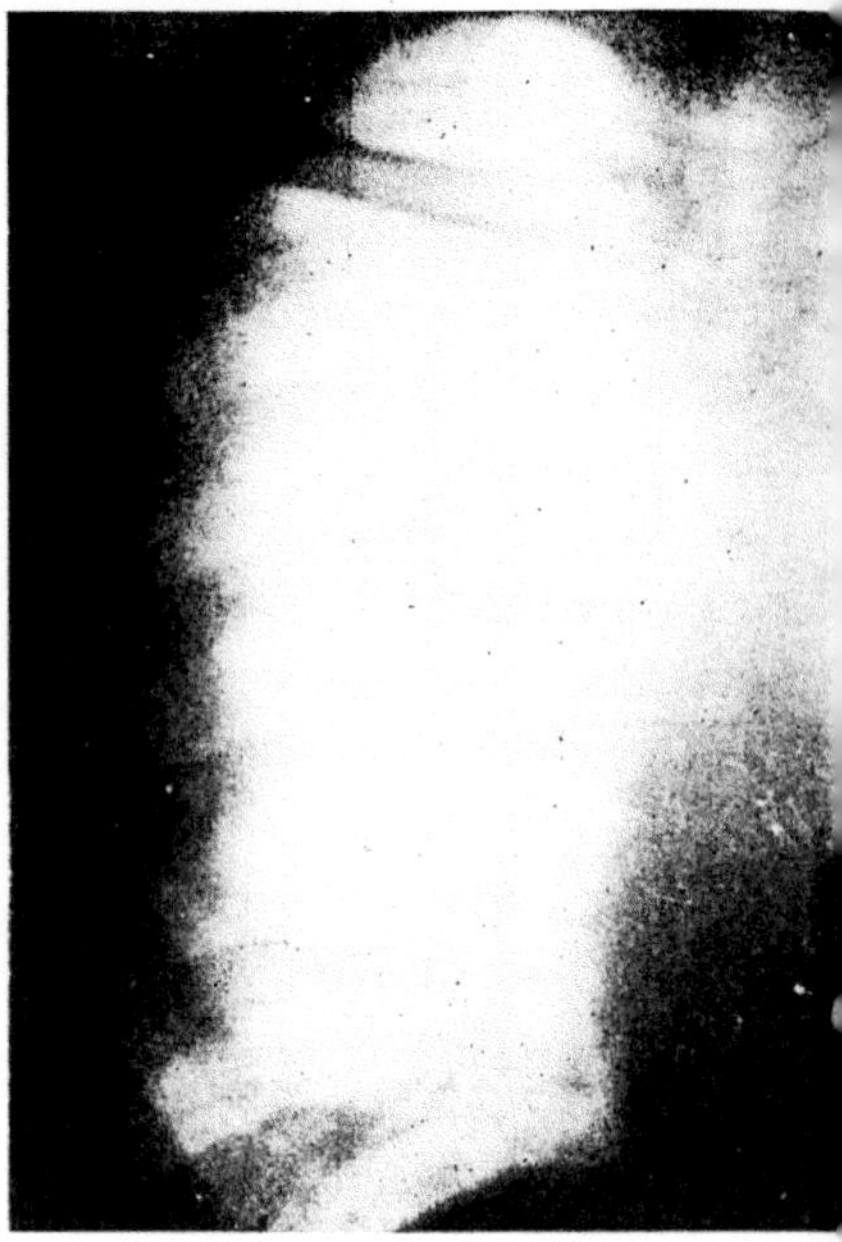

X線と結核

結核の診断にはX線はなくてはならないものである。X線によれば些細な変化も正確に診断できるので，結核の早期発見に大へん役

気象と火事

火災はどうして起るか，気象と火事との関係を，日常生活の中からわかり易く説明する。

（企画国家消防本部，日映科学作品，製作片田計一，脚本岡野薫子演出荒井英郎，撮影田村浩士，二巻）

家庭音楽会

会社の創立記念日の表彰にもれてがっかりしている父親を，子供たちがなぐなめるために，子供たちが子供音楽を開き，父親を大いに感激させるという物語り。森川信の父親が活躍する。

（東映教育映画部作品 脚本清水信夫，監督田代秀治，撮影仲沢半次郎，主演森川信，下河原金道，雨宮謙子，五巻）

童画

都会の虹シリーズ

無名作家の宮本が書いた小説がはじめて雑誌にのることになったが，不幸にもその原稿を紛失してしまう。この原稿探しに近所の人達が協力してくれるという心温まる物語り。

（近代映協，山本プロ共同作品，脚本依田義賢，監督山本薩夫，武田敦撮影前田実三巻，日本視覚教材配給）

記録映画の方法

――明るいということなど思うまゝ――

京極高英

これこそ明るい明日を暗示した明るい作品だと、大いにいきんで創ったものが、いつでも、暗い、暗過ぎる、暗い面ばかりを殊更に強調している、もっと明るい現実が描けられないもんだろうかといわれてしまう。自分では大いに張りきっていただけに、畜生ッ、これが分らねえか、現実は暗いんだ、手品じゃあるめえし、暗いものを明るくなんか撮れるかなんてことになり、がっかりしたりムクれてしまったりして終る。

これは僕ばかりではなく、多くの方々もきっと経験したことだろうし、他人のものをみても、そんな感じを受けたことが多かったにちがいない。

たしかに僕たちは、暗い素材なり、暗い主題が好みにあうらしいが、それでは明るいものを創りや文句はあるめえてえことになって、殊更にそいつをねらって創ってみれば、世にもおいちい話が出来あがり、リアリズムもアクチアリティーもへちまもあったものでない。

それこそ二宮金次郎さんみたいな人が、この現代社会では一番立派なんで、そんな人でこの社会が埋まりたいものだなんていう、箸にも棒にもならない明るい映画になりかねない。

しかも妙なもので、そんなものが褒められでもしようものなら、なんとなくいい映画だと思い込んでしまったり、そのうえ流行色になったりしてくるから恐ろしい。

まあいってみれば、こうした反作用は、くり返されるもので、それが作家の苦るしみというものだろうが、ちょっと心配になる。

それは作家一生の課題で、生涯つきまとう問題だから仕方がない、作家の悩みというやつだと悩んだつもりで実は悩まないであぐらをかいていると、その隙をうかがって、作家の方向とは凡そ縁もゆかりもない金次郎倫理観に、知らず知らずの間に入りこまれてしまい、まんまと金次郎さんに手込めにされてしまうなんてことになる心配はないだろうか。どうも心配になる。

作家の自主性を失うというやつである。作家にとって手込めにされる程ガマンのならないことはない

しかも、その倫理観は、作家の感動から、自分の思想から創り出してきたものだといわれる日、作家の対社会的責任に対して、いや実は私の所為じゃなかったんで、なんて義理にもいえたもんじゃないことになる。

全く此頃は、いつの間にか心棒がなくなっていくような気がして仕方がない。僕ばかりだろうか。

☆　☆

暗いものであろうが、明るいものであろうが作家の認識から創くられることは当り前のことだが、こいつにひっからんでこんなことはないだろうか。何か芸術的だというと、そこはかと暗い現実面にその感動をみつけ出していく癖。癖なんていうとおかしなことだが、あえて古いといいたいのだが、古いそういった芸術感覚を、このめまぐるしい復雑な社会を認識するその中に、そのまままだ持ちつづけているということはないだろうか。

しかし暗い理由はそいつじゃないんだという。いや実はそれが明るいんだという。

現実社会の矛盾をとりあげて、それを作り出してくる政治のあり方に向って抵抗する創作のかまえ方から、その矛盾を現象の中から一つ一つあばいていくことによって、当然その要素が集り、暗い現象としての現実が残ることになるという。

しかもその残り方が一つの暗示として作家のねらいであり創り方だという。

それはそれで分らないことはない。だが、そういった問題提示の創り方が果して最良の効果をもったかどうかは別として、そのような発想に追いこんでいく創作以前の問題が、大きく左右していることも考えたい。

それは僕たちが教育映画をつくっているということと、その教育映画の有り方が問題になってくるのだが、これは教育に役立つ立派な教育映画であるという名前をいただかないことには今日の僕たち作家は生活出来ないという、そういった委縮した環境を含んだ創作というものが、その問題提示という創り方の中に、実は案外幅ひろくデンとかまえているのではないかということだけれども、そいつが前にいった古い芸術感覚と一緒くたになって合理化され、何処が頭やらシッポやら見境がつかない状態になっているとしたら、暗さの問題は益々ややっこしくなって分らなくしてしまう。あんまりかんぐり過ぎるといわれるかしらないが、こんなことを考えると、とても今日作家で御座いなんて安閑として寝てなんかいられるものじゃない。

☆　☆

こんなことだけで、何故暗いのだろうということの答えにもならないが、創る前に

は作家の思想があり認識、世界観があり、それが作用して創作される訳だから、やはり暗さという結果は、その作家の考え方が基準になってきていて、それにどんな理由や泣きごとをひつつけても、そのことはどうにもなるものではなく、やはり何処までいっても、その作家の作り方が問題として残ってしまう。

１＋１は２であることがはっきりしているのに、２ではないかしら、とはいえて、２であるとはいえないことを、芸術表現の唯一の芸術効果であると合理づける、馬鹿の一つ覚えの発想、つまり現実の矛盾をあくまでえぐり追求する創り方が不可能な環境の中で、問題提示のままさまよっている創り方には、暗いことは何処までいってもつきまとっていくことだろう。

追求しつくせば、その底に必然的に見えるであろう明るい場所を描く創り方は、此の場合、到底個人々々の現在の創作の中からは出てこないにちがいないが、それではどうすればいいのかといわれても、僕にもよくわ分らない。

しかし、そうした暗い矛盾の中にある恐っそろしく明るいエネルギーに向って、もっと徹底的に勇気をもって、その発想を集中してみることが、抽象的にはいえるような気がする。抽象的というより、実践の苦るしみをなめてみないことには、その明るい大衆の中のエネルギーはやはり観念的にしかつかむことは出来ない困難さはあっても、積極的な作家の創り方の行動を、いまこそ求められているチャンスなのかも知れない。一方そのことは僕たち作家が、かたまった運動の形となることを条件としているだろうし、それは現在の教育映画の狭い枠を広くはねのけていく大きなたすけとなっていくことは、はっきりしているだろう

☆　☆

「忘れられた土地」（野田真吉君作品）をみたが、なんといっても作家の主張が滲み出ている近頃にない作品で、心よさを感じた。自主作品のもっている心棒の心よさであろう。

この作品によらず、他人の隙はよく分るもので、悪口なんていうものでなく、ちょっと口を入れてみたくなるものだ。同じ穴の狢だけに自分のことを他人の映画でいい聞かせている格好である。

この優れた作品もやはり暗さをよりどころとしているような気がする。つまり問題提示という十年一日の型から抜け出していないところにひっかかるのだ。だから暗さだけの処に創り方の感動を合わしたのか、明るい将来への希望に、焦点を合わしたのか。恐らく両方だということは分りたいがあの主張を打ち出すには、どっち着かずの創り方で少し無理が出ているような気がする。

映画は僻地の生活を描くことによって、僻地がなぜ忘れられた土地となっているか都会との距離間の問題ではなく別の問題であることを暗示的に訴えようとしているらしい。（いい着想だ）

らしいなんていうと野田にハリ倒されるかも知れない失礼な話だが、それを明確に方向づけるには、ちょっと平面的な生活記録の創り方になっている。よほどかんぐって考へないことには、作者が暗示的に投げ出している答に、こちら側が答へられないもどかしさが残るのだけれど、これは、こうした創り所が一つの限界点にきていることを示しているような気がしてならない。確にそうだ。

殊に僻地の生活と子供の教育の問題とは、内容的にはつながったものだが、何か異った二つの素材が無理矢理につぎ合わされているという感じがするのも、そうした処に教育映画にならなければならない、この作品の運命があり、その大きな枠が生活記録の要素を深く掘りさげていくことを不充分に追い込んでしまっていることを一層はっきりさせているのではないだろうか。

みすみす最初から、そのねらいの効果は薄いということが分っていたとすれば、それこそ作家の自己満足の創り方以外なにものでもなかろうし、作らないより作った方がましだという位の原則に終ってしまうのが落だ。

これはあくまで、こちらの側の創り手だけの立場で考へたいのだが、問題を差し出すことだけによりかかったこうした創り方を、このあたりで考へなおしてみてわと思うがどんなものだろう。

これに関連していっている訳ではないが、創刊号で松本君は、作家の主体性の喪失を論じている中で、骨抜きにされた大衆の中にあるたくましいエネルギー、意識しないところでの外部の圧力に抵抗する無意識な大衆の心の動き、そして明るさは、現実を外と内から深く掘りくづし、掘りさげることによって達せられ、その追求のかまえを、かってのアバンギャルトの模索の線にひきもどし、そこから新しい今日の模索を形成し、現実を追求したいというようなことをいっていたように思ったが、（大いに僕は賛成だ）問題は、それを行動することで、しかも彼は前衛記録映画と前提しているように、教育映画という得体の知れた、しかも俗物化しつつある倫理観の中に、ソシアルドキュメンタリーの本質的創作方法を、そのまま引用したところで、作家の自己満足以外にはなにものも残らないだろうという、いわゆる現在の教育映画とは別の場所で、僕たちが新たな創作運動を実践することを前提として、その創り方を否定したい。

その運動は、現在の教育映画を相関々係でお互に刺激しあう中から、逆に発展させていくことだろう。

暗い現実をえぐり、明るい方向を打ち出すこと、大衆の潜在的エネルギーの面から直接に掘り出すこととは、共に否定しあうことではないが、現在進行しつつある教育映画の方向を入れて、この創り方の問題を更に考へたいと思う。

☆　☆

ドライという言葉があり、大変魅力的な言葉だが、どんなものをそういうのかいろいろあって僕にはよく分らない。恐らく、

この単純で複雑でめまぐるしい現代社会の認識の度合を、エネルギッシュにアクティブに、自らの認識を確信して直接自分にぶつけて行動することによって、今日の社会条件を受けとめようとするところから出てくるものだろう。

そこには当然、保守的なモラルには反抗する小気味のいい割りきれ方が創造されて大変魅力的である。

しかし、この認識過程をただ単に荒っぽさとして受けとめている錯覚はないものだろうか。つまりカットを荒っぽく切りつないだところでそれはドライでもなければなんでもなく、やはり演出編輯技術の粗製という荒っぽさだけということになるのだが

ことはその内容にある。それがドライと考へる一つの認識から生れたもので、その認識を表現する場合、荒っぽさを必要とし、それが役立つ必然性があればそれは粗製ということにはならないだろう。こんなことは何もドライのことでも、そうでないことでも変ったことではないが、現代社会をどう認識し内容をつかまえ、素材を形像したかという、社会現象を芸術象化する場合の認識の新しさということを、今日の社会の有り方に結びつけた上で、それがドライ的かどうかということだ。はっきりしておきたい。

そうでないと、ドライ的表現即荒っぽさ等という、内容認識はなんら新しくなく、それを表現する技術の荒っぽさだけが、ドライというようなことになりかねない雰囲気が此頃心配になる。

かってモンタージュ理論が、ロシア革命下に生れたことも、あの当時の社会を描く当然の要求から生れ、それが一番近い表現技術としてあったことと同じことではないだろうか。作品はあくまで丁寧に作くらねばならない。カットが短くても長くても、クローズアップの連続でも、カットバックの鋭さでも、作品は隅々まで目をくばり丁寧に作くらねばならない。作家の詩情というやつである。「今度は割り切ってドライでいった」等ということを耳にするが認識はさっぱりドライでなかったり、むしろ古風だったりするので、そんな荒っぽさという錯覚がありはしないかと思ったままだ。そういう錯覚がドライということかも知れないが。ドライとはそんなテクニックのことだけではないだろう。

（をわり）

書評

現代の映画
――その思想と方法――

佐々木基一著

講談社　一六〇円

「アクチュアリティの創造的劇化」というドキメンタリィ映画の基本的な理論がここでは展開されており、それがエイゼンシュテインの、モンタージュ理論の見直しからの発展であるところに大きな意義をもっている。劇映画か記録映画かという二者択一的な問題提起が、私たちの仲間を風びしたことがあり、私たちはそれに反対したが、問題はあいまいさのままで残された。それは、外部の批評家から、とくに美術批評などの若い人々からは、ひどく次元の低いところでカラ廻りをしているように見えたらしいが、記録映画の現場では、むしろ運動理論と芸術理論の混同に大きな問題があったように私には思える。記録映画は、もともと実践的なものであり、従って発想の仕方や、現場でぶっつかっている課題に、批評家とは、ある時期に食い違いが起きてくるのはやむを得ないだろうが、佐々木氏のこの一著書は、そうした食い違いを徐々に埋めてくれるように、私には思える。一々カメラを据え、また、現実にぶっつかって見てから、私たちの仕事ははじまるが、従って、理論を一つ一つ実践の場でタシカメてかからねばならぬような悠長さを、私たちは持っているが、それにしても、運動理論と芸術理論のゴチャアマゼがじゃまをして、芸術理論の立ちおくれをもらしていることも事実だろう。佐々木氏の記録映画についての評論は、イタリアン・リアリズムの問題をも含めて、私たちが実践的に発展させて行くべき多くの問題を提起していると思う。是非読まれるべきであり、今村太平氏の著書とともに、私たちは研究を重ねる必要がある。

（岩佐）

☆　☆

（八頁よりつづく）

向上が即、生産の向上でないことを私たちはすでによく知っています。生産を向上して、物資を豊富に安くするため、生産性を向上しなければならないことは確かです。しかし資本主義社会では、作った物資が売れなくなれば操短をして、生産を減らし、儲けの調節をするのが基本的な建て前であり、生産性の向上が決して民衆のために物資を豊かにという狙いでないことは明かです。すでに米国では、あれほど科学技術の振興が言われていながら、自動車と鉄鋼そのものの生産が減らされていると言われます。

科学者が人類と民衆に責任があるのと同じように、科学映画作家にもまた、人類と民衆の生活の前進のために責任があります科学の中立性という一面にだけ安住してはいられません。科学映画の発展のために、世界観の練磨が要請される所以ですし、民衆のための科学がねじまげられつつあるのを前にして、科学映画作家の新たな前進のための反省が要請される所以です。

（本稿は、「あげは蝶」の脚本を担当して以来「ミクロの世界」まで何本かの科学映画の脚本を受持って来た経験から、自分へのメモとしてまとめたものです。何か参考にして頂ける所があったら仕合せです）

アニメーション映画の技術

岡本昌雄

㈠

アニメーション映画（以下動画映画とよぶことにする）の中には、漫画や線画のような描画を被写体とした平面的なものと、人形や彫刻のような立体的なものを被写体とした映画がある。大雑把に二つに分けたものの、もっと違う映画があってもよさそうなものだと思った。

動画映画は、原理的には普通の映画と少しも変らない。動画の絵や人形は、ある一定の静止状態のまま写真的に積重ねられていく、要求される動作の二十四分の一秒の停止画面は、映写されなければ、動作として見ることは不可能である。そこが一般映画と違う技術の特性であろう。間断的に撮影されるということは、一般の実写映画ではごく稀であって、撮影時間の一変化として処理されているに過ぎない。その一例としてコマ撮りとか遅速度撮影があるが、これらが科学映画にさえとりいれられていることは周知の通りである。そしてこれは映画の嘘というよりはゆるされた映画特自の技術として利用されてきた。

動画映画の撮影技術は、間断的に撮影する以外に方法がないだけのことである。両者はこの点で目的も異り、条件を変えているのであるから、はっきり区別しておく必要があろう。

連続的に撮影できればその方が遥かに能率的で、作画と撮影に時間と費用を喰うことが動画映画の製作件条を最悪なものにしてきた。今後の動画映画は、こうした技術の一つ一つを具体的に改良し、工夫し、研究していかないことには、見るべきものは現われないだろう。

ディズニーの長篇「ピーターパン」は、約十五呎撮影するのに一時間かかったと発表していた。ディズニーの漫画とすればこの映画に限らず、平均時間だと思うが、想像したより遅いと思った。ほんの二〜三秒の映写時間である。多少の差はあっても動画の撮影はこれ程テンポの遅いものであることは世界共通の実情である。然し動画の方向は、撮影技術だけに止まらない、作画から、すべての採色に至るまで、アイデアが変り、画風が工夫されれば、時間の短縮も考えられる。フランスで作られた「日傘と雨傘」という漫画は、ペン画の背景に、描線だけの登場人物を描いた、全くの白黒映画であるという。色のない、採色技術の軽減を考えた動画の方向も、決して捨てたものでないこと証明している。

一コマずつの画面を創りあげるために、絵画的な技法を踏襲して絵が作られ、それがカメラなどの写真技術と提携してフィルムになるまで、予備的にはシナリオや演出のスタッフが一般映画同様参加している。

これらのプロセスの間に、すべてのスタッフによってアイデアーが導入され、一〇〇%検討されたシードで撮りあげられたからといって、動画映画は作家達に背を向けるような結果をみることが多い。それは何故だろう。一般の映画で、映写されなければ登場人物がどう動き、どんなしぐさをしたか見当がつかないというような事はないので、特殊技術の場合以外は、演技者や演出者が、動作を判然と確認しフィルムに収めているものである。処が動画映画は映写されるまで動作を本当に確認できない映画である。映写されて動いているものは、画像のすべてが画家たちの手で生みだしたものでいながら応々にしてとんでもない新発見をすることがある。演出者が目を通し、参加スフがタッ神経を集中した筈なに……動作は他人が作りあげたように性質を変え、作者たちを尻目に、珍奇な動作をスクリーン一杯にくりひろげてしまう。

これはどういうことなのだろう？

偶然性であると断言したい。スタッフが頭脳を集中

のしたものが、どれ程の必然性を具えていたのかが問題である。描かれた画は作者たちのイメージと、動画の中で繰返してきた経験に追う処が多く、偶然の堆積によって、習慣的な動く画を動りあげてきたにすぎないのだと考えられる。動画として作りあげたものが偶然に生みだされた動作の連続で終ってしまうのである。歩く人物は、いかなる動物でも同じように歩き、テンポも足の運びも、ゼンマイ人形のように一定のリズムで動いていく――というような漫画映画に、何んともいえない不満をもった読者も少なくはあるまい。

これが偶然性の上に作られていく動画映画の一つの大きな傾向であった。今日では、こうした初歩的で原始的な動画映画はある筈がないと考える人もいるだろう。だが特別の天才を除いて、動画映画はこんなことでは作りだせるわけがないのであるが、当然NG籠に捨てられる運命の労作が今日まで市場に現われているのは、作られたものを直接作品として、あるいは商品として送りださなければならないのは貧しさ以外にないことは分りきっている。だがこの道のけわしさは経済上の問題を技術で補う以外にないので、さもなければ動画映画は生れてこない。

(三)

「映画の技法」を書いたフランスのローズカは同著で、マルセル・ライスマンという人の考えた漸縮尺度というものを掲げている。動画の技法上にも幾多の問題点があるが具体例として、これを借用して技術の問題を再に進めてみたい。「被写体が前景から無限に遠景に動いていく印象を与えねばならぬ複雑な運動では、遠近法の問題がたくさんある。それを解決してくれるのがこの尺度である。これを使えば違った距離における被写体の大きさを決定することができる……略」(前著一一四頁白水社版)

動画の遠近法でも美学的なものは異なる。まして、物体や生物の動きは千差万別である。個人作家のイメージで作られるものを一率に論ずることには例外もあるが、要は動作分析に対する基礎が、どう把握されているかということである。

経験上からあみ出した動作というものは描いたものと映写したものとのギャップを長い時間をかけて埋めてきたもので、動画映画の作り方としては、結構この手段がとられているようである。特に日本の動画の殆んどがこうした方法で生みだされてきた。その後ディズニー達の米国物が量産されると、人物や動作やギャグまで米国まがいの模倣と変り、今日もまだその名残りは消えない。

切紙からセルロイドへ、顔料をぬるトレスの作業が増員され、アニメーターという用語が急に口にされるようになった。然しディズニーの現実主義は観客との間にはっきりした計算があっての上で着々と実行され、今日の偉大なディズニーに発展した。

彼のとりあげたリグ・アクションとは、漫画の動作を円滑にするための根本的な踏台であった。十六ミリフイルムにとった動物や物体の動きが、映写され、分析され、描画に直され、未熟の画家を、美術家から動画家に変身させ、動画映画家に大成させたのである。

徒らにモデルを模倣したディズニーの追従者も米国に輩出したが、日本の動画は、米国の漫画映画そのものを直訳的に模倣していた。リグ・アクションの原始的な初歩さえ実現しない日本も画界が、急激に動画の世界で現実主義を再現しようとしても、手も足も出るわけがない。偶然性と名人芸に支えられてきた日本の動画は、日本独特の技術を探知する時間を捨てて、次々に現われる世界中の名人や天才の真似をしても悲しいかな歯がたたなかった。

リヴ・アクションを頼りに動画を作る場合にも欠点もあり、失敗もおきる。余りに現実中心に考えると、ともすれば写生的に陥り動画の生命ともいうべき味覚を失う。バリエーションも必要ならデフォルメルも要求されるだろう。リズムやテンポも無限に翼をのばして生命ずけられるものだ。協和音から不協和音へ、極端な装飾化から簡素化に、作者たちのイデーは、こうした中で技術の花を咲かすべきである。

最近号のニューズ・ウイークには米国漫画映画界の不況がとりあげられていた。黒字を続けてきたMGMが遂に二年分も在庫をためたまま製作を中止した。ワーナーは一九四六年に最高潮の四十本を作り、今年は二十本と半減した。ミッキーマウスは五年前に引退し、テレビー専門にドナルドダックが出ているにすぎない。ディズニーも長篇動画の他に記録映画へ力を入れている……等々の記事だが、動画の仕事は我が国でもテレビに転身しようとしている。テレビと手を携えた動画が如何に収入をあげようが、動画映画は消えてはならない。『アニメーターの臆病と、資本的の無気力。要するに資金の乏しさが、その原因である』と、ローズカが言うフランスの動画映画界も家内工業の域をでていない。(一九五八、八)

戦後の記録映画運動 ③

――「記録教育映画製作協議会」の運動を中心に――

吉見　泰

（一）

「月の輪古墳」の場合

一九五三年七月、岡山県勝田郡（今の久米郡）の一山村に起った、「月の輪」と呼ばれる古墳の大衆的な発掘運動の記録です。この舞台となった地方は、戦争直後の民主化運動が相当に進んで民主勢力の強い所でした。そしてこの地方は古墳群の多いことで有名です。地もとの文化団体の一つ「美備郷土文化の会」が運動を起した中心で、現在の村の生活の苦しさは何故か、将来はどうなるか――それを知る一つの手がかりに古墳を発掘し、村の先祖はどんな時代にどんな生活をしていたか、その後どうやって今日に至ったか、村の歴史の真実を探ろうとしたのです。運動が拡大するにつれて、これを映画に記録し、歴史の真実を大衆的に摑むことに共鳴する全国の人々と手を握ろうとしました。映画を自分たちの要求と運動に役立てるという思想が、地方の一山村でも受けとめられ、記録教育映画製作協議会と村の人々とが結びつくことになりました。映画にとるということになって運動の規模と組織は更に拡大し、それはまた映画製作運動をもまた強力にして行きました。専門学者と地もとの学校の先生、生徒、父兄が一体となって発掘と研究とを進めました。教員組合は、こうした勉強の姿こそ、生きた教材による平和教育の一典型として積極的にとり上げ、運動の発展と共に、その中核となりました。まず郡教組が固まり、県教組を動かし、それがまた日教組をも動かして、運動の中核となったのです。当時、政府は軍事政策の強行のために、民主的な教育制度の改悪に乗り出し、平和教育を守ろうとする教員組合と正面から対立していた頃です。

これに参加したスタフは運動の組織宣伝活動にも加わり、その活動と発掘現場の記録を映画におさめて行きました。

ここでも映画製作委員会が作られ、財政の管理、運営と作品内容の検討に当り、映画製作の責任をとりました。美備郷土文化の会や教員組合をはじめ、運動への参加団体と記録教育映画製作協議会で構成され、財政はもっぱら村財政や各村人のカンパによってまかなわれたのです。従って運動とその組織の強弱は、財政的にも内容的にも製作委員会に反映してきます。この点、発掘運動自体の組織が強く、製作委員会の力もそれに支えられ、財政的にもかってない規模を持つことができ、幾度かの財政危機をも乗り越えて仕事を完うすることができました。その間、スタフの生活の最低保証も得られたことは、それまでの作品がすべてスタフの出血的な犠牲によって支えられたのと比べて劃期的な発展でした。しかも映画製作と大衆運動とがかってない規模で結合した中で、歴史研究を大衆のものにするという歴史学者の運動と、映画を大衆のものにするという映画人の運動とが結びついたことは、それぞれの分野の専門文化人の戦線統一に道をひらいたという点で発展的でした。

だが、映画運動の上で、なにもまして劃期的だったのは、製作するための製作委員会を、映画完成後は、映画の普及のための組織に切りかえることができたことです。それほどに、労働組合である教組を中核とした組織は強く、歴史の真実を探る平和教育のためにという思想が製作のはじめから普及活動に至るまで一貫して貫き通されていたわけです。

地もとを中心にした移動映写活動の観客動員に、また全国にわたる各県教組のプリント購入に、地もとの人々の行動力と共に教員組合は労働組合としての組織力の強さを発揮しました。この時おこった大達文相による選定拒否問題の記憶はいまなお新たですが、その普及活動は、普及をはばもうとする力と普及しようとする勢力とのはげしいつば競り合いでした。その闘いは、国民の多くの良心に支持され、映画館での上映と非劇場地帯での上映を通じて大きな成果をおさめました。こうして製作費は完全に回収され、普及活動体としての組織も固まり、今日の山陽共同映画社に発展、いままた「千羽鶴」の製作に成功したのです。

（二）

その後、一九五三の冬から五四年の春にかけて「松川事件」一九五五年には、「日鋼室蘭闘争の記録」「一九五五年九州炭田の記録」。またその年々の「メーデー記録」「歌声運動の記録」など、平和と民主主義そして生活のための闘いの記録を製作しつづけましたが、一九五五年以降、記録教育映画製作協議会の組織の力が弱まり、積極的な活動力を失って実質的には解体してしまいました。ここにその原因を、協議会自身の自己批判の中から要約してお

きます。

1、活動が精鋭主義的な傾向におち入り運動が作家全体のものに広がらなかったこと。

2、とりあげられるテーマと材料が、いわゆる闘争という点にしぼられ過ぎ、問題が尖鋭な傾向に流れすぎて、はばのせまいものとなり、説得力に欠けてきたこと

3、製作運動をすすめる中で、作品組織(製作委員会)を、普及する組織に発展させ、非劇場地帯での観客組織を定着、拡大させて行く工作がたちおくれそのために、製作運動の経済基盤を築くことができず、経済的に息切れしてきたこと

しかし、こうした欠陥をはらんではいたけれど、一方では、国民的な運動の武器として映画製作を活用する——いわば映画を国民のものとするという経験と思想を広く普及し、その実績をあげてきたという事実は劃期的なものがあったし、自主的な企画と自主的な主張をもった作品の製作の仕方に就ての一つの方向を見出した点に大きな意義がありました。

しかも特に、作家にとって、その間に得た体験は貴重なものであり、多くの作家はリアリズムの追求、創作方法の追求の上で確かな訓練を積むことができました。

この間のもう一つの成果としては、こうした映画運動を通じて、映画における民主的な国際交流の道を発展させたということです。それはただ、完成された作品の交換交流にとどまらず、製作への協力、交流ということまでも発展したのです。

1、「**メーデー一九五二年**」は一九五四年のチェコ映画祭に出品、ルポルタージュ賞を受けました。

2、その同じ作品は、劇映画「**女一人大地を行く**」と共に、中国電影工作者連誼会準備会に贈られ、それに対して、先方からメッセージと「**民族大同団結**」が交換に送られてきました。一九五三年のことです。

3、「**月の輪古墳**」「**永遠なる平和**」「**日鋼室蘭**」「**種まく人々**」「**京浜労働者**」なども、機会ある毎に、中国、ソ同盟などに送られ、中国、ソ同盟、チェッコ、北鮮などからは「**森の動物**」「**ソヴェト・アルメニア**」「**ソヴェト・ウズベック**」「**ソヴェト・グルシャ**」「**ドン—ボルガ運河建設**」「**モスクワ大学**」(以上ソ同盟)、「**よみがえる淮河**」「**中国の曲芸**」「**中華民族大同団結**」「**和平万歳**」「**中国メーデー**」——五二年、五四年——「**白毛女**」(以上中国)「**平和と友情**」「**ワルシャワ祭典**」「**あすはみんなで**」(以上東欧社会主義諸国)、「**土地の主人公**」(以上北鮮)等々が送られてき、そうした諸国への理解と関心を深める機会を多くの人々に与えてくれたのです。

4、世界の労働者の国際的統一を訴えるヨリス・イヴェンス氏編集になる世界労連映画「**世界の河は一つの歌をうたう**」の製作に当っては、世界労連から記録教育映画製作協議会に、日本での労働運動の記録の依頼があり、協議会ではこれに応えて製作に協力しました

5、また一九五五年には、世界平和評議会から、ヘルシンキ大会の記録映画製作への協力要請があり、特に日本でのウィーン・アッピール署名運動と平和運動の記録を映画演劇労働組合総連合を中心に、自由映画人連盟、記録教育映画製作協議会などによって、大衆カンパで撮影、これを送りとどけました

6、一九五五年八月、ワルシャワの世界青年学生平和友好祭には「**無限の瞳**」「**九十九里浜**」「**日本のうた声一九五四年**」「**土の歌**」が出品され、いくつかの賞を得ています。

こうして記録映画運動は、国際的なつながりを持ち、その交りを深め、世界平和と世界の真実を守るため、また世界の平和勢力、民主勢力の統一の発展のために役立ち得たのです。

(三)

記録教育映画製作協議会の活動とともに、忘れてならないのは、青年、学生の間での記録映画運動です。これは協議会所属の青年諸君と呼応し、また提携しつつ行われたもので、その代表的なものは、さきにもあげた「**土の歌**」「**日本の青春**」「**五色の集い**」など、日本の青年運動の記録や、「**九十九里浜**」などの日本の米軍基地問題を追ったもの、それに「**無限の瞳**」のような高校生の手になる原水爆反対運動の記録があります。

記録教育映画製作協議会の解体と前後して、記録映画運動は既成のプロダクションの中に持ちこまれ、拡大されるようになったことは一つの大きな発展です。

一九五五年の原爆記念日を迎えるに当って、国民文化会議の映画部門企画になる「**永遠なる平和を**」は、各労組と平和団体それに日本映画新社によって製作委員会が作られ、そこで完成されました。

また、第一映画社では、農民団体と組んで、ヤロビ運動の普及のための「**種まく人**」を製作。岩波映画では信州伊那の農民諸君と組んで、例の「**一人の母の記録**」が完成されています。協議会での活動の自己批判の上に、その経験をプロダクションの中で生かそうとする作家活動の発展です。

また、「**基地の子**」によって基地問題と取組んで記録映画を再びはじめた亀井文夫氏が、原水協と組んで「**生きていてよかった**」を発表、そして「**世界は恐怖する**」とひきつづく日本ドキュメント・フイルム社での活動。それに東映教育映画での「**九十九里浜の子ら**」(基地を控えた九十九里の漁村の子供たちの中の長欠児童の問題を追ったもの)など、一連の協議会の作品以後記録映画は新たな展開を見せています。

記録教育映画製作協議会は様々な欠陥と成果を残して解体しましたが、その成果は受けつがれて発展しています。その意味で協議会の活動は意義あるものであったし、その故に、ここに三回にわたって、その活動の概略を改めて記したわけです。(この稿終り)

＝ヨーロッパの旅から＝

チェッコの映画祭のぞき記

厚木たか

チェッコスロヴァキァの国際映画祭は、毎年夏、カルルスバードという名で日本にも有名な、ヨーロッパきっての温泉観光地カルロヴィ・ヴァリでひらかれる。今年の会期は七月十二日から二週間、もう第十一回目の催しだそうである。

作家協会のみなさんのお骨折りでわたしもこの催しにお招きをうけたけど、残念なことに会期が、わたしの出席しなければならないストックホルムの平和会議のそれと殆んど重なっていた。しかし、十五日に、ストックホルムに飛ぶまでに三日ある——せめて三日だけでも——とわたしは出かけた。

七月十一日、その前日、ベルリンからチェッコの首都プラハにはいったわたしは、平和委員会、婦人委員会への訪問とイルジ・トルンカさんの人形映画撮影所（本誌前号参照）の見学ののち、午後四時、貸切りのバスで山よりのカルロヴィ・ヴァリに向った。車中は、二名のルーマニア代表と四名の中国代表、それにわたしと通訳さん三人。

三時間の行程の途中で、とある山村の部落のレストランでお茶をのんだ。同じテーブルに二人のルーマニア代表と中国の二人の女優さんとわたし。通訳さんがほかの用事に忙しい間も、もうお互いに話をしたくてたまらない。ところが外国語ときては、ルーマニア代表はフランス語を少し、中国の女優さんはロシア語を少し、それとわたしは英語を少しといった具合でどうにも噛みあわない。映画であなたは何の仕事をと、わたしにきいているらしいので、書くまねをしながらシナリオだというとそれはすぐわかった。中国の女優さんは一見それとわかり、ルーマニア代表のうち女性の方は、仲々美人で、これも女優さんと察しがつく。問題はもう一人の男性で、俳優だと説明しているらしいがどうもわからない。仕方なく彼は立ちあがってヂェスチュアでそれを表現した。それは、表現なんて大げさな言葉をつかいたくなるほど、流石に本職、堂にいっている。あはは——と皆わらって、また話をすすめようとするがやっぱり難行だ。思わず「カタストローフィ」とわたしがつぶやくと、それが案外通じて一同ゲラゲラと笑いくずれる。

カルロヴィ・ヴァリは、カール大帝がここに温泉を発見してから今年は恰度六〇〇年ということで、療養客、避暑観光客、それに映画祭のための人出と、たいへんな賑わいだった。各国の出品映画が、それぞれ一作品につき三メートル四方位の壁に大きくひき伸したスチール写真その他でレアウトされている。

☆　☆

夕食後、ひとわたり街を歩いてみる。日本からの出品は、「異母兄弟」「怒りの孤島」「風前の灯」の長篇、それから中篇もの「道産子」である。私のほかには日本からは誰もきていない――。

七月十二日朝、通訳のエレーナさん（プラハの大学文学部の二年生で大変きれいな娘さんだ。英語、イタリア語、それに日本語をほんの少し話す）と、一緒に食堂にでたら、隣りのテーブルに、「ああ日本人」と思う。先方も嬉しそうに近づいてきて挨拶される。日本人ではなくて朝鮮人民民主主義共和国の芸術映画撮影所総長の秋民さんであった。アジア人はわたしたちの兄弟だから互いによく似ているけれど、でもわたしたちは日本人にはたいてい日本人か否かは見わけがつくものだが、秋民さんばかり　わからなかった。ほかに金東吉という俳優さんと、プラハの技術大学の撮影科に留学中の張斗植さんを通訳につれておられる。

この一行とヴェトナムとアルバニアとの両人民共和国の代表と一緒に、街を散歩する。「ここへ着いたときすぐ、京都の町みたいだ、と思いましたよ」と秋民さんが云われる「街のまん中に川があるでしょ」なるほど川はある。しかし京都とは……そういう連想もあるのかなァと思う程だ。だが秋民さんはそれ程日本びいきなのだろう。

木蔭のテーブルでお茶をのみながら一としきり日本映画論に花が咲いた。

一昨年ここで入賞した日本映画「真昼の暗黒」をヴェトナム代表が口を極めてほめる。するとチェッコの通訳の青年が、作品の評価の点では全く同意しながら、ただあの映画をプラハの映画館で、上映したとき、殺人現場をスローモーションで再現する場面になると、見るに耐えられず観客の殆んど三分の一近くがゾロゾロと退場してしまったと話した。

ヴェトナムではそんなことはなかったが――とヴェトナム代表。そう、日本でもそんなことはなかった。それはヨーロッパとアジアとのちがいなのか、それとも、解放されてからもう十三年にもなり生活安定への一途を歩んでいる国の国民と、解放直後の、或いは未解放の、国の国民とのちがいなのか――とそんなことで話はまた合作映画へ移った。

「日本とフランスとの合作映画『忘れ得ぬ慕情』をみましたよ。日本人自身あれをどう評価しているんでしょう……あれをみると、日本の文化というのはフランス人が作ってやったんだといっているように思えるが――」

とヴェトナム代表。やっぱり日本も心ある観衆はあの映画に不満だった――と答えはしたが、不幸にしてわたしはあの映画をみていない。

夕方七時から、一万人近くの観衆をあつめた屋外劇場で、フェスティヴァル開会。最初に音楽、ついで、カルロヴィ・ヴァリ市議会議長と映画祭主催者の挨拶、最後に映画「チェッスロヴァキ」（続篇）というシネスコ・カラーの観光映画と、今年ブラッセルの万国博会の映画コンクールで第一等賞をもらったチェッコの長篇「破壊の発明」が上映された。

この短篇観光映画は、よく日本などにもある。軽い即興的なテムポをもったもの。特に変った手法もみられなかった。「破壊の発明」は、人形と動画と実写とを合成したモノクロームの映画で、製作・シナリオ・演出ともカレル・ツェーマンによる。大きな軍艦の主アーティガスは、有名な科学者ロッホ教授との助手の研究を自分の邪悪な目的達成のために利用しようとしてこの二人を誘かいし二人を別々に或る島に歓禁する。教授はそんなこととは知らず研究に没頭する。助手はことの真相を知っているのでなんとかして教授にわからせようとして苦心するがなかなかうまく行かない。遂に教授はもの凄い爆破力をもった爆薬を発明するが、そのときやっとこれは人類の破壊のために悪用されるということに気づき自分の仕事の成果をみずからの手で葬るというプロット。

なんとはない笑いに誘いこみながら、アイロニイあり、ペーソスあり、たいへん気の利いた味わいで、人形と動画の手法もチェッコ映画の特色を存分に発揮している。第一、音楽がすばらしくあく抜けしたものだった。

ラストシーンが終りかけて、エンドマークが出ようというとき、突然ダーンという音。おや、また新しい場面？　いや、場面転換は現実の空にうつったのだ。花火である。西から東から、カルロヴィ・ヴァリの空一面の花火。

その辺の手際もなかなかあざやかで、さて、あとは席をかえて深夜のレセプションパーティ。こうなるとなんといっても女優

さんたちは花形だ。ソ連のスター、エリナ・ビストリカ(『静かなドン』の主演女優)の全くチャーミングな容姿が目をひく。わたしの通訳の学生アレーナさんも、一寸としたアフターヌーン・ドレスに、ひぢの上まで深い白皮の手袋かなんかで、楚々と美しいお嬢さんに早がわり。余興のファッション・ショウを一二のぞいて、わたしはさきにホテルに引きあげて寝る。二時であった。

七月十三日。各国代表の宿舎ホテルモスクワの中に、豪華な映画劇場がある。ここで今日からコンクールのための映画上映がある。

最初にインドの長篇劇映画「A Light in the Darknes」哀愁をおびた歌謡は美しく哀しかったが、全体として長たらしく退屈なラヴロマンであった。

次に、日本の作品「異母兄弟」。上映にさきだって何かひとこと話さないかといわれたが、わたしはたった三日しか滞在できぬいわば無責任な旅びとである。正式な代表がいずれ来て、日本映画上映の次ぎの機会に話すだろうと例の私のひっこみ思案もあって、かんべんして貰う。

実はわたしは「異母兄弟」には、東京ですれちがって遥かなこのとつ国で初めてめぐり合ったというわけであった。さて、上映中、ひそかにわたしは観客の心のたたずまいを窺った。どうやら映画が観客をひた押しにしているらしい。映画がほんとに観客のお腹の中へはいってしまったかの感じで、大変シーンとして終った。

しばらく無音。やがて少しの拍手。前のインド映画のときの派手な拍手と全くくらべものにならぬ淋しい拍手これはどういうことなのだろう。わたしのひいき目ばかりではなくこの二つの映画は質的にまるで違うのは、拍手は全く逆比例だ。

ところが、廊下から、ホテルの方へ帰る途中、みんな代表が寄ってき

「すばらしい、感動した。」と、みんなが手を握りにきたここへバスで一緒にきて、言葉の通じなかったルーマニアの男優さんが通訳をつれてきて「軍国主義に対する痛烈な批判だ。すばらしい。何故あなたはひとこと映画の前にはなさなかった」

と大きな手で痛いほどわたしをにぎりしめた。

「人間を描こうとして、くいさがっている立派だ」

と朝鮮の秋氏さんは静かななかにも感動をこめて語られた。

早速に、新聞記者たちのインタービューに逢う。

――日本映画「真昼の暗黒」が入賞してからチェッコでは日本的ネオ・リアリズムという言葉が生れた位で、日本映画についての関心は深い。「異母兄弟」は同じような系列の映画とみてよいかどうか。

――日本的ネオ・リアリズム映画は日本の中で発展しているかどうか。

――日本的ネオ・リアリズムの作家は誰々であるか。

――そういう作家といわゆるドキュメンタリィ映画作家との関係。

――日本のドキュメンタリィ作家は誰々か

――最後にあなたは、映画祭を途中でストックホルムの平和会議に出られるそうだが、何故、映画の仕事と平行して婦人運動もやっているのか。二つのことをうまくからみ合わせてやって行けているのかどうか。

わたしがどんな風に答えたかは別にここに書く必要もないだろう。しかしこれらはいつもわたしが悩んでいるむずかしい質問だった。それだけにまた答えることにもたいへん興味があったわけだ。

夕食のあとのひととき、わたしはまたチェッコの通訳の青年のこんな感想を耳にした。

「『異母兄弟』といい『真昼の暗黒』といい、何か日本の映画には残忍なある感覚があるように思うが、どうだろう」

「わたしたち日本人からみれば、それは現実のきびしさそのもので、それ以前のなにものでもないと受けとれるのだが――あなたは何かサディスティッな感じをもっているのか――」

「いや、サディズムとまでは思わない。しかし、何かやっぱり残忍だ――」

と彼は考え深い目つきをして口をつぐんだ。(つづく)

☆ ★ ☆ ★

「ミクロの世界」受賞
ベニス国際記録映画祭

七月二十七日夜ベニスで開かれた第九回国際記録映画祭で日本の「ミクロの世界」(注=東京シネマ製作者岡田桑三氏、カラー三巻)が最優秀科学映画に選ばれた。

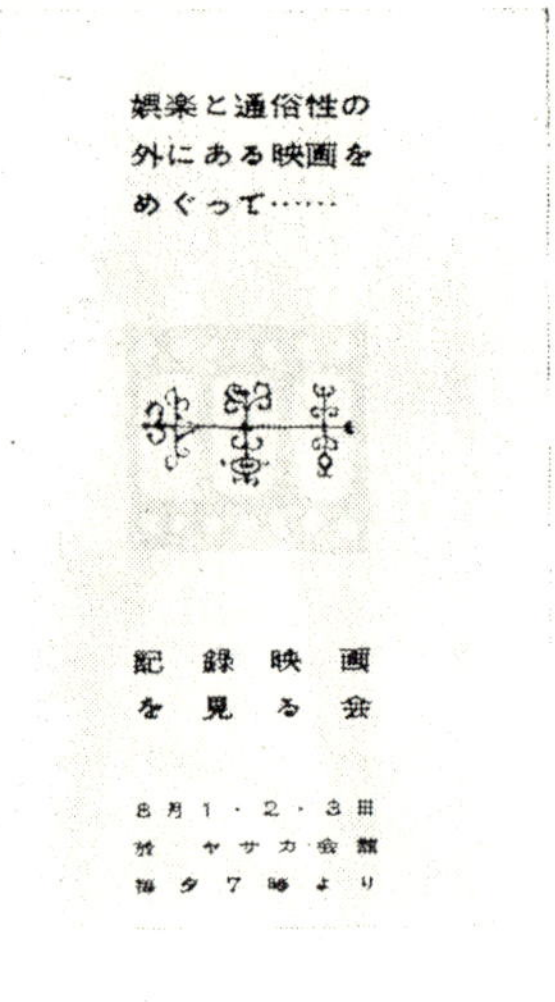

娯楽と通俗性の
外にある映画を
めぐって……
記録映画
を見る会
8月1・2・3日
於　ヤサカ会館
毎夕7時より

京都記録映画を見る会プログラム

〃記録映画を見る会〃の三日間

京都記録映画を見る会　足立興一

こんどの会の事について、何でもいいから感想のようなものを書け、と浅井君に云われたのですがしめ切りまでわずかひと晩しかないのです。これでは、ろくな事は書けませんから、思いつくままに二、三、バラバラに書きます。

まず、大きな事から。

この計画を知ったとき、すばらしいな、と思ったのです。しかし始まってしまうと、ちょっとした、むなしさ、のようなものを感じました。もちろん、話は、おもしろかったし、映画も始めてのが多いでした。しかし、それを、三日間に、集中して、あれだけのエネルギーと費用をそそぐだけのねうちがあったかしら、と思いました。記録映画を見る会自体には、いろいろプラスがあったかもしれませんが、会員、一人一人についていえば、これで、ぐっと記録映画に関する認識が変った、とか何とかいう効果は、余りないのじゃないか、と思うのです。まして、これまでの無縁の層を、つかまえる、ということは、まず、ないといって、よいかと思います。もっとも、こんなことは、もっとあとの様子をみてから、云うことかもしれません。

三日間を通じていえば、面白かったのは、一、二、三日の順序でした。岩佐さんの、きまじめな態度は、好感がもてましたし、お話も、おもしろいでした。映画も「地下鉄」を除いては、（地下鉄の機能(3)の中に、〃なぜ、もうかるか〃というのが、ぬけているのが残念でした）いずれも、それぞれの特色を盛った作ばかりでした。どうみても、こうした生活記録と、科学映画が、記録映画の本道に思えるのですが。

二日目「志賀直哉」は、まあ、つまらなかった、というのが正直なところです。いわば名士録のようでした。スポンサーのせいかな「法隆寺」も期待してたけど。アンケート用紙に「これは普通の美術映画ではないと云われるが…」の項がありましたが、この映画くらいがあたりまえで、ブリジストンのものなど蔵品目録にすぎないのでしょう。それにしても、美術映画ともなると、生活記録に見られるような、感動は、もうできないものなのでしょうか。

安部公房氏の柄の悪さは、たいへん、けっこうでした。始めは、どうなることか、と心配でしたが大阪からの混乱が消えてゆくにつれ、おもしろくなって参りました。「記録映画は、既成の、省略された概念の外に、したがってプロデューサーの意表に出ねばならない」（氏の切れぎれの言葉からひろい出して、つないだのですから氏の意図とちがっているかもしれません）といったような事は、科学映画を見ながら、いつも、その問題を考えているので、おもしろいでした。（教材映画のかなりのものがつまらないのです。きっと、ほんとの科学教育には、教材としても役立ちそうもありません、それに返して、ワディントンの実験発生の映画は、わたしたちの会でたれにも、すばらしい評判だったのを、いつも思いだします）

それから、実験映画について、だいぶ話がありました。どうも、余り賛成ぢやなさそうです。不幸か、幸か、「東京一九五八」は見せてもらえなかったのでわたしたちも実験映画のエッセンスは知らないわけなのですが、これまでに見た、いくつかから想像して、余り好意をもてないので、大いにトラの威をかって意を強うしました。

浅井君は、それについて、もっとかけと云いますが、余りかくと、メッキがはげますからやめますが、安部氏の云った「何でもいいから、たとえば、ションベンを試験管にとって、熱して臭をかいだら、あくさかった、というようなのは、実験でも何でもない」はおそらくある種の実験映画のいう実験を指されたのだと思いますがまことに尤もな話でありました。どうも自然科学以外（しばしば、その中ででも）ことに芸術の分量などに使われる、実験という言葉に、大げさに云えば必至を認めにくいのは、やはり、「実験」にむりがあるのではないでしょうか。あるいは、自然科学の方からの類推なのですが、一つの、逃避であることが、あるのぢゃないでしょうか。

三日目は、座談会からでたのですが、京大人文の面々との間の高尚な話が多く、一つ一つの議論はおもしろい ですが、全体としてどの辺を話が歩いているのか、オリエンティションがないので閉口しました。きたんなく云えば、七月に、わたしのところで石本氏をおよびしたのですが、やはり、八月、三日とも、直接作ってられる方々でかためた方が、具体性があってよかったのではないかと思います。

映画は、あんまり、みんながほめるから、もすこし、ケチをつけ

たいのですが、今、ちょうど二十六時間目なのですが、そろそろ、いい映画だったと思いはじめたところです。

記録映画を見る運動を進めていくねらいは

京都記録映画を見る会　藤原富造

小学校の子供に、ものを教える僕が記録映画のことを考える場合それを教育に役立てようと思う。その立場からものを見る。これは当然であるし、大切なことだと思っている。というのは、僕が京都の記録映画を見る会の一員として一番効果的に記録映画の運動を進めるためには、目の前にいる子供と、それを教える立場にある同僚の教師、それに子供の父母に一回でも多く記録映画を見せる機会を作ることが当面の仕事である。そして、僕等の運動の進め方と現在の教育の当面の問題を解決して行く教師の仕事とが、深い関係にあることを人々に理解させることである。

むっかしいことは、解らないけれど、記録映画の精神は、苦しい現実に直面してそれを回避することなく、その現実の奥にある事実に肉迫することだと考えている。そして、それを解決するために考え、行動するエネルギーを生産していくこと。これが僕の教育として記録映画の運動を進めていくねらいである。

子供にも記録映画を通じて、このことを解らせたい。そして、教師にも教育運動として記録映画をとらえ、日々の実践の中で子供のものの見方、考え方を指導して、いいかげんな問題解決のできない人間群を作り出す仕事が僕等の仕事だと考えている。

更に記録映画の運動を進める中で、僕自身が変革されていくきびしさを感じる。やすやすと受け入れられない抵抗のある仕事を自分自身が克服し、人々を共感させ、共に行動へとふみ切る。このことが僕自身にとっても、僕等のまわりの人々にとっても重要な意味を持っている。マスコミに乗って、マスコミを利用する方が良いと教えてくれる人もある。けれども、そういう方法で会員数を増やし、膨大な組織ができ上ったとたんに抵抗運動としての機能を失いつつあるサークルのいくつかを僕等は知っている。だから僕等は、原始的に見えるけれども植物の根が増えるようにジリジリと組織を広め深めて行く。

その人達は単に記録映画を見るようになるだけではない。教育の現場で、アカデミズムに抗して、一つ一つ創造的な仕事を築いて行く。作文の教師、図画の教師、社会科の教師が、更に子供の親と手をつなぎ、民主教育を守る強力な支えとなって行く。

サークル運動のあり方としては色々な批判もあると思う。

けれど、僕等が今、現場でやらなければならない仕事は、こうした教師の姿勢を確立することであると信じている。

× ×

筆者の足立氏は、京都府立病院のお医者さんです。府立医大では足立氏など中心に府立医大記録映画の会が毎月一回持たれ、八月は二十六回になります。ここでは科学映画を中心にしたプログラムが組まれ、大学外からの会員さんを含めて、二百人位の人達が毎回参加しています。七月は二周年のお祝として日映科学の石本統吉氏をお招きして科学映画の特集をしました。

京都では、府立医大だけではなしに、京都大学、同志社大学、立命館大学、西京大学などの各大学専売公社、島津製作所の各職場など、それに地域でも、学生、職員労働者、家庭の主婦などによって毎月記録映画を見る会が、持たれています。

藤原さんは、京都市立醍泉小学校の先生です。

「記録映画研究会」を続けたい

機関紙映画クラブ　山岸一章

私ども「機関紙映画クラブ」というのは、労働組合の全国単産総評系、全労系、中立をとわぬ約百組合で構成されております。教宣部関係で主に機関紙誌の編集担当者が集って映画を扱う場合のクラブ活動をしているわけであります。発足以来六年以上になるのですが、従来扱うのは劇映画が主でした。それが一昨年「カラコルム」「マナスルに立つ」「沈黙の世界」などが公開され、キネ旬などのベスト・テンに選ばれ昨年は引きつづいて「南極大陸」「メソポタミヤ」「世界は恐怖する」「動物園日記」「ピカソ天才の秘密」などが公開され、「白い山脈」の科学性が問題にされたころから、会員の記録映画に対する関心はぐっと深まりました。

今年に入ってからも「この眼でみたソ連」「第二次大戦の悲劇」「新しき大地」「大自然にはばたくもの」「メコン河」「最後の楽園」などを見て参りました。その中でも四月八日に、東京シネマの「ミクロの世界」の推薦委員会を開いた時、演出された杉山正美氏などスタッフをかこんで話しあった結果、劇映画にまさるとも劣らない価値がありながら、私たち勤労大衆の眼にふれない記録映画、教育映画の世界があり、そこで地味な努力を続けている作家たちがおられることを知ったのです。労働組合でも機関車労組の「雪とたたかう機関車」全林野労組の「長い冬」など自主製作が進んでおります。ここで期せずして「記録映画研究会」をつくりたいという声が会員の中からたかまった次第です、まだ全体の関心は低いのですが、とりあえず八月十九日に「海は生きている」を中心に羽仁進氏をかこんで「第一回記録映画研究会」を開くことになったのです。あと、一か月に一回位づつ開いてゆくつもりですが、教育映画作家協会の皆さんの御協力をおねがいしたいと思います。

最近の記録映画について

岩佐氏寿

これは、八月一日、京都ヤサカ会館の「記録映画を見る会」での講演に、少し手を加え整理したものです。

1

記録映画について——とくに生活を記録するような映画についてというのが、主題です。

はじめは誰でもそうでありますように、私もまた、記録映画というのは、役者なんか使わないで、事実を撮ってつなげば、それでいいんだろうというふうに考えておりました。事実ありのままを撮る映画を、記録映画というのだと思っておりました。これは例えば、皆さんのように、映画を鑑賞しようというお客さんの場合、あるいは、適当にホメたり、ケナしたりなさる批評家の場合ならば、まだしも、罪は軽いのでありますが、かんじんの記録映画をつくる人間がそう思っていたのでありますから、これは甚だ穏かでないのであります。もし事実ありのままだから面白いということであれば、事実ありのまま撮ってあるのに面白くない映画があるのはどういうわけか——「太陽の帝国」「失われた大陸」なんか、面白くない、多分これは観光絵ハガキみたいなつくり方がされているからだろうと思います。

早い話が、この京都へ来て、大原女と清水寺の絵ハガキを買ったようなものであります。色刷のあのベタベタしたやつ。大原女の、三巾前《みはば》だれの、ハシゴを頭にのせたオバサンの、総天然色の絵ハガキをひとに見せて、これこそ京都であるといったところで、バカにするなというふうなものであります。むしろ、そのベタベタの、総天然色の絵ハガキを売りつけて、これこそ京都だと思わせるような「根性」の方に、ほんものの京都としてのリアリティーがあるのだということになるかも知れません。そういうふうなものであります。

例えば御覧になったかと思いますが、**アフリカ横断**」という記録映画これはなかなかよい映画です。——御承知のように、林田重男さんの撮影したものであります。ついでですが、この林田君という人はひどくいそがしい人で、はじめはカラコルムへ行き、帰ったなと思ったら、もう黒部峡谷へ行ってる。黒部から帰ったら、今度は南極探険隊員ということになって宗谷丸に乗って南極へ行ってる。南極から帰ったわいと思うともう、アフリカは、キリマンジャロなどへ、シネマスコープのカメラをかつぎあげておる。アフリカから帰るとそろそろもうバチスカーフに乗りこんで、三千メートルだから太平洋の底へもぐろうとしている——そういう人です。この人は記録映画のベテランですから、画面は大へんすばらしい。ああいう不自由な条件で、あれだけ撮影するのは大へんなことです。しかもはじめから、観光映画的にしかつくれないような条件に、きめられているのですから、多くを望むことはムリです。しかし、厳密にいえば、私たち記録映画をつくるものは、こういう考え方をしなければならぬのではないかと思います。

つまり、観光映画でもよろしい。アフリカ見物大いによろしい、しかし、まず現実が先にある。私たちの前に、現にあるアフリカ植民地支配から解放されよう、独立しよう、なにもペコペコすることはないと考え、現にそういうふうに行動しつつあり、ヨーロッパやアメリカの人々に、ある無気味なものを感じさせているそのアフリカというものを、現在私たちは否定することができない。そうした歴史的な段階の来ているアフリカの人々の、そのエネルギィといったものを、表現する方法はないものだろうか——ということです。

デモのないところでデモを撮れなどといっているのではありません。実際問題として、林田君たちの通ったところに、独立運動をやっている人なんかいなかったかも知れない、いや、いなかったでしょう。むしろ、アフリカとしては余りよくない部分、例えば北海道のアイヌの人々の中に、観光用として自分を売りこんでそれで暮しをたてている人がいるように、観光客に見物されることで喜んで暮しをたてているようなアフリカ人の方が多かったかも知れない。しかし、あの映画の中で林田君はすばらし

第一回教育映画コンクール
各部門入賞作品きまる

△第一部門 学校教材映画
金賞 こん虫の変態(日本視覚教材)
銀賞 五十万の電話(岩波映画)
△第二部門 児童向劇映画
金賞 オモニと少年(民芸)
銀賞 福沢諭吉の少年時代(東映)
△第三部門 一般教養映画
金賞 法隆寺(岩波映画)
銀賞 おかあさんの幸福(桜映画)
△第四部門 記録映画
特別賞 民族の河メコン(東和映画)

主催 東京都教育委員会
東京新聞社
協賛 文部省
東京都
日本映画製作者連盟
教育映画製作者連盟

いものを撮っている。

何族というのか、真黒な人のクローズアップの、すばらしい画面があの映画の中に五、六カットあります。あれはすばらしかった。黒光りのした、ギラギラした最もアフリカ的な皮膚の、質感が、見事にとらえられておりました。これがこの映画では大切だと思うのです。あれで押すべきであった。しかも、うまいことに、アフリカの人たちは、私たちと違って、じつに筋骨たくましい、六尺豊かな堂々たる体軀をしております。（ピグミーは別ですが）そのギラギラした質感と、すごい体軀これだけでも、画面へ出て来たらちよっとこわい。

さらに、どこかの大きな部落が写されておりましたが、あのあまり文化的でない暮し（ここの撮影は迫力がなかった）――しかもその一方で、アフリカ人の学校へズボンをはいて通っている勤勉な黒人学生も大ぜいいる、街では白人をものともせずにカッポしている黒人も大ぜいいる。かと思うと、入墨をして、フンドシ一つで、何やらいっぱい装身具をぶら下げて踊っている人もいる。つまり、アフリカの人々自身が、そういう矛盾をもっており、事実としてそういうものです。そういう矛盾を、行きずりの見物人の眼で見るのでなく、さっきいったように、前向きにうごきつつあるアフリカをとらえようとする目的意識的なアングルと、フォトグラフィーで、画面が組立てられ、つまりそれがギラギラする皮膚の質感に迫ったあのやり方でやられ、それらすべてが有機的に組立てられていたならば余程違ったものになっていたのに違いない現在のアフリカはこうこうであるからこうこうだというふうな形式論理にたよるやり方でなく、ドンドコドンドコと太鼓も鳴ることでありますから、アフリカのこの人たちが怒り出したらこわいぞ、現に怒り出しているぞというふうなことを、ダイナミックな実感として出すことができたのではないかと思うのです。対象自身から、そうしたものを抽象化し、ひきずり出してくる――観光映画の体裁であってよい、そこまでは行けそうな気がするのですが、どうでしょうか。

いうは易く、行うは難いのですが、林田君は名手でありますから、このくらいの注文を出してもよかろうと思っております。尤もカラコルムから帰った時でしたが、似たような話が出たのですが、お前のいうことはわかるが、学術探険のケツについて歩いて、しかもカメラマンひとりじゃおれの撮ったのでせい杯だよといっておりました。そうだろうと思います。学術探険のお尻について行くのは仕方がないにしても、監督も助監督もなしに、カメラ助手から録音係からライトマンまでひとりで兼ねて、さぁうまいものを撮って来いという、これは会社がわるい、無茶です。

現実には、私たちそういうよくない条件の中で仕事をしなければならんですが、それにしても、つくり手はいつでも、現象の底辺をつくっている、その社会の構造へ、いつでもアタマが行っていなければならぬと思うのです。

その社会の構造へ最もアタマが行っていない、典型的な例は今ロードショウをやっておりますイタリヤ映画「**最後の楽園**」です。タヒチなど南太平洋の島々をとっているのですが、ヘンなラヴ・ロマンスで色づけされています。余計なことをしなきゃいいのです。古風な中世的な、ヨーロッパの恋愛の仕方を、そのまま、原始的なものがいっぱい残っている島の生活の中へ持ちこんで何が面白いものですか。島の人々の生活をドキュメンタリィとして撮っている部分の方がずっと面白いのです。

（イタリアのネオ・レアリスモも地に堕ちたと、この映画を見て歎く人もあるのですが、もともと、この「**失われた大陸**」「**最後の楽園**」のスタッフのつくるものは、ネオ・レアリスモは無縁な異質なものです。これは商売人・単なる冒険屋にすぎないとぼくは思います）

さて、では一体、なぜラヴ・ロマンスをくっつけたり、余計なことがしたくなるのでしょうか。

第一に、そうしないと、映画館でモタないだろうと考えるからです。お客が見てくれないだろうと思うからです。ラヴ・ロマンスをくっつければ、楽しそうに見るだろう――考えてみると、これは観客に対する大へんな侮辱です。アメをしゃぶらせてごまかそうというハラです。

これと関連して、第二に、対象から内容を引き出すことのサボタージュであります。対象から内容を引き出す、それそのものの本質的な面白さを引き出してくることに、自信をもっていない証拠です。尤もヒトゴトではありません。私たちの仕事ではこれがいちばん難しい。そのためには、タヒチの島々の状況が先にはっきりつかまれていなければならぬ。さらにタヒチの島々の社会構造を作者がアタマの中でつかまえていなければならぬ。勿論、そうしたものを観念的につかまえ、それにアテはまる画面をつくりあげることを奨励しているのではありません。逆です。「アクチュアリティの創造的劇化」ということを佐々木基一氏などがいっており、ぼくも賛成ですが、アクチュアリティに対する主体の問題としてぼくはいっているのです。アクチュアリティ、アクチュアリティと、このごろ、よくはやりますが、記録映画作家は、いやでも対象のアクチュアリティを選択しなければならぬ。選択の主体は作家の内部にあるそのことをいっているのです。現象としてそこにあるものにカメラをパッと向けた場合、作家がホンモノならば、状況がつかまれた状態でつかまえることができる筈だと思うのです。無原則ではないはずだと思うのです。そのためには、作家の土台が余程しっかりしていなければならない――そのことをいっているのです。「眼には眼を」は劇映画ですが、サバクとアラブとフランス人の関係が、先に余程しっかりつかまれていたから、平凡なフランスの医者と、平凡なアラブ人だけであれだけの物語ができたと思うのです。

さて、そこで、私たちの、日本の記録映画に話を戻しましょう。　**（つづく）**

沖縄の印象

田中実
（助監督・岩波映画）

六月末から約二カ月間、私たちは記録映画「海は生きている」の沖縄ロケを行った。九州上空を過ぎ奄美大島を中心に点々と連なる島々を眼下にすると、まず南の方へやって来たという実感が、ぶつかってくる。海の色が全く違うのだ。円形、馬蹄形など様々の恰好をした珊瑚礁の島、出来かけの島など、島の周囲はどれも白波が一面に立っている。白波の外側は全く透明で、エビ茶や淡い灰色の海底がくっきりと浮かび上って何とも形容の出来ぬ美しさだ。

沖縄の島はどれもこのように美しい珊瑚礁と透明な海の真っ只中にある。所がこうした美しい自然に対して、全く不調和なのが、アメリカの基地だ。沖縄本島の中南部は軍事基地の中に住民たちが、辛うじて、居候しているという感じ。日本では考えられぬ程、立派なコンクリートの道路が縦横に走り、その両側には金網が果てしなく続く。金網の中は、半永久的な米軍用住宅、兵舎、軍事施設がぎっしりと建ち並んでいる。至る所に検問所があって、自動小銃を下げた米兵がいちいち車を止めて車中をのぞき込む。住民たちの多くは未だにバラックやトタンぶきの小屋に寝起きしている状態で、沖縄本島でさえ、極く低い生活をしている。主なロケ地になった最南端の波照間島の人々も活生は一層貧しい。一日のうち米飯はせいぜい一度、あとはサツマイモで、暑いせいもあろうが、殆どの人が裸足だ。島にバナナはなっても島の人々はめったに食べない。

僅かな現金収入を得るために、他の島へ売るのである。全裸或いはパンツ一枚で遊ぶ幼い子どもたちの腹は殆んどといっていい位、太鼓腹だ。栄養状態の悪さを示すのだろう。スケジュールの関係で撮影に追われ、島の人々と親しくなる機会が少かったのは本当に残念に思える。皆んな私たちの到底想像出来ぬ位、内地に憧れ、内地人である私たちに近づこうとする天然資源が殆どなく、水も食料も乏しい沖縄が何百年か昔から日本やシナからひどい収奪を受けて益々貧しくなったという。だから沖縄の人たちは内地に対する必要以上の憧れ、ある程度のコンプレックスを、持っているのかも知れない。こうした所での私たちのロケは、もちろん物質面でも非常な苦労だったが精神面でも重苦しく、胸を痛めつけられるようなことに屢々出会った。島の人々は日常生活を撮影されることを、極度に嫌い、日本の明治維新の一時期にあったように、古くからの習慣や伝統をむやみに捨てたがっていた。しかし、島の周囲の海は、私たちの予想以上に魚族が豊富で、島の人たちはこの魚たちと本当に友だち以上の親密さえもっているように思えた。丁度私たちが、陸の上を歩くように、この人たちは海の中を半日或いはそれ以上も泳ぎ廻り。潜っている。五才位の子どもでも、二時間や三時間平気で泳ぎ釣りをする。みんな畠仕事が無ければかならず海に出る。もっと長く滞在して、こうした人々の生活に一層深く融け込みたかった。

いつの日か再び沖縄を訪れてみたい。外国行きの旅券を持たずに私たち一人残らずこうした気持を抱いて来た。

「千羽鶴の上映」運動について

坂斎小一郎
（共同映画社）

七月一日から封切られた広島の福屋劇場をトップにして、「千羽鶴」を上映する劇場は次々にふえてきている。東京都内でも八月五日、六日の記念日を中心に池袋文芸座、志村オリンピア、赤羽中央劇場、深川東映、蒲田ロキシーと五館封切られ、八月二十日テアトル銀座、八月二十六日渋谷テアトルハイツという具合に上映されることになった。

七巻のいわゆる中篇児童劇と思われるこの映画の上映館が、どうして都市で上映できるようになったのだろうか。直営・系統館をどんどん拡げ、映画市場の独占のために血みどろになって争っている六大会社の全プロ二本だて攻勢の中では、たとえスターを並べた大作でも、恒常的な製作のできない独立プロ、配給系統をもっていない独立プロでは、蟻のはい込むすきもないといわれている通り、とうてい座館上映は見こみないのである。

では全然不可能であるか、というとそうではない。「千羽鶴」の都市上映の可能になったたった一つの理由は、この映画のテーマ、この映画の内容が、広い層の大家に積極的に支持される要素をもっていたからである。「平和」という問題、「原水爆反対」という問題は、上は国会から下は庶民のひとりひとりに至るまでを強くとらえているのが、日本の現状である。これをテーマとし内容としたことと、「原爆の子の像」を建設するための力づよい、児童生徒の大衆的な運動の事実がそれである。

だから上映を促進させ具体的にしていったものは、東京では映画サークルと原水協だし、地方ではＰＴＡや婦人会、教組、それに教育委員会までがそのちからとなったのであった。

この映画の内容は、それぞれの大衆団体が、それぞれにもっている目標に向って、大衆運動を独自的に展開できる条件をもっていると思う。これは、映画を単に上映することと、見ること、見せることというような映画的エゴイズムを乗りこえて、大衆団体が支持をしていく大きなちからとなっている。

このようなちからこそ、不可能を可能にし、常識ではとうてい考え得られない都市の座館上映を、一つ一つ、実現していったのである。（文芸座では今までにない動員をはかり一六、〇〇〇名もが入場し劇場側も〃千羽鶴〃を折って原水協に贈ったとききますし、被災者に一万六千円をとどけたといいます。）

現場通信

雨を待って

（フリー助監督、岩波映画）
間宮則夫

　ここ数年来毎夏、台風——風水——害作——作物の減収と連鎖反応的に一定のコースをたどってきた日本に如何なる天変地異か或いは盛んに行われつつある水爆実験のか故は知らないが近年まれにみる大日照が続いた。いつまで待っても降らない雨、八百万都民の飲料水の大半をまかなっていた小河内ダムの底はつき、まだまだ大丈夫と思われていた井戸までもあちこちと涸れ始めあわてて井戸がえをやるような状態に追い込まれてようやく人々は真剣に水不足について考へるようになった。

　気の弱い僕などはこの先、若しずっと雨が降らず不作にでもなったら一体どういうことに相なるんだろうとひそかに考へにならない考へを一所懸命考へていたのである。そうした矢先九州の山間部へ撮影に行くことになった。宮崎県の上椎葉と鹿児島県との県境に近い綾川ダム、福岡県と佐賀県にまたがってそびえる標高千米余の背振山々頂及び福岡市近郊の山家変電所の四地点しかも撮影条件はすべて降雨のシーンとは御念の入ったもの、人が日照りで苦しんでいる時に又何んと皮肉なものと思ったが、これも仕事の内で仕方がない。相当ねばる覚悟で九州方面は天候がくずれ出す気配があるというはかない情報をあてにして七月六日に東京を出発した。

「ヒエツキ節」とその昔の平家の落人部落で有名な上椎葉——日豊線で小倉より急行で六時間、日向市富高より車で三時間、山間部の静かなものわびた部落を想像してきた僕は、眼前に展開する部落の風景を見て見事に期待をうらぎられていささかがっかりしてしまった。三、四年前には安手のペンキをけばけばしい色彩で板壁一面にぬりたくって我が世の春をほこったであろう一杯呑み屋がほこりっぽい街道に一列に軒をそろえているのである。今はみるかげもない程その敗残の身をはずかしげもなくさらけ出している。

　川ぞいにひらけた僅かばかりの水田、山の急傾斜面に点在する貧弱な住家、その中に村役場と中、小学校の寄宿舎が鉄筋二階建のクリーム色をしたショウシャな姿を誇っているのが異容な感じで強く印象ずけられた。ジープ一台とこれらの立派な公共建築物をもった村。二、三日たって僕に宮崎県にもこれだけの設備をそなえた村はないんですよ、日本でもめずらしいんじゃないですか……。」と誇らしげな口ぶりで語ってくれた。役所の吏員さんがいた。青年達の大多数が耕地が殆んどない為山林や遠く出稼ぎに行ってやっと生きている現実の村の生活や下腹が異常にふくれあがった栄養不良のやせた幼児等が炎天下をはだかで無心に遊んでいる姿を現実にみせつけられている我々には、先程の村役場の人の言葉は、ピントこなかった。頭でっかちなうわっつらだけの進歩性、そこには明治以来先進国の文明に懸命に追いつこうとして背のびをし、うわっつらだけをまねてきた日本の社会機構の欠点をそのまま集約してみせつけられた様な印象をあじわったのである

　上椎葉の撮影現場に到着して我々はまず雨降りを待つことから仕事に入った。出発当初予想していた「天候のくずれ」の気配など露ほどもあらわれず希望的観測はもろくも破れ去ってしまった。

　ダムの水位は平均水位を五十米も下まわり堰堤の放水口の下は夏草が一面におい茂っており、水溜りにはアオミドロの藻がふくれあがるようにして繁茂している。発電停止の一歩手前にあるダム、この半身不随のダムを前にして、僕は思わず腕を組んでしまった。いくら日照りとはいえこれほどまでは……それが大変あまい考へであったことが立枯れた樹木や岸辺に幾重にもえがかれている等水線などの具体的な現実をみせられて無残にも見事に証明されれのである

　山は又飲料水にも事欠いていたこのあたりでは山が深いせいか固い岩盤の故かは知らないが井戸がなく全部落谷間の泉より簡易水道によって飲料水を得ていたのだそうだが、日照りのため泉の水の出が悪く時間給水を実施しているのである。

　こうして雨待ちを続けている時新聞は東京地方の雨を報じていたその皮肉な事、我々は無情なピーカンの空を見上げるのもしゃくにさわった位である。そしてあてのないお天気待ちが如何に根気のいる仕事であるかということをつくずくと味わったしだいである。

編集後記

今月は吉見泰の科学映画についての労作、奥山大六郎の貴重な経験、イタリヤの科学映画についての論文と三つならべることができました。科学映画特集とまではいきませんが、ここから更に科学映画についての論議を、皆さんに発展させて頂くことができれば、本誌の存在価値もあろうというものです。また京極も大切な問題を出していますし、岡本のアニメーションの話も貴重なものだと思います。

☆シナリオライターであり、ポール・ローサの文化映画論の記者である厚木たかさんが、世界婦人集会（ウイーン）日本代表及び世界平和会議（ストックホルム）への日本代表の資格でヨーロッパへ行っていましたが、この程帰国しました。チエコ映画祭へも出席しましたので、その報告を二ヶ月連載します。昨年モスクワで開かれた世界青年平和友好祭へ富沢幸男君をおくって、これで教育映画作家協会から、二人出かけて行ったわけです。吉見・大沼・杉山の「ミクロの世界」が、ベニス映画祭でグランプリを獲得したことなどあわせて、協会所属作家の仕事も愈々国際的になって来たわいと、日吉ビルの屋根裏でちょっとにやにやしているところです。その上東京シネマの岡田桑三氏が、国際科学映画会議（ブラッセルやパリで開かれていたのですが、今年はモスクワ）に出席される予定なので、これまた貴重なお土産話を頂けることとたのしみにしております

★来月から「ぶっつけ本番」の原作者である朝日ニュースの水野・小笠原両氏が「続ぶっつけ本番」を書いてくれることになっていますから御期待下さい。また予告した加藤、伊勢両氏の原稿が筆者のつごうで間にあわず、来月にまわります。あしからず。

今月から観客のページと現場通信を拡充しました。つくり手と見る側に橋をかけて、交流をさかんにし、映画をよくして行こうという算段です各サークルのみなさんどうか御協力下さい。（岩佐）

編集部への御用は左記へ
東京都中央区銀座西八ノ五
教育映画作家協会
電話(57)五四一八

KIROKU EIGA
Published Monthly By Baseball Magazine Co., Ltd.

第一巻 第二号 編集人 吉見 泰 発行所 ベースボール・マガジン社 電話東京（29）代表七九〇一番 定価 七十円

教育映画作家協会編集

昭和三十三年九月五日第三種郵便物認可

記録映画

THE DOCUMENTARY FILM

10月号

南米パタゴニア探検
（チリ）　大氷河を行く

カット 朝倉摂 粟津潔

記録映画

1958　10月号

第1巻第3号

時評

再び記録短篇の劇場上映について

記録、教育映画の上映の場として、非劇場地帯への進出は相当な成果をおさめて来ているが、劇場座館からは依然として閉め出されている。折角良心的な意図のもとに作られても広く見られていないのである。

劇場が上映しないということについては経済問題が大きな障害となっているのは勿論だが、配給興行部門での、記録短篇には客が来ないという根強い偏見もある。

ところが最近、記録、教育映画を見たいという一般観客側からの要望がとみに高まって来ており、劇場上映についての支持はジャーナリズムの側からも積極的に出されて来ている。

有志プロダクションの間では、こうした動きを組織して、劇場上映への突破口を積極的に切りひらこうとする努力がはじめられ、大きな成果をあげつつある。教育映画製作者連盟でも、教育映画を劇場上映した場合にはその番組に対して入場税減税という運動を起そうとしている。

従来われわれは、劇場上映問題について時には手をつけたが、継続的にそれを発展させることがなかった。今日、われわれはもう一度この問題に積極的な関心を寄せる機運に来ていると思う。

当面われわれは、様々な場で、多くの観客層と連けいし、世論喚起の大きなゆさぶり運動を起したい。

日本でのピストル殺人情痴映画の氾らんを或外国は、自国にとって非常に有利な情勢であると高く評価しているそうだが、日本の健康な文化水準を守り高めるという観点から見ても、そうした運動の展開は今日的な意義がある。

諸外国からのすぐれた記録短篇も沢山入って来ていながら、広く劇場に上映されず、持ちぐさりとなっている。惜しいというにも程がある。

全教育映画界、そして全文化人、民主的諸団体が結集して、劇場上映のための大きなゆさぶり運動を成功させれば、国内、国外のすぐれた記録短篇が劇場座館に流れこむことができるだろう。

文化を国際的に発展させる一つの可能性もそこから生れると言えよう。

系統的、継続的な運動が展開できるよう、われわれも、製作者連盟その他の動きと連けいして進むよう再び提唱する。

表紙の写真

総天然色長編記録映画、南米パタゴニア探検「大氷河を行く」毎日映画社企画、映配株式会社配給、構成内田吐夢、怖ろしく深い氷の割目が拡がるセラック地帯を、足場を探しながら進む探検隊

もくじ

★時評……(3)
★戦後の記録映画運動をめぐって……高島 一男……(4)
★記録映画の観客 —特に会員制のグループについて—……槇 英輔……(6)
★木村荘十二大いに語る……木村荘十二……(9)
★上半期の話題作……加藤松三郎……(12)
★ヨーロッパの旅から チエッコの映画祭のぞき記……厚木 たか……(16)
★プロダクションニュース……(18)
★新作紹介グラフ……(19)
★観客のページ……(23)
第一回アジア映画を見る会の成功を顧みて……阿部 政雄
優秀短編映画を見る会を続けるにあたり……森 貞夫
★夢と幻想の作者たち……山本善次郎 藪下泰司 大藤信郎……(24)
★現場通信……(28)
世界への良心のともしびをかかげよう……楠木 徳男
家内工業の大撮影……川本 博康
精薄児に負ける……富岡 捷
シナリオハンチングで拾った話（その一）……岩佐 氏寿
★続ぶっつけ本番……水野 肇 小笠原基生……(32)
★記録映画〝山に生きる子ら〟製作ルポ 国学院大学映研……川名 次雄……(34)
★海外だより……(37)
★ワイドスクリーン……(38)
★編集後記……(38)

「戦後の記録映画運動」をめぐって

高島一男

「期待可能性」の論——やむを得ない事情のため当事者が法にかなった行動をとろうとしてもとれない情況——この法理論を悪用し、歴然たる真犯人が無罪となった。いうまでもなく菅生事件のことである。このファショ的判決に、わたしたちが無関心たり得ないのは論をまたないが、いま、その政治的影響を云々することが中心ではない。しかし、ドキュメンタリストとして、リアリズムを志向するわたしたちが、困難な外的条件を理由に期待可能性論を自らに悪用し「やむを得ない事情」として、主体喪失におちいっている事実に対しては回避する態度は許されまい。

幸いにも本誌が創刊されて以来、そうした否定すべき傾向を克服し、前進するための意欲的な論が展開されはじめた。

それらの論——主張は根深く腐蝕されているわたしにとって刺激であり、叱咤であり、学ぶこともまた大なのだが、疑問とするところにも幾つかぶちあたった。そうした問題点について意見を述べてみたいと思う。

かつての記録教育映画製作協議会の運動を中心とする「戦後の記録映画運動」（吉見泰）は、戦後十余年、わたしたちの活動を一区切りし、今後の発展的契機とするためにも重要な意味をもつ報告である。

しかし、これを読んで強く感ずるのは、記録教育映画製作協議会という、貴重な、高く評価されるべき、それゆえに克明にあますとこなく抉りだされ、堀下げられるべき問題が、この報告を書いている論者の——これらの運動に参加し、衣食に事欠きながらも粘り強く、記録映画を製作しつづけてきた作家の一人の報告としては、余りにも表面的な事実を列記するにとどまってはいないか、ということである。

つまり、記録映画のリアリズムを追求する作家としての、今日的な戦後十余年の省察としては問題意識が稀薄のように思えてならない。この報告を書く意図が記録教育映画製作協議会を中心とする活動を「——創作方法上の一つの経験として、その運動の概括を書きしるしておきたい」とするならば、当然それは自己と対決し、切実な経験、問題として省りみられ、今後の創作方法上の問題提起としての論点が明確にされるべきであった。もっとも意を注ぐべきこの一点に充分に触れ得てないのが残念なのである。

そのころ、わたしは記録映画の勉強もしていなかったし、従って「記録・教育映画製作協議会」の運動にも参加していなかった。

しかし、平和と生活を守り、ファシズムと闘うという自己の欲求と連なって、文化の一領域にあって活動していた。

だから、当時の一連の作品「米」「京浜労働者」などが恐らく、どのような苦難、圧迫、窮乏にも耐えて、文字どおり血と汗の努力によって創作されていったかが、皮膚をとおして実感できるような気がする。

しかし、それゆえに、いわば肉体的な共感の基盤に立てればこそ、当時の、進歩的意識、世界観に基礎づけられた芸術活動の実践上における偏向、誤謬に苦い憶いを、痛恨の感覚をもって馳せずにはおられない。

一口にいって、それは「芸術は政治に従属する」という命題が、客観的、結果的には芸術が政治に隷属し、創作の主体である作家が自己疎外、主体喪失におちいってしまったことにある。

その結果、地域人民闘争、または極左冒険主義等の影響をうけた芸術活動は、創作に携わるものの情熱、意欲、主観的意図とは他処に、誕生した作品は例えば「米」の場合、

「作品は農民の要求と、その訴えのとりあげかたが性急で、全体として形象化が不充分で、問題の提示が左翼的なはねあがりの印象をまぬがれず、不評を招き」かねなかったのである。

つづけて論者は「作品の形象化が不充分であったという、もう一つの原因は、農村問題と真向うから取組んだ点にもあったようです」として、スタッフが学んだものは「複雑な農村生活を描くには、毛沢東の『農村調査』が、その対象を一戸一戸の農家を単位にしたように、われわれもまた、一戸の農家を単位にとりあげ、その生活の中に、農村の諸矛盾の反映を見てとるのが

いいのだ」という。

しかし、このようなことで問題は解決し農村をリアルに形象化することが可能になるのだろうか。これでは、依然として毛沢東の「農村調査」を形式的なスローガンとしてうけとめる結果になりはしまいか。

農村をテーマとした記録映画は今後も執拗に創作されるだろう。しかし、「一戸の農家を単位にとりあげ、その生活の中に、農村の諸矛盾を見てとるのがいい」ということだけで、〃ものいわぬ農民〃の複雑な階級関係、半封建的な桎梏に精神的、肉体的にがんぢがらめにされている現実を、そのなかにかくされている芽を、欲求を、尽きることを知らないエネルギーを、頑強な根強さを、そこからくるオプティミズムを、表面的な事象に眩惑されず彼等の意識の底にまでくぐって把握し、自己と対決するなかで生々と形象化することができようか。そこでは、必然に、過去の経験に学んだリアリズムを追求する新しい方法意識こそが、より克明に明らかにされるべきであった。

記録映画「米」の1シーン

結果的に、誤った政治路線にみちびかれてしまった。そのような政治意識の枠のなかに自らをはめこめて、現実を見、捉らえ、形象化しようとした事実、いわば、政治的プログラムのなかに芸術的プログラムを包んでしまった事実を、いまこそ主体的にうけとめ、会釈なく洞察する必要があったのだと思う。

いま、わたしたちは恐慌の脅威に見舞はれている。いわゆる神武景気が、あっというまに神武以来の不景気に変ずるほど、常に不安定な資本主義体制のなかにあって、その危機はますます深化していく。また、一方において外国の帝国主義的抑圧と、いわば二重の外圧の下で喘いでいる。

こうした現実世界に生活するわたしたちが、解体され、物質化されて、人間からの疎外を余儀なくされるのは、否定しようのない事実である。

この不断におそう自己疎外と主体喪失を危機として認識し、自覚するところから、人間回復を志向して新しきリアリズム——創作方法の探求に至るか、あるいは、それらに眼をつむって、危機を自覚しないまま事物を約束事でしか捉えることのできないステレオタイプ化された自己の観念や感性にたよって作品を創造していくかは、リアリズムを追求するうえで、極めて重要な、決定的な差異をもたらすだろう。

後者の場合は、いきおい、古びた、ひよわなヒューマニズム、モラルを基底として安価なロマンチシズム、センチメンタリズムをはびこらせる危険性をはらみ、情緒、雰囲気、真実らしさを武器（?）としてよりかからざるを得ない。

つまり、現実を冷厳に、科学的に認識できない、端的にいえば主体意識の欠如されたところからは、創作方法上の問題についても新しき発展は期待できまい。

そして、もし、このような既成の概念、感性にとざされたまま、現実に生起されている事実に対して、内部と外部から厳密に把握する力をもたず、また、近代的意識と前近代的意識が混淆されたまま育くまれてきた日本のインテリゲンチャが、自己の内部世界——思想構造にメスを入れる努力も果されずに、いわば未成熟な思想構造のうえに、木に竹をつなぐようにイデオロギーが存在したと直察したとき、わたしたちはそこに、政治に芸術がふりまわされた厭わしき所以を、形象化において主観的意図のみがむきだしにされた、その根本的原因を明らかにすることができるのではないだろうか。

しかし、わたしたちが内部認識者としての機能を見失い、抉りだすことを怠り、ついには政治に隷属する結果を招来した側面のみを捉えて、ヒステリックに外部の現実世界との対決逃避し内部世界にとぢこもれば、それは、内部の現実にアナーキィーに反応を示すのみにおわるだろう。

わたしたちが考え、求めているものは、いやおうなくもたらされる自己喪失、人間疎外の悲劇に対決して、自己の内部世界を冷徹な眼で瞶め、これを論理化し、同様にこれに対応する外的な現実世界をも的確に認識、把握し、これら、内部と外部との相

関関係、弁証法的発展の関係にあって、新しい方法、表現を獲得することにある。

そのことはまた、解体され、物質化され疎外された人間の、真の人間への回復、復活を目的として捉えられなければなるまい。

「実践的、前衛記録映画の方法」（渡辺正己）は、松本俊夫の「前衛記録映画の方法について」を批判して、二〇年代の映画のアバン・ギャルドを引用し、実践的な場の問題――運動的な側面を論じなかった点を不満としている。

運動化せしめねばならぬことにおいてはわたしもまた大いに賛成だし、行動に移すことを無視しては片手落ちというものだが、彼が、そのエッセイの結びとして「宿題。記録映画製作協議会の解体の原因を、まず明らかにする事。」と投げかけている点では、やはり、以上の諸点を徹底的に明らかにし、探求することを前提として、曖昧なまま通過することを、極度にわたしたち自身警戒するところに出発点を求めるべきではないだろうか。もとのモクアミになることは真平である。

いささか蛇足の気味だが、昨今、テレビ攻勢のあふりをくらって映画人口が減り、各企業はこれに対処するに二本立全プロ体制をもって興行の危機打開を図ろうとし、これについて一部の評論家たちは「映画の危機」を叫んでいる。

テレビも映画も、マスコミとしての機能をもつ以上、いづれをも軽視することは許されないが、映画の真の危機は、旧態依然たる色あせた、リアルな形象の不可能な方法でしか創っていないことにある。

同じような内容のものなら、あぐらをかいても、寝そべってでも見ることのできるテレビに観客が動員されるのは余りにも当然のことだろう。

そしてこのことは、単に劇映画の危機であるのみならず、記録映画においても同質の問題として真剣に考える必要があることもまた自明の理として、深く反芻すべき時期にいま、わたしたちはたち至っている。

記録映画の観客（1）

――特に会員制のグループについて――

槇　英輔

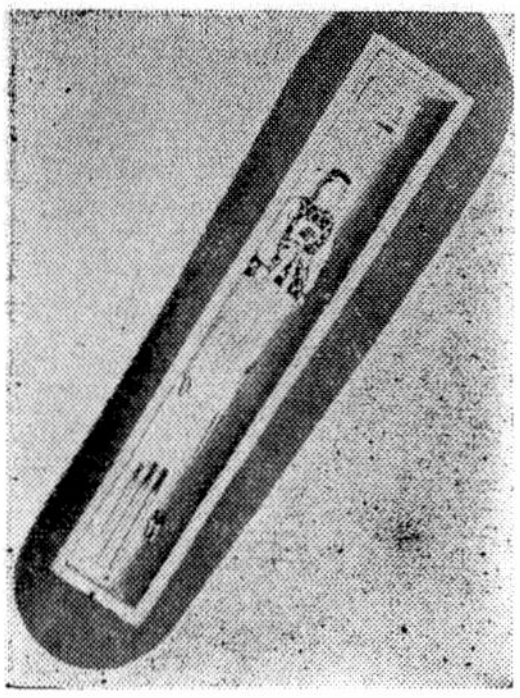

（一）

今日、記録映画は一体どのような場で、どのような人達に観賞されているでしょうか。それは、学校教育の場で、又青年会、婦人会、職場など各地域社会で全国的に広汎にわたっております。特に最近ではテレビでも活発に上映されておりますから記録映画の観客はぐんと増えております。しかし相変らず映画館からは閉め出されたままで、観たい時に何時でも何処でも観られる状態ではありません。最近はカラーの長篇記録映画がかなり系統的に映画館で上映されてはおりますが、まだまだ興行のベースに乗っているとは言えません。記録映画を含む教育短編映画が年間七〇〇本も製作されている現在、記録映画を愛する一般の人達が自分の観たい映画を、何時でも何処でも観られるような場がないというのは片手落ちと云う他はありません。

勿論、戦後の視覚教育は理論、実践の両面でめざましい発展を遂げております。受取り側の学校教育、社会教育の関係団体や作り手の製作者、作家、それに仲介の配給者、利用普及の諸団体、関係官庁など一丸となって組織的に視覚教育の推進に努力をしております。しかし、受取り側の中には直接学校教育社会教育の分野に属さない観客、「会員制のグループ」もあります。「記録映画（又は文化、教育映画）を見る会」がそれですこれらの会は前述の視覚教育の推進団体といえるものではありませんが、受取り側として、今日では重要な位置を占めていると思います。

戦後、記録映画、教育映画が映画館から閉め出されてからは、極端に云えば学校、社会の教育分野に対する16ミリプリント販売という唯一のマーケットを確保することに追われ、理論的にも実践的にも映画と教育の結びつき方の考慮にのみ気をとられて直接教育とは結びつかない一般人への働らきかけは後廻しでいいという感じはなかったでしょうか。

学校教材として作られたものは、それ自体学校教材としての独自の領域をもつことは大切です。又それを他の全然性格の違う場で観賞し利用することの無理も反省しなければなりません。しかし、一般に企画され製作されたものについて、受取り側の不備を無視して全然計画的な観賞の場を考慮しないのもおかしいのではないでしょうか。各地に活動している「会員制の観賞グループ」に対してもっと関心を向けなければならないと思うのです。

（二）

記録映画の観客のうつりかわりは、そのまま記録映画の歴史でもあります。

戦前戦後の記録映画について概要を展望してみますと、記録映画を見てきた人達の

大体が把握でき、又後述の各地の「会員制のグループ」について一層理解できると思います。

◇　◇　◇

そもそも記録映画は昭和14年以来終戦まで映画法によって強制的に映画館で上映されておりました。時事ニュース、記録映画、劇映画の三本上映だったのです。当時、上映されていた記録映画の内容は、勿論「国策」映画が多く、戦意高揚、銃後防衛が強制的に映画で呼びかけられました。だから劇映画の観客はそのまま記録映画の観客だったのです。ところが戦前の映画館は全国の8%に当る都市に密集していたので、残りの92%の農村漁村の人達は巡回映写によって観賞していました。ところが日華事変をきっかけとして食糧増産が緊急課題として注目されるようになると、当然農村の文化的貧困が重要視されるようになり、農村の生産向上の為のリクリエーションを目的に、各新聞社を中心にした移動映写隊が組織されました。そして戦争が激しくなると、これらの組織は大政翼賛会などと提携して増々活発になり、昭和18年には日本移動映写連盟という統一体が確立されました。戦争が拡大するにつれて映写隊の目標は農村から工場や鉱山に向けられるようになり、その活動は空襲、戦災を経て終戦近くまで続けられていたのです。

昭和23年、GHQの占領政策の一環としてナトコ映写機が日本政府に貸与され、CIE映画が全国津々浦々まで侵透したのですが、それらの運営と普及が地方県庁の映写班を中核として行われたということは注目すべきだと思います。一方、終戦と共に映画法が解除されて記録映画は映画館から閉め出されました。

終戦の混乱は記録映画の製作体制を完全に崩壊して了いましたが、戦後の新しい教育の考え方は、視覚教育の必要性を主張しました。そして記録映画、教育映画の生産を確保する為に利用組織の拡充運動が展開され、具体的には「映画を見る学童六百万組織運動」となってあらわれたのです。始めは、映画教育の為の学校の施設や諸設備が潰滅していたので、午前中の映画館を利用して引卒観覧という形で出発したのですが、多勢の学童を引卒する無理が自覚され又教育映画の学習利用という本来の姿にかえって16ミリの教室映写に発展していきました。そして学校教育、社会教育の為の教育映画を中心とするフイルム、ライブラリー設置の運動へ進み、今日に至っているのです。

一方、製作体制の方も終戦の打撃から漸く立ち上り、PR映画や教材映画の製作が活発になり、市場もドンドン開拓されてきました。昭和28年頃から長篇のカラー記録映画も製作されるようになり漸く映画館にも上映されるようになり、最近では著しい発展を示しております。しかし、映画館で上映される記録映画は、製作本数に較べれば実に微々たるもので希望するものを気軽に見ることができないのが現状です。

◇　◇　◇

以上のような紆余曲折の変遷を経て、今日の記録映画の位置が築かれてきました。記録映画を見たいという一般の強い要望は映画館で気軽に見られないという不満を乗り越えて、各地に会員制の「記録映画を見る会」を作りあげたのです。記録映画の受けとり手として、このような「会員制のグループ」が下からの力で自主的に作られてきたことは意義深いことだと思います。

以下幾つかのグループを紹介し、それらの現状を披露した上で今後のあり方等を反省し問題を提起してみたいと思います。

（註、文中歴史的な展望については、日本映画教育協会編集「視聴覚教育要覧」を参考）

〃佐久間ダム第一部〃の１シーン

（三）

○『優秀短篇映画を見る会の想い出』

この会は昭和29年3月から始められたもので、丸の内のサラリーマンを主な観客として、当時は仲々活発な動きをみせていました。新築間もない新丸ビル地下ホール（二七六席）を会場に、毎月一回映画会を行い、会費は四〇円（学生三〇円）で誰でも入会できました。又、会費を半年分前納すれば、会員証を発行して毎回案内状を郵送。主催は銀座西二丁目にあった三成興行株式会社という劇映画の宣伝タイアップ会社で、教育映画製作者連盟と当時映連の中にあった社会教育映画普及会が後援しておりました。運営委員として池田義信、森脇達夫、関野嘉雄、石本統吉、阿部慎一の五氏が番組の相談にのり、当時としては唯一の会員制グループだったと思います。

趣旨は「優れた文化映画がドシドシ作られているのに、一般の人々の目に触れることなく一部の特定の人々に賞讃されるだけで消えて了うのは惜しいではないか。一人でも多くの人々がこれらの優れた文化映画を観賞できる場を作ろうではないか」とい

うことでした。

この会は別にジャーナリズムの後楯があったわけではなく、会そのものの存在を宣伝するのに大変苦労しました。（当時私がその事務を担当していました）。丸の内界隈の大会社の庶務課を訪ねて、強引に切符を一枚一枚売り歩いたのも今では楽しい想い出です。最初の二、三回は「横になってごらんになれます」等と受付に書いてフザケタこともあり、閑散として、とてもペイするところではなかったのです。ところが第四回目の番組、佐久間ダム第一部が大ヒットして文字通り超満員の大盛況をおさめ、その頃から毎回固定した観客つまり案内状郵送組をつかむことができました。佐久間ダムはその後東和映画から配給され、全国の映画館をまわり、劇映画をしのぐ人気をとったのです。おそらく戦後映画館で上映された記録映画の中で観客動員に成功した最初のものだったでしょう。翌月、当時文部省の審査の問題で新聞の社会面を賑わした「月の輪古墳」を上映して好評を得、この会の存在も一般に知られるようになり運営上も、まあまあペイする程度にこぎつけました。

〃月の輪古墳〃の1シーン

ところが人気がでて何時も満員という嬉しい悲鳴の陰に事務局は全く変った要望に頭をなやまされました。新丸ビルのサラリーマンが白昼サボッテ見に来るのはいいが「映画が終って明るくなると、隣りに上役が座っていたのではオチオチ見ていられない。良い環境で良い映画を等という看板はどうでもいいから、ホールは常時消灯してくれ」という難問をふっかけられたのです。実行したら、「プログラムが読めないではないか」と又ライバルがあらわれるし全くこの種の催しというものは難しいものだとつくづく思ったこともありました。

この会は二年三カ月の間続けられたが、第28回を最後に主催者の都合で中絶して了ったことは誠に残念でなりません。

○『京都・記録映画を見る会の動き』

この会は昭和30年5月、京都市祇園の弥栄館を本拠にして誕生しました。その当時のプログラムに次の三項目が書かれています。

①事実のドラマや事実の叙事詩を迫真的な感動をもって描く記録映画を見よう！ ②生活に結びついた記録映画をみんなが手軽に利用できるフィルム・ライブラリーを作ろう！ ③私たちの生活や問題を私たち自身の手で映画にする製作運動をおこそう！

会の組織は全員会員制で一カ月五〇円の会費を徴収し毎月一回優れた記録映画の観賞会を開催、時々製作者、演出家、カメラマン等を囲んで座談会をやっております。この会の特徴は学校、職場その他の地域のグループが一つの単位として入会している点と、会の企画、運営は、これらのグループの代表が集って代表者会議を構成し、民主的に進められていることでしょう。

この会は、発足後一年半を経過して自主的な方向転換をやりました。前述の小グループが各々の地域に帰り、百人位の単位で異なった特徴と性格を生かした小映画会をもつようになったのです。理由は、例会の会場である弥栄会館が大きすぎ（定員一三〇〇）16ミリの映写効果が悪い。どうしても16ミリ版でなければ見られない作品の場合、都合が悪い。又例会の後の座談会などの場合、人数が多すぎて逆効果になる恐れがある等々でした。こうして、京都府立医大の医師、看護婦、医学生等二五〇人のグループ。専売公社工場の職場グループ。庭苑で有名な竜安寺の近くの町内婦人会のグループ等の小映画会センターが誕生しました。

このような方向転換と前後して長期月賦という苦労の末16ミリ映写機を入手、最近は自分達の手で自分達の映写機を使って記録映画を見る会の組織をもっと充実したものにする為に努力しております。

そして小グループでは実現し得ない番組を組んで二カ月に一回、弥栄会館で全グループ参加の映画会を開催しております。

彼らは今自分達の手で記録映画を作るべく具体的に仕事を進めているそうです。会の趣旨に協賛して後援しているのは「教育映画作家協会」と「教育映画製作者連盟」。会の企画、運営の中にになって献身的努力を重ねてきた事務局の藤木正治、浅井栄一の両氏の功績を忘れてはならないでしょう

藤木氏はこう云っています。「ささやかであっても、この世の中の安易な流れと人間のもつ弱さに、あえて抵抗の試みをしてみたい。この抵抗の具体的な行動として、自然と人間生活の真実を映画独自の機能である記録性を最大限に生かしている記録映画、とくに映画館に上映されない映画を意識的に見ることによって、俗悪に安易に流れやすい私たち自身の心と生活にシンのある豊かさと科学的な日を培う一つの機会にしたい」と。

木村荘十二大いに語る
〝千羽鶴〟について

語る人　木村荘十二

〝千羽鶴〟が非選定になった理由

木村　先生の指導なしに子供達が行動するのがよくないということだ。細部にどう指導したか描かなかった。別に先生に対する反逆的でなく、子供達の健康で立派な点は賞讃すべきことで、先生の指導なしにやってはいけないということはさみしい考えだ。文部省の選定は世間に大きな影響をもつから選定にあたる人は勉強すべきですね。正しい行きかたが間違っているということなら問題だ。

編集部B　先生の指導がないとはいえないのではないか。

編集部A　〝つづり方兄妹〟も一種の政治のこだわりだと思う。

木村　〝つづり方兄妹〟も先生の問題なの？

編集部B　〝つづり方兄妹〟〝千羽鶴〟には積極的に指導がたりないところで問題にしている。

木村　文部省は事実で証明してほしい。概念でなく具体的事実で仕事をしているのだから。

写真は千羽鶴

僕たちの映画で中国の大人も子供も平和を願っていることをいえば、こだわるし〝つづり方兄妹〟ではソ連のことでこだわる。

編集部B　〝つづり方兄妹〟では隣に火薬工場が出来るというので先生たちと一緒に大臣のところまでいって反対するということで。非選定には共通的問題がある。先生の指導が描かれていないことはどうでもいい。平和に対する問題が常に表に出ていると非選定になる。

木村　勤評問題もそこから出てきているとしか思えない。偶然ではない。共通点が感じられる。芸術家として考えることはまず平和を守る問題である。

勤評は政府や文部省の政治的攻撃なのだから政治的に反パツ出来ないのか。国民自身の政治的自覚の問題に気づいていない。

編集部A　勤評は政府を矢おもてにたてた戦争勢力の平和に対するあきらかな挑戦ですね。

テーマと作家の態度

木村　〝千羽鶴〟のテーマは原水爆であるけれど、子供達が一緒に手をつなぐのがテーマになっている。そのような子供達が現実にいたので映画にした。フィクションで無理をしたのではなく、シナリオの諸井氏の態度もあの小学校の学級が偶然でなく緻密な調査にもとづいている。

子供の団結の会が田舎にもあった。そういう面は短い尺数なのでこまごまと描けないが、四年間の変遷の問題、枝葉の問題、個人でなく集団であること。大人たちの矛盾、対立が描ければ深いものがでてくる。僕たちが仕事をするのになにか大切な完全に描けないならやめてしまうのか。極端だけれど原爆の像を作ったモチーフは今取上げる材料であり、大会社で作るべきものである。貧乏でも取上げるべきである。技術的に高いものが望まれているが、一方では映画関係者に限らず全般的にアクセサリーに身をやつしてテーマの問題を置去りにし、堕落してしまいなにもない。表現の不充分さでしばられているが、テーマだけは大切にする素朴さで条件の悪い中で日本の人々に受けいれられる仕事を遂行していくことが大切である。今日の日本映画ではアクセサリーのものが多く、又、お客もいいといっている。それをなにしていいということは無理かも知れないが、いろんなものの不充分さがあっても、ささえる強さがあれば許される。見てくれた人の反響で、国民の一人一人にまもられているということがいえるのだと思う。僕だけがこういう仕事をするのでなく、先輩、後輩の方々も目をむけてもらいたい。一年また三年目にやっとああいう作品をつくるというのではなく、つぎつぎに作らないといけない。当分の間、貧しい条件で捨身になって真剣に取組み、芸術的、技術的野心など、生かされているかどうかを〝千羽鶴〟のような作品を作れば国民の皆さんに認識してもらえる。

編集部B　戦後、国民の動きを今までの技術で新しいものが処理できるかどうかという点で問題があった。メーデー映画を作りはじめたが経済的な面やなにかで頓座しているが、国民は頓座していない。作家の仕事がこの中にあるはずなのに作家の方が負けている。深刻な暗いものは描けなくなっている。〝千羽鶴〟のような題材はいたるところにある。作家は社会的責任としてもそれに目をつむるわけにはいかない。

木村　口はばったいことをいうようだけれど、現実に目をそむけて貧しさ、みにくさをそのままで描いたのでは、おれの行く道はどうするのかと、作家自身の展望な

りを発展的な考えがもてなかったというところに問題がある。名はあげないが四年ぐらい前、日本の国民に明るいものはないといって描けないといっている作家がいたが……。この先は勝手に考えろ、わからないのは考えが低いのだということを進歩的な人々の中にあったのではないか。自分たちは良心的作品を作っていたというだけでなく、大衆の中で自覚してはいないけれど、人間としての信頼と愛情をもって自分の作ったものを大衆から咀嚼するかどうかの問題について真剣に取組むべきである作家として〝千羽鶴〟という現実にあったテーマを与えられたことは幸せであった。内務省に検閲のあった時代にどういう生き方をしたかというと、技術探求により内容の探求をしなくても日本文化にやくにたつ、そんな技術は反動の連中に役にたってしまう。ということのあやまちをおかしていた。僕の技術のからまわりや反動が十何年うづうづしていたものがある。

　適確な技術は監督個人でなく、皆なが動いてくれないとやれない一歩、一歩すすんで行ける道を考えることで。だからといって日本のお客を軽蔑するのではなく、技術的に賞讃出来ないからといって多数の国民から受けいれられないかといえば、そうではなく、わかりやすいように描く方に力をいれていってよいことがわかった。

　僕の考えているやりたいことは内容、形式の上でものばしていきたい。経済的条件からも、だれがやってもどこまでやれるか、なまやさしくはない。頑張りたりないで妥協性が強いのではないか。お客さんに満足してもらう映画にするとなると、三倍できかない。そうしたらつぶれてしまう。今まで独立プロが頑張ってきたことも一歩一歩きたことは評価するが、再生産で守りぬくということが監督のぜいたくで再生産がのびなやんでいる。シナリオの少ないこともあるが、貧しい中で一本のところを三本作ればよかったという考えがある。皆なが希望をもって生活を破壊しないで再生産出来てプラスになることが大切だ。

編集部B　逆にいえばそこに皆の大きな落し穴になってあぐらをかいてしまっている。

木村　あぐらをかくということは我々の人生に対する取組み方の問題である。芸術の経済的問題を考えればあぐらをかく。人間の社会の発展の方がねうちがある。世界観の方が重要になってくる。それで努力する。

　自分の作品におもいあがっておとし穴に落ちないよう警戒する。僕自身としては当然つづけて〝千羽鶴〟のような作品をつづけて作ることだ。弱ねをはくようだが、間々でそれほどでもない仕事をしなくてはならない。それに安住しては大変である。

編集部B　〝千羽鶴〟のような仕事をみつけ出すことがおっくうになる。心がけ、方向づけて行ければ作家としてPR映画をやっていてもそう大したひらきはない。あぐらをかくことが心配になる。

木村　立派な作品をつくるにはあぐらをかいていられない。

編集部B　もっともらしく理窟をいえるがあぐらをかいている。

木村　立派な人の作品の批評ではなしに、事実の証明が必要だ。よいものを具体的に作る。不完全であっても良いものの芽をもっている。形式に対してあぐらをかいているといいたくない。

編集部B　人があぐらをかくのでなく、自分自身の中につじつまを合せるものがでてくる。〝千羽鶴〟が選定でなくても上映して、支持があったことは、かつてとはずいぶんちがってきた。

木村　映画を見る人を軽蔑してはだめだ。お客さんたちは生長してきている。

編集部B　選定というものだけにたよらず一般的に支持されるものを選んで行くよう作家側、協会側でやるべきだ。

木村　観客動員の中でもちがっていた。大会社とはちがった考えでいる。平和というものと結びついて動いている。

編集部A　我々の知らなかったところで大きく前進している。それをうしろから前から作家は協力していくことだ。

大いに語る木村荘十二氏

木村　新藤兼人さんが〝第五福竜丸〟を大会社の配給で苦労しているけれど、僕たちが一緒になって成功させることだ。

編集部A　作家がアクチュアリティを考えてやっているといわれているが、現実はそこから切りはなされたところで仕事をしているものが多い。

単純なテーマを

編集部B　一般の作品批評になってあらわれ、うまくないとか、もう少し演出を考えろとか、そういう一般的なものにおちついている。苦しみ、喜びなどに共感せず封建性というもので捨て去ってしまうというものはなんとかならないか。

木村　僕は子供の時からよかったと思うのは、兄貴が人道主義でアンデルセンを小さい時から読ましてくれ、〝裸の王様〟には丸をつけて、これはいい話だという印象がある。子供のような純真さで真実を見る。子供っぽいかもしれないが、僕の仕事は昔から子供っぽいといわれている。素朴な出発点でつまずいているが僕の人生観には一つの理想がある。マルクスレーニン主義のことでも裸の見方をさせてくれる。一方ではペダンチックな考えがあってなまはんか

なことがあったが、毛沢東の文芸講話はやさしい言葉で、わかりやすくかかれているのだからわかるように……。

世の中が複雑でわかりにくいという映画を作るより単純にわりきって、なんか真実で、なんか虚偽だということでわかりやすくときほぐして真実をかたり合い、知りあっていくことである。愚にもならないものをつけたして、観察したらなにもなかったということでは主客転倒してしまう。もっと単純なテーマをとりあげるべきである。努力すれば個人的同情や悲しみが皆なの幸せや平和なものに発展していくようドラマチックに、出来れば僕たちが願っていた原水爆反対にとどまらない発展の素晴しさを描きたかったが弱かった。いろいろの人の批評をきくと圧倒的に多いのは「三カ所で泣かされました」とか「平和はいっしょになればまもれます」などのことが多く、テーマの非常に高いものをお客さんにある程度訴えればうけつけてくれる。もっと考えさせる基礎は感性に訴え、知性に訴えるよう描く必要があるのではないか。平和運動をやっている人からは原爆反対を強くだすべきだとか、またその反対に少くしてくれということをいわれたけれど、作家側にあるものが観客ももっている。それ以前の問題から辛抱強くつみ重ねて発展していく、一年、二年後ではおそい。

生きた子供を描く

編集部B　〃千羽鶴〃だけでなく児童映画は優等生ばかり出てくる。

木村　そういうわけではない。

編集部B　子供の日常生活はいたずらっぽいナチュラリズムがある。躍動している子供が必要で、今までの技術をやぶっていく、あの子供らがどこでもいるということになったら素晴しい映画になったと思う。

木村　それが出ないことは残念なんだけれど、あの学級自身手におえない学級の六年生があのように発展した。佐々木禎子ちゃんだけ特別の優等生でなく、教育委員会のカチカチからいわせると「私が美空ひばりです」とかマンガの本を持ってきてくれという平凡な子供としていろいろな子供を描いている。諸井さんはそれを大切にしそういう描き方をしている。

あなたの説とちがって、あれは優等生でないといって喜んでくれた人がいたが、僕はあなたの説と同じで、そいつをもっと平凡に描きたかった。節子ちゃんももっと生き生きすべきである。こっちの演出力の弱さ、時間的問題で逆にかたくなった。

編集部B　原則論になるけれどどの映画をみてもそうだ。

話し合いの材料として

木村　諸井君の書きあげたシナリオは三時間ぐらいのもので、それを一時間にちぢめるのはどうしたらよいか、大きな貫通したものを条件に即応するようにした。僕の条件でやらしてくれるところがなかなかないからね。

編集部B　前半がそういう感じがした。

木村　後半が記録映画的になった。我々がかくありたいということで描いている。もっと発展したものとして書きたいと思ったけれど、あの映画でもふれているように広島平和をきづく児童生徒の会が出来たとき、その子供たちは一方ではおれが一代目だという若干の誇りはあった。運動というものは子供たちによってつくられた。本当をいえば先生の協力も一部の先生だけだし、子供たちのなやみや苦しみがあった。

あの作品のもう一つの態度、日本の現実を見れば美しいことばかりでなく、もっとみにくいこと、反対したいことが沢山ある。あの作品は賞讃する部分ばかりで、敵を作るのでなく、こういう正しさなどがいろいろの欠陥のあるなかに存在している。そういう現実は皆さんがごぞんじだというような態度であったからあまいということがいわれる。

もう一つはああいう現実が一つあればフィクションで発展的に描ける。作家にそういう気持があれば書いてもらいたい。僕自身の考え方に目をひらいてああいう仕事をしたということであって、自信をもってフィクションとしてリアルに描くことが出来るということで大変勉強になった。

広島の子供というのはちがうんだ。ほかの子供たちからカンパが来て出来たのだ。けれど広島の子供はまったくその中で生きている。

編集部B　日常の生活がちがっている。

編集部A　原爆病にかかった人のいる家族は貧困におちいっていく。床屋の娘である主人公の禎子が帰ってきて我が家がオンボロの家になっているのであぜんとして驚く。あのようなことは一般的にあるのでしょうね。

木村　ありますね。佐々木さんのお父さんは人のいい方で今の世の中でずるいことの出来ないという人なので、本当に気の毒だし、事実苦しんでいる。

編集部A　どうしても政治の問題になってくる。そういう問題を母親なり先生なりが、子供たちと話し合うことが大事ですね。

木村　先生にいわれてそう感じたということでなく、わりにすなおにやっています。小さな子は無理だが。

編集部A　こういう映画が町の映画館にかかって、母親が夕食のおかずを買いに出たついでに子供と一緒にみて、夕ごはんの時、どうだったと子供の考えをきき、母は自分の意見をいう。こういうことができればいいですね。母と子があっち、こっちと別の方向をむいている場合がよくあることだし母親と子供の話し合いの場がほしい。

木村　どんな欠点があっても、ああいう映画は話し合いの一つの材料として生かしてほしい。とくに子供たちには子供たちを通じてやさしい日本のあり方として話している。子供のような気持で見直すという態度を大人も持つべきだとおもう。

編集部　今日はお忙しいところ有難うございました。

× × × ×

上半期の話題作

加藤松三郎

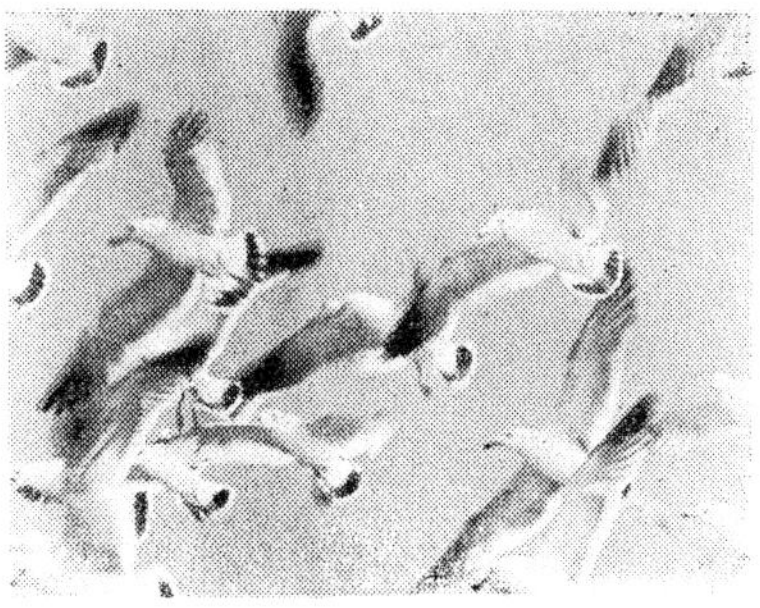
大自然にはばたく

長い鼻

若き美と力

荒海に生きる

法隆寺

今期の日本映画教育協会(映協)の作品統計はまだできていない。一体どんな種類が何篇できあがったかという数計的なものは不明だが、本年上半期における一応の話題作だけを考えてみることにする(昨年は上半期だけで三二二篇、七七四巻。年間では八三二篇、一九一五巻であった）。

長編記録映画

ことしは長編記録映画の国産作品だけが七本も出現して、いささかブームの感がある。新理研映画作「大自然にはばたく」は、北海道から鹿児島の延々二千キロにわたる日本列島の鳥類や動植物など四季の生態を記録する大映作「神秘の国インド」はそのダイジェスト的観光映画であり、同社のいわゆる動物劇映画「長い鼻」はインドのジャングルを舞台にしてしくむ象の〃母もの〃である。読売映画社作「民族の河メコン」は東南アジア稲作民族文化綜合調査団に同行した紀行映画、毎日映画社作「アンデスを越えて」はブラジル移民五〇周年を記念して南米の風土や産業を紹介する。日映新社作「アフリカ横断」は早大赤道アフリカ遠征の国産車による横断記録であり、また同社の「若き美と力」は東京における第三回アジア競技大会を記録する。

むろんみんな色彩で中にはワイドもあり、〃日本人の生活記録〃をねらい、〃日本民族の源流を探る〃とはうたうが、にぎやかさのわりに一般は踊らなかった。むしろ日本の長篇記録映画に対する限界をみせられた思いである。その真因はどこにあるのか、われわれ作家が本気で検討すべき問題だろう。

一般むけ作品

われながら妙な分類名だが、ここにはうるさい作品がめだつ。中でも東京シネマ作の学術映画「ミクロの世界」3巻（ベニスの第九回国際映画祭で最優秀科学映画賞受賞）と、シネマ58グループ（羽仁進他）の実験映画「東京一九五八」3巻の二篇は、それぞれのいみで春の話題となる。前者は数少ない学術映画の好典型として、後者は企業面では笑われるといういさましさにおいてだ。このいさましい実験精神などについては（みんな食うことにいそがしいとはいえ）特に本誌あたりではもっと問題にさるべきだろう。

あとは岩波映画作の「法隆寺」「古代の美」などがまたそれなりの実験性をにおわせるが、日本ド

キュメントフイルム社作「荒海に生きる」3巻(亀井文夫構成)はあのクリスマス島における英国水爆反対の坐りこみ船ロケが転じてまぐろ漁民の生態を記録する。以上のようにどの分類にも入りがたい作品類は、そのできふできにかかわらず、何かすがすがしいものを感ずるのは事実だ。われわれはもっと反逆を心がけねばなるまい。

学校用教材映画

やはり教材ものは理科か社会科にかぎられて、体育や音楽の教材用などはぜんぜん少ない。メージャー・プロの威力にものをいわせる東映教育映画部の特に教材マスプロがすすんで、ようやく「種子の旅」「ひよこ誕生」各1巻の佳作がおくられる。つづく学習研究社映画部も着々と点数をあげて「モンシロチョウ」2巻は同社第三回めの文部省特選をかせぐ。両新進にひきかえて昨年は腰をすえすぎた古豪の日本視覚教材だが、はじめての2巻もの教材「こん虫の変態」ではナマ音楽をむりして貫録をみせる。

古代の美

理科のわりに社会科教材の不振は意外なほどだ。前記学研の低学年シリーズは各1巻の「しょうぼうのおじさん」「ゆうびんやさん」で三作めに入るが、数のすくない低学年ものだけに健康な発育を祈りたい。日映新社の日本地理映画大系は売行も順調とかきくが、今期は「東海道の今と昔」一本が見られるだけとはどうか。昨秋の評判作(「おふくろのバス旅行」)以来、大いに動く記録映画社は「昔の旅」「飛脚」各2巻の歴史教材シリーズをはじめて、教材ものに俳優再現をこころみる。教室現場の声は不明ながら、新規開拓の効果を期待してやまない。

飛脚

同じく教材でも主観性の多い社会科ものが、客観性の多い理科ものよりもむずかしいのは事実だろう。今期の社会科ものの本数は不明とはいえ、その質においてさびしいのは何が原因なのか、教育映画中でも大宗といわれる部門だけに気にかかる。

一般用社会教育映画

この社会教育映画と前記の社会科教材映画とは、一般の人々にはまぎらわしいかもしれない。主として前者は社会人一般を、後者は学校生徒を対象とするわけだが、このように当初から明確な対象や目的にもとずいて作られるのが教育映画である。

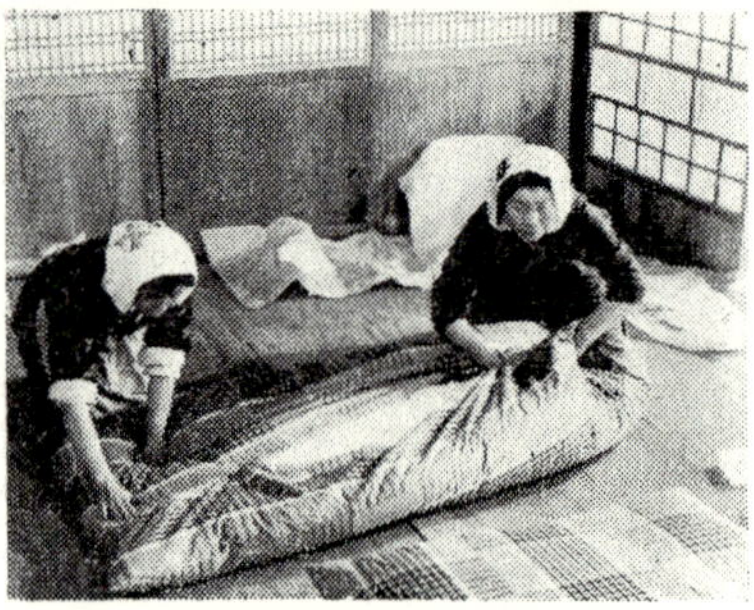

一枚のふとん

社会教育映画にも二種類があるが、その記録性のものは今期もすくない。教育映画配給社単独の第一回自主製作で農村の嫁の座を描く「一枚のふとん」2巻と、その教配と芸術プロの共作で、母と子の録音テープによる反省を訴える「おかあさんの意見ぼくの意見」3巻の両篇は、どちらも見ごたえある記録性の作だ。また東映教育映画作で、農村の計画貯蓄を説く「月給でくらす村」3巻と、小プロながらも自主製作でふんばるモーションタイムズ作でスリの実態をあつかう「懐中物御用心」1巻の両篇は、いかにも実用的な企画がおもしろい。

ついで社教映画の劇ものとなると、これは記録ものとは逆にたいへんな本数だが、やっぱりお芝居にしたほうが、安易なためだろう

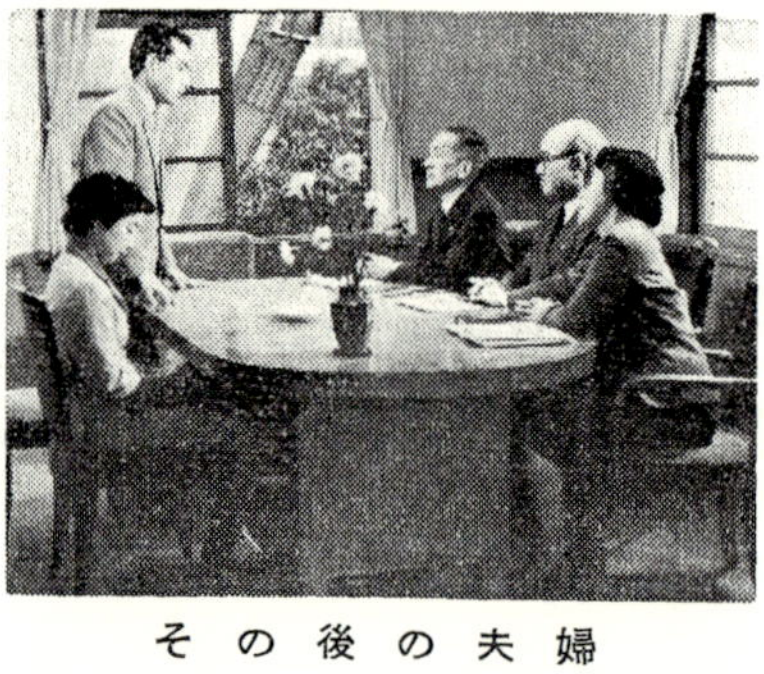

その後の夫婦

その中では東映教育作「切手のいらない手紙」3巻と、やはり同社の「こわされた友情」2巻が目につく。前者は手紙による親子の意見交換からPTAの親子座談会に発展する経過を描き、後者は親の無理解や偏見が子供の友情や心情をそこなうことを訴えて共に成功作となる。

民芸映画社の農村結婚に対する問題提起の作「村の花嫁」3巻と新映画プロの青年前期の教育実せん問題をつく長尺力作「どこかで春が」7巻は、共に問題作ながら不発におわったのはおしい。特に後者などは教育劇映画としてはタブーにちかい長尺が禍根なのだが今秋の劇映画各社が二本立興行の強行で上映作品が不足となれば、あるいはこれなども映画館に動くかもしれない。われわれの陣営とすれば、その一般映画館における反響はぜひともききたいところである。

これらの社教劇映画の中にも三木映画社のオムニバス映画「女のくらし」3巻は、農村女性のかなしい前近代性を訴える企画と形式で手並みを示す。ことに家庭裁判所の機能を説く日映新社作「その後の夫婦」2巻は、めずらしく半劇形式をとって印象にのこる。いや構成や中のお芝居などに多少の

誇張はあったとしても、解説ではこぶ半劇形式にはなだらかに展開される一得があるふうだ。

児童劇映画と動画部門

ここでも児童劇映画と、特に子供の問題をあつかう社会教育劇映画はとかく混同されがちなのだが前者はむろん主として児童にみせるものであり、後者は成人一般にみせるものだから、これも観客対象によってちがうわけだ。そして児童劇映画にもやはり、その「使命」が求められることになる。いや児童の純粋な娯楽だけでよいのだとする主張はないではないが、実はまだ新風にとどまって大勢はなかなか動かないのが現状であるこれも興味ある宿題の一つにちがいない。

東海道の今と昔

さて今期の児童劇映画中では、民芸映画社作「オモニと少年」5巻が出色といえよう。オモニとは朝鮮語で母をいみするが、日本の少年に対する朝鮮婦人の母情を描く、いわば母ものながら国際性をおびて光をはなち、特に北林谷栄の史的な名演が心をうつ。製作本数の断然多い東映教育映画は正調の偉人もの「福沢諭吉の少年時代」と、セミドキュメンタリーの良心作「炭坑の子」と、喜劇調「拾われた子牛さん」各5巻の三本で気をはく。ひたむきに原爆と取組む木村荘十二監督の共同映画社作「千羽鶴」7巻は非認定となってまたもや文部省はマイナスをかせぐが、文部省の〃立場〃にはいつも考えさせられる。あの児童映画グラン・プリ受賞の桜映画社作「小さな仲間」5巻は未公開だがこんどは複数の未就学幼児が主演とか、やはり食指のうごく作品ではある。

オモニと少年

以上、児童劇映画を売りものにするのは東映、桜、民芸のまあ三社にきまったふうがあり、またその長さも営業配給面から5巻がうごかぬふうだ。製作本数は昨年も一昨年も同数で、その限界に達したという説はあるが本年はどうかまた内容的にも行詰りの声をきくがどんなものか。とかく派手な劇映画なためか、やはり風当りは強いのかもしれない。

動画部門では人形映画製作所の定評コマ撮り人形劇もの「こぶとり」「ぶんぶくちやがま」各2巻がある。共に内容的には低迷をまぬがれないとはいえ、前者では集団人形の歌と踊りに、後者ではタヌキ人形の綱渡りなどに技法の進境がみられる。また東映動画部の漫画映画「夢見童子」2巻は、落谷虹児作のノーコメント夢幻劇で〃独走する高級作品〃ながら、漫画映画の現状打破をめざす冒険には好感がもてる。

千羽鶴

PR映画

およそPR映画といえば軽視や敬遠のむきが多いようだが、どつこい昨今ではなかなかバカにならないから妙である。さんざんラジオやテレビで訓練されたものか、このごろのスポンサー側には「はげしい産業の進歩についていけない映画の技術をなげく」といった若手の産業人もあるほどなのだ。またPRテレビの進出による影響はいまだしとはいえ、われわれの製作側もウッカリできたものではない。ところで——

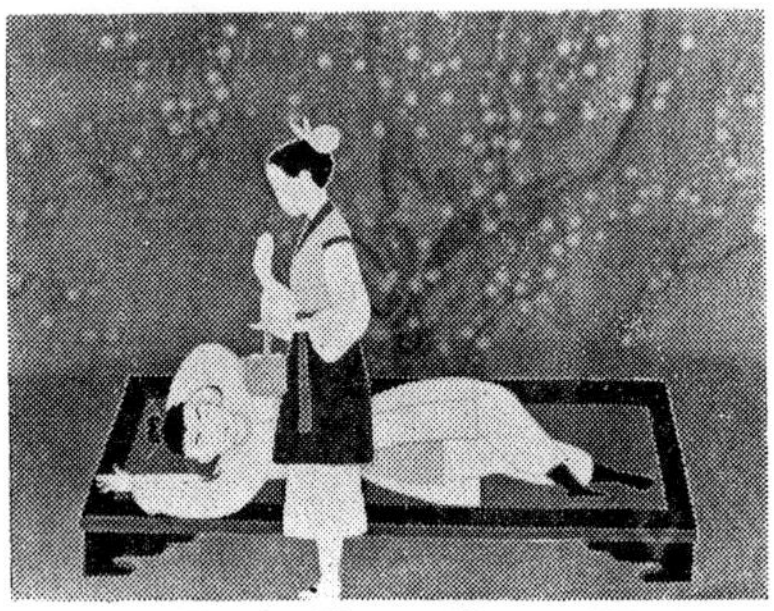

夢見童子

今期のPR映画では大作はまだないが、小粒でもひかる作が目につく。その筆頭とも思われるのは三井芸術プロ作の竹中式工法を説く「潜函《せんかん》」2巻だが、そのものズバリを描きワンショットのむだもない迫力がめずらしい。多少のむだはあっても岩波映画の好評作「テーブル・マナー」2巻は、味の素社の企画がよかったばかりではなく、はめをはずさぬひんのよさで救われる。むしろ女流演出の功徳であろう。

元来は国有林事業の職員に害虫と野鳥の関係を示す新理研映画作「野鳥の生態」3巻は（前記の長篇版興行版「大自然にはばたく」10巻の母体だが）むずかしい生態撮影のカメラがものをいう。同じく日本各地を年間ロケした東京フィルム作「水田の土・畑の土」3巻は、その姉妹篇とともに着実な手法で点数をあげる。PR映画では人後におちない日映科学映画のワイド作品「サッポロ物語」2巻は、ビールの扱いはともかく、今後はPR映画もワイド化へのきざしを思わせる。今期もまた軍事PRの二作があり、一つは読売映画「海の護り海上自衛隊」3巻、もう一つは新東宝教育映画部の「波濤を越えて」5巻で、これは戦後初の軍艦海外（ハワイ）派遣をあっか

う。きけば軍当局内でも宣伝性の強調を説くものと穏便を説くものとの二派があるとか、さすがに時勢とはおもわれるが、どうも係官の見積書査定や支払いがコマカクうるさいとは案外である。

なおこれらの諸作中には産経PRコンクール受賞作が四篇あるがさして権威のあるコンクールとも思われず、あえてそれ以上はふれないことを一言――

テレビ映画と8ミリ映画

いまやわれわれの短篇映画界もテレビ映画を無視できなくなったようだ。いやむしろバスに乗りおくれまいといったけはいである。しかしその道はどんなふうに切開かれていくのか、だれにもはっきりしないのが実状だろう。

昨年の十二月から岩波映画は八幡製鉄所とむすんで〃たのしい科学シリーズ〃各一・五巻を製作、NTVから放映をつづける。今期では「かんずめ」から「顕微鏡」などだが、すでに四〇篇ちかく完成する。作品の正味は一三分で二分のコマーシャルがつき、毎週日曜六時の番組である。なにせ数多い作品群だけに質の均一まではむりだが、各作家にとってはむだではあるまい。

その科学シリーズとは対しょう的なものに、近代映協と山本プロ合作の短篇劇テレビ映画〃都会の虹シリーズ〃各3巻一三篇がある作品の正味は二七分、寿屋のスポンサーでKRの放映だ全篇が依田義賢脚本、山本薩夫監修（監督は若手連）で成立ち、都会のどこかでおこりうる心あたたまるコント物語はなかなか好評である。もともとが娯楽番組なのだから恋愛の三角関係もあるが、むろん家庭への配慮はあって清純さでつらぬかれる。しかし子供を主体とした作品となると、やはり教育映画ばたけにはかなわんようだが、その教育映画には〃教育〃（あえて教訓とはいわないまでも）がハナにつくきらいがあるわけだ。つまり教育をのぞいた児童もの、そんなところが家庭むきテレビ劇のねらいとも思われる。ところがさらに根本的な問題は、内容などよりも製作費の絶対低額にあるわけだ。十六ミリ撮影の一篇が五〇万円前後！これは今のところ輸入作品の関係から至上命令なのだが、これでは現在短篇界の一巻分にすぎない。これをいかにこなしてゆくかまたテレビへの道はけわしいもののようだ。以上、本年一月から六月までの完成作。

最後に先般みた流行の8ミリ映画にもふれると、第二回全日本アマチュア小型映画コンクールでは上位入選作として五篇が発表された。そのうちで東京都浜田氏作「でも僕らはみつめることが出来る」は、盲目と弱視児童の集団生活の記録だが、高いヒューマニテイと職業作家にもおとらぬタッチの見事さにおどかされる。また水戸市サトウ氏作、「昔話おもん藤太」はなんと自作のコマ撮り人形時代劇映画なのだが、これは人形の動きも幼稚で脚本のミスなどもあり、ぐっと見劣りはする。しかしだ優劣の両篇ともが試作的な実験性などは全然なく、どこまでも職業作家的な技法をマネしてやまないのである。それは映画というものがもつ宿命なのだろうか。

（九月一日朝）

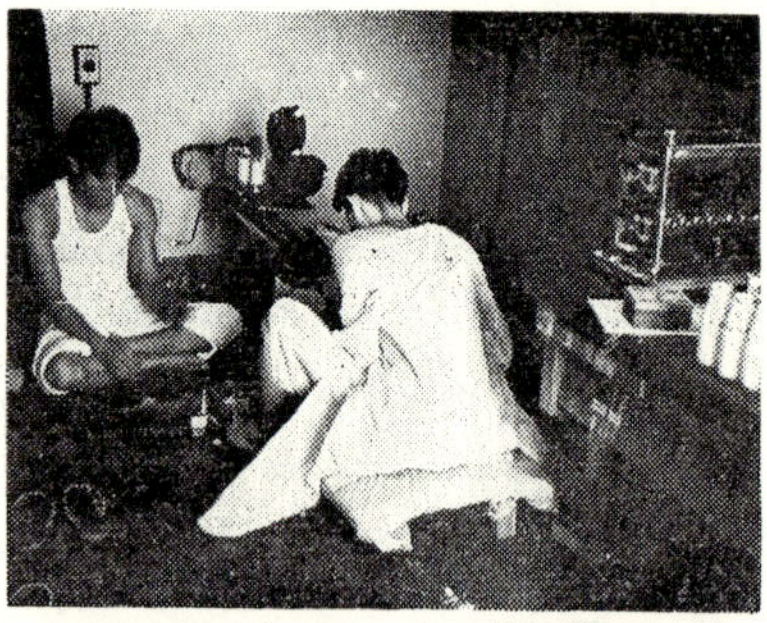
ミクロの世界

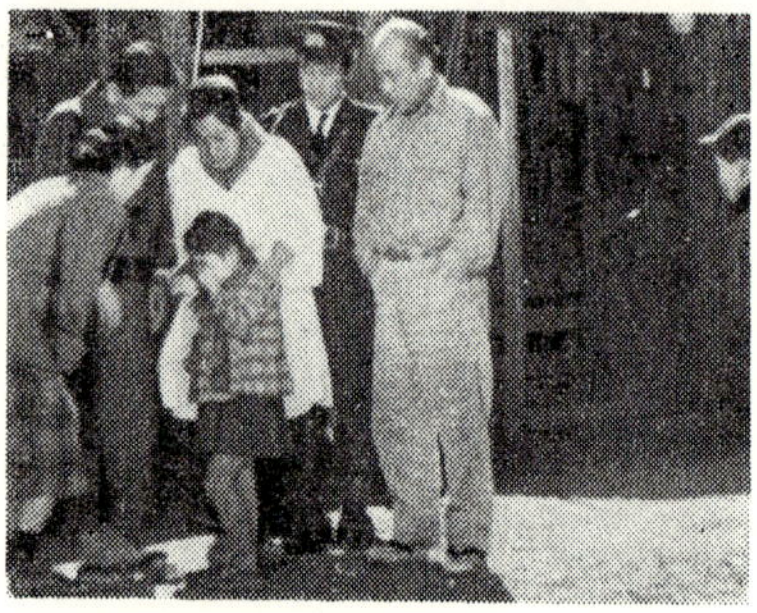
都会の虹シリーズ

小さな仲間

波濤を越えて

第三回児童劇映画筋書募集中
締切十月十日まで！

趣旨、優秀な映画はすぐれた筋書から――皆様の御協力で教育映画祭最高賞作品をはじめ多数の優秀な児童劇映画が、毎年この募集からうまれています。二〇〇字詰原稿用紙二五枚以内、

東京都中央区京橋二の八
東映株式会社教育映画部

一九五八年教育映画祭のお知らせ

今年で第五回目、教育映画のコンクールや国際短編映画祭、映画教育の振興、教育映画功労者の表彰などの行事を催します。

一、主催、教育映画総合協議会
二、時期十月一七日～二三日迄
三、行事(1)教育映画総合振興会議を開催する。
(2)優秀教育映画の選賞この一年間の製作された映画を五部門にわけて優秀作品を選賞。
(3)中央大会を十月十八日山葉ホールで開く
(4)国際短編映画祭十月二〇、二一、二二、二三日の四日間山葉ホールで開く
(5)地方教育映画祭

——ヨーロッパの旅から——

チエッコの映画祭のぞき記（下）

厚木たか

—"真夏の夜の夢"の人形—

七月十三日の夜は、ポーランドの短篇ドキュメンタリイ "Island of High Hope" と、カラーの長篇劇映画 "King Macius I" をみた。短篇の方は途中からみたのだったが、小児マヒの少年少女を扱って、病気と苦闘する患者と医者との協働が実によく表現されて感動的だった。それにひきかえ、長篇はお金ばかりかけてつまらない映画だった。ストーリーをかくのも張合がないくらいので割愛する

七月十四日（月）コンクール第二日目。お天気もよく、カルロヴィ・ヴァリの人出は益々ふえるばかり。公園のような河ぞいの散歩道の、ガラスの陳列箱にかざってあるトルンカさん製作の「真夏の夜の夢」の人形の前には、いつも人だかりしている。

この日西独の短篇ファンタジア "The Dance of Shells" と長篇劇映画 "The Night the Devil Came" と、イギリスの短篇 "Skyhook（オートジャイロから釣りさげた運搬用のフック）と長篇喜劇 "Barnacle Bill

ユーゴスラヴィアの長篇セミドキュメンタリィ "Mastev of His Own Body" とをみたが西独の短長篇二本が面白かっただけであとはとりあげる程でもない。

西独の短篇ファンタジアはモロクロームで貝殻の踊りをとったものだが、テンポといいムードといい、加不足なくなかなか気の利いたものだった。長篇は第二次世界大戦中のベルリンでの話。一人の女給の殺人現場から話ははじまる。当時のベルリンでは同じ手口での殺人がヒンピンと起っていたのだった。早速、その女給の恋人ケウンが容疑者としてとらえられ、犯人に仕立てられようとしている。探偵のカーステンは彼の恋人であり同僚であるヘルガという女性にたすけられ、苦闘の末、真の犯人リュッケをとらえる。処がナチ軍制下の裁判所はこれを喜ばず、既にケウンが犯人として処分されようとしているのに今更彼が真犯人でなかったといえばそれはナチ軍の威厳を傷つけるという。「そんな馬鹿な。一人の人間の生命にかかわることなのに」といきり立つケルステンには「今は戦争中だ。大量の殺人が堂々と行われているこの際に一人の人間の生命がいったい何だろう」といって嘲笑される。それでも尚かつ説をまげず正しい裁判をとのぞむケルステンにはやがて召集令状がきて彼は前線基地へと送られてしまう。そして、真犯人リュッケは秘密裡に死刑執行され、容疑者ケウンは「逃亡せんとしたため弾《う》たる」と新聞に出る。ヘルガは国境を越えてナるチから逃がれようとす——という筋。シナリオ・ヴエルナー・J・リュデッケ、演出ロバート・ジョードマーク。

リセプションパーティ（前号参照）
（右）エリナ・ビストリスカヤ（静かなるドンの女優）
（左）ヴラスタ・クラモストア（チエッコのスター）
（中）ジリ・マレク（チエッコの作家）

これは、わたしがみた六本の長篇劇映画のうち、「異母兄弟」についですぐれた作品であった。

さて、カルロヴィ・ヴァリ滞在の最後のこの日、フランスのアラン・レネーか、オランダのヨーリス・イヴェンスかそのほか英仏のドキュメンタリストに逢いたいと思ってさがしたが、誰もまだ来て

いなかった。
朝鮮の秋民さんたちは、チェコの映画製作者や技術者と、技術提携やら留学生の交換やらの相談で食事の時間もいそがしい。通訳の張斗植青年の話だと、プラハの技術大学撮影科の五〇パーセントは外国からの留学生だという位で、社会主義、人民民主主義諸国のあいだには緊密な相互扶助、提けいがあるようだ。

「今年は、更に大きな撮影所をつくる計画です」

と平壌の撮影所総長の秋民さんの胸は抱負ではちきれそう。わたしは羨望の目をもって彼をみつめる。

「ほんとに日本と朝鮮の国交が正常でありさえしたらなア、朝鮮では技術者が足りなくて困っているのです。日本の人ならねえ、一番近い国だし、日本語は通じるしでどこの人よりも歓迎するのに…」

不自由なことだと、秋民さんもわたしも慨嘆する。

張青年は、日本のカメラ技術はチェッコの技術大学でも高く評価されているとわたしに告げ、日本では「映画技術」という月刊雑誌がでているそうだが、一部見本に送ってくれまいかと頼んだ。

映画祭の主宰者　セドラジェックさん

七月十五日（火）今日は朝から一度プラハにもどり、ストックホルムへ向けて飛ばなければならない。後髪をひかれるとはこんな感じを云うのかと思う。

映画祭の主宰者セドラジェックさんに別れの挨拶にゆく。今度はどうも直接平和のための仕事でヨーロッパへ来たわけだから、映画祭を途中で去るのはほんとうに残念ですが……と諒解をもとめた。来年は是非初めから終りまでいらっしゃいなどと云って下さる。何か御希望はときかれたので、短篇映画にも是非スーパーイムポーズを入れ、各国語にホン訳して下さい。（今年はそうではなかった）ここの映画祭こそ、短篇を正当に評価する筈だと自分は信じているから、意見をのべて、別れをつげた。

その夜十一時、プラハからストックホルムへ向けて立つ筈の特別あつらえの飛行機は都合で翌朝未明にとび立つことになり、仕方なく、飛行場近くのプラハ大学院の日本語学生のヴァシリェヴオヴアさんの家に半夜とめて貰って暁方三時、ねむい目をこすりながら空港へかけつけたら、カルロヴイ・ヴァリで見知っていたイタリアのシナリスト、チェザレ・ザヴアンティニさん（「靴みがき」「自転車泥棒」「ミラノの奇蹟」などのシナリスト。レーニン平和賞の受賞者）のまるっこい童顔がそこにあった。

この精力的なシナリストと、お月さまとすっぽんほどちがうこのわたしとが仲よく並んで機上におさまり、彼はフランス語しか話さず言葉が通じないものだから、二人で時々筆談などしないがら、朝やけの空をストックホルムに向けて飛んだ。

（終）

〃前号九月号写真説明〃

三〇頁カット＝チェッコ映画祭で発行された雑誌の表紙、表紙写真にジェラール・フイリップが（左）に写っています。

三〇頁上段＝温泉観光地カルロヴイ・ヴァリの遠景です。

三〇頁下段＝映画祭会場近くの出品国旗を形ちどった飾つけ。

三一頁上段＝映画祭会場に飾られた各国出品作品のポスター展を見ている人々。

三一頁中段＝著者厚木たかさんを公園の像の前で写したものです。

三二頁上段＝映画祭の雑誌に発表された〃異母兄弟〃の写真より復写したものです。

第五福龍丸撮影進む
海外から激励の手紙続々
ジェラール・フィリップからも

近代映協、新世紀の「第五福龍丸」は静岡県焼津ロケよりはじまった。久保山さんの葬式のシーンには二千名の市民が協力。又海外の反響も多く、「福龍丸」を書いたラルフ・E・ラップ博士を初め、ジェラール・フィリップから「この映画が一日も早く公開されることを望み期待をかけています」

＝プロダクションニュース＝

全国農村映画協会

○準備中「かつぱの嫁とり」EK35m/mカラー二巻、脚本中江隆介、演出藤原松雄、中江隆介、撮影小松浩

○編集中「お百姓のくろう」白黒16m/m一巻脚本演出岩崎太郎、「へやのおそうじ」白黒16m/m一巻脚本演出岩崎太郎

○撮影中「むくどり」白黒16m/m二巻脚本演出岩崎太郎、「とりのなかま」白黒16m/m一巻脚本演出岩崎太郎

○完成「ふるさとは豊かなり」EKから—35m/m四巻脚本演出荒井英郎、撮影小松浩「お米はこうして配給される」白黒16m/m二巻脚本演出荒井英郎、撮影佐藤正

共同映画社

○編集中「新しい航海」白黒二巻16m/m二巻脚本演出河野哲二、撮影浦島進

○撮影中「おらうちの嫁」白黒35m/m三巻演出荒井英郎、脚本大内田圭弥、撮影黒田清己

産経映画技術研究所

○準備中「米の輸送」EK35m/m

○完成「8ミリと教室」白黒16m/m二巻脚本演出かんけまり、撮影竜神孝正、「火とたたかう人々」白黒35m/m二巻脚本演出今井武、撮影入沢吉五郎

アジア映画社

○完成「希望をのせて—移民船の誕生—」EKカラー35m/m二巻脚本伊勢長之助、演出小倉友助、撮影高橋秀夫、「LOC東京総会」EKカラー35m/m二巻構成編集小倉友助、撮影高橋秀夫。

新理研映画

○編集中「九州の電力」カラー35m/m二巻スタッフ松本俊夫

○撮影中「牛乳と乳製品」白黒35m/m三巻演出草間達雄、清水進、「地下鉄第二部」白黒35m/m三巻演出岸光男、「北陸トンネル」カラー三巻演出島内利男、「紀伊勢工事記録」カラー35m/m二巻演出岸光男、「八戸火力発電所」カラー35m/m二巻演出原本透、「原子力研究所第二部」カラー三巻35m/m演出松本俊夫、「東京」カラー35m/m二巻演出秋元憲、「御母衣ダム」カラー35m/m五巻演出赤佐政治、清水進、「躍進する東都製鋼」カラー35m/m三巻演出草間達雄、「住友金属」カラー35m/m三巻演出島内利男、「八郎潟干拓」カラー35m/m一巻演出青戸隆章、「精神薄弱児」白黒35m/m二巻演出富岡捷

○完成「ユースコープ」白黒35m/m一巻演出原本透

東映教育映画部

○撮影中「あるぷす物語」黒白35m/m五巻演出田代秀治、撮影高山弥七郎、「五千羽のイワツバメ」黒白35m/m五巻演出高木俊朗、撮影仲沢半次郎、「山村のくらし」黒白16m/m一巻演出尾山新吉、撮影江川好雄、「電車はなぜ動く」白黒16m/m一巻演出宇田頼強撮影島本義誠、「蜜蜂のちえ」黒白パートカラー16m/m一巻編集構成高橋成知、撮影小林一夫「昆虫のたべもの」黒白16m/m一巻編集構成高橋成知撮影小林一夫「梅雨」黒白16m/m一巻演出齊藤正之、撮影白石彰「生きもののたすけあい」黒白16m/m一巻編集構成高橋成知撮影小林一夫、「人工衛星のはなし」黒白16m/m一巻演出前田一、チーフアンメーター笹原信雄

マツオカ・プロダクション

○準備中「新しい目芽え」（目ざめる子供達）白黒35m/m二巻演出松岡新也、撮影上岡喜伝次

○撮影中「立抗」EKカラー35m/m二巻演出、脚本松岡新也、撮影上岡喜伝次、森博

桜映画社

○準備中「ストレスと人生」35m/m二巻演出丸山章治、「中学生の心理」35m/m四巻演出青山通春、「お姑さんの東京土産」35m/m三巻演出堀内甲、「三浦風土記」35m/m二巻演出未定「赤春」35m/m四巻演出未定。

○撮影中「でんでん虫の歌」35m/m七巻脚本筒井敬介、演出木村荘十二、撮影木塚誠一「最上川風土記」35m/m二巻脚本加藤松三郎、演出丸山章治、撮影岡田三八雄

○完成「小さな仲間」35m/m五巻演出堀内甲、「おじいさんはがんこ者」35m/m三巻演出堀内甲、「おばあさんあやまる」35m/m三巻演出青山通春。

読売映画社

○準備中「健康の歌」カラー35m/m一巻脚本青山幸子演出蛭川伊勢夫、撮影山洸成

○撮影中「立教大学」カラー16m/m三巻脚本今井康次、演出吉田栄夫、撮影樋口幹夫、「立山に聖火映えて」カラー35m/m三巻脚本井出玉江、演出井出玉江、撮影山下亘、「眼」カラー35m/m二巻脚本演出広木正幹、「ラジオとテレビ」カラー35m/m二巻脚本演出入江一彰、撮影日向清光、「法の律話」黒白35m/m二巻脚本鈴木利雄演出戸塚秋生、撮影大源寺喜作、「西北ネーパル」カラー35m/m十巻撮影大森栄

○完成「この血液を」カラー35m/m二巻撮影中西公弘、指導緒方富雄、「電話」カラー35m/m二巻脚本演出入江勝也撮影行山洸成

新東宝教育映画部

「百万人のテニス」二巻監修財団法人日本体育協会監督三輪彰、撮影黒田武一郎、「歌ふミシン」イーストマンカラ一巻監督村田達治撮影渡辺孝、「娘の設計図」二巻、監督山田達雄、撮影黒田武一郎、「1・K・F・KOYOは地球と共に廻る」二巻、監督村田達治、撮影渡辺孝、「日本の道路」一巻監督赤間武夫、撮影黒田武一郎、「薬草の秘密」イーストマンカラー三巻、監督安藤五郎、撮影黒田武一郎、「ドレミファ先生と子供たち」監督小野田正彦、撮影森田守、「帰省」二巻、企画防衛庁陸上幕僚監部監督柴田吉太郎、撮影森田守、「ハワイ遠洋航海」イーストマンカラー五巻企画防衛庁海上幕僚監部監督村田達治、「幸せは愛の鐘の下に」イーストマンカラー三巻企画鉄道弘済会、監督中川順夫、「富士の見える国」イーストマンカラー（三巻）企画静岡県観光協会監修渡辺邦男

題名「十一人の越冬隊」完成
南極の越冬生活を記録！

南極越冬隊の総天然色記録映画「十一人の越冬隊」を日映新社、朝日新聞社の協力で編集、三五ミリに引伸し、上映時間一時間二十分。

小さな仲間

ケンちゃん，ヤッちゃん，三ちゃんの，可愛い三人の子供たちの物語りを通して，この子供たちを結核から守ろうと訴える児童劇，（桜映画社作品，教配配給製作村山英治，脚本監督堀内甲，撮影荒牧正。主演春日井広往，鈴木秀明十万幹雄）

ふるさとは豊かなり

いまでは農協の有線放送網が隅々までゆきわたって，明るく豊かな生活にめぐまれている村の，それまでにあった，いろいろな事件をえがく，（全国農映作品。脚本監督荒井英郎，撮影小松浩，主演大町文夫，松本染升，カラー3巻）

おばあちゃんあやまる

頑固で迷信にこりかたまっているおばあちゃんが，可愛い孫の病気で，はじめてめざめるという話。（桜映画社作品。教配配給，製作鈴木寿二郎，脚本八田大八，監督青山通春。主演於島鈴子，織本順吉3巻）

切手のいらない手紙

子供たちのいい分を理由もなくおさえつけている親たちを，子供が手紙を書いて反省させるという話（東映教育映画部作品。企画赤川孝一，脚本古川良範，監督豊田敬太，撮影福井久彦，主演近衛敏明津田和子3巻）

はばとび

立巾とび，走巾とび，走高とび，いろんな種類の跳躍運動の基礎練習の技術指導。（モーションタイムズ作品，教配配給，製作吉田美彦，脚本監督八木進，撮影川上連太郎１巻）

日のあたる子供たち

子どもの生長に応じて，その扱い方を親たちに考えさせる社会教育映画。（全視連企画，富士映画作品，製作東隆史，脚本演出笹尾清撮影松本建三，２巻）

水ぐるま

おもちゃの水ぐるまの原理を示し，水車，水力発電も同じ原理であると説く理科教材映画，（モーションタイムズ作品，教配配給，製作吉田美彦，脚本山本滋，監督撮影吉田美彦１巻）

叱るもの叱られるもの

日常の生活で起っている，叱ること，叱られることをいろいろとりあげ，その反省をえがく。（教材映画製作協組，新文化映画ライブラリー，日映新社作品，教配配給，企画三木茂，脚本監督丸山章治，出演新協劇団）

日本の祭り

長野県下の虫送りや雨乞い行事，東京の河童祭りなど，祭行事の由来をえがく，夏祭り第1部（東映教育映画部作品，企画赤川孝一，脚本監督平松幸彦，撮影城所敏夫　2巻）

空洞を探る

空洞はどうしてできるのだろう。そのメカニズムを追究する。（企画三共株式会社，日映科学作品，製作片田計一，脚本河野哲二，演出奥山大六郎，撮影後藤淳，カラー）

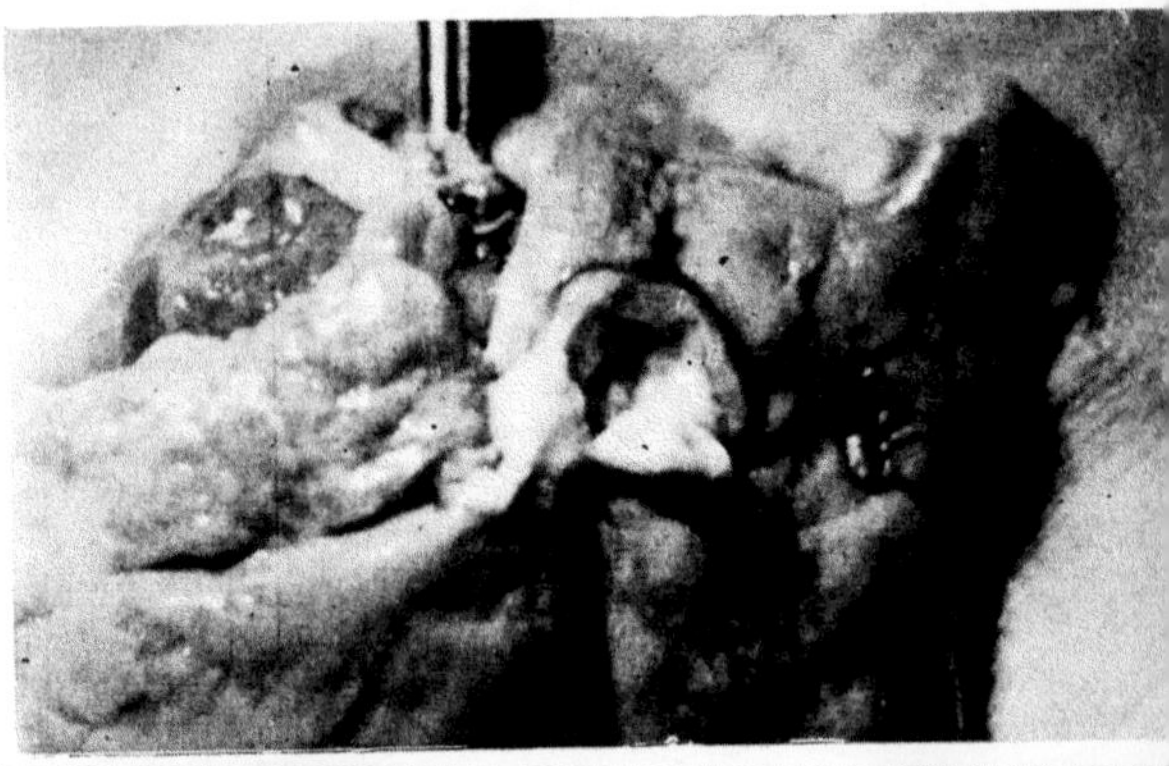

板硝子

世界第三位の生産高をしめる日本の板硝子工業。その近代化された工場の中で，生産状況をえがく（岩波映画作品，製作小口禎三，脚本演出各務洋一，撮影小林静夫，カラー 4巻）

希望をのせて

戦後最大の移民船あるぜんちな丸が竣工してブラジル移民の人たちをのせて処女航海にたつまで，（企画大阪商船，アジア映画作品，製作小倉友助，脚本伊勢長之助，構成編集小倉友助，撮影高橋秀夫カラー2巻）

鳥の親と子

鳥の親は，子供をどんなふうに育てるのだろうか。いろんな鳥の種類について観察する理科映画大系。

（日本視覚教材作品，製作谷口豊一，脚本演出樺島清一，撮影関口敏雄，映写時間 14 分）

かまきり

かまきりの生態と生長の過程を観察した理科教材映画，（東映教育映画部作品。企画　赤川孝一，高橋成知。脚本　中野正之，撮影　白石彰。構成　高橋成知　1巻）

海水のはたらき

海水の三つの働き，侵食，運搬，沈積によって，海岸や海底がさまざまに変化している有様をえがく。（モーションタイムズ作品，教配配給。製作吉田美彦。脚木山木滋。監督八木進。撮影川上連太郎。1巻

どうぶつのおやこ

母馬をはじめ，どうぶつの親が子をそだてる話。（学研映画部作品。製作吉岡勝。構成伊藤治雄，撮影清水ひろし1巻）

観客のページ

第一回「アジア映画を見る会」の成功を顧みて

阿部政雄
（日本アジア連帯委員会）

いい仕事が成功裡に終り、しかも多くの人から感謝されることほどその仕事に携った者の喜びはない。「第一回アジアの映画を見る会」を準備した一人として、この会が非常に好評を博しこの会に参加した人からとてもよかった、○是非定期的にひらいてほしい、○もっと多くの団体や個人にPR活動を行い全国的にも拡げてはどうか、など貴重なアンケートが一一〇余枚も寄せられたことは、唯々感激であるばかりでなく、今多くの日本国民が大きく変る世界の動き、とくに目醒しく発展をとげつつあるアジア・アフリカの動きを真剣に見つめようとしている表れと感じ、この会のもつ意義の深さを今更ながら痛感している。

この「アジアの映画を見る会」を少しく説明すると、日本アジア連帯委員会をはじめ日中友好協会、日本ヴェトナム友好協会などの国際親善団体と映愛連や世界映画資料機関紙映画クラブや国民文化会議など映画に関係のある文化団体全部十数団体が世話人となってはじめたもので、その目的は○映画を通じてアジア・アフリカをよりよく理解しよう○そのためにA・A諸国間の映画の交流の一層の促進に努力することにあるが、とりあえず日本に来ている各親善団体の所有している映画、在日の大公使館が持っている映画をなるべく有効に活用しようというわけである。各親善団体の手持の映画も充二分に公開されているとは云えないし、インド大使館が三〇〇本近くの記録映画と四本の劇映画を無料借出しをしていることなど全く知られていないのではないか。とくにA・A諸国では記録映画の製作は国家が直接担当し、視聴覚教育に相当の熱心さを示しており、本年八月末にソヴェトの中央アジアのタシケントでアジア・アフリカ映画祭がひらかれたのも中央アジアの人々が日本、中国、インド、エジプトなどの映画を輸入してほしいう要望が高まったために開催の運びになったときく。

とにかく第一回にしては極めて好調な滑り出しであるが、今後はこの会にもっともっと多くの団体をもとめて強力なものにしてゆきたいと思う。そうすれば在日大公使館を通じての文化交流も一歩一歩具体化するに違いない。そのための参考として第一回の会で集まったアンケート一一〇枚の中にのべられたこの運動への意見の若干を列記する。

○この会を各種組合、会社、有力諸団体とくに大学、教育機関に呼びかける。宣伝活動を新聞、雑誌、ポスター等を通じて積極化せよ。

○東京都内の各区公会堂など公共施設を利用して地域ごとに開いてほしい。全国的にも拡げるべきだ。

○映画には字幕をつけるか、詳しい解説書はつくって配布してほしい。

○この会を是非定期化し、会員制度を確立してはどうか、そのために組織化を考えてほしい。

○ヴァライテイには変化をつけてほしい。評判のよかったものは繰返してやれ。

○映画の背景となるA・A諸国の実情の解説も並行してやってほしい。

○在日のアジア人なども招待すれば文化交流を深めてることになる。

○「戦艦ポチュムキン」など政府が輸入をしぶっている映画の公開にも努力してほしい、その他

略

優秀短篇映画を見る会を続けるにあたり

東京中部映画友の会
森貞夫

最近優秀な短篇・教育映画が数多く出来て居るが、都会に生活する私達にこれらの映画がほとんど見られて居ない事はどうしてだろう。見たいという希を持った人は大部多い事はたしかで、その良い例が観光文化ホールがいつも満員である事でもわかるし、又色々なホールや会社の講堂でもこれらの映画が見られつっだんだんなじまれて来た。そこで僕達映画サークルでも短篇映画の夕べを企画した。第一日目として「千羽鶴」、「ミクロの世界」、「テーブルマナー」。「青い路線」と四本を上映したが、始めは会員からどれだけの希望者が出るか心配して夜もおちおち寝られなかった。機関紙に発表して定員をオーバーするほどの希望者が出たのにはおどろいた。これに気を良くしたわけだが第二回を九月十九日、日比谷図書館に又開く事になった。内容は「オモニと少年」その他三本である。この会が企画された以上僕達もこの会がますます発展して行く様に努力していきたいと思う。もちろん長い間には失敗も有る事と思うし、又会場の事、プリントの事でも大部大変な問題が多く出て来ると思うが、これに負けづがんばって、映画を見終ってから話合いの出来る様な会にして行きたいと思っている。

夢と幻想の作家たち

—アニメーションの第一人者を訪ねて—

答える人

大藤信郎
山本善次郎
藪下泰司

「前書」

記録映画作家の心のどこか片隅に、劇映画や虚構性のものをやってみたいという事がないだろうか——真実を追求してやまない作家が幻想的な作品も生みだしている例はいくらもある。人間というものは複雑な事を考えたり行動しているものである。

しかしここでとりあげたいのは、夢と幻想をひたむきに具象化している映画作家——動画家の現実の仕事である。企業という冷酷な仕組み、組織というマンモスのような網が、どのようにプラスとなりマイナスとなり、大資本の映画と小資本の映画を作りあげているか、——いくらかでもそうしたものを感じとって頂ければ自己満足のきわみだが、実をいうと私には任の重すぎた憾みがある。だが幸運にも東映動画スタジオの山本善次郎次長と藪下泰司製作第一課長ならびに、千代紙映画の大藤信郎氏に逢えることができたので、漫画や影絵映画を中心に動画映画界の第一人者から直接話しを訊くことができた。正確な速記をとったわけでないからニューアンスに欠ける点もあるが、私のメモで集約したことをおことわりしておく。

=答える人…山本善次郎氏

問 東映動画の陣容と製作内容から訊かせて下さい。

答 このスタヂオ全体に約二百人の人が働いています。次にお話しするスケジュールを円滑に進めるためには二五〇人はどうしても欲しいところです。それも今年中にはなんとかなると思います。作品は長篇一本。中篇六本。短篇六本です。現在まではこの通りに完成してはいませんが、来年は実現するでしょう。

問 技術者の養成はしていますか—

答 やっています。みっちりやるには一年はかかるんですが、今のところ三ヵ月です。

問 主なスタッフ構成は—

答 原画家を含めたトップアニメーターが八人。その下のアニメーターが十人。その他にトレス彩色の人が多勢。私は作画を中心に目を通しますが、藪下さんはなんでもやるんで大変苦労しています。プロデューサー兼演出何々というところです。カメラはマルチプレンを含めて五台あります。話しが後先になりましたがテレビー部は月々短かいCMを二十本から二十五本仕上げています。

問 最近完成した白蛇伝について—

答 あれは企画に一年以上もかかつちやいました。それでも作画に入ってから約八カ月ですから仕上り約七、二〇〇呎の長篇としては遅くはないと思います。白蛇を追いこむためにスタッフの八〇％はこれにかかりきりでしたが、長篇だと作家の意気ごみがちがいます。それに白蛇を作ったので技術は飛躍的に向上しました今のスピードだと一巻ものでいどなら作画から完成までに二十日位でいけます。

白　蛇　伝

問 こちらの企画と配給は——

答 東映本社です。本社からでた企画をうまく作りあげて、ここはここととして会社ですからソロバンが合わなければ困るんですよ。勿論企画内容には我々の意見も入りますが配給のことや、輸出のことを併せて考えますと、長篇ものでないといけないんです。短篇を一本売りする枠の中では、ここでやっているような思い切った仕事はできません。これが大企業の特長ですね。二巻ものでもここでは三〇〇万円はかかるんです。外から注文をうけたとしたら四～五〇〇万円位になってしまうでしょうね。

問 その点技術の問題で、能率ということもでてきますね。何か具体的なことを—

答 ここのようなシステムでは、デイズニーでも同じですが、スタヂオが一人の画家の仕事ではなくて、一人の画家のようになるんです。各々の持味はあっても、作品の性格が決ると、全員が同じ画風の

ものを描いてくれなければ映画にならないわけです。ここでは三段階をへて始めて動作が生れるんです。私のところへきた画はそんなわけでもう完全なもんですよ。そのかわり私が机を離れたら停滞してしまいます。他のアニメーターも同じことです。

セルロイドや絵具も随分研究しました面白いことには、ディズニーのとこからもってきた絵具をそのまま作らせてテストしたんですが、日本の湿度と合わないんですね。駄目でした。現在は色彩研究所の和田三造先生の御指導でここ独特のものを使っています。そのかわりセルロイドは一回で駄目になります。セルが一回で捨てられるのは一寸痛いようですが私などが永年理想にしていたことで、それが本当なんです。

問 外国との協同製作のことをきいてましたが

答 とりあえず三ヵ年契約にきめてありますが、一年に長篇を一本作ります。内容は国際的に幅の広いもので、輸出をねらっています。

問 こうした組織でできていく作品が同じような傾向のものになる心配はありませんか。

答 企画さえよければマンネリにはならないと思いますよ。

問 ライブ・アクションの方法はとっていますか。

答 やっています。養成期間にもどんどん三十五ミリで現物を撮影して見ます。ライブアクション用の機械も設備しています。これで投映したフィルムの動作を研究するんです。

＝次に答える人…藪下泰司氏

問 藪下さんはディズニー撮影所を御覧になったりして、アメリカ漫画のことに詳しいわけですが、アメリカ漫画の不振はどこに原因があるんですか。

答 一口に言えば、人件費の高いことですアメリカの観客が漫画を見ないんじゃない。要求はなくなりませんよ。興行的な行きづまりは映画全般にあるとしても、大へん贅沢な仕事ですから、テレビー動画のようには作られなくなってきたんでしょう。

問 アメリカにも反ディズニーというような傾向のものもありますか、これをどうみますか。

答 ディズニーが、いくらうまくてもあきられているんでしょうね。ディズニーと違う人たちのものは、グラフィックアートの影響が非常に強いですね。新しいスタイルの人はほとんどそういう感じでした。

問 新しい傾向のものや、実験的傾向のものをどうとりあげますか。

答 ここのシステムでは、すぐにどうというわけにはいきません。東映スタイルというか、カラーが出来上ろうという中途で傾向や画風を急に変えたり、平行的にということも考えられませんから……でも私はいつも研究し、新しいものを次々と入れていかなくては漫画があきられてしまうことに警戒しています。テレビー部の仕事は新しい傾向がどんどん入っていますが、興行を基本としたものは実験的なものは急にやれません。ああいうものは独特の組織やバックがないとできないでしょう。あるいは個人的にとか……しかしたえず前進はしたいです。

問 こちらの「こねこのらくがき」をみると、品がよすぎる感じを受けたんですか

答 一般に我々の漫画は、教育短篇から入っていますから、いつのまにか教育映画の中になじんでしまったのかもしれません。大人に見せるものだからといって思いきったラブシーンをやろうとしても、うまくいきませんね。

結 ではどうも有難うございました。白蛇伝をたのしみにしています。

＝答える人　大藤信郎氏

問 東映の山本さんと藪下さんを訪ねて、大変よそ行きな、そして改ったことを訊ねてきたばかりなんですが、大藤さんはこんどシネスコ版のセロハン影絵の長篇ものに入っておられるときいていましたので、その辺から聞かして頂けませんか

答 まだ配給の話しをきちんときめたわけでもないんですが、たぶん東宝になるでしょう。ガリバー旅行記です。フラッシャーのは小人国だけでしたが、巨人国、馬の国、魔法の国など六つの話が入るんです。

問 驚くべき巨大篇ですね。

答 全六巻のセロハン影絵で、ワイド版の天然色というのは私もはじめてです。魔法の国が一番面白いですね。

問 セロハン影絵をやる前は千代紙でした

彩色は女性の手で

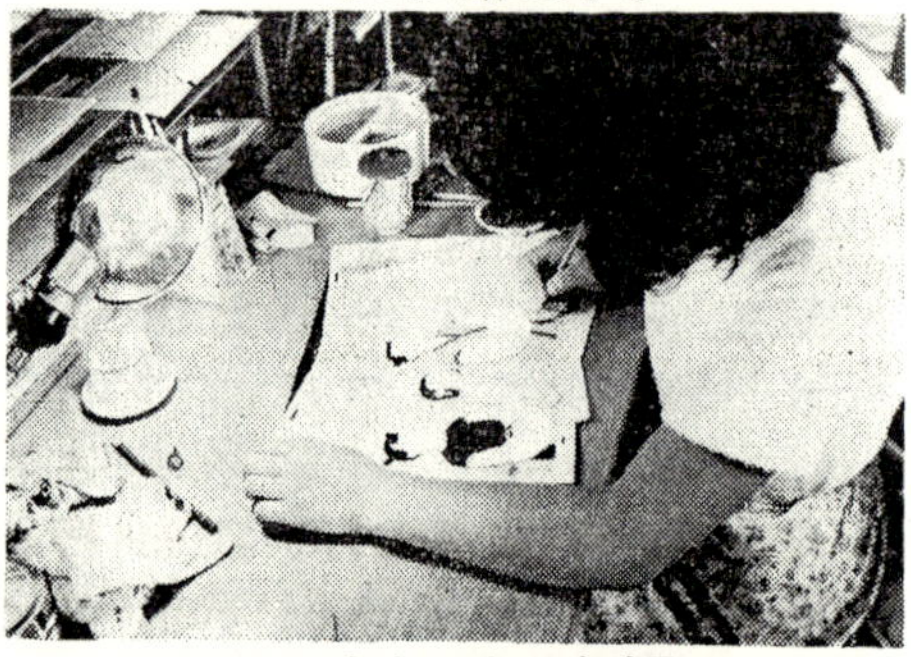

マルチプレーン・カメラ

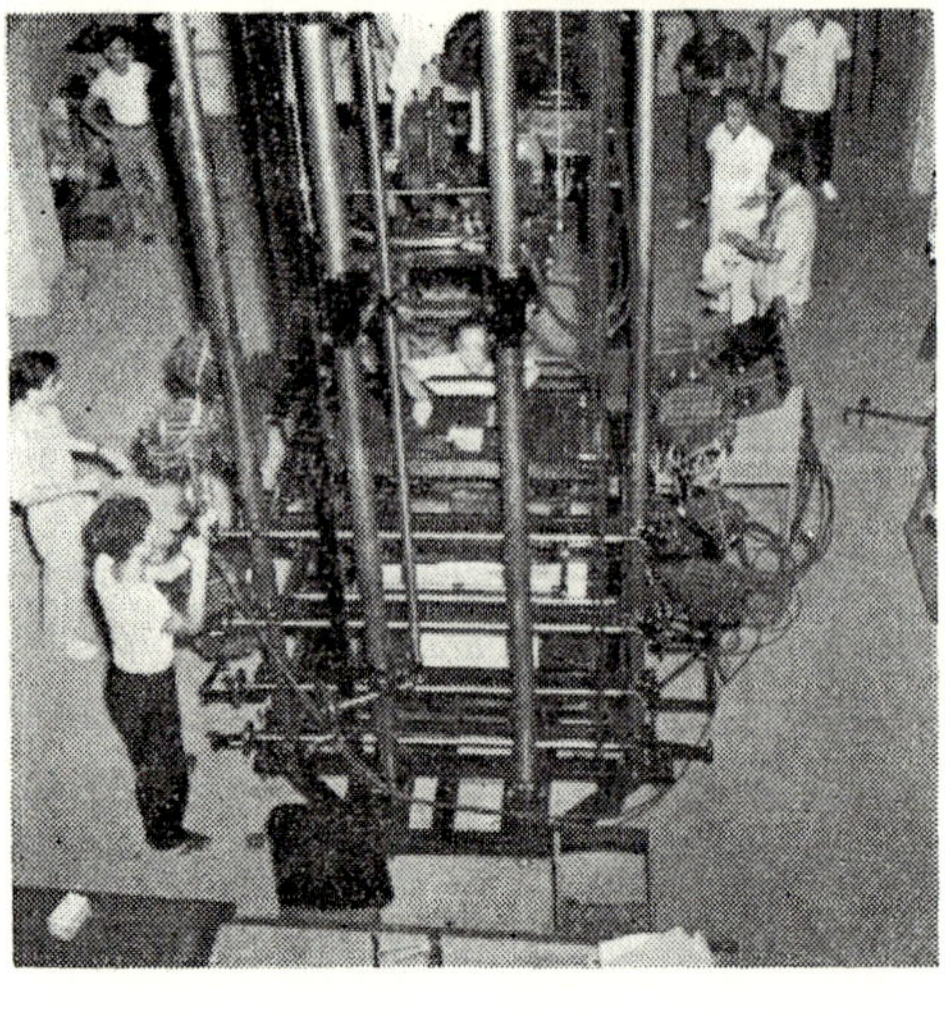

ね。

答　ええ、戦前は千代紙や、黒白の影絵だったんですが、戦後、ガラス絵を動かしてみたいということを考えたんです。次に色セルロイドと変ったんですが、これが値段が高くついてとても手がでないんです。そんな具合で色セロハンを使うようになりました。

問　大藤さんは動画作家の中でもユニークな存在であり、又そういうお仕事を発表してきたのですが、よく人手なしでやってこられましたね。一般の人ではそううまく行かないでしょう。

答　漫画の仕事は、変ったものさえ作ればいきなり第一線にでられるんですよ。私だってそうですよ。金だってありやしないんです。

問　そんなことはないでしょう。大藤さんは物凄い資産家だときいていますよ。

答　かっては少しばかりありましたが、もうとことんまで費い果してしまいました。親籍に相談しても駄目だっていうんですからね。作っている間だけじゃないんですよ。外国へ送ること一つだって金がかかりますからね。いつかは出品ばかりしてたらとても金がかかって嫌になりました。

問　カンヌでしたか、出品された「幽霊船」がとても好評でしたね。あれは配給の方はどうしました。

大藤信郎氏

答　これが駄目なんですね。配給社のえらい人なんていうのは六十位のお爺いさんで、とても分っちゃくれないんですよ。若い人やいろんな人が良いといってくれても、その配給社の人は田舎では受けないっていうんです。

あんたたちは映画を作っていても映画を知らないんだ……なんて言われたこともあります。昔荒井和五郎という歯医者さんが一巻ものの影絵映画を作って配給会社へ持込んだんです。

いろいろ交渉したが、只でも駄目だというんですね。そこで荒井さんが……只ほど安いもんはないでしょう……と言ったら配給社の人は笑うんですって一本五万円のプリント料がかかるとしたって三十本つくれば二〇〇万円ぐらいの金がいるんですね。そちらは只でも、こちらはそれだけ金をかけて、収入で返ってくるかどうか分らないんだから、只でも駄目だというんです。

私も配給の交渉は自分でやらないようにしているんですよ。

こんどのガリバーは六巻ものです。一巻八〇〇呎として四、八〇〇呎、これ位でないと標準ではないですよ。

問　ガリバーは、いつ頃完成予定ですか。

答　配給関係では来年の六月までにプリントが間にあうようにして欲しいと言うんです。

問　それは大変ですね。今までのように御家族三人のスタッフでできますか。

答　増築をしたり、人をふやすことも考えているんです。

問　今迄助手さんを養成されましたか。

答　ありますが駄目でした。一人の助手さんを養成するには、私が三カ月遊ばなければならないんです。若い人が一生の仕事にしたいなんて言ってくるんですが、毎日毎日同じような絵を描いていると、大抵辞めてしまいます。勢いのいいことをいう人程続きません。かえって女の人の方がいいんです。漫画や影絵の仕事なんていうのは絵描きじゃつとまりません。

問　デイズニーがやってきたライブ・アクションの方法は如何です。

答　私はああいうことはやりません。しかし日本の踊りも習ったし、西洋の踊りはできないけれど絵にはかけますよ。何んでもできることならやってみるし、できないことでもじっくり調べたりします。フィルムに撮影した実写の動作に頼っているのは絵が描けないからです。問題は何の方法でも画家の頭で消化しなければ映画の動作になりませんね。若い人の勉強にライブアクションをとることは決して悪くないんですが頼りすぎては漫画の動きじゃないんです。

問　影絵は漫画とだいぶ違いますか。

答　顔の表情や細かい動作はだめですから身体全体で表情を出すんです。ですからテンポが遅いのも不利です。普通の漫画はせいぜい四十カット位ですが、私のは多い時には一四〇カットもあります。あきられないように工夫しないといけないんです。

問　アクションについて、感じていられることを。

答　漫画や影絵の動きは、本物とそっくりだったらつまらないです。やっぱり漫画

家が独特のアィデアで考えていかないことには…私はアメリカのように思いきった動きを作ってテストしてみたんです。それでもとてもアメリカのようにはなっていないんです。アヒルの驚くときの口は身体より大きく開けなければ、アメリカのようには見えないんです。何んでもそうですよ。日本人にはどういうものかいくら飛躍してみてもそこまでいかないんです。静かなテンポで動きののろいものでは、とても輸出は向きません。然し日本人はやはり日本人独特のものを作らないんだったら、誰もみてくれなくなります。ここが難しいところでしょうね。

問 技術に立入りますが、セルロイドとセロハンをどうお使いですか。

答 東映さんでは絵具の性質上一回きりしか使いませんが、私のはセルロイドが痛みませんから五回使います。セロハンを薄いパラピン紙と重ねて切抜き、わずかに糊ずけするだけです。

問 セロハンの色の種類に限りがあるでしょう。

答 重ねることができますから濃淡もできますし、中間色もでます。

問 大藤さんは、どうも仕事が早いように感じますが、いろいろ工夫もあるんでしょう。

答 三十年以上もやっていますから、すべてに人と違うところがあります。絵の数にしても案外少くて済むようなこともやりますし、撮影台も作画台も自分がやりよければ良いというようにしてあります。一寸したことでも一コマずつ撮るんですから、仕事の能率はちがってきます。

(ここで大藤さんは作画台や撮影台の工夫を細々と説明して下さったのですが、余り専門技術的なので略します)

問 一般の演出者や脚本家との協力はどうです。ある動画家は、漫画を知らないと無理だというんですが。

答 そんなことはないでしょう。いろんな人の意見の入った脚本があり、アイデァやギャグが面白く入るのは良いことなんですから、私は賛成ですよ。只絵だけは動画家がやらないことにはどうにもなりませんから……。

問 イギリスで、ライニンガー女史が「ジャックと豆の木」その他の影絵を出しましたが御覧ですか。

答 「アクメット王子の冒険」には感激しましたが、最近のものを見ると十年一日の如くという感じで、生彩がないですね。

問 イギリスのバチュラーのものは如何でした。

答 動きだけを言えば、一世紀前の漫画のようですが、アイデアと技術がよくあってるから面白いんですね。ただ画風だけ真似てみたり、動きだけ幼稚に模倣しても、ああいうものはできません。

問 アメリカあたりでもディズニーとは違った傾向のものがでていますが、どう感じますか。

答 ディズニーはあきられてきてるんでしょう。

問 テレビー漫画やCMは御覧になりますか。

答 条件が悪いらしいですね。先日アメリカのものをある処で見せてもらったんですが、その内容より値段に驚いちまいました。一分もので四、〇〇〇ドルとかいってましたよ。それとこれとは比べられませんが、日本のようなことをやっていると、いつまでたっても良い物はできないでしょう。それに映画の方も忘れてしまいますね。

問 大藤さんには話しがきませんか。

答 私みたいな我儘な人間には頼みにこないですよ。人のいうことなんか仲々ききませんからね。

問 大藤さんの作品にでてくる女はエロティックですね。

答 大人向ですからエロでもいいでしょうそれに影絵ですから……。

問 最後に若い将来のアニメーターに一言……。

答 ただ根気ですね。根気よくやって下さいというだけですが、それと勉強ですね。

(文責　岡本昌雄)

現場通信

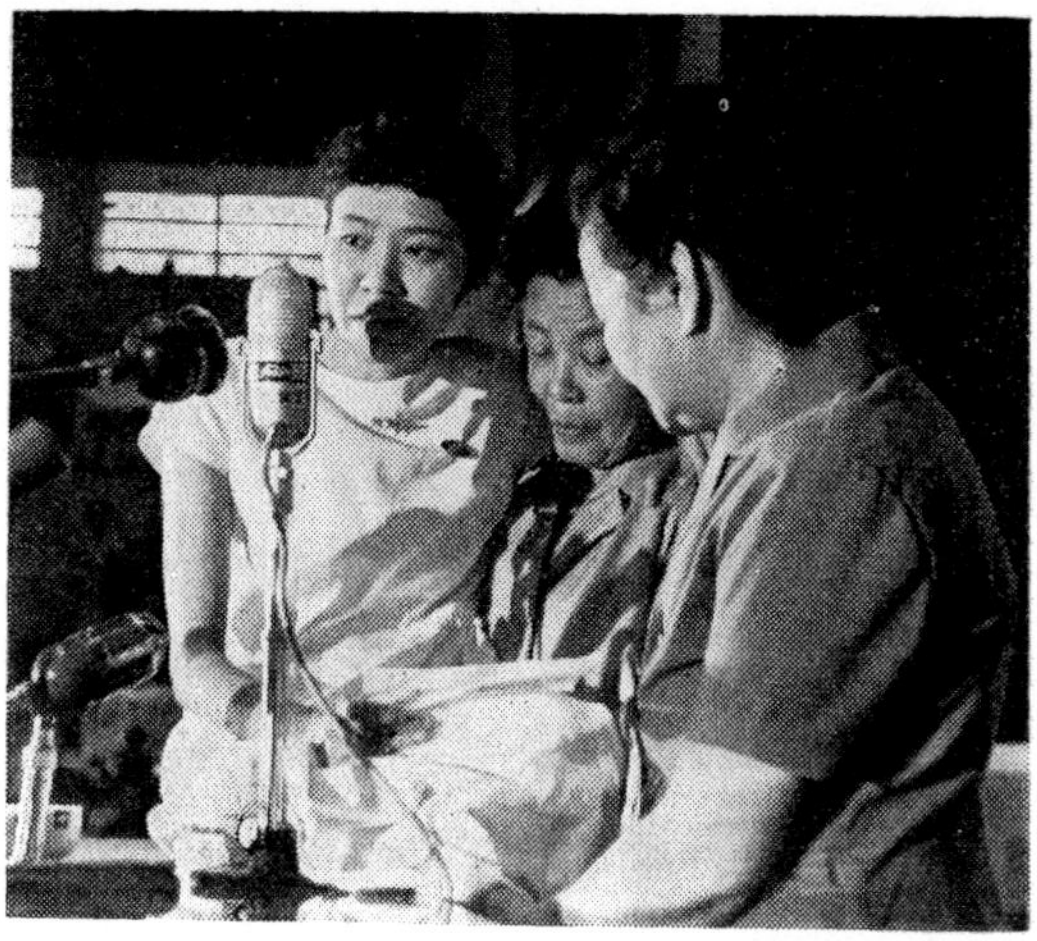
世界大会で訴える渡辺千恵子さん

世界への良心のともしびをかかげよう!

平和行進と第四回原水爆禁止世界大会の撮影に参加して

楠木徳男

〃広島で亡くなったお友達も行進に参加します〃〃西本さんがんばって下さい〃〃平和をきづくため〃

六月二十日、原爆第一号の被災地広島を出発した平和行進の西本さんの胸には、このたどたどしい鉛筆で添書された一羽の千羽鶴が秘められていました。これは、映画「千羽鶴」のモデルになった佐々木禎子さんのお母さんが「どうかこの子たちもつれていってやって下さい。御願いします」といって出発間際に託されたものです。東京まで一千キロを最後まで歩き続けた西本敦氏は、行く先々の地で小さな千羽鶴をさし出してこう叫んでいました。

「私は広島を出発するとき、或るお母さんから一羽の千羽鶴をことづかって参りました。その羽の裏にはこう書いてあります。〃広島で亡くなったお友達も行進に参加します。西本さんがんばって下さい。平和をきづくために……〃と。これは「鶴を千羽折ればきっと治る」と友達に励まされ乍らその悲運が遂せられずして幼い命を原爆症で奪われた佐々木禎子さんのお母さんから託されたものです。皆さん、私たちはただ単に行進に参加する者のみが歩いているのではありません。広島や長崎で亡くなられた尊い原爆犠牲者の霊と共に歩いているのです。私たちの行進には、これらの人々も参加していることを皆様忘れないでいただきたいと思います」……と。

私も足が自由なれば行進に参加したい気持で一杯でした」と語った長崎の渡辺千恵子さん、「子供がいなければ、私の身体が許せば是非東京まで歩いて行きたかったのですが……」と残念がった久保山さんの奥さん、「どうしても東京まで一緒に連れていって下さい」と涙を流して頼んでいた手動車に乗った両足のないおじいさん、泥まみれの手を合掌していたお百姓仕事のおばあさん、「俺の分も頑張ってくれよ!」と叫んでいた街の人、子供をおんぶして冷いお茶の接待をしていたお母さんたち、僕は今度の平和行進の撮影程、仕事の中で感動させられたことはありませんでした。日本の国中の人々が、どんなに平和を願い、原爆を憎み、幸福な明日を祈っているかが、これらの素朴な人々の姿を通じて、強く僕の胸に焼きつきました。又或る所では、「皆さん、たらふく食って下さい。これは大和でとれた、うまい西瓜ですよ」といってリヤカーに一杯の西瓜をカンパした八百屋さんがあり行進で疲れた人々を喜ばせていました。

名古屋では「学校が休みに入りましたので馳せ参じました」といって二人の盲学校の生徒が行進に加わりました。途中、機会があってこの二人と語り合って知ったのですが、彼等は、この行進に参加するため、幾度となく大阪原水協を訪れ、そしてその旅費も自分たちで炎天下バッチを売り歩いて作ったのだそうです。何回か帰ることを奨められたが頑として応ぜず、遂に名古屋から東京まで歩き続けたこの盲人学生二人の青年には、僕は心から頭が下る思いがしました。

行進が東京に到着する頃には、その参加総数約六十万を越え、沿道でこれを迎えた人々を加えれば百万を越える人々がこの行進に加わったことになり、その規模から言っても、運動の成果からいっても、将に世界一の平和大行進であったわけです。日本山妙法寺のお坊さんたちの叩くウチワ太鼓の力強い音が終始行進のリズムとなりそのリズムは街から街へ、村から村へと伝ってゆきました。最初広島を西本氏一人で出発したこの行進は、山から沸き出た泉がやがて小川になり、小川から大河となって海に注ぐよう、あらゆる人々の良心が、この一つの大きな新しい河を作ったのです。

だが、こうした平和への民衆の願いを他に、この行進のさ中にあっても悲しむべき事件が度々起りました。その一つは、アメリカのレバノン上陸、イギリスのヨルダン進駐です。その二は南太平洋で観測船「拓洋」「さつま」が強い放射能を受けたということです。福竜丸の久保山愛吉さんの死がまだ僕たちの心の中から去らなかっただけにこの報道は日本人に強いショックを与えました。

現場通信

明けて八月十二日、全世界の注目を浴びて第四回原水爆禁止世界大会の日本大会が開会されました。約二万人入るといわれる早稲田大学の記念会堂をぎっしり埋め、全国から集った色々な人々が、それぞれの感慨をこめて参加していました。会場には各国の外国代表の顔も見え、ケロイド姿の被爆者、ケサ衣をまとった坊さん、中には今日まで原水爆禁止運動に身を捧げ、交通事故で二日前に亡くなった、西宮の富永要さんの遺影も友人の胸に抱かれて交っていました。この日、何といっても多くの聴集に深い感動を与えたのは、長崎の被爆者渡辺千恵子さんと、百里ケ原で基地反対のために斗っている小川町の女町長山西きよさんです。渡辺さんは、亀井さんの映画「生きていてよかった」にも出演した今年二十七才になる下半身不随の女性。去る昭和二十年八月九日、勤労学徒で或る工場で作業中、原爆による突然の工場倒壊により、その下敷となって、以来十三年間ベッドで過して来たんです。その渡辺さんは、

「私は十三年間ベッドの上で過して参りました。しかし、私のいる長崎から百キロと離れていない佐世保に核武装をした船が出入りしているウワサを聞いて、私はもうじっと寝ていることができなくなりました。日本が核武装することは、原爆の被害国から加害国になることです。日本は誰に向って核武装するのでしょうか、もしこれが中国に向ってなされるのだとしたら私は断じて許すことが出来ません」

と、痩せた身体に顫うつように精一杯の声をしぼり出して叫んでいました。彼女を抱えるお母さんの顔にも涙が光っていました。多くの聴集も彼女の心からの訴えに瞳をぬぐい乍ら何時までも拍子を続けていました。この言葉は会場の人たちの心に強く刻みこまれ、その後の分科会でも度々繰返されるようになりました。又百里ケ原の基地で孤軍奮斗している山西さんは、多くの賛成派町議を相手に自分の全財産を投げ出して斗っている実情を次のように訴えました。

「私の町では、前町長が自衛隊誘致派で二十三名の町議が百里ケ原にジェット戦斗基地をつくることに邁進しています。防衛庁は議会に九つの条件をだし、①鉄筋校舎の建設②鉄筋永久橋の建設③町道の舗装④三百戸住宅の建設⑤無電話、無電燈の解消など、町のためになる申入れをして来ました。町の人々もこれを受け入れる人々が多くさんいます。今まで滑走路予定地に十二戸がんばっていましたが、中には防衛庁の金に目がくらんで、夜逃げ同様村を去っていった農民もいます。私は残りの土地を自分の私財をなげうってこれらの土地を防衛庁に売渡さないために買取りました。しかし、町議会では私を追い出そうとする激しい動きがあります。町の人々の中にもあんないい話をなぜ町長は引受けないのだろう。そんな町長なら一日も早く退陣せよという声もあります。だが私は絶対に退きません。基地反対をスローガンにして町長になった以上、どんな圧迫があっても私は斗います。あの飛行場に九町三反に及ぶ弾薬庫がなぜ必要なのでしょうか、防衛庁はこれを原水爆の貯蔵庫にするつもりなのです。建設会社からはだいぶ資金が出ていることも知っています。一説には三百万円の運動資金が渡されているとも言われています。彼等は自動車を乗りまわして説得しています。けれど一方では平和を愛し、私を支持し、基地反対のために斗って下さっている方々もあります。私はいかなる弾圧が加えられようとも百里ケ原の基地を原水爆戦争の足がかりにすることは断じて許せません。どうか皆さん、世界と日本の平和のためにジェット基地化を絶対許さないという私の気持に今後も御協力をお願いします」

始めは右も左もわからず、ただ町の人々の幸福を願い、政治は国民のためにあるものだと信じて町長になったこの山西さんは、過去一年数ケ月の体験を通じて、いかに現在の日本の政治が矛盾に満ちたものであるかを知り、それに向って敢然と身をもって斗い始められたのです。壇上を去りゆく彼女の後姿に、多くの人々から「がんばれ！山西さん」の激励の声援が盛んに飛んでいました。

それから二日間、会場を幾つかに分散して分科会や階層別協議会を開き、十五日には再び早稲田の記念会堂でその総括的な日本大会の閉会式が開かれました。この日は、各分科会や階層別協議会での決論がそれぞれの代表によって提出され、それが可決された後、幾つかの大会宣言や決議が力強い拍手の中で決められました。又この日僕たちに世界の良心の一つのともしびが消えたことが知らされました。それはフランスの偉大なる科学者、フレデリック・ジョリオキュリー博士が、去る十四日、パリの聖アントワーヌ病院で八十五才の生涯をとじたことです。最愛の夫人とともに全生涯を科学と人間の幸福のために棒げて来たこの科学者の死は、当日の会場の人々に大きなかなしみをもたらしました。最後まで原水爆が戦争のために使われることを反対し続け、フランスの平和運動の先頭にたって斗って来た博士は、全世界の僕たちの心の支えでもあったのです。大山柳子さんが大会を代表して哀悼の辞をおくり、その後で全員起立して博士の霊に心からの黙とうを棒げました。

午後は同じ会場で世界大会国際会議の開会式があり、各国代表が立って次々と熱弁をふるいました。

翌十六日から会場は九段会館に移り、そこでやはり分科会、階層別に分れてそれぞれ討議が行われましたが、この会議へ何よりもプレゼントになったのは、横浜における港湾労働者のエリコン荷揚げ拒否の決定です。このニュースは直に各国代表の耳に入り、総会の席上で緊急提案として「世界大会の名のもとにこの斗争を支持し激励文をおくる」ことが出され、種々討論の後これが可決されまし

現場通信

た。このことで何よりも感動的だったのは最終日です。数日にわたって開かれた国際会議も終りをつげて閉会式もあと僅かで幕切れというときでした。突然、横浜のエリコン荷揚阻止共斗委員会の人々が防衛庁と首相官邸へ抗議に行った後会場に現れたのです。このことが議長から知らされるや全員総立ちとなり、満場われるような拍手でこれを迎えました。代表者の挨拶があった後引揚げるとき、誰歌うともなく各国の人々からそれぞれの歌声が沸きあがりました。何時までも鳴り止まない拍手、それぞれの言葉で「がんばれ！」を叫ぶ代表たち、各国の友情が一時に爆発したような激しい感動が、僕たちの胸にもこみあげて来ました。かくて十二日から十九日まで開かれた第四回原水爆禁止世界大会は、大成功裡に多くの発展的結末をもって意義深く終りました。日本の核武装を阻止しようとする国民の斗いと、全世界から一日も早く原水爆実験をなくしようとするすべての人々の願いと、平和を愛し、戦争に反対する良心ある誠実なる人間の斗いが、今後も更に幅広く進められてゆくことを信じ僕のこの報告を終りたいと思います。願わくば、僕たち映画人もその一員たることを自覚し、微力たりともそのための仕事がわが協会でも発展されんことを念じつつ……。

（三三・九・八）

家内工業の大撮影

川本博康

『何だい今度の仕事は『醤油』

『あっ、それなら頂きだ、丁度いい機会だから息抜きしてくるんだな』

私は同じ助監督仲間の古い同僚から冗談にもしろこんな不謹慎な事を云われて岩波の入口を入った時、同僚の云った事は兎も角として、私自身大へん規模の小さい手の掛からない撮影位に事実考えていたのである。

これは脚本を渡されて読んだ後でもほとんど変らない私の本当の気持であった。

ところがいざキッコーマンの本家本元、千葉県野田市の工場にロケハンに行って、私の比較的安易なこの気持は脆くも覆されてしまった。いかに日本一の生産量を誇る醤油工場とは云え、農家の醤油造りを知っている私にはたかが家内工業をその儘大規模にしたもの位にしか考えていなかったのである。事実工場施設そのものは私の考えていたのと大差なかったのであるが、工場そのものが全く撮りにくい厄介な代物なのである。

行き当りばったりな方針で、建て増し建て増しを続けて行った建て方で、工程順序は勿論飛び離れているし、薄暗い工場が多くその機械の大部分は部屋の片隅に並んだ置き方をしているので、どんでん返しと云う手はほとんどきかず一方的な攻め方で撮影をして行くしか全くどうしようもない工場であった。

更にこの家内工業を大きくした様な工場の中でたった一つ、何んと六千坪と云うとてつもない大きな諸味の仕込場があり、そこを縦横に切られたコンクリートの枡が並び、ここだけの撮影で私は三日間を予定に繰り込んだ程であった。

これと対比して一寸面白いと思ったのは、本工場から少し離れた所に、御用倉と称する周囲に壕をめぐらし白壁造りのお城みたいな建物があり、その中ではお上《カミ》に差し上げると称する醤油を、今も昔もかわらぬ方法で作っている事であった。

ここにちょんまげを結《ユ》った人達を働かせ、この映画のイントロダクションに使ったら案外面白いかも知れない。

かくの如くしてロケハンの済んだ後、演出家から示されたコンテは、およそ醤油工場の撮影コンテなどと云う概念からはほど遠く、それこそ重工業なみの撮影プランであった。

全シーン、クレーンと移動車の使用、ライト使用量最大七百キロ常時二百五十キロと云う大撮影プランである。

制約された条件の中では、誰が考えたってこうなるのは当然の事ではあるが、このクレーンたるや短篇の世界ではほとんど都合のつく代物ではない。会社にある一台は他の班が持って行きっぱなし、劇の会社から借用するのは二本立上映の今日考えるだけ野暮、結局調布映画のクレーンがもしかしたら一日だけ借用出来るかも知れないと云う極めて心細い見通し、

かくして一日時技宅にスタッフが集合、相談の結果製作部に提出されたのが、大小島キャメラマン設計の特種木造クレーン三台の使用である。正確に呼称すればクレーンと呼ばれるものではないかも知れないが、兎に角クレーンに代って工場の中で縦横に活躍してもらう事になったので、吾々スタッフは、大いに期待している訳である。

結局スタッフは更に二人ふえ、都合演出部四人、撮影部四人、照明部常時十五人、どうやら数の上では他の班の連中に申し訳けないような人数になってしまった。

この人数をフルに活用するため、クランクイン迄十日以上あるので、スタッフにとことんまでコンテを飲み込んでもらうべく、努力してる次第です。

撮影の始まっていない現場通信後二十日すぎたら面白い事も書けるでしょうが、現在ではどうやらこの程度しか書けない様です。

＝読者の声＝

ユニークな意欲的な、そしてつまらないところに虚飾をしない雑誌だと思います、出来れば私の仕事に関聯したPR映画と併行した線で編集していただけたらそしてどんなPR映画が作られたかとか……そう云った記事の希望もありとにかく次号をたのしみにしております。（名古屋、愛知トマトKK堀章男）

精薄児に負ける

富岡　捷

「決定的な瞬間」と云うものは予期しない時に起るものだ。

精薄児童を記録する「この子等と共に」の撮影開始に先立って、幾度びか施設に泊ったり通ったりして、詳さに彼等の起居動作を観察し、起床の場合はどんなことをするか、そして朝食や自由時間の場合はどうか等々と、予め撮影の目標を探り得た（積りで）愈々クランクインしたものである。

日頃、同じ精薄仲間から「馬鹿」とひやかさられると、必らず、傍にいる大人に向って「あたい、馬鹿じゃないネェ、お利巧ネェ！」と泣き声で訴える十三位の女の子がいた。その哀訴振りが面白いので、何度も他の精薄児が「馬鹿」を繰り返すのだが、その女の子は実に倦むこともなく「馬鹿」の声が止むまでその哀訴を止めないのである。

この哀訴振りが何とも哀切極まるので、是非共キャッチしたいと思い。紙芝居の場面を設定して、そこに大勢の子供を集めて、その女の子を配置した。「馬鹿」と云われれば、この子は必らず紙芝居屋のオッサンに訴えるであろうと云うのが我々の狙いである。キャメラは廻る。うまい！　他の子の「馬鹿」と云う声も出た。一瞬ドキンとしたその女の子。うまい！　オッサンに近づいた。訴えるかな？…　訴えた。録音機も廻っている。成功だ！　思わず「カット」とクランクを止めようとした瞬間その女の子は、他人から誹謗された恥しさが身にしみた風に、うつむいて両手で顔をおおって了った。狙いとピッタリの「決定的な瞬間」だ。ここではじめて、僕はカメラを止めた。

これはこちらの計算以上の演技であり、偶発であり再びは行われない一コマで、完全に精薄児のエネルギーにこちらが負けたことになる。

これに似たことがちょいちょいあったが、もう一例を御披露しよう。

八つ位のチビ（男）が自分より年長でもあり丈もずっと高い同じ精薄の男の子の手を引いて、朝の洗顔に行く所を何度もみかけていたので、或る朝、この子にキャメラを向けた。手を引いてその児が廊下え出てきた。待ってましたとばかりキャメラはこの子らをつける。洗面所に降り立って毎もの通りチビが大に洗面器を渡してやる。それから蛇口を捻って水を汲んでやる。チビが顔を洗う。その間、大は只ボウッと突立っているだけである。チビの大将が洗い終る迄自分で洗顔するのを遠慮しているのだ。このボウ然がこちらの狙いだ。その通り撮れたので僕はカットした。と、誰かが「洗ってやってる洗ってやってる」と叫んだ。チビが大の顔を洗ってやっているのだ。この瞬間、この偶発、逃してなるものか。カメラは、ドタバタとアングルを定め、ピントもものかは、泡喰ったままシャーと鳴り出した。手で撫でるように大の顔を洗ってやるチビ……まことに捨て難い瞬間であった。

生き物としてではなく、人間として伸びようとする精薄児のエネルギーは偶然の機会に偶発するものだ。

こう云う意味で、この種の記録を撮るには、充分以上のフィルムを与えて欲しいものである。

シナリオハンティングで拾った話（その一）

岩佐氏寿

＝靴＝

果樹園地帯で、靴屋と道づれになのた。

畑へ出はらっているリンゴ園の持主の家々の、下駄箱を勝手にあけて、勝手に靴を修繕して歩いていた。そうしておくと、いつか金を払ってくれて、倒されることはないということであった。

「しかし、ダンナ。この辺のやつら、見栄坊でね」

なぜ見栄坊なのだと聞くと、右左、形の違う靴などはくから、見栄坊だという。右左の違わない靴なんか、ないだろう。ところが、この靴屋のいうのには、なにもこの辺の百姓共は、見栄をはることはないのだから、右左同じ形のやつをはけばいい。靴という奴は、カカトが斜めに減ってくる。右左同じ形の靴だったら、少し斜めに減りはじめたころ、右と左を、テレコにはく。そうすると平均してくる。そしてまた斜めに減りはじめたら、また右左テレコにはく。そうすれば、モチが倍ちがうではないか右左違う形のやつだと、修繕ばかりしなきゃならん。ソンだ――というわけである。

これはリクツだなと思った。

「右左同じ形の靴をつくって売ってみなきゃ、見栄坊かどうかわからんじゃないか」

というと、彼はつくったのだそうである。

「つくったのか！」

と、ぼくも、ちょつと驚いた。

「売れたか？」

「全然売れねえ。だからこの辺の百姓たちは、見栄坊だというんだ」

とふんがいのおももちである。で、その靴はどうしたと聞くと、照れ臭そうに、仕方がねえから、オレがはいてらァと答えた。

見ると、左右同じ形の、のっぺらぼうの、軍艦みたいな靴をはいていた。

続ぶっつけ本番 (1)

水野肇
小笠基生

前口上

「ぶっつけ本番」の初版を、公にしたのは昨年の春、くわしくは、一九五七年四月十五日であった。

あれから、ほんの僅かの間に、われわれ二人は、あれこれと応接にいとまもなく、頗る忙しい俄か名士に仕立られてしまった。

予期しなかった反響というのか意外に共感をあつめて、同業氏の訪問をうけ、写真を撮られ、その挙句は同僚諸君に大へんな迷惑をかけてしまった。

実のところ、わが事ながら、名状しがたい心境であった。

台風一過、精一杯に恥も、汗もかいて、正直、ほっと一息ついたその矢先である。

記録映画の先輩、岩佐氏寿氏の来訪をうけ、「続ぶっつけ本番」を連載してみたらという、誘いを頂いた。

さて「続ぶっつけ本番」と銘打った以上、観念をして筆を執らせて頂く。しかし、のっけから心細いことをぐちる了見ではないが、ひとつ気楽にやらせてほしいことを先ず、御海容願いたい。

憶えば――というのも面はゆいのだが、われわれが敢えて筆を執ろうとした動機は、わが友松久、故松本久弥君の死去であったことは無論である。

一九五六年十二月七日、松久は卒然として品川駅で職に殉じた。

松久は、乱世の英雄だった。麻のように乱れた混迷の時代に、ニュースの鬼とうたわれて、仕事にがっちりと取組んだまま、この世を去っていった、はからずもその時、ニュース映画はどうなるだろうかという疑惑が、ひしひしとわれわれに迫っていた。

戦時中の統制された官報ニュースの時代。解放され、自由がよみがえって、民主主義の一年坊主。それから組合活動、首切り、経営難の深刻さ。その中で、分散しながら、教育映画の灯をまもりつづけた仲間たち。テレビの開拓者に転身した人々。

われわれも、松久も、こうした激流の中に泳ぎつかれていた。

ふと、その時、戦後史の歩みに深く刻みこまれたニュース屋の足跡を誰かが、忘れない内に記録し、残さなければならないという風に気がついた。

書かねばなるまい――こんなことから、ぶっつけ本番が始まった。

資料をこつこつと集め、そのひとつびとつを更に確かめ、先輩や同僚に問いただしてみたり、本業のわずかな暇をさいて始まった本作りは仲々渋らなかった。

ニュースのタイトルを年表がわりに章の頭にしようということはダヴィッド社の編集担当、藤田良一君の発想だった。アイデアばかりではない。彼のすさまじい粘りと熱意がなかったなら、われわれも筆を投げたに違いない。

また日映新社の友人たちの助力は、筆舌には尽しがたい。

こうして、ゲラ刷が出来、校正し、表紙のサンプルが届けられるにつれ、「ぶっつけ本番」は生誕の悦びを待つばかりとなったのである。

しめて二四一頁、装幀は、日宣美術会員の親しい友、波多野藤雄氏。

五月十七日、処女出版を祝って、谷口豊一、柳沢寿男氏らの諸兄が演出よろしく二人を八重洲口のレストラン・チャイルドへ招んでくれた。われら最良の日の、ささやかなお返しは、テーブル・センターと決めたが、これは、谷内六郎君の友情のこもった作品だった。

ここで改めて、くりかえし強調したいことは、この「ぶっつけ本番」は、われわれ二人の作品ではない。単にわれわれが代筆の労をとって、名もない先輩と仲間たちに捧げたものに他ならない。出版記念の夕、二次会にうつった時、先輩桑野茂氏は、次のように、本の表紙の裏へ書きしるしてくれた。

どうなるのか
もう私にはわからない
それを招くのは
君と
君の本で迷惑した
君の多くの同僚諸君だ

ところが、迷惑至極なことが再度やって来た。テレビ・ドラマと映画化の件である。

書評は、びっくりする程、過分のお賞めに満ち、その反響は、思わぬところから励ましの言葉となって、跳ねかえってきた。

そこへ、ラジオ東京テレビ演出部の高橋多一郎氏が、いきなり、社旗をひるがえしてやって来た。

おやおやという内に、打合せになった。脚色者とも会う。

しかし脚本は第一稿から、意見がぶつかった。松本久弥君を主人公とするのは、分るにしても、何はとも、事件の連発であり、浪花節調である。天下の大事件を松久こと、安さんが独りでひきうけて、大奮斗の態たらくである。

これでは困る。いや、これが作劇法ですとくる。

ここのところは、いくら何でも作意的すぎると申入れると、いやしかじかだと逃げを打つ。稽古に入る日が近づいても、仲々話合いがすすまない。じゃ、ドラマ化を諦めて貰おうではないかということになった。

ところが、高橋プロデューサーは、少しもあわてない。これは、芸術祭参加作品だ。そう簡単には引けませんと。

十二月二十七日午後九時十五分ついにオン・エアーとなり、劇団民芸七〇名余りが出演、安さんに垂水吾郎が熱演してくれた。

批評をみると、概して甘いようで、野心的力作、職場の生態を好演とあった。

成る程そんなものかと思っていると、芸術祭に授賞したという知らせで、これには、びっくり仰天した。穴でも探そうかと考えもしたが、一先ず、おめでとうと高橋さんに電話した。

一方映画化は――大映脱退組の日映が、いの一番に申込んできた。

ワイド白黒版で、新藤兼人先生が脚色という条件である。

テレビの苦杯は、もう結構という向きもあったが、この方は、時間的にかなり余裕があった。シナリオ・ハンティングも綿密なもので、原作者は、ぼろが出る寸前まで、いろいろと問いただされたのには恐れ入った。

脚本の第一稿が出来た頃、日映解散の嵐が吹きまくり、あわれ映画化の夢は流れたかという折も折、東宝系東京映画の佐藤一郎、山崎喜暉両プロデューサーが、佐伯幸三演出、フランキー堺、淡路恵子主演の条件で、のりこんで来た。

山崎プロデューサーは、戦後、最も強かったころの東大の名投手である。つい、そのコントロールにまんまとのせられてしまった。

テレビとは違って、打合せの時間が、たっぷりと与えられた。その上、日映新社の協力も決った。

万事、お膳立がそろうと、仕事は順風に帆をあげて進んでいった。

フランキー堺は、ぴったりと松久の性格をつかんでくれた。よれよれの登山帽に、カメラを首から前にぶらさげた扮装は、全くそのものずばりで感心した。

デスクのセット。入念なテストがくりかえされる。窓越しにみえるネオン・サインも、並木通りそっくり。粘りづよい演出で、演技の熟するのを待つとみえる。

黒めがねでスラックスの淡路さんが、いつの間にやら、怖しく地味づくりの女房にかわる。控えめな演技とみえた。

映画の出来栄えは、御存知の通りである。脚本の苦労は、松久の家庭描写と、神風カメラマンにしないことという点におかれた。

第一稿は、やっぱり、松久一人で何でもスクープし、そして、死ななきゃ直らなかった「無法松の一生」の物語でしかなかった。先輩や仲間の批判のうちで成長して行った松ちゃんを描けというのがわれわれの主張だった。二稿、三稿と書き直された上に、セットに入っても、また書き改らためるという熱意に、われわれは、黙って、頭を下げた。

批評は、英雄化をさけて暖かくとか、報道への情熱を描くとか、歴史の中に生きる人間像に感銘という風に、迎えてくれたことは、有難かった。

こうして映画が出来上って間もない六月五日、有楽町の芸術座で「ぶっつけ本番」特別試写会なるものが行われた。

お客さんは、日本ニュース映画協会の会員及びその家族七〇〇名

ニュース映画協会とは、TV、劇場用を問わず映画による報道を行っている一切の企業を包含している団体。試写に先立って、白い背広に真赤なネクタイという派手ないでたちの毎日映画社の塙長一郎氏、及び「駅前旅館」のセットからかけつけたフランキー堺から松本未亡人に花束がおくられた。

本を出してからというもの取材の現場へ行く度に居合わせたニュース映画協会の会員連中から、〃ようベストセラー、倉が立ったかい〃とか〃税務署通いが大変だろう〃とか冷かされてばかりいたわれわれも、これで一まとめに同業仲間への義理を果したと、一安心だった。

ところが、後がもっといけなかった。

あの映画の中の松ちゃんは、女房思い、子供思い、お土産は買って来る。コツコツ働いて家は建てる、正に模範的な亭主だ、それに引き換え、あなたは何です、と善良な同業諸君はみんな奥さんにやっつけられたというのだ。

かくて、同業の仲間からは大変恨まれることになったが、その奥様連からは良い修身教材を提供して貰ったと感謝されている筈だと秘かに自らを慰めている次第。

そうでもなければとても勘定の合わぬ話である。

こうして〃ぶっつけ本番〃騒ぎはエンドマークとなったのだが、もう一匹柳の下からドジョウを見つけて来いという編集者の注文だ。恥を書きついでに、引き受けたものの、二人三脚のドジョウすくい、果してうまく行くものやら――。

（一九五八、八、三〇）

日本映画新社

一九五八年国民文化全国集会
九月二一、二二、二三、日開く！

〃教育映画の劇場上映について〃提案

国民文化全国集会が九月二一、二二、二三日の三日間開かれけす。第一日目は午前は全体会議、午後は各部門別の交流会が行われます。（会場は専修大学）当日映画部会では映演総連より〃二本立とテレビについて〃映愛連より〃観客団体の現状と今後の在り方〃教育映画関係より〃教育映画の劇場上映について〃の報告があります。二日目の二二日は千代田公会堂で各部門の作品発表会が行なわれますが映画部門では教育映画の〃ミクロの〃世界〃と〃法隆寺が上映されます。

虫の世界をおって
三年がかりで撮影完成！

出てくるものは虫だけの、風変りな映画、豊島園のコン虫館で行なわれている。生物専門の映画社、東京学芸大古川晴男教授の指導、三一年より製作、虫の世界の生存競争を客観的にとらえたもの。

記録映画「山に生きる子ら」
——製作ルポ——

国学院大学映研「山に生きる子ら」
製作研究会責任者
川名次雄

（一）

第二次大戦後、学生映画のジャンルが新しいものとして映画畑に特に発展してはきたが現在ではどうやら二つの方向へ進んでいるようである。一つは学生としてのフレッシュな感覚でとらえようとする学生生活の描写であり、今一つは社会的現象と取り組む別の学生達である。前者は最近、次第に劇的効果を求める映画手法に移向したことから、ほとんどが一応は社会的現象の中からアクチュアリティをつかみだしているのではないかと思われる。そういう運動の中で我々、国学院大学映画研究会は昭和卅二年春四月、第二作としての映画製作に再び教育的な作品を総会に計った。ここでは同じ教育問題の内でも、現在教育界に大きくクローズ・アップされている僻地教育についての問題が若い我々の肌に理由もなく不都合を感じさせた。これが映画「山に生きる子ら」の製作にとりかかるイニシアチブであった。

そして僻地教育に関するパンフレットからあらゆる雑誌を集め、読みあさり研究し、都会生活の中で僻地の教育・生活・生産・地形などの諸条件が判ってきた。我々は「きっと何処の誰よりも僻地教育についてはよく知っている」ということで鼻を高くしていたかもしれないし又、これをいかにフイルムにうつし世の多くの人々にアッピールさせるかで脳裡はかたまっていたのかもしれない。

（二）

六月、我々は岩手・長野・静岡の奥地にある文部省から指定された僻地校を書類上で撰択にかかりデーターをそろえ学生の経済力・政治力などの結果から映画の舞台は長野県北佐久郡布施村にきまった。このことは「忘れられた学校」の中の作者清野房太教師に白羽の矢をたてたことでもあった。

そのようにして七月には九人の仲間が、製作・演出・脚本・撮影・照明の部門に分れロケ地である長者原部落に入りこみシナリオ・ハンティングを行った。いずれにしても部落の人について誰一人として知る人はなく、いきなり話しかけていくのだったから、凡そ無鉄砲な手材方法であった。野に畑に仕事する人に、きまって「浅間はどっちで蓼科はどっちですか？」と来る日も来る日も同じことを聞きながら話題のきっかけを作り土地の人に接していった。時にはアルコールをぶらさげ一パイすすめながら我々にはまるで意味のない話もきかなくてはならなかった。だが問題なのは彼らの生活であった。文明の地から遠くはなされたというより地形の条件からはなされ、したがって電気も入らず、完全なランプ生活であること。更に海抜一〇〇〇メールの土地では作物の実りが悪いのではなくて実りの秋は根本的になく、米のあるべき田や畑には、やせおとろえたトウモロコシとそばが高原を吹きまくる風に苦しまぎれに首をたれていたこと。冬をむかえても、この山国では家屋を雨戸でさえぎることもできなく、ただ紙硝子が一枚あったこと。

すくなくとも長者原部落の生活実態はまれにみる最悪の条件にあった。そんな生活から長者原分校に通う子供達がどんなに哀しくあわれでみじめな学校生活を送っていたか我々はしばしば呆然とするだけだった。そして分校の二人の教師と一年生から四年生までの三十六人の生徒と知りあいシナリオ執筆の為、話をし聴き、観ては知り、子供達の世界につとめてとけこむ努力をした。

（三）

それはたしかに苦難と闘う日々だった。

新しい事実の発見。我々は根本的に僻地に対する考え方を変えなければならない時がきた。それは前述したように僻地の子供は表情が暗く貧困のなかでみじめに生活をしているという本や雑誌から感じとっていた。既成の僻地への観念を変えることだった。現地にのりこんで実際に感じとったのは、そんな世間一般の形式論や方程式ではなく意外に明るい表情であり乏しい生活と闘う貴い子供達の姿があり、その笑顔から都会の恵まれない子だ僻地の乏しい子だとどうして判断ができただろうか。現実は、そんな社会通念を破っていた、とも言えよう。このようにして我々の考えや主張の場が製作テーマと結びつくようになってきていた。それは映画の出来あがる結果の良否ではなく記録映画としてこの目的、或いは大切な教育映画の目的として、

「我々は製作するプロセスこそ重視し、常に現実とわたりあい作者の観念で押し通すことなく、その土地なり環境なりに適した生活の中から真実だけをピック・アップしていくところに意義があるのではないか」

という考えが次第に高揚し、ここにテーマが出されるにいたった。

「世にないがしろにされがちな恵まれない環境に於ける教育及び生活の実態に主眼をおき、子供達を中心に明るく力強く描きたい」

この明るく力強く描きたい、ことこそ僻地は暗いという社会一般の考え（我々も同じであった）から、出発し超越し、より高い見地に立って、あたたかく見守り、協力していけるのではないかという現実的思惟の変化をもつものなのだ。

東京に帰ってくると早速シナリオ検討に入り稿を重ね、非常にめずらしい覚え書的脚本を創りだし、セミ・ドキュメンタリーの製作への本道に入った。しかし会員間での討議は「山に生きる子ら」の描き方について記録映画に於けるフィクションの問題にぶつかり再び連日の論争が始まった。

「アクチュアリティを、より大切にすることこそドキュメンタリーの使命なのだ」ということから「レンズの感情のないメカニズム」を計算にいれることや、その他、形式物を破ろうとする、しかし、作者だけが納得できる一方的なものであってはならないことの論争であった。

（四）

一方、始めから追われどうしであった資金難の問題には大学からの援助もなく、部活動費のわずかと部費の百円やアルバイトでおぎない色々な名題をつけては合意の下にカンパ運動をし、撮影に入った時は十万円に満たない金額を大切にして、人件費、交通費、食費は全て自弁でする強行策をとっていた。そのようにしてシナリオと粗末な機材を持ち布施村に三たび入ったのは十月の中半で信州路の秋は深い時だった。

長者原分校を中心に点々と散在するこの部落には電気がなかったので録音や夜の仕事ができなかったので三〇分はたっぷりかかる里の雁村部落の公民館を宿舎にし、近くの雁村分校なども利用した。勿論、これには布施村全部落の心良い後援はあったが中でも我々と同世代である青年団との結びつきは異常なまでに進行したが問題もあった。

舞台になった長者原分校

例えば言葉の弊害があった。日常使用する簡単なる外来語の一際を除去しなければならなく、したがって会話に不都合すら意識していたし、まして適切な用語を用いることもできなかったことは時間をかけたが、この小さなことが、どれだけ村の青年団と我々を結びつけさせたかは察していただけると思う。

この辺で映画「山に生きる子ら」の荒筋をざっと書いてみよう。

『この分校には二人の先生と一年から四年までの子供達で構成されている。分校へ通うのに一時間もかかって山を越えてくる子もいるが五年生になると里の本校まで二時間もかけて行かなくてはならない。家に帰れば仕事が待っていて水くみ、草とり、ランプ掃除などをやらなくてはならず家族一体になって働いている。

今日は本校での運動会。お父さん、お母さんは野良仕事を今日一日だけはやめて先生と子供達と共に明るくなごやかな運動会風景を描きだす。

そして秋の運動会も終れば、山国は一日一日寒さがましてくる。

今日も分校の子供達は先生と朝の体操をしている。あの顔、この顔がみんな笑顔になって明るい表情をかくそうとしないでいる』

我々はこの運動会とラスト・シーンの笑顔のクローズ・アップに我々の必然的な意志と僻地教育改善の姿を特にとらえようとしたのであるが、これは作者側の言い分であって見る側の立場になっているわけではない。

ラストシーンの体操

ところが布施村でのロケはいよいよ撮影の終りの日が近ずいている。

長者原分校と雁村部落の協力は益々積極的になってくる。

信州の山々はいよいよ紅葉し燃えるばかりになってくる。そんな夕、夜間撮影を最後に十一月に入ってのクランクは止まる。その夜、村の青年団と我々の仲間は雁村公民館の爐端を囲んで、つきせない話を展開する。

そこには先生の不足、教室の不足、高地の為に冷寒に襲われた田畑、そういったものが僻地特有の貧困を呼ぶのではないかとまじめな話しあいが映画撮影を通し或いはシナリオを通して夜のふけるまで話はつづいていく。

先生も村人も子供達も我々がバスにのり見えなくなるまで手をふり「また、来りゃいいに」と言ったのは勿論のことで少々感傷気味な別れでもあった。

このようにして山での生活を終えた我々は帰京すると、その足で編集に取り組み、録音費を生む為に小さな部室をゴミ箱のように、はじめたがやはり資金難はどうにも手のつけようがなかった。

（五）

援助金のあてなど一銭もないのだから、この空虚感は会員にもしみ渡りブーブー文句も出始めていた。もう昭和卅参年の正月もむかえてしまっていたのだからしかたあるまいが。

ここから会員のアルバイトはますます激しさを増し、月の部費も来年の分迄、前納させる段階に入り合意のうえカンパを更にやり、見も知らぬ人をたずね我々が教育映画への製作意図に対して真剣であることを説き、一銭でもよいからと歩きまわりはしたのだが表面的な活動では無能なまでの日々であった。

誰もが黙って布施村の協力してくれた人達のように歩いてくれたし、助けあって地味な今にも崩れさりそうな意志を「ぼく達は僻地教育改善の前途の為にやっているのだ。決して誇りではないが大切

なことなのだ」といましめあっての資金難打解の裏街道を歩んだ。

そしてついに我々は「山に生きる子ら」の画面に音をいれた。実感として、この身体で感じとれることは長い苦難の一年半を経て今、真夏の八月、画面に音が入っているという至極当然なことだけだった。ここでも会員は一言だって言わなかった。お互いの沈黙が喜びの目に光るものをにじませるだけだった。ひげのうすかった後輩は今ではこくなっていたし「山に生きる子ら」を知らない下級生も沢山、仲間の内に増していた。そんなすぎさっていった長い時間が僻地教育にたずさわる間に流れていたのだ。だが自讃はここでやめよう。

（六）

九月に入ると仲間の内五人は真新しいプリントを持って長野県小諸に下車をした。バスで千曲川をわたり布施村に入ったときは、一年前と同様に秋の香りが新鮮だった。布施村の谷間に散る十一の部落の人々は六カ所の試写会場に集まり、試写後は車座になって、よもやま話にうつり、恵まれない教育映画に情熱をもやす人々の感じる、ある底からくる強烈な感激を心から味わっていた。が、これから先は最も重要で大切な問題が残されている。

村人協力のスナップ

（七）

製作した以上マスターベーションに終ることとなく広く世の人々に、策を施すよう呼びかけなくてはならない。それは必然的な結果として生じてくる上映組織の最終的段階であるところの問題である。それらのうちで何がその原因であるかは明白である。部分的な問題から取りあげていけば学生映画製作の出発からして、すでに上映することの不可能な因果関係をふくんでいる。つまり、観賞から始まりなんとなく興味を持ち、例えば技術研究や理論研究に入り思惟の展開発展を試み、それが、自然であるように「それでは一発ぼく達で」ということになり映画製作運動に入り企画をたてていくのだが、問題はこの時に製作欲＝利己心によってのみ考え、その考えは一方的に進み、多面体での研究の内、恐ろしいことにまったくの事実であるが発表をする場所を考慮にいれないで企画が進んでいくところに原因がある。これには商業映画の如く封切日に追われなくてもよいこと、商品価値としての市場がないこと（前述）、世間の人が教育映画はつまらないものと考えこんでしまっていること、などを理由にあげられないことはないだろうが、本来、自分達で自分達の手で解決しなければならない問題を他人が「何もしてくれない」と言っているように思える。いうならば現状の段階では企画倒れであって、むしろ言いたくて言いたくてたまらなくなっている「社会主義的リアリズム」がどうの「自然主義的リアリズム」がこうのと仲間同志で語り研究し、一人でも世の多くの人々に、まじめな映画の見方を批評家＝上部からのみ指示されることなく、多くの大衆＝下部からも映画を批判し批評し働きかけるような運動を研究した方がぐうんといい。或いは学生映画ジャンルの確立の為、商業映画社で製作できないもの、即ちアヴァンギャルド映画の製作に乗りだすのも一つの方向を示す方法だと考える。

これらの問題は何も学生映画のみの問題はなくアヴァンギャルド映画は別として良心的な態度で製作される数多くの教育映画にも言える事柄である。

我々の日常生活の中でどれだけの教育、或いは教育的映画が大衆の前に音高らかなフイルムをまわしているだろうか。強いて言えば皆無とも言えよう。これには絶体に全国的な組織を欲求不満の人々から作りあげ、父兄や良識ある人々に参加してもらい、現在、お先真暗でもかまわない無の状態の中から恵まれない教育映画の上映運動の為、少しずつ多くの人々と努力していくべきだと考え、そして現在こそ実行に移す時機であると考える。

現に映画「千羽鶴」は数こそすくなかったけれど良心的な人々の間で上映され、大衆の劇映画以外の映画への興味をむけさせたのではないだろうか。

こういうささいな運動こそ、やがて開かれる我々の善意の結果となろう。

最後に我々研究会に勇気と発表をする場をあたえてくれた長野県北佐久郡布施村の多くの人と特に清野房太教師と〃記録映画〃編集部の方々に心からの謝意を表します。

第三回児童演劇会議開かる

九月七日(日)午前九時より東京池袋学芸大学付属豊島小学校にて〃児童演劇について〃開かれた。午前は各児童劇団の紹介があり今後の児童演劇の発展がきたいされた。つづいて秋田雨雀先生のあいさつのあと、早川元二（心理学者）の子どもの心理〃についての心うごかされる話のあと、木下順二の演劇論があり、〃読売児童演劇祭〃東京都児童演劇コンクールの審査の経過が発表された。
〃読売〃のものでは三期会の「はだかの王様」やひとみ座の「寒さの森の物語」、こけし座の「チポリーノ冒険」人形座の「サルカニ合戦」がそれぞれ賞に入ったことや
東京都の方では〃ちろりん村〃〃天草四郎〃〃コタンの口笛〃〃くるみの木〃等が優秀作品として発表された。協会からは杉原せつさんが出席した。

海外だより

中国の記録映画

ハオ・ハン
中沢克也訳

以下の論文はソ連「映画芸術」誌一九五七年七月号所載、ハオ・ハンは北京記録映画撮影所長である。なおこの訳文は、「世界映画資料」九号の「世界映画界展望」より抜萃転載した。

一九四七年から現在にいたる十年間に、わが国では、六四〇本のニュース映画と四二〇本以上の長篇・短篇記録映画が封切られた。われらのニュース以外に、「スポーツ・ニュース」「少年先蜂隊」「今日の中国」が「ニュース」としてあらわれた。ニュース映画の「ニュース」には、国内および国外の諸事件についての材料もふくまれている。外国の材料を手にいれるために、われわれは、一五、六カ国と映画を交換している。ニュース映画「今日の中国」は、二つの言語で封切られ、海外にも、とくに東南アジア地域でもひろく普及している。

記録映画の主題は、多種多様である。人民生活の内容はますます豊富になっている。われわれの生活は日に日にますます多面的になり、完全になっている。であるからこそ、いうまでもなく、われわれ映画人は、人民のためにもっと多くの映画を製作し、これらの映画をもっとうつくしくし、多種多様な形式をもっとたくさん発見しなければならない。であるからこそ、われわれには、もう一つの任務があるのである。つまり、われわれは、なるべくはやくわれわれの作品を少数民族の言語に訳さなければならないのである。それゆえ、たとえば、一九五六年にこの分野でおこなわれた仕事の規模は一九五五年にくらべておよそ三倍にふえたのである。

わが国の記録映画が現実を正確に表現し、社会主義建設の事業と全世界の恒久平和の事業に奉仕する原則をまもり、と同時に、事件の表現が時宜にかない適切であることにとくに注意をむけているので、われわれは全力をそそいで、真実を表現し、都合のよいときに一切のことについて報告することにつとめている。その結果、わが国のニュース映画は、国内および外国の大衆的観客の広はんな層から大歓迎された。

首都北京のシーチンシアン冶金工場の労働者たちが、記録映画のなかで安郷（アンシャン）冶金コンビナート建設の大事業をみたとき、その労働者たちの多くは、そうした記録映画に涙がでるほど感動し、そして新しい力がもりもりわきおこるように感ずる、と語っている。

広西省シンチェン郡ファントアンシャン郷の協同組合員の農民たちが、ゲン・チァンソンに指導される協同組合をあつかっている記録映画「幸福への道」をみて、すぐに生産協同組合員たちにゲン・アンソンの先進的な経験をくみとるよう要求し、一市畝（ムー）（一市畝〈ムー〉＝$\frac{1}{16}$ヘクタール）から七〇〇斤（チン）（一斤＝五〇〇グラム）のとうもろこしのとりいれを確保した。

鎮江省黄巖（ファニャン）県では、農民たちに新しいニュース映画が封切られた。このニュース映画では、水びたしになった畑地にトラクターを駆使したみごとな経験があきらかにされている。その後農民たちのあいだでは、わが国の南部の水びたしの畑地を耕作を機械でやることができるという確信と、集団労働のほうがまさっているという確信がますますつよくなった。

「建設的なおしゃべり」という記録映画は、まちがった現象が建設のさいの浪費をするどく非難していた。この映画はいたるところで大評判だった。

チベットの映画観客たちが「ダライ・ラマとパンチェン、ラマの中国訪問」という映画のなかで、自分の目で毛沢東主席や政府の指導者たちがわが国の少数民族の代表たちといっしょに国政を検討しているのをみるとき、かれらの喜びはかぎりがない。撮影機のレンズがとらえたわが国の諸民族の協力とかたい団結の平等の精神をしっかり記憶するために、かれらは映画を二回も三回もくりかえして上映するよう要望した。ついぞ下山したことのなかった修道僧でさえ旧来の風習をやぶって、映画をみにかけつけた。

海外でひろく知られているニュース映画「今日の中国」はその誕生以来、東南アジア　、とくに香港とマカオに居住する中国人の映画観客たちのあいだで大評判である。それらのところではその映画は、学校や労働組合でとくに需要がある。一日に一〇〇〇里（里＝約五四〇米）の道をつくりつゝある祖国をかれらがみるたびに、場内には熱烈な拍手の波がわきおこった。中国語版のニュース映画「今日の中国」は、もっぱら海外に居住している中国人の需要をみたすためにつくられている。

中国のニュース映画は、いつも国際的な映画祭で栄光にかがやいている。チェコスロバキャにおける第五回、第六回、第七回世界映画祭で、中国の記録映画「数百万の英雄たちは楊子江から南へ進む」「西風にはためく赤旗」「南西部における勝利の歌」「人生の途上で」「中国諸民族の偉大な団結」「アメリカの侵略に反対する斗争と朝鮮救援」（第一部）「たたかうヴェトナム」が栄えある授賞に浴した。中ソ映画人の合作映画「中国人民の勝利」「解放された中国」は最高の授賞に浴した。一九五六年末にドイツ民主共和国のライプチッヒでひらかれた映画祭では、天然色の風景映画「頤和国」（北京万寿山の麓にある清国の名園、西大后が政治をとったところ）が授賞した。中国の多くの記録映画の活動家たちは、ソビエト連邦、朝鮮人民共和国、ヴェトナム民主共和国で賞金、メダル、勲章を授与された。

ワイド・スクリーン

▽委員諸賢の御努力に敬意を表します。（西尾　善介）

▽今村太平氏の記事を掲載したらどうでしょうか。今村氏が記録映画論者である事から見ても……又色々な映画雑誌から氏がしめ出されているのは変ですし協会機関誌として、映画理論界の偏向を打破すべきです。（久保田義久）

▽執筆者の顔ぶれを何時も登場しない人たちにより多く書いてもらうようにしたいものです。オール新人号なんか如何？（豊田敬太）

▽外国の若い人達の活動を紹介していただけたらと思っています。（仲原　湧作）

▽二号が出ぬ前、長期ロケへ出かけたまま、編集委員として気がかりでたまりませんでしたが、九州の本屋で二号をみかけて大変うれしく思い、帰京して定期刊体制が確立したことを知り、本当によかったと安心しました。今日の問題意識にあふれた、ドキュメンタリーの方法と、運動を論じたものを毎号必ず載せてゆきたいものです。（松本俊夫）

▽まだ二号目で無理ないと思いますが雑誌の本当のネライヤ色がはつきりまだ出ていないようです執筆者も或る限られた一部の人ばかりでなく広く会員に呼びかけて欲しいです。（永富映次郎）

機関誌外見も感じの良い本となり内容もなかなか充実をみせ関係諸氏の御苦労を感謝しています。岡本さんのアニメーションの稿どうもありがとう御座いました今後共御願いします。（平田繁次）

▽連盟主催の新作試写会に上映した作品の一つ一つを色々と検討する欄を作られたら如何でしょう。（深江正彦）

▽委員諸氏の御苦労をまことに多といたします。桑野君だかも言っていたように当分は思うようにやっていかれたらいいと思います。ただ誤植がいかにも多い。校正も委員諸君の片手間仕事というのならやむを得ないが、いやしくも専任の人がいるとしたら、少しひどすぎる。商品とするには憚かられる。（岩崎太郎）

▽会員の皆さんより大変よい意見が出されて来ています。これも皆さんの協力によるものです。その他に書店より買もとめた読者からよい意見がよせられています。（編集部）

WIDE・SCREEU

11月号予告

★　テレビ映画について………糸屋　寿雄
★　記録映画の観客つづき…樫　英輔
★　最近の記録映画について…岩佐　氏寿
★　続ぶっつけ本番…………水野　肇　小笠原基生
★　教育映画祭について………加納　龍一
★　児童劇について…………道林　一郎
★　〃忘れられた土地〃研究会報告
★　その他観客のページ，現場通信，教育映画批評，創作理論，シナリオと演出ノート，海外映画事情，新刊紹介，と書評など
○　本誌に対する後意見，御批判をどしどしお寄せ下さい。

編集後記

★この号の編集担当の連中がロケに出かけていて、帰ってこないのであわてました。

予告の原稿の三点ほど次号おくりとなり、そこで、木村荘十二氏に多忙な身体を無理にたのんで〆切ギリギリに原稿をまとめました。不手際の点お許し願います。実はこの席に京極高英氏に出ていただいたのですが、前号にも原稿をのせてあるので編集部の一員としておいてくれとの申入れにより、出席者して名を入れなかったわけです。

★会員の皆さん方の原稿どしどし送って編集委をよろこばして下さい。（谷川）

★今号より〃続ぶっつけ本番〃が連載されます御期待下さい。前々からお願いしてありました、伊勢さんの原稿は都合により一時延期することとなりました。岩佐さんの〃最近の記録映画について〃は突然の東映の仕事で次号にまわりました。又糸屋氏の〃テレビ映画について〃は、「第五福龍丸」の撮影に入った為に延期となり、カメラマン対談は〃木村荘十二大いる語る〃に変りました。

★そこで取り急ぎ岡本昌雄氏に―アニメションの第一人者を訪ねて―と前号よりつづき、なお前号に発表した国学院大学映研の「山に生きる子ら」の製作ルポを載きました。貴重な記録ですので、協会員も記録映画ファンの方々も一読下されればさいわいです。（山之内）

編集部への御用、間合せは左記へ
東京都中央区銀座西八ノ五
教育映画作家協会〃記録映画〃編集部　TEL（57）五四一八

東映
日本最初の総天然色長篇漫画映画
白《はく》蛇《じゃ》伝《でん》
昭和三十三年度芸術祭参加作品
素晴しい色彩、美しいロマンス！
七色の夢を呼ぶ不思議な物語！！
製作・大川　博
脚本演出・藪下泰司
音楽・木下忠司
風俗考証・杉村勇造
声の出演・森繁久彌（東宝）
宮城まり子（〃）
文部省選定
（少年・家庭向き）
東映株式会社

KIROKU EIGA
Published Monthly By Baseball Magaazin Co., Ltd.

昭和三十三年十月一日発行（毎月一回一日発行） 第一巻第三号 編集人 吉見泰 発行所 ベースボール・マガジン社 電話京京(29)代表七九〇一番 定価七十円

IBM 2863

教育映画作家協会編集

記録映画

THE DOCUMENTARY FILM

昭和三十三年八月二日国鉄東局特別扱承認雑誌第三〇九号
昭和三十三年九月五日第三種郵便物認可

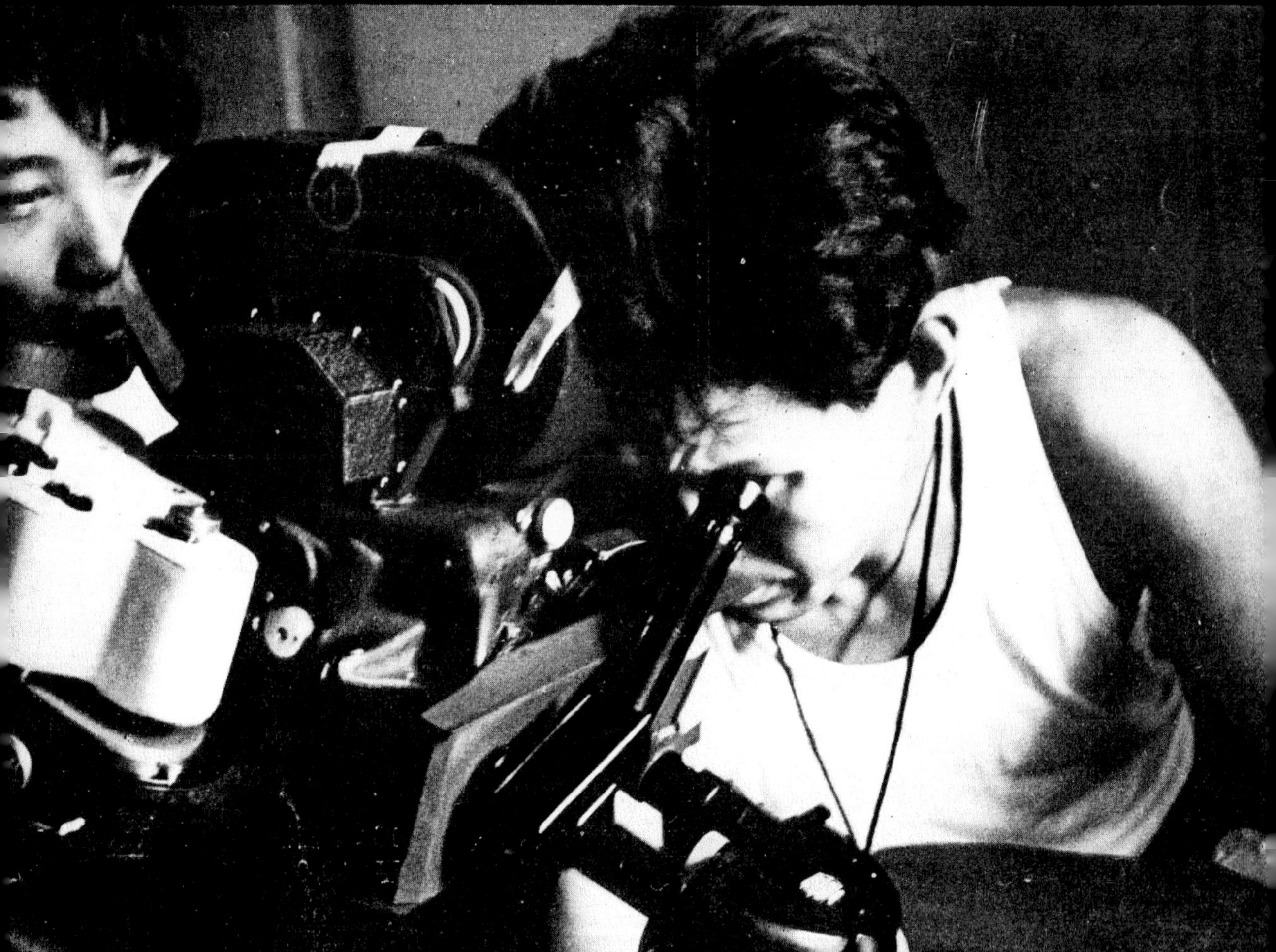

"ミクロの世界"撮影スナップ

11月号

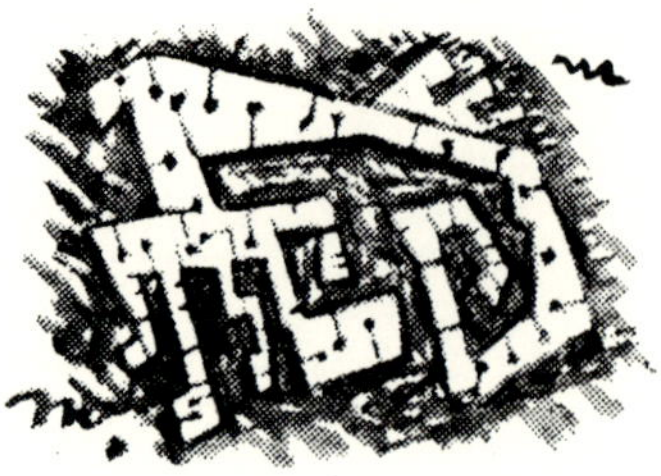

カット
粟津潔
朝倉摂
田中弥壮

記録映画

1958　11月号

第1巻第4号

時評

教育映画祭を迎えて

年ごとに盛大になる教育映画祭を今年もまた迎えることができた。心から嬉しいことである。

われわれの協会も、途中からではあったが、今年から教育映画祭の主催団体の一員に加わることができた。この機会に、関係各位に深い謝意を表したい。

同時にここでわれわれ自身の問題として考えておきたいことがある。教育映画祭に作家の団体が加盟したということについてである。教育映画運動の一環である。それは一年の成果を総点検する機会である。少くともわれわれは、将来にわたって、そう考えて行きたい。業界を概観して、そうしたことができる機会と場は教育映画祭をおいてはないのである。

われわれは協会として、作家活動の一年を総点検する機会と場を持っている。それはそれで大きな意味を持っている。

しかしまた考えてみれば、それを教育映画界全体の中ですることができれば、業界とわれわれの結び付きは一層前進するし、業界におけるわれわれの位置づけももっと明瞭になって来るはずである。

その意味で、われわれの一年の活動の総点検を教育映画祭に持ちこみたいのである。それと同時に、各主催団体にも、それぞれの一年の総点検を教育映画祭に持ちこむよう望みたいのである。このことは今年は間に合わない。しかし来年度には是非実現したいと思うのである。

教育映画の劇場上映促進の一環として、入場税の減税のための法案が、来るべき通常国会に持ちこむ運動も展開されようとしている。

教育映画の前進のために、関係者のなすべきことがらは、まだまだたくさん残されている。

それを思っても、今後一年間の活動の点検を来年の教育映画祭で行い、次年度の活動の一つの手がかりとすることは、今から提唱して早すぎることはあるまい。年に一度の業界をあげての行事を機会に、横の連けいをしっかりつけたいものだと思うのである。

表紙の写真

一九五八年教育映画祭にて第三部門一般教養映画「ミクロの世界」の撮影技術に対し技能賞を贈られた小林米作氏の撮影スナップシーンです。

もくじ

☆時　評……(3)
☆アクチュアリティの創造的劇化
　—ドキュメンタリー方法について—　野田真吉…(4)
☆〃忘れられた土地〃研究会……(7)
　出席者　吉見泰、野田真吉、高島一男、谷川義雄、八幡省三、河野哲二、間宮則夫、西本祥子、長野武春、坂田邦臣、宮崎彰、山岸一章、大島辰雄
☆最近の記録映画について(2)…岩佐氏寿…(12)
☆児童劇映画について
　—その歴史的あらまし—…道林一郎…(14)
☆記録映画についての覚書
　—最近の諸作をみて—…大島辰雄…(16)
　国際短編映画紹介
☆グラフ…教育映画祭入選作品紹介
　新作紹介……(19)
☆教育映画祭ルポ……(22)
☆勤評と映画……山家和子…(24)
☆記録映画の観客(下)
　—特に会員制のグループについて—
　……槇　英輔…(26)
☆続ぶっつけ本番(2)……水野　肇…(28)
☆映画祭について……小笠原基生…(30)
☆作品評
　「十一人の越冬隊」をみて…加納竜一…(31)
　長編漫画「白蛇伝」をみて…河野哲二
☆海外だより……長井泰治…(34)
☆第三回国民文化会議全国集会ルポ
　……島谷陽一郎…(35)
☆観客のページ
　「非選定映画をめぐって」…川名次雄…(36)
　忘れられた土地の問題点…浅井栄一
☆プロダクションニュース……(36)
☆ワイドスクーリン……(38)
☆編集後記……(38)

アクチュアリティの創造的劇化
―ドキュメンタリー方法論についてのノート―（その一）

野田真吉

(1) 事実にたいするフェティシズム

事実はいままで、神格化され、架空なるものよりも、奇であり、真実そのものであるとされていました。

フィクションにたいする、ノン・フィクションは文学における記録文学、映画における記録映画といった具合にジャンルとして大いにうりだされました。うりだされるといえば、いかがわしい実話雑誌などから、ニュース映画を編輯がえして以前の内容とまったく、反対のものをつくりあげた、記録映画などが存在するという現象は、事実にたいする素朴なフエティシスム（呪物主義）を端的にあらわしています。

映画の場合はとくに動く写真、つまり活動写真といわれたように、キャメラの記録的な機能性によってさらに事実への信頼感、信仰性をつよめております。それは記録映画をノンフィクションとみなし、いわゆる、劇映画の類をフィクションとみなす考えへとみちびいています。ドキュメンタリーをジャンルとしてとらえています。

かつて『ひとりの母の記録』をめぐって記録映画はノンフィクションか、フィクションかという問題点で論争がなされました。

この論争は、岩崎昶の記録映画と劇映画との境界線のオーバーラップ説によって一方を代表していると思います。

『「ひとりの母の記録」が記録映画か、劇映画かということは、記録映画にフィクションをみとめる立場の私にとっては、どのみちあまり大したちがいはなくなってしまう。これまでの用語例で「ナヌーク」や「アラン」や「戦う兵隊」を記録映画とよぶならば、これもうたがいなく記録映画である。しかし、厳密に考えたい人は、これを両者の中間地帯の「芸術記録映画」の中においていいというところであろうか。』（「映画評論」五六年十二月、『記録映画論』）

と、岩崎昶はいっています。

また、反対の立場にあった桑野茂は『記録映画の方法の本質的な点はノンフィクション――仮構を排除して、キャメラの前にある事実そのものをとらえ、それによって、その背後の真実をつかみ出す――という処にある。』（「キネマ旬報」一四六号）

といって、ケジメ論をとなえました。岩崎昶とだいたい同じ意見にたった岩佐氏寿は『事実をとおして本質を描きだす』記録映画も芸術であるならば、当然「フィクション」からはのがれられないし、「フィクション」であるといい、「つくっていない写真」がリアリアィを感じなく、「つくっている映画」――演出された記録映画――がリアリテイを感ずる場合があるといって岩崎の説を補足しいます。

さらに、岩崎昶は『この論争はたぶんまだ続けられ、発展し、深められていくと思うが、ここで私自身の考えをのべれば、私も岩佐氏と同意見で、記録映画がフィクションを排除しようとすることは行きすぎた純粋主義であると思う』といいました。しかし、境界線オーバーラップ説で、ついにその後の論争はボヤけてしまいました。

この論争はたくさんの問題をふくんでいましたが、その発展をみませんでした。なぜでありましょうか。桑野的論拠（この理論は今村太平の『キャメラの眼は人間の眼の延長である』とし、「事実」に迫るよりどころを、キャメラの機能性におくキャメラ・アイ説と同系列のものをもっています。）が、事実にたいするフエティシスムと表裏であるキャメラ・アイ説を軸とし、フィクションとノン・フィクション、記録映画と劇映画という対立のなかに、ジャンルを規定しようとしました。そして、岩崎的論拠は、芸術はすべてフィクションであるとして同じようにジャンル規定を問題としました。それは素朴なフエティシスムよりましですが、問題提起の視点がジャンルの問題であり、しかもその基底である『事実』について何等ふれていないところに、同質の視点に両者が立っているといえます。

僕はこのような視点にたっては本質的な解決はないと思います。それはケジメのつかぬかけ合い論争におわる当然の運命をも

っていたのです。僕は、問題の核心である『事実』についての不問に——そのフエティシスムにメスをいれないかぎり、この問題は解決しないと思います。

では、『事実』とは何か。

(2) 『物』と『意味』

僕は『事実』を『物』と『意味』という単位に分解し、とらえます。このような見解を、柾木恭介は『人間はその労働を通じて自然に働きかけ、自然を変革することによって、それを自己の対象として所有する。と、同時に、その労働によって人間自身も変革されることによって、人間は自己を対象的に把握できるようになる。つまり、自然の人間化（客体の主体化）であり、人間の自然化（主体の客体化）である。自然がどの程度に人間化されているかということは、人間がどの程度に自然を自己の所有としているかということである。こうして、人間は自然的自然を人間的自然として再生産するとともに、社会をも生産する。そして、人間の所有となった自然的現実と社会的現実を、人間は人間的現実の感性的に確認できる「事実」としてとらえる。いいかえるなら、「事実」は自然的現実（もの）と社会的現実（意味）が人間に語りかけているしるしである。』（「新日本文学」五八年四月号「記録とフィクション」）とのべ、さらに、パヴロフの条件反射理論によって『「もの」は無条件反射および第一信号系として、「意味」は第二信号系として「事実」の素粒子的単位として現象する。』といって言語（精神活動）の物質的な裏づけを通して、『事実』が『物』と『意味』からなりたっていることを説明しています。この部分をなんとか引用したかったのですが、すくない紙面なので、ここでは割愛することにします。

ひとりの母の記録のシーン

このような『物』と『意味』からなる『事実』をどのようにしてとらえるか。

いままでのような、『事実』を単位とした『事実』のとらえ方、外部を唯一の実在として、外部を外部としてとらえる方法ではとらえることができません。主体が客体のなかに解消してしまうような自然主義的な方法では、もはや手のとどかないものです。

そこでかつて、シュールレアリスムが現実を再構成するのに物（オブジエ）を単位としてとりだし、内部世界をとらえた方法を、外部世界にむけ、さらにこれと対立的である、外部世界を即物的な記録によってとらえようとした、ドキュメンタリーの方法によって、アクチュアルに「物」をとらえる、あらたなドキメンタリーの方法が考えられます。つまり、それら二つの方法を否定的媒介として止揚した、あらたな方法です。『事実』を『物』と『意味』に分析し、日常性のヴエール（意味）をはぎとり、アクチュアルにとらえた意味をうしなった、むきだしの『物』を主体的に再構成することによって、記録し、新しい意味を、具現するリアリズムのあらたな方法です。このような方法は、多少のちがいはあれ、本誌創刊号にのせた、松木俊夫の『前衛記録映画の方法』や花田清輝の『シュールドキュメンタリスム』、柾木恭介の『ドキュメンタリー方法』、阿部公房の『新記録主義』などといっている方法に通じるものです。

その指向するところは、ドキュメンタリーをジャンルとしてでなく、既成の芸術ジャンルの否定の上にたった芸術方法としてとりあげたものです。

そして『事実』を『物』と『意味』との単位概念にとらえるドキュメンタリーの方法は、当然、今日的な重層的・構造的な現実と対決する、作家の主体意識との相関々係になくてはなりません。そこからうまれたものです。だから、主体によってとらえられた客体、その客体を、主体的にとらえるという作家の現実意識に、方法はうらずけられているのはいうまでもありません。

(3) アクチュアリティ

ジャンルとしてでなく、方法として、とりあげられたドキュメンタリー方法は、ドキュメンタリーはフイクションか、ノン・フイクションかという問題を解消します。そういう問題提起は無縁のものとします。

『事実』を単位概念としてとりあげることによって、生じたその問題は『事実』を『物』と『意味』とに分析し、『無意味と物』としてとらえられた対象を記録するなかに『新しい意味』がうまれ、再構成していくドキュメンタリー方法では『物』と『意味』が、『記録』と『フイクション』がお

のおの対応し、しかも統一されます。

　だから、ここには、ドキュメンタリーにフイクションを必要とするか、ノン・フイクションであるべきか、などという問題は存在しません。

　つぎに記録映画はノン・フイクションの世界であり、『キャメラの前の事実そのまま』をとらえることにあるという桑野的な見解は事実にたいするフエティシスムとキャメラにたいするアニミスムの合体であります。これについての批判は、すでに、前章でこころみたのでくりかえさないことにします。ただ、そこにはアクチュアリティを追求し、とらえようとする態度のなかには止揚すべきものがあります。ローサやグリアスンたちのイギリスドキュメンタリー派が、『アクチュアリテイの創造的劇化』をめざして、ジャンル意識につかれながらも、ドキュメンタリーを意識的にアクチュアリティを契機とした、方法として考えたところは正しくとりあげるべきだと思います。

　あたらしい方法としてのドキュメンタリー方法においては（とくに記録映画の場合）、アクチュアリティを、手がかりとして『物』と『意味』の分析をします。アクチュアリティはここでは、いままでの意味でなく、意識的に方法的にとられています。

　アクチュアリティを『偶然』という言葉によく、おきかえられます。偶然を、ただ文字どうりに、偶然として、無意識にうけとられがちです。記録映画についていえばキャメラの機能性によって、事実をそのままとらえようとする従来のドキュメンタリーは方法でなく、まさに偶然的、受動的なものです。例えば、たまたま、とらえようとした対象に、風が吹き木の葉が散りかかったというような場合、それが対象の状況にリアリティを附加したとします。しかしそこには落葉というものが対象化されておらず、『偶然の事実』としてとらえられ、対象のひきたて役としての役割をしているにすぎません。つまり、それは、従来のドキュメンタリーが主体的に現実を対象化し、意識的に形象しようとする方法をもっていないということです。そうした偶然もアクチュアリティとして対象にくみいれるためには、それに対応する主体意識をもたねばならないし、その主体意識のもとに対象化する方法をもたねばなりません。その点あたらしいドキュメンタリー方法がアクチュアリティを方法上の重要なテコとしてくみいれられていることは、従来ドキュメンタリーのアクチュアリティとまったく異質なものです。あたらしい方法においてはアクチュアリティのなかに、まさに、日常性のヴェールがはぎとられた、ステロタイプをうちこわした『無意味』と『物』が、むきだしに提示されるからです。

「アクチュアリティの創造的劇化」をめざしたイギリスドキュメンタリー派の作品は合理主義的な、あるいは、客観主義的な面をもった、写実主義的な日常性のドラマタイズにおわり、社会改良主義の限界をでることができませんでした。というのはドキュメンタリーを方法的にとりあげてはいましたが、現実を再構成する単位概念が、やはり、『事実』であったことにあると思います。『事実の映画』だったことです。『夜行郵便』なども音楽と解説と映像とについての貴重な実験をしていましたが、やはり、事実のドラマタイズをでていないと思います。労働者への同情的な視点にありますが、映像はやはり対象によりかかって、情緒的であり、客観的です。

　アクチュアリティについてのべましたので、ワイドスクーリンの提出しているレンズの視野の拡大が映画をさらにリアルなものにし『アクチュアリティの深化』をもたらすという問題にふれることにします。『周囲の無限さを感ずる時、はじめて真の映画である』（アルベール・ラフエイ。『映画の美学』アヂエル著、岡田真吉訳）という考え方です。

　僕はワイドスクーリンが映画のアクチュアリティをふかめるということはただしいし、また、ワイドスクリーンは観迎すべきだと思います。しかし、前にもいったように、主体的にアクチュアリティが意識的にとりいれていないかぎり、それはますます事実のフエティシズムに奉仕するものとなるでしょう。

　また、反対に多くのワイドスクリーン映画にみられる画面構成によって、画面を縮少化し、アクチュアリティを回避しようとしているような、まったくワイドスクリーンにたいして受身な、後退をしめすことになります。

　僕はワイドスクリーンがあたらしいドキュメンタリー方法のなかでは大きい役割と成果をもたらすだろうと思っています。科学技術をともなう映画は科学技術がいつも一歩さきにすすんでいきます。科学技術の進歩をうけとめるには、方法をもってはじめて、うけとめられ、いかされます。方法をもつことは作家の主体の確立にあるからです。映画の科学技術的な進歩の段階において、僕たちは歴史的にもその実証をみることができます。それは方法のなかに、（すなくとも意識的な手法のなかに）くみいれられることによって芸術としての映画はたかめられました。僕たちは映画の科学技術の進歩の時代に応じて、グリフィス、フランスのアヴァンギャルド映画派、ソヴェト映画におけるエイゼンスティンたち、イギリスドキュメンタリー派、さらに戦後のロッセリーニやダッシン、クレマン、ブニュエル、などに、方法と映画の科学技術の関係がよみとれます。**（以下次号）**

「青少年映画対策としての入場税減免に関する陳情」運動はじまる。

教育映画製作者連盟では、地域婦人団体連合会と日本子どもを守る会の三者共同で「青少年映画対策としての入場税減免に関する陳情書」を政府、国会、政党関係に提出した。又一方婦人団体教育団体、文化団体によびかけると共に、映画観客団体、労組文化教宣部をはじめ、ニュース映画館支配人へも呼びかけることをきめ動き出した。

〝忘れられた土地〟

記録映画研究会
—座談会—

出席者

教育映画作家協会
吉見　泰
野田真吉
高島一男
谷川義雄
八幡省三
河野哲二
間宮則夫
西本祥子
長野武春
坂田邦臣

東京映画愛好会連合
宮崎　彰

機関紙映画クラブ
山岸一章

評論家
大島辰雄

高島　協会助監督部会主催により作品研究会として〝忘れられた土地〟をとりあげたのですが、皆さんから卒直な意見を活潑に出して下さい。

まず、演出した野田さんから作品の意図を話してもらって、内容のある作品研究会にしていきたい

野田　現在の記録映画の当面している行きづまりを打破する道がないものかということを考えた。

長篇記録映画の題材主義は〝カラコルム〟からはじまった。私は足もとにある生活を描く。この場合、単なる一つの概念規定した形では、もうものを描くに難しい複雑な現実があります。

単なる客観主義で撮って悪いというのではないが、自然主義的なとり方ではもう表現できないのではないか。松本俊夫さんが「映画批評」十月号でうまいこと書いている。主体をとおして客体をつかまえる。そして、客体をもう一度主体にとりあげる方法。松本君がこの前、アバンギャルト映画の方法という論文（「記録映画」第一号アルス発行）で書いていた方法でとらえることが、こんどの実験の目的であった。

そういう方法—事実というものに概念をあたえなくて物にオブジエとしてつかまえて、もう一度それを主体的に新しい意味をつくっていく日常性——僻地というものをとらえていったが失敗がたくさんあって、ちっとも面白くない映画であったかも知れない。

谷川　今までにこの映画をみた人の批評として、すぐれた作品としてほめる人と、大変な失敗作だという見方の人と二つにわかれている。作家の立場から、この作品を土台にして発展させる——そういう願いから、問題点を追究していこう。

この前の試写会のあと、丸山章治さんに君はどう感じたかと問われ、最後のシークエンスの陰膳のシーンで反ぱつするものがあったことを話したが……。ろくな収穫もないといって、最後で白米をもりもり食っている。それまでの話とうらはらのものが表現されている。

この僕の意見に対して岩佐氏は白米を食わなくてはならない、悲惨な土地であると解釈すべきであるといわれたが、それならそれでわかるよう表現すべきではないかと感じた。

野田　白米事件か（笑）映画批評の会でもいわれた。この漁師は白米を食っている。しかし白米を食っているか、ジャガイモを食っているか、パンを食っているか、ひえを食っているか、そういうことをつくろうとした映画じゃない、そういうことを説明する映画じゃないけれど、漁に行くものは絶対白米をくわないと身体がもたない、おやじが白米を食う。封建制の分析映画じゃなかったから気にしなかった。問題があるのは僕の出し方が悪いので、陰膳に白米が出てくるのは配給制度のよい点が残っているのだ。

坂田　野田さんの演出でなくてありのままを出されたのでしょうシッカリ村近辺その点は、たいして問題がないのだと思う。

谷川　ありのままといえば、逆の例になるが、〝アラン〟で、ロバート・フラハテイはアラン島は岩ばかりの島であるという表現で撮っているが、事実はわずかに耕作地があって、いくらか収穫がある。この事実を無視している。

作家がものを描く場合、この漁村では事実、白米をくっていてもすなおな形でうけとれない。無理にいもを食わせろというのではないか。

宮崎　白米が何故でたか。（笑）その土地の迷信ではないのか。

野田　そうではない。おかずが多いようにみえるが、実はおしんこやリンゴの煮たものだ。「ものいわぬ農民」という本にもあるがセンチメンタルやコンプレックスでものをみるのはきらいだ。もっとドライで見るべきだ。農村の貧乏が、そういうところで問題になったのは僕の大変まずさがあるのではないかと思う。

谷川　日本人の生活の中で白米をたらふく食えるということは豊かな生活である、という考えは間

陰膳の大写し

違っているかもしれないが、多くの人が認めているのではないか。
　同じ米の問題で「九十九里の子供たち」で豊田敬太氏は、生活に困って子守りにやらされた子が、井戸端で、ザルのお米をお釜にうつすアクションが実に大ざっぱでザルの底にこびりついた米が気になる。ザルの裏をポンとたたくアクションがあれば、いかにこの子がおかれた生活の貧しさという状況を表現できたろうにと思った。
　うわべの手先の演技を感じさせるのではいけないとおもう。
　畳にこぼれた米つぶを口にもっていく。ありふれた例だが、白米のもっている貴重さを何かちょっとしたもので表現する方法があったと思う。

坂田　もしみじめなものをたべているという表現で演出することは許されますか。

野田　どっちでも正しく描かれればいい。

坂田　野田さんはありのままを出されたと思う。

谷川　ありのまま必ずしも真実ではない。そういう意味で現地で食っているからということで例をあげることでは問題にならない。

野田　陰膳とばあちゃんの顔をとおして米というめしが禍いしているなら、そこに問題がある。

高島　谷川さんがいわれたごはんつぶをひろって口におしこむという一つのシーンを描けば、あの所のきびしさを見ているお客さんは解りやすくつかまえられる。
　野田さんはそうではないといっている。そういう描き方はさんざんやられてきたし、知らないわけではない。問題はそうした約束ごとで作家が簡単にものごとを考えない。こうした観念や概念をおしきってしまう。そこを打破るものはないものか。問題意識、そこから出発して、今までの記録映画としての方法論を否定して新しい方法でつくっている。

西本　お米ではなくて描き方にあると思う。例えば、なぜ鋤を使わなくてはならないか描いているなかでは解らない。鍬という鋤より便利な道具があるのに僻地ということで使われていない。そこに何か理由があると思った。この点もう一歩つっこんで描いてほしかった。貧しさの一つとして、そういうものが出るのではないか。

河野　私は陰膳にこだわらなかった。白米であってもいいのではないか。陰膳に馬鈴薯では効果はあがらない。白米であるかどうかということよりも、フルショットで取上げた茶碗を、陰膳で手の動きをダブらせて接いでいる。その演出が気になった。アクションをダブらせて劇のような撮り方をしているところが気にかかる。その陰膳の意味するものが弱くなったと感じた。私だったらアクションをダブらせない。あのアップはいい。しかしアクションをダブらせることを避けますね。手をひいてからアップにする。その方が陰膳のもつ力が強くなる気がする。

坂田　おかみさんのふしくれた手が、ぐっとせまるものがあった白米より……。

野田　河野さんのいうことは解る。羽仁君がいっているが、カメラポジションを一方向しか撮らない。これがドキュメンタリーという。僕は、これは羽仁君に指摘しているが、カメラというものが、機械であり、カメラに対するアニミズムの一種のうらがえしではないか。カメラが一台のことを考えている。僕は十台あった場合を考える。その可能性を、この前の二二号台風の水害の時のテレビで見た。二台で撮って迫力をだしていた。記録映画は一台で撮っていたということが事実のとらえ方であったが、可能性があれば十台あればいいと思う。

河野　アングルの問題は私はいいと思う。それはこだわらない。

野田　手であれ、お碗であれ、あの場合、手がもっていく茶碗であり、お碗である。河野さんとまるでちがっている。

野田　いろいろやって見ようとして僕の一つの方法、芸術の方法―僕の主体が弱いということだと思って、もう一ぺん大いに勉強して同じ方法で次の作品をやってみたいと思う。テーマの問題は重要だと思うが僕はテーマだけじゃなくて、社会教育映画のワクの中で最大限にやってやろうと思ってやった。この映画は東京フィルムという新しい会社だからこそ出来たようなものである。ほかの会社では勝手なことをやらしてくれなかっただろう。
　高島さんが意見がありそうな顔をしているから……。

高島　谷川さんがいっていたがこの映画の評価がちがう点、対立した意見がある点――そういう問題はごはんの話に出ているのではないかと思う。
　この映画は大変いい映画だと感じているが、はじめて見た方に意見をうかがってから述べたい。

野田　白米を食うのが高貴な生活であり、食えないのが貧乏な生活だという固定概念そのものに問題があるのではないか。その簡単な割り切り方に問題がある。ものごとをそう簡単に割り切って、あれは貧乏、あれは金持というようにわかると、もっと複雑な縦走

的な混沌とした社会の実体というものを僕らが描かなくては今の生活を描けないのではないか。そこには認識した方法というものが、ともなわなくてはならないと思う。きちんと整頓された概念はこわれた。僕たちは戦争によってたたきのめされて、青春がズタズタにこわされ、戦後、民主的運動を一つの概念の中で、自分にない概念で斗ったり、まちがったりした。僕はそういう社会だと思う。人間ははじめからああいう形だというヒューマニティを持った概念を、もっと大きな社会の中で疎外する。人間の姿というものは、物質になって動いている僕たちは、それを知って、そこを探しながら知るからこそ現実を変革していかなくてはならない。芸術も変革をうける。方法上も変革しなくてはならない。繰返しの中で問題を発展させないと芸術というものはないのではないか。

いかに社会主義リアリズムの問題があっても結局、自然主義的方法しかないので、社会主義国家の人でも、社会主義リアリズムでは概念的な人間しかあらわせなくなってしまうのではないか。

山岸　素朴な感じで感銘深かった。東京から出かけてああいう経済的基盤のまずしいところを追求した、ということまではわかるのだが、人間が、あそこの人がどう考えているのかそこへ作家がいった場合、その人の考えといっしょに、お手あげする場合もあるだろうし、そこの人の考えに抵抗を感じる場合もある。そのへんのところを、もう一度昇華して作家がまとめれば、問題を投げだしたということだけでなく映画ができるのではないかと思う。そういう意味では全体の感じで、好意ある旅行者の目みたいな感じしかうけない

野田　そうだと思う。僕は表現が立派でうまくいったというのではなく、ヒューマニティがあるから人間は善意だとか原水爆に反対すれば原水爆が出来なくなるという世の中ではない。それだけでは間に合わない。あの人たちが好意とか同情ではなく、おれはどうして投出されているのか、もう一ぺんじっくり考えなくてはならない

問題提起に終ってしまったかも知れないが、もっとつっぱなした形で問題をとらえるということが、前進ではないかと思われる。

つっぱなした中で僕の古い概念的なものが多分にあったと思う。この次は上手につっぱなそうと思う。絶望をとおしてこそ、現実の再認識をして、体当りに変革して世の中をつくる気持がおきてくるのだと思う。神棚のようなものがあっておきるのではなく、自分を変革しなくてはいけない。

吉見　失敗作成功作をこえて今あなたが突っぱなそうとして受けとった客の方では、突っぱなし方に切実さを卒直には受取りにくかったところはどこにあるのか、ということ、自分の作品をどうしていこうかという時、主観の掌握ということ、独白ということでなく、私小説的独白ではなく、主観をなまに作品の上で吐露してしまうのか、なにかにたくして表現するのか、いろいろ主観の出し方は現実にぶつかった時の、自分のうけとり方を野田君は自分の力が足りなかったという。それは思想性が深まっていなかったこととは別に、一応、彼の創作態度の問題―それは技術的な計算ではなく―その点がうすかったのではないかと思う

最初、卒業式で自分は百姓になる。私は何々になる。あとは期待をもって実際に働かなくてはならない。その子供たちを囲んでいる条件が出されている。この辺に問題が一つあったのではないか。

野田君が僻地に乗り込んで対象にしようとした意欲の底には、僻地に集約的に表れている社会的矛盾のある典型を、そこで本当に対決してみて、そこで彼がいっている投げ出すということをやろうとしているのではないか。その時、対決する接点がぼやけているのではないか。卒業した子がどれだけ期待をもって、あの環境の中で生きるかそのぶつかり点が必要じゃなかったか。卒業してこれから生きなければならない少年たちの共感が、それてしまっている気がする。

頭巾をかむって農婦が鍬で耕作

野田　対象をそのまま描くか、対象の意味あいを剝奪して物としてつかんで再構成するかという方法。これは僕自身の主体と関係があるわけで、主体は主観でなく自主性と関係がある。京極君の〃一人の母の記録〃のような形で描く方法もある。農村の複雑なものを方法上の問題で、自分の主体の弱さが混乱をおこして未熟になっている。京極君は貝殻ひろいをテーマにしろというが、これこそ否定的テーマにしたかった。これなら救えるというヒューマニイなものでなく、つっぱなしたかった。

吉見　主体か主観はそれぞれ別として、あそこに礦山があって、働けると思ったが、こちらにこなかった、そういう意味あいが、このとりあげ方では一つの僻地の風景になっている。それはその地で期待をもっていただけではなく、ここに青年がいて、あそこに働く青年の中には、ここの青年は一人もいない、このような今この瞬間における接点というか、そのへんギリギリさがもう少しつかまえら

れる必要があったのではないか。政治的にも地理的にも僻地というシチュエーションが出てくるものと思っていたが……。

野田　石灰石のことで僕のいうキリこみがたりなかったということ。今までの描写になっていたということの中には僕の弱さと一致する。青年はいないのだ。オートメーションだからそれをどう対決してキリこんでいくかということで不足している。

　あの場合、室蘭の工場を出すべきだと思う。製鉄工場で、なんら部落の生活とは別個の形で並行的に進んでいる資本主義の牙城がある。これを今までのモンタージュでなく、もっと飛躍した大きなモンタージュで、全然無関係なものをコンストラクションで考えなくてはいけない。

　この写真をつくりながら考えたことなのだが、記録映画の場合、新しい角度からモンタージュをやらなくてはいけないのではないか

八幡　僅かでもとれた魚はどういうルートで商売されているのか

野田　漁村の経済分析映画でないからやらなかったが、漁業組合は有名無実になっている。町の魚市場の入札者が三人ぐらいで、なあなあで決めている。この問題を突こんでいけば面白いものがある

　もう一つ、漁業法で漁場を解放をしたが、実は零細漁民にとっては何ら解放ではないことがわかった。

八幡　ここが僻地でない社会とどう結びついているのか、あの中でわかったのは、出かせぎに行くというところで結びついている。

　バスも通わないといっているが日常、白米の配給など、どのように行われているのか、隔絶されている面がよくわからない。僕が期待していたのは僻地という特殊な条件にあらわれている日本の貧しさ、とりのこされた感じが余り感じられなかった。

野田　何ら施設一つない資本主義にとって利益にならない場所―疎外された場所として考えた。そんなところで出かせぎに行くことは損なのだけれど―。

谷川　今まで僅かしか獲れなかった魚が、彼らの目の前で大資本による近代化された漁法で、とれるだけ獲ってほかの水あげ港へもっていってしまうシーン、本当に取残された感じは、こういうものから強く感じるのですがね。

山岸　この漁民や出かせぎにいった人の収入はどのくらいか、現金収入の額が出てこない。

野田　はじめからそういうことで指摘するスタイルの映画としてではなく教材映画としてちがった意味でとらえたかった。昔から座談会へいくと、よくあの農家は何俵とれるかときかれ、多いものと少ないものを算術で平均化することはできるが、それをいったってピンとくるかどうか疑問があり、ひっこめた。

山岸　みていてギクッとしたのは鍬を使うと石が出てくる。欲をいえば生産力全体がでていればよかった。

野田　労働組合で映画をやっている人に特にいいたい。そういう見方でない啓蒙をする必要がある

大島　僕は作者の目のすえ方、カメラの動かし方、対象へのアプローチの仕方、最初に意図した創造方法が画面処理から全部を通じて貫いていないという批判になる

　械械が人間を置去りにする。その移行、全体を通じイメージと解説が分離している。極めて今までの記録映画のふるい手法通りの解説をしている。疎外されている存在の矛盾をいたる所で出そうとする。資材があればそこで魚がとれる所へ全然自分たちと無縁の舟が来て捕っている。そこの労働力が有効に活用すればいいのに、労働力を搾り上げられるようにトラックに乗って出ていく。そうしなければ生存できない、存在というものが、物とし見てるものにこない

野田　ここで新派悲劇のようなシーンを設定するのではなくて、新しい意味での大衆に密着する激発するような構成をみがいていかねばいけないと思っている。並行線的モンタージュが考えられる。

大島　記録映画は抽象画とはちがう。物をオブジェとして出すには、物が事実として作者が考えたような追究が出ていないと、単に投げ出されたものに終ってしまう。だから、こういう説明がないと、わからないのじゃないか。こういう関連性がないとわからないのではないか。

坂田　出かせぎ労働者とか漁夫が解説文でなく、悲歎にくれるダイアローグで表現された場合、アナウンスと大同小異とおもうが…

大島　あくまでも画面がイメージと結びついたものとして出てこなくては単なる解説となってしまう。いくら農民の怒声を入れてもおそらく野田さんが考えたような追究の仕方にならないと思う。

吉見　室蘭の事実の背景を流れている政治性、僻地の事実の底を流れている政治性の位置関係、そういうでっかいシーン、並列モンタージュには、社会的政治的位置関係が明確に出ていない。ズバリズバリときりとってきて、その時の位置関係か全体として大きな関係の中で、また作品として位置づけられてくるということが、これからのアプローチしていこうとする一つの手法では、いけるかどうかはわからないが可能性を感じる

野田　事実という問題をどういう意味でいっているのか、一つの概念のもとでとらえられた事実ともう一回バラバラにしなくてはいけない事実――意味を剝奪することでもある。今までの事実は唯なんとなくコントラストをとらえれば、それが事実であるという。これからは現在的現実をつきつめて、もっと複雑な組合せになっている、社会または内部を描くことができないのではないか。

大島　物と事実の関係の追究の仕方。もし成功していないとすれば、つっこみ方が全体に及んでいけば新しい創造方法の解決のめどがありそうに考えていた。

野田　僕はあるとおもう。もう一度フリーの立場で自分の独力でカンパを集めて作ってみたい、出さない人が多いだろうが……。

大島　記録映画のもう一つのポイントは作者が大衆へのアプローチの仕方が決まる前に記録映画である以上、村なら村の実態調査が綿密にされていることが大切なのではないか。

野田　半年かかって調べているノートは三冊になった。皆話すと面白くてほっぽりだした。逆説的だけれどそうした。もう一月少し期間がほしかったことがあった。

河野　構成の仕方がシッカリ部落のみじめな行づまってどうしょうもないシチュエーションを並列して説明している。頭と終りに中学生の写真を出している。描き方としては空間的にひろがっているだけで時間的発展過程が描かれていない。一つ一つの場面で感情が動いても全体的に積重ねがなく、弱すぎる。

野田　ストーリーは発展した状況として出来るだけとらえて見ようとした。

西本　情緒的な感銘というものじゃなくて、つきはなしたものを描きたかったという、野田さんの気持とか態度は作品に出ていると思うが、非情さを作品の中から感じなかった。

高島　この作品の演出助手についたが、久し振りにみてやっぱりよい映画だと思った。

いわゆる事実、真実を描きだすにはどうしたらいいのか、野田さんの新しい方法意識が作品の中に出ているし、決してこの作品が完璧とは考えないがかなり成功している。しかし卒直にいって作家の整理しきれない、統一しきれないものがあった。

大島　具体的な例として、戦争中につくったものが出てくる。何だと思うと、すぐ解説が説明してしまう。そういうところに作者がいうバラバラにしきれないものがあるのではないか。

野田　戦争中から戦後にかけて記録映画の作家がどう転位していったか。天皇陛下万才から民主主義万才になっていくそういうところに主体のない弱さがある。なんとかもう一ぺん本当の自己批判をやって出なおしての方法が、やっと手はじめにやったもので自然主義的な作法の手ぎわの悪いところがゴツゴツと残っている。

谷川　こういう作品を取上げたプロデューサーに対して我々は敬意を表したい。今日、多くの作品は我々の考えるものとは全然逆な方向へいこうとしている時、大へん意欲的で、学ぶべき多くのことを含んでいるとおもう。

高島　大へん熱心に卒直に意見を出していただいて有難うございました。

（追記）

この研究会記録をあやまりなくつたえるために原稿を整理する仕事を引受けたが、このエネルギーの消耗のはげしさにいささかまいった。原稿一枚一枚に責任をもつことに自分の書きもの以上の負担を感じた。

大島氏はこの問題を更に深めて、別に稿を寄せられている。私から一言補足的にいわしてもらう。

個々のショットから作家の意欲をひしひしと感じる作品である。だが見終って何かもう一押したりないはがゆさが残る。

現実にありもしない発展的萠芽を描けというのではないが、新しいリアリズムの手法—社会主義的なものの見方—つまり、今日、この僻地の暗い現実の中にも、未来に向ってたちむかう前むきの姿勢の、しいたげられても、びくともしないで、たちむかっていくしぶどいものに眼をむけられなかったろうか。

十二月号には、国学院大学映研の作品〝山に生きる子ら〟の作品研究会をもって、同じ僻地問題のテーマを中心に、記録映画創作の方法について、理論的発展をさらに深めたいとおもう。

（谷川義雄　記）

しらじらと明けはじめた海。磯舟が出ている。

×　×　×　×

教育映画総合振興会議

十月十八日テーマをきめ開催

教育映画祭の中心行事として展開される「教育映画総合振興会議」は全国の教育委員会代表者や視聴覚ライブラリーに活躍している人達、それに関係各団体の代表者及び教育映画の製作・配給社の代表者等の参集を得て開催された。

日時　十月十八日午前九時三〇分〜一二時、

場所　東京銀座・山葉ホール

討議のテーマ「教育の立場からみた映画とテレビ」

討議はパネル形式で進められ講師には次の方々が参加した。

波多野完治（お茶の水女子大学教授）、西本三十二（国際基督教大学教授）、関野嘉雄（東京大学講師）、鈴木虎秋（日本学校視覚教育連盟会長）、諸井三郎（文部省社会教育官）、司会—宮永次雄（日本映画教育協会）

×　×

又教育映画祭に映画教育につくされた三名の方が功労者とし　表彰された。お茶の水女子大学教授・波多野完治、日本映画教育研究会事務局長・山本滋、東京都教育庁文化課長・長谷川和夫の三氏。

最近の記録映画について（2）

岩佐氏寿

さて、最近の日本の記録映画に話を戻すのですが、その前に諸外国の記録映画からの影響について考えてみたいと思います。

どの芸術でもそうでありますように、西欧からの影響が少くない。映画一般はアメリカとフランスからの影響が大きいと思いますが、それが日本の伝統的な演劇——歌舞伎、新派の方法、とくにメロドラマの方法と混淆し、さらに後には、新劇の方法もごちゃまぜにはいって来ていると思いますが、その新劇というのがまた、イプセン以後戦前のスタニスラフスキイに至る西欧の自然主義やドイツの表現主義、メイエルホリドやピスカトールなどまで含めて、現代では、現在のスタニスラフスキイ・システムや、ブレヒトが問題になっている——そういう状況の新劇とも無関係ではないという、ひじょうに厄介なものをその中に含んでおります。そのような日本の映画一般の複雑な性格の上に、さらに、記録映画は記録映画として独自の、諸外国からの影響を、少くともわれわれの年代の者は、身につけていると思います。

第一に、ソヴェトの記録映画、等二にドイツ、第三に、これが最も大きいと思うのですが、イギリスのいわゆるドキュメンタリイ派からの影響です。

これについては、詳しく述べる時間がないので、はしょることになりますが、ごく簡単に申しあげますと、「春」とか**「トウルクシィブ」**などを代表とするソヴェトの記録映画からは、モンタージュの方法と、記録映画における詩というふうなことについて得るところが大きかったと思います。そして映画のリズムについて、これはモンタージュと無関係ではありませんが、すぐ真似てみたくなるようなものでした。しかし、のちにそれは形式主義的だという批判を受けるようなものでしたが、ソヴェトの記録映画のあのダイナミックなリズムというものは甚だ魅力のあるものでした。多分あのダイナミックなリズムというものは、ソヴェトの社会主義社会建設という状況の中から、全体がはり切っている中から必然的に生み出されたものであり、それがかなり観念的なものであったために、形式主義化したのだろうと思いますが、ソヴェトとしてはどうしてもあの段階を通らざるを得なかったのに違いない、しかし日本の作家たちは、戦争前夜の、いわゆる暗い谷間の時代に、ソヴェトの状況にはおかまいなしに、形式だけを真似たというきらいがあるように思います。形式だけを真似たために、日本が侵略戦争にのり出してから、戦意昂揚映画にも、この形式が役に立つという皮肉なことになりました。社会主義社会建設のダイナミックな動きと侵略戦争の為の軍靴の響きが、なるほど形式だけは似ているのです。形式主義というものの運命——形式主義は内容をヌキにしたものですから、いかにファシズムにも利用されるかという典型的な例かも知れません。

ドイツの記録映画というと、ワルター・ルットマンの**「ベルリン交響楽」**とか、レーニ・リーフェンシュタールの**「民族の祭典」**などが代表的なものですが、**「ベルリン交響楽」**は、かなりペスミスチックなものであったように記憶します。当時の日本の状況としては、ペスミスティックな思想を容易に受け入れる状態にあったと思います。それにもともと俳諧などにあらわれている仏教的な諦観や、われわれ年代の者は鷗外・漱石、白樺派などの小説がよく読まれた時期に育っており、ドイツ観念論の全盛期のあとでもありますから、**「ベルリン交響楽」**がバタ臭いペシミスムの衣をつけて出現すれば、コロリと参るようなものを、体の中に持っていたのではないかと思うのです。**「民族の祭典」**は、ヒットラーの大事業でありますが、十分すぎるくらい金をかけて、例えば百メートル競争のコースを、選手と一緒にカタパルトでカメラを十一秒フラットぐらいで走らせたそうですから、まずその技術に圧倒されたといってよろしいでしょう。それにマラソンのシーンなどに見られたような、カメラの対象に対する執拗な食いさがりや、前畑選手がプールからあがると、日本の下駄の上にポタポタと、しずくが落ちる——尤もこのカットは、国辱だというので内務省の検閲で切ってしまったそうでありますが——勿論ドイツ人が日本人を見る、まあ、エキゾチズムの現われだと見られなくはありませんが、それにしてもこうした着眼は悪くない、さらに、跳躍の選手がピョンピョンとび上って練習しているそのすぐ次に、カンガールがピョンピョン跳んでいるカットをつなぐといった頭のはたらきなどは、ナチの製品だとはいえ、技術的にいろいろと新しいものを含んでいたと思います。

もう一つ、ドイツの映画で日本に大きな影響を与えたのは、ウファの科学映画であります。例の、植物などが、にゅるにゅると伸びるやつ、花が蕾からだんだん開いていく過程とか、つまり、微速度のコマどりの撮影でありますが、これが当時どんどん輸入されまして、日本の科学映画にひじょうに大きな影響を与えております。ぼくの考えでは、戦争中日本の記録映画は、「フイルムもまた弾丸である」というようなことで、これは勿論ナチドイツでゲッペルス宣伝相のいったことの、受け売りでありますが、——すべて戦意昂揚映画として軍当局の統制による製作に移ってしまった中で、科学映画も勿論ロクに撮れはしなかったのですが、ドイツの科学映画で学んだこ

とが、比較的素直に、戦後日本の科学映画の中へ復活していったというふうな事情もあったと思います。

イギリスのドキュメンタリイ派——御承知のとおり、ジョン・グリアスンや、ポール・ルータ、ベジル・ライト、フラハティなどの作品は、世界的にもそうでありますが、日本のドキュメンタリイ映画に、ひじょうに多くものをもたらしております。そもそも、「ドキュメンタリイ」ということばそのものからして、これはイギリス製であります。尤も、映画史的には、フランスでいいだした「フイルム・ドキュマンテール」ということばを、イギリス人ジョン・グリアスンがそのまま英語に訳してドキュメンタリイということになったのだそうですが、実質的にその言葉の内容を、フイルムに表現したのはたしかにイギリス人であるようです。フラハテイの「**ナヌウク——北極の怪異**」や「**アラン**」などは、ひじょうに大きな影響を直接に日本のドキュメンタリイ作家に与えたといってよろしいと思います。いわゆるソシアル・ドキュメント、あるいは、ヒューマン・ドキュメントといったような作品は、イギリスのドキュメンタリイ派の作品を見てからますます日本では発達したということになりましょう。厚木たかさんの訳したポール・ルータの「文化映画論」が大へんに読まれたのも、このころであります。

このイギリス人のたくさんの作品は、積極的に社会の現実の中へカメラを持ちこむことを教えた、そうして撮ったものをつないで、もう一つの現実を再構成することを教えたという点で、その功績は、はかり知れないものがあります。今でこそ、私どもは、当時のイギリス・ドキュメンタリイ派の作品は、改良主義的だなどと、批判致しますが、当時の、いわゆる暗い谷間の時代に、現実の中へカメラを持ちこんで行って、真実を探り出そうという方法としては、極めて積極的な意義を持っていたということは否定出来ません。アメリカの教育映画が、プラグマティックな、解説的なものであったのに較べて、イギリスのものは、改良主義的な限界の中でも、とにかく、作者というものが、画面構成の上に、明らかに存在していたのであります。作者の食い下がり、あるいは詩的な処理、ともかくも、芸術の名に価するものをつくろうという姿勢が、明らかに作品の上に見てとれたのであります。このことは大へん大きなことで、現在の日本のドキュメンタリイ映画の性格を形作るモメントになっていたと断言してもいいだろうとぼくは思います。

ただ、それにもかかわらずです。戦前の、日本の「文化映画」の、改良主義的な甘さというものも、また、たしかに、イギリス直輸入でありました。戦後の「台所改善」といったふうな映画に見られるように——社会の構造を問題にせずに、上ツ面の社会の現象面を問題にして行くあのやり方、生活技術の改善だけをとり上げるあの考え方などは、その痕跡ではあるまいかと思います。農村の、台所は改善した方がいいということは、だれでも知っております。農家の人もよく知っております。知っていても、却々できない事情というものが農村にはあります。第一、現金がないということもある。また、金があっても、サイフを握っているお姑さんがウンといわなければなんにも出来ない、今まであのカマドで用が足りて来たし、今でも足りているのだから、べつに新しく作り直すことはあるめえと、年寄からいわれてみれば、引込まなきゃならないというようなこともありましょう。台所ひとつとっても、農村の社会構造とつながっている、それをヌキにして、台所改善の映画を見せても、なるほどそうかというようなことでないよりはましな映画ぐらいなところです。

ドキュメンタリイ映画というのは、そういうものではないと思うのです。イギリス、ドキュメンタリイ派の仕事は立派でしたが、社会構造ごとものを考えていくことに、いささか欠けていたような点をたしかに持っていたと思うのです。

このように、さまざまの外国の記録映画の影響が、日本へも根深くはいりこんで、日本の記録映画の性格を形作る要素の一つとなっているというふうにぼくは考えます。

（つづく）

◉外国短篇映画枠外
外貨割当作品きまる！

本年度第一回枠外教育文化短篇映画の審査結果は、大蔵省為替局から次のように発表された。今回は申請作品五十五本を、去る十六日文部省教育映画等審査分科審議会が決定した新しい審査基準によってABCの各クラスに分け、AB級二四本が入選と決定した。

(A) 『チリか運命か』米・シネアート。『スペイン馬術教習所』墺・東和。『ゆりかご』ハンガリー・東和。『イシャンゴ＝野獣の天国』西独・パールハウス。『忘れられた歩哨』チェコ・独立。『画家レービンの作品』ソ連・弥生映画。『大城壁の背後・第二部』仏・北欧。『幼稚園の一事件』ブルガリア・芸術。『青十字星章の人々』ポーランド・ヘラルド。『森の魅惑』伊・イタリ。『絶望といわれた人の命のために』ソ連・中映貿。『ペンギン物語』ソ連・ジャパン。『勇敢な小鹿』ソ連・共同。

(B) 『Xマス八〇日』米・日活。『アフリカの奇跡』米・シネアート。『深海の声』米・シネアート。『小さい靴と大人達』ユーゴ・洋映。『カムチャッカ紀行』ソ連・弥生。『大城壁の背後—第一部』仏・北欧。『熊のサーカス』ソ連・ジャパン。『小舟』ソ連・共同。『雪姫物語』ソ連・共同。『不思議な井戸』ソ連・共同。

児童劇映画について
―その歴史的あらまし―

道林一郎

　児童劇映画について何か……というお話をうけたんだが、このところさっぱり児童劇映画をとるチャンスにめぐまれていないし、また、ふりかえってみても、正真正銘児童劇映画と呼べるもの「わずかに「川べりの少年たち」「雪ふみ」の二本。あとは東映の教育映画部で作った「夢をみる人形」と「五月の天使」という短かいもの二本だけ、他にも二、三、主たる登場人物を子供が演じる作品があり、児童劇的といえばいえないこともなかろうが、目的はあくまで社会教育映画として作ったものであり、観てもらうのは児童というより、むしろ父兄にその重点を置いたものである。

　こうみてくると、児童劇映画について何か……というお話をうけとるには、小生、決して適任とは思えない。ただ、機を得さえすれば、いつでも大いに児童劇映画をとりたいと願ってはいる。それぐらいのところを足がかりとして。

×　×

　児童劇映画が確実に継続的に作られはじめ、そのジャンルがはっきり世の中に認められてきたのは、ようやくここ四、五年である。児童劇映画という呼び名は古くからあったし、事実「たのしいカンペイ君」や「ともだち」などいまだに忘れられない名作が作られたりしてきたのだが、それらはいつも散発的にしか作られなかった。このことは、児童劇映画を作ろうと意欲した人が無かったのではなくて、その意欲に応える製作会社が無かったのであり、たまたま応えんとする会社は経済的に壊滅していったのである。

　作りたい、作る、上映組織が無い、損をする、潰れる（或は以後製作を中止する）という、この悲劇のくりかえしは、かなり長い歴史を持っているようである。

　この悲劇は、戦後の四、五年、更にあきらかなかたちをとって、ぐっと高まった。まことに変な言いかたではあるが、東宝の教育映画部の崩壊が、それである。

「谷間の少女」という、きわめてみずみずしい作品を発表して、涸れきった児童劇映画の畑をうるおしてくれた同映画部では、次々と作品を送り出した。「機関車小僧」「水晶山の少年」「リンゴ園日記」「消えた仔牛」等々。それは、まことによろこばしい限りであった。

　だが、これがつぶれた。

×　×

　同じ頃、日映の教育映画部でも、二本の児童劇映画が企画され、製作された。「みどりのあそび場」と「空気の無くなる日」の二本がそれである。

「みどりのあそび場」は、子供たちが一致団結して自分たちのあそび場、自由の楽園を邪悪な者の手から守ろうとする話であり、そのきわめて積極的、意欲的な内容は、オペレッタ形式を採用するというザン新な企画のたてかたとともに、大いに期待された。だがこの作品は不幸にして多くの成果を残さなかったようである。それにひきかえ、「空気の無くなる日」は、まさに彗星的作品となり、圧倒的賞賛をかち得た。にもかかわらず、この作品もまた充分な上映組織を持たない悲しさ、企業的には会社にプラスをもたらすことができず、日映は、以後この種児童劇映画を再び作ろうとはしなかった。

×　×

　児童劇映画の畑は、やがて昭和三十年、東映教育映画部が「ふろたき大将」をひっさげて、サッソウと登場するまで、若干の空白期間をもった。あたかもその間隙を縫ったかの如き感が、今にして感じられるのが「雪ふみ」である。

　昭和二十九年二月、キネマ旬報がはじめて短篇映画ベストを選ぶことになり、その選に児童劇映画としての「雪ふみ」が入選したことが、その後の児童劇映画の発展と進路にいささかの活力をあたえ得たのではなかろうか。

×　×

　東映の教育映画部が「ふろたき大将」をひっさげて、サッソウと登場したと言ったが、たしかにその通り。そして、たしか三作目あたりであったか、「トランペット少年」が出るに及んで、児童劇映画は、ガゼン、短篇映画全般の中で重要なものとなってきた。

　この作品はまた、エヂンバラ賞という国際的賞を受賞することによって、その栄誉にかがやいた。

　東映が自社の組織に乗せて、児

雪　ふ　み

童劇映画を中心に、社会教育映画、教材映画をぞくぞくと作り出すというケースは、まさに短篇映画界はじまって以来の革命的ケースである。このケース自体はまもられていい。

このようにして、いままでにない製作上の安定性を得て、「野口英世の少年時代」が生れ、「いねむり一家」が生れた。

× ×

一方、劇団民芸でも映画部を創設し、児童映画のジャンルの確立に大きな力を注いでいる。「おばあちゃん有難う」を第一作として、今年度の感動的名作の名をほしいままにするであろう「オモニと少年」にいたるまで、そのヒューマンな作品の数々は、子供たちに、また親たちによろこばれ、愛されている。

× ×

あまりにも俗悪な映画から子供たちをまもり、また母親たち自身の立場をより高いもの、しあわせなものにするために、そのために役立つ映画をつくろう、世の母たちが手をつないで作っていこうという趣旨をもって設立された母親プロ（桜映画社）が、児童劇映画の製作に積極的な情熱をもやしたのは当然である。その情熱のなかから生れた傑作、いうまでもなく「お姉さんといっしょ」である。この作品が、グランプリの大賞にかがやいたことは、皆さん御承知のとおりである。

日本の短篇児童劇映画が、さきの東映作品「トランペット少年」につづいて、グランプリ大賞をかちとった。しかも日本の短篇児童劇映画がそのジャンルをゆるぎないものにしてからわずかに四、五年しか経っていない。しかもこのことは、勿論それまでに数々の苦労が、たくさんの人々によって地道に積み重ねられてきたことの結果であることは自明である。

それにしても、今日の日本の児童劇映画の発展には、目をみはるものがある。何がその因をなしているのか。

× ×

「オモニと少年」に、「千羽鶴」に、そのことをみてみると、そこにくり展げられている物語は、いたずらなる架空の物語ではなく、作者が現実の中から拾いあげてきた、生きた物語であることが判然としているのである。現実にあった事実を基盤に、その中にある人間としての是と非を峻別し、誰が誰と手をむすび合い、助け合い、愛し合っていくべきかを、真剣に考えているからである。

両親を亡くした孤児が、その隣人によって救われる。しかもその隣人は朝鮮の婦人である。屑物をあつかう貧しい暮しにかかわらず、その孤児の不幸に目をそむけることができず、将来の幸福をねがってその子をひきとり養育する「オモニ」の姿に、まこと民族を超えた人間愛の深淵を見せられるのである。

海の向うで、いま、人種的差別から学童の登校を拒否し、学校閉鎖のさわぎまでもちあがっているとき、この映画「オモニと少年」が作られたことに、私は万歳を叫びたいのである。

戦争が終って十三年。しかも戦争を知らなかった少女までが、なお今日原爆症のために死んでいく。こんな無惨な悲劇がどこにあってよいものか。広島の少年少女たちが、原爆少女の死をいたんで、自ら全国の少年少女たちに呼びかけ、その碑建立をなしとげた事実、この事実は広島の少年少女たちだけでなく、全国の少年少女たちが声高々とうたいあげた原爆戦争への憤りの詩である。この事を事実として作られた映画「千羽鶴」に、私は児童劇映画としての、あるべき姿の、その一つの頂点を見出すのである。

× ×

いつか清水宏氏が新聞紙上で語っておられたが、「このごろの映画は映画ではない。原作の単なる焼直しではないか。映画は、もっと映画本来の素材を求めなくてはならない」と。

原作ものの映画化が、そのまま原作のフイルムへの焼直しであり、映画本来のものでないという言いかたには、問題がある。だがそれは言いかたの問題だけであって、清水氏の言われんとするところは充分わかるような気がするのである。

児童劇映画のすすむべき道は、やはりこの辺に本命があるのではないかと思う。

第六回子どもを守る文化会議長野で開催

日本子どもを守る会主催の第六回子どもを守る文化会議は、長野市城山小学校で開かれる。映画については第三分科会「娯楽児童文化の問題」で話されるが、映画の立場から岩佐氏寿氏他が出席予定

記録映画についての覚書

――最近の諸作をみて――

大島辰雄

(1) 取材について

○画面の上下がボカされて、陰影のあいだに、ねむたげな眼だけが浮かびあがる。陰影がうすれるとともに、画面いっぱいクローズアップされた少年の顔(疲れきった顔)がひろがる。カメラ、バックする。教室でうたた寝をしている生徒。……カメラがさらにバックするにつれて、あちこちで授業中居眠りしている生徒が画面にはいってくる。クレジット・タイトルが画面にダブる――〃居眠り教室〃……カメラ、バックしつつ教室の全生徒をとらえる。

○黒板に向っている先生の後姿。振りかえる――暗い顔。カメラ、バック。黒板にダブってクレジット・タイトルが終る。先生は教壇からおりて歩きだす。……教科書を読む先生と生徒たち……カメラ、バック。窓ごしに教室内を映す。カメラ、さらにバックする。教場から学校の全容が画面にひろがっていく……。

「青森県北津軽小泊村下前小学校では、六年生男二十七人中六人、同中学校では一年生男二十人中六人、二年生十四人中三人、三年生十九人中十六人までが、夜のイカ釣りに出漁している。北海道小島附近の漁場往復時間だけで六時間余り、それも午後一時半ごろ出港して、帰港するのが翌朝七時とあって、授業中うたた寝をする生徒が後を絶たない。」

「この地方は三百十八世帯のうち五十世帯が生活扶助を受けているような貧村で、おまけに約二百人の若者が北海道方面に出かせぎに行っているため、子供ながら年間平均三万円のイカ漁代金をかせぐ少年たちは、どの家でも生活を支える大黒柱なのだ。」

労働基準法や児童福祉法は、くどいくらいに青少年の保護をうたっているにもかかわらず、実際には、このように、生活のため少年が過酷な作業に従事している例が多い。労基署ではこのほど学校側、PTA、船主、漁業協同組合などと話合って少年の出漁をできるだけ「自粛」することを申合せたが、「どの家でも生活を支える大黒柱」という実情を、とうていくつがえすことはできない。

○労基署の弱気――「水田も副業もないところだから、むりに出漁停止の処置に出れば隠れてもやるだろう。もし災害があったら、と気が気でないのだが……」

○先生たちの嘆き――「学校に弁当を持ってくる子は一人もいない。みんな家に帰って昼はイモを食っている。だから学校として出漁禁止を叫んでもどうにもならぬのだ」

労基法によれば十五才未満の児童は、就学時間を通算して七時間以上の労働はゆるされないことになっている。さいきん、文部大臣は勤評にからんで「法律で決まったことは実行するのだ」と再三、声明していたようだが……。

かあちゃんの生産学級

以上は9月21日の朝日新聞、地方報告欄から「徹夜のイカ漁に少年」――「教室で居眠り続出」とある報道を、全文ほとんどそのまま写しとったものである。最初の部分は『死刑台のエレベーター』を真似て、こころみにシナリオふうに書いてみたにすぎない。この「居眠り教室」は、教育映画や記録映画にとって、笑いごとでない好個の素材であり題材であるだろう。僻地の問題として取上げても、たとえば『お迎え狸』のメロドラマ的偏向をいましめ、『忘れられた土地』のリアリティー追及を深めさせずにはおかぬ、きびしい現実といえるだろう。(僻地教育のテーマについては『山に生きる子ら』を見たうえで再論したい)。

また、朝日新聞、同じ号の学芸欄に伊藤永之介氏が「農村婦人と文学」について新たな息吹きをつたえている。それは「詩を作るより田をつくれで、男でも文章書きに時間をつぶすことは白い眼でみられる」現在の「農村女性の文学意欲の盛り上り」で、このごろの農村女性に見られる「生活の自由のひろがり」と「封建的なものへの抵抗」のあらわれとして注目すべき事実だ。

「それらの農村婦人の小説のとり

あげていることがらは、恋愛と結婚が多い。しかもその恋愛と結婚には、たいてい家の問題、嫁しゅうとめの問題、次三男の問題、土地の相続の問題、オヤジと息子の農業経営上の争いなど、すべて長く農民をガンジガラメに土地と家にしばりつけてきたものの、そのなかの一つ二つ、あるいはすべてが、しつこくからまっている。

「しかしそれは、それをどうにもならぬ農民の宿命的なものとして描いたような旧来の農民文学とはちがって、そういう農民生活のガンジガラメへの打開の動きや、封建的なものへの抵抗や、明るい生活への希望などが、どの作品にも織りこまれている。」

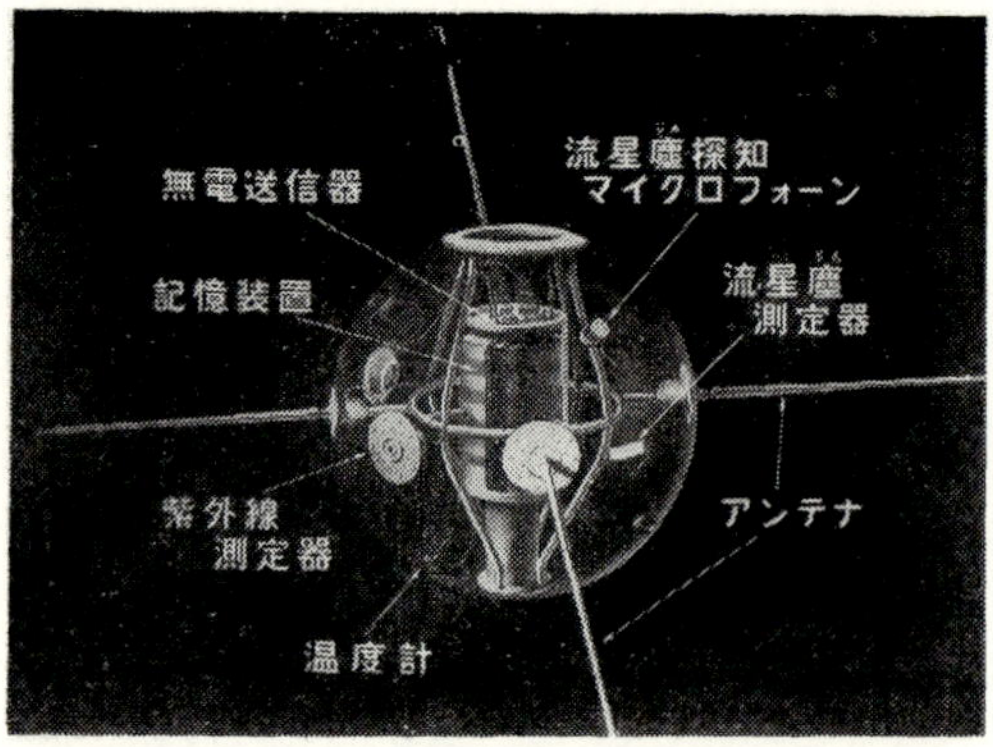

（上）人工衛星の話（下）下水道

しかも、それはただに作家の観念としてのものではなく、「現実の痛切な苦悩と、切実な希求として」打ち出されているのであり、みな相当の文学水準に達しているという。こうした事実とこれらの文学形象からは、文学の記録性と映画の記録性との、いっそう高次な統一によるオムニバス教育映画も企画されうるだろう。そしてそれは『かあちゃんの生産学級』のねらい（それはよい「ねらい」だったが、きわめて観念的な描写におわっており、このような「動く」写真よりは『北山林業』のスライドのほうが生きている）を具体的に、ゆたかに生かすばかりでなく、『鰯雲』の叙事性・抒情性（その形象づけは美しかったが、リアルな劇的葛藤はメロドラマ的な流れに溺れ埋没して、ひっきょう新生新派的哀感しかとどめていない。つまり、この現実はホームドラマ調の描写で処理しきれるものではなかったし、また日本農村の悲劇としてよりは、たくましいコメディーとしてつらぬかれるべきではなかったか）をみなぎらせ、たたえたものとなりうるだろう。そのような視覚と意欲によってこそ、いわば綴方教室から生産学級へと創造が高められるであろう。

(2) 創造について

教育映画はとかく「つづり方」的であり、また記録映画は一般に動く絵ハガキの境地を脱していないといわれる。そしてこの悪口は当っている。そうした次元から、いかにして飛躍し脱出するか？ ここには製作・配給の問題と同時に、創造方法の問題が大きく横たわっている。このふたつは楯の両面として見られなくてはならないのだが、まず創造の面に目を向けよう。

問題にはいる前に、さいきん、ひとまとめに見る機会のあった教育映画・記録映画等について、ほんの印象メモだが、多少とも問題点を羅列してみる。

『人工衛星のはなし』は教材映画としてのわかりやすさ、よさにもかかわらず、内容は「スプートニク」の成果をことさらにさけて、「バンガード」打上げに片寄っていると見たのは、ひがめか？ さらに、そのことは文部省選定と現実的な関係がありはしないか？

『東京の水道』と『下水道』とはいわば水の表裏で、前者の対象が清水として美しく映ずるのは当然だが、水と人としてみるとき、前者の構成が山から発して山に戻る起承転結をもっているのに対し、後者は大東京という名の巨大なはきだめの実態を思いきり大胆にさらけだしていない。個々の事物をもっとドライに処理したなら、はるかにデモーニッシュなものになっただろう。いわば、水のたわむれのほうが叙事詩的で、水の再生産のほうが抒情詩的なのだ。

『十一人の越冬隊』は、もともと取材のありかたがそうだからだが、むしろ越冬隊員たちのプロフィールであり、南極の景観のスケッチである。だが、そこに深味や大きさを強いて求めるのではなく、比較としていえば、やはり『南極越冬記』（西堀栄三郎著）にみなぎる情熱のほうが『南極越冬日記』（中野征紀著）に流れる日常性（「平常心」）よりも、このばあいは貴重だったのではないか。おもしろいことには、連続カメラで収めたというオーロラの画面が異彩を放ちつつ最も生きいきと動いている。アラン・レネエが『夜と霧』の中に挿入したスチール写真（ナチ兵の面白半分にうつした裸女群等）と同様なモンタージュ効果である。

さて、日本紹介映画として『冬の日本』や『日本の味』が生活の息吹きも味も感じさせないのは、これらのねらいが、ひたすら美しい動く絵ハガキであり、依然として日本旅行ライブラリーだからであろうか。とすれば、フジヤマ、ゲイシャ・ガールの宣伝とどれほどのへだたりがあるというのか？ そういえば、『民族の河メコン』も、このような視野を出ないために、ついに日本民族の源流を探りきれなかったのではないか。ところが『法隆寺』はまさに古代の人のこころをさぐりえており、そのヴイジョンをきわめてヴィヴィッドに再現してくれる。この新鮮さと若々しい前衛精神こそ、日本の文化財を最もよく「保護」しえているといえるだろう。（ついでながら、コメンタリーは、仏語解説

のほうが英語解説よりも淡々とした調子で、かえって画面を生かしえていたと思う）また、『ミクロの世界』は、顕微鏡下の大食細胞（白血球）と結核菌との死闘を直接的に体内に感じさせるわざとらしい生まの写実であるよりは、いわばすぐれた抽象絵画のもつリアリティー（具体性）とアクチュアリティー（現在性）を思わせる。科学映画としての優秀さを国際的にみとめられたのも当然といえよう。

さいごに『若き美と力』は、すぐれた撮影技術（とくに自転車競争の俯瞰撮影）の魅力にもかかわらず、事実としても、日章旗と「君が代」の繰返しがありすぎる。アジアの若人とスポーツの「美と力」をもっと純粋に躍動させてほしかった。それを通してこそはじめて「理解と協力の記録」たりえたであろう。これでは結局スポーツ・ニュースのつなぎ合せであり、日本が出すぎるということは、皮肉にも、事実として日本の形骸的対アジア政策をうつしとり、はからずも、そのチャンピオンぶりを形象化しているといえるだろう。

忘れられた土地

新作・旧作の問題点を一つ一つさぐること（アラさがしではない）が目的ではなかった。創造方法の問題に焦点を合せなくてはならない。ぼくはさきに『忘れられた土地』のリアリティー追及といった。この「リアリティー」をただちに従来のリアリズムに結びつけてはならない。作家による追及は、およそそれとかけはなれた次元でなされ、彼の目はそこから対象に向けられているのだ。僻地という疎外された存在とその状況を、彼のカメラは日本的視覚にまつわりついているセンチメンタリズムをぬぐいさった新鮮な感度で、するどくとらえようとする。くもりなく、冷たく、思いきりドライに。そこで彼は対象を「突放す」態度をとり、「もの」をそれ自身によって語らせようとする。形象がいっさい説明をともなわないような画面、いささかも形象づけることなく対象をあらわにして実存のリアリティーを記録すること。――この試みは成功しているか？

(3) 視覚について

この記録映画で作家のヴィジョンは、スチール写真にいわれる「決定的瞬間」の捕捉によって対象の全容をアクチュアルに包容しようとはたらいている。決定的瞬間をとらえるというのは、思うに、あらしの前の静けさを記録し、岩にしみいるセミの声をうつしとることであろう。それは柿が熟して落ちるのをただ待っていることではない。それは「眼を通して心臓にまで到り、そして外部の運動によって内部に起る事柄を知る」（パスカル）はたらきであり、「繊細の心」（明察のエスプリ――明敏な題脳）による直観である。感情的意思的関係を含んでいるが、しかもひとつの方法として、それ自身特殊な論理をもち、むしろ「判断力」として、具体的な存在の個性を把捉する能力である。（この「繊細の心」の解釈は、三木清の『パスカルに於ける人間の研究』第三・愛の情念に関する説にしたがっている。三十年以上前のこの書から、ぼくたちはこんにち突当っている人間の問題について多くの示唆を汲みとることができる）

決定的瞬間の捕捉とは、つまり対象の存在（ありのまま）でなく、その存在性（ありかた）――運動の具体性と全生命（個性）をうつしとり、うつしだすことであった。同じように羽をひろげたのであっても孔雀と七面鳥とではちがう。新鮮な記録性は、ひとコマひとコマが解答であるよりは「問い」であるように記録するだろう。われわれの記録映画は、説明的でも記述的でもなく、あるいはそうである以上に、しなやかな思想を通して解釈的でなければならない。理性と感情に、ともに訴えうる説得力をもたねばならない。そうしてこそ「記録」は今日のヒューマン・ドキュメントとして、これまでリアリズムの名によって蔽われていた文学性をはぎとり、はつらつとしたアクチュアリティーを具現するだろう。およそこのように見るとき、『忘れられた土地』が新たな道を見出したかにみえながらなお踏みなれた道から脱しきっていない不十分さがわかってくると思う。実存的形象と純粋形象とはあたかも具体（性）と抽象（性）とのように異なる。「もの」自体によって一定の状況を語らせようとすることが、対象を投げだしただけのたんなる客観主義にすり変る危険性がここにある。歌（主体条件）を忘れたカナリヤはもはやカナリヤではありえない。『忘れられた土地』には、一方においてある漁師の「ジリ貧」の嘆きと昔の大漁祈願の奉納額とのモンタージュ、よそ（岩手県）の大きい網元に連れてこられた出稼ぎ漁師たちによる「だいぼ網」漁と、それを見守る土地の漁夫たちとのモンタージュなどがあり、他方において、石灰石をはこんでいくコンベヤー、出稼ぎの人々をのせて走りさるトラックといった「もの」そのものがある。それらを解説（補足的な作用）がつなげようとするとき、それはたんなる説明となり画面は「問い」としての訴えかけを喪失し、形象（映像）は解釈としての説得力を稀薄化する。なぜか？「もの」が決定的な「事実」としてとらえられていないからだ。

（二三頁へつづく）

国際短篇映画紹介

ヨハネ・ケプラーの業績
（ドイツ）

ドイツの天文学者ケプラーはニュートンやガリレイと並んで近代科学の発達に貴重な貢献をした。「わが精神は天よりのもの、わが肉体は蔭」との辞世をのこして歿した。

これらの偉大な発見や研究がその後レーダー、電信網特に最近では電波天文学などのように応用されている

空の鏡
（イギリス）

リンカーンの顔
（アメリカ）

リンカーンの生い立ちから晩年にいたる、顔の変化をねんどの上に表現して、破乱にとんだ一生を物語る。

この映画ではそれにからまる伝説と併せて現在住民が利用している近代的な姿を把えている。

熱い大地
（ニュージーランド）

古都フィレンツェ
（イタリア・色彩）

製作フルヴィオ・ルチザー

これはルネサンス期における優れた建築，就中ミケランジェロ，ブルネレスキ，ブラマンテの傑作を紹介して当時の面影をしのび，現在なお伝統の美しさを失わないフイレンツエを描く

入選作品

おらうちの嫁

第二部門社会教育用映画，，製作共同映画社　製作坂齊小一郎，山崎久雄，米山　彊

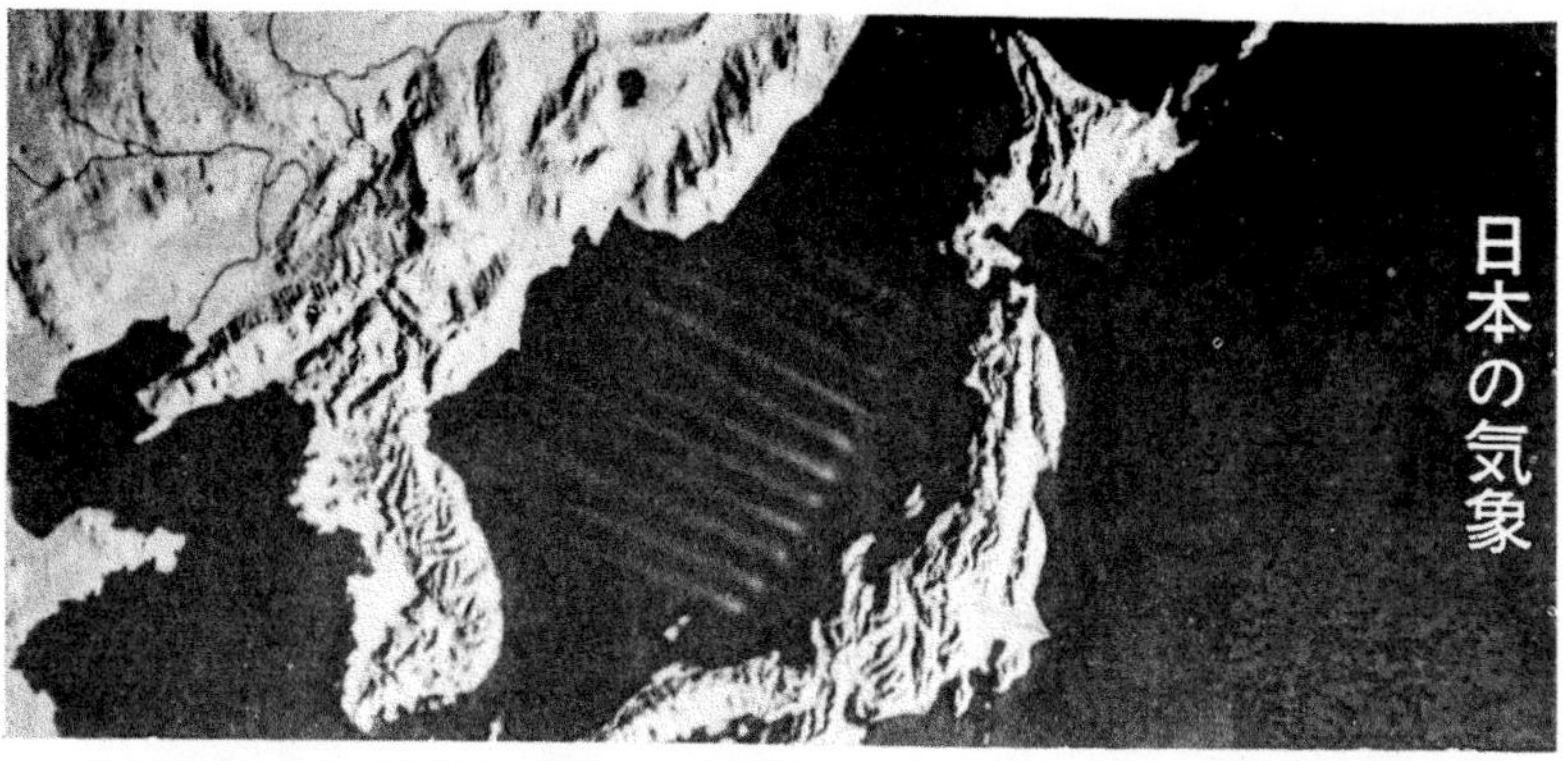

日本の気象

企画製作文部省，製作担当日本視覚教材株式会社製作豊ロ豊一，脚本演出岡本昌雄，撮影鈴木喜代治　18 分

飛脚

脚本大内田圭弥，監督荒井英郎撮影黒田清巳　全 3 巻

製作担当記録映画社，企画•配給教育映画配給社，製作上野耕三っ村治夫，脚本•演出吉田正作，撮影藤洋三　2 巻

一枚のふとん

モンシロチョウ

「日本の気象」「飛脚—昔の通信」「モンシロチョウ」

製作、学習研究社映画部、企画原正次、製作古関勝、飼育・脚本・構成・演出・石川茂樹撮影鈴木鉄男、清水しろし、二巻

十万の電話

第三部一般教養映画、製作東京キネマ、製作岡田桑三、脚本吉見泰、演出大沼鉄郎、杉山正美、撮影小林米作　3巻

第三部門一般教養映画、企画日本電信電話公社、製作岩波映画製作所。製作吉野馨治、脚本・演出矢部正男、撮影下条三郎二巻

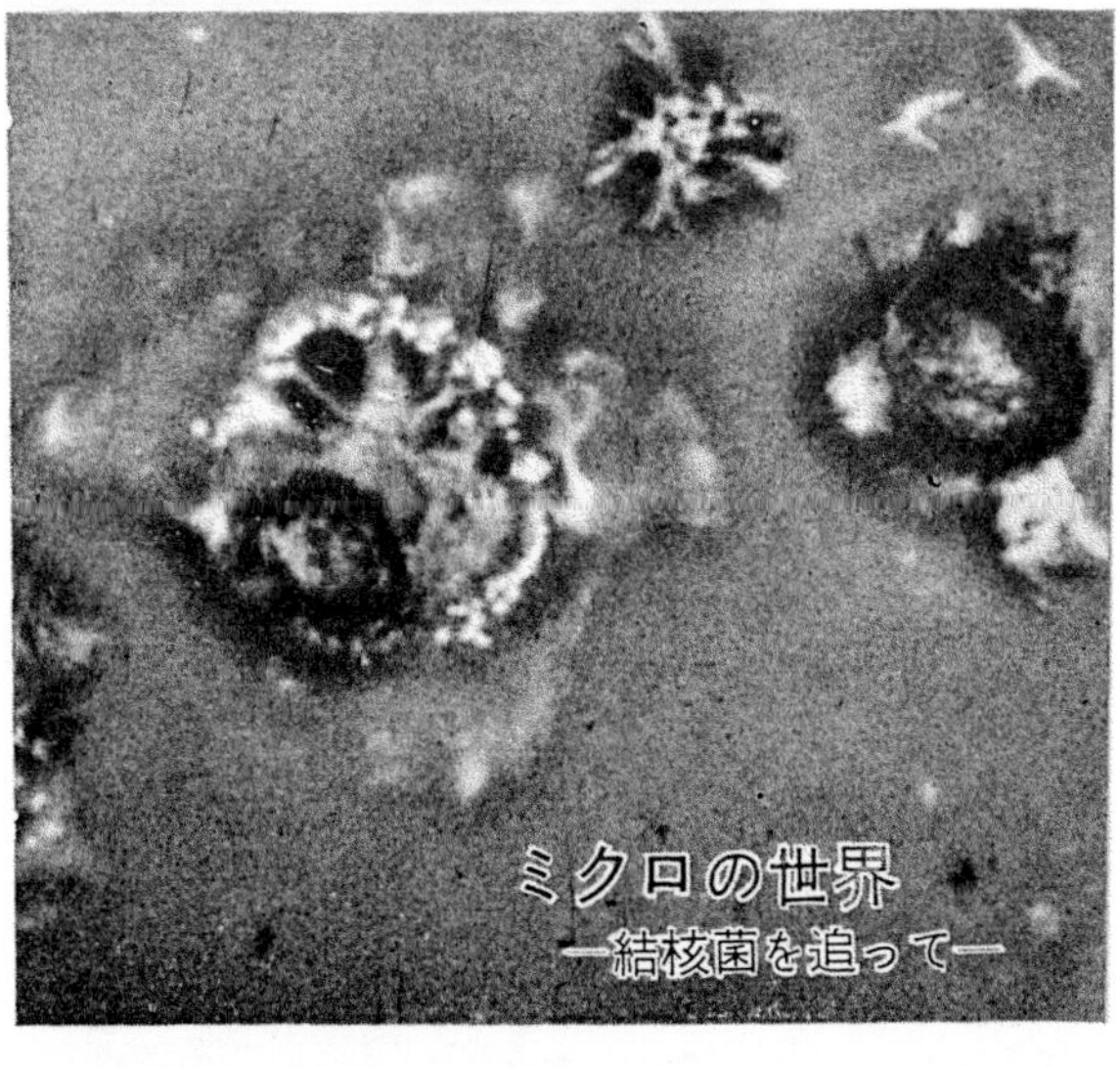

ミクロの世界
—結核菌を追って—

1958年

教育映画祭

第四部門　動画映画、共同製作人形映画製作所、電通映画社教育映画配給社製作稲村喜一、脚本村治夫、中江隆介、演出持永只仁　二巻

製作民芸映画部、脚本久板栄二郎、監督宇野重吉、撮影荒牧正　五巻

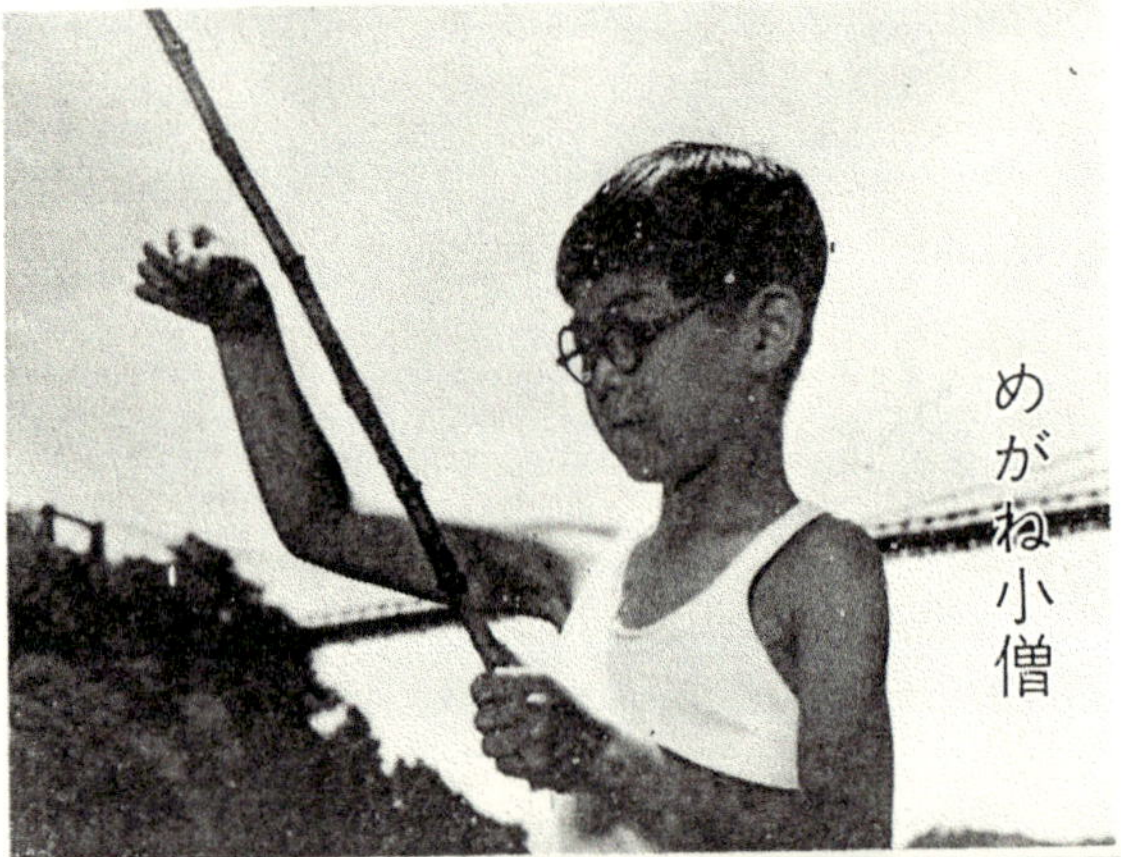

第二部門　社会教育用映画，製作東映教育映画部，企画赤川孝一，脚本古川良範，監督豊田敬太，撮影福井久彦 3 巻

第二部門　社会教育用映画、製作教育映画配給、製作村治夫、脚本・演出菅家陳彦、撮影浅岡宮吉、二巻

第五部門　児童劇映画
「オモニと少年」
「家庭音楽会」「めがね小僧」

製作民芸映画社、企画岩崎昶

第三部門　一般教育映画，企画東京国立博物館，製作岩波映画製作所，製作吉野馨治，脚本・演出羽田澄子　2 巻

製作松丸青央，脚本片岡薫，皆川滉，監督森園忠　5 巻

製作東映教育映画部，脚本清水信夫，監督田代秀治，撮影仲沢半次郎

新作紹介

かあちゃんの生産学級

ある一家の主婦をとをして婦人の生産学級の誕生をとおし農村の新しい夫婦の愛情を画こうとしたもの（農山漁村文化協会第1回作品。脚本山田民雄，原田勉，演出森田実，撮影入沢五郎　2 巻）

下　水　道

何気なく流した下水の行方をたどりながら，下水がどのように処理されているかを画いている。（企画東京都水道局，製作岩波映画製作所，製作吉野馨治，脚本，演出岩佐氏寿，撮影広川朝次郎，カラー全三巻）

鳩ははゞたく

平和行進と第四回原水爆禁止世界大会の記録

製作原水爆禁止日本協議会、編集亀井文夫、日本ドキュメント・フイルム四巻

でんでん虫の歌

ある村に若い先生が就任してくる。子供たちは磯っ子と山っ子と仲がるわいが，山っ子が海に落ちたことから仲よくなる話（製作桜映画社，原作脚本筒井敬介，監督木村荘十二，昨影木塚誠一　8巻）

伸びゆく力

九州の電力の需要と供給の関係を描く（企画九州電力株式会社，製作新理研映画株式会社，演出松本俊夫，撮影上村龍一，イーストマンカラー　2 巻

一九五八年教育映画祭

本年度教育映画祭の行事の一つ「優秀作品選定」の参加作品は六八本（百六十巻）で、九月二十七日より十月一日まで審査委員会によって次の十三作品が入選作品と決定した。

◎第一部門＝学校教育用
「日本の気象」二巻（日本視覚教材）
「飛脚―昔の通信」二巻（記録映画・教配）
「モンシロチョウ」二巻（学研）

◎第二部門＝社会教育用
「一枚のふとん」二巻（教配）
「おらうちの嫁」三巻（共同・長野映研）
「切手のいらない手紙」三巻（東映）

◎第三部門＝一般教養
「五十万の電話」カラー二巻（岩波）
「古代の美」二巻（岩波）
「ミクロの世界」カラー三巻（東京シネマ）

◎第四部門＝動画映画
「ペンギンぼうや―ルルとキキ」（電通、教配、人形映画）

◎第五部門＝児童劇
「オモニと少年」五巻（民芸・教配）
「家庭音楽会」五巻（東映）
「めがね小僧」五巻（民芸）

各部門最高賞の決定は十月十七日左記が決定した。

第一部門「**モンシロチョウ**」
第二部門「**切手のいらない手紙**」
第三部門「**ミクロの世界**」
第四部門　**該当作なし**
第五部門「**オモニと少年**」

技能賞

なお本年度より作品賞の他に特に技術優秀と認められる作品があった場合、その技術責任者に対して技能賞をおくることになった。

本年度は次の二氏が決定された。

小林米作（「ミクロの世界」の撮影技術）
北林谷栄（「オモニと少年」の演技）

中央大会

十月十八日午後一時よりの中央大会及び十九日の昼夜、山葉ホールにて最高賞受賞作品の発表が行われ、一般に公開された。

なお中央大会では、最高作品及び入賞作品の表彰とともに、長年教育映画の振興に献身された功労者の表彰が行われた。

国際短篇映画祭

行事のひとつとして行われた国際短篇映画祭は昨年に引きつづき二十二ケ国が参加、十月二十日、二十一日、二十二日の三日間、銀座山葉ホールで開催された。（作品紹介は別項参照）

国際短篇映画祭作品

デンマーク「錫の兵隊さん」
スイス　「スイス土産」
ベルギー　「金の面」
パキスタン「一エーカーの土地」
オーストリー「オーストリーの産業」
チェコ　「水滴と泡」
イタリー「古都フィレンツェ」
アメリカ「リンカーンの顔」
スエーデン「植物学者リンネ」
イギリス　「空の鏡・アプルトン層」
セイロン　「セイロンの作家」
オーストラリア「水泳教室」
ユーゴ　「うなぎ」
フランス　「ゴブラン織」
アラブ連合「エジプトの産業」
ブラジル　「ブラジルに於ける近代建築」
ニュージーランド「熱い大地」
ポーランド「魚の心臓」
インド　「カシミールの春」
ドイツ　「ヨハネス・ケプラーの業績」
カナダ　「つぐみ」
イスラエル「現代のイスラエル」

第二回日本紹介映画コンクール

日本の国情を正しく外国に紹介する外国語版映画が日本映画海外普及協会教育映画製作者連盟主催によって選出された。

参加作品は一九本六〇巻で審査の未入賞作品は次の八作品と決定

◎優秀作品賞（五本）
外務大臣賞『若き美と力』カラー八巻（日映新社）
通産大臣賞「日本の味」カラー二巻（毎日映画社）
運輸大臣賞「法隆寺」カラー二巻（岩波映画）
朝日新聞社賞「ミクロの世界」カラー三巻（東京シネマ）
日本映画海外普及協会賞「冬の日本」カラー二巻（国際観光協会）

◎特別作品（三本）
「日本の通信機械」カラー三巻（電通映画社）
「日本のセメント」カラー二巻（読売映画社）
「窓ひらく」カラー二巻（東京シネマ）

（一八頁より）

矛盾と不条理の事実関係の中で、いわばその深い淵（深層）から投げ出されていないからである。（白米の事実性があいまいなのは、その特徴的な一例）ここでは、「もの」がいわば物それ自体として疎外されている。たとえば『川崎重工業』における大マグロにも似た巨大な船体の二断面が接合されるさいの、あの圧倒的な物体感、また劇映画『裸の太陽』でも機関車という物体と、それを動かす人間とが一体化する状況において、最高度に具現される記録性が、この『忘れられた土地』を一貫していたなら、陸の孤島、青森県東通村尻労（しっかり）部落は、おそらく世界の孤児日本の疎外状況をひしひしと感じさせるものとなっていたであろう。現代日本の古さをカリカチュア（漫画）化することしかできなかったアヴァンギャルド映画『東京１９５８』とはおよそ異質の前衛性と実験性を実証することができたに相違ない。「もの」（対象）をバラバラに解体して、それを主体的に再構成するという「前衛記録映画」の方法を、ぼくも『ゲルニカ』によって感銘づけられた一人だが、このことについては、アラン・レネエの手法とともに、本誌上での松木俊夫氏たちの諸論を具体的に諸作品と関連づけつつ、さらに研究を進めていきたいと思う。（五八・一〇・七）

（評論家）

勤評と映画

日本子どもを守る会常任理事
映倫青少年審査委員　山家和子

　勤評は、今では全国民の問題となっています。「教育はどうあらねばならないか」「私たちは子どもをどんなふうに育てるのが正しいか」「良い先生とはどんな先生か」およそ日本の歴史のなかで、教育の問題がこれほどすべての国民の関心を呼び、ありとあらゆるところで論じあわれたことがあったでしょうか。

　勤評制度の強硬実施は、決してそれだけをとりあげて論議すべきものではなく、教育二法以来の文教政策の一環であり、対日教組制圧政策であることは、この問題の推移をみまもってきた人にとって、議論の余地のないものです。

　民主教育、平和のための教育をおしすすめるという点で、文部省と日教組は、決してはじめから相対する立場をとっていたわけではありません。憲法と教育基本法に明示されているとおり、人権の確立、平和な民主国家の一員をつくりあげるための教育ということでは、完全に一致していた筈です。その両者が、今や全国に流血の惨事をひきおこしながら争うというのは、いったい何を意味しているのでしょうか。

　戦前、学校の教育内容は、教育勅語の精神にもとづく「教授要目」で示され、先生は教師用教科書をたよりに、一字一句ちがわないような教え方をしていました。このような画一的な教育によって国民の自由な声はおしつぶされ、合理性は失われました。第二次大戦の敗色歴然とした時でさえ、国民は善良であればあるほど聖戦の勝利を信じ、先生はかわいい教え子をよろこんで特攻隊におくりました。お上のいうことは無条件に信用し服従する人間がりっぱにできあがっていたからこそ、このようなことも行われたのです。

　しかし敗戦はそれ等を何も彼も打ちこわしました。新憲法、教育基本法によるあたらしい教育の発足以来、先生は自分の力でかなり自由にくみたてる権利をもちました。地域社会の教育に関する要求を行政に反映するために、公選による教育委員会という新らしい制度が生まれました。文部省のつくる学習指導要領は、守らねばならぬ金科玉条ではなく、先生の自由な研究をたすける手引きでした。

　国の政治の方向は、その国の教育を見ればわかるといいます。戦後、平和と民主主義のための教育という共同の目的をもっていた日教組と文部省が、いま正反対の立場をとるようになったのは、日教組がはじめの目標をかえなかったのに、日本の政治の方向が大きく転換したためです。新教育が育てあげた今の若い人たちは権力に対する恐れを知らず、理屈にあわないことには平気で反対します。そして何より厄介なのは彼等が平和を愛しているということです。若者たちは毎年あたらしい選挙権をもつようになります。今のうちに教育の方向をいそいで向けかえなければ、憲法改正どころのさわぎではありますまい。

　教育二法案、教育委員の任命制、教科書の国定化、道徳教育の時間特設、勤評実施、教育課程の改変等、教育の中央集権をめざして打つべき手は次々と打たれています。しかし勤評実施が、いつも気の弱い先生たちをこれほど刺激するとは思わなかったのか、それとも刺激すればしたでそれを理由に弾圧すればよいと思ったのか、恐らくその両方でしょうが、文部省の調子にのった強気は、日本中をひっくりかえすような教育論議のもとになったのです。

　ところで、勤評を頂点とする文教政策が、逆コースを示しているとすれば、それは学校教育の面ばかりでなく、一般の文化そのものに対しても出てくる筈です。ここで私たちは映画部門について考えてみましょう。新憲法によってあらゆる検閲制度が廃止された後、映画界は映画界自体の自粛規定として映画倫理規定を定め、昭和二十四年、映画界の各分野から有識者を集めて、映倫管理委員会を組織しました。映画界の良識が、映画法にかわって倫理面の管理をすることになったのです。しかし戦後の混乱した社会、すべての娯楽が植民地化し羽目をはずして享楽的になったなかで、これはなまやさしいことではありませんでした。思春期ものや性典映画の流行、洋画では暴力教室が物議をかもした後へ、昭和三十年夏、いわゆる太陽族映画がはなばなしく登場しました。たい廃と破壊の面からのみ青年を描いたこの一連の映画はマスコミの宣伝とあいまって非常に大きな問題となりました。そしてもっとも強い抵抗をしめしたのは母親たちでした。「うちの子ど

ももあんなことを考えているのだろうか」「あのまねをされては大変だ」という気持はどんな母親にとっても切実であり「映倫は何をしているのか」という声がしきりに出てきました。

ところが驚いたことに、この声を「待っていました」というように文部省では映画法の制定に関する用意の程を見せました。太陽族映画攻撃がイコール映画法制定になるなどとは夢にも思っていなかった人びと、あくまでも映画自身の健全な発展をのぞんでいる人たちと、映画が権力のもとに束縛されることをのぞんでいる人びととの違いが、ここではっきりあらわれてきました。昭和三十年といえば、教育の面では教育委員任命制の準備が着々と進められていた時期です。もし太陽族映画をきっかけとして映画法ができれば、これを突破口として、出版、放送等の各分野に統制のあみが張りめぐらされるのは明らかです。はじめは単純に太陽族映画をやめてほしいと思っていたお母さんたちも、こうなるとそう簡単ではすまされません。「悪い映画をやめてよい映画をつくって下さい」「そのために映倫を強化して下さい」という映画界への要求と、「文化統制への道である映画法反対」という文部省への要求、さらに各々の地域で良い映画を育て悪い映画を駆逐しようとする実際活動、という複雑な作業がはじまりました。

幸い、世論の反撃にあって映画法は撤回され、映画は映画界以外の広い層から学識経験者をあつめて管理委員会を再編成し、青少年映画審議会のメンバーも更新するという強化策をとり、会社側も一応反省の色を見せるというところまでこぎつけました。今まで一般的にはあまり知られていなかった映倫という機関が、太陽族のおかげでクローズアップされたというかたちです。昭和三十一年に発足した新映倫は青年層の問題を今までよりも重視して、推選の巾をひろげる・成人向指定のわくをきびしくする等の方針をうちだし、成人映画研究小委員会をつくって問題作品を検討し、業界との懇談を重ねるなど、業績をあげてきています。それにしてももしあの時、映画法が実施されていたらと思うと、まったく冷汗が出るようです。

ところで文部省では昭和二十一年、映画等の推選制度を設け、教育映画、一般劇映画の両部門で優秀作品の選定、特選をえらんでいます。その選定作品、ことに特選になったものは、一般映画の場合は学校動員、教育映画の場合は各地のフイルムライブラリーへの買入れなどの裏付けがあるので、各社の宣伝部がなんとかして文部省特選を射とめたいとやっきになるのも、まことに無理からぬことです。またつくる側の自主規制である映倫の推選とならんで、もっとも権威ある観る側の推選が文部省であるのは、今までの実績からいってもまず動かせないものです。それだけに、もしこの機関が文部省内をおおっている旧内務官僚的な感覚によって運営されるようになったら、これはとんでもないことになるでしょう。

今まで文部省の教育映画審議会は、時に「文部省的映画」などとにくまれ口をたたかれながらも、良い映画を育てるために貢献してきました。文部省がつくった機関である以上、文部省的なのは当然で、それがとがめられる必要はないし、委員諸氏も文部省的なわくにはまりすぎないように努力しておられたように見受けます。

私が心配なのは、今の文部省が内務省文部局になりかけていること、今の教育行政の方向が映画部門にも反映して、内務省推選映画が奨励され、製作されるようになりはしないかということです。これは必ずしも取り越し苦労とばかりは言えません。たとえば優秀作品として誰もがみとめる「つづり方兄妹」「千羽鶴」はその主題の暗さのために、文部省では推選されませんでした。このことは私たちに今の道徳教育のねらいを考えさせないわけにはいかないのです。戦後の社会科が日本の軍国主義を卒直に反省し、憲法をくわしく教え、今の社会の暗さから目をそむけようとはしなかったのにくらべると、今度の道徳教育はなんといっても修身であり、個人道徳に重点をおいています。個人の善意や努力だけが大きく浮き出して、社会的条件はしだいにぼかされてきています。「つづり方兄妹」や「千羽鶴」の作品としてのまずさが云々されたのではなく、内容の暗さが推選をちゅうちょさせたのだとすると、現実に暗い条件のなかにいる子どもたちの問題をすすんでとりあげようとする製作者は、次第に影をひそめないわけにはいきますまい。特選になるのは「野ばら」のような美しい夢ものがたりか「よろこびも悲しみも幾歳月」のような特殊な条件、思想的な心配のない記録映画などばかりになってくるのではないかとも考えられます。これ等の作品が悪いというのではありません。審議会の委員さんが反動だときめつけるわけでもありません。しかし教育の中央集権がいよいよつよまるなかで、これに迎合するような作品が特に教育映画の部門であらわれてくることはじゅうぶん予想されます。良心的な会社で「オヤ」と首をかしげたくなるような浪花節的あるいは講談的な人間の善意を描いた作品をつくられたのをみて、私は正直のところヒヤリとしました。

映画法はいちおう棚上げとなり、各府県の条例つくりもこのところ少々下火になっています。しかし一方ではヤクザ暴力映画の問題、恋愛映画というより性愛映画といいたいようなあくどい描写の問題など、映画は宣伝関係をもふくめて、青少年の道徳観念低下を論ずる人たちの絶好の目標です。

無軌道な営利主義が映画法の口実となり、無気力な迎合が教育映画界の沈滞をきたすようなことになったら、いったい子どもたちはどうなるのでしょう。勤評が実施されるということだけで萎縮してしまった先生もあれば、子どものために敢然として闘う先生もあります。映画が文化部門における統制の拠点となるようなことはないよう、つくる側も、みる側も、お互い支えあってがんばって行きたいものです。

記録映画の観客（２）

—特に会員制のグループについて—

槇　英輔

『文化映画を見る会』

（山形県酒田市・鶴岡市）

　京都の記録映画を見る会の発足から一ケ月遅れて昭和30年6月、酒田市の洋画専門館グリーン・ハウスで開会、今日、尚活発に行われております。グリーン・ハウスは都内の映画館と較べて引をとらない程立派な映画館です。この会の特色はこの洋画専門映画館の友の会が自主的に主催しているということでしょう。毎月一回、日曜日の午前中同館を開放してもらい、東京から送られ記録映画（35m/m）を会員制で観賞しているのです。友の会会員のうち記録映画に興味をもつ人達が中心となって、市の小中学校に呼びかけ、一般の人達にも「文化映画に親しみましょう」というビラをまいたりして呼びかけています。組織は会員制で、会員外でも大人30円、子供15円で誰でも入場でき、市の教育委員会、公民館や新聞社が後援しております。「本間様には及びもつかぬが、せめてなりたや殿様に」とうたわれた天下一の大地主本間家で知られた酒田市は日本海北方第一の港町でもあります。米どころ庄内地方の中心地でもあり、新しい感覚と古い伝統の交錯している町とも云えるようです。この会では毎年一回自分達が見た記録映画の一年間のベスト・テンを選出して第一位の作品の製作会社に賞状を贈ったりしています。プログラムの特徴は、ＰＲ映画をドシドシ上映していることで。その内容に関係した商店、例えば薬局、文房具屋、ミシン販売店等とタイアップして運営面で知恵を働らかせております。昨年から同じ庄内地方の兄弟市とも云える鶴岡市に開館したスカラ座でも同種の文化映画を見る会が発足し、銀行の行員や高校の教師達が音頭をとって古風な城下町に新風を吹かせています。

　地方でのこのような記録映画観賞グループは、普通経済的な面で長続きしない筈のものですが、三年以上も続けているということは、映画館を無料で提供している経営者佐藤久一氏の並々ならぬ記録映画への愛情のたまものと云わねばならないでよう。

『朝日文化映画の会』

　昭和三十年八月に発足した朝日文化映画の会は三年を経過した今日、一、六〇〇名の会員を擁し地味な存在ながらも一歩一歩足跡を印しながら前進しております。昨年半年間はホールの都合で休みましたが三年間で上映した映画は一七四本で、入場者（延会員総数）は五万八千名になり、数字の上からだけみても、貴重な実績を残しているといえます。

　この会は朝日新聞社と教育映画製作者連盟が主催し、伊勢丹デパートが協賛しております。つまり朝日新聞社が社告で会員を募集し、伊勢丹デパートが会場を提供（無料）、教育映画製作者連盟が事務局を受持っているのです。毎月一回定例映画会を開催し会費は一ケ月三十三円で毎回案内状を郵送し、会報を配布、番組の選定については朝日新聞社から委嘱された企画委員一三名が、会員の希望を参考にして相談し、会の運営の為に主催者から各々三名伊勢丹から三名で委員会を設けております。

　毎回の映画会ではアンケート用紙を配布し、その日の映画評や事務局への注文など会員の声を反映できるようにし、会員が会の企画、運営に参加できるようになっております。それらの映画評、希望、意見は次回の会報に掲載され会員同志の交流にも役立っております。会員中の有志が自発的に友の会を作り、友の会特集会報を発行したり、映画会の後で「話し合い」の場をもっており、友の会でハイキングに出かけたこともあります。近く東映の動画スタジオ見学の計画もあります。会員の構成では東京山の手の主婦連が半数以上を占め、学生、教師、会社員等がこれに次いでおり、看護学校の生徒も集団入会しております、

　又、毎回テーマによって番組を作っていることは、この会の特色といえます。例えば、第4回目（昭和30年10月）の「幻想の世界へ」というテーマでは、テームズ河・くじら・魚の散歩・ムクの木の話・原子狂時代・パシフィック231・水玉の幻想を上映、第42回目（昭和33年9月）の「家庭」というテーマではミシン美術・テーブルマナー・五十万の電話・ミクロの世界という風に一つのテーマにそって映画を選択する方法をとっております。

　度数の関係から一日三回上映し会員の希望時間で三つのグループに分け、毎回講師がそのテーマや上映映画を解説しております。発足当初は一日二回（会員数一、〇〇〇名）でしたので映画評論家、製作者、作家などの講演をやれたのですが、最近は一日三回なので講師の拘束時間が長い為、もっぱら主催者が交互に解説をやっております。朝日文化映画の会では席数以上の会員を入会させない為、全員が座って観賞でき、その点は落ちついた雰囲気で理想的に観賞することができます。

　毎回アンケートに書かれる映画評は非常にするどく真面目なものが多し、製作者、作家の参考にな

るものが多い。例えば「おふくろのバス旅行」の最後のシーンについて……「川開きの模様を語る父を囲むイロリ端のシーンに、笑いを忘れたおばあさんの姿がないのは気にかかった。大きな問題が未解決のままにされた感じがした」……という疑問。又それについて次回のアンケートに……「同感ですが、あの場におばあさんが出てこない事が作品を甘くしなかったのだと思った」……等の応答が出てくるのです。朝日文化映画の会は事情の許すかぎり、各地に兄弟グループをつくるべく研究中です

以上、四つの「記録映画を見る会」について紹介してきましたがこの他に未だ幾つかの集りがあります。戦前では「科学映画を見る会」が神田の共立講堂を本拠に活躍していましていました。三、四年前には盛岡市の中央劇場という映画館で日曜日の午前中、子供向、成人向にプロを分けて記録映画を見る会をやっていました。又浦和市の埼玉会館を中心にした「科学映画を見る会」が昭和30年に発足し、今では巡回映写の形で地方の小中学校を対象に巡回する方向に発展しております。

朝日新聞社の他に読売新聞社（白木屋ホール）毎日新聞社（毎日新聞講堂）中日新聞東京支社（日比谷図書館ホール）等は毎月一回社告による新作の試写会を開催しており、日本経済新聞社も日本証券投資協会等とタイアップしてPR映画を中心にした記録映画の観賞会を新丸ビル地下ホールで開催しております。

この他、近代美術館の定例の映画会やPTAのお母さん方を中心にした「城南良い映画を見る会」等があります。中央に知られていない、地方の恵れない存在で着々と豊富な内容を蓄積している「会」がこの他にまだまだある筈です。紙面の都合で各々の詳細を報告できないのは残念です。

『今後の課題』

「会員制のグループ」にも種々の難点があります。将来、この種の集りを方々に拡げてゆく上には反省すべき問題が沢山あるのです。

児童、生徒何学校教材映画は学習単元に照合して適切な指導のもとに利用されねばならないのは当然です。家庭の主婦、会社員、学生等、会員層が広いグループでは番組編成に充分注意しなければなりません。学校教材映画と一般向啓蒙映画を混合しないよう、解説することと、観賞後の話合いが大切です。

前に紹介したグループは大体35m/mの映画を利用しているのですが、35m/mで映画会を開くことは非常に困難ですから16m/mの映画を利用することをすすめます。この点地方のフィルム・ライブラリーが中心になって、グループをつくり、会員の合議制で運営するのが理想ではないでしょうか。一般の人々が、フィルム・ライブラリがどうしても必要であるという条件をつくるのです。婦人会、青年会、職場毎にグループをつくり、一つのフィルム・ライブラリーの傘下で互に連絡をとってゆけば健康で啓蒙的な文化活動ができると思います。せっかくフィルム・ライブラリーがあっても、昔の巡回映写の事務取扱いのような仕事ばかりやっていたのでは、宝の持ちぐされになります。又、とかく理想的に始められた会が長い間経つと、マンネリに陥り興味や意欲を喚起することだけに終り安易に流れがちです。特殊な人達のモノ好きにならぬよう注意したいものです。

テレビ攻勢に押しまくられた劇映画会社が企業維持の為に二本立全プロ体制を設くことになり、その結果、低俗な劇映画の量産が約束されているような今日では、記録映画、教育映画の劇場進出は増々容易なことではなくなってきました。劇映画会社がテレビ対策として打出した量産主義は当然映画の質的低下を余儀なくされるでしょうし、青少年の倫理的影響に対する考慮などは、そのソロバンの前には一蹴にふされるのは自明の理です。

劇映画社が逆宣伝していたテレビの一億総白痴化は一人テレビのみのものではないという珍現象が起りつつあるのです。血眼で系統館をかきあつみ、質の低い映画の二本立興行体制をしいて、テレビに対抗しなければならないという資本主義経済機構の中での劇映画会社のアガキは解らないこともありません。しかし、今日の社会における。マス・コミの媒体としてこのような低俗映画の影響力について少しも反省しない経営者は全くグレン隊と同じです。これに対して、傍観、放任の無策で腕を組む政治家は一体何をしてるのかとも云いたい位です。だが、私達が考えねばならないのは、政治や法律の力だけで今日の興行体制を改めさせることは危険であり、又困難であるということです。

それは一般観客大衆の抵抗を与論として闘わねば、とうていたちうちはできません。これにはジャーナリズムの強い支持を得なければならないでしょう。マス・コミに犯された病いには、やはりマス・コミの薬で効く筈です。

最近、記録映画、教育映画を見たいという一般の要望が高まり、又劇場上映を支持する一般の声が非常に強いようです。婦人団体や教育者など子供を守る立場の人達からも、最近とくに低俗映画排除の声が高まり、これに関連して、記録映画、教育映画を上映する場合の入場税減免運動などで具体的に抵抗が試みられております。

今日の段階では、この入場税減免運動が成功しても記録教育映画の劇場上映の分野が急に大巾に拡がることは予想されません。劇場上映した場合は入場税減免ということですから、それ以前の問題、つまり劇場上映促進の機運をつくらねばだめなのです。劇場上映の無理をなげく前に、もっと一般の人達が見られるような場を作らねばだめなのです。そして、一歩一歩、劇場上映の機運を育てることです。

現在の日本の興行システムでは、昔の映画法のように国家権力でもおさえなければ、全般的な劇場上映はむずかしいし、検閲につながる映画法はごめんです。会員制グループで、劇場上映されない優れた記録映画、教育映画を意識的に見ることは、そういった点でも今日的な意味があるのです。

続 ぶっつけ本番 (2)

朝日ニュース 水野　肇
小笠原　基生

――いいですか、パイロットの合図があったら、風防ガラスを開けて、この脱出用非常コックを引いて下さい。座席ごと空中へ投げ出されます。そうしたらパラシュートのひもを引いて下さい。わかりましたね――。

ニュースカメラマンの末野君は自衛隊のジェット練習機の後部席にすわって、最後の注意を聞かされていた。

とにかく昭和三十二年の正月用の朝日ニュースに、富士山上空を飛ぶジェット機の編隊を撮影するため自衛隊にジエット機便乗を申し入れてからというもの、乗せることはいいが安全は保証しない、万一、墜落しても自衛隊としては一切責任を負わないと散々念を押された上、事故の際の脱出方法ばかり、うんざりする程練習させられてきた。そして今日、いよいよ本番である。ものものしい飛行服にアイモを抱えて乗り込んだのだ。

――似合うよ末ちゃん、最後の姿として、一発撮って置こう――

離陸の光景を撮りに来た相棒の畑君ガアイモを向けた。くさった末野君が仕方なし手を振ると、T33は、キューンとジエットエンジンの音を残して飛び立った。

ジェットの乗り心地は満更でもない。末野君は銀翼の下を走る雲を眺めながら十二年前のことを思い出していた。彼はその頃、隼戦闘機を駆って朝鮮の空を飛んでいた。戦争の末期、機械的に特攻隊に編入されていて、明日をも知れぬ身だった。だが、十九才の彼がどれほど自分の置かれた生と死の、そして運命と人間の相剋する時間の重みを感じ取っていただろうか。彼の回想はいつも、そこまで行って立ち止ってしまうのだった。

――富士が見えますよ。

パイロットの声が末野君を回想から引き戻した。彼はアイモを構えた。ファインダーに冬の太陽を反射しながら真白な富士の上を行くジェットの編隊が入って来た。

座席が狭い。レンズのターン、キイの巻き直しに一々肘がつかえる。

百呎回してフィルムの交換だ。アイモを膝に置いて新しいフィルムの端をスプールに差し込む。すべての動作が窮屈だ。

気流は悪くないが、山の上はさすがに時々ガブる。末野君はうまくスプールが落着かないのでいらいらしている。

突然、ガクンとショックを受けた。エアポケットだ。末野君は思わず右手で何かをつかもうとして、パッと赤いものが目に入った。そして、危く反射的に手を引っこめた。赤いのは非常用コックだった。

ここで末野君はくどい程くりかえされた脱出練習に感謝しながら背中に冷たい汗を感じていた。あれがいい加減だったら、思わずコックをつかまえて今頃は空中に投り出されていたかも知れない。

それまで飛行機に自信のあった末野君は、急に胸のあたりがあやしくなって来た。

とにかく二百呎は回して帰らなければならない、気を付けているつもりでもアイモを回しはじめると、ついレンズフードなどが非常コックにさわりそうになる――

こうして基地に降り立った末野君は、かつてグラマンとぶつかって命からがらの空中戦を演じた時の様にぐったりしていた。

そして、ふっと、その頃の隼戦闘隊の連中の口ぐせをつぶやいた。

――あやぶさ、あやぶさ……

その年の初夏――

末野君は、もう長いことアイモをにぎらずに、真鶴海岸で潜っている。と云っても、別に漁夫に転向したわけではない。水中撮影のためのアクアラングの練習だ。後輩のカメラマン二人と共に、真黒になってもぐったり、浮いたりの明け暮れだ。

潜水というのはフランス映画『沈黙の世界』を見て面白そうだと思った程、生易しいものではない。

商売敵の読売ニュースの深津カメラマンは真冬の華厳の滝つぼにもぐって、自殺者の死体などを撮影して以来、すっかり〃もぐり〃が得意になっていた。

朝日が南極、毎日がマナスルに力を入れて人いに売り出している時、読売は半分ヤケ気味に水の中に飛び込んだ。しかも華厳の滝に。これは販売競争の一つの喜劇だった。

読売新聞の書きまくった巌頭の辞はかの藤村操のそれに劣らず大時代だったが、副産物として優秀な水中カメラマンを育てた。

深津君も多くのカメラマンと共にアクアラングの練習からはじめたが、彼は殆んど金槌だった。泳ぎのうまい連中がなかなかもぐれないのに、深津君は忽ち上手になった。泳げないのだから、もぐるより他はないというわけだった。

彼は独特の水中ブリンプを設計し糸満の珍らしい追込み漁法などを撮って、すっかり名を上げた。

末野君たちもおそまきながら〃もぐり〃のカメラマンの仲間入りをしたわけだった。

潜水病になるとか、或る病気の前科者は御法度だとか、いろいろ

おどかされながらＹＭＣＡプールで手ほどきを受け、漸く海へ来たのだ。

この前も、千葉で練習中だった自衛隊のフロッグメンがわずか二米の水中で死んだ。元気な高校生の犠牲者もあった。アクアラングの練習は意外に事故が多い。水中では、判断力と、注意力も半減する。簡単な足し算をやるのがやっとだ。数の観念、時間の観念がなくなって了うのだ。だから小さな故障でも死の原因になって了う。

みんな、浮んで来ては、

――どうだい、五米位もぐったぜ。

と得意になるが、ほんの二米位のところをうろうろしているだけだ。

末野君は大分うまくなった。水の中はおそろしいほど孤独な世界だ。

突然、左の足に痛みを感じた。見ると大きな魚が喰いついている。末野君はあわてた。魚を離そうとするが、なかなかうまく行かない。こんなとき水中の呼吸法を忘れて、マウスピースを離したりして事故を起すのだ。末野君はやっとの思いで水面に浮び上った。魚は彼の足をあきらめた。どうやら小鮒鮫が吸いついていた様だ。

船に上った末野君は、みんなに足の赤いあざを見せながら、〃二米もある大鮫との水中の大格斗〃を吹聴した。しゃべっていると、本当に危機一髪の境地から生還した様な気がして来るのだった。

いつもながらうす暗い日映の器材室、ここも近頃めっきり忙しい。アクアラングの道具がまだ潮の香をただよわせているかと思えば、その傍には南極から二万呎のＥＫカラーのフィルムを送って来た耐暑耐寒、耐湿のフィルムボックスが山と積んである。南極から帰って来た林田カメラマンは、長編記録映画〃南極大陸〃のインサートの撮り足しをやっている。

かと思えばメソポタミヤから帰って来た中村カメラマンが、ミニアチュアの撮影に凝っている。

この二人は、いわば日映のスタープレイヤーだ。

〃カラコルム〃以来の記録映画ブームの中で、この二人はライバルとしてそれぞれ大作を手掛けている。カメラマンの行動半径もずいぶん広くなった。

ニュース部の連中もアイモにアナモフィックレンズをつけて近い将来のニュースのシネスコ化のトレーニングをやっている。

読売国際ニュース第357号〃華厳の滝ツボ〃より

末野君たちはこの頃よくデスクの矢野君や企画の小原君たちと論争する。ニュース映画は今や、テレビニュースに追われてうたがいもなく危機に立っている。一体、ニュースと名乗りながら一週間近くもＴＶにおくれたネタをおく面もなく出していられるだろうか。

だから第二報的、解説的な、編輯者の意図をはっきり通した扱いをするべきだ。しかし配給元の東宝は余り社会性の強いものを喜ばない。野球や、競馬、お祭、ファッション、ショーのたぐいを要求する。そういうものばかり入れていたアメリカのニュースが殆んど亡び去ったこと、そして全く今日的なニュース性を持っているＴＶニュースに対してわれわれの作るものがもっとアメリカ調になったとき、その社会的な存在理由は殆んど失われるのではないか。そういうジレンマはニュースのスタッフの間にいらいらした空気を作った。

極地の自然や中東の過去に眼を向けることは、一種の逃避ではないか、記録映画の本道は、日本の現実をはっきり切り結んだ地点からはじまるのではないか、水にもぐったり、ヒマラヤへ登ったりすることは、カメラマンとしての可能性をひろげることには役立っても、ニュース映画の危機に、何ものをも、もたらさないのではないだろうか――

企画の連中は、最近のカメラマンの志向を感じ取ってそういう意見を出した。

――いいじゃないか、カメラマンはカメラマンとして成長して行けば。ニュースカメラマンだけがカメラマンじゃない――

そうなると一緒になって今までニュース作りに血道を上げて来た撮影と企画の連中の間に、ふと不信に似たものさえ顔を出す様になった。戦後の食うや食わずの時代にだって、そんなことはなかった。その頃はみんな、ニュース映画の使命も将来も信じ切っていたのだ

――ニュース映画の将来はワイド化、色彩化だ。やって見ようぢゃないか。

そう云って、メーデーの日からシネスコカメラをかつぎ出す連中もいた。しかし、これもニュースのアクチュアリテイをうすめ、キュリオシテイを濃くして行くおそれがないだろうか。

——だって、それよりニュース映画の生きのびる道はないよ、企業的にもね。

もし本当にいきのいいニュース屋として生きるならテレビへ転身する方がいい、と幾人かが次々に日映を去って行った。

とどめ難い時代の流れ、或は運命と人間の相剋、少年の日とちがって末野君は、今の時間の重みをいやという程感じさせられていた。

いつもながらうす暗い日映の器材室。

その一隅には、カメラマンたちがめいめいの木の名札を並べて掛けてある。その中に、古びた松本久弥の名札が、ふちを、黒くくま取って掛けてある。誰がしたのだろうか。ニュースカメラマン以外の何でもなかった松ちゃん。

それだけにTVの進出を全身で感じ取って激しく悩んでいた松ちゃン。今にして、末野君は、松ちゃんの突然の死が余りにニュース映画の運命にとって象徴的だったと思うのだ。

残ったニュース屋たちは、これからどの様に生きて行くのだろうか。

ジェット機の上や、水の中の様に瞬間的な、そして偶然的な恐怖ではない、持続的な、そしてさけられない不安を、トゲの様に心に抱いたまま。

末野君は潜水訓練でやられた耳が、またしくしくと痛み出すのを感じていた。

いつもながら日映の器材室はうす暗い——。

教育映画祭をめぐって

教材映画製作協同組合理事
日本大学講師
加納竜一

教育映画祭も今年で第五回をむかえるの行事の一つである。作品の選賞も、「学校教育」「社会教育」「一般教養」「動画」「児童劇」の五部門に分かれてやるようになってからすでに三年目である。PR映画を含めて年間六百本から七百本近くつくられる作品の中から規定によって参加出品本数は六十八本にしぼられ、そのうち各部入選作品三本ずつ(動画部門は一本)が選ばれた。即ち、〔学校教育〕「日本の気象」「飛脚——昔の通信」「モンシロチョウ」。〔社会教育〕「一枚のふとん」「おらうちの嫁」「切手のいらない手紙」。〔一般教養〕「五十万の電話」「古代の美」「ミクロの世界」。〔動画〕「ペンギンぼうや」。〔児童劇〕「オモニと少年」「家族音楽会」「めがね小僧」の十三作品である。

最初から第五回まで、一般に出品作品の平均的な質の向上はうたがうべくもない。そして、よかれ悪かれ年度毎の作品の傾向を知ることが出来るであろう。ただし、私個人の感想を云えば、各部を通じて入選作品に、何となく一定の型が出来つつあるように思う。これは製作関係者の頭がすでに型が出来つつあることでもあろうし、審査委員の方にも一定の型を通じてみる見方が出来つつあるようにも考えられる。年一回の祭の行事であるからには、多少型やぶりの実験やぶりの実験的作品があってもよいと思われる。

それでも個々の作品をとりあげれば、いろんな意味での新しい試みを(成否は別として)うけとることが出来る。「日本の気象」は図解映画として、旧来の型を破ろうとしている、今の日本の線画技術の段階を考え合せるならば、その努力は大いに認められてよいであろう。ただ、この作品があつかったそれぞれのシーケンスについてみると、多くの場面が苦労した説明の段階に止まっていて、(映画においてのみ可能である筈の)壮大なイメージをつくり上げるにいたらなかったことは惜しまれる。「飛脚」は社会科の歴史教材に正面からとり組んだ最初の試みという点で注目される。歴史教材には、多くの課題が残されているし、立場によって評価もことなると思うが、現在の社会科学習の現場で一般の教師がこれをどう使うかを、よく知りたいと思う。(この作品だけきり離して使った時、別の言語主義に陥ちいる危険は果しないだろうか)。児童の「歴史感覚」をどう育ててゆくか——これは教育者だけでなく、記録映画作家の問題でもあるといえよう。

社会教育の部門では特に前にふれた型の問題を痛感した。思うに現実から社会教育用のヒナ型(パターン)をひき出すのに急で、現実感が失われやすいことに、その原因があるのであろうと思う。素直にいって、「一枚のふとん」にも「おらうちの嫁」にもそれが感じられた。このことは、いわゆる現在の社会教育のあり方(映画の使われ方)にも関係があるだろうと思う。

これを書いているとき、たまたま久野収の小論「思想の実感的側面」を読んだ。「社会の緊張圧力を我々はそれぞれの場所で直接に感じる、つまり不満・絶望・希望・不安・喜び・悲しみ・その他を感

じるわけである。この感じこそ実感なのであって、顔つきや態度や言葉にあらわされることもあるし、あらわさないでくすぶっていることもある。また、実感とは別の表現や逆の表現をとることもある。だから重大なのは、表現を通じて表現されている体験や実感を理解するしごとであり、このしごとは集団をある方向に組織し、たたかえるものにするためには、ぜひ必要なしごとである。押しつけや引き廻しが、非難されながら、いつこう改まるように見えないのも、実は思想のこの側面が軽視されているからだといえないだろうか。（中略）それを体験としてとらえ、理解する方法は、宣伝、煽動論とともに、あるいは、それに先立って組織論の重要なテーマなのだが、まだ全面的に気づかれているとはいえない」（月刊「さんいち」創刊号）私も、大体そのように思う。近ごろの教育映画のドキュメンタリーの本質からの離脱の傾向を大いに反省したい。久野収は、これにつづいて「みんながめいめいの体験・実感をさまざまな形式を通じて表現する運動を、それぞれの現場でやる必要があるだろう。生活綴り方運動に限らない記録や表現の運動が、さまざまな場面で出発する気運にあるが、これは日本の思想にとって非常に歓迎すべきことだ。」と書いている。映画も勿論この記録運動の一つに入るだろう。農山漁村文化協会が、この部門に手をつけ、地方の青年団婦人団が、協力作品を世に問うという傾向はもっとふえてよいし、映画を見る組織ももっと活発になってよいと思う。ちなみに「荷車の唄」など農村映画が必ずしも劇場を対象とせず、一六ミリ配供をやろうとしていることも注目されてよい。

一般教養の部で残った「古代の美」は古代の造型の世界を作者のイメージに重ねようとした努力を買ってよい。希むらくは、それを一般の概念にとらわれずもう少し徹底させてもらいたかった。「ミクロの世界」については別に書いたこともあるので、ここではふれない。記録映画の世界でシンボルとコンミニケイィションととり組む仕事はもっと重く見られてよいと思う、その意味でこの分野を拡げて来た作者の「五十万人の電話」は記憶されてよい仕事である。動画部門には依然として困難が多く、作品数も少かった。

児童劇部門では、「オモニと少年」の企画製作は認められてよい。同和教育、国際理解という課題は今まで誰もとり上げなかった問題である。児童劇における「教育」の過剰ということは、すでに多くの人が感じていることで、今年はいくらか改善されたが、まだ児童劇といいながら大人の児童劇が多いのが実状である。先だって、映画記者会の連中と座談会をもった邪も、この「教育」意識の過剰ということが問題となった。それは実際には意図はわかるが「面白くない作品」ということになる。道徳教育での「徳目」主義に反対しながら作品のうえで「教育過剰」になり、「徳目」主義からぬけきれないのはなぜだろうか。多少これに関連して興味あるのは読書雑誌「BOOKS」の十月号に出ている日本とアメリカを比較した出版書物の点数比較である（五八年前半）。全体の出版点数としては、アメリカでは小数ながら増加しているのに、日本ではこの期間に約八〇〇点の減少を示しているなかで日本の場合、増加を示したのは、児童向絵本とアメリカの分類にない学資参考書である。日米の比較で特徴的な点は、出版順位でも「教育」の部門が見立って日本の出版点数が多いことである。教育過剰はこの出版傾向にも見られるのである。学習参考書や入試参考書の洪水という形であらわれる教育過剰が、実は教育貧困のうらがえしではないだろうか。現実の児童の多くは、この「教育過剰」に反抗して、マンガやテレビ映画に安易な解放を求めているのである。「子供を守る会」などでもいつも同じことが問題となっている。児童映画の問題は児童文芸の問題でもある。教育映画祭などを機会に、もっと真剣に、具体的に討議されることがのぞましい。

映画祭の行事の間に、教育映画綜合振興会議がひらかれるのも、もう何年目かである。そこではいつも「教育映画を振興するにはどうすればよいか」が論ぜられて来た。これは明かに組織論である。前に久野収の小文から引用したように、個々の現場での体験や実感を理解する努力なしには有効な結論をうることは出来ない。作家と組織体との結びつきなどについて深く討議されたことがなかったこともぜひ改めたいことである。

今年は「テレビと教育」が討議の主題として択ばれた。テレビがわれわれの日常生活の現実となろうとしているとき、このことを討議することは大切であろう。ただ、ここでも、われわれは性急にテレビの「教育」的側面のみを取上げず、むしろ「テレビ生活」という広い視野から入って、そこで教育——イメージをつくり上げる教育——というものをもう一度考えてみたい。そして、この機会に戦後教育映画・記録映画の作家は何を志し、何を試み、何をなしとげたかをもう一度考えてみよう。そして、テレビ時代に、作家は何をしようとするのかをよく考えてみよう。道徳教育とか勤務評定の問題が出たことによって、われわれは教育の本質を反省するところがあったように、テレビへの対処を機会として「教育と映画」を深く考えてみることが心要であろうと思う。映画祭の行事として多くの海外の教育映画に接することは喜ばしい。本年度からはスイス、ポーランド、スェーデンが初めて出品参加する。各国の出品作品の選定はそれぞれの国の事情、連絡の窓口などの関係もあって優秀作、問題作だけに限られないのが現状だが、作品による国際交流はますます盛んにしたい。その点からいえば、作家協会の手による交流などもやがて実現したいものである。また、現状の枠の中でも年一回だけでなく交流の機会をふやすことも考えられてよい。

—一〇、一三—

× × ×

作品評

奥さんの名前を書いたコップのシーンに感動

「十一人の越冬隊」

河野哲二

南極地域観測隊第一回越冬記録である「十一人の越冬隊」の試写をみました。

この映画の興味は、私たちのほとんどが見たこともない地の果て南極で、十一人の隊員がどんな生活をし、どんな調査研究をしながら越冬したかにかかっています。そうした未知のものを知りたいと願う私たちの希望がみたされるならば、この映画は成功しているといえるでしょう。

(1)三百日にわたる越冬を、時間を追って日記ふうに構成しているので話しの筋はよくわかります。

(2)場所の説明には、その都度かんたんな地図の線画をつかっているのでよくわかります。

(3)時間や場所のわかりやすさが、越冬隊員の生活と調査研究の理解を助けています。しかもその紹介は比較的変化にとんでいて知りたいと願う私たちの希望に答えてくれます。

(イ)面白かった場面

アザラシやペンギン、カモメ狩りの話。

十一人の越冬隊

日本の奥さんと無線で話している隊員(録音が生きている)

コップに奥さんの名前が書いてあったこと。

探検隊が基地に無電をうつためにに携帯発電機を手廻ししているところ。

ペンギンに蝶ネクタイをしめさせた宗谷の甲板での撮影会。正月のモチつきを、宗谷ではウスでしているのに、昭和基地では食器洗いの小さなボールでしていることなど。

(ロ)美しかった場面

オーロラ、しかもそれを次々とだぶらしてみせてくれたところ。

強風の為地表すれすれに氷雪がはうように走る場面など。

(ハ)感動した場面

トップシーンにでてくる宗谷の赤さびた船腹(苦闘がしのばれて)

佐伯隊員が試作した大根が芽を出した話。

装備をいくらか改良したにもかかわらず、宗谷が氷にとじこめられて苦闘する話。

美しいオーロラ、それをも熱心に観測をつづける隊員の姿など。

こうしたよい場面のほかに、生活と研究を説明した沢山の場面があります。二人の越冬隊員(藤井佐伯)二人の本観測隊員(疋田、森松)の四人が十六ミリで撮影してきたものを三五ミリに拡大したわけですが、以上の点から考えてみても、困難な条件の中でよく撮影してきたといわなければなりません。

しかし、更によく注意してみると、面白かった場面でも、アザラシやペンギンはていねいに説明してあっても、奥さんの名前をかいたコップは一カットあるにすぎません。隊員のより内面的な気持をあらわしているものが説明不足に終っていることは残念です。誕生日にバースディケーキをつくって祝いあう場面も結構ですが、毎日つかう皆のコップに家族の名前がかいてあることの方がどれほど極地に生きる人間の真実の姿を示しているかしれません。

又、ただ一カットあっても、極地で大根が芽を出したことに私は感動したのですが、大根がもっと生長した姿、或は炊事に使うために大根を大地から摘みとる場面をどうしてみせてくれなかったのだろうと思わずにはいられないのです。こうしたところから「素人くさい画面に感動し」「印象深い作戦」とほめながらも「ただ欲をいえば、起床から就寝までの生活風景をもう少しくわしく知りたかった」(朝日新聞9・30夕刊)という批評がでてくるのでしょう。

オーロラの美しさの中に、一カットだったか二カットだったか、やや遠景のシルエットでオーロラを観測している隊員の姿がでてきます。あまりにも美しい自然、大きな自然に立ちむかっている科学者の尊い姿を、この無言の黒い遠景の人物の中に象徴的に感じて私は涙ぐみました。何故、他に沢山ある調査研究の場面で感動せず、象徴的なカットで感動したのでしょうか。この映画が極地への知的興味をみたしてくれているにもかかわらず、説明が表面的で平板に流れている点に不満をもちます。極地のきびしい環境の中で四十三日間太陽のない生活を送った隊員たちの人間性に迫るするどさ、自然のいとなみを知ろうと努力する科学者の真実への情熱をえがこうとするするどさ(それを作家精神というならば)それが不足しているからではないでしょうか。

命をかけて愛し合っているのに？

長編色彩漫画「白蛇伝」

長井泰治

先日、児童文学者のラジオ座談会で、「日本の児童文学には、よい意味での暴力と、色気が少ない。」と誰かが発言しているのを聞いて、僕も同感だと思った。

子供の頃読んだ外国の童話には、恋をテーマの中心にしたものなど、かなり多く、それがそれなり、子供心に潜在している情感へ、素直に受け入れられたものだった。

ところが日本のものになると、どういうわけか、説話めいてしまったり、ぢぢむさい話になったりして、なんとも味気ない思いをしたものだ。

今度、東映動画が製作した「白蛇伝」で、恋愛をテーマに取り組んだ――ことだけでも、日本のアニメーション界にとっては、そのような意味で画期的ではないかと思う。

五巻以上の長編漫画としては、戦前、戦後を通じて計三本が製作されたと記憶しているが、そのいずれもが、娯楽性に乏しく、技術的にも未熟だった。東動の長編製作に着手を伝え聞いたとき、豊かな資、機材をもってしても、原動画家が少ない現状では、完成まで二年はかかるのではないかと、他人事ながら危惧したが、見事八ケ月で完成し、内容、技術共、今までの日本の水準をはかるに上廻った出来ばえに、同業のアニメーターとして、先ず目を見瞠ったし、その努力と根気に絶大な拍手を送りたい。

細かい、種々の問題点については、製作されたスタッフの方自身、すでに何かと感じられていると思うが、東洋的なもの、日本独自のものを、生み出そうとする創造的な意欲が、画面から滲んでいるようで気持ちがよく、それが、未熟さや、欠陥を補って興味ある作品にしている。

先輩諸氏の力作を材料にして、分不相応な意見を吐くことは、口はばったいが、いささかの羨望も交えて、二、三、僕なりに気付いた身勝手な意見を述べてみよう。

国内のマーケットだけでなく、海外への飛躍を目指して立てられた企画への勇気と配慮には、大いに共鳴出来るし、又、それだからこそ、大作ものが採り上げられたのだろうが、映画を構成するに当って、「輸出用」をあまり意識し過ぎたのではないだろうか。勿論、興業を目的とする映画だから日本人だけにしか理解出来ない問題を、持ち込むわけにはゆかないがテーマーを浮き彫りにするためには、世界の人間にとって共通な、しかも、日常的な生活の身辺で、解決しなければならない様な問題も副線ぐらいにはあって欲しかった。娯楽性を、中心にしたとしても、それなりに作家の意見があろうし、従って、作家の一貫した主張を具体的に、どう表現するか、と云う点で、そこから、統一された画面構成や、アニメーティングが、割り出されるのではないかと思う。

映画の主人公、白娘と許仙とが、それこそ命をかけて愛し合っているのに、それが、身近に感じられず、恋心の熱度と比例して、画面と観客との間に、逆の距離が出来勝ちなのは、「愛情」を歌い上げてゆくための、テーマーを構成する上で、もう一つ、重要な何かに欠けたためではないだろうか。むしろ、空を飛ぶ木竜の行方や、法海と白娘との闘いなど単純な構成部分に興味があるし、また、迫力ある場面にもなっていることは、人間の複雑な感情の起伏などを表現するには、まだまだ、いくつかの峠を越さなければならないとも云える。

リアルな表現をした主人公に比して、傍役達、殊に、動物達の活動には、かなり手馴れた安定感があるが、その設定の仕方も、子供には、ちょっと難解だが、大人にとっては、物足りなさを感じることがあるように思う。

むしろ対象を子供なら子供にしぼって、その生活や、考へ方えの理解を深めてゆく過程で得られたものを、映画の中に生かすべきではなかったろうか。

子供が、ほんとうに理解し、納得する楽しい映画ならば、逆に大人にとっても、大へん楽しい、興味あるものになるとおもうのだが――。

とまれ、出来上った他人の作品に、注文をつける事は易しい。映画技術の中で、アニメーションほど、頭の中で組み立てたイメージと実際に映写された結果が喰い違うものはあるまいし、それだけに、多くの難問題を抱え込んでいるともいえる。

第一作目の長編で、しかも、いくつかの悪条件の下で、世界に出しても恥かしくない作品が出来たカゲには、戦後の動画不遇時代にも、営々と製作を続けて来た旧動画社スタッフの努力が、大半の力になっていると思う。「白蛇伝」は、そのような可能性をもち、希望をもたせる映画である。

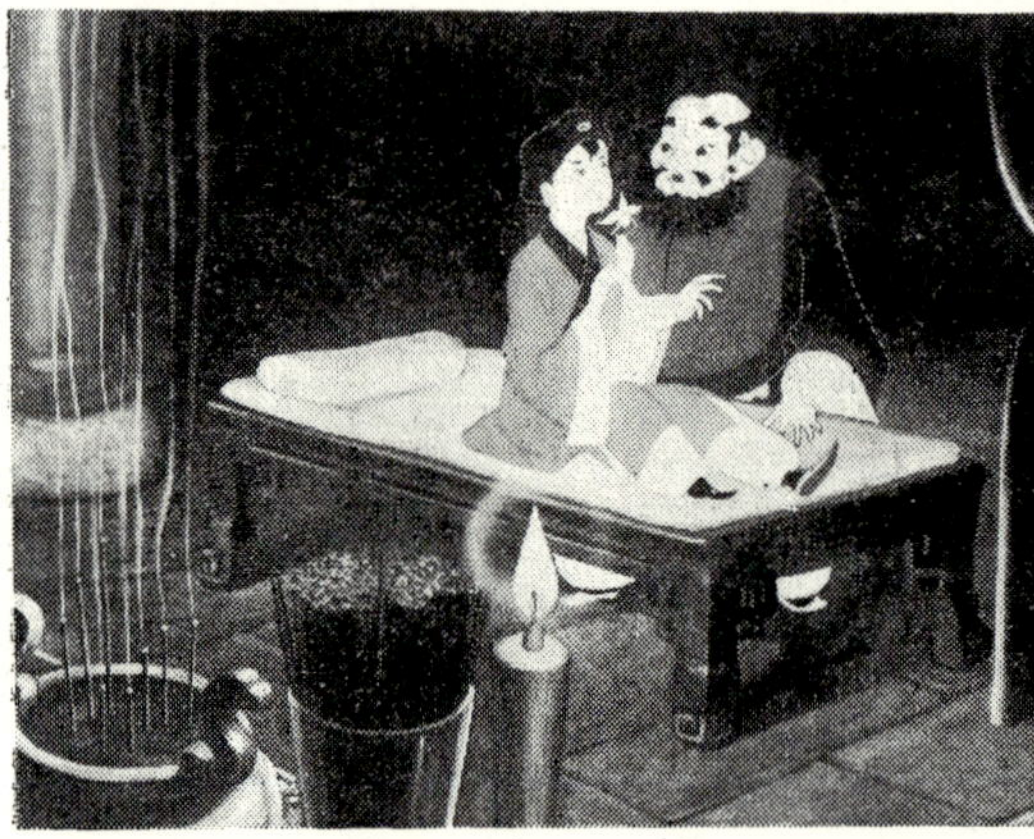

白蛇伝

海外だより

トルンカの「真夏の夢」

「チエコスロヴァキア映画誌」

岩渕正嘉訳・編

（「世界映画資料」同人）

この論文は、チェコスロヴァキアの「チェコスロヴァキア映画」誌五五年号より訳した「世界映画資料」七号の「世界映画界展望」の中の特にトルンカの項を抜萃転載しました十月号（前号）「記録映画」厚木たかさん「ヨーロッパの旅から―チェッコの映画祭のぞき記」の中にガラスの陳列箱にかざってあるトルンカさん製作の「真夏の夜の夢」の人形云々……を参照して下されればさいわいです。

―〝真夏の夜の夢〟の人形―

トルンカの最近作は、数年にわたる準備の後にプラーハの人形映画スタジオでクランク・インしたが、これはトルンカにとっては、きわめて野心的な作品だといわれている。即ち、色彩（訳註＝今迄はチエッコの色彩映画はアグファ・カラー・システムによるものだったが、此の作品ではイーストマン・カラー・システムが採用されている。）

もちろん題名の示す通り原作はシェクスピアの「真夏の夜の夢」であるが、トルンカはこれらの登場者――テシュウス、ハーミア、ライサンダー、ヘレナ、デメトリゥス、そしてアテネの市民たちやオベロン、チタニアなどの妖精の国の主人公たち――に新らしいトルンカのタイプを創り出したといわれている。人形そのもののプロポーションにも特徴があってそれは古代ギリシャ彫刻の持つ線を生かしているが、同時にシェクスピア劇の主人公たちの性格に通ずるものをもっているのである。そして、人形の製作にも今迄のものとは違った特殊ゴムが使われている（訳註＝訳者が昨年夏トルンカのスタジオを訪れた時に見せてもらったこの人形は、今わが国でも流行しているビニール製の人形と同じものではないかと思った。柔軟性や光沢から推測して。）

トルンカはシエクスピアの「真夏の夜の夢」のような夢幻的な、そしてパントマイムをふんだんに使用できる作品の構想を、以前から持っていたわけだが、今度の場合には、その童話的な可能性を大いに発展させたのである。しかし、この可能性というのは、従来の舞台劇にあっては、背景とかフットライトなどによって、表現に制約を受け、充分な表現を持ち得なかったのだった。

「真夏の夜の夢」でトルンカが発揮した本領は、特に妖精の森でいろいろな自然物が生命を得て活動し始めるシーンにあるようだ。

木や草のしげみからはい出てくる妖精たちは、やがて花の開くのとともにあちこちと動き廻り、踊り始める。そして妖精の女王チタニアの登場。美しい外套をまとったチタニアは輝いた緑の草の上をすべるように歩いてくる。彼女が立止るとともに外套はふわりと落ち、それを合図に草の上一面に妖精たちの踊りが展開する。この作品では各所に花のモチーフが現れるが、バックが間違えて持って行く恋の呪いの花を、事前に試すシーンではバラの花が大理石の石像に惚れ込んだりする。

この作品を通じて、人形映画作家イルジ・トルンカは妖精たちや森の精たちの世界を美しい詩的な表現で飾り、デリケートな抒情で格調を加えている。しかし、彼の意図と幻想を助けているのは何といっても、複雑なトリック技術である。（訳註＝トルンカはこの作品に着手する以前にも幾つかの「実験トリック映画」と称するものをつくっている。）彼の各作品ごとに新らしい効果と技法が試みられているが、トルンカの要求するものは常に新らしい技法に対する挑戦なのだということである。

「真夏の夜の夢」に於ては、トルンカが初期の童話風な作品の中でよく用いた人形の動き、劇的なアクションに調和した動きを典型化してとりいれたが、それは多くはセリフのない音楽に合せてのパントマイムである。この数多くの経験の集積が「真夏の夜の夢」の中に実をむすんだのだといっても決して間違いではないだろうし事実、これは驚くべき作品だといわれている。

記録映画 12月予告

☆ドキュメンタリー方法について(2)……野田真吉
☆最近の記録映画について(3)……岩佐氏寿
☆美術映画について……下村健二
☆PR映画の問題の考え方……石本統吉
☆続・ぶっつけ本番(3)……水野肇・小笠原基生
☆国際科学映画祭に出席して……岡田桑三
☆計画中
〃婦人問題と映画〃を女流作家に。
〃アラン・レネエ〃を囲む座談会。
演出ノートを各シナリオライターに。
☆その他観客のページ、現場通信、映画批評、創作理論、海外映画事情、新刊紹介と書評など。
☆本誌に対する御意見、御批判をどしどしお寄せ下さい。

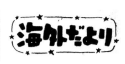

第三回国民文化会議

全国集会ルポ

島谷陽一郎

(1) 国民文化会議全国集会

九月二十一日、専修大学、映画部会は一時より開かれた。最初に萩氏から、「日本映画の質と傾向」と題しての話があった次に、山田和夫氏より、日本の映画産業と指向するものについての発表があった。

梅田氏より短篇映画の現状と普及上映の今後の問題点として教育映画作家協会、東京シネマ、共同映画、三社協同提案が説明された。短篇映画の現状については、

一、記録・短篇（教育映画）は、戦後、劇場座館から締出された事

一、自主の道を非劇場運動によって、非劇場地帯の観客組織に努力して来た事

一、その結果、学校視聴覚教育連盟（教材映画）と、全国視聴覚教育連盟（成人向の社会教育映画）が組織され、それぞれのライブラリーが、全国的に確立されて来た事

一、しかし座館で上映されない事は、観客動員の上で、大きな穴になっている事

一、秀れた記録、短篇映画が作られても、座館の多くの観客の眼に接しない（都会では非劇場組織は発達しない）こと しかも一方、座館にかかる劇映画の多くは、頽廃的、非文化的である事

一、日本の文化水準の向上の点から見て、秀れた記録短篇映画は劇場上映が出来るよう展開すべきこと。

一、具体的方法はすでに、有志プロダクションで着手されている事

一、教育映画製作者連盟でも、座館上映を目指した教育映画の入場税減税運動を展開しようとしている事

一、多くの観客層の間に、秀れた記録、短篇映画を見たいと云う要望が起りつつある事。

一、こうした動きを組織して、劇場上映運動を展開すべき時期が今日、来ている事。

このような現状から、今後、どうやって行ったら良いかと云う問題については、

一、秀れた短篇映画（文化、教育等）の借りられる場所、映画のリストなどを、皆にわかる様に、もっとPRしょう。そのために、サークル、機関紙での紹介や、貸出しの斡旋を強化し、又映画教育協会、学視連、全視連等により、新聞、ラジオ、テレビ、雑誌を通しての一層のPRをする事にしょう。

一、映愛連で、サークルの力を盛り上げ、〃文化映画を見る会〃のような会を催け、作品を見る場、向上させる場を作ろう。更に、作家も大衆の中に参加して、映画の地位をより大衆のものにしよう。

一、（劇場一般座館ニュース館等）に働きかけ、文化映画を見られるような体勢を作ろうそのために、文化映画の免税等の運動も起そう。又、一部地区で行われている様な子供劇場のように一定時間を文化映画に解放する運動を押し進める。

一、今迄の成果であるライブラリー活動、組合教文部の活動、諸サークル、団体の活動による、映画上映運動を更に前進させよう。

等の点が報告された。続いて、討論に入った。討論は ㈠観客団体と、その質の問題、㈡独占的な会社へどうアピールするか、㈢記録映画をどうしたら見られるか、又、自主映画へどう協力していったらよいかと云う点に話が絞られた。記録映画の問題に関しては、貯金局映画サークルより、記録映画を見る会を開いたが、記録映画への認識が足りず、会を開くと、非会員のみが見に来ているのが現状である記録映画をもっとPRする方法がないのかと云う問題が出された。

又、一般に記録映画と云うと学校、教材映画、或は「青い大陸」等を思い起す人が多く、自分達の生活を豊かにし、教養を高める運動につながると云う事を理解している人が少なかった。

しかし、近代映画社作品「福竜丸」が資金難であると云う話にそれを援助しようと云う申し合せが出来、又「人間の壁」を映画化しようと云う事で、意見の一致を見た。しかし、その参加の仕方となると、足並が乱れ、結論として、国民文化会議にまかすと云う事になった事は、作家がこの討論に参加していなかった事に起因し、残念である。

又、8ミリ映画の問題が取り上げられ、文化活動に取り入れようと云う動きがみえた。又組合で、映画を作り出そうとする所がふえた事が報告された。

(2) 研究発表会 時 九月二十二日 所千代田区公会堂 教育映画「法隆寺」と「ミクロの世界」が上映された。約五百人が参加し、前日の討論がきいたせいか、又は私達の資料を全員にくばったためか、教育映画は大いに反響を呼び、参加者は、新しい眼を開き、自分の処に帰って運動を押進めようと話し、その成果は大いに上った。

観客のページ

"忘れられた土地"の問題点

京都記録映画を見る会　浅井栄一

"忘れられた土地"は、製作者のひたむきな態度にかかわらず、出来上りはたいそう不評だった。紹介する側としては、やはり、こういったものを見てもらいたいという消極的なことではなく、是非見てもらうこと――文句があるだろうけれども、その文句を組織し整理して、つくり手にかえすことが必要になる。しかし、正直にいって、五回も六回も見るのはシンドイといったところだ。

そうかといって、これからも日本のさまざまな矛盾が集中的に現れている"忘れられた土地"や"町"が、映画にならなくては困る。ふんだんに金をかけて撮影した豪華な観光映画の数とせめて同じ位に"忘れられた土地"のような日本の現実の矛盾を考えさせる映画をつくる仕事がないと困る。しかし、あの表現の貧弱さはどうしたことだろう。

この映画をつくった野田さんは、金をつくることをはじめとして、なにかにと映画をつくるために大層苦労をされたということだ。こうした金もうけになりそうにない――僕は、そうとばかり思わないが――文部省が間違いなく非選定にするような映画をつくることに、簡単に多額の金を出すという、気のきいた業者はなかなかないだろう。だからその点では、野田さんは極めて実際的に仕事をすすめ、成功されたわけだ。ところが、かんじんの仕事になって、野田さんは、金をつくるために説得した時の、相手に対するリアルな観察、あるいは、相手を自分のペースにのせるための細い配慮が映画の創造に生かされていないように思う。"一人の母の記録"には、そういうものがあった。"一人の母の記録"では、映画としてまだ不満があるけれども、農村の人たちと話し合ったり、いやなことをたのんだり、悪口を云い合う村の人達の、ともすればいくつかに割れそうなグループをなだめたり、――おそらく、つくり手は始終そういうことをくりかえしながら、自分の考えている映画に、みんなをうまくのせていった。そういう営みを通じて問題を適確にとらえることができたという方がよいだろう。むしろ、演出家は、農村のリアリティを内部から捉えるために、おそらくそういうことを必要としたのではないだろうか。つまりそういうほんとうの意味での組織するということに成功した。それが"忘れられた土地"の場合、なかったのではないだろうか。もっとも、そういうつくり方が、すべてではないけれども"忘れられた土地"は、妙な云い方になるが貧乏の観光映画になってしまっている。鋤を使う農婦も、卒

――プロダクションニュース――

記録映画社

○撮影中

「昔の農民」白黒16 m/m 一・五巻脚本演出上野耕三。「畑地かんがい」EKカラー35 m/m 二巻脚本上野耕三、演出上野大梧

新理研映画

○完成

「伸びゆく力」EKカラー35 m/m 二巻脚本古川良範演出松本俊夫。「この子と共に」白黒35 m/m 二巻脚本演出富岡捷。「牛乳」白黒35 m/m 三巻脚本院戸隆幸、演出草間達雄。

共同映画社

○準備中

「教育白書」(仮題)白黒16 m/m 巻数未定

桜映画社

○撮影中

「最上川風土記」35 m/m 二巻演出丸山章治

○完成

「でんでん虫の歌」35 m/m 八巻演出木村荘十二。「小さな仲間」35 m/m 五巻脚本演出堀内甲。

日本短篇映画社

「東京の機械工業」イーストマンカラー、海外向産業映画、全二巻、企画海外貿易振興会脚本、演山、日高昭、撮影宮本栄司

東映教育映画部

「子供の疑問と親の態度」(子どものしつけシリーズ第十六号)二巻企画赤川孝一、大橋竜三、脚本岡田山仁監督清本隆男、撮影村山和雄、「宿場町」(町のなりたちシリーズ第一号)一巻、企画赤川孝一、高橋成知、脚本杉森潤郎、監督斎藤正之、撮影白石彰、「母への贈物」三巻(子供のしつけシリーズ第十五号)「密蜂のちえ」一巻、パートカラー(学校理科教材映画観察シリーズ第十四号)企画赤川孝一、高橋成知、脚本尾田道夫、撮影小林一夫、構成高橋成知、「主婦の時間割」二巻(生活文化シリーズ第十号)企画、赤川孝一、大橋竜三、脚本岡田山仁、監督瀬藤祝、協力全視連、「空港のはたらき」一巻(学校社会科教材映画、社会科シリーズ第十一号)企画、赤川孝一、高橋成知、脚本曾我石雪枝、監督田中穂積、撮影江川好雄、監修運輸省航空局、協力東京国際空港、「お迎え狸」五巻児童劇映画、企画山崎

業して働きに出る子供も、うちかえす波と同じような役割しか果していない。カメラは、いつも、ある距離をおいて対象を眺めていて決して深く問題を捉えていこうとしない。しかも演出家は充分それで満足しているらしい。

うがった見方をすれば、演出家の頭には、この村の生活についてのイメージが先に作られていて、実際の生活をそのイメージに無理矢理にあてはめるというような、強引なとり方を感じた。対象に出会って自分のイメージをうち破り、そこから更に新らしいイメージをつくり上げること、そうしたことをくり返すことが必要なのではないだろうか。

例えば、僕はプロローグに、やがて卒業する子供たちの記念写真がとられ、その卒業生の一人一人の顔がクローズアップされると、妙に生理的な抵抗を感じる。嫌悪というのでもないけど、何か、ほんとうでない大形な白々しさ、何かが少し、ほんとうのところからちがうぞ、といった復雑なものだ。

そうしてぼくには、どうもそれがさきに云った、彼らの農村の内部のリアリティの捉え方に誤算があって、貧乏ということを、ごく型通り捉えた結果であると思うのだ。その後の映画の展開がそれらの子供たちと、内面的につながって来ないのも偶然ではない。

結局野田さんは社会科学者の立場からは、くわしく分折し、結論を出しておられるようだけれど、それはとどのつまり傍観者の立場で、ぼくたちが、記録映画に求めている、変革に積極的に参加しながら、現実を冷酷無慈悲に捉えていく映画にならないのは、当然のことだろう。そして、そういうやり方では、一見商売としてなりたつ筈がないと思われるかも知れないが、映画が新しい現実を創造する、ことによって、観客をも、また新しく組織することが、可能なのではないだろうか、つまり、観客を絶えず、新しく組織することをこころざさない映画は、ぼくには、やはりつまらないものに思えるのだ。

非選定映画をめぐって

国学院映研　川名次雄

本誌八月号「時評」にかかげられた非選定映画の問題、及び十月号「時評」の上映問題について大変興味をもって読ませていただくと同時に、現在、あらゆる機関を通して文部省の教育映画等審査委員会の作品に対する比重の置きかたについて討議され、検討され、ついには文部省不信の声すら起り始めている近頃ですが、これは深刻に考えなければならない問題だと思います。

その問題に上ったのが「千羽鶴」であり「つづり方兄妹」などでありますが私も同じように苦汁をなめた製作者として、今はただ傍観している場合ではなく、真に映画を愛する者の一員としても、この非選定映画についての見解をのべてみたいことから筆をとった次第です。

× × ×

私達が取りあげた僻地教育の改善運動を描く「山に生きる子ら」は、すくなくとも良心的に製作したものです。この作品のことは先の原稿に記しましたからはぶきますが、文部省の審査にふれて非選定映画のレッテルをはられたのは、どうも次の点であるらしいのです。というのは、私達は、審査の結果についてその問題点＝文部省の疑問点が一片の紙にでさえ明示されてもらえず一方的に非選定を頂戴した理由からなのですが、その後、私達の考えるところと文部省の職員の語したところによりますと「とにかく教師の自主性を強調するのはね……。」というわけ

孝四郎、赤川孝一、大橋竜三、原案花岡大学（応募プロット入選作）脚本和田博、監督今泉善珠、撮影北山年「人工衛星のはなし」新らしい科学シリーズ第一号）二巻企画赤川孝一、高橋成知、脚本、監督、前田一、作図笹原信雄、撮影安藤八郎、製作協力東映動画株式会社、監修古在由秀（東京天文台）

日本映画新社

○完成「東京の水道」イーストマンカラー、PR映画三巻、企画東京都水道局、脚本演出落合朝彦、撮影中村誠二

「地底の凱歌」（黒部峡谷第五部）EKカラー6巻脚本編集西尾善介撮影藤田正美「バチスカーフの記録」EKカラー二巻脚本編集西尾善介撮影山口武朗。「日本の工業地帯」（地理映画大系）二巻脚本編集西沢豪撮影橋本正。

「海上号」白黒16m/m二巻演出苗田康夫撮影泉信次郎。

岩波映画製作所

○完成「下水道」三巻、イーストマンカラー企画東京都水道局、製作吉野馨治、脚本、演出岩佐氏寿、撮影、広川朝次郎、「子供の四季」三巻、長野県教育委員会、製作小口禎三、脚本秋山衿一、演出京極高英

「たのしい洗濯」企画婦人の友、二巻白黒、脚本演出、田中実、撮影西尾清「アジア各国主首訪日記録」三巻白黒、企画国有鉄道、脚本、演出岩佐氏寿、撮影竹内亮

「板硫子」四巻カラー製作小国禎三、脚本、演出各務洋一、撮影小林静夫

「三菱日本重工」企画三菱日本重工、四巻EK脚本伊勢長之助、演出撮影瀬川順一、

「コルゲートパイプ」企画富士製鉄二巻、演出、撮影手山邦一

農山漁村文化協会

「かあちゃんの生産学級」第一回作品、二巻、協力山梨県富士見村、製作八原昌元、村治夫、脚本山田民雄、原田勉、演出森田実、撮影入沢五郎、

神奈川ニュース映画協会

○撮影中「丹沢」白黒35m/mシネスコ一巻脚本演出深沢正彦

○完成「切手の御礼」白黒16m/m二巻脚本演出吉田和雄

富士映画・高野プロ

○撮影中

「口と歯」私たちの車体のしくみと働きシリーズ白黒16m/m二巻脚本演出谷川義雄

（以下三八頁へ）

で遺憾ながら私達のプリントは一笑のうちに引き下ったわけです。

私は決して自分達が苦労をし、教育と真面目に取り組み、沢山の努力をしたのだから、といつてさわいでいるわけではありません。この問題は実をいうと教育映画に情熱をもち、記録映画に精根を傾ける人々の生活までおびやかす問題とも考えられるからです。つまり、選定映画であれば、観客は「ほほう文部省のか。」ということで集まりもしましょうし、第一、教育映画にそのレッテルが大きく附着していれば、勿論、配給する場合の需要度まで違ってくるわけです。

更に全国津々浦々に配給館をもつ映画社なら、まだいいとして、本当に地味に社会のすみっこの方で真剣な態度で教育映画製作にたずさわる映画社は、経理的にも成立し得ないばかりか裏をかえせば、現在の審査方針は「文部省の教育方針に対して、ちょっとでも違ったところがあったら非選定である。」と言っているのであり、もっと言わせていただければ、教育＝社会を少しでもよりよくする為の製作する側の言い分や、矛盾をつくこと、批判をし新しい道を見いだすこと、などの建設的な思考を持っているフィルムは製作してはならない、というような非常に強い印象をうけてしまうのです。これは何を物語っているのか、とてもおそろしいことに思えてならないのです。そうなってきますと特定の配給網をもたない教育映画プロダクションや学生映画は、そのまじめな製作意図にもかかわらず、よいものをと望む一般大衆の目にはふれることのできない自慰行為に終ってしまう可能性が現われてきます。それは教育映画の為にも、広くは一つの文化事業として果す使命すら効力を失うことを意味するのではないでしょうか。

そこで昭和十四年の映画法の制定問題（映画国策の前進＝山田英吉著）を少々見てみますと、昭和十五年『三月十八日、衆議院に映画法案が提出された節』に『此ノ法案ノ目的トスル所ハ、此ノ映画ノ有スル国家的重要性ニ鑑ミマシテ、映画ガ単ニ娯楽ノミデナイ、教育、文化、宣伝、「ニュース」、記録、斯ウ云ツタヤウナ重要性』をうちだしているのです。が、この映画法には例の罰則の項があるわけです。これは現在の憲法、第十九条の「思想及び良心の自由」をかかげる国家の文部省が、一方的に非選定の断をおろすのと何か共通点がありはしないでしょうか。だとすれば、有形無形の型に於いて文部省の審査制度は結局は、良否の審査ではなく立派な「検閲機関」として通りそうです。

これが私のいうおそろしいことなのです。そういう現状の中で、そうならないことについて、この事実を知らない人々と共に願い、製作会社は勿論のこと一般の人々も含め、改めて文部省からも参加して話しあいの中から、その結果報告をする、それを観客側の良心にまかせる、というシステムで、一つの民主的な解決方法が生れはしないでしょうか。

右にのべたのは例えですが〝記録映画〟の読者、そしてその辺の人々から、更には波状的なゆさぶり運動を起し、「検閲的な」、「権威的な」審査が行われぬよう努力し文化的意義の展開の為にも大いに発憤すべきだと私からも提唱したいのです。

プロダクションニュースつづき

マツオカ・プロダクション

○撮影中

「立坑」EKカラー三五ミリ二巻製作、脚本、演出松岡新也
撮影上岡喜伝次

「偉大なる建設」日本電波塔の記録EKカラー一六ミリ三巻
製作松岡新也、撮影喜多村幸次郎、上岡喜伝次

ワイド・スクリーン

諸兄の御健斗を感謝しています。
（入江　一彰）

記録映画を続ける御努力に頭が下りま。すどうかがんばって下さい。毎号、真面目な議論はためになるし、「続ぶっつけ本番」も面白い読物になりますよう。
（大沼　鉄郎）

定期刊の御努力感謝の一言です。願くは毎号シナリオ又はコンテ（抜すいにても可）が出ると良いと思います。渡辺正己の提起した宿題に応えてほしいと思います。
（山本　竹良）

協会運営の皆様の御努力にお礼申上げます。
（杉原　せつ）

三号は大分面目を改めたように思います。何しろ原稿を書かないので有名な記録映画作家連中ですから編集者泣かせでしょう。現場の通信をもっと載せてもらいたいと思います。
（永富映次郎）

〝どこかで春が〟の作品の製作報告や製作のデーターの現場通信が知りたいものです。編集委員の御努力に敬意を表す。
（能登　節雄）

編集後記

※二二号台風のため被害をうけた。床上一メートル近い冠水によって多くの蔵書を失った。低地に対する空前の豪雨による当然の天災とあきらめようとした。しかしよく状況を調べてみると政治の貧困からおこった人災であることが次々と明白となってきた。

※毎年、申し訳程度の住宅予算しか組まない政府。必要にせまられた者が個々に建てる住宅、その無計画性から、思いもかけぬ場所に太い下水管がぽっかり口をあけているということになる。

※水害を受けると物質的被害ばかりか、二〇日たっても、まるで引越荷物の中での生活が整理つかないありさま、政治的関心が深まるのも当然のことと思う。

※こうしたなかで編集担当は一寸きついものでした。（谷川　記）

※台風二十二号襲来で各地に被害がでた。全く人災である。伊豆地方の様子をいろいろなニュースで知ると、胸をしめられるような事が多い。この跡始末はどうなるだろう。来年の洪水期までにはとても手がつくまい。思えば私たちはいつも不安の中に暮しているわけだ。しかし腕を組んで考えこんでばかりはいられない。

※こんなことを書いている私の机の上の新聞には、「警察法職務執行法改正案」の記事がデカデカと第一面に掲載されている。これはエライことになるぞと思わず独言が口から洩れる。警察の政治的中立なんてナンセンもはなはだしい。しかしこの問題は笑ってはいられないことだ。

※新聞週間が行われても、誰一人新聞の中立性を論じている人はおるまい。何かと何かがもめてる浮っ面を書き列べていれば商売になるのだから嬉しい稼業である。全く新聞万才週間である。

※編集なんていう難しい仕事を調子にのって引受けてみたものの、これもえらい仕事である。お願いした原稿が期日に届かない・・・・もどかしさ。スケールやニュースをたぐりよせる細かい仕事。頁数がどう、割付がどうと、私には珍らしいことばかりである。会社やプロデューサー我々のシナリオや映画の完成を待っている・・・・・もどかしさもこんなものでしょうか。

※作家諸氏は余程多性とみえて、今月号は「現場通信」が一つも届かなかった。編集部は十名以上の人に直接依頼したのに、これには私も唖然とした。こんなことが続くと編集なんて仕事もあんまり愉快な仕事ではないらしい。池島信平氏が呼出し太郎だなんていったが、そんな立派な呼称がつくまでの実感がわからない。

※作家諸氏も深みゆく秋に、ロケ地の灯下で、あるいは書斎の机上で、ゆったりとする暇がない程、仕事に追われているであろうが、どうか一時《いっとき》でもメイソウする余裕を持つようになりたいものだ。そして良い映画が生れるためにも御自愛下さい。私も同様に……
（岡本）

KIROKU EIGA
Published Monthly By Baseball Magazine Co., Ltd.

昭和三十三年十一月一日発行（毎月一回一日発行） 第一巻 第四号 編集人 吉見 泰 発行所 ベースボール・マガジン社 電話東京（29）代表七九〇一番 定価 七十円

教育映画作家協会編集

記録映画

THE DOCUMENTARY FILM

昭和三十三年六月二十日国鉄東局特別扱承認雑誌第三〇九号
昭和三十三年九月五日第三種郵便物認可

黒部峡谷第二部〃地底の凱歌〃

12月号

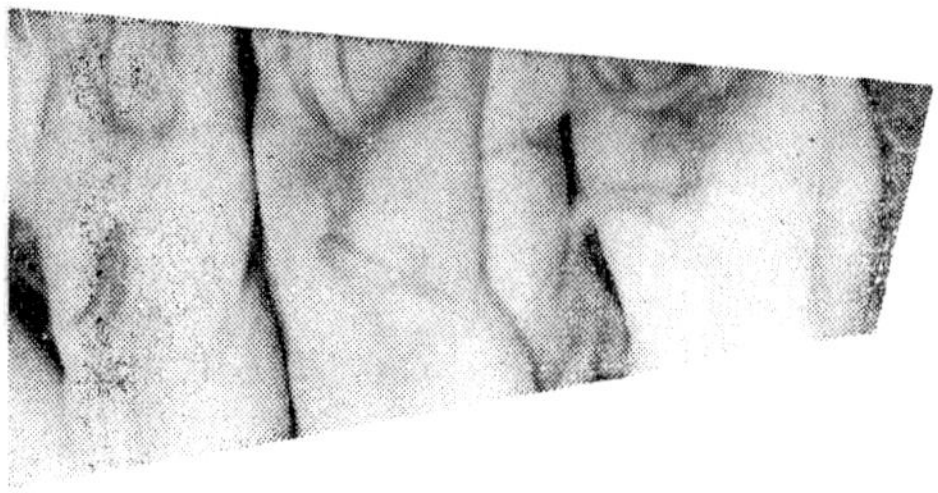

記録映画

1958　12月号

第1巻第5号

時評

警職法の改悪と記録・教育映画

先月上旬、抜き打ち的に国会に上程された警察官職務執行法改正案に対して、野党及び労働組合は勿論、学術、文芸、美術、演劇及び映画など、およそ表現の自由を生命とする各界から、轟々たる批判の声が巻き起っていることは、すでに見られるとおりである。

教育映画作家協会もまた、運営委員会の名において、十月二十三日同法案に対する反対声明を発するとともに、同じく声明を発したシナリオ作家協会・映画監督協会その他映画関係の諸団体ならびに文芸・美術等の諸団体とともに、抗議のための統一行動を起しつつある。

われわれは、昨年、戦前の映画統制の復活を企図する「映画法」の上程を、辛うじて食い止めることができたが、いままた、敗戦の痛ましい犠牲において獲得したさまざまの民主的自由・基本的人権を根底からおびやかす警職法の上程を見て、まことに憂慮に堪えない。記録・教育映画作家が、いまでさえ、有形無形のさまざまの障害と斗いつつ作品活動を続けつつあることは、例えば「朝日ニュース」のカット事件や、文部省選定映画の問題を見る迄もなく、各々が身を以て体験しているところである。また「警察官の認定」なるものが、どのようなものであるかは、戦前の、ロケーションでのカメラ・ポジションに対してすら行われた警官の不当な干渉を想い起すだけで十分である。まして、警職法がもし通過すれば、観客の諸組織の行う映画会もまた、警官の監視の下におかれることとなり「臨監席」の復活もまた自動的に行われることは、容易に推測できる。それなくしては成り立たない民主主義の諸原則である思想・人権・表現・集会の自由を脅かす警職法の改悪は、また当然憲法第二十一条における「検閲はこれをしてはならない」規定をも脅かす前提となり、ひいては警察国家の再現、戦争への道につながることとなるだろう。

警職法改正案上程に対して、潮の如く起りつつある全国的規模における統一行動への参加は、次代国民のためにも、われわれに課せられた義務ではないだろうか。

表紙の写真

好評であった第一部につづくものとして期待されていた「黒部峡谷第二部・地底の凱歌」中最大の感激場面。トンネル開通の歓喜にわくアルプスの地底数十丈。

もくじ

☆時評　警職法の改悪と記録・教育映画……(3)

記録映画・教育映画の〝暗い谷間〟の想い出　亀井文夫　水木荘也　上野耕三　厚木たか　(6)

☆迫りくる危機と作家の主体……松本俊夫…(4)

☆アクチュアリティの創造的劇化
ドキュメンタリー方法論ノート(2)……野田真吉…(11)

☆教材映画の世界……………永原幸男…(28)

☆児童劇映画と児童…………古川良範…(16)

カットされた警職法ニュース…………(10)

現場通信　かっぱの嫁とり始末記…杉原せつ…(36)
西陣の人々……………藤原智子…(37)

フランスの記録映画作家
アラン・レネエにきく…大島辰雄　(23)

☆写真頁…地底の凱歌・新作紹介
アラン・レネエの作品集　……(19)

☆第十二回国際科学映画協会大会に出て
…岡田桑三…(30)

☆一九五八年度教育映画祭作品評
「もんしろちょう」を中心に…
(国内)…吉見　泰…(15)

「面白いようで面白くない映画とその逆」
(外国)…大沼鉄郎…(16)

続・ぶっつけ本番　(3)……水野肇　小笠原基生　(32)

☆子どもをとりまくこの現実…岩佐氏寿…(34)

☆観客の頁・岡山の映画サークル報告
…寺沢　建…(36)

☆プロダクションニュース……(34)

☆ワイドスクーリン…………(27)

☆編　集　後　記……………(38)

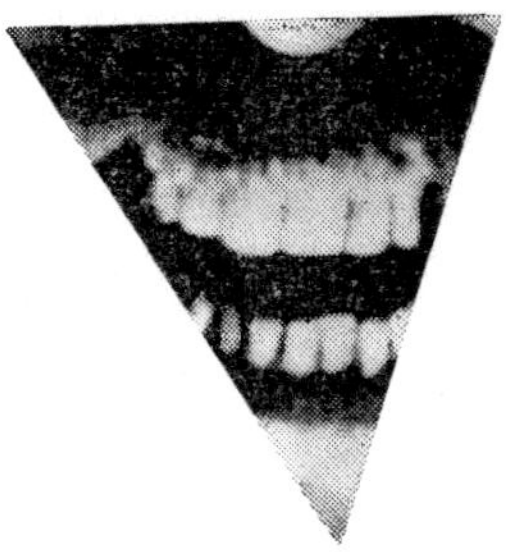

迫りくる危機と作家の主体

――警職法改悪に私たちはいかに対決するか――

松本俊夫

声明を支える実体に眼をむけよ

十月廿三日、作家協会運営委員会は警職法改悪に強く反対する声明書を発表した。これは廿五日の日比谷野外音楽堂における警職法改悪反対国民大会において、一万五千の労働者・都民の前に公表され、万雷の拍手をあびた。私もまた人一倍盛大に拍手を送ったのだが、卒直にいって、そのあとに妙にうしろめたく割切れぬ不安な気持が残ったことを否定することができない。それは、その大会に協会員の参加がほとんどなかったということとも関係しているが、意地悪くいえば、運営委員会で、ごもっとも、異議なしと、おそらくは当然のこととして比較的あっさりと採択されたであろう一枚の声明書の網の目から、このような戦後最大の反動法案を、作家たちがどのように内部の問題として受けとめているのかというもっとも本質的な内容が、実はするするとぬけ落ちて見失われてしまうのではないかということを、私はなによりもおそれたのである。

いうまでもなく、協会会員の中で警職法の改悪が、警察国家の復活に通じ、平和憲法をふみにじって、戦争の道に驀進してゆく突破口となるものであることを知らぬものはないであろう。だが、はたして私たちは、このような戦後未曽有の危機を、まさに作家であることの本質的な条件が、その根底からつき崩され、引き裂かれてゆく、決定的な内部の危機として、どれだけ主体的に内側からとらえているであろうか。このアンビヴァランな深淵を、どれだけたしかな眼で凝視しているであろうか。私は、作家であるがゆえに回避することの許されぬこのような対決のしかたを、自分自身に対してと同様、一人一人の作家たちに対しても厳しく迫らざるを得ないのである。

協会の声明書が、警職法の改悪に反対の意志を表明すると共に、この法案を行動をもって阻止することを宣言するとき、私たちはすべての国民的な統一行動に積極的に参加して、あらゆる政治斗争を徹頭徹尾斗いぬくことを決意すると同時に、なによりも、この斗いを作家主体の本格的な再検討と確立の斗いとして、不断に内部に向って投射してゆかないならば、私たちの抵抗はその実体を喪失し、狂暴化する弾圧の前にもろくも自己解体してしまうにちがいないのだ。この場合もまた、外部に対する斗争の力は、内部の斗争の深化の度合いによって決定されるということを銘記すべきである。

思えば、私が協会会報に「作家の主体ということ」と題して、協会内部の底知れぬ沈滞を批判したのは丁度一年前のことであった。そこで私は次のように云った。「戦争中には無批判的に戦争協力の映画を作り全く外在的な力で進路を転換されると、深刻な内部批判もせぬまま他動的に方向を変え、一寸した政治的昂揚期には、すぐヒステリックに芸術を政治に隷属させるような小児病的偏向を犯し、一般的後退期には無節操にフィルム宣伝広告業に順応する。ここには終始一貫主体欠如の奴隷的職人がいるだけで、作家ははじめから不在ではなかったのか」と。私は、なにかというと外的条件ということを免罪符のようにもちだして、その上に安穏とあぐらをかいて現状を合理化する生活態度にこそ、このおそるべき主体喪失と内部腐敗を戦中戦後にわたって温存し、慢性化させた主要な原因があるとして、自らその自己疎外の状況を抉り出し、摘出する果敢な主体的格斗を選ぶべきだと主張した。

今日警職法の改悪と対決する作家の問題として、不幸にもこの問題提起はまだ無効となってはいない。私たちの追いこめられた状況を、私たちの主体喪失との相関関係でとらえることをせず、次から次へとなしくずしに外的条件に適応することによって更にいっそう自己疎外を深めてきたこの没主体の論理構造を、私たちはまだ決して本当にとらえ克服しているとはいえないからである。

不毛を正視せねばならぬ

「戦後の記録映画運動」と題して、創刊号以来三回にわたって連載した吉見泰氏の論文は、記録教育映画製作協議会の運動と創作方法の問題を中心に、戦後の記録映画の歩みを総括的に再検討するという、現在もっとも重要な課題の一つをとり上げながらも、その分析の視点は、全く今日的な問題意識から遠くはずれていた。その点に関し

ては、本誌十月号で高島一男がかなり正確にその主体意識と方法意識の欠如を指適していたが、問題は、常に最も先進的な記録映画の運動と創作の中を歩み続けてきた一人の作家において、なぜ歴史をあのような事実の懐古的列記におわらせ、その否定的な教訓を、「精鋭主義的な傾向におち入った」とか「とりあげられるテーマや材料が尖鋭な傾向に流れすぎた」とかいったような結果的現象を挙げることで、その本質的な頽廃に対決することを回避したのかということにある。

冷酷な評価にきこえるかもしれないが、私の分析によると、協議会の活動をも含むこの民主主義映画運動は、一九五〇年のコミンフォルム批判を契機とした日本共産党の分裂と抗争、新綱領という経文のもとに展開されたウルトラ火炎瓶主義と俗流大衆路線、これら六全協に至る日本革命史上最大の躓きの時期を、この誤謬に誤謬を重ねた歪める政治運動の忠実な走狗となり、その理論と実践を、およそ没主体的に映画創作に再生産してゆくきわめてみじめな作家疎外の歴史でもあったのだ。そして私たちが眼をそむけることなく凝視しなくてならぬことは、ここにみられる現実に対する主体と表現の関係が、戦争中における戦争記録映画のそれと、その本質的な構造においてほとんど変っていないという事実である。ここには、敗戦を通過しながら、「敗戦」がないのである。あのおそるべき破壊と荒廃の戦争体験を、まさに内部の挫折と崩壊の問題として反芻し、その重みに耐えて疎外の回復に生きようとする作家の主体的な格斗がないのである。大部分の記録映画作家が、戦争権力の前にもろくも屈服し、奴隷の映像と奴隷の言葉で国民を偽瞞したその犯罪的な頽廃を、作家失格と自己喪失という深刻な内部的現実的課題として抉り出すことのなかったところに、言葉の厳密な意味における「戦後」は決してはじまることはなかったのだ。

終戦直後の政治運動が、戦争期における自己の敗北の歴史をかみしめて、その教訓から日本プロレタリアートの階級的主体を確立する方向を見失ったと同様の思想的誤謬にもとずいて、戦後の民主主義映画運動は、いとも安直に与えられたデモクラシーのレールの上に自己を解体し、運動内部の腐蝕を隠蔽することによって、遂に作家主体そのものを根底から変革してゆく通路を自ら封じてきた。テーマ主義、素材主義という形で、リアリズムの追求が、戦争記録映画と同じく素朴な自然主義をぬくぬくと温存し続けてきたのも、まさにこの歴史を縦貫する作家の没主体的な構造を自己否定してゆく闘いが放棄されていたからにほかならない。およそ取材の対象とイデオロギーをすり換えただけで、極めて安易に戦争昂揚映画から反戦民主主義映画に変貌し、さらさら戦争体験を主体の問題から創作方法の問題へと追跡してみることをしなかったのは、全くここにこそ原因があったのである。

このような視点に立たず、吉見氏が「作家にとって、その間に得た体験は貴重なものであり、多くの作家はリアリズムの追求、創作方法の追求の上で、確かな訓練を積むことができた」というとき、私はその不毛の根深さに、ほとんどデスペレートな思いをどうすることもできなくなるのである。

強靱な抵抗の主体を確立せよ

現実へのアンガージュマンということが自己喪失の地点でなされているかぎり、そのような斗争が、たえず教条主義と経験主義の間を動揺し、左右の日和見をくりかえして、運動を解体し、社会変革の歩みを挫折させるに至ることは、戦後十年の政治運動を通して私たちはいやというほど苦い経験を背負わされ、癒えがたい傷を負わされてきた。自己喪失的な斗争が、昂揚期には小児病となって現われ、後退期には一途に壊滅をたどる、およそ脆弱なものであることを、私たちは作家活動を通じても充分痛感してきたはずである。

なるほど現在の作家協会にとって、自己疎外は現状への屈服と無気力無関心という形で現象している。たとえば私が本誌創刊号で「前衛記録映画の方法について」をかいたとき、私は、岩堀喜久男氏が「必ず多数が問題としている問題を問題とせよ。さもないとせっかくの公器が一握りの好事家の趣味の道具となってしまう」と見当はずれも甚だしい批判を向けてきたときの情けない思いを忘れることができない。私は創作方法の問題提起をしながら、同時になによりも、こういう作家の根深い疎外をどう克服し、いかにして新しい斗争と変革の主体たりうるかという、私たちにとって最もアクチュアルな運動の方法論をかいたのであったが、「たのしい版画」の作家においてすら、そのような視点を疎遠のものとして受け流し、「誰もが問題としなければならない問題」を、俗流大衆路線論と広告映画作家現状論をもちだすことによって回避したのである。しかもこのような無気力で怠惰な精神がかなり多くの作家たちの中に蔓延していることを思えば、これは笑殺できぬことである。世の中がまた悪くなる、ますます作家活動も困難になるだろう、お先は真暗だ、こんな愚痴をこぼす前に、自分たちをこういうところに追いこんできた内部の空洞にメスを入れることが、まず第一の課題なのだ。

警職法改悪という嵐はこのような風土に襲ってきた。この一点をどう通過するかで私たちの歴史が一変してしまうという、そのような分岐点に今私たちがおかれているということを、引き裂かれるような危機として意識するとき、私は警職法改悪反対斗争がこのような腐蝕した風土に対する非妥協的な斗争をぬきにしては絶対に勝利し得ないのだということを強く意識するのである。今度こそ強靱な主体を確立し、正しいアンガージュマンの論理を内部にうち立てて、この世紀の悪法を粉砕するため、積極的に統一行動に参加し、最後まで力強く斗いぬくことを決意したい。

記録映画・教育映画における

〝暗い谷間〟の想い出

世論の袋叩きにあいながら、警職法は、無理矢理強行されようとしている。つねに社会の現実に、じかにふれて来た記録映画・教育映画の戦前の作家たちは、当時警察官の「認定」を、その肌で受けとめて来た。警職法改悪が、戦前への逆戻りを感じさせる折柄、ここにその貴重な体験を語って貰った。

私は逮捕された

亀井文夫

太平洋戦争がはじまる三月前、昭和十六年十月初旬、朝早く、ぼくは四名の特高刑事に起された。二人が、室内をそうさくし、二人が外で見張りをしていた。四十冊許りの書物が、証拠品と云う名目で、おう収された。トルストイの戦争と平和とか、ゴオゴリのデカニカ近郊夜話とか云った種類のものだ。何の証拠物件なのか、ぼくには理解出来なかった。令状には治安維持法違反被疑と書いてあった。しかし、ぼくには、何も思いあたることがない。

こんなわけで、何が何だか解らないまま世田谷警察の留置場に入れられた。

取り調べをうけたが、全く要領を得ない。そのうちに、特高係が自分でケイ紙にガラスペンでスラスラと書き始めた。――「第三インターナショナルの指令により、東京を中心に、日本全国にわたって、映画により、共産主義を宣伝し、社会主義革命を行なって、プロレタリアート独裁の政権を樹立しようと企てた疑いにより……」と云った調子のものだった。

これにはぼくも、ただア然とする許りだった。以前ソ連に行ったことはあるが、第三インターナショナルの指令など、見たことも聞いたこともない。ソ連に渡ったのだって、別に密航したわけでもない。美術研究の目的で、立派に、「大日本帝国政府」のパスポートをもらって行ったのである。

ところで、「映画により、共産主義を宣伝した」と云うのだが、いったいぼくのつくった、どの映画がそれに該当するのだろうかとも思いめぐらして見た。〝**小林一茶**〟だろうか、〝**上海**〟だろうかそれとも〝**戦う兵隊**〟だろうか。いくら考えても、共産主義の宣伝と云うようなものではない。

当時の内務省で検閲却下になった〝戦う兵隊〟だって、共産主義の宣伝臭などは、全くない。ただヒューマンな眼で、戦場のスケッチを集積したものにすぎない。

――野中の、白いまっすぐな、遠い一本道。

人ひとりいない寂寞。日本軍が前進して行ったあと、行軍にたえられなくなったため捨てていかれた病気の廃馬がたった一匹――動くことも出来ずに、立ちつくしている――こんな情景にぶっつかると、キャメラを向けずにはいられなくなったから、ぼくはこれを撮したのだ。うつしているうちに、馬は、古木がくずれおちるように倒れ、荒々しい息づかいを最後に、死んでゆく。ぼくにとってはもはや、人間と馬との区別などは、全くなくなる。ただそこにあるのは戦争と生命の悲痛な関係の実証だけだ。兵器としての馬を描けば、或は検挙されるようなことにならなかったかもしれない。しかしぼくは、馬を、ただの兵器としてだけ見ることは出来ないほど、生命の魅力にとりつかれていた。戦場に奥深く入りこめば入り込むほど生きるという意識が、ますます鮮明にキャメラに映ってきた。〝戦う兵隊〟は、三木茂のキャメラで

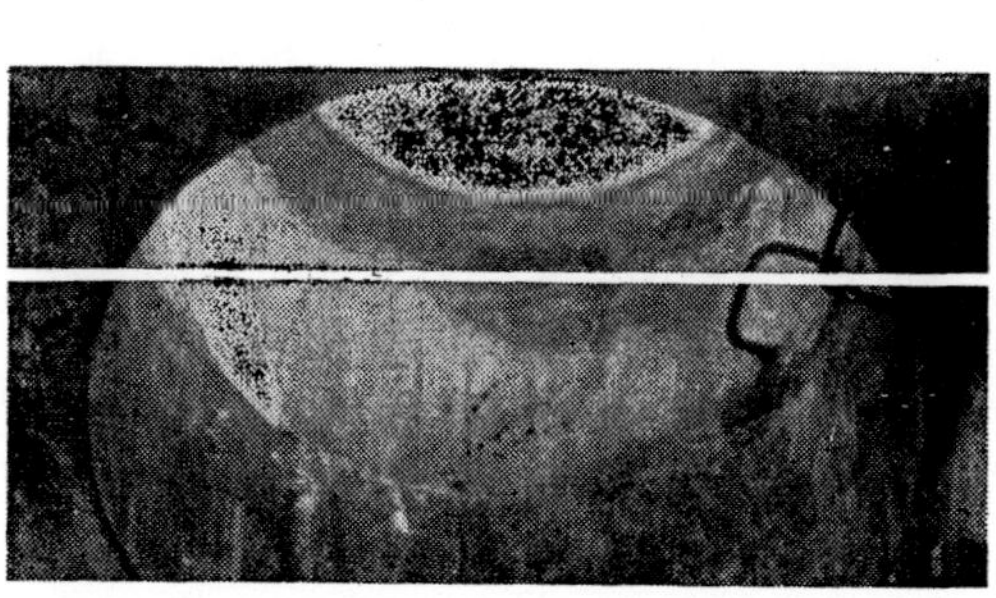

撮ったものだが、生命の詩をうたう点では、彼のキャメラは百パーセント効果的だった。

　こんな調子で撮してきたスナップを、九巻の映画に編集した。

　これが共産主義映画だと云うのだから、あいた口がふさがる筈がない。わけが解らないまま、三ケ月経って了った。留置場の高い窓から、空バックに見えていたアオ桐の枯葉も、いつの間にか落ちて了った。そして、あの十二月八日の詔勅を、看守のオゴソカな声で留置場の中で聞いたのである。その時、はじめて、ぼくが逮捕された意味が解った。戦争準備の一つの任務を、〝治安維持法〟という道具をつかって、警察官たちが遂行したまでのことなのである。あとで聞いた話だが、各界から、反戦的傾向の人間を供出する命令があったとかで、映画界からは、ただ一人、ぼくが、その栄誉をになうめぐり合せになったのである。

　その後の法的根拠をつくるためぼくの映画作品を、無理やりに、共産主義や社会主義革命、乃至はプロレタリアート独裁と不可分なものだと認定したのである。誰だってこんなこじつけは、バカバカしいと思うにちがいないのだが、しかし警察官の常識は、普通人とはちがうと考えないわけにはいかない。トルストイの〝戦争と平和〟を読んだことも、社会主義革命を企んだ〝証拠〟になると云うのだから、くれぐれも要心する必要があるだろう。

ズタズタにされてやっと上映

水木荘也

　いまのように非劇場上映の方法と組織が発達していなかったその頃は、上映といえば映画館以外に殆んど考えられなかった。その頃の商業劇映画は治安維持法による検閲という軍国主義政府の眼が光っていたので、自主性のない低調な内容のものが多かった。そこに俳優の全然でてこない新しいジャンルの映画―文化映画―が誕生してひとびとの注目を浴びるようになった。亀井、石本、下村氏ら諸先輩の記憶されていい作品がつぎつぎとあらわれた。

　政府は早速これに眼をつけ、この種の映画を国策普及に利用することを考えた。これが昭和十五年から実施をみるようになった映画法で、この法律には文化映画の指定上映もうたわれた。

　さて私はこの映画法下の仕事がどんなものであったかを演出家一年生のとぼしい体験の中から憶い出してみたい。

　日支事変に名をかりて大陸にガムシャラに侵攻したわが軍事行動も、その頃は伸び悩みの時期だった。国民もそろそろソッポを向きはじめたので、政府は大陸の記録映画をつくって国民の関心を集中しようとした。この企画は大陸を三つにわけた三部作で、北支は当時の朝日映画社、中支は東宝文化映画部、南支は私の属していた芸術映画社とそれぞれ割り当てられ南支編は私が演出することになった。

　当時の広東市内は無惨にも破壊されていて廃墟にもひとしく、一歩外に出るには一々兵隊の護衛が要るという状態だった。製作の主旨は現地の経済建設の記録とあったが私はもともと安居楽業の映画を作るつもりはなかった。しかし珠江に水上生活を営むタン民やデルタ地帯農村には興味を持っていたので、それでどうやら退屈な六巻もの「**南支経済**」を仕上げた。

　この映画は文部省推薦にはなったが、オクラになった。いま考えると幸いだったが、その頃は解せなかった。

　映画法が実施されると、目立って多くなったのが軍関係の企画である。

　私は少年航空兵の志願者募集用の映画をたのまれたことがあるが自信もなかったので断わり、自主作品である保育所の仕事に飛びこんで「**或る保姆の記録**」（六巻）を演出した。

　映画法もはじめの間はわれわれの抵抗に微笑的な錯覚を感じさせるほど、マゴマゴしていた面もある。今の監督協会の前身ができたのはその頃で、われわれはその中の文化映画部に包呑され、時局柄自主性を失うまいとして研究と集会が活発に行われた。狭い会議室にギッシリつまって創作方法上のその時々の問題を討議し合う例になっていた。

　やがて戦局は日中戦争から太平洋戦争に発展して世情はにわかに騒々しくなって行った。

　文化映画各社の企業整備が強行され、多勢の仲間が好むと好まざるに拘らず、海外の広い戦域に派遣されることになった。また現地人の映画技術指導のため満洲映画協会や北京電影公司にひき抜かれていく作家もあった。

　そして昭和十八年に最悪の思想弾圧がやってきて優秀な仲間が検束や投獄に逢い、監督協会の集会は停止させられた。

　私はその頃いまの日産協の前身である重用産業協議会の依嘱で、十巻ものの長篇記録映画を作ることになり、脚本家と助監督の三人で九州の工場地帯を振り出しに脚絆をはいて現地調査に出かけていた。

　私たちはこの機会に戦時下逼迫したわが重要産業の姿の実際を記録にとどめ、それが果してその場の戦意高揚に役立つかどうかわからなかったが、兎に角ヒューマンなドキュメントにしようと意気ごんで現場のひとびとの話をききながらスケッチや写真でできるだけの資料を集めにかかっていた。

　このときある工場でスパイに間違われ、憲兵隊に通報された思い出もある。

　この映画は着手する前に脚本家と私が兵隊にとられて実現できなかった。

　入隊の私は三月間の訓練と三月間の入院生活を経て舞い戻ることが出来たが、この間戦局は一層苛烈の度を加えていて、前線将兵を慰問する映画や、兵器の技術指導映画なども作らされるようにな

ていた。

映画法による上映作品は、当時内閣情報部から昇格した情報局の監修を受けることになり、軍、官による干渉は一層うるさくなった。

太平洋戦争はいよいよ終盤に入ってサイパン島玉砕の報が伝わって間もない頃、私はある海軍衣料廠で白ハチマキに白ダスキの全く軍隊調の規律で働かされていた女子工員たちの生活記録「**私たちはこんなに働いている**」(四巻)をつくった。この出来上りは戦意高揚を狙った情報局の意に添えず、うるさく迫られた編集替えを私が断ったので、誰かによってズタズタに改訂され、やっと上映という始末だった。

日劇の玄関にれいれいしく情報局国民映画と染め抜かれた布の下を人々のくぐって行く姿をみて、私は穴があったら入りたい思いだった。一事が万事以上のようにして強制上映の文化映画は内容を希薄にされ、つまらなくなって大衆の不評を招く結果に終った。

プロキノの頃

上野耕三

もう三十年位い昔、昭和の初め頃、私はプロキノ(プロレタリア映画同盟)に入った。二十才そこそこの一画家志望の青年が、どうして、そういう思想的な団体へ入ったのか、そのことも何かと思い出話はあるが、今は、それは止そう。

当時、プロキノは、岩崎、佐々、松村、中島等の人が偉い人で、その次の中堅的(実質的には、指導的)な人として上村、並木、北川の三人がいた。そこへ、古川良範や私などが入ったのである。

共産党は非合法だったけれど、プロキノの加盟していたナップ等は、勿論合法で私などの入った頃は、築地小劇場などでプロキノ主催の映画会などが公然と催されていた。

ところが、日をふるに従って、日本の指導者達は、例の東亜の盟主的野望を燃え上らせてゆき、満洲事変なるものをデッチ上げた次第だが、そういう野望を達成するためには、プロキノのような文化団体でも、段々に邪魔になって来たのである。何だ、かだと難くせをつけられることになり、段々に非合法の方へ追いやられて行ったのである。

法律のことも知らないし、その上健忘症と来ているので、詳細に語れないのは残念だが、ついには、私や古川や北川、小森などは、ふんづかまつて、刑を云い渡されたりする仕儀に立ち至った。多分、それは昭和八年頃だったろう。これで、プロキノは潰滅したのである。

私が入ってから、この潰滅するまでに、四、五年の日子があった訳だが、その間の、段々に非合法の方へ追いやってゆく彼等のやり方は、仲々巧妙であったと云わねばならない。

多分、法的には、プロキノは最後まで合法であった筈である。だから、私達もプロキノのことで、起訴されたり何んかした訳ではない。共産青年同盟員だったろう、ということで処罰されたのである。私は、ところが同盟員ではなかったのだが、丁度、今日の松川裁判のように、歪曲、捏造、偽証強問等々の方法で、いつのまにかそうさせられていたのである。

又、中野の落合にあったプロキノ事務所などは、プロキノが合法だから、存在出来た筈なのに、同じ手で、とにかく、そこに住んで居れないようないやがらせが続くので、実際的には居住出来ないことになってしまった。例えば、だれか訪ねて来ると、とにかく、何が何でも、戸塚署に引っぱってゆく。その理由には、事欠かない。何々をする気配がある、と、警察官が一方的に独断すれば、いつでも、引っぱれる。

反戦ビラをまいて逮捕される労働者

留置場なども、最高二十九日となっていて、初めの頃は、二十九日を越す時は、一たん、A留置場を出して、その署の玄関にB署の刑事が待っていて、B署の留置場に住所不定とか何とかの理由でブチ込んでいた訳だが、あとになると、そういう煩瑣に堪えられず、(と思ったのは署の方がですよ。こっちは、たとい、三十分でも陽の目が見れるので、一向に煩瑣ではなかつた)帳面の上だけでA署を二十九日で出して、又、A署が捕えたということにして、何ケ月でもブチ込んでおけたのである。私も、そんな風にして、目白署にたしか一年間位い置いて貰った。尤も、めし代も部屋代も払わされなかったのだから(つまり無料)而も、何も仕事もしないで(板の間に正座しているだけで)よかったのだから、貧民救済事業だったのかも知れない。

相手は権力と金力と、その他いろいろの力を持っていて、そして日夜、その方法手段を研究してい

るのに対して、こちらは、無力、貧乏閑なしと来ているのだから、とうてい大刀打ち出来ない。その点、戦後は、一大進歩をしている訳で、共産党だって合法だし、松川裁判に一平民だって文句が云えるし、全く以って極楽の如きものと云わねばならない。ということは、然し、相手としては、大変不便で、人生最悪の日続きだという訳で、岸さんなんか懐旧の情に堪えず、そろそろ警職法など持ち出しているのであろう。その気持はよく判る。一度味わった味は、仲々、忘れられるものではないのである。

「昨日の敵は、今日の友……」という唱歌を小学生の頃習ったが、そううまく、修身教科書のようには問屋がおろさないようである。今日の岸さんは、やはり、昭和の初め頃の岸さんなのである。

声明書

われらは思想、言論、表現、集会の自由をあくまでも守る。

それは国民の基本的人権であり、作家活動の生命に関係するからである。われらは、あらゆる作家活動の自由、あらゆる文化活動の自由を権力によって侵害し、統制しようとするくわだてには絶対に反対である。

殊にいま強行されようとしている警職法改正案は、警察の自由を拡大して、国民と作家の自由を警察の監視のもとにおき、権力による統制と支配をほしいままにしようとするものであることは明らかである。

われらはここに、警職法改悪絶対反対の意志を強く表明すると共に右法案を行動をもつて阻止することを声明する。

一九五八・一〇・二三

教育映画作家協会運営委員会

農民の顔のアップもカット

厚木たか

「或る保姆の記録」の撮影は昭和十五年の秋から翌年の春にかけてだったが、その頃からもう軍による言論の統制はかなりきびしくなっていた。

小学校にあがる前の保育園の園児にさえ、もう軍国主義教育が押しつけられていた。東京都立の保育園など毎日のおひるにお弁当をたべるとき「今日のごはんが無事にたべられるのは、天皇陛下のおかげです。兵隊さんの おかげです」といった歌を必ずうたわせられる。こどもたちはすぐにもお弁当にとびつきたい空腹をおさえ、生つばをのみのみ切なげにうたった。そんなときだったから、シナリオにも当然、文部省のお役人の干渉があった。「あなたのシナリオはちっとも戦時下の保育の役に立ちそうもない。保育所のわきを通る兵隊さんの行進を、窓から保母がこども達にみせ、『ホラ、兵隊さんはお国のために戦地へ行くところですよ、みんなも早く大きくなって、あんな立派な兵隊さんになり天皇陛下のお役に立たなくては』といった具合に実地教育をするところを挿入するとか何とかして下さい」という大変具体的な指示だ。わたしはだまって唇をかむ。

映画ができあがって、やっぱりどうも戦時下教育に役にたたないとわかってしばらくしたら、軍の情報局というような所から「有能な映画人と懇談したい」というたいへんいんぎんなお呼びだしで、わたしは何とか少佐の前に召しだされた。少佐は髭のある目附をむりに柔らげ、いとも物静かに「あなたのように才能のある方にそんなに軍に御協力いただけないことは、なんとも勿体ない話なので」といってニタッと笑った。「才能がある」なんて生れて初めてきく言葉に、「そら出た」と身がまえていたわたしも、まるでうしろ手に短刀か何かかくしてるような物腰しでニタッとやられ、ゾッとする。

その頃からもう、なんでもない農民の顔のクローズ・アップや、なんでもないシーンが、「暗い」「きたない」「何で農民のヒゲヅラを故意に撮影したのか」「何かふくむところあるのではないか」などといわれてはカットされた。農民や労働者はいつもヒゲをツルツルに剃って、立派な着物をきて晴れやかに笑っているシーンでなければならなくなった。

昭和も十九年となり二十年を迎える頃は、益々生きぐるしく、できあがった映画の内務省検閲、文部省の文化映画選定による統制ではまだもの足りないとみえ、シナリオの事前検閲が内務省でされ、おまけにわたしは警視庁の特高一課というところでも、シナリオの事前検閲をうけなければならなくなった。こうしてがんじがらめにされ、皆が心ならずも戦争協力にひきずり込まれて行くうち、民間側にも大日本映画協会ができ、有名な文士や、各撮影所のおえらがたや、某大新聞の著名な映画記者などの面々が検閲官になって、戦争協力が足りないといっては映画の製造業者を叱りあげた。今の築地東劇の五階にその試写室があった。「この非常時になんでそんな生ぬるい映画を作っているのか」と検閲官の一人である某新聞の映画記者は地駄太ふまんばかりに製造業者をねめつけたりした。口がきけない無念さに、わたしはあの五階の階段が足がふるえておりられなかった。

・カットされた・警職法ニュース・

朝日ニュース六九〇号は七五〇呎のうち、四八三呎を警職法是か非かという項目に費やした。警職法改正案の持つ暗い、おそろしい意味を現在の事実、及び過去の事実に基いて明らかにするためだった。

その構成を示すと

一、衆院地方行政委員会の混乱
二、星島議長のあっせん
三、日本政治学会の警職法反対声明
四、大正十四年治安維持法上提の新聞記事
五、星島二郎氏ら反対演舌の記事
六、治維法反対の当時の大衆集会
七、街頭でビラまきする人が刑事に捕る
八、昭和四年治維法改悪に反対して暗殺された労農党山本宣治代議士の遺骨が京都に還り大衆がデモで迎える
九、山宣のデスマスク
十、浜口首相暗殺、犬養首相暗殺、二、二六事件の新聞記事
十一、白雪に乗って観兵式を行う天皇
十二、岸、憲法第九条廃棄を言明の記事
十三、衆院本会議に於ける岸の弁明
十四、同社会党成田議員の攻撃
十五、北海道に於ける自衛隊の大演習
十六、社会党の警職法撤回要求
十七、青木国務相の答弁
十八、治安警察第八条と警職法第五条の比較
十九、総評の反対デモ国会を取りまく

以上の順序に往年のプロキノニュースや古い日本ニュースを使って編集したものだが、初号を見た東宝の重役から四から十一までのシーン八十三呎をカットせよと申入れが来た。

警職法改正案と治維法を結びつけることは一方的だとおっしゃるのだ。

日本を破滅に追いやった過去の歴史的事実を持ち出されるのは、岸信介氏に取って都合が悪いと同様、東宝の重役諸氏に取っても気にさわることであるらしい。

然し眼ざわりなニュースをカットすることは、日映の親会社であり、配給権を握っている東宝に取っては赤子の手をねじる様にたやすいことだ。今までにもすでに八回、朝日ニュースはカットされている。そのいずれも、労働問題、憲法問題、勤評問題と、政治的対立の焦点にふれたものに限っている。そして又しても警職法でバッサリやられたわけだ。

泣き寝入りばかりして来た製作者たちも今度はもう腹にすえかねると怒り出した。

日本が昼から夜へ、スイッチが切りかえられるかもしれない今、いくらマスコミの小さな片隅に生きているに過ぎないわれわれといえどもここで黙って引きさがることは許されない。製作者たちは組合に訴え、組合全員の支持のもとに会社に抗議し、広く世論に働きかけることになった。毎日新聞、東京新聞、日刊スポーツ、報知新聞、アカハタ、そしてNHKが〝時の動き〟で取り上げ、日本短波放送もやって来た。

〝ひとごとではない〟というのが、取材に来た記者連の一致した言葉だった。

政府、自民党からは組織的にマスコミ抱き込み工作が行われ、各新聞社の部長級には連日、その筋から警職法の必要性についてレクチャーが行われている。論説以外で反対の線を出してはいけないと社内に通達を出した新聞社もある。ラジオ東京では異例の社長通達で慎重に扱えと圧力がかかっている。NHKの時の動きに対しては自民党の田中角栄から物云いがつけられた。日経連の御用放送とされたニッポン放送、文化放送は云うまでもない。

週刊明星あたりにさえ、警職法の記事について懇談したいと、自民党の山本某という代議士が乗り込んで来たというほどジャーナリズム全般にわたって猛烈な働きかけが行われているのだ。

こうして権力により、資本家により歪像レンズをかけられたマスコミを通じて映し出される世論を味方として警職法は通されようとしている。

われわれはこの歪像レンズの存在を明かにし、それをうち砕くことに力を合わせようとしたのだ。

カット問題が表面化したあと東宝争議でおなじみの馬淵重役から〝何も警職法賛成の立場からカットしたのではない、私も個人的にはあの改正案には賛成出来ない〟と組合に伝えて来た。

こういう〝個人的な反対論者〟が新聞社の上層部でも、映画の上層部でも警職法反対の火の手に水をかけていることは周知の事。個人的には権力の前では何の力もない、一人一人が、本気で警職法を恐がり、本気に反対しているのだ。

われわれはこういう人々の声を、そして行動を、出来るだけニュース映画の上に生かして行くたたかいをつづけなければならない。

写真はカットされた朝日ニュースの一場面、治安維持法反対の大衆集会

アクチュアリティの創造的劇化

ドキュメンタリー方法論についてのノート（その二）

野田真吉

(4) ドキュメンタリー方法における『往復運動』

前号で僕の考えている、あたらしいドキュメンタリー方法の大略をのべました。つまり、事実を「物」と「意味」に解体し、日常性のヴェールをはぎとり、アクチュアルにとらえた意味をうしなったむきだしの物を主体的に再構成することによって、記録し、あたらしい意味を具現するリアリズムの方法であるといいました。この章では、その方法が、いままでの自然主義的な方法と、また、形式主義的な方法と、もっともちがっている点を、方法の構造のなかであきらかにしてみたいと思います。

ドキュメンタリー方法においては、作家はその主体のなかに現実(対象)をみ、現実のなかに主体をとらえるといった作家の主体と現実との間のたえまない、かかりあい――『往復運動』によって、ラセン状に意識化された作家の主体意識を基底として方法がうちたてられています。そうした主体意識は、とくに、戦中、戦後を生きた体験のなかで、まざまざとみせつけられ、感じとった内部世界と外部世界との間の断絶という現実意識にささえられています。

その断絶関係は人間関係、社会関係の物質的な運動化(資本主義的疎外)によって、ますます、間かくをひろげ、ふかまっていっています。僕たちはそのはげしい人間疎外のなかにあります。いままで通りの観念的な、素朴な人間像は、外部によって、また、内部から、くずれさっていっています。もはや、その「人間性」に、かって、内部世界と外部世界とのかけ橋となったような全的な役割を期待することができなくなっています。こうした現実意識にたった主体は、人間疎外にたいして、『あたらしい人間の回復』の願望をどのように可能性にくみいれ、現実性に到達さすかという課題です。

僕は、まず、主体内部を、外部世界とかかりあいながら、たしかめるなかで、主体と外部世界との断絶、対立をあきらかにしていくことだと思います。そうして、その対立を、否定的媒介として、主体内部の変革をとおして、外部世界の変革にむかい、さらに、外部世界の変革によって主体内部の変革へとみちびいていく、対立と統一のラセン状の『往復運動』によって、断絶関係に、あたらしい疎通をみいだしていかねばならないと僕は思っています。今日的な意味での、人間回復もまた、ここにしかないと思います。僕のいうドキュメンタリー方法はこのような主体意識に対応しているものです。この方法の構造をささえるのも、その『往復運動』であり、『往復運動』はまさに、その主体意識との対応であります。

作家の主体を軸として、現実対象(外部世界)にたえずかかわりあい、主体的に現実対象をとらえ、そのとらえたものを主体的に再構成しながらいく、その過程そのものを、作家の意識内容(あたらしい意味)として形象定着するところに作品はうまれます。作品は、そこで、現実に導入されます。うけとる側はそのような作品をとおして、作家の意識内容を逆過程によって体得します。こうした作家の主体を中心とした創作過程の全過程が『往復運動』によって相関々係をもち、有機的な構造体をとっているところにドキュメンタリー方法の構造があり、その方法が今日的な意義をもつゆえんです。

この『往復運動』が自然主義的な方法にはありません。そこでは作家が現実対象のなかに没入してしまい、主体意識の不在は主体と外部世界との関係がなりたたず、外部世界を唯一の実在としてよりかかった、精密な客観描写――自然模写の限界をでることができません。エイゼンスタイン的にいえば、報告的な作品となっています。

　このような自然主義の無党派性、無思想性にたいする否定としてあらわれ、社会的、階級的な視点にたつ、リアリズム（批判的リアリズムから、現在まで、いわれている社会主義リアリズム）もその方法においては『細目の真実のほかに、典型的環境のもとにおける典型的人物の忠実な再生産』という典型概念をもって現実対象の本質に迫ろうとしました。だが、主体内部とその変革という要点に光をあてず、回避したために、作家主体を中心とした対象との関係は自然主義的な方法をそのままのこすこととなりました。というのは、現実認識と芸術方法を二段階の操作とし、芸術方法においては内容と形式という同じような二段階の方法をもってしまいました。だが、方法上の軸となる主体と現実対象との関係がぬきになったので、思想の青写真をつくり、また、既成の青写真をもとにし、それによってとらえた現実対象を描きだす結果となりました。だから、作品は思想の青写真の精度にかかわり、いわゆるテーマ主義といわれました。

　このように、作家の主体を軸とした、現実対象との『往復運動』はその方法に欠けざるをえませんでした。前にもふれたように、作家が主体的に現実対象にかかわり、そのたえまないかかわりの過程を、（内的な変革の過程を）とおして、主体的に再構成する――すなわち、『往復運動』の過程を物質化（あるいは結晶化といった方がよいかもしれません。）すること――作品とすることによって、作品をうけとる側に、その逆過程をたどりながら、作家の意識内容を感覚させ、体得させ、変革をもたらすという方法が欠如していました。それらの作品は自然主義がおちいったと同じように、外部世界によりかかった客観描写、報告的な形象をのりこえることができませんでした。それらの作品は同じような意識水準にあるものや、同じような状況下の感情にあるものにのみ、感情移入による同化作用をあたえることしかできませんでした。また、ステレオタイプ化した情緒や意味をたよりとし（否定的媒介としてではなく）いままで通り、外部世界によりかかった形象によって、同化作用をおこすことしかできませんでした。作品をうけとる側を質的に変革するまで、たかめるにはいたりませんでした。

　それは、また、作家主体の変革をぬきにした単なる思想のおきかえということにさえなりました。わが国では、戦後、ファシズムから民主主義への転移のなかに、同一な発想と同一な方法という形で、それは露呈しました。僕たちはこのような映画作品を進歩的、民主的映画といわれた映画にみることができます。また、僕なんかが参加した記録映画製作協議会の運動のもとでうまれた作品にも多くみられます。僕は自から参加した戦後の民主主義文化運動の挫折のなかに、作家としての社会的責任を痛感し、自省するとともに、作家としての主体意識の欠如を自分にみいだしました。そして、作家の主体の確立、主体と方法との対応という自分の課題に当面しました。このノート的な小論も、またその課題追求のためのノートでもあります。

　さて、以上のようなリアリズムの方法においても作家の主体を軸としないところへ『往復運動』もなりたたず、自然主義の否定を目ざしながら、自然主義の方法の温存となりました。

　つぎに、いわゆるアヴンギャルド芸術派（表現主義からシュールレアリズムにいたるまでの、また、その亜流の形式主義の諸流派）の方法では、作家が主体内部に眼をむけている点、とくに、シュールレアリスムが、第二章にふれましたように現実を再構成するのに物（オブジエ）を単位概念としてとりだし、内部世界をとらえました。それは、内部世界の、人間の欲望、幻想といった意識下の事象を追求しました。外部世界にのみよりかかった自然主義的な方法と、逆に、内部世界にのみ没入して、外部世界との相関々係をたちきろうとしました。内部世界と外部世界との対置の拒絶は方法をもちながら方法の構造を、平面的にし、一方向性にし『往復運動』的な立体性をもちえませんでした。そこでは、当然、主観的で、閉鎖的で、抽象的な形象となり自慰的な作品をうみました。形式主義的な作品になりました。

　しかし、内部世界に注目し、「物」を単位概念としてとりだし、内部世界を記録し再構成しようとした方法は止揚すべきものをもっていました。ドキュメンタリー方法ではそのアヴァンギャルドの――シュールレアリスムの内部世界をとらえた方法を否定的媒介として、内部世界を外部世界とかかわらせることで、内部世界をとらえる『往復運動』をもった方法の構造をうちたてています。作家主体を軸とする『往復運動』はドキュメンタリー方法の構造的主軸であります。ドキュメンタリー方法とその構造を、そして、作家主体との関係を『往復運動』という方法構造をとおして、あらましをのべました。つぎに『往復運動』の形象化についてエイゼンステインのモンタージュを手がかりとして、僕は考えていってみたいと思います。

(5)　映画におけるモンタージュ

――エイゼンステインを中心に

　エイゼンステインのモンタージュ理論は映画がトーキーとなり、カラーフィルムとなり、ワイドスクリーンとなった現在、もはや古典的なモンタージュ理論でしかないとわりきってしまったむきがあります。アチエルの『映画の美学』の「美学の混乱」という章にはフランスの映画評論家たちが「ワイドスクリーンはモンタージュを不要にした。」「いや、ワイドスクリーンはモンタージュを内在的なものにした。」といって論じられていることが紹介されています。それは単なる描写、展開の手法として、モ

ンタージュが考えられていることだと僕は思います。もちろん、いままでモンタージュが一般的な映画手法としてあつかわれたのは事実だし、また、モンタージュはそうした映画的な映画手法でもあります。だがエイゼンステインはモンタージュを単なる手法としてのモンタージュでなく、一貫して方法としてとりあげようとしています。とくに初期の彼の映画理論は唯物弁証法のやや図式的な適用もありますが、方法としてモンタージュを論じています。モンタージュを意識内容の形成過程を包括する方法として、彼が注目し、とらえているところに僕は映画におけるドキュメンタリー方法に止揚する、発展的な手がかりをみるのです。

　彼は、ショットを、モンタージュの『細胞』と考えました。クレショフ、プドフキン流のショットをモンタージュの『構成分子（エレメント）』であり、一つ一つのショットを煉瓦をしきつめるようにならべて意識内容を描写し、展開する手段であるという見解に反対しています。彼は、モンタージュはたがいに独立し相反したショットの衝突からうまれる意識内容であり、それはドラマチックな原理的な方法である、といっています。そして、彼は『モンタージュ一九三九年』（袋一平訳）で、

　『モンタージュの力は、創作過程の中に観客の情緒と理性とが含まれている、というところにある。観客をして、作者が形象を創造しながら歩いて行ったその同じ創造の道を通過せしめるのだ。観客は単に作品の表現さるべき諸要素を見るばかりでなく、作者がそれを体験して来たごとく、形象の発生と推移との力学的過程を体験する。それは明らかに作者の感覚と構想とを完全な形で視覚的に伝えんとする一番の近道であり、創作中に、また創作的幻視の瞬間に、作者の前に立現われたと同様な、そういう『肉体的感触の力をもって』伝えんための最も可能な段階である。…………

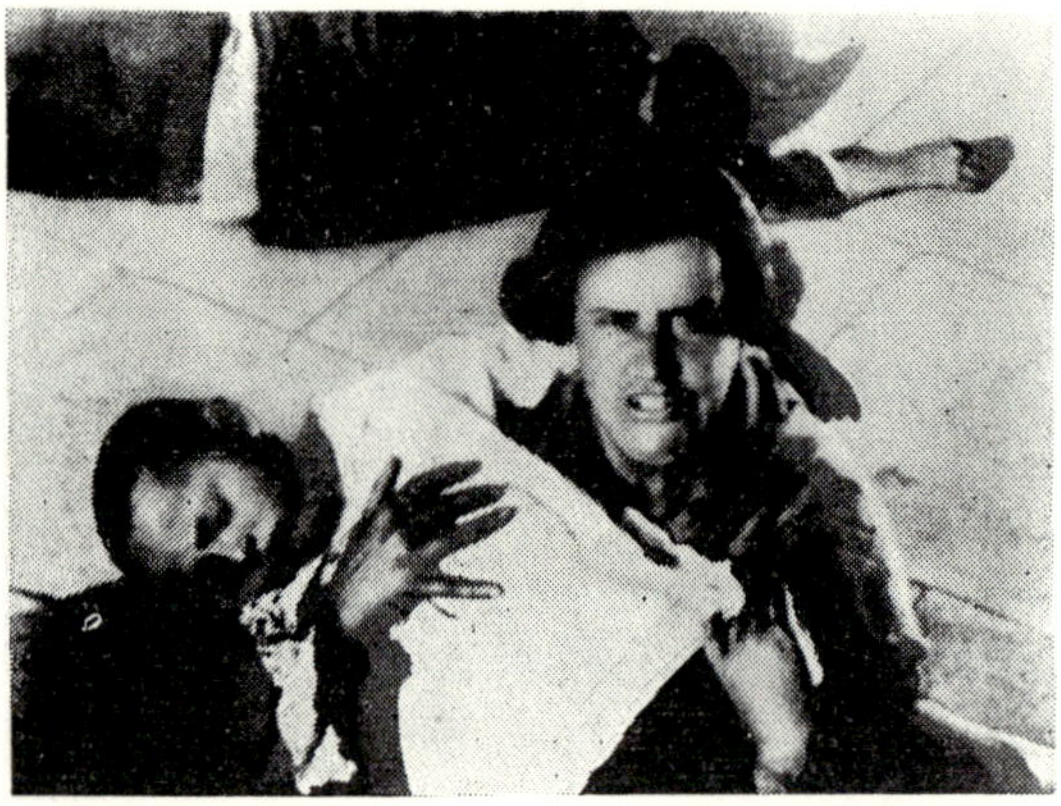

戦艦ポチョムキン

　かかる方法の力というものはなお、観客をそういう創作作業にひき入れてしまう、というところにある。そこでは観客の個性が作者の個性に隷属するということがないばかりか、さらに作者の構想と一つに溶け合って最後まで展開していく有様は、正に偉大な俳優の個性が古典の舞台形象の創造に当って、偉大な劇作家の個性と一つに溶け合うがごとくである。…………』（傍点は野田）

といっています。

　僕たちは彼のモンタージュ理論が『**戦艦ポチョムキン**』の「オデッサの石段の虐殺の場面」でとくに見事にしめされているのをみます。僕たちは、そこで『作者がそれを体験して来たごとく、作者の形象の発生と推移との力学的過程を体験することによって』忘れられない、あの「恐怖と憎悪」の形象を自分のものとしてうけとるのであります。

　ドキュメンタリー方法において、エイゼンステインのモンタージュ理論を止揚し、くみいれるところは実に、こうした意識の形成過程そのものを包括し、形象する方法として、作家主体を軸とした現実対象とのかかりあい、対象を「物」と「意味」に解体し、意味をはぎとった「物」を主体的に再構成する方法として――『往復運動』の形象化の方法として、であります。

　さらに、エイゼンステインがモンタージュを、ドラマチックな原理的な方法であるとして、『映画形式の弁証法』やその他の論文で、モンタージュの理論を発展させ、あたらしいシネマツルギーをうちたてようとしています。彼は初期にモンタージュの理論をよりどころにして、いままでのドラマにおける時間と空間の限定からの解放、ストーリとプロットをうちこわすことを提唱しました。そして、モンタージュの方法をたかめ、そのなかにあたらしいシネマツルギーの確立の予言をしています。

　だが、彼は「戦艦ポチョムキン」などをづくった後『演劇から映画へ』（佐々木能理男訳）で、それを否定して、『当時ストーリはわれわれの革命的映画に加えられる「個人主義の攻撃」であるかのように見えたのであるが、こんにち、ストーリは新しい形にもどり、ほんらい占めるべき場所にもどっている。このようにストーリに注意を向けるところに、ソヴエト映画技法の第三次五ヵ年（一九三〇――一九三五年）のもつ歴史的重要さがある。そして、いま、われわれが映画の第四期五ヵ年間を開始するにあたり、「ストーリ」映画のエピゴーネンの抽象的な議論や「プロットのない」映画の幼虫は下火となっているので、いまこそ、われわれの貸方借方を調らべてみるのに好い機会である。……しかし、道はそれらの経験へ逆戻りするのではなく、われわれの築きあげた無音の映画技法によってなしとげられたすべての最良のものの総合に向って前進し、ストーリをマルクス、レーニン主義者のイデオロギー的分析の線によってつくらなければならない。これらの成果と今日の要求との総合を目標にして、われわれは前進している。……――すなわちソシャリスト・リアリズムの段階へ向って前進している。』といっています。

　彼がモンタージュを「方法的」にとらえ、さらに、そこに「あたらしいシネマツルギー」をうちたてようとした、するどい先見

的な眼をもちながら停滞せざるをえなかつたのは、やはり、作家主体の問題を回避した当時のソヴエト芸術の方向（社会主義リアリズムの方向）に、彼が同調したことであると思います。つまり現実認識と芸術方法との二段階的な創作構造の把握であります。このことは、彼のモンタージュ理論に、唯物弁証法を図式的に適用した考え方にもひそんでいますし、いままでどおりのドラマツルギーによってささえられたシネマツルギーをのこしていることによって、モンタージュを方法的にとらえながら形式主義的な面がつよくでているところにもみられます。

僕たちはこの点をはっきりと彼のモンタージュ理論のなかに、みきわめながら、方法としてのシネマツルギーの要素をひきだしていかねばならないと思います。彼のもっとも重要な論文である『モンタージュ一九三九年』『映画の構造』（一九三九年発表）はそういう意味で、貴重な遺産と多くの示唆をもっています。では、『映画的に描写された事実は、その事実が何であるかということと、その登場人物のその事実にたいする姿勢だけでなく、その作者がいかにその事実と関係するか、観客が描写された事実にたいし、いかにうけとり、感じ、そして反応することを希望しているかということも、同時に示すように、どのような方法と手段で処理されなければならないか……』『そのような構成の計画は、描写される対象にむすびついた情緒の間にではなくて、何よりも作者の描写される対象にたいする関係にむすびついた情緒の間に、もとめられなければならないだろう。』（『映画の構造』――山田和夫、田中ひろし訳）

というエイゼンステインの問題提起を中心に、彼が、そこにあたらしいシネマツルギーをうちたてようと着眼した点をみなおしていきながら、シネマツルギーについて考えてみようと思います。僕はいままでのドラマツルギーが内部世界と外部世界との統一的調和の上にたてられた古典的な人間像を基盤にしていると思います。そのようなドラマツルギーにつぎ木された現在のシネマツルギーもまた同様な基盤にたっていることはいうまでもありません。

ドラマツルギーをごく常識的にドラマを構成しそれを劇場に上演する技術（Art）であり、知識（Science）であると考えましょう。そこで問題になるのはドラマツルギーはドラマツルギー以前に作家がどんな現実意識の上にたっているかということです。かって『ドラマツルギーは、技術でなくて思想なのだ。』という意見がだされたのもこの点にふれているのではないでしょうか。ドラマツルギーはそうした作家の現実意識とぬきさしならぬ関係になくてはならぬと思います。それは不変なものでなく、人間と自然、人間と社会との関係とともにうごいていくものです。また、妥協的にふるいドラマツルギーに、まつたく異質な現実意識にたった意識内容をもることができるでしょうか。できないと僕は思います。可能なのはふるいドラマツルギーを否定的媒介とした時のみです。このことはすでにのべた作家主体と方法との関係にほかなりません。内部世界と外部世界との断絶を現実意識としてもった主体を軸とした、主体と客体との『往復運動』のなかに、日常性のヴェールをはぎとった意味をうしなった裸形の「物」としてのドラマ、――今日的なドラマをみ、とらえるドキュメンタリー方法ではドラマツルギーも、シネマツルギーも、いままでのものと異質なものであるのは当然です。（以下次号）

（カットの写真は戦艦ポチョムキンのオデッサの石段のシーン）

おわびと訂正

本誌十一月号の『忘れられた土地』研究会記事中　羽仁　進氏についてふれた、僕の発言は、僕の発言内容が不充分だったため、同氏にたいする僕の見解に反した採録となったことを発見しました。

右について、訂正したいと思います。僕は同氏が記録映画において、いわゆる劇映画的な感情移入にもちいる「みため」などの「きりかえしショット」をもちいないようにしている点にふれたのです。だからといって研究会での一発言者のように、一般的に単なる「きりかえしショット」をもちいることまでも記録映画的でないという考えには僕は反対であるといいたかったのです。

僕の発言の不注意から同氏への誤解がうまれるおそれを感じましたので訂正し、おわびをしたいと思います。

野田真吉

総会を十二月二七日に
教育映画作家の一年の総結

教育映画作家協会の一年の総結ともいうべき総会。今年は各部門に分かれて研究発表することが運営委員会で決定した。六分科会に分け担当者もきめ十一月、十二月上旬に開くこととなった。

①記録映画―野田真吉、②アニメーション―吉岡宗阿弥、③教材映画―未定、④短編劇映画―道林一郎、⑤PR映画―加藤松三郎、⑥科学映画―樺島清一。

すでに記録映画分科会は十二月十二日に第一回の会合を開き、今年製作、上映された長篇、短篇の記録映画の作品があげられ、運営委員をきめ、次回は二九日に開くこととなった。PR映画は十七日、アニメーションは十八日、科学映画は二一日というようにきめられ開かれている。

以上の研究発表が「記録映画」二月号に載ることも決められている。記録教育映画作家の創作上の意見がこの運動を通じて高められて行くことがのぞまれている。この総会を機会に、毎月又は隔月に一回研究会が開かれて行くことである。

一九五八年第五回定例総会、
とき。十二月二七日（土）午後一時より
ところ。中央区立中央会館集会室
（中央区役所となり）
内容一、事務局報告
一、六分科会報告
一、今後の方針

以上

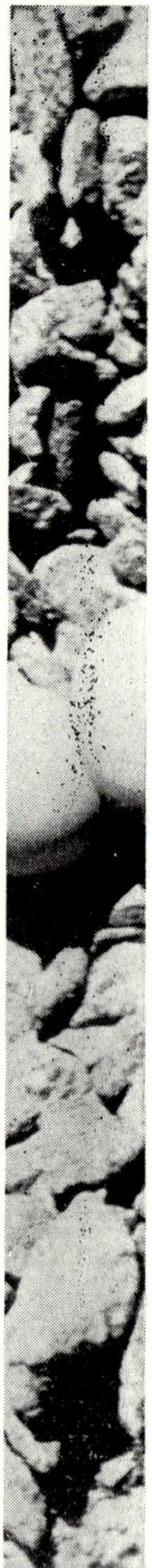

国内

1958年度教育映画祭作品評

「もんしろちょう」を中心に

吉見泰

教育映画祭の最高賞作品を四本見て、いろいろ考えることがありました。多くの作品の中から最高の賞を得た作品であるだけに、それぞれすぐれた立派な作品でした。そのことに疑いをはさむというのではなく、日頃から考えていたことと照らし合わせて突きあたる点を少し書いてみたいと思います。

「もんしろちょう」――私はまえに**「あげはちょう」**の脚本を書いたことがあったので大変興味をもって見ました。幼虫が卵からかえって、卵の殻がないことを示し、卵の殻がないのはどうしたのかと疑問を出して、生れた幼虫が殻を食べてしまうところを描いているところなど、うまい語り方だなと教えられました。

ただ見終って気になるのは、理科教材というもののあり方です。「もんしろちょう」のなにを教材として示せば一番いいのでしょう。生れた幼虫がすぐ卵の殻を食べ、脱皮し、変態し、成虫となり産卵する。その一生は必ずとらえねばならないでしょう。しかしそれだけでいいでしょうか。よくないからこそ、作者は、もんしろちょうの飼い方や、蛹をたくさんぶらさげて、こうすれば羽化の様々な様子がよく分ると教えています。しかしそれは観察の手段についての一端を対象となる学年にあわせて示しただけで、観察の意味、もんしろちょうの一生の生態（生命現象）が持っている意味にふみ入ろうとする態度や努力が、全篇のどこにも見あたりません。私にはそこが突きあたるのです。

忠実な観察が自然の本質（法則性）に迫る最初の段階であるという意味から言っても、表面的な事実（生態）がただ並べられただけでは私には満足できないのです。たとえば、もんしろちょうがキャベツ畑に群がり飛んで、その葉に産卵する場面はとらえていますがその意味が追われていません。いわゆる食草（その葉にだけしか産卵せず、幼虫はその葉だけしか食べられない）の問題にふれられていません。いわば生きる条件についての関心がどこにも払われていないのです。生態観察の意味はただ生きる条件の探索というばかりでは勿論ありませんが、どの面から見ても自然の構造、自然の法則性に迫ろうとする意味内容を持たない観察はあり得ないと思います。その意味内容の追究を基調とせずに理科教材だから表面的な生態だけを勉強の材料として並べれば良いという考えに停滞している限り、理科教材の発展はないように思います。生態観察の理科教材と言えば、もうこの形ときまってきているのはどういうものでしょう。自然の本質にふみ入ろうとする作者の側の主体的条件に欠けるものがあって、教える術としての形だけがあると言うのは言いすぎでしょうか。

「ミクロの世界」――結核菌と白血球との関係の仕方を追った、これも一種の生態観察です。ここでは、生きたままでの未知の生態を映画という技術で成功的に連続観察したところに特徴があります。これについては、後日、ミクロ映画の演出、乃至はミクロ映画追求についてのノートをまとめてみたいと思っているので、詳しいことは後にゆずりますが、ただこの作品に関係したスタッフの一人として考えさせられることは、科学的な追及の方法とその考え方、予想と実証（実験）の繰り返しを通して本質に迫るその迫り方をもっと描けるようになりたいということです。そうでなければ、たとえばあの七〇時間にわたる結核菌と白血球との相剋の連続観察も、そこから何が得られたのか、それが次の探究の段階にどう発展し得るものなのか、その意味と位置づけが確かめられないままに置かれてしまいます。事実、この作品ではその辺が不明確で終ってしまいました。対象がかくし持っている意味を、分解と、再構成によって描き出す。新たな方法がここでも改めて要求されているのです。

もんしろちょう

「切手のいらない手紙」――今年の「子供を守る会」の大会の分科会で、「親と子供は理解しあっているだろうか」という課題が論ぜられたと聞きますが、その問題への一つの手がかりがここにとらえられています。そして親の前で主張できなかった子供が、その場を得てはじめて意思を疎通し合え、理解し合えるという子供の喜びはことに第一話の場合によく共感されます。しかし、全体として親子が理解を深めて前進するというエネルギーが感じられません。それは恐らく、話の内容が家庭の中の親子の人情によりかかりすぎてい

児童劇映画と児童

古川良範

児童劇映画についてなにか書けという注文を編輯部から受けたとき、私はまえまえからちょっと感じていることがあったので、それを書きたいと思っていたところ本誌の十一月号の加納竜一氏の教育映画祭をめぐってという文章を拝見していると、私が言いたいと思っていたことが実に簡潔明快に述べられてある。それで私にはもうなにも書くこともないのだが、いちど約束した手前もあり、同じことの蒸し返しになるが、書いてみたいと思う。

加納氏は今年の教育映画祭の児童劇の批評のところで、次のように言っておられる。児童劇における「教育」の過剰ということは、すでに多くの人が感じていることで、今年はいくらか改善されたが、まだ児童劇といいながら大人の児童劇が多いのが実状である。先だって、映画記者会の連中と座談会をもったときも、この「教育」意識の過剰ということが問題になった。それは実際には意図はわかるが「面白くない作品ということになる。道徳教育での『徳目』主義に反対しながら作品のうえで『教育過剰』になり『徳目』主義からぬけきれないのはなぜだろうか。」

そして加納氏はつぎのように結んでおられる。

「現実の児童の多くは、この『教育過剰』に反抗して、マンガやテレビ映画に安易な解放を求めているのである。『子供を守る会』などでもいつも同じことが問題となっている。児童映画の問題は児童文芸の問題でもある。教育映画祭のなどを機会に、もっと真剣に具体的に討議されることが望ましい。」

ほんとにこのとおりだと思う。この二、三年児童劇映画の世界に首を突きこんで、私などがいちばん気に病み、どこか良心に痛みに近いものを感じてきたのもこの点だった。では、今日の児童劇のこうした教育の「過剰」――児童劇といいながら大人の児童劇の多い実状は何が原因で生じたのだろうか。私はそのいちばん大きなガンのひとつは、今日の教育映画の配給機構のなかにあるように思う。

今日の児童劇の最大の顧客は学校乃至それに準じた機関である。そしてそれを選択するのは大人の先生乃至それに準じた人々である。だからして、配給業者としてはどうしてもこうした人々の好みやモラルを無視し得ない。ところで、この肝心の選択権をにぎる人々がほんとに児童劇を愛し、児童劇の正しい在り方を認識しているひとばかりだったら問題はないのだが、現実にはそうはいかない。大半の先生方は「子供がどれだけ喜んでみるか」という立場よりも「どれだけ子供たちの教化上役に立つか」という立場に立ちがちである。よしんば内心は「ほんとに子供に面白い映画を……」と思っていても、うるさい周囲の事情を見廻わすと、先生方としてもどうしても臆病になり安全第一主義を採らざるを得ない。

そして、こうした傾向に一層拍手をかけているのが例の支部省の選定制度である。支郎省の選定などうでもいいようなものだが、実際問題となるとなかなかそうはいかない。今日の教師の立場とし

て、親と子というより、子供と大人の間の隔絶の不安はどこにあるのか、そこの所の追究が意識的になされていないからでしょう。親子の理解の問題は、親子の人情によりかかった、親のざんげの中で解決できるものではなく、社会的な視野の中での「大人」のキビシイ自己批判の中にあることをますます強く教えられました。

「オモニと少年」――民族問題にふみ入ろうとした企画に心から敬意を表します。

そして劇全体の支え手となった北林さんの演技は圧倒的です。ただ、今後は、しいたげられたもの同志の人情劇を越えた強じんさがほしいところです。両民族の間の歴史的な隔絶感は、オモニにももっと根深くあるはずで、それを越えようとする努力がオモニと少年の間にあったら、「一郎、お前の両親は立派な日本人だったし私もちゃんとした朝鮮人だ」という意味の台辞は一層積極性を持つはずです。私たちの周囲にある多くの隔絶関係、断絶関係をより積極的にとりあげることが私たちに大きな話題となってきていることを改めて考えました。

外国

面白いようでつまらない映画とつまらないようで面白い映画

大沼鉄郎

さあ、われわれの国を見せましょう、というフィルムには、案外その国を見ることが出来ないものだ。今のぼく達は映画作家が何かつきつめて、内心で対話し、外界と感応し合う、そういうフィルムに魅力がある。そこに人間を見、ひいて国を知る。今度の国際短編映画祭の中にも色々の作品があったが。

「黒いマスク」 ベルギー領コンゴの土民の芸術と発展、現代芸術との関連を描いた作品。音楽が実に面白い。何という形式の音楽だろうか。描かれている原住民の音楽とどう違い、どう同じなのだろうか。三日間を通して言葉が全く

て、支部省が好ましからざるものと焼印を押したものを採り上げるということは、異常な勇気を必要とするからである。

　こうして、今日の児童劇映画や社会教育映画はとうとう「安全第一主義」の一路をたどり、加納氏の言葉によれば、「徳目主義に反対しながら作品の上では教育過剰に陥」るという皮肉な結果をもたらしつつあるのである。これはおそるべき堕落であり、教育映画は正に危機にひんしているといっても過言ではない。こうした大きな流れのなかで、私たちはいったいどういう処し方をしたらいいのだろうか。私は、いまこそ「真の児童劇の在り方」について、真剣に考えてみなくてはならない時期がきているのではないかと思う。

　私は率直にいうと、いままでの日本の児童劇映画や、児童文芸が名作と評判になったものを含めて果してどれだけ子供たちからほんとうに愛され喜ばれてきたかについて疑問をもっている。その感動はどちらかといえば大人の感動であり、その大人の感動を子供に強制するというのが、いままでの児童劇映画や児童文芸の実際の在り方ではなかったのだろうか。もちろん、大人の与えたこうした映画や文芸がある種の感動を子供に与えたであろうことは私も否定しない。しかし、例えば今日のアメリカテレビ映画や、漫画本や、あるいは東映の時代劇がこどもたちを夢中にさせ、熱狂させているほどこどもたちに積極的に迎えられたことが一度でもあるだろうか。それはどこまでも教室における優等生的観賞であり、親から与えられた本箱の飾り物であって、親や先生の目を盗んでまで見たり読もうとしたりするものではなかった。

　それよりももっと奇異にたえないのは、大人たちが、テレビ映画やマンガや東映時代劇を矢鱈に毛嫌いし警戒し、「子供を守る会」などというものさえ作るその態度である。私はこれぐらい子供にたいする大きな侮辱はないと思う。私はこどもはもう少し信頼されていいのではないかと思う。子供たちがほんとに面白いと思い、見たり読んだりしたがっているものを何故大人たちはこんなに干渉しなければならないか、大人たちにそんな権利はない筈だと思う。早い話がわれわれ自身の少年時代を考えてみるがいい。私にいちばん面白かったのは両親の与えてくれる高級な童話ではなく立川文庫だった。松之助の忍術映画だった。だが、その影響でわれわれは悪党になったか。誰もならなかった。私は今日の子供たちがアメリカのテレビ映画を愛し、マンガ本を読み漁り、親の目を盗んで東映時代劇を見にいくことぐらい、今日の子供たちが健全であることの証拠はないと思っている。

　何故こんな判りきったことを今更私が言いたてるかというと、こうした事実の率直な認識のうえにたって、再出発する以外に、さきに述べた今日の教育映画のとうとうたる「安全第一主義」の流れと闘う道はないからである。児童劇映画は児童のための映画である。その肝心の児童が熱狂して飛びつき、支持してくれる以上は、何ものといえどもこの大河のような流れをせき止め、制御することは不可能だからである。丁度今日のテレビ映画や漫画本の洪水を、大人がいかに智慧をしぼっても防ぎ切れないように。実際問題としてこれは容易な業ではない。しかし一種異様なマンネリズムと、腐ったドブのように異臭を漂わせはじめた教育映画のなかに、現実に生きていかなければならない私にとっては、絶えずこんな素朴な原則論でもつぶやき自戒していないと、窒息しそうになってしまうのだ。

わからないのを悔んだが、特にこの作品ではアナウンスの意味が捉えたかった。同じ日にスクリーンに現われたスイスの風俗や古都フイレンツエのミケランジエロたちが、古いヨーロッパの、形を整えられた美だとすれば、このベルギー領コンゴ（その地名はそれだけで未開とか野蛮という概念につながっている）が作り出したマスクたちは、そのまま現代の美ではないか。ぼくたちはオーストリーの日常性からぬけ出せないラプソデイやバランスのとれすぎた姿のいいフイレンツエの彫刻像に魅惑されるより、アフリカの黒いマスクに感情が流れて動いて、生活の理念が筋になって通っている、それに魅惑される。言葉がわからないために、どういうふうに芸術の発展と現代芸術への結びつきが語られているのかわからない。が、それでよかったのかもしれない。そのテーマにもっともだと思わせられるかどうかわからない事だから。そして、アフリカのマスクを、そのものとして見る事が出来たから。実際、アフリカの自然や猛獣の描写には手がこみすぎているし彫刻たちの扱いはきれいすぎる。ベルギー領コンゴの原住民のエネルギーは、キャメラのフイルムの外におあずけにされ、彫刻は、それが作られ生かされている中ででではなく、フォトグラフィの美学のためにしつらえられた空間の中で息をつめて静まってしまった。例えどんな移動撮影のモンタージュで手を加えようと。だから、あのマスクが最も生き生きと生きているのは、人間がそれをかぶって動く時だった。マスクの切りひらかれた口や眼の奥に、人間の眼がまたたき、沢山のマスクが一様に、と同時にそれぞれの個性を持ってそれぞれ独特に動く時、ひどく衝動的な効果を発揮した。

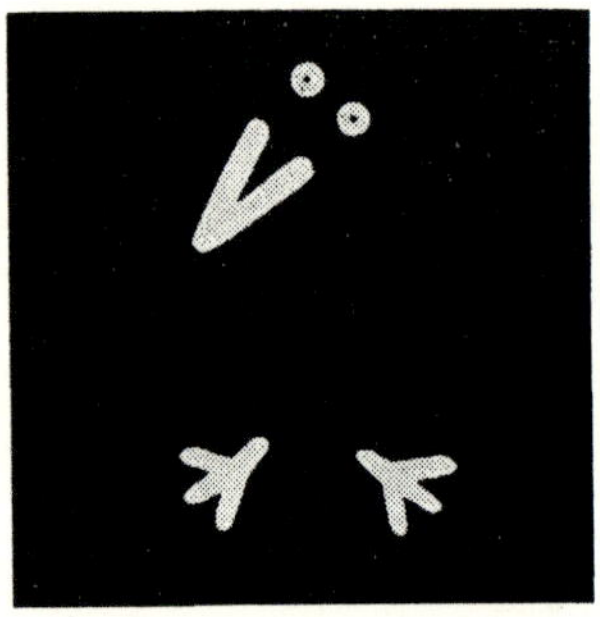

つぐみ（スイス）

　現代は複雑怪奇に動き移っていく時代だ。生きて栄えるためにこの複雑怪奇と正面から対決せざるを得ない。が、理解し、対処しようとしてなお、理解しえず対処しえない論理と感情が、一歩ずつ踏み込んでいく現実のさきにある。

それだから、静止し固定し、わかりきったものとしては、自然を捉えられなかったアフリカの原住民の美学が、現代の社会の中で揺り動かされているぼく達をひきつけるのではないか。ともかく、人間の顔がこれ程種々多様に興味深くデフォルメされるとは、驚きだった。そして、この美を生んだベルギー領コンゴの未開と野蛮は今どうなっているのか。ぼくは最近ニュース映画の中で、さき頃フランス共同体から独立したアフリカの一小国の指導者たちを見た。白い服を着た彼らの真黒い皮膚を見た恐らく大かたのヨーロッパ人と同じくぼく達もそこに、何か正体の知れないエネルギーを感じる。

あらゆる民族は独得の美術品をもっている。スイスの風俗の中にそれを見たし、ベルギー領コンゴにもイタリアの首都にも三日間に上映された中にだけでも、これだけのものが見られる。しかも、それぞれが実に美しい。セイロン政府映画局の作品「**モチーフと作品**」の中にもその美しさはある。けれども、セイロンまで観光旅行にでかける事のできない僕達には、熱帯植物の繊維で織った敷物の色合いの美しさは、やがて忘れられてしまう。かの政府映画局にとっては、それでいいのかもしれぬ。「**ゴブラン織り**」は、さっぱりわからぬなりにきれいなフランス語の解説。精緻な技巧の積み重ねで作られた豪華。縦糸に色鮮かな横糸が一目一目織りこまれ見る間に美しい模様を作っていく微速度の画面。そのテンポや、フランス語の抑揚にうっとりさえすれば、作者は喜こんでくれるのか。

ぼく達は、実は日本の中の美とも無縁に生きている。そのことを日本の作品「**法隆寺**」で教えられ、そのことを悔みのような気持で受取った。だとすれば、まして外国にある美とは。だがぼくたちは、どんな小さな島に住むどんな未開と言われる民族でさえ、それぞれ独得の美を作り出しており、それならば人間というものが本当は本来的に美を求め創造することに喜びを持っているに違いなく、それならばどんな未知の美であってもお互いに知らせ合い、共感をもって語り合うことが出来るはずだ、と思う。とすれば、セイロン島に来られぬ旅人と、フイレンツエやゴブランの領所を訪ねられない旅人と美を語り合うのは何をもってするのだろう。ぼくたちは、そこにある、きれいなものを見せびらかすことによってではなく、山紫水明とそのひき写しを並べることによってではなく、自然と社会に対する人間の対決によってそれをしたい。

エジプト政府の作品だという理由で、「**エジプトの産業**」は注意をひいた。原題でインダストリアル・エジプトという意気ごみを持っていた。同じように「**今日のイスラエル**」も、「**一エーカーの土地**」も。さてそれらの国々で映画産業はどの程度発達しているだろうか。どういう伝統を持っているのだろうか。というのは、あまりにも古い国のフイルムに似ているからなのだ。オーストリーの作品やスイスのものなどに、姿かたちが似ているための疑問なのだ。おそらくは長い植民地時代の歴史が、それら新興国の映画技術に泌み通っているのだろう。同じことをインドやセイロンの出品作にも当てはめて言いたい。技術はモダンかもしれぬが、モダンだと言うことは西欧的だということだろうか。エジプトの新しいピラミッド、アスワンダムを、このような手法で描き切れるものなのか。歯切れのいい演出技術は見事なものだし、ダイナミックなキャメラも神経がとどいていよう。が、ぼくたちの想像するエジプトには、ベルギー領コンゴ以上のエネルギーが湧き立っているはずだ。思いすごしだろうか。ぼくたちは、アフリカ原住民の彫刻が表していたものを、違う形で、そこに見たかったと思う。

日本の中にも、黒いマスクがありエジプトのダイナミズムがある。勿論違った形で。ぼく達がそれを描くとき、かの国々の政府映画局が脱け出せなかった手法をどうやって脱け出せばいいのだろう。新しいエネルギーと美を容れるにふさわしい革袋を作らなくてはならない。

「**つぐみ**」の中でマクラレンは、相変らず楽しい実験をやっている。観客が笑ったのは、このフイルムと、「**カシミールの春**」の一場面だけだった。観客の泣きや笑いはフイルムから受ける感動の中のごく一部の反応を示すものにすぎない。が、楽しそうに笑わせることが出来るというのは、羨まれてよい作家の才能にちがいない。ところで、マクラレンの呼びおこしたその笑い声が本当に楽しそうなものだったのか、苦笑めいたものだったのか。どっちでもいいことなのか。

前作「**舗道に写ったネオン(?)**」「**光と影の即興詩**」「**隣人を愛せよ**」「**数字**」と見てきて、わからない、正直なところ彼の何をどう、ぼくたちは学んだらいいのか。「**光と影**」(プリンキティプランカという、意味のない原題だったとおもう)に大へん感激したが、以後のものには大して感動させられなかった、そう受取ったことから考えていきたいのだが。ぼく達の心の中には不合理なものやとりとめないものがかくれていて、それを形にして表現されると、(それと全く同じものが、ぼく達の中にあるとは言えないのだが)、その表現されたものに、つい、ぴったり共感させられてしまう、ということなのだろうか。そうして、くすぐったそうな笑いを呼びおこすのだろうか。それなら、ほがらかな笑いや諷刺が呼びおこす笑いとどう価値評価すればいいのか。あの色や形やリズムや変な音で出来上っている無法則的? なフイルムの魅力は、誰かにきいてでも何時か解明しておきたい。

ついでに、「**カシミールの春**」の中の、三人の百姓が足で水を汲む画面の笑いも、心にひっかかる笑いだった。あれは、後進国を馬鹿にして笑ったのだろうか、何かぼく達が常に持ち、かつ常に期待している法則とちぐはぐな事が見せつけられたからだろう。ぼくも笑ったのだった。

黒部峡谷第2部

地底の凱歌　イーストマン6巻

製作	堀場伸世
脚本	西尾善介
監督	〃〃〃〃
撮影	藤田正美
音楽	別宮貞雄

日本映画新社作品

前人未踏の奥地黒部峡谷，このアルプスの地底を縦断する輸送トンネルの完成をめざして，岩と水と人間の困苦にみちた格闘がつゞけられる——

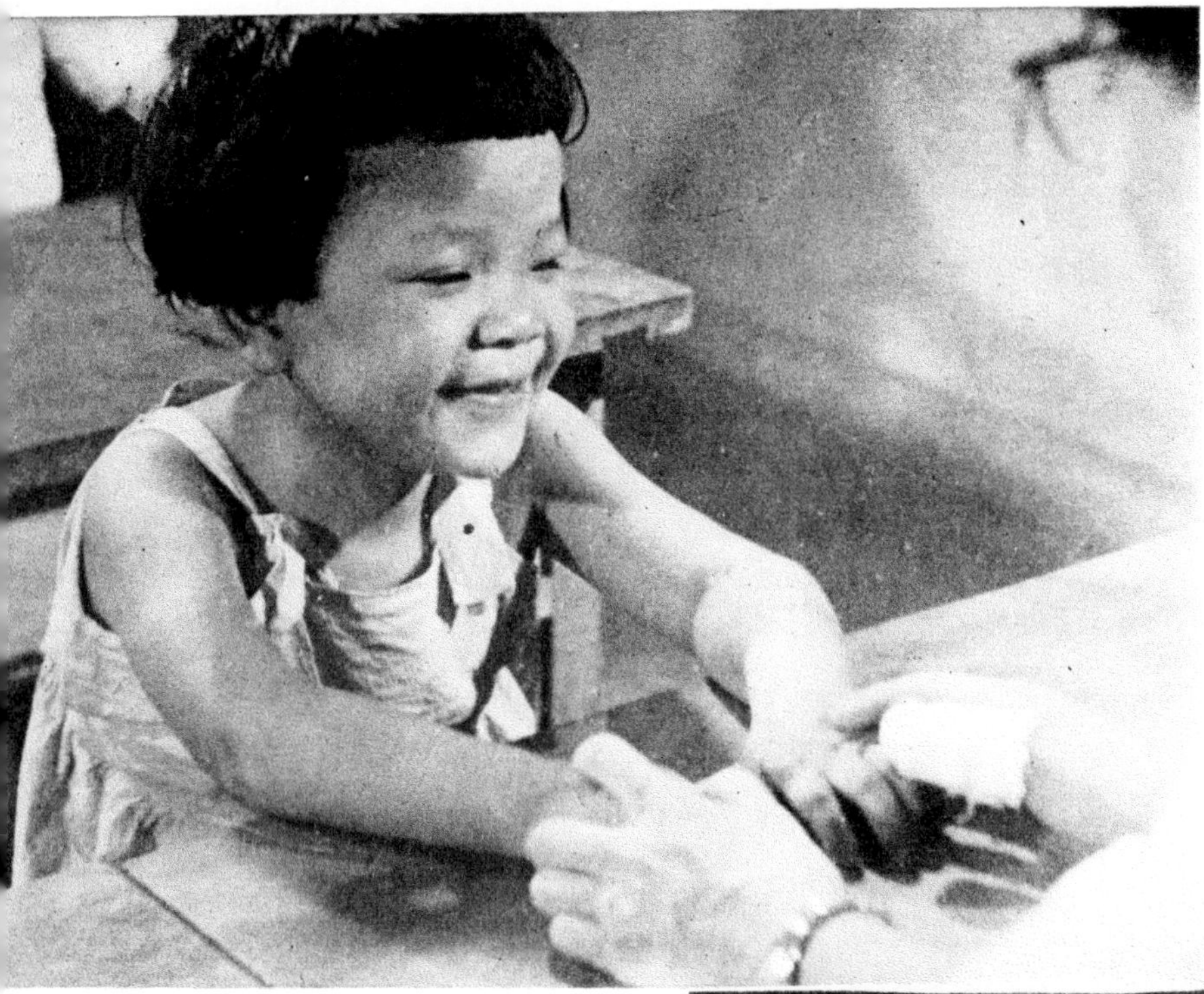

この子と共に

社会から見忘られた
精薄児の実態記録。

構成・富岡　捷
撮影・水上正夫
照明・中村　明
新理研映画作品

▶新　作　紹　介◀

カブトムシの研究

始めて明るみに出た
カブトムシの生態。

脚本　石川　茂樹
撮影　鈴木　鉄男
　　　清水ひろし
学研映画作品

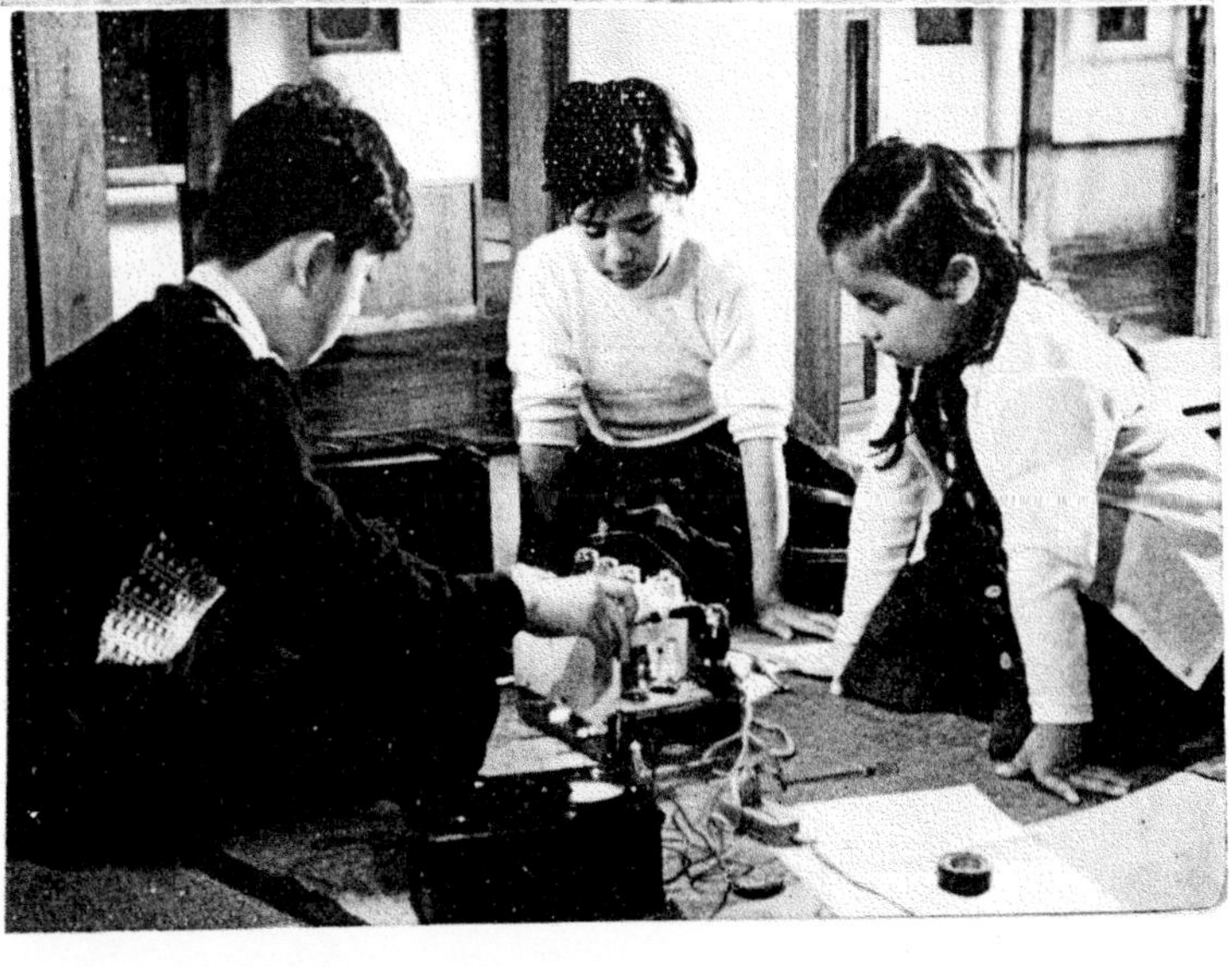

正男君のラジオ

雑音防止について一
般の関心を高める

脚本　中村　麟子
演出　〃　〃
撮影　木塚　誠一
日映科学作品

人形映画
かっぱの嫁とり

日本民話に取材して
農民の楽天性を描く

脚本　中江隆介
演出　藤原杉雄
　　　中江隆介
撮影　小松　博
全農映作品

わたしのおかあさん

母亡き後厳しい現実
と戦う農村少女の記

原作　鈴木喜代春
脚色　清水，古川
　　　岩佐
演出　岩佐　氏寿
撮影　大塚　晴郷
　　　東映作品

蜜蜂のちえ

蜜蜂の驚異的な知
恵の色々を描く

脚本　尾田道夫
構成　高橋成知
撮影　小林一夫
　　　東映作品

アラン・レネエの作品

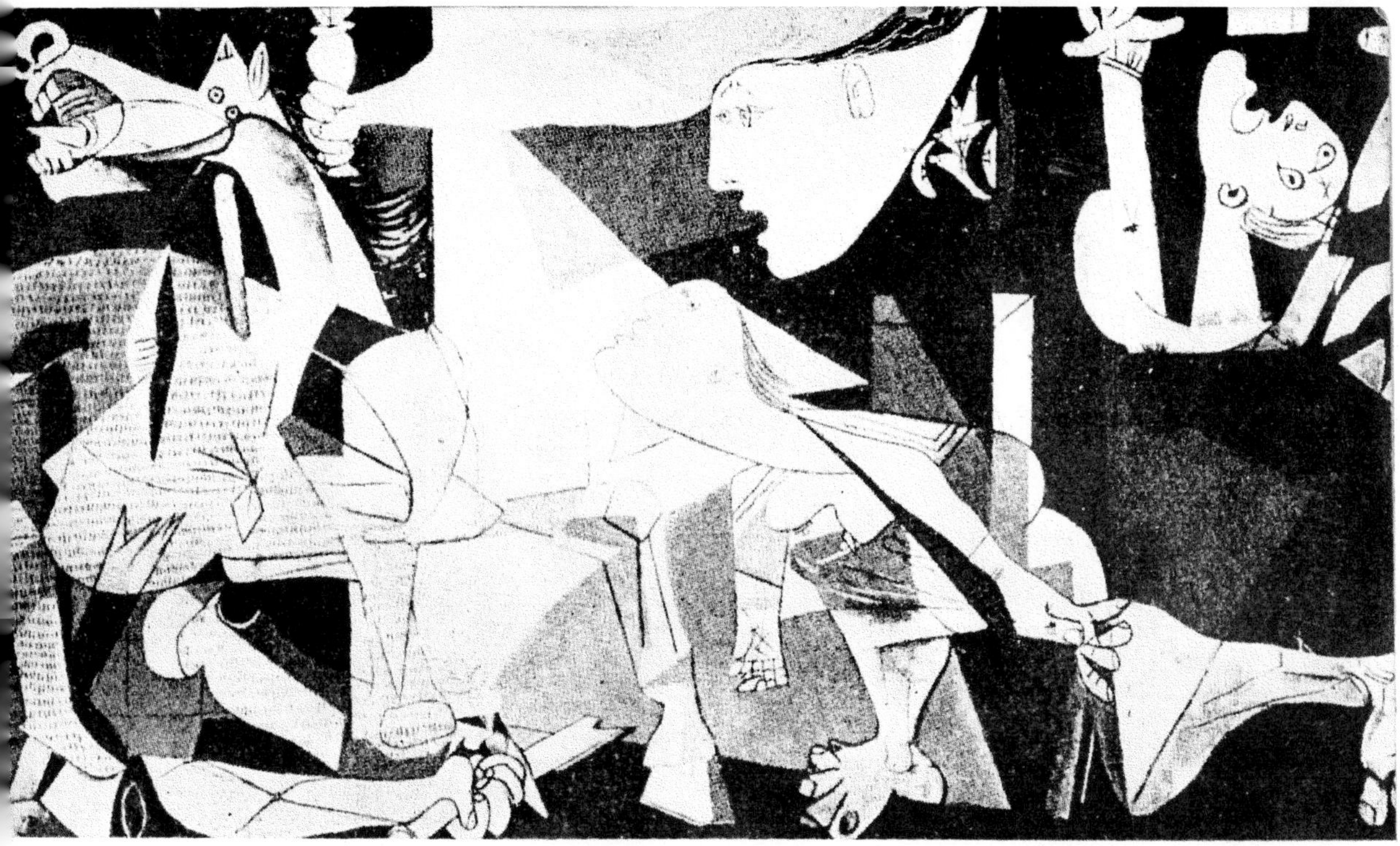

ゲルニカ　1950

夜と霧　1955

「ピカドン」改題

ヒロシマ・わが恋

1958

アラン・レネエにきく

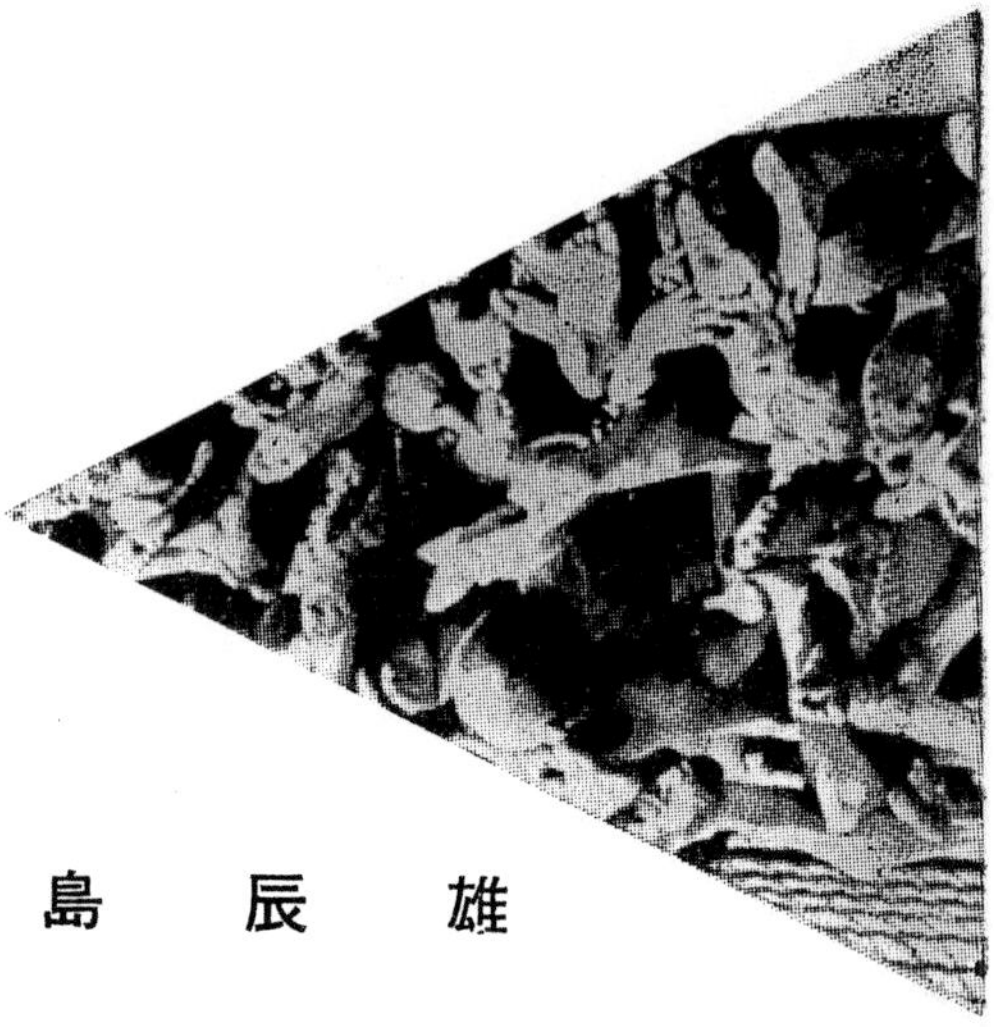

（ききて）大　島　辰　雄

日仏合作による新作品「ヒロシマ・わが恋」（来春大映配給予定）をとりにアラン・レネエが来日したのは、この夏の終りから秋にかけてだった。私たちは、このすぐれたドキュメンタリストと親しく意見を交換しうる好機として、彼を囲む座談会を計画しそのための具体的準備を進めた。彼自身、私たちの熱心な申入れをよろこび、計画は実現の一歩手前まで行ったのだが、製作に追われていた彼は最後に会う約束の日の朝（十月二十日）あわただしく帰仏してしましまった。じつに残念だった。そこで、一つの埋合せとして（なぜなら、ぼくとしては、ほんの前座のつもりでしかなかったから）まとめることになったのが、この記録である。NHK「国際教養大学」十月十八日午前七時半から二十五分間の放送番組で、録音はその前々日の朝（十六日）帝国ホテルの一室。約一時間、いろいろ答えてもらったことを放送用に「モンタージュ」したが、その忠実な再録とともに、はぶいた部分の要約を加え、また、この機会に彼の紹介をややくわしく補足しておきたい。なお、この仕事の前後を通じてNHK教養部成人課の各務孝氏の厚意ある取計らい、本協会事務局山之内君の一方ならぬ努力に負うていることを明記しておかなくてはならない。

レネエの横顔

RESNAIS, Alain. 短篇監督。一九二二・六・三、モルビアン県（ブルターニュ地方）首都ヴァンヌ生。中学卒、バカロレア（大学入学資格）、IDHEC（映画大学）中退。はじめアマチュア映画作家。ニコル・ヴェドレ（文学者・映画監督、一九四七年度ルイ・デリュク賞の『**パリ一九〇〇年**』その他）の助手をつとめ、一本立ちとなる。

作品は『**ファン・ゴッホ**』（一九四八）〔CIDALC（映画による美術・文学・科学普及国際委員会）一九四八年度最優秀美術記録映画賞、一九五〇年アメリカ「オスカー」賞〕『**ゲルニカ**』（一九四九）〔ロベール・エッサンスとの合作。一九五二年プンタ・デル・エステ映画祭短篇大賞〕、『**ゴオギャン**』（一九五〇—五一）、『**偶像もまた死ぬ**』（一九五二—五三）〔クリス・マルケルとの合作。一九五四年ジャン・ヴィゴ賞〕、『**夜と霧**』（一九五五）〔一九五六年ジャン・ヴィゴ賞〕、『**国立図書館**』（一九五六）〔一九五七年カンヌ優秀映画賞〕。また『**サン・トロペーズ、夏休みの宿題**』（一九五二—五三）〔監督はポオル・パヴィオ。コンセルヴァトワール（国立音楽演劇学校）出たての二人の青年俳優が有名芸能人たちにコネをつけようとするさまを諷刺的に扱ったもの〕、『**人類の境界**』（一九五二—五三）〔ニコル・ヴェドレと生物学者ジャン・ロスタン共同監督の科学普及映画。一九五三年度ルイ・リュミエール賞〕、『**ラ・ポワント・クールト**』（一九五五）の編集に当った。

以上はABC（フランス映画人年鑑）記載の彼の略歴に多少補筆したものだが、最初にその抜書きを見せて、補訂すべき点はないかきいてみたところ、レネエは何ともいえぬ微笑を浮かべただけだった。こうして私たちのインタヴューとその録音ははじめられた。十月十六日（木）午前九時から一時間、スタジオに出かける前、あらかじめの約束をこころよく果してくれたのだった。ところで、プロデューサー側（アルゴス・フィルム）のアルフォン氏とともに気持よく迎えてくれた彼は、録音がはじまるとまもなく、傍らのアルフォン氏に、どうも気になるからといって座をはずしてくれるよう頼

んだ。つまり、それくらいこまかい神経の持主で、初対面のぼくには、この貴公子じみた青年紳士と「夜と霧」の監督が、はじめはまるで同一人物とは思えないのだった。想像していた容貌とはまるっきりちがった若々しさと繊細さ……三十五、六の「働らきざかり」にはどうしても見えない。

『偶像もまた死ぬ』は彼のもう一つのいわくつき作品である。アフリカの民族文化として何世紀にもわたりうけつがれてきた芸術の足跡をたどりつつ、今日では死んでいるこの芸術に新しい形での復活を見とどけようとしている。人種問題を暗示するものとしてタブー扱い（上映禁止）されたゆえんであり、ヨリス・イヴェンスの**『世界の河』**とつながる「一つの歌」をうたうものといえよう。（レネエとイヴェンスやフラハーティとの関連は、本誌創刊号で宮本正名氏もふれている通り、一つの研究課題となろう）ともあれ、こうした問題作とかぎらず、レネエは一作ごとに新しい問題を提出しており、それはつねに人間的なものと非人間的なものとにかんするヒューマン・ドキュメント（人間の記録）となっている。「短篇映画の形にかんして、私自身としては、たとえば諸雑誌や週刊紙のすぐれた記事を書くのと同等の価値ある映画的手法を見出したい。技術的教訓的な資料としての記録映画とかスケッチよりも、むしろエッセエとか論説としてそれを考えている」という彼の言葉は、そのいみできわめて重要である。もしそれ（彼におけるドキュメンタリー）を、いわば映画による評論と見ることが許されるならば、そこにうかがわれる今日性への志向は、総じて外部よりも内部、内面的なものに彼の目が向けられている事実を裏書きするものといえるだろう。『偶像もまた死ぬ』のねらいが、たとえばポオル・アザールトの最新作**『黒い仮面の下』**にとは明らかに異質だと思われること（それは黒人芸術を見るか、それとも黒人芸術を見るかのちがいともいえよう）また**『ゴオギャン』**のコメンタリーが、この画家の手記によっていることなどが思い合わされるのである。つまり、第一印象としての彼の繊細さは、まさしく「眼を通して心臓にまで到る」明察のエスプリのもつしなやかさにほかならなかったのでありそして、こうした繊細さを通してこそ、新鮮な息吹きにみちた強靱さとでもいうか、あのたくましさが生れてくるのであろう。深い淵をのぞき見ることのできるしなやかな底力――そういってもよいと思う。

昨年、レネエはイヴェンスとともにチュニジア政府の招きをうけこの独立日なお浅いアフリカの国の映画を育てる仕事に協力したということだが、ここにも、この監督の若々しい横顔がやさしく、たくましい印象をとどめたことであろう。

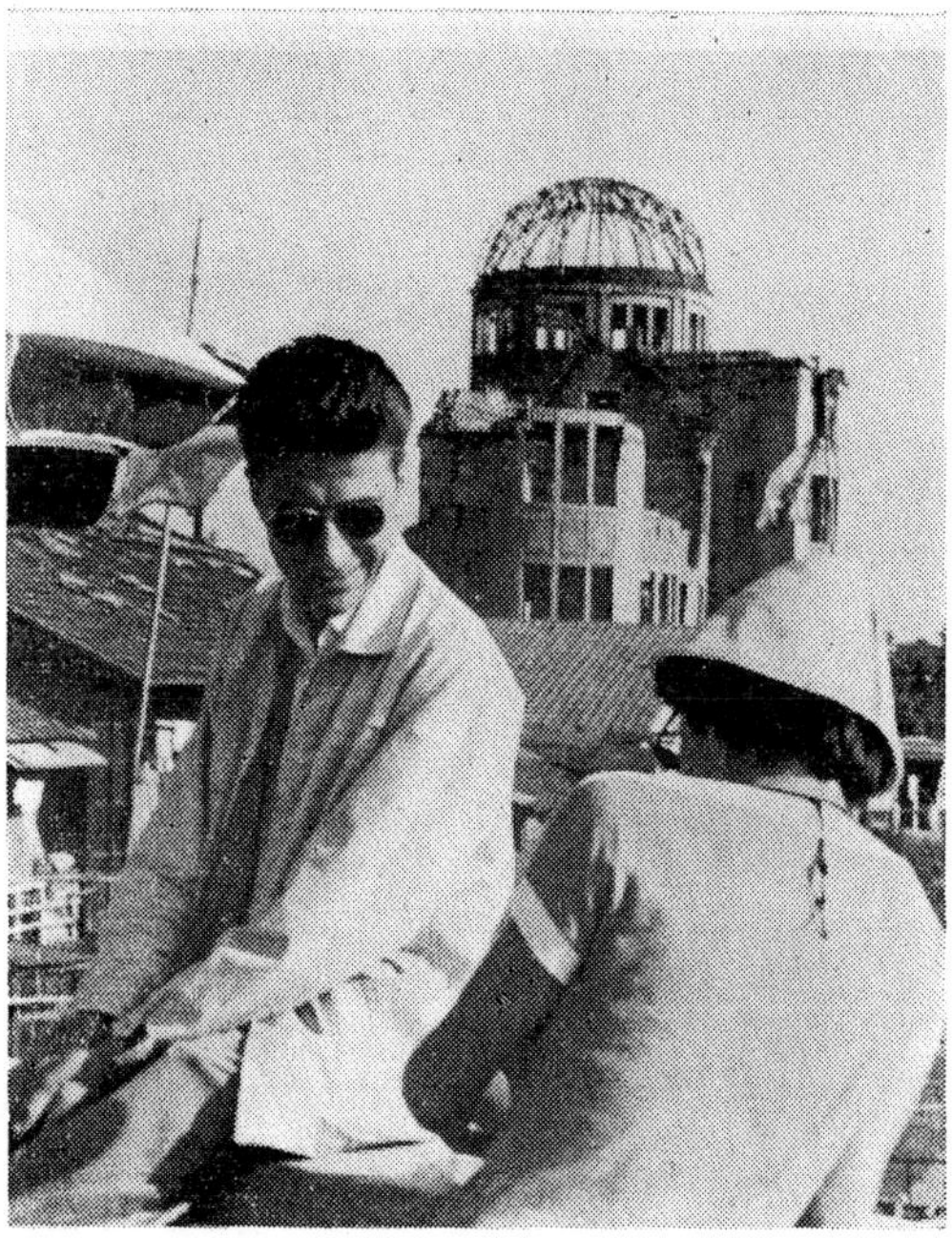

新作「ヒロシマ・わが恋」について

（問）アウシュヴィッツとヒロシマといえば、第二次大戦を最もよく象徴しており、つまりこんどの戦争の最もいまわしい事実です。というのも人間への蔑視――人間を虫ケラも同然と思うことの代表的な例だからです。あなたは、こうした事実から**『夜と霧』**という問題作をつくりました。人の心をおびやかすような、すさまじい迫力と、それを通し、それをこえた感動――ここに記録芸術、全人類のためのこんにちの芸術があると思うのです。そこで、ヒロシマを扱ったあなたの新作（彼としては初めての長篇）ですが、これにはどのように、あなたの意図、あなたのエスプリ("**esprit de finesse**")が生かされているのでしょうか？

（答）第一に申上げておかなくてはならないと思うのですが、それは、私の新作は必ずしも原爆についての映画ではなく、また、広島の悲劇を扱ったものでもない、ということです。これは一つの物語――ありふれた恋愛物語で、つまり世界中で毎日のように数しれずうまれているような、二人のめぐりあいといったものです。ただ、ちがう点は、この二人（日本の若い建築家とフランスの映画女優）とも社会的な問題――一般的ないいかたで――世界の社会的な問題を意識している存在だということです。いってみれば、映画では本を読んだり、ものを考えたりする人間に出会うのは、きわめて稀れです。いつでも、およそ知的関心というものを持たない人物を見せようとしています。それに「インテリ」という言葉はけいべつ語になってさえいるのです。で、もちろん、もし私たちがこの映画で成功できるならばですが、現実にはふだんそうであるように、読んだり話したり考えたりする――映画では実際に見かけることのない――主人公、とはいえ知性をそなえているにもかかわらず、他の人々より以上に自分たちをはっきりさせてはいない人物を出せたら、

私もとてもうれしいのですが……（彼らは人種的・社会的な場におかれ、ともかくもそれらの問題を意識してはいるのです）

その点で映画はかなり通俗的ですし、意識的に通俗性をもたせてあります。通俗性を出ているとすれば、それは、思うに、私たちが同時に一種のとても文学的で演劇的な調子を見出だそうとしているこころみで、これにはシナリオとディアローグを書いたマルグリート・デュラの用語（抒情味ゆたかな）に恩恵をうけています。

マルグリート・デュラはフランスできわめて有名な女流作家で、**『海の壁』**（太平洋に面した防波堤）の原作者です。

そこて、こんどの映画がどうして作られるようになったかですが……一年ほど前に、アルフォン氏〔配給関係者〕ドオマン氏〔製作者、『夜と霧』も彼の製作〕アンドレフエ氏〔パテ当事者〕から私に原爆についての映画を一本つくるように話がありました。この題材を、その歴史的、技術的な角度、原爆の結果から、ねりながら仕事にかかり、一つの作品に到達したのですが、何と、それは日本やアメリカや、フランスでも、その間につくられた映画と同じものだとわかったのです。そして、私のねらっていた映画が上映されたのをみても、私がとりかかり、つくろうと思っているような映画は、すでに何度もつくられていることがはっきりしたのです。そこで計画を全然すててしまい、そのあとでマルグリート・デュラに会ったのです。その才能を私はひじょうに尊敬しており、そこで行詰ったままの計画について話しました。原爆の問題をじかにぶつけるのではなくて、一つの物語に仕組むようにしたら、その方がたぶんおもしろいのではないか。ともあれ、この角度からつくられた映画はまだない。映画の中で原爆のことを語る――つまり映画と原爆は直接にはつながらないほうが、もう一つの映画をつくるよりも、もっといみがあるのではないか。たしかにそうだ、等々、私は彼女にそう話したのです。すると最後に彼女もこの題材に本当に興味が出て、私はすっかりおどろきもし、よろこびもしたのですが、一週間後には私たちは仕事にとりかかったのです。

『ゲルニカ』のことなど

（問）こんどの作品については、もっとおききしたいのですが、つぎにうつることにして、私はあなたのほかの作品、『ファン・ゴッホ』や、とくに『ゲルニカ』に深い感銘をうけています。私の印象では、この二作はいわゆる美術映画以上のもので、この現実世界――人間的なものと非人間的なものとのドラマ（葛藤）に対するあなたの意思表示であり、しかもそれは、この二作が芸術と人間についての映画による評論――フィルム化されたエッセェとして、人間画家ゴッホやピカソの胸の奥底にせまり、その内部の生命、内的生活――つまり彼らの息吹きをつたえるものになっている、このことを通して、同時にあなた独自の発言になっているのだと思います。

こういったジャンルのドキュメンタリー――美術映画というよりは芸術を扱った記録映画についてあなた自身のお考えを知りたいのですが……

（答）この二作についてお話すべきことは、まずこれが、画家というもの、また他のどんな芸術家でもですが――つまりは一つの絵画のことになりますが――その創りだしうる創造的形象化と形象の世界への一種の礼讃だということです。この仕事はロベール・エッサンス〔後注〕と私の二人によるもので、私だけでこの二作を手がけたわけではありません。この画家と組んで、二人でいっしょになってつくりあげたのです。さらに、はっきりさせておきたいと思うのですが、『ファン・ゴッホ』や『ゲルニカ』の構想をたてたのはロベール・エッサンスで、私は、いってみれば技術的な仕事を引受けただけなのです。

ところで、お話にもありましたが、この試みは『ファン・ゴッホ』よりも『ゲルニカ』で、いっそう押し進められており、『ゴッホ』はまだ中途半端です。問題は絵画の世界を現実世界として扱いうるかどうかを見ることでした。つまり、一つのタブロオの美的価値――というよりはむしろストーリイの見地、劇的な観点からみた絵の価値――に心をとめていることを感じながら、その絵画に映画のストーリイ、とりわけデクパージュ〔コンテをつくること〕というテクニックをふるうことで、映画の世界が処理できるか、ということでした。

そこでいっておきたいのですが私は絵画に対して大きな尊敬をはらっており、そして、これは私のまさしく信じていることなのですが、映画は一つの絵の微妙さにくらべれば、不格好な木靴、不細工な靴のようなものをひきずって、この世にやってくるのだから、そこで、美的な面にかかずらってはいないものとして、映画においてタブロオのこれこれの部分をえらぶのは、正直にいって、絵画的価値とはまったく次元を異にした映画的価値のためだと率直にみとめたほうがよい――と、こう私は思っています。ことわっておきますが、私は、ポオル・アザールト氏〔後注〕のような人に最大の尊敬と敬愛の念を抱いています。彼の代表している傾向は絶対に対蹠的なもので、つまり映画を美術批評に役立たせているのであって、これはこれで、すばらしいと思います。ポオル・アザールトのように、それは批評にとって唯一のやりかただし、つまり絵画についての何かであると同時に、切実で直接的破壊的な方法で自己のことばを絵画自体にのりづけするのです。それが、つまり、美術批評の一つのありかたで、私はたしかに価値あるものと思います。私自身はべつのありかたをえらんでいますが、しかし、それはポオル・アザールトがしていること、あるいはこの方向での各種の仕事を私が尊重しているからこそなのです。私はこ

うしたジャンルの他のエッセエを決して無視してるのではありません。

さて、この仕事のおかげでピカソに会うことができたのですが、それは『ゲルニカ』が仕上がり、いわゆるピンからキリまで、一通りすじを通した最初の試写のときです。彼はやってきて、私たち――エッサンスと私は、もちろんビクビクものでした。なにしろピカソの前では小僧っ子にすぎないのですから。彼といっしょに、二、三人の友達がいて、黙って試写に立会いました。そして、室内が明るくなると、ピカソの友達の一人が、こういいました。

「うん、なかなかいい。ぼくはこの映画が好きですよ、しかし残念だ。いろいろな画面をゆっくり見ていられない。あなたの絵をじゅうぶん鑑賞できないのです。こまぎれを見るだけで、しかもバラバラでありながら、そのよさは、一つ一つをじっくり目にとめていたい気がする。バラバラの断片をそっくり全体として見ていられたらと思うのですがね。なにしろ、残念です」

するとピカソは、さっそく椅子から立上って、こういったのです。

「ちがうよ、あんなはまるでわかってないのだ。これは映画じゃないか。わたしの絵が見たいなら、美術館に行けばいい。画集だってあるし、ゆっくり見ようというなら、いろんなものがいくらでもある。これは、つまり、スターみたいなものさ。それに、何ていうか、すごい配役ぶりだ。一九一四年にさかのぼるのもあるし、そのおもしろさは・マクス・ランデル〔第一次大戦前後に活躍したフランスの喜劇俳優、チャップリンの前駆者といえる〕みたいだ。ノン、ノン、ノン……これでいいし、こうでなくちゃいけない。これで行き給え」

まさに、この元気づけは私たちにとって貴重なものでした。そうでしょう？ ピカソのような人だからこその親切さと理解で彼は何事であれ、この映画に干渉がましいことは一つもしようとしなかったのです。ただ、あっさりと――

「そうだ、これはきみたちだ、きみの仕事、きみのはたけなのだ。絵はわたしのものじゃない。きみたちはそれを役立ててる。こんなふうにして、それはみんなのものになってるのだ。すべてが芸術に終ろうと、わたしの絵に終ろうと、わたしにとっては同じことだ。きみたちのほうこそ正しいのさ」

(笑)

ロベール・エッサンス
(HESSENS Robert)

一九一五年生。中卒後、ナンシーとパリで美術を勉強。J・ヒューストンの『ムーラン・ルージュ』助手。短篇作家として、「ゴッホ」と「ゲルニカ」のほかに「マルフレエ」(一九四八)「トゥールーズ＝ロオトレエク」(一九五〇)、「立体派」(一九五三)、「シャガール」など。

ポオル・アザールト
(HAESAERTS Paul)

一九〇一年生。ベルギーの美術評論家で数々の著書あり。兄弟のリュク(ベルギー国立科学映画研究所長)とともに映画の面でも活躍、現在「アール・エ・シネマ」社長。監督作品には『ルーベンス』(一九四七)〔H. Storckとの合作。一九四七年ヴェニス映画祭で大賞およびCIDALC賞〕、『ピカソ訪問』(一九四九)〔一九五〇年ヴェニス映画祭で記録映画首位賞、一九五一年ニューヨーク映画祭首位賞〕、『ルノワールからピカソまで』(一九四九)〔一九五〇年ヴェニス首位賞、一九五一年リオ・デ・ジャネイロ首位賞〕、『資金の世紀』(一九五三)〔一九五三年ヴェニス首位賞、一九五四年ベルリン優秀賞、同年カルロヴィーヴァリー首位賞、一九五五年CIDALC特別賞〕その他おびただしい。最新作『愚い仮面の下に』が過般の国際短篇映画祭(東京)でも、とくに注目された。

アヴァンギャルドや短篇交流について

(問) 日本の若い映画人たちは、こんにち自分たちの前衛精神を実現しようと努力しています。たとえば羽仁進の「**法隆寺**」のような記録映画、また「シネマ58」というグループによる実験映画「**東京1958**」があります。(これは日本のカッコづき近代生活のパロディーで、私としては未完成作品だと考えます)

このようないみでの前衛精神、アヴァンギャルド主義について、あなたのお考えは？

また、何事によらず、記録映画あるいはこの分野での運動――うごきについて、あなたのお考えをきかせて下さい。

(答) つまり、あらかじめアヴァンギャルドだなどと思わずに記録映画をつくること、そうすればきっといいものができると思います。危険だと思えるのは、いってみれば「さあ、これからアヴァンギャルド映画をつくるのだ」と仕事の予定表に書きこむことです。とくに思うのですが、映画をつくるには感じたまま、つくってみたいと思う通りにして、それがアンガンジェした〔政治的社会的にはっきりした態度をとった〕映画であるとか、そうでないとか、形式はこうだとかああだとかいうことに、あまり頭を突込まないほうがよい…そういうことは、あとになってからのことだと思うのです。それで私には、前もって一流派をとっているように思えるものはすべて、不安を感じさせます。それに、これは副次的な文法上の〔テニヲハの〕問題ですが、というのは、フランスでは「アヴァンギャルド」という言葉は、一種のけいべつ的ないみで受取られるようになってますし、そんなことは日本ではたぶん全然ないでしょうが……すべてが、短篇映画の輸出とか資金回収にまつわる困難にかかっており、これはフランスでもどこでもきっとおなじだろうと思います。

とはいえ、短篇の面で、フランスでは日本短篇映画週間をやり、日本ではフランス短篇映画週間をやるということができないものかと思うのです。私は「グループ・デ・トラント」(Groupe des 30) というフランスの記録作家グループにぞくしているのですが、これは製作と普及、それに多少とも短篇映画の擁護に当っています。私たちはすでに世界中の方々の首都で、フランス映画あるいは外国映画の上映週間を組織してきてますが、日本ではまだやられていません。この仕事はとても役立つと思うのです、というのも日本映画はフランスではまだまだよく知られていないからです。

以上が放送された分で、さいごに、カットした話題をかんたんに要約しておこう。

（『ゲルニカ』のコメンタリーについて） エリュアールのテクストは絵の解説ではなく、ゲルニカの事実を詩的につよく訴えたものだし、またそれを朗読するカザーレスは名女優だが、なにしろ女の声で解説するのはフランスでも初めての試みだったので、はじめは効果が危ぶまれていた。しかし結果は観客にも受けいれられて成功だった。こうした文学的要素や劇的な効果はもちろんたいせつだが、自分としては、どこまでも映画的形象との本質的一致として、それを考えたい。

（テレビと映画のこと） フランスではテレビは一局しかないし、日本でのような問題はまだ起らないが、それが五、六局もあるようになれば、いずれは問題となろう。芸術上の点でいうと、かつてロベール・ブレッソンの映画『罪の天使』をみて感動し、そのあと自分の家で友だちを集め16ミリでみたが、じっくりと落着いて鑑賞できあらためて深い感銘をうけた。この感激の伝達には、映画館のばあいとはべつの味があり、テレビも同様といえるが、さりとて、家でテレビをみるのは電話とか呼鈴とか子供のさわぎなど、いろいろな雑音に妨げられるのを否定できない。ともあれ、16ミリ映画の効果を考えると、その枠や、とくに調子ということでテレビの美学とでもいうか、表現価値の共通性が考えられる。むしろ、その点に問題があり、自分も注意している…。

この前座的対談はほぼこんなことで時間ぎれになったが（十時には「解放」してほしいということだったので）、日本映画については、はじめにちょっときいたとき「飛行機の中でリストをつくってきた」というのに、みたいと思っていたのも全然みるチャンスがなく、シネマテエク（フィルム・ライブラリー）のととのっていないことを指摘していた。断片的に原爆記録に接したほかには、わずかに『**また逢う日まで**』をみただけらしい。（新作の主役に岡田英次がえらばれているためであろうが、この作品には感動したということだ）「シネマテエク」の問題にせよ、記録映画の作品による交流にせよ、私たちは、たとえその一端でも、彼ら海外作家の要望に具体的に即応しうるよう、共に努力したいと思う。

ワイドスクリーン

「木村荘十二大いに語る」は話下手で何を云っているのか私自身にもわからず、大いに赤面しています、もう少し大切な話をしたつもりですが。

（木村荘十二）

第四号は益々充実して来たことを喜こぶと共に、編集の任にある諸兄の努力を感謝いたします。だがまだまだ完全なものにするのは大変な努力を必要としましょう。ミス・プリントをなるべく少なく。

（永富映次郎）

機関誌の順調な発展をうれしく思います。ただ編集について云えば記載原稿で連載形式をとるものが多く中途半端の感じがあり、その点御考慮願えれば――。

（黒木　和雄）

編集を担当してる責任者の一人として、会員並びに読者に不手際をお詫びするのみです、とくに十一月号の誤植は小生の責任です。誠に申訳ありません。

（岡本　昌雄）

ちょっとむづかしいところもありますが予想以上に立流な本なので感激しています。線画屋と云うのは、通常コマ切れ的な仕事をしているので、つい短篇全体の見通しを見失ない勝ちですが「記録映画」によって作家的なファイトをとりもどしています。（なさけない話ですが…）

（大久保信哉）

毎度ながら教育映画作家協会の出している「記録映画」がPR映画専門の僕のところに来るというのは皮肉。これは文字面だけのことではなさそうだ。

（八木　仁平）

雑誌名が記録映画なのですからドキュメンタリーに付いての記事が多いのは当然でしょうが、教材映画も教育映画の一分野なのですから、教材映画への御意見などどなたからかでないものでしょうか。

（高綱　則之）

座談会記事はもう一考も三考もして下さい。シンポジュム形式ならまだよいでしょうが――編集委で御研究を。

（野田　真吉）

山形へロケにゆきましたら、米沢市と山形市の本屋さんの店頭にわれらの機関紙がでていました。スタッフの一人が買ってきました。とてもうれしかった。とにかく、自分たちの機関紙をもっていることは、たいしたことです。執筆が片よらないで、みんなで書くように努力したい。

（丸山　章治）

〃青少年向映画の劇場上映〃など決議
第四回映画観客団体全国会議

十一月二、三日の連休を利用して第四回の映画観客団体全国会議が名古市の社会文化会館で全国の映画サークル六十四団体の代表約百二十人が集まって開かれた。

北は北海道の函館から南は九州の宮崎から集まった。来賓としてシナリオライターの山形雄策、世界映画資料同人山田和夫、第五福龍丸プロデューサー糸屋寿雄、中央映画貿易社長星野晃広映画音楽家でもあり労音の生みの親でもある須藤五郎、の諸氏がこられたことは今までにないことで映画人の討論への助言もあり会は今までにない真剣なものになった。第一日目は映画サークルの現状と今後の問題では夜の議会にまで問題がもちこまれ、第二日目は各分科会の報告がされた。又次のことが決議された。㈠映画サークル運動を狙害するものとして警職法反対がきめられ、㈡青少年向映画（短編記録映画をふくむ）の劇場上映、㈢第五福龍丸のスタッフへ激励文、㈣「戦艦ポチョムキン」の上映促進運動についてひきつづき大会宣言がよまれ第五回を関西関東のいずれかで開くことをきめ、今後の観客団体としての国民的運動の課題を持って会議はおわり、会場を愛知労働会館へ変えて教育映画祭入選作品〃古代の美〃と〃戦艦ポチョムキン〃を見て解散した。

教材映画の世界

永原幸男

去年のことになるが、矢口新さんや岩井竜也さんなどの中央教育所のグループがつくった教材映画「**綿紡績**」の試品をみて、作家協会の人たちが話しあいの会をもったことがあった。その席上で矢口さんが、「これは映画じゃないんですよ」といったら、作家のだれかが、「いや、映画ですよ」といった。矢口さんのことばのなかには、これは君たち文化映画作家たちのつくる映画とは全然ちがったものですが、という意味があったし、作家側では、「これだって結局映画の一種じゃないですか」と受けて立ったのである。なかなか含みのあるやりとりだったのでいまでもおぼえている。

ところであの映画は、もともと文化映画や記録映画に挑戦してつくられたというものではなく、あの映画の相手どっているものは、小学校の教師たちなのである。だから、あの映画をつくった人たちは、作家たちよりも教師たちがどういう反能を示すか、ということに強い関心をもっていたのである。

ところが、教師たちの間では、あの映画は使いにくい、という意見が多かった。小学校五年の社会科の単元「近代工業」に利用させるためにつくられた映画であるが、綿紡績だけに六巻も使うことは長すぎるし、ぜいたくだというのである。もともと一時限が四十五分か五十分の授業に、こんな長い映画をみせては、授業がつぶれてしまうし、近代工業のなかで、綿紡績だけをこんなくわしく教えてはほかの単元とのつり合いがとりにくくなるというのである。これは現場で映画を使う人の立場としてはもっともな意見であって、一時限のなかで、映画についての事前事後指導、映画につながる教科書の学習、児童との話しあいなどを必要とすれば、うつす映画は、一巻が二巻のものが適当だということになるのである。また児童が映画に注意を集中できる時間は、漫画映画やチャンバラ映画なら別だが、教材映画ではせいぜい十分か二十分というところが一ばん効果的であるし、経費の点から考えても、短い方がライブラリーの予算がたすかるのである。

こうした意見に対して、「**綿紡績**」をつくった人たちは、なにもこの映画は、六巻を一時限にみせるようにつくられてはいない。「進んだ技術」二巻、「近代工場」二巻、「工員の仕事」一巻、「工場に働く人々」一巻、と内容が分けられているので、その時間の学習に必要な部分を選んで使えばよいではないか、と考えているのである。

それからまた、綿紡績、製鉄、造船といった具合に広く浅く学習させても、近代工業の本質をつかませることはむずかしい。それよりも、ひとつの近代工業の内容を深くほり下げて学習をさせた方が本質をつかみやすい。その点、綿紡績は手工業、家内工業を経て近代工業に発達する過程がほかの工業よりもわかりやすい。だから綿紡績は近代工業の一種として選ばれたのではなくて、近代工業の典型としてとり上げられたものであり、綿紡績の学習を通じて、他のあらゆる近代工業を理解させることができるから、六巻は長くない、と自負していて、現場の反対論には承服しないのである。

その上に、使いにくいという教師たちに対して、そうでしょう、使いにくい、なぜだかわかりますか、と反問するのである。使いにくいと考えられる原因は、単なる映画の長さだけの問題でしょうか、とつめよるのである。

なるほど、映画は四つの部分に分けられている。技術、施設、労働、生活と四時限使って教えることもできる。けれども、そのように分けて使っても、やっぱり使いにくい映画であることが明らかになってくるのである。教師は、あらかじめ一年間に指導しようとする教育計画をもっている。これが教育課程とかカリキュラムとかよばれているものである。これは、文部省の学習指導要領にしたがって地域の教育委員会が立案したものを、さらに各学校で具体化したものである。そのカリキュラムによって指導を進めてゆくのに、綿紡績のような映画を使えば、一つの単元だけが密度が濃くなって、予定した計画にあてはまらなくなってしまう、それで使いにくいのだ、ということがはっきりしてくるのである。つまりカリキュラムが映画を受け入れるようにつくられていないからだということになるのである。

たいていどこのカリキュラムも、教科書による学習の指導計画として立案されているから、教科書だけを教材として教えている分にはなんの支障もおこらない。けれども、教科書の抽象的な言語表現だけでは子どもに理解させにくいことがらについては、教材映画の視覚的表現によって具体的に理解させることが必要になる。その映画が、カリキュラムに合わないならば、カリキュラムの方を改造

すればよいではないか、と綿紡績をつくった人たちは主張するのである。

　これは「**綿紡績**」にかぎったことではなく、映画、スライド、ラジオ、テレビなどの新しいマス・メデイアを教科書中心のカリキュラムのなかにうまくとけこませることはなかなかむずかしいことである。だからこの頃では、教科書といっしょにこれらの視聴覚教材を利用することを予想したカリキュラムをつくる学校が多くなってきている。けれども「綿紡績」はそんなカリキュラムにも入りきれないで、はみ出すから使いにくいと教師たちはいうのである。

　このように、くどくどと、「綿紡績」を作った側と使う側の考え方をのべたのは、教材映画の評価基準というものを考えるのに大へん参考になる事例だとおもったからである。

　一般の映画は、それを見て批評すればよい。けれども教材映画は、それを使って批評するのである。すくなくとも使う立場から見た批評がなされるのである。

　一般の映画は、これをつくりたいという作家の意慾から出発するが、教材映画は、題材も、内容もそれを見る対象も、あらかじめこまかにきめられている。二年生には、ゆうびんについてはこれだけのことを教える、と支部省がきめている。その限界から、はみ出しても、足りなくても役に立たぬということになる。それを二年生にわかるように表現し、スーパーの文章も、習った字だけに制限される。というのが原則である。がんじがらめに制約されているので、やっかいで気づまりで、一般の作家にはとりつきにくいのである。

　しかし、そんな内容が決定されているなら、だれがつくっても同じ教材映画になるかというと、これがまたひとつひとつちがったものができ上る。ここらに教材映画作家の世界があるのである。

　また、教材映画がそんなに面倒なものなら、いっそ教科書をシナリオにしてつくったら簡単ではないか、ともいわれるけれど、教科書はシナリオにはならない。言葉のもつ概念を映画によって視覚化すれば、概念は具象化されて固定的なものとなる。けれども、その具象化された視覚像のなかには、概念のなかにふくまれていなかったさまざまのことがらが流れこんできて、言葉のもつ概念よりもはるかにふくらんだ内容があらわれてくるのである。教科書のなかで二百字の言葉で表現されている内容を映画化して子どもに見せ、その印象を作文に書かせてみると、四百字にも八百字にもふくれあがるのである。しかし、このふくれ方は教材映画にとってはかえって迷惑なことで、映像のなかから、これらの不要なものを切りすてなければ、テーマが明確に打ち出されてこない。映像のなかからある部分を切りすてることは映像を追求しつつ、かえって抽象化に努力することになる。だから、あらゆる教材映画は、教育的な意図のもとに構成されるフィクションであるということができる。ここにもまた教材映画作家の世界がある。

　教材映画が具象化しようとねらうものは、雑多な、個別的な現実ではなくて、選ばれた典型でなければならない。雑多な現実のなかに典型を探し求める努力は、やがて、その典型をつくり上げる努力に転化する。つくられた現実がもっとも現実的であらねばならないという考え方に到達するのである。

　このあいだ「**おさらいのしかた**」という生活指導の教材映画を企画した。小学三年生の子どもの、家庭でのおさらいはどうやったらよいか、という映画である。これも、現実の子どもたちの生活記録のなかからは典型が求めにくいので、俳優を使うことにして、脚本を教師の柳下貞一君にかいてもらい、演出を岩佐氏寿君にたのんだ。

　事件も筋もなく、どこの家庭にもあてはまる日常風景のなかに、おさらいのしかたについての問題33点が、さりげなくちりばめてあるので、岩佐君もやりにくかったことだろうと思ったが、できあったものを、彼がこの映画のすぐ前に演出した「**わたしのおかあさん**」という児童劇映画と比べてみて、なるほどと思った。いわゆる演技的なものをできるだけおさえさせて、なんのために俳優を使ったかわからないような使い方のなかに、リアルな、身近かな雰囲気を出している。「わたしのおかあさん」が詩なら「おさらいのしかた」は散文の味である。ただし、あらかじめ設定された問題点を一巻のなかに追いこまなければならなかったので多少きめのあらい、いそがしい映画になったが、今後一巻物の許容量を検討してゆけば、かたちができてくると思う。

　もう一つ、日本全土の地勢や産業や生活を地理教材にまとめるために、いま九州と四国にロケが続けられている。次々に送られてくるラッシュは、ばらばらな各地の風景だがとてもおもしろい。さて、これをどう教材に組立てるか。これを一定の意図のもとに構成するよりも、生き生きとした素材のまま教室に送りこむにはどうしたらよいか。下手すればアルバム映画になりやすいこの地理映画のクランク・アップがとてもたのしみである。つまり、教材映画というものも、はたで考えるほどきゆうくつなものでもないということになる。

わたしのおかあさん

第12回国際科学映画協会大会に出て

岡田桑三

わたくしはこのあいだほんの短かいあいだでしたが、久しぶりでヨーロッパの映画界にふれる機会にめぐまれました。

このまえ一九二九年に、ヨーロッパの映画がサイレントからトーキーにかわろうとしていた時に、モスクワとベルリンへいって以来、ちょうど二九年ぶりでした。

このまえいった時は、わたくしはまだ記録映画の製作者ではありませんでした。ただすきで、それもはじめは、貸してもらったドイツのキナモ三五で写したりしていたにすぎません。殺された山本宣治の葬式をそのカメラで写したのが、わたくしの最初の記録映画でした。

一九二九年のときはモスクワにひと月いましたが、ほとんど毎日、ソフキノの撮影所にかよって、そこの試写室でそのころまでにソ連でつくられたいい映画をえらんで見せてもらいました。

エイゼンステインとアレクサンドロフとティッセとが、ちょうど**「古きものと新しきもの」**をつくりあげたところでした。その最初の試写を、たまたまモスクワにきあわせた衣笠さんといっしょに見せてもらいました。プドフキンもきていました。

プドフキンはメジュラブポムの撮影所でパヴロフの条件反射の学説を映画化した**「脳のメカニズム」**と**「母」**とを、ロシア語のわからない私のために自分でドイツ語で説明しながら見せてくれました。

エドワルド・ティッセはエイゼンステインとアレクサンドロフといっしょにヨーロッパへたつ前のいそがしい中を、もう荷づくりしてしまっていたカメラ・トランクを開いて自分の家で、**「ポチョムキン」**や**「十月」**や「古きものと新しきもの」をとったレンズについて、いろいろと話してくれました。

夜の十二時からはじまった**「トウルク＝シブ」**の試写会では、エイゼンステイン、アレクサンドロフ、ティッセとプドフキンと衣笠さんと、みんないっしょのロッジで見ました。ときどきプドフキンがこうふんして、となりのわたくしのひざをたたきました。見おわってからプドフキンの家にいっしょにいって衣笠さんもまじえて、朝の四時すぎまではなしこんだりしました。

わたくしは、こんど二九年ぶりでまたモスクワにいって、いろいろと古い前のことをなつかしく思いだしていました。

こんなむかしばなしを思いだしたのは、ただなつかしさからだけではありません。

映画のべんきょうには、ずいぶんいろいろな方法があることはもちろんです。わたくしは、できるだけいい映画をえらんで、見ることがたいへん大切だと、こんどもつくづく感じました。

こんどモスクワを訪れたのは、第十二回国際科学映画協会大会に教育映画製作者連盟の理事としてまた日本代表として出席するためでした。国際科学映画協会はパリに事務局があり、毎年各国もちまわりで、その大会を開いているのです。国際科学映画協会というのは、各国にそれぞれの国内科学映画協会が組織されていて、それが国単位で加盟してできています。

日本にはまだ科学映画協会はありませんが、教育映画製作者連盟が今年から、この国際組織に加盟することになつたのです。

第十二回総会は、ソ連文化省後援のもとに、日本を含めて三十二ケ国、四つの国際団体が参加し、二四〇本以上の出品作品をもってひらかれました。会場はモスクワの中央映画会館です。

出席してはじめて分ったことですが、科学映画といっても非常に範囲の広いものでした。映画を学問研究の手段として使う純粋学術映画から、科学知識の普及のためのいわゆるポピュラー・サイエンス映画、それに日本でいわれている記録映画、教育映画まで含まれていました。

会には作家、技術者はもとより多勢の学者や教育関係者が各国代表として出席していましたが、各国ともそれぞれ、十名前後の代表をおくっていました。世界の国々

が、科学映画をいかに重視しているかがよく分ります。

国際科学映画協会の目的は

一、人類の平和と仕合わせのために、科学の分野での国際協力はますます積極的にすすめられねばならないし、それには映画は大きな役割を果す。

一、その映画の発展の可能性をより熱心に、より広く深く追求しよう。

一、広い意味での科学と技術、社会と経済情勢、人間個人の心理状態についての知識を普及し合うこと。

一、映画は科学と社会の進歩に貢献できる。そのために、国際間の協力と、各国での科学活動を性格づけてきたアイディアを自由に交換し合うことで、お互いはかり知れないほど豊富になれる。

一、協会は国際的な相互理解をますます深めて行く。そのためにあらゆる形式の科学映画について、製作、用途、効果についての情報、科学映画にたずさわるものの意見、経済状態、熟練等について広く自由に、またもっとも効果的なやり方で、交流、交換を行う

ということにあります。

大会は、総会の審議の外に、研《リサ》究《ーチフィルム》映画委員会、教育映画委員会、科学映画《ピュラーサイエンスフィルム》委員会の三つの分科会に分れていました。

こんどの大会から科学普及映画《ポピュラーサイエンスフィ》祭《ルム》がいっしょに平行して毎晩開かれました。

映画祭に出品された作品の中には、スポンサーつきの映画もたくさんありました。スポンサーの名がタイトルにでるだけで、内容はまったく自由で、スポンサーがついていることからくる作意は少しも感じられない立派なもので、それがかえってスポンサーの名を高める効果を生んでいました。

イラク石油がスポンサーの

〃**River of Time**〃

ブリティッシュ・トランスポート・フィルムがスポンサーの

〃**Between the Tide**〃

オランダ文部省の〃**ガラス**〃などはその良い例でした。

ことにこの〃ガラス〃は、一国の生産技術の規模や設備の水準を誇示するというようなものではなく、ガラス職場での工員とガラス生産の模様をつつましく詩的に再構成した傑作で、これに対して、ソ連文化省並びに全ソ映画人協会は特別に賞を贈って賞讃したほどでした。

〃**ミクロの世界**〃も、関係してくださった皆様のおかげで、名誉賞とでも申しますか、"**Diplome d'Honneur**"という最高の栄を得ましたが、これは一プロダクションの作品への賞というよりはむしろ、日本の科学映画への尊敬と授賞だという感を、出席していて強く感じました。それは協力指導してくださった日本の医学者たちのお力の賜物であり、その意味では日本の医学陣への賞讃だと強く感じたのです。それにまた、ヨーロッパのすぐれたスポンサーシップと同じ高度なスポサンーシップをもって、この作品の製作を迎えてくださった中外製薬株式会社の広い識見が今日の日本の栄誉を生んだのだと深く感じ、そうしたすべての高い協力の中に、日本の科学映画が世界の科学映画にごして進み、国際協力の実をあげ得たことを痛感して、ただ一人の日本代表として、非常に肩身の広い思いと感謝に満たされたのでありました

ヨーロッパの映画人たちは、いろいろな機会に、他国の映画を見ることにめぐまれています。いいフィルム・アーカイヴのそなえのあることも、大変なつよみです。

たとえば、ロンドンの国立映画研究所は、りっぱなフィルム・アーカイヴをもっていて、その中から適当な映画をぬきだして国立映画劇場で、組織的に上映しています。十月にはエイゼンスティンとグリフィスの代表作の記念上映をやったりしています。

また、その年のヨーロッパの映画祭のなかから目ぼしい作品だけをえらびだして、ロンドン映画祭で上映することをやっています。

こんなふうに、いい作品を見ることができることは、とくに若い映画人にとって、ずいぶんいい勉強になるなと、ほんとうにうらやましくなりました。

事実、こんどの映画祭にでて、わたくしが一番ふかく感じたことは、ヨーロッパの若い映画作家たちのとくに演出技術、編集技術のしっかりしていることです。

もちろん、ひとはひと、じぶんはじぶんです。まったくオリジナルなものは、ひとの作品を見ることだけでは生れません。しかしヨーロッパの映画人たちは、みんながめぐまれた中にいるとすれば、その中でぬきでることは、これまたなかなか大変でしょう。みんな真剣に、よく勉強しているようです。

わたくしは、こんどいった機会に、さいわいと、いろいろないい連絡がつきましたから、それをむだにしないようにしようと思っています。

いま、なんとかして、世界中のえらばれたいい記録映画（もちろん科学映画もふくめて）を、日本でも、組織的に、毎年かかさず見ることができるようにしたいと、もくろんでいます。そして、これはかならずしも不可能なことではないと思います。

日本の記録映画の製作者として日本の記録映画人たちが、みんなすこやかな成長をしてくれることが、なによりうれしいことです。わたくしもいっしょうけんめいにやりますから、どうぞみなさんも日本の記録映画をよくするために大いにがんばってください。

終りに、第十二回国際科学映画協会大会から日本も正式に会員国として承認され、同時にアジア地域を代表して評議員国に満場一致推せんされましたことを付記しておきます。これには、列席の中国朝鮮、モンゴールなどの代表も、熱い拍手をおくってくれたのでした。

（東京シネマ・製作者）

× ×

× ×

続ぶっつけ本番(3)

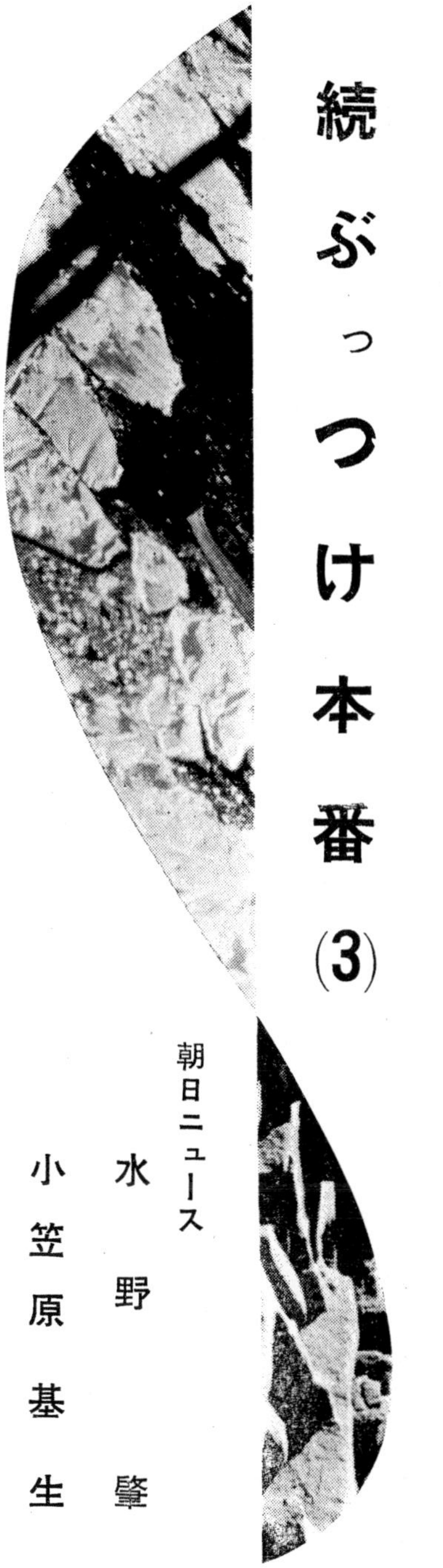

朝日ニュース
水野肇
小笠原基生

東京の顔は、いま整形手術にいそがしい。銀座四丁目、尾張町のぐるりは、ネオンのイアリングをたっぷりつけてウインクしているが、数寄屋橋界隈のはげしい変り方には、到底追いつけないようだ。

すでに濁った流れは消えてしまった数寄屋橋は、解体工事のドリルに悲鳴をあげてうめいており、やがて橋の形を認めることができなくなるだろう。そのすぐ傍に、ショッピング・センターが生れ西銀座デパートがおひろめをし、フッド・センターが空腹の人波をたっぷり吸いこむ。

地下鉄や高速度道路が日を追って伸びてゆくと、その触角は魔術のように、銀座の地図をあわただしく塗りかえてゆく。

新橋の方向を望むと、日軽金ビルの時計台の上に、更に空をつき破って、マンモス・テレビ塔―東京タワーがくっきりと浮び上っている。

かって銀座マンのせかせかした足どりを嘘のように歩道に釘づけにしたのは、昭和二十八年二月、テレビの発足した当座であり、ウインドの中のプロレスやプロ野球であったことは間違いない。

歩道一杯にまで溢れて、人々は≪小さな箱の中で、チカチカと動く愚にもつかない見世物≫とは露知らず、肩の間からのぞきこむ。背伸びしてまで動こうとはしなかった。

テレビ―第四のマスコミと呼ばれるこの電子ジャーナリズムの花々しい登板は、新しい魅力を投げたのであった。

末野君は、この数寄屋橋通りを抜けて、NHKに向った。

泊り明けで、のんびりとしていたし、久々に旧友の沢田君の近況をのぞいてみようと思い立ったから。

NHKの沢田カメラマンは、ニュース映画からテレビニュースのゆりかご時代にのりこんでいった。

テレビニュースが出た当初は、まことに荒っぽい働きぶりだった。

一日に、六回から八回の出動はざらで、本給をはるかに上廻った時間外手当にびっくりしたそうである。

その上、テレビ・ニュースの原稿の〆切時間がいつも鼻先にぶらさがって、息つく間もない。

ニュース映画は、週刊だから、取材もどっしりと腰を据えてとりくめた。ところがテレビ・ニュースは一日に四回も出す。

―だからね。まごまごして許りいたよ、初めの内は。

と、小柄ながらセイカンな目をした沢田君はうまそうにコーヒーをすすった。

――一日で三回目の出動となると、どうしても、前に廻した奴（撮影）の残像が仲々消えてくれない。頭の中が、二重露出から、三重露出みたいになってくる。

あのカットは、もう撮影した筈だが、という錯角に襲われる。そこへ〆切時間さ。無我夢中でフィルモ（十六ミリ撮影機）にかじりついていたよ。

テレビ・ニュースの原稿〆切は、待ったなしだ。相手さまがどうなろうとも、きっかり原稿をかっさらってゆく連絡係がやって来る。相手が目下事件進行中となると厄介で、そのわりきりには大へんな神経戦であった。

警視庁前で、全学連がジグザグを始めた。勤評反対のデモである。

沢田君は、ファインダーからのぞくと、警官隊は満を持して、ぢっとデモの動きをうかがっているかに見える。双方にらみ合ったまま、緊迫の一瞬である。

こんな時に、速車を飛ばしてきた連絡係が沢田君の背中をぽんと叩く。

沢田君は、はっとした。これからが事だ。しかし時間がない。しかし何とか廻わさなければ中途半端な取材である。

――又、いやに暗くなってきたね。廻している内は気がつかなかった程だ。くたくたになって局へ帰ってみたら、恰度オン・エァーだよと来た。

疲れた眼をこすように見つめた。画は、暗いには暗かったが出ていた。ブラウン管さまさまと、つい拝みたい気持さ、

速報第一、――画になっても、ならなくても廻して来いというのがデスクである。情けも容赦もあったものではない。

沢田君は、こうして根っからのニュース屋に仕立てられ、筋金が

いれられた。

沢田君は、カメラマンのチーフデスクとして新人教育に当っている。

――テレビ・ニュースは、下手に頭を働らかせるよりも、先ず足で稼げということだな。

と、沢田君はつけ加えると、さア仕事だと、ワイシャツの腕をまくり上げ、キラリと瞳を光らせた。

やがてテレビは、一〇八局がきびしい競争の渦の中へ入ってゆく。

末野君は、NHKから民放のラジオ東京へ廻ってみようと考えた。

ラジオ東京にも、ニュース映画から転向した山辺君がいる。彼はニュースカメラマンではなく、ニュース編集担当者である。

ニュース映画とテレビ。そしてテレビとラジオ。

テレビが生中継を主とするボードビルに力をそそぎ始めると、ラジオはいち早く、ジャーナリズムの性格を打ち出した。

≪制作するものではなくて、編集するものである≫という考え方は、テレビへの対策となって表面化し、ワイド化番組の編成や、国際性の拡大へ向っていった。

ラジオは無論、音楽番組の生みの親であり、生活の背景者としての強みをもっており、またニュース報道では、同時性や、即時性を制して速報では優位を保っている。

反覆効果の特色は、ラジオの独壇場である。≪ラジオは機関銃で、テレビは戦車だ≫と例えた人もいる。

さて、港区赤坂は四五〇坪の小高い丘状の地上に、ラジオ東京がにらみを利かしている。一五〇〇坪の埋没工事は突貫作業で行われているが、近く六つのスタジオがフルに動き出そうとしている。

外装もしていないこのビルの中は、まさに戦場である。KRTと名前の入ったジャンバー姿がとぶように廊下を走る。ドーラン塗った旅烏が洋モク吸って本を立読みしている。録音テープを山と抱えた俄かソバ屋が階段をかけ上ってゆく。

末野君は、山辺君に案内されて大あわてで主調整室にとびこんだ。

お昼のニュースである。ロッカー状のいかめしい機械の中に、ずらりとテレビ・ニュース関係者が、ディレクターの山田君を中心に秒をよんでいる。ブースにはアナウンサーが原稿をにらみ、ターンテーブルのレコード音楽も、ディスクもOKである。

山田君はストップ・ウォッチ片手に、かみつきそうな目付きで、ニュース内容やら記号やらが盛られた列車のダイヤ表みたいな、キュー・シートCUE SHEETをにらむ。

時報が終ると、山田君の手がさっと動いてキューの合図が入った。Aモニターから C・Mとトップ・タイトルのフイルムが写る。つづいてBモニターからテロップのタイトル。すばやくAモニターに戻って東京からのニュースで国会の議事運営委員会が出た。

キューがブースへとぶと、歯切れのよいニュース・ナレーションが流れた。

画は、今朝の火事。ディスクから生々しい火事場の現実音が聞える。デレクターが秒針に眼をうつすと、

――五秒前、モニター・スタート
の声がかかった。時をうつさず、Cモニターに切りかえられて、用意一、二のサインが終ると大阪の局の道徳講習会で乱斗のニュースが入った。わづか三〇分前の事件が、マイクロ・ウエーブの上り回線をわたって、キーステーションの東京へとびこんできた。ネガフイルムがポジに代って送り出されたのである。はっと息をのむネットワークの底力だ。

こんどは、Dモニターの番。これは、ビディオ・テープに収めた労組大会の中継の場面がそのままで三分間。

画も、アナウンスも、背景音も生々しく、同時性の迫力を出す。

山田君は、再びモニターへ戻り、のんびりした銀座のデパートのファッション・ショーとなった。こうして、C・Mから、エンドマークへ十分間のテレビニュースは終った。

――お疲れさん。

山田君は、山辺君と末野君にも、さっと笑顔を向けると、もう部屋をとび出していった。次のニュース内容の打合せのためだ。

――デレクター、プロデューサー、モニター、それに技術屋さん。いやとにかく始めはまごつ

日に日にのびて行く
マンモステレビ塔東京タワー
（提供・アサヒグラフ）

き通しさ。ニュース映画と違って大世帯だ。いちいち顔も覚えられやしないし、個性とか、個人の能力なんか埋没されてしまう。

大きなメカニズムの網で身動きも出来ないと山辺君は大きく一息ついだ。

——だが、三十五ミリとはちがい、十六ミリのフイルムはテープみたいものさ。とり扱いが簡単だし、第一スピーディにゆく。テレビはなんといったって速報さ。そのニュースの頭にC・Mがつく。これはうかつには出来ない代物だ。ニュース内容をよりきちんと出すことが民放マンの洗脳教育第一課さ。

だが、テレビニュースは、〆切ぎりぎりとなると、非常時体制になる。山辺君がチーフとなって、二人が手伝う。この三人が一組でまたかたっ端から編集作業に入る。八倍のルーペが汗でギトギトする位スピードに輪をかける。

ついこの間の国会の話。

国会の警職法が、地方行政委員会にかかるかどうかのニュースは目を廻した。キャプション（撮影報告書）もない原稿がどんどんもちこまれた。プレビューの時間がない。

まさに腕によりをかけて切りまくった。さて、オン・エアーである。やれやれと思っていると、自民党の秘密会になんと、社会党の浅沼先生が一席ぶっているではないか。一方、待機する社会党の控室には、川島自民党幹事長が裕々と協議している始末。

——編集担当者は、しめて十五名位かな。

カメラマン並みに泊りが毎日二名ずつで、手が廻らぬと、休養で家へ着いたばかりでも呼びもどされるよ。

しかし、まだニュース映画や、記録ものに未練はあるし可能性は信じている。テレビ・ニュースは、まだ若すぎるね。

末野君は、山辺君の言葉をそまま受けとって、今日の探訪を終えた。テレビ・ニュースは、ネット・ワークを武器に、強烈なマスメデアとして伸びようとしている。アンスコ・スーパーのカラー・フイルムは、カラー・ニュースの取材範囲をひろげてゆく。ウォーキールッキーや、ビディオがもっと進んでくると、一体どうなることであろうか。

末野君は、陽の当らない銀座四丁目の裏通りを歩いてゆく。京橋——新橋の路線は、日比谷——築地の数寄屋橋中心の変り方には、追いつけないのではなかろうか。数寄屋橋に夜がよみがえった。新型自動車や、人工衛星までぐるぐると回転しているネオンのきらびやかな光が、宇宙世紀第二年の冬の空に映えていた——。

文化会議から

第六回子どもを守る文化会議は十一月二日三日長野市第一市民会館と城山小学校で開かれた。主催団体の一つである教育映画作家協会から、代表として岩佐氏寿岡本昌雄及び編集部から佐々木守が出席した。

警職法問題、道徳教育問題、勤評問題など、物情騒然たる中で開かれた「子どもを守る文化会議」は、全国から一六〇〇名の母親、教師・学生及び専門家を集め、六つの分科会にわかれて行われた。私は第三分科会「娯楽・児童文化を明るく豊かにするために」の討論に映画専門家として参加したが昨年とくらべて、参加者たちの構えが、マスコミに対して、受け身ではありながら、一歩、前へ踏み出そうとする気配になっていることを感じた。とくに映画の問題に限っていえば、娯楽映画（テレビを含めて）からの悪い影響につい

プロダクション・ニュース

（註、文中の略号は次の通りです。脚＝脚本、演＝演出、撮＝撮影、EK＝イーストマンカラー）

東映教育映画部

○企画中「ボーナスをかせぐ村」二巻、「家族と老人（仮題）」二巻、「原子力のはなし」二巻

○撮影中「漁獲法の発達」（仮題）二巻、脚・撮・構成白石彩「生きもの」のたすけあい一巻、脚—尾田道夫、撮—小林一夫、構成高橋知成、「昆虫のすまい」一巻同上、「おさらいのしかた」一巻、脚柳下貞一、演岩佐氏寿、撮・白石彰、「四国地方」二巻脚・演・石田修、撮・島本義誠「九州地方」二巻脚・演斎藤正之、撮大源寺喜作、

映配株式会社

○準備中「大氷河を行く」EK35㎜十巻

三井芸術プロダクション

○撮影中「パーライト」色彩16㎜二巻、脚・演水木荘也

日映科学映画製作所

○準備中「ケイ肺」脚岡野薫子

○撮影中「ミシン」黒白16㎜三巻、脚加藤松三郎、演谷川義雄撮鈴木武夫、「クレーン」EK35㎜三巻、脚・演諸岡青人、撮後藤淳、野見山務、「ピアノへの招待」EK35㎜二巻、脚岡野薫子、演奥山大六郎、撮後藤淳「あさかぜ」EKシネスコ版二巻、脚諸岡青人、演吉田功、撮川村浩士、「建設譜」EKシネスコ版三巻、脚・演下坂利春、撮佐藤登

新理研映画製作所

○準備中「水鳥」色彩35㎜三巻演二瓶直樹

○撮影中「地下鉄・第二部」白黒三巻、演岸光男、「紀勢線工事記録」色彩三巻、演島内利男「北陸トンネル」色彩五巻、演島内利男、「八戸火力発電所建設記録」色彩二巻、演原本透、「八郎潟干拓」色彩一巻、演青戸隆幸、原本透、「原子力・第三部」色彩五巻、演秋元憲、「躍進する東部製鋼」色彩三巻、演草間達雄、「日新電機式OFコンデンサー」色彩一巻、演出同上、「日新電機への御招待」色彩一巻、演同上、「御母衣ダム

子どもをとりまくこの現状　第六回子どもを守る

て母親たちが、以前ほどには不必要に神経質にならず、いまの子どもは、おとなが心配するほどヤワではない、少々の刺戟はほっといても大丈夫だ、それよりもよい映画よい番組（テレビ・ラジオ）をどうすればたくさん見せることが出来るかを考えた方がよい。そのためには、悪質な番組をつくらせている社会の問題として考えて行くべきだというふうに問題をとらえて行った。内容の問題としては映画・テレビ・ラジオ・読物をつくり、与えているおとなが、子どもを一体どうとらえているか—「おとなの児童観」つまり「けがれなき子ども」「子どもは天使」といった昔の児童観でなく、この荒っぽい現実に生きているナマの子どもとしてのとらえ方が足りないという点に焦点がしぼられた。

全体会議ではある教育評論家の報告が印象に残った。

「ある中学校で校長が廊下を行くと、一つの教室でさわいでいた子どもたちがピタリと静かになった。以前そんなことがなかったので、どうしたのだと受持の先生が聞くと、オレたちが騒ぐと勤評で先生の点数が悪くなる、先生の成績を悪くすると気の毒だというのであった。先生は子どもがそこまで自分のことを考えてくれるかと感動を覚えたがやがて顎然とした。子どもたちがそこまで考えているということは、すなわち先生だけではない子どもたちまで権力に負けてしまっているのではないか！」

映倫から二人の女性が出席していた。映倫は大いにこの種の会に出た方がよいと私は考えるが、映倫がいかに青少年のことを考えているかをしきりに強調するので、児童文学評論家の鳥越信や、北海道大学の学生に大分やりこめられていたが、もっと謙虚に観客が何を考えているかを感じとるべきであったろう。それに較べて—較べるのはおかしいが考齢の善光寺副管長の大僧正が、終始椅子から乗り出すようにしてみんなの言葉を聞き、この人は長野原水協の会長だか副会長だかだが、最後に立って、核武装反対、原水爆絶対禁止を子どもを守ることと結びつけてまさに獅子吼といったような、とても八十歳に近いとは思えないような大声であいさつをのべたことの方が、余程印象的であった。

全体として、教師・親・子どもが互いに理解しあっているかという分科会にいちばん沢山人が集まったのは、それらが緊密に結びつかなければ日本の教育がダメになると、みんなが感じているからだろう。私たちの分科会で提議された警職法、勤評問題等、子どもをダシにして悪法をつくることには反対であるという意見が、大会宣言に盛られたが、現在の政治状況にみんなが憤りを感じていることが、全体の雰囲気からひしひしと感じられた。

（岩佐氏寿）

・第一部、色彩八巻、演赤佐正治、清水進、「機械開墾、第二部」色彩三巻、演斎藤益広、「原子力・第二部」色彩三巻。

記録映画社

○準備中「オートメーション・第二部」ＥＫ三巻、「横河電機の実態」二巻

○編集中「昔の農民」白黒16㎜一・五巻、脚演上野耕三、撮藤洋三、「畑地かんがい」ＥＫ二巻、演上野大悟、撮高尾隆、線画平田繁、「トロの人々」白黒16㎜一・五巻、脚演上野耕三、撮藤洋三、人形山本担

東京シネマ

○準備中「ミクロの世界第二部・結核対策」ＥＫ35㎜二巻、脚吉見泰、大沼鉄郎、撮小林米作「癌」ＥＫ35㎜二巻、脚吉見泰撮小林米作

神奈川ニュース映画

○準備中「都市計画」35㎜脚西村孝昭、演深江正彦、撮高坂広、「農地改良普及員」16㎜、脚西村孝昭、演吉田和雄、撮藤岡進

○撮影中「国保はバスに乗って」16㎜一巻、脚秋田嘉雄、演深江正彦、撮高坂広、「日本の花子さん、（仮題）」ＥＫ35㎜二巻、演岩下正美

読売映画社

○撮影中「オール白電」色彩35㎜一巻、演入江一彰、撮日向清児「府政のあゆみ」黒白35㎜二巻、演笠原弘、撮山上肇、「東パキスタン」色彩35㎜四巻、演入江一彰、撮日向清児、「国立国会図書館」色彩35㎜五巻、「西北ネパール」色彩35㎜十巻撮大森栄、「立教大学・第二部」色彩35㎜三巻、演吉田栄夫、撮樋口幹夫、「ふくおか」色彩35㎜二巻、演田中研、撮練山雄幸、佐々木達春、「増感紙と螢光板」黒16㎜白二巻、演戸塚秋生、撮飯塚一十郎

日本映画新社

○撮影中「愛知用水」ＥＫ35㎜巻数不明、演＝西沢豪、撮稲垣浩邦、「瀬戸内海」白黒35㎜二巻演落合朝彦、撮高木定敏、「日本の庭」ＥＫ35㎜二巻、演下村健二、撮橋本竜雄、「日本の造船」ＥＫワイド巻数不明、演中村敏郎、撮中村誠二、「巨人軍物語」白黒35㎜、演岡田弘、演大峰晴、撮橋本正、「明治神宮」白黒35㎜一巻、演山添哲、撮汐田三代治

現場通信

人形映画 かつぱの嫁とり始末記

杉原せつ

九月廿五日、撮影分のラストカットS#34—C#11おさくなめ吾作、すまんと云った感じで頭を下げてひょうたんを見る。吾作の眼に涙…

これが若し普通の人間の場合であったら役の俳優が適当な芝居をあれこれテストしてみせてくれるので、そう苦労せずとも撮れた事であろう。ところが人形となるとそうはいかない。先ず問題は涙である。始め出せなければ出さずにいこうと云ってたところ、出せるというので、それではと涙のテストに入った。ところがやってみるとこれが大変、眼から出る筈の涙が口からタラタラ流れてくる。「うわー、よだれじゃ」という笑うに笑えぬ始末、続いては鼻水となり、やっと眼から出たと思えばさながら噴水の如く勢よくほとばしる。次は両眼から滂沱とあふれる涙とは相成り、なかなかねらいのじんわりにじんでポトリと落ちるという涙にはならない。それでも四時間余り敢闘の末、やや目的に近いものはやっと撮れたが、これだけではない。人形という特殊の役者は、同じ人形でも普段私達が愛玩物《あいがん》として取扱う時とちがって、なかなか自由に意のままに動いてくれない時が多いものだ。

今度は、百姓の弱味をつけこんだカッパに、機智と勇気でいどんだ娘が勝利するという感激のクライマックス・シーンである。

父は娘に「おさく！」と近より娘は父に「おやじどん！」と近よる、互いに手と手を取合って喜び合う御両人……というところ。

が、しかし、人形の手というものは指をアニメーションででも動かさない限り、そう器用に喜び抱き合うなどというアクションなど出来るものではない。兎に角、棒の様な手と開き放しの指とではどうにも仕様にならない。そこで、熱い抱擁ならば出来るという人形を使う側の意に従い実験をしてみて貰う。そして再びテスト開始—「おさく！」「おやじどん！」と、両人又左右よりinして相寄り抱き合った。瞬間、コッン！と今度は思いもかけぬ奇妙な音の発生だ。これにはスタッフ一同も思わず驚くやら吹き出すやら…、何とそれは御互い木製の顔と顔とのふれ合う故の音だったのだ。まあまあ同時でないのだからということで、これでゆくことになりこの一幕も笑いの中に幕。

こうして次々と予期せぬ事にぶつかりながら撮影が進む中でも、もっとも面倒な事が一つあった。それは例えば、桶を降す、水をあける、という芝居があるとする。桶は前にかついで歩いてくる為に肩に糸で止めつけてあるのだからカメラがまわっている途中ではどうしたって降し切るところ迄はとれない。次に水をあける動作にうつるためには、まずその肩からおろした桶の底に、カメラから見えぬ様にピアノ線をつけておいて、その桶を人形の両手に持たせ水を入れる。そこで、その水をあける人形の動作をつける者と、桶の底のピアノ線を持って桶の水をあけてやる補助役の者と、この二人がついて同時に操作を開始し始めやっと桶から水をあける事が出来るようになる。誠にややこしい。

こうして人形を使った映画の場合、人間なら何でもなく出来る事が、いちいちそのつど人形のカラクリを変えてゆかねばならないという複雑な手数が幾通りも必要だったり、又そのための準備の時間を相当要してしまったり、しかも一つカットの中では異った別のアクションが続けられなかったり、ということ等々で止むを得ず、カットを割ったりとばしたり、演出上ぶつかる困難は大きく限りがなかった訳だ。但し今回の場合はアニメーションを用いず全篇操作と一部僅かにマリオネット使用しただけだから、余計以上の様な困難が多かったのかも知れないが…。

それにしても、若しここに、一つ役の人形でも幾通りもの表情をした頭《かしら》があり、幾通りものカラクリに分けられた体があったとしたらどうだろう（今回は一役人形一個でした—但しカッパは水中用のものとして特に小型もの一個だけ余計別につくりましたが）もっと面白い、もっと能率的な仕事のやり方が或いは出来たのではなかったろうか。そして監督ももっと豊富なイメージに頭を楽しく悩ます事が出来たのではなかったろうか。

又、人形を使う人の立場では、腰を中腰にして使うあの人形の操作のやり方、あれを若し真つすぐ立った姿勢でやったならば、本人達の脚の楽な事は勿論のこと、人形の長い歩きもとちる事なく、もっと巧みに歩かせる事も出来たのではなかっただろうか。人形劇専門の劇場をもつチエコあたりではギニョールは立って操作するのは当り前ということ、成程とうなずかせられる。日本の様に人形劇専門の上演場所を持たない国にとっては、お客に少しでもよく観せるために、操作者自身が身をちぢめ低い位置に脚をつくって人形を操らねばならないという悲劇、結果は芝居にも無理が出て、当然演技上にも幾らかのマイナスは免れないということになるのだろう。だがせめて日本でも今回の様に映画製作で、既製の劇場を使用しないで済む場合位、のびのびと立って仕事の出来るセットの組方をした上で人形を動かしたかったものだ。

とに角、こうして仕事が終ってみてあれやこれやを思い返して見る時に、日本という兎角現在仕事のしにくい中でも、特に人形映画の場合は最低必要の条件と思われるものだけは、おくする事なく整えてからかからぬと、仕事を始めてから全く処置ないものになるものだという事を今回まざまざと痛感しました。

西陣の人々

藤原智子

九月号の会報に報告されていた「西陣病の記録映画製作」というたった二行の記事だけを頼りに、私は明日にも台風二十二号が上陸するという雨の中を、カメラマンと二人きりで京都駅に降りた。

東京を発つ前の知識といえば、「西陣織の仕事場は大変暗くて湿気が多く、それからくる職業病―結核とか、脚気・胃腸障害が非常に多いこと。映画をつくるといっても、まだその調査にのり出したばかりで、まだまだ製作にかかる段階ではない」といった程度のものだった。

それがニュース映画になるかどうかは、現地へ行ってみなければ判らない。なにがしかの費用とフィルムを使うのだから、何とかモノにしたいと思うし、なるかならないか心配しているだけでは何も仕事が出来ないし。

そんな気持で京都に着いたのだがまず「京都記録映画をみる会」を頼って、弥栄会館の事務所を訪れた。

私はそこで小島さんという女の方とお話しているうちに、この会を運営されている方々の若々しいエネルギーはもとより、地味な、恵まれぬ記録映画の、それも「見る会」などという良心的な集いを存続させ、発展させている京都の人々の、記録映画に対する理解の深さを知っておどろいた。弥栄会館という京都の文化センターに立派な事務所があるということだけでも、一寸したショックだったのだが。

それはともかく、私たちは、問題の西陣病ととり組んでいる堀川病院をたずねた。私は西陣の知識も、この病院に関する知識もゼロに等しかった。だが、時間の制約をうけているニュース映画では、すべてを納得してからじっくり撮影にかかるという条件におかれていない。ぶつつけ本番の代名詞通り、それは待ったなしのシャッターチャンスだけでなく、企画も又そういう破目に陥るのだ。

記録映画をみる会の浅井氏から「調査だけにくるのかと思ったらどんどん撮影してゆくので、おどろいた（あきれたという意味あり）」といわれて、私も恥かしかったのだが、何も知らない土地に来て、そこの人々の生活を短尺のフィルムにおさめ、云うべきことを云おうというのだから、勇気がいる。取材に来た意図だけは先に話さねばならないのだが、中味を知らずに、意図があるというのもおかしなものである。とにかく、「西陣の人々の生活は？ 仕事は？ 病気は？」といった質問をし乍ら、一方では手近なところから撮影してゆかねばならないのだからカメラばかりでなく、企画自身がぶっつけ本番である。私は、これをニュース映画の宿命とは思わないが、現状では、こういうことがよくあるのだ。

そんなわけで、撮影の終り近くになって大切な話を聞いたり、終始てんやわんやで気持にゆとりがなく、現象の背後にあるものを視覚化するのに苦心した。結局千呎ばかりのフィルムを使い終ってから私に理解出来た西陣の実態は、カメラにおさめられたものを遥かに越えて、非常に興味深いものだった。

西陣織に、何らかの形で関係している人はおよそ十数万人といわれ、そのすべてが上京区一帯に住んでいる。その中には企業家あり問屋あり、織元あり、織り手ありという状態だが、世間の景気に激しく左右され、昔からきわめて不安定な職業といわれて来た。しかし、或る経済学者が、西陣を評して、カビのような企業だといったと云うが、つぶれそうでなかなかつぶれず、カビのように根づよく生きつづけているのである。

織り手の人達の生活は、たしかに貧しい。百軒長屋と呼ばれる軒の低い屋内の暗い機場で、朝から晩まで機をふみつずけて、一日の工賃は四百円足らず。家の大部分が仕事場にとられているので、家族は狭い一間《ひとま》にひしめき合って寝なければならない。腰から下を地中に沈めて機をふみ、太い千巻で一日中腹をしめつけている為、大部分の人がひどい脚気や胃腸障害に悩まされている。腹や背中の一面に誰もが残しているお灸のあとこそ、ここの人々の長い苦しみを物語るものであった。

私は、はじめ、こうした現象をとらえるだけでニュース映画の立派なネタになるのではないかと予測していた。

ところが、こうした病気や貧乏とり組んでいる堀川病院という立派な病院が、実は、この人達の乏しいお金で作られた病院だったのだ。良心的な織元も、貧しい織手さんも、各地域から選出されて共に病院の理事として名をつらねている。患者さん達はみんな「自分の出した金は、丁度この窓ガラス一枚分だな」と冗談を云い乍ら自分達の病院を愛し、信頼している。

京都という都会の中にあり乍ら僻地のように閉されていた自分たちの生活を、昨日から今日、今日から明日へと少しずつ変革してゆく西陣の人々の姿をまのあたりにみて、私は、全くおどろいてしまった。私は、これはとてもニュース映画だけで手に負える代物でないと思った。今回は織り手の生活だけに焦点をしぼり、その中でせい一杯いえることを云ったので、それなりにまとめることは出来たが、これをじっくりと調査し、もっと視野をひろげてゆけば、その歴史をとらえただけで、未来をつくるもののエネルギーを強く人々に訴える象徴的なものになるのではないかと思う。

観客のページ

岡山映画サークル16ミリ会報告

寺沢　建

一、どんな行事か

「16ミリ会」とは「16ミリ映画鑑賞会」の略称で、岡山映画サークル協議会と岡山日米文化センター共催で毎月一回（第二水曜日）開いている映画会である。

上映するフィルムは文化映画、記録映画、教材、学術映画、社会教育映画、USIS映画、あるいは児童劇映画、PR映画などと広範囲にわたり、主として映画館で上映されないものを中心に鑑賞している。

（映画館で上映されないものという意味は、数多くの文化映画、教育映画がつくられながら、一般のものはほとんど見る機会がなく、こういった映画を見たいと希望する層がかなりあること、また、この種の映画を発展させていくためにも必要だからである）

会の運営は、企画、通知、経費については映サが、会場と映写については日米文化センターが受持っている。対象は、映サ会員および一般市民で入場は無料である。

二、生いたち

昭和三十年六月から映サ会員の鑑賞力を高めるための行事として「映画教室」を設けた。これは、映画音楽（一時間）、講話（三十分）、16ミリ映画（一時間）、批評、座談会（三十分）といった内容のもので、バラエティーに富み〃教室〃としては理想的な企画だったが、実際には、映画だけ見て帰るものが多く、また、それぞれの講座は時間的に十分とはいえず〃教室〃という堅くるしい印象から出席者も平均二〇～四〇名くらいで、大した成果が上らなかった。

このため、「映画教室」は五回行なっただけで中止し、三十一年十一月から映画音楽の会、映画講座16ミリ映画鑑賞会と切りはなして催すことになった。

このとき生れたのが現在行なっている16ミリ会でこれまで映サ会員のみを対象としていたものを、さらに一般市民にも開放し、市民に対する文化活動として再出発することになった。

三、企画について

では、どのように企画し、上映しているかであるが、まずフィルムの組み方は、手当り次第に上映するのでなく、毎月一つのテーマ（たとえば「くらしと科学」とか「日本の芸術」「母親のための社会教育映画」など）を設けて特集し、市民の教養と日常生活を豊かにするという面に重点をおき、娯楽性についてはほとんど考慮に入れていない。

上映方法は、午後六時から始め二～六本にUSIS映画を一本つけ、一時間半から二時間を標準に上映している。上映前には、その映画の解説、見どころなどを説明し、鑑賞後の批評会、座談会は行っていない。また、この会の通知には映サ機関紙「映画の友」と、地方新聞行事欄を利用している。

フィルムの選択は、映サ鑑賞部で行い、「キネ旬」「視聴覚教育」その他を参考にし、原則として優れた作品のみを集め、うち一本は大ものを組むことにしている。

経費であるが、会場、映写技士などは日米文化センターが提供し支出のともなうものはフィルム代だけで、これは毎月五千円の範囲で映サが負担している。

四、四〇回の足あと

16ミリ会は、三十年六月から四〇回行われたが、これをテーマ別に分けてみると、記録もの八回、児童もの（記録、社会教育、児童劇）六回、作家シリーズ（チャップリン、溝口健二など）PR映画、地誌・観光各四回、教育映画祭最高賞、美術、社会教育各三回USIS、動画各二回、歴史、フランス各一回で、観客層は男女ほぼ同数だが、記録ものは男性が、社会教育、児童ものには女性が断然多い。また、毎回続けて出席するものは極く少く、上映する内容によって全然変ってしまうのも面白い現象である。また教育者（幼稚園、小学校）の出席もかなりある。

出席者は平均一五〇～一七〇であるが、観客の興味をそそるもの、たとえば「絵を描くこどもたち」「生きていてよかった」「ロンドン東京五万キロ」「自然科学記録もの」など二百五十名をこえる参加がある。

現在の会場はせまいため、これまで二回上映したこともあったが終了時間が遅くなるのと、一回目に出席者がかたよるため、毎回一回上映している。

最後にこの会の成果であるが、確かに市民の教養の糧となっているに違いないが、残念ながら、まだ正確に摑んでいない。近く出席者のアンケートをとる計画をしているので、次の機会に発表させていただきたい。

編集後記

○今月号は警職法の問題をめぐってささやかながら特集としました。もし警職法が改悪されようものなら、それこそ私たちの作家活動も当然警察権力のきちがいじみた監視のもとにおかれ、さっそく徴兵制、戦争体制の宣伝映画を作らされるようになるでしょう。「暗い谷間の想い出」はそのことをまざまざと示してくれます。今こそ私たちは作家の自覚を深め日本を再び戦争に追いこまぬよう、全力を結集してこの反動法案を阻止ふんさいしましょう。

○今度は創刊以来類例をみないほど原稿のあつまりがよく、かるく予定の量を突破して編集部はうれしい悲鳴をあげました。それに途中から警職法特集をやるべきだということになってそのぶんがわりこんだため、お願いしていただいた原稿でどうしても載せきれず、次号まわしとなったものがだいぶん出てしまいました「PR映画の考え方」の石本統吉氏、「わが愛する日本」の八木仁平氏、「女流作家の発言」の羽田澄子、西本祥子、山口淳子の諸姉、「作品評」の杉山正美、渡辺正巳の両兄、「現場通信」の永富映次郎、八木進、深江正彦の諸氏、それに「観客のページ」に寄せられた読者の方々（土岐沢、小野、浜田、吉川の諸氏）に深くおわび申しあげます。

○雑誌のスタイルをもうすこしスマートにという声も強いので、わりつけやレイアウトに少々工夫してみました。どんなものでしょうか。

（丸山・松本）

KIROKU EIGA
Published Monthly By Baseball Magazine Co., Ltd.

昭和三十三年十二月一日発行（毎月一回一日発行）第一巻第五号　編集人　吉見　泰　発行所　ベースボール・マガジン社　電話東京(29)代表七九〇一番　定価　七十円

第二巻第一号
昭和三十三年八月二日国鉄東局特別扱承認雑誌第三〇九号
昭和三十三年九月五日第三種郵便物認可

教育映画作家協会編集

記録映画

THE DOCUMENTARY FILM

〝五千羽のイワツバメ〟

1月号

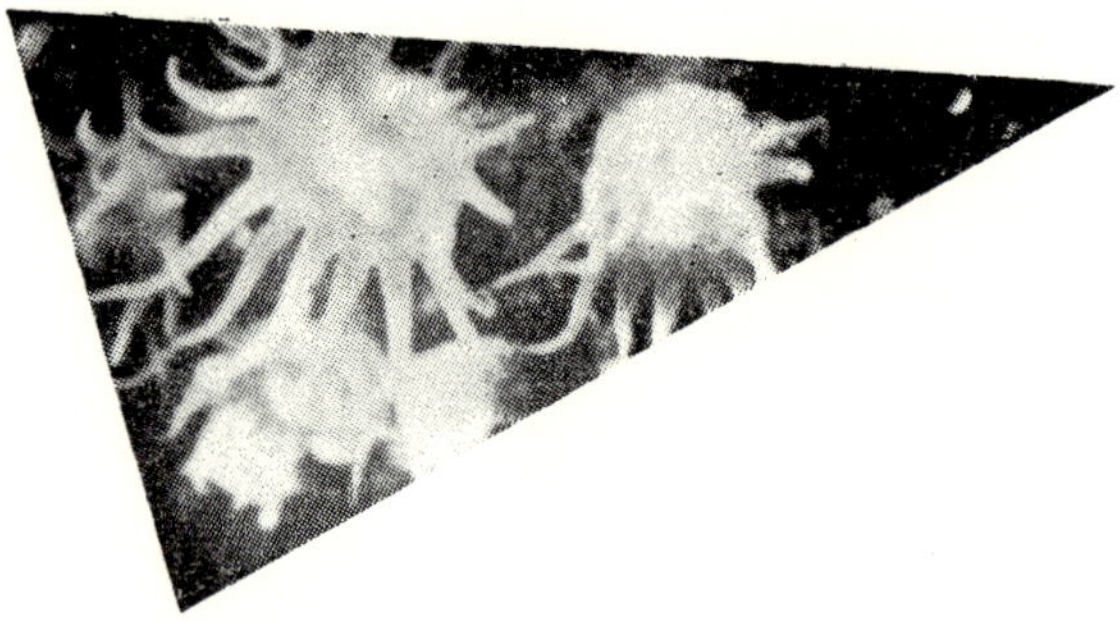

記録映画

1959年 1月号

第2巻 第1号

時評

新しい年を迎えて

明けましておめでとうございます。

私たちの機関誌「記録映画」も発刊第二年に入ります。

マスコミがますます拡大する中で、その中に座を占める作家の責任はますます大きくなります。

同時に今年はまた、教育統制、文化統制、思想統制との闘いもまた一層はげしくなるでしょう。この点での作家の責任もまた重大です。

私たち作家協会々員は今年、ドキュメンタリー映画、社会教育映画、教材映画、科学映画、ＰＲ映画、児童劇映画等、それぞれのジャンルごとのグループ研究を着実に発展させようとしています。

この活動を通じて記録、教育映画の発展と前進を期待するわけですが、それぞれのグループ研究の成果は必ず本誌上に反映するはずです。

それによって作家仲間の一つの前進が約束されるばかりでなく、それぞれの課題に関心を寄せられる先生方、父親、母親、学生諸君、一般の観客諸氏との具体的な結び付きも一層前進するでしょう。

そのような足どりに基礎をおいて、私たちは日本の民主主義文化、ひいては国際的な文化の正しい発展のために、今年も活動を進めたいと思うのです。

表紙の写真

東映教育映画部の新作劇映画「五千羽のイワツバメ」学校帰りにツバメの死を見て心をいためる少女。

もくじ

☆時評　新しい年を迎えて……(3)
フィクションについて……柾木恭介…(4)
☆Ｐ・Ｒ映画の考え方……石本統吉…(6)
☆アクチュアリティの創造的劇化
—ドキュメンタリー方法論ノート(三)　野田真吉…(8)
女流作家の生活と意見
西本祥子・羽田澄子・山口淳子…(16)
☆観客組織の展望と今後……鈴木幹人…(30)
☆白い少女をもとめて
—映画における少年少女像　大島辰雄…(14)
☆記録映画の範囲の拡大
—「松川事件」を撮って……羽仁　進…(12)
我が国ドキュメンタリーフィルムの先覚者 亀井文夫を囲む座談会　亀井文夫　松本俊夫　長野千秋　渡辺正巳(28)
続・ぶっつけ本番(4)　水野　肇　小笠原基生(32)
☆写真頁・新作紹介……(19)
現場通信　伊豆に憶う……八木　進…(34)
ある　反　省……深江正彦…(34)
☆観客の頁・ささやかな疑問…吉川　透…(37)
最近の記録映画雑感…小野善雄…(36)
☆プロダクションニュース
☆ワイドスクリーン
☆編　集　後　記
(38)

フィクションについて

柾木恭介

たえずくりかえされる問題のひとつに、「記録映画にはフィクションが必要か、不必要か」ということがある。いわゆる劇映画を「フィクション・フィルム」とし記録映画を「ノン・フィクション・フィルム」とする通俗的分類法などにみられるように記録映画はフィクションを排除し、ありのままの事実をとらえることで真実に迫るのだというあまりにも素朴な見解は、今日ではもはやその効力を失ったようにみえる。したがって、フィクションは木戸御免になり大手を振って記録映画のなかに入ってくることができるようになったのだが、どうやらその身辺には、保釈ででてきた暴力団のボスのような匂いがたちこめている。ということは、一方では、記録映画・ノン・フィクション組も決して徹底的にうちやぶられたのではなく、ただ、目下のところボスが留置されているので、鳴りをひそめているにすぎず、いつまた勢をもりかえして、記録映画・フィクション組に殴り込みをかけないともわからない。岩崎昶などに言わせればこの両組のなわ張り争いは、「……世界最初の記録映画のときから無限にくりかえされている論争」（『記録映画論』）で「『ひとりの母の記録』でもっと大切なことは、岩佐氏も前記の論文で暗示していることだが、その中の虚構がどう役立ったかである。いいかえれば、『ひとりの母の記録』が――記録であれ劇であれ――今日の日本の農村のほんとうの姿を描き出せたかどうかなのである」と取締りの警官のような口ぶりで実もフタもないことを言うのだからカックンとくるね。

要するに、ノン・フィクション組もフィクション組も、さらに「虚構がどう役立ったか」という点から考える警官派――ドスやピストルじゃあるまいし――も、かんじんのフィクションそのものについてはまるきり無知で、彼ら三者がフィクションという同じ言葉で意味しているのは千差万別であるし、なりゆき次第ではどうにも変るのだから仕末がわるい。それは、演技、演出を意味することからプロットやストーリーにいたり、さらに「芸術はフィクションだ」という堂々たる芸術論にまで及ぶのであるからやりきれない。フィクションについてのこのような混乱は、日本の芸術のなかに根強くはびこっている理論や方法に対する軽視とむすびついている。

方法はフィクションを媒介にしてはじめて具体的なものになる。方法は――それが自然主義的方法であれ、シュールレアリズムの方法であれ――かくかくしかじかのものと一般的理論として表現はできるが、それが具体的・個別的なものになるにはフィクションを媒介にしなければならない。つまりフィクションとけ方法を具体化するものである。したがって、さきにのべたような混乱は、フィクションを方法ときりはなしたところでとりあげることから必然的に生れてくる混乱なのである。このように考えてくると、「記録映画・ノン・フィクション」組は、正確に言えば、記録映画には方法など不要だということを考えている連中で、こうした考えかたの誤りは明らかであるからここではとりあげる必要はないだろう。

　したがって、残りは「記録映画・フィクション組」と「虚構がどう役立ったか」という警官派だが、この二者とも方法とフィクションをきりはなして考えている点では「記録映画・ノン・フィクション組」と変りないが、一応その言い分を聞いてみよう。「記録映画・フィクション組」はつぎのような論法で考える。「芸術はフィクションである。記録映画も芸術である。故に記録映画にフィクションは必要である」この三段論法のトリックは「芸術」である。最後の「警官派」は「現実のほんとうの姿を描くのにフィクションはどう役立ったか」と調査する。この場合のトリックは「現実」である。いずれも「芸術」とか「現実」のなかに方法とフィクションをぶちこんでしまうのだから天下泰平だ。ここからでてくるのは「いいものはいい、悪いものは悪い」とか「ほんもの、にせもの」というような毒にも薬にもならない骨とう屋的思考だけだ。

　私は以上のような三つの「記録映画論」をすべて否定しなければならないと考える。方法を抜きにしたところで「フィクションは必要かどうか」というような問題発想自体が、古めかしい「劇映画」からそぎこまれた思想、つまり、そちら（記録映画）の主権を認めてやるからこちら（劇映画）の主権を認めろといういわゆる「二大政党論」で、その意図するところは見えすいている。とすればさしずめ「セミ・ドキュメンタリー」は自民党の反主流派であり「芸術的記録映画」は社会党右派とでもいうところであろう。

∴

　新しいドキュメンタリーにおいては、フィクションは方法を具体的なものに転化するとともに、対象的存在の意味をはくだつしてものに、さらにそのものを物質と運動とに解体することによって、対象的存在を再構成する。つまり、方法はフィクションを媒介することで、対象的存在を解体し再構成する現実的な力として作用する。いいかえるなら、新しいドキュメンタリーの方法は、その内容と形式を、物質と運動とに基盤をおくまで徹底的に対象的存在を解体することを可能にする。いうまでもなく運動とは物質の存在形式であるのであるから。

　これまでの芸術が、それぞれの閉鎖的ジャンルのなかに閉じこもっていたのは、運動を解析する方法いいかえれば形式を解析する方法をもたなかったからと言えよう。高速度あるいは微速度撮影をもちだすまでもなく、映画の発明は私たちに運動の解析をはじめて可能にした。したがって、映画が綜合芸術といわれる意味は、芸術の諸ジャンルをみずからのなかに含むからではなくそれらのジャンルの破壊をその本来の機能としてもっているからである。新しいドキュメンタリーはこうした映画の本質を無識的に方法としてとりだすことによって成立する。

　形式にたいしてスタティックな考え――つまりこれこそ形式主義なのだが――は、必然的に内容の過大評価に向わざるをえなくなる。常識的な考えにあきらかにみられるように、形式とは運動ではなくて、なにか容器のようなもののイメージにむすびついている。したがって、たとえば、シネマスコープのような大型スクリーンを、一方ではマルセル・マルタンのように「……シネマスコープが一つの退歩に他ならないと私が主張する理由はここにある。というのはシネマスコープは映画劇の広さを唯大きくして演出することにすぎず、これはこれなりに一つの長所――スペクタクルの長所であって美学上のそれでない――即ち、《大きく拡がっている》という長所をもっている。つまりポケット芝居ではなくて一寸した堂々たるものだ。だがそれが必然的に芸術上の進歩といえるであろうか？」（『映画言語』）という考えになるし、他方ではスクリーンの大型化はモンタージュ論を古めかしいものにしてしまうという考えにもなる。

　スクリーンの大型化は、マルタンが多分に軽蔑的意味を含ませて言う「スペクタクル上の長所」たとえばシネ・ミュージカルを可能にしたことを手がかりにして新しいドキュメンタリーにいたることができたことによっても評価されるべきだ。ただ容器が大きく広くなったという考えはやはり形式についての間違った考えに由来する。まして、モンタージュ論が古くなったなどというのは見当ちがいで、はからずも、彼らはこれまでもモンタージュをただ技術としてしか考えていなかったことの馬脚をあらわしたというべきであろう。

　したがって京極高英が『記録映画の方法』（『記録映画』九月号）で「かつてモンタージュ理論が、ロシア革命下に生れたことも、あの当時の社会を描く当然の要求から生れそれが一番近い表現技術としてあったことと同じことではないだろうか。」と言うとき、私はモンタージュ理論は「ロシア革命下に生れた」のではなくて完成されたのだと思うが、そうした歴史的なことは、どんな映画史をみても書いてあることだからことさらここでとりあげることもないだろうが、ただ記録映画の実作者であるものが、モンタージュ理論を「表現技術」と書いていることは、不注意としても、すこし間が抜けていると思うがどうだろう。別にかんぐるわけではないが、モンタージュ理論を「表現技術」と考える背後には、「人間」を「典型」を描くという固定観念がひそんでいる。つまり、モンタージュ理論は「人間」「典型」を描くための「表現技術」というわけだ。なにもこれは京極高英にかぎったことではない。一九二八年には『映画監督と映画の材料』を書いたプドフキン自身も一九三五年には自己批判書『映画俳優論』を書いているのだし、手近なところでは本誌十月号で『戦後の記録映画運動』をめぐって』を書いている高嶋一男も「この不断におそう自己疎外と主体喪失を危機として認識し、自覚するところから、人間回復を志向して新しきリアリズム――創作方法の探求に至るか、あるいは……」と言っているように、ここでも「人間回復」だ。プドフキンにつづけ！　というわけか。

PR映画の考え方

石本　統吉

1　PRということ

今は民主社会。すべては納得ずくでなければ収まらぬ。政治もそうなら、商売も同じ。弱肉強食、一方的な命令で、なんでも片付いた世の中なぞはウソのよう。

プロパガンダ、つまり、一方的な宣伝で相手をだまし、ノッケるようなやり方は、実は前時代的、非民主的なのである。

従って、政府もその施策については、真実を吐露し、実態を明らかにして世の諒解を求める。商売の方も、排他的、一方的宣伝では買手がわかない。

そこで、この、オノレを知ってもらう、納得をさせるというやり方の一つにPRという考え方によるものが、今度の大戦直前頃から世界的に行われるようになったし、日本でも戦後は活潑なのである。

PRというのはパブリック・リレーションズの略。直訳すれば対公共関係。公共と利害を一致させるという意味を含んでいる。いわば、一つの事業なり、商品なりの対社会関係を明らかにする、つまり、社会でのオノレを知ってもらうことだ。事業なり、商品なりは、いずれも、考えて見るまでもなく、社会的な存在。自分ひとりで成立つものでない。従って、民主社会にあっては、その事業なり商品なりの社会的価値、役割をよく納得し、解ってもらえるのでなければ、世の支持や協力の得られよう筈がない。

そのためには、ひとりよがりの評価でなく、客観的、社会的なその事業なり、商品なりの真価、実態を明らかにしなければならない。

または、ただ、単に、対外的に働きかけるばかりでなく、対内的に己れの事業体内部に向っても行われるものでなければ、一貫し、充実した効果は期待出来ない。

すべては納得ずくの民主社会だからだ。

2　PR映画

PR映画も、その発表方法の一つ。

映画の形をとることが、最もその効果をあげる、つまり、納得させるによいと思われる場合に用いられるのだが、PR活動にも、その目的、性質、対象の範囲その他によって各種があり、映画の方もそれに応じて各様があることはいうまでもない。

世界が民主化しきれず、中東問題や台湾海峡事件が起ったりするのと同様、PR映画の世界でも、全部がPRとしての理想的な形をとり得るところまではいっていない。従って前時代的な広告、宣伝といった形も存在することは、日本の現社会が民主化されきっていないのと同じである。

3　弘報映画

PR映画の中でも、最も純粋な、つまり、いささかも利己的な臭いを持たず、社会の一歯本である自己を充分理解してもらおうとする映画がある。主として、官庁、公共団体といった営利を目的としない公共的な事業体の発表するもの。弘報映画とも呼べる作品である。

例えば、電源開発の「**佐久間ダム建設記録**」から林野庁の「**野鳥の生態**」文部省の「**法隆寺**」東京都水道局の「**上水道**」といったたぐい。これ等の映画によって、写された仕事や物が世間に理解され、発表主が世の支持や協力を広く得ることが出来、仕事がしやすくなる。こうしてトクをしたところで、その利益は私利とならず、公益となって還元する性質を持っているから、入場料を払って入る映画館に上映されてもお客はオコらない。映画の表現技術さえ優れたものなら、充分な興行価値を持つからである。

また、最近は、小型映画の普及発達から地方自治体などで対内的弘報用PR映画を自作するものが増えて来た。県政ニュースといった形や、結婚簡素化、土地開拓等を主題とした優れた作品が多数生れている。

4　産業映画

同じPR映画といっても、産業団体の作るものは、何といっても、その基底が営利企業体だから、官公の弘報映画とは建前が違う。実態といっても、マイナス面にはふれず、専ら利点を明らかにする。

ただ、私企業であっても、その連合体が協力、一産業部門全般のPRを行う時は、弘報映画に著しく接近、殆んど利己臭の見られないものにまで昇華するのが通例。例えば鉄鋼連盟の「**鉄**」、石油連盟の「**私たちの石油**」などがそれにあたる。

また、一私企業であっても、右の程度にまで洗練された映画を作る代表はシェル石油であろう。飛行機の飛ぶ原理、航空機発達史、農作物の害虫防除、さてはオーストラリア沙漠地帯を横断連絡する一トラックの記録といった映画を発表する。勿論、映画技術的にも優れたものばかり。始めと終りの字幕に例のシエル石油の貝殻が出るがシエルのシの字も云わない。まるっきり、観衆に向ってギヴ・アンド・ギヴで奉仕するように見えるからどこでも喜ばれる。よく考えてみると、飛行機も防虫剤もトラッ

クも石油製品で働いている。石油の社会的役割を底の方からジワジワとPRしておいてその上に、提供者シエル石油を悟らせる。少しも私益臭が見えないから、抵抗なしに観衆の心底にまで入り込む。発表主に対して信頼や尊敬の念が起る。風吹けば桶屋が儲かるの口だが、まことにユウユウとして上乗なやり方。

発表主が広大であるか、見せる対象が広大であるか、いずれの場合でも、小さな利己的宣伝なぞは吹き飛んでしまうものらしい。

5 PRと記録映画

また、有名なフラハティの「**北極のナヌック**」「**ルイジアナ物語**」等、記録映画不朽の名作は、いずれも、毛皮会社、石油会社のPRであるが、私益臭のないところに広大な一般の支持を得たもの。

PR映画は、一般に、記録映画の形をとることが多い。これはPRの本質上、時間的空間的に実写を通じて、オノレの実態を社会に発表するといった必要から当然生れて来たもの。フィクションでは客観性がうすれがちである。

記録映画製作者は、現実の世界を客観的、科学的に分析し、これを実写映画によって再編成することを心がける。自分が納得出来ぬ客観性のない世界観を押し付けられて、ただ、それを映画化する技術だけを提供しようなぞとはユメ思っていないものである。

客観的な現実の把握とその再編という点でPRと記録映画の精神は極めて共通したものを持っているから、歪んだ主観の混入することの少ない前述のようなPR映画を作る場合製作者は張切って仕事をする。

しかし、一私企業のPR映画となると、なかなか理想的なPRの形ばかりをとるわけにゆかない。目先の即効を期待して、オノレの仕事や製品を誇示し、他を排するに急といった一方的な広告宣伝の段階にある映画を作りがちなのである。

官公の弘報映画でさえ、以前は圧倒的にこの種の、非民主的、悪質の企画が多く、

サッポロ物語

製作者は全くの御用作者になり下がっていた。

宣伝広告の段階にある映画であっても、その内容が納得出来るものであり、発表して世間を益しその支持を得られるもの、つまり依然として、本質的なPR精神を保持しているものであれば、製作者は発表主の主張をより効果的に表現、社会に奉仕したくなるのは当然。製作者が矛盾、反撥、抵抗等を感じながら作るようでは観衆の支持を受けられる道理がない。

6 多岐な表現

およそ映画の中で、PR映画の対象とする観衆の範囲や質は最も多様である。例えば、一般興行映画館向けに作るものは娯楽価値—興行価値を多くする。また、反対に特殊な専門の観衆に限定される場合、発表主がその高度な特殊技術や製品によって、その存在をPRしようとする時などは、一般性を顧慮しないで製作する。前者の例では日本麦酒の「**サッポロ物語**」、後者の例には武田薬品の「**ビタミンB_1の進歩**」などがある。

又、対内PR映画としては、産業映画といえないが、郵政省の「**郵便標準作業**」シリーズや国鉄の作業員教育訓練用映画があり、大会社、銀行などでも同様な映画を多数作っている。

7 教育映画

■PR映画は、官公、産業いずれを問わず、その事業、技術、製品等を客観的に社会に公表するものであるから、学校、社会教育に充分利用され得る本質を持っている。

敗戦により映画法が撤廃され、映画館の性格が一変したため、その教育短篇(文化)映画の上映は至難となった。PR映画も、また、学校、社会教育映画の非劇場(非興行)上映網を通ずる以外に発表場所を失ったに近い。従って、PR映画は教育映画にも転用され得る形で製作されるようになっていった。

戦後、世界文化国家いずれにあっても、その保護育成を行っている中に、ただ一つ日本だけが例外、なんらの国家的援助のない教育映画を危く絶滅の危機から救い上げ、今日のさかんな姿にまで保持してくれたものは、官公、産業界のPR映画であったのだ。

現在、教育映画の受入れ利用組織も、漸くその形を整えて来て、教育計画、教育技術に即した本格的な教育映画の自主的製作も可能な時期に入って来たが、依然としてPR映画の教育映画としての上映は盛んである。

8 新生面

一方、カラー、ワイド等の映画技術によって装いを新らたにしたPR映画は、興行価値を生んで、再び、映画館に復帰、または、テレビに進出する等、新生面を開拓しつつある。

民主的な「自己紹介」の方法としてのPR映画が行われる限り、PR映画は多様なその製作を続けることであろう。

アクチュアリティの創造的劇化■

ドキュメンタリー方法論についてのノート（その三）■

■野田真吉

(6) 日常性のヴェールの下のドラマ

前章で、内部世界と外部世界との断絶を現実意識としてもった主体を軸とした、主体と客体との『往復運動』のなかに日常性のヴェールをはぎとった意味をうしなった裸形の「物」としてのドラマ――今日的なドラマ――をとらえるシネマツルギーは、いままでの調和的な自然観、人間観、世界観の上にたったシネマツルギーとは異質のものであるといいました。それはこれまでのべた主体と方法との関係にほかなりません。

そこで、人間と「物」との関係を歴史的にみるなかで、古典的な人間像を基底とした従来のドラマツルギーやシネマツルギーとのちがいを考えてみたいと思います。

歴史的な人間と「物」との関係は人間が物に（自然に）はたらきかけ、「物」を自分のものとして変革し、その物は人間を変革し、変革された人間はさらに、物にはたらきかけて、物をさらに自分のものにし変革していくといった対立と調和をもった統一体としてとらえられてきました。こうした人間と「物」との統一関係を、いいかえれば内部世界と外部世界との葛藤と統一の展開、発展の秩序を、ドラマとしてとらえました。だから、そこでのドラマツルギーは（シネマツルギーは）その調和と秩序の関係に、また、自然と人間の摂理に照応した、それを模倣することによって、つまり、『作者の勝手にならない』『始りと終りとを持っている』（ロージエ・ヴァイヤン『悲劇について』渡辺淳訳）完結する秩序を手がかりとして組立てられています。

ロージエ・ヴァイヤンは『悲劇の固有の必然性はうまく物語られたある事件の必然性である。冒頭の状況と葛藤の結ばれ方が与えられると、結末はさまざまではありえない。もし結末がさまざまでありうるとすれば、そのスペクタルは説得力のないものになってしまう。いいかえれば、観客は、作者の手と恣意を感じてしまう。それは、現実に固有な必然性であり、そこには運命の形而上学が入り込む余地はない。』（前同『悲劇について』）といっています。こうしたヴァイヤンにみられるような内部世界と外部世界との調和の秩序に秩序づけられたドラマツルギーは調和の秩序にしたがった事件の、あるいは状況の推移に重心がおかれています。

岸田国士はかつて『劇的と名づくべき魅力の一切は、時間と空間の『約束』に支配されるところから生れている。』といいましたが、同じことを角度をかえていったにすぎません。野田高梧や新藤兼人のシナリオ論もH・ローソンのシナリオ創作論も以上のようなドラマツルギーを映画という表現媒体のなかにおきかえているにすぎません。要は人間と自然、人間と人間、人間と社会の葛藤をクライマックスによって統一し解決していくという首尾一貫した秩序ある現実意識に即応した秩序ある方法で表現しものがたることです。だから、それは感情移入による同化作用によって、うけとる者（享受者）への伝達を解決するものとして組織だてられています。

このような一つの秩序によって、とらえられ、感情移入と同化作用をそのささえとした対象の描写、展開、解決の方法の特質をひろい意味で「物語性」ということができましょう。

この「物語性」は内部世界と外部世界との調和ある秩序を現実意識とする文学、劇、映画、ラジオ、テレビなどの芸術形式における特質であると思います。ですから、それは自然主義的方法の根幹であるといえると思います。ヴァイヤンのように小説を『状態の変化』にその特質をみようとも、映画を『変身の描写』に特質をとらえようとも、内部世界と外部世界を統一的調和的にとらえる視点では「物語性」によりかかる外はありません。

ところで、僕たちは戦後文学においても映画においてもその、「物語性」がつきくずされていっているのをしっています。音楽では無調性の音楽、ミュージックコンクレートの音楽、美術では、アブストラクト絵画といった面で、同じような動向がみられます。

映画についていいますなら、そうした調和的な世界の上にくみたてられた物語性ははげしい現実のうごき――調和的世界の崩壊の前に、無力さを露呈しました。そして、

その無力さを糊塗するために、アクチュアルな現実の諸相を加味するか、アクチュアルな現実に取材をもとめました。後者はイタリヤのネオリアリズモ派の映画にもっともみられたものでした。つまり、記録性をもたすことによって物語性をささえようとしたセミ・ドキュメンタリー映画といわれる種類の映画が続出しました。一方、現実をアクチュアルにとらえるという意味で、物語性のうらがえしである素朴な外部世界によりかかった記録映画がとくに長篇紀行映画の型で、ぞくぞくと出現しました。文学でも同じです。ルポルタージュ、ノン・フイクション小説、などがあらわれました。

こうした現象についての一側面として、この小説のはじめに『事実にたいするフエテイシスム』としてふれましたが、ここでは前にかえり人間と「物」との関係においてすこしみていくことにします

二十世紀の歴史状況の概観は資本主義が帝国主義段階にはいり、さらに社会主義への移行という過程のなかで、とくに後半にいたって科学技術の進歩とともに人間が「物」を（自然を）所有する深さと広さは急劇に増大し、生産はますます膨張し、発展してきました。しかも資本主義社会においては社会主義諸国の生産力の強化に、力関係のバランスが平衡をうしない、また内部の労働者階級をはじめとする被支配階級の力の増大、植民地従属諸国の民族独立運動の前進などによって矛盾は深かまりました。そこで最大利潤追求を目的とする少数の独占資本が強力に生産を支配し、また、巨大なマスコミニュケーションの機構をにぎることによって、人間は物質化（物神化）し「物」に逆にひきまわされるにいたりました。人間疎外ははげしくなっていきました。こうした今日の状況の下では、かつてのような人間と物との関係を調和感にささえた意識構造ではつぎつぎとおこる現実事象をただしく完全にとらえることができず、はみだしてくるのは必然です。逆にいえばそうした意識構造は状況の前にくずれさっています。それは戦中、とくに戦後において僕たちはいやというほど、みせつけられ体験してきたことであります。そうした意識構造は外部から内部からつきくずされています。

物語性のゆきづまり、物語性と記録性のだきあわせ、また、記録ものの進出といったような戦後の現象もまた、そうした意識構造の温存からくる主体的方法的な破綻でしかありません。そこで人間と「物」との関係を今日の状況のなかでただしくとらえた現実意識の上にたった主体と方法がみちびきだされなければなりません。

つまり、今日のドラマは内部世界と外部世界の断絶という現実意識のもとにうまれ、主体的に、対象にかかわっていき（往復運動）対象を「物」としてその（空間性と時間性を統一する）運動において、とらえ、「意味」をはぎとり、その裸形の「物」に、新しい意味を発見するその過程――そのものといえます。それは、また、主体が客体のなかに自己をみ、自己をみた客体を、主体のなかにとらえるといった、断絶した内部と外部の世界のあらたな疎通のための葛藤であり、格闘であり、くずれさった人間と物との関係のまったくあらたな関係の樹立のドラマであるといえます。

こうした日常性のヴエールの下のドラマは現在も過去も場所も意識されるものも、意識下のもろもろのものも、すべてが「物」としてその運動においてとらえられたドラマの構造的な因子であり、そのおのおのの運動がたがいにかかわりあうところにドラマがうまれ、ドラマは重層的に、また包括的に構成されます。

だから、そうした今日的なドラマは、時間や空間の制約をもちませんし、いわゆる因果関係にしめあげられた調和的なドラマツルギー（シネマツルギー）や描写的、報告的な物語による展開と帰結を必要としません。いや必要としないというより、それらを否定するものです。今日的な現実意識にたった主体は当然、その古典的な人間像の上にささえられていた方法やドラマツルギーやシネマツルギーを否定し今日的なドラマをとらえる方法が対応しなければなりません。その方法はドキュメンタリー方法とよんできたところのものにほかならないと僕は考えます。

映画におけるモンタージュが、ドキュメンタリー方法のなかにくみいれられるのも、そのモンタージュのもつ機能のなかにある時間や空間の制約からの解放や物語性や因果律の否定の可能性をもっていることにおいてであります。しかも、モンタージュは対象を運動として、構造的に全一的にとらえていき、アトラクテイブなイマージュを組織するものであるからです。このことは、すでにふれたエイゼンステインによって着眼され、指摘されたところのものです。エイゼンステインによって先見されたモンタージュの機能の可能性をドキュメンタリー方法のなかに積極的にくみいれ、発展さすということはまさに、今日的な作家主体の方法に照応するものだと思うからです。

モンタージュをたんにショットとショット、シーンとシーン、をつなぐ描写展開の手法としてでなく、モンタージュは一つのショット――フレイミングのなかに、ショットとショットの間のなかに、シーンとシーンとの間のなかに、さらにシーケンスとシーケンスとの間のなかに、そして全体の作品の構成のなかに有機的な構造として統一されてはじめて、その機能のもつ可能性がいかされてくると僕は思います。

松本俊夫が『映画批評』（十一月号）で同じ問題を映画固有の内容と形式という側面から追求し、映画固有のイマージュの解明によって、とらえています。彼は『映画に固有のイマージュは何によって形成されるか。それは映画形式の基本的な構成因子である、フレイミング、モンタージュ、コンストラクションの三つのエレメントの中に最も普遍的にみとめられる。』『映画的イマージュの世界は、フレイミングが対象の直接的所与性を否定し、モンタージュがユークリッド的な運動構造を否定し、コンストラクションが常識的な因果律と物語性を

否定する所から始まる。即ち、対象的外部世界への素朴な信仰を拒絶し、日常的対象性に調和した観念や感性のステレオタイプを破壊する事によつてのみ、積極的なイマージュは解放されるのである。』とのべています。彼は方法の問題を映画の個有の問題にすすめ、形式的、美学的な側面からとらえていますが、僕は主体の内部と方法の構造の照応のなかに、モンタージュをとらえ、モンタージュの内在的な可能性を積極的におしひろげ、映画における方法の全構造の主軸としてくみいれることで同じ問題をとらえました。だから、彼のいうフレイミング、モンタージュ、コンストラクションの三つのエレメントという考え方を内側からとらえているわけです。以上おおまかにドキュメンタリー方法についてふれてきましたが、問題はこれからの実作のなかに映画固有の細部の理論的追求を平行的にすすめることで、しだいに方法の内容をゆたかにし、残された諸問題を解決していくことだと思います。

⑺ 芸術大衆化と運動などなどの問題

　三回にわたって僕の考えているドキュメンタリー方法の大略をのべましたが、僕の追求不足で不充分な点がたくさんあると思います。また、いいたりない点も、今後に深められねばならない未整理な点も、たくさん残っています。でも、一応、今回で稿を完了するために、重要だと思われるいくつかの点に最後に問題提出としてふれておきたいと思います。

　映画芸術はいままで、もっとも大衆的な芸術として、また、映画はマスコミニュケイションの大きい媒体としてたかく評価されてきました。たしかに、映画は大衆芸術としてもてはやされました。いわゆる総合芸術の名で、小説的世界や演劇的世界を、あるいは浪花節的世界を、講談的世界を、映画に飜訳することによって、あるいは高級化したり、逆に俗化したりしました。そうすることで、芸術映画であったり、大衆娯楽映画であったりしました。

　佐藤忠男は『日本の映画』のなかで、こうした総合芸術としての映画を『私は芸術性、娯楽性、宗教性、教育性、政治性などが一体で未分化であった原始芸術の性質のより高い段階での再現を思うのです。映画は総合芸術であると言われています。この言葉はこれまでの文学、演劇、音楽美術などのこれまでの芸術形式の総合である、として形式的美学的な面だけでは判断しきれないもっと巨大な文化的な働きになっています。総合芸術という言葉の、この総合という意味も新しく考え直さなければならない時期になっています。私はこれを、これまでの特権的な知的な芸術と民衆芸能との弁証法的な総合であると解釈します』といっています。僕も彼の提言に基本的に同感なのですが、『特権的な知的な芸術と民衆芸能との弁証法的総合』をする前に、もう一度、いままで総合芸術といわれた映画芸術が、映画という表現媒介にどのように総合されているのか、そして、まず映画というもの固有の内容と形式は何かということをあきらかにしなければならないと思います。つまり、芸術における表現媒介としての映画の固有の内容と形式をつきつめること、『特権的、知的な芸術と民衆芸術との弁証法的総合』とは一つのものの表裏であると思うのです。

　ところで、いままで映画芸術を総合芸術といっていますがその総合はどんな意味をもって総合といわれているか、どんな意味で総合をとらえなければならないかということです。それは雑居的な総合なのか、また、諸芸術形式に従属した亜流的な総合なのか、つまり、映画を媒体とした諸芸術の総合的飜訳なのかということです。映画固有の内容と形式とは総合的な内容と形式であるのだろうかということでもあります。僕の考えでは、すくなくともいままでの映画芸術を総合芸術とみなす考え方のなかには、言語芸術のもっていた内容と形式を主軸とした形式的美学的な考え方に従属して、映画という媒体に、うつしかえられたものか、つぎ木されたものだと思います。それは前々章でシネマツルギーについてふれましたところのものです。こうした現象は現在、テレビにもみられます。いわゆる総合芸術としての映画の延長としてテレビをその飜訳的媒体とみなす考えです。進歩しつづける科学技術をともなう映画やテレビのような場合はとくにおのおのの表現媒介によるおのおのの固有の内容と形式を把握した上に「方法」をもたないと、つねにその媒体としての進歩に受動的にひきまわされることであります。それはそれらのもつ可能性を閉ざし、い縮させてしまいます。そういう意味で、映画固有の内容と形式を追求し、さらに映画のもつ限界と可能性をあきらかにすべきでないでしょうか。表現媒体としての映画と、芸術の表現媒介として対象化された映画をはっきりすべきだと思います。

　僕は、その点、いままでの映画美学の基本的な考え方が言語芸術の美学を映画美術にもちこんでいるか、また、その延長発展の上においていると思います。言語の代用物としての映画言語説、カメラ万年筆説、キャメラ・アイ説などはその代表的なものであります。言語をもつということは人間を動物と区別する大切な点であるのはいうにおよびません。言語は人間が環境とのつながりをより正確に分析し、総合します。さらに抽象化と普遍化することによって、環境をも変革していくことができます。パヴロフの条件反射理論にいう、「言語条件反射」にあたると思います。柾木恭介が『記録とフイクション』で要約してくれているパヴロフの理論によれば、本能や性向などの無条件反射、（たとえば食物をだすと唾液がでるといったような大脳皮質下部のはたらき）そして、つぎに、ひとつの無条件反射をよびおこす刺激と別のそれ自身

では無条件反射をおこさない刺激をくりかえし、くりかえしおこなっていると両者がむすびついてきます。（たとえばベルをならすと食物をあたえるということをつづけていると、ベルの音で唾液がでるようになる。つまり大脳皮質部でつくられるはたきである第一次条件反射。）そうした無数の刺激を感覚器官をとおして分析し、総合し、「信号の体系」をつくります。その信号体系によって動物は環境と一定のつながりをもって生存をいとなみます。これを第一信号系といっています。ところが、人間は無数の第一信号系をさらに抽象化し、普遍化する「信号の信号」の体系をもっています。それは言語であり、言語のはたらきです。それを第二信号系（言語条件反射）といっています。人間は言語条件反射をもつことによって、無条件反射と第一次条件反射を統制し、環境とのつながりをより正確にし、適応していき、さらに変革をもしていくことができるとのべています。さきにいった僕の言語活動の意味もその言語条件反射にあたると思います。

ところで、あらゆる芸術創作の過程においても、（逆にその享受においても）そうした言語活動（言語条件反射）の参加においてなされているのは自明のことです。

言語芸術の場合は、僕の考えでは言語はそうした言語本来の活動としての役割と表現媒介として対象化された言語との二重の役割をもち、相互に関係しながら、まったくちがった働きをすると思うのです。言語芸術における表現媒介として対象化された言語は、言語芸術固有のかかわり方をもって、「言語的心像」として定着することによって、言語本来の意味をはなれ、一個の独立した物質――いわゆる作品となります。（それゆえに、享受者は作品を対象として逆過程によって内容をうけとめます。）映画芸術においても音楽や美術におけると同じに言語本来の言語活動をともなうことは同様です。そして、表現媒介として対象化した映画によって、映画固有のかかわり方をもって対象を「視聴覚的映像」として定着します。言語芸術における表現媒介としての言語と映画芸術における表現媒介としての映画とはその固有のかかわり方をもったものであり、前者は後者の代用でありえません、おのおの固有の内容と形式を活かすことで、表現媒体としての可能性を現実性に転化しうるのであります。言語本来の言語活動と表現媒介とを直結（または代用）翻訳する考えは主体意識と方法意識の欠如であり、自然主義的な方法のほとんどがそれなのであります。

そこで、いままでの映画美学の再検討とあたらしい映画美学の確立はこれまでのべてきた主体と方法の確立の問題ときりはなせない課題を提出していると思います。すなわち、映画固有の内容と形式をあきらかにすることがまずなければ、そしてその基礎にたった方法の確立がなければ「特権的な知的な芸術」と「民衆芸能」を否定的媒介として止揚した映画芸術もなりたたないことであります。と同様に民衆芸術というものもその外的形態においてとらえるのでなく、その内面において民衆芸術をささえてきた大衆のエネルギーを摘出することをしなければならないと思います。そのエネルギーは民衆芸能のなかに意識化されたものでなく、むしろ意識下のものとして、肉体化されたところにさぐりだされると思います。意識下となっているエネルギーの意識化、論理化によって、エネルギーの民族固有のかかわり方という民族性というものも、民衆芸能の形式の本質をもみいだされると思います。そうしてさぐりだされた大衆のエネルギーの固有のかかわり方をその形式の本質を否定的媒介とすることによって、映画固有の内容と形式の上にたてられた方法にくみいれられてこそ、『特権的な知的な芸術と民衆芸能』を否定的媒介としたあたらしい真の映画芸術――進歩してやまぬ映画技術のもつ可能性を極限にまで活しうる前衛的な、大衆的な芸術がうまれると思うのです。

※

つぎに、あたらしい方法の提唱は人間疎外にたいするあたらしい人間主体の回復、人間と物とのあたらしい関係の樹立を念願する主体意識に根ざしています。だから、当然、あたらしい方法による実作の積みかさねと上映活動と観客組織を、運動としておこしていき、相互にかかわりあうなかで発展さすべきであります。とくに一言つけくわえておきます。

※

では、おわりに、『アクチュアリテイの創造的劇化』という表題をなぜつけたかをということにかえることにしましょう。『アクチュアリテイの創造的劇化』はローサ流の「アクチュアリテイの創造的劇化」を否定的媒介としたドキュメンタリー方法において、あたらしい意味をもち、今日的な芸術方法の指向となるであろうということをいいたかったので、このような表題をつけた訳でした。その内容はいままでのべてきたところのものであります。それで『アクチュアリテイの創造的劇化』をさらにアクチュアルにするために、ドキュメンタリー方法を実作と理論の平行によってふかめていこうということをくりかえしてこのノートをとじたいと思います。

《**後記** なお、イマージュについて、政治と芸術との問題、などにふれたかったのですが、所定の紙数もつきましたので、他日の機会にいましま す。この小論の不充分さをすこしおぎなうために『ヴェールの下の劇』（『映画批評』・十一月号）と『映画批評』誌五九年一月号にのせる予定の小論を参照していただけば幸いです。そして御批判と御教示をうけたまわりたいと思います。

（五八年十一月三十日）》

訂正
十二月号十七頁写真説明「つぐみ」（スイス）とあるのはカナダ、二十五頁四段二十七行目の終りに「映」とあるのは「絵」のあやまりで「絵画」となります。おわびします。

記録映画の範圍の擴大

「松川事件・フィルムによる証言」を撮って

羽仁　進

今度「松川事件――フィルムによる証言」という映画の手伝いをしたわけだが、この映画を製作したのは松川事件弁護団である。製作の動機は大体次のようなものだった。即ちこの松川事件は非常に大きな事件であり、従って最高裁へ持ち出される証拠書類も膨大なものになる。その多くの書類を詳しく調べるということはむずかしいことだし、又事件が鉄道破壊によるものなので、鉄道の知識がないとわかりにくいところもあるわけだ。更に往復七里半の道のりを歩いて破壊作業を行なったことになっているが、その道の地理的条件が、この事件では重要な問題になっている。ところが最高裁ではそのような実地検証は行なわれないし、しかも一、二審共考えられないほどまちがった見方をしているのだが、それを映画に撮って法廷で見てもらおう、というものだった。

こういう話の出たのは三十三年の八月頃で、私は日曜日を利用して仙台へ行き、被告の人たちに会った。そしてこの人たちに最初に会ったとき感じたのは、死刑、無期などの重い刑にとわれて、実際はまだ刑がきまってもいないのに既に九年間も牢屋へ入れられている。これは大変なことなのではなかろうか、ということだった。その中には高橋被告の様に新婚早々捕まり、獄中で生れた子どもがもう小学生という人もあり、青春の殆んどを獄中に送った人もある。

だが、私が心をうたれたのは、この重い刑にとわれている人達が非常に冷静に自分たちにふりかかった災難を見つめ、科学的に検証しているということである。二宮被告などは、赤間自白によっては列車破壊は行い得ないという、立派な博士論文みたいなものまで書いている。単に感情的に、無罪だから出してくれ、と泣き叫ぶのではなく、個々の事実にもとづいて科学的に実証しているということは驚嘆に価いすると思う。

しかしこれは、この人たちだけが偉いのでは決してなく、「真実は壁を透して」の映画などにも見られる如く、多くの人たちがこの被告たちを支援しており、こうした多くの人たちに支えられて、この人たちも又、正しく明るく行動できるのであろう。

前にも述べたように、今夜の「松川事件――フィルムによる証言」は、最初の目的は法廷で裁判官に見せるためのもので、一、二審の裁判が、事実に基づいて間違いないかどうかを検証するというものだった。

そのため撮影にもいろいろの技術を要したが、経費その他の関係で、アマチュアではあるが、8ミリの会などで技術的にしっかりした荻野さんにたのむことにした。又形式も目的の特殊さからいろいろと考慮しなければならなかった。最高裁の裁判官の中には、左翼運動などに対して偏見を持っている人も居れば、裁判に関して世間の人が騒ぐのは、裁判官に対する圧迫だ、という風な考えの人もいる。そんな人たちに最後まで席を立たせずに見せなければならない。松川事件はあの頃、ちょうど下山事件などと時を同じくして、日本の労働運動がこれから伸びようとする時期に起った事件として、いろんな感情もこもってくるが、そういった感情を一切抜きにして、見る人が冷静に見て行けるものにしようと思った。

被告の人たちは、自分たちをこのような運命に陥し入れたものに対して、冷静に観察、調査することに熱心である一方、そういった自分たちで調べ上げた事実を、多くの人たちに知ってもらいたい、という希望もまた強い。そんな人たちにはげまされながら、すべて事実をもとにして作って行こうとした。

この松川事件は、いわゆる赤間自白が根幹をなしているのであるが、その赤間自白がどう事実とくい違っているかということを映画で検証しょうとしたのがこの映画であって、たとえば破壊作業に出かけた往復のコースや、あるいはふだんは何もないふみ切りに、当夜祭りのため特別警戒のテントが

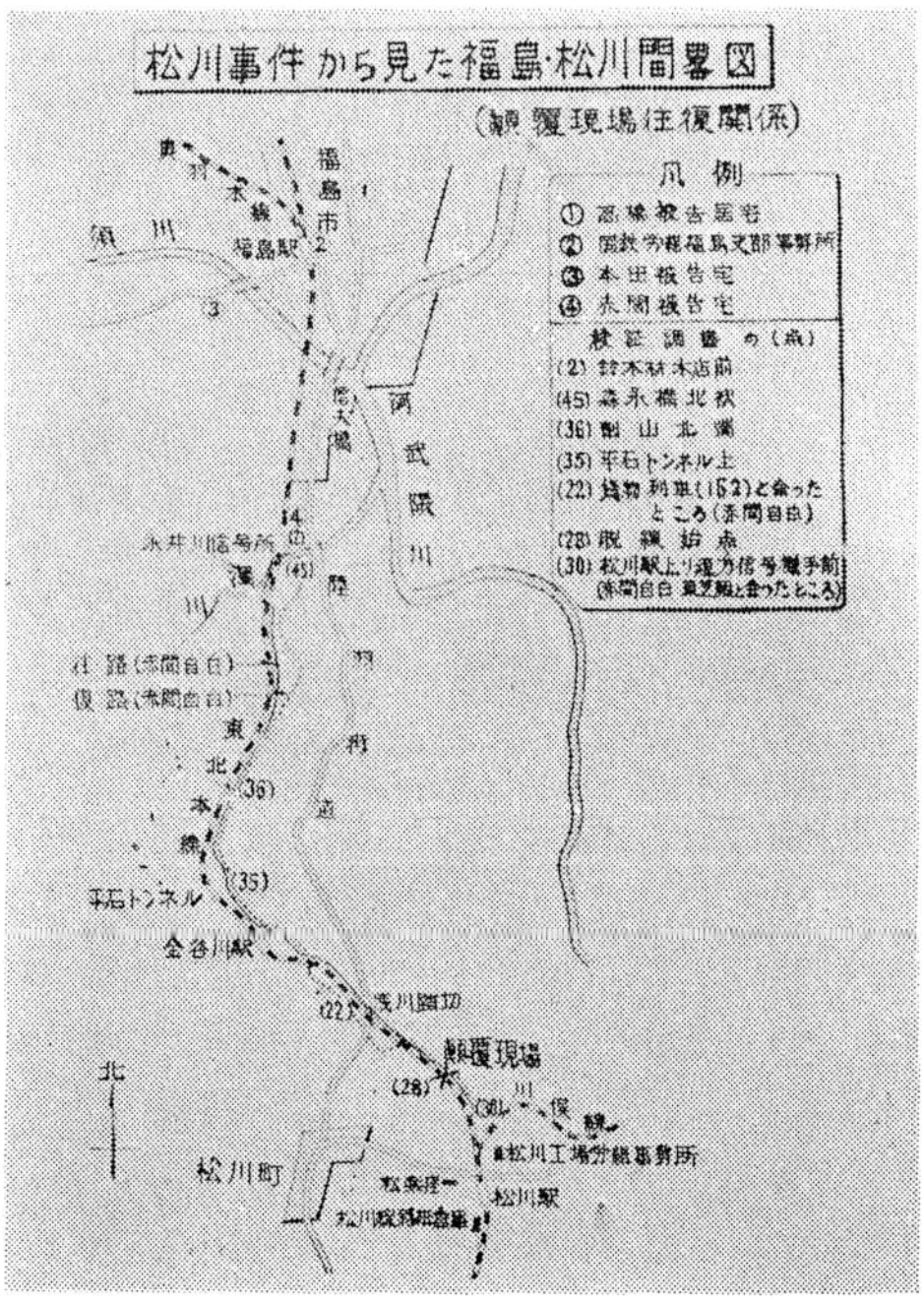

張られてあったこと、また山中に線路の遊間調査のテントも当夜特別に張られてあったこと、ところが、その前を通ったはずの赤間被告の自白はこのテントについては、始めふれていなかったこと、など赤間自白には大きな矛盾と疑問がある。弁護側は、この赤間自白は警察によって作られたものではないかと考えているのだが、赤間自白の矛盾をこの映画は追求して行く。

たとえば、テントから外を通る人が見えないかどうか――当夜テント内にいた人は通行人は見かけなかったと述べたのに対し、検事側では夜のため見えない場合ありとしている――こんなことは実際そのような状態でやってみないとわからない。これは特別に人間の眼にほぼ近い明るさのレンズで夜撮影する。又逆に非常な悪路をびっこの高橋被告が、果して歩けるかということは昼撮らねばわからない。更にすべるかどうか、というような粘土の質の問題のところはカラー撮影するという風に特殊な形式を使った。

内容については弁護団の人の意見をとり入れ、私は技術援助をした程度で、最初は映しながら弁護するという形をとって、三度くらい申請したが、ついに法廷では上映できなくなった。理由がはっきりせず、残念だが、弁論終了後の報告会で、興味を持っている人に見せようということに、最後の段階で変更になり、協力を申し込まれた宇野重吉さんが解説をふきこむことになった。

今夜の事件では深い関係のあるいくつかの場所が、国鉄労組会館や赤間コースなどのように模様がえされており、十年近くたった現在、当時の写真が重要な証拠となっている。にもかかわらずそれらの写真は技術的にも拙く、ピントもあっていないものがある。一審から最高裁まで、だんだん現場検証が少なくなり、これらの証拠書類によるところが多くなるのだが、たとえば検察側で提出した、スパナは小さなもので品もわるく、力は普通国鉄で使っているものの五分の一しかなく、これで鉄道のボルトのナットをはずせないことは科学的に証明されている。又二審のとき、国鉄の専門家により福島附近で実験をやったとき、このスパナでは九回に一回しかはずせず、そのため専門家は血だらけになり、スパナはボロボロになった。ところが検察側から出されたそれは無きずであった。

こういう状況などが、8ミリにでも記録されて居れば、重要な証拠になるのだが、書類の上でだけ検討していると、左翼の勝手だとか、思想の問題だとかになってしまったり、又赤間自白によれば一里を二十八分で歩くことも可能になったりもする。写真は一応使うが補助的であり、映画にいたってはそれを使うことは裁判の冒瀆である、という風に考えられている。

しかし、映画の持つ記録性は、裁判などにもっと早く利用されるべきであった。こんなことは警察では古くから利用しており、デモの学生をうつしたりしているが、これは映画の持つ煽動的な面のみを用いているようである。

こうして裁判などに映画が利用されるとすれば、その映画は素朴なものでなければならぬ。たとえばモンタージュなどは出来るだけさけなければならないし又、今夜の場合にもあったように、人間の目の明るさで撮らねばならぬということも起りうる。とまれ、映画というものを、もっと幅ひろく用いて行くことによって、映画の利用の範囲も拡大されていくのではなかろうか。（談）

（文責・編集部）

書店購読の皆さんへ

「記録映画」を御愛読下さって本当にありがとうございます。さて、本誌はこの一月号まではベースボール・マガジン社で発行していますが、次の二月号からは独立して、教育映画作家協会が編集発行ともにうけもつことになりました。

従って、従前のように書店には出なくなりますので、継続して御購読を希望される方は、その旨書店へおしらせ下さるか、もしくは直接当協会にお申し込みいただきたいと思います。

特に全国の記録映画に興味を持つ人々の横の連ケイを深める上で、ごめんどうでも協会から直接御購読いただきたく、おねがいいたします。

なお六カ月前納の方は四百円で送料は当協会負担の便宜もあります。「記録映画」をつずけるため御協力をいただきたく思います。

東京都中央区銀座西八の五（日吉ビル）

教育映画作家協会

振替 東京九〇七〇九

電話 (57) 五四一八

新年おめでとうございます

一九五九年元旦

教育映画作家協会

白い少女をもとめて
——映画における少年少女像——

大島辰雄

「私たちのごくあたりまえな振舞にとつぜん不安な意味がこもったり、日常茶飯の飾りで幻想的な世界をつくりだしたりするには、ほんのささいな想像力で足りる。怪物や妖精をめざますのは私たちの一人ひとりにかかっている……」

（ボワロオ＝ナルスジャック）

——フランスの短篇『白い少女』（原題・はじめての夜、アルゴス・フィルム製作、一九五八年マンハイム国際映画祭大賞）の冒頭にかかげられていることば（エピグラム）

少年の日の思い出。誰にもあった朝霧のような憧れと夢幻の世界。やがて現実の中に忘れられ消え失せ、しかし心のどこかに宿りつづけて、ふと思い浮かぶことのある人生のメールヘン。この映画は、そうした遠い日の夢、幼い心をかすめた「はじめての」ときめき、見知らぬものへの憧れ、未知の世界へのめざめを描いた一篇の詩である。酷薄な現実の中で「人は夢なしには生きられない」（エルンスト・トルラー）とすれば、このような映画詩には誰しもすがすがしさを覚え、その超現実的なポエジーに、みずみずしいまでの胸のときめきを感ずることだろう。シュールレアリスムの新鮮さがここにある。それは通俗化されたフロイト学説の世界ではなく、今日の現実として人生の夢が純化された「幻想的な世界」であり、私たちの心に眠る「妖精」をめざます。

この映画で、いわば事実として「白い少女」が現実に姿を見せるのは、メトロ（大巴里の地下鉄）から出てきて学校へ向うところと灯ともし頃に、またその洞穴に降りていくところだけである。こっそりと自家用車をぬけ出て、一夜その姿を追いもとめる少年にとっては、その少女像すべてが——現実の彼女までが——いわば意味である。人生の「不安な意味」なのだ。少年は、その白い髪の小天使の夢をみる。終電車の灯も去った地下鉄構内の夢——その中で二人の電車が出会う。静かにゆれ、高く低くすれちがっていく。黙って顔を見合せたまま……。

朝——ひとは働らきだす。うすら寒い街も、やがてひと気にみちてくるだろう。だが少年の行く手に、落葉したマロニエの林はまだ霧につつまれている……。

原案のマリアンヌ・オスワル（シャンソン歌手、テレビ作家）はモンマルトルで売出しの若いころからジャン・コクトオ、ジャック・プレヴェールなど当時新進の文学者・芸術家仲間と親交があり、また映画「火の接吻」「ノートルダムのせむし男」などで私たちも女優としての彼女の特異な持味と魅力（頽廃と情熱）に接している。作家としてのイマージュのゆたかさは、この純潔な一篇だけからもうかがわれる。監督（演出）のジョルジュ・フランジュもすぐれた短篇作家としてすでにいくつも受賞しており、「オテル・デザンヴァリード」や「壁に頭を」など異色作といわれている。私たちにははじめてだが、原案の純粋な象徴性（サンボリスム）をじつに見事に形象化している。

「現実」の白い少女が見えなくなるや否や——いや、じつはその前からなのだが——それを追う少年のすがたに、私たちは終始、彼女のイマージュを見つづける。それは彼の「夢」にだけあるのではない、つねに彼とともにあるのだ。白い少女が少年の夢（の場）に現われ、私たちの目にもふたたび（？）直接的に映ずるということは、つまりすべてが夢であり、もしくは夢と現実のないまぜだからなのだ。この意味づけ——というよりは映画的形象づけは、原案のポエジーを微妙に、美しい正確さで肉化しており、本質的に的確な一致として、その詩的韻律を画面に息づかせ一貫させている。白い髪の少女は、こうして人生の夢（と現実）の中に純真な愛の象徴となり、私たちの心の奥底に投影する。そしてその白い髪は、ペシミスト、アルベール・ラモリスのあの「白いたてがみ」（邦題・白い馬）と一つになるだろう。

このような象徴詩的定着は、ひとえにオイゲン・シュフタンによるあえかな明暗——朝霧から朝霧まで——をとらえたカメラの功績といえる。彼は「シュフタンプロセス」の創始者として著名なドイツのカメラマンで、サイレント時代からの名手であり、またアンリ・アルカンの師でもある。耽美派アレグザンドル・アストリュクの「恋ざんげ」その他、幾多の名作を生んでいる（「アトランティード」「上から下まで」「霧の波止場」「わが青春のマリアンヌ」など）とくに注意しておきたいのは、日本版の散文詩はもともと原版にけないのをモザイクしたもので、フランス原版は純粋に画面だけで構成されていることである。

映画詩「白い少女」は、こうしたタレントたちによる芸術的結晶なのだ。だが、どうしてぼくは、こうまでも、この小品に心ひかれたのか——パリの地下の巷に少女の白い影を追いもとめる一人ぼっちの少年のように。

それは、このような超現実主義的な「夢」の世界が私たちの周辺には皆無だからである。そこに私たちの教育映画一般、とくに児童劇映画の限界——みずからつくりだしている暗——を見るからである。私たちは、その陳腐さに嘔吐をもよおしながら、依然として「ごくあたりまえな振舞」に終始しそこにこもっている「不安な意味」をとらえ、それを芸術的結晶化することによって、自他ともにすっきりするのを怠っている。「日常茶飯の飾り」つけに目をくばるだけで、その奥のレアリテを見とどけそこから「幻想的な世界」をひきだそうとはしない。そうした形象

づけには「ほんのささいな想像力」で足りるというのに、それすら持たぬのか、いっこうに発揮してないのだ。私たち銘々が、てんでにめざます「怪物」は、せいぜい「ゴジラ」であり、「妖精」は泥くさい——ほんとうに土の匂いがしみているのならまだしもだが——「お迎え狸」程度なのだ。スーパーマンや赤胴鈴之助の仲間か「よい子」たちばかりで、お話はどれもみな危機一髪の連続活劇とめでたしめでたしのホームドラマだ。白い少女はどこにもいない。超現実であれ現実であれ、こんにちのレアリテを身につけた少年少女像、彼らのアクチュアルな夢と現実は、どこに見出されるのか？私たちは少年の日の思い出に、誰にもあったはずの遠い日の夢にたち帰り、童心の憧れにめざめ、今日のメールヘンを、その怪物や妖精の世界を、めざめさせなくてはならない。白い少女の夢はパリのメトロでしか見られないとはかぎらない、東京の地下鉄でも見られるはずだからだ。白毛女は中国ばかりでなく日本にもありうる。ディズニイの怪物や妖精たちとしのぎをけずる白蛇伝だけでは、まだまだ事足りるとはいえない。チェコスロヴァキアの人形たちの仲間として飛んでいけるような鶴女房も、まだ見当らない……。

白い少女

思いついたままの、ほんの羅列的暗示でしかないが、こんな図式も成り立つ。

(1)『**千羽鶴**』と『**禁じられた遊び**』——そのどちらが、センチメンタルな少年少女像をこえて、戦争と子供たちの問題に迫っているか？　どっちが子役的か？　どっちのドラマが芝居がからず、純粋に映画的肉づけをうけているか？どっちが奥深く涙をさそうか？清純な心のはばたきを前者はどこまで期待できるか？

こうした問題の提出にはただちに異議がとなえられるかもしれない。見当はずれの対比、狂った焦点のこじつけといわれるかもしれない。だが、ぼくはあえてつづける。日本的視覚の変革にかかわる事例であり、そこには私たち一人ひとりのパトス（人間的情念）が賭けられているからである。

(2)『**切手のいらない手紙**』と『**ぼくの伯父さん**』——そのどちらが小供と大人の問題をユーモラスにとらえているか？　どっちが、この問題を社会的現実の中におき、ゆたかな諷刺性を盛り込んでいるか？　どっちが晴ればれと笑いをうながすか？　洗煉された詩情（ポエジー）を前者に少しでも感じられるか？

ジャック・タチは喜劇よりももっと遠くをみつめる。フランスの風土（クリマ）にとけこみフランス的なエスプリにあふれた詩人である。さきに「**祭りの日**」の、のっぽでとんまな村の郵便配達夫として、アメリカ式のスピードよりは、いかにもフランスの片田舎にふさわしい牧歌的テンポを再発見した人生詩人の彼が、こんどは「**ぼくの伯父さん**」として、超モダンな機械化生活の味けなさに対してパリの庶民生活の下町情緒をたのしむ楽天詩人となり、またしても独自の諷刺詩をほほ笑ましく満喫させる。超近代と古い伝統とを漫画ふうに対照させながら、この二つの世界の「平和的共存」に、善良そのもののような佗しげな微笑を報いる。プラスタック工場のディレクター、アルペル氏夫妻の一粒種ジェラール少年の唯一の幸福は、アルペル家の愛犬ダッキーが場末の雑犬仲間といっしょにたわむれ、どこでも走りまわるように庶民街のアパルトマンの天国に住むユロー伯父さんとともに過すひとときである。それは失われてゆく自然への、この孤高の詩人の郷愁であり、私たちも「僕」と「僕の犬」と一緒に、そのペーソスにいざなわれて、泌みじみとその世界にひたりたくならずにはいない……。

(3)『**オモニと少年**』と『**老人と海**』——民族性と国際性との交響曲、人間のいのちと大自然の生命力との格闘の歌として、ともに人生の映画詩といえるが、どちらの叙事性がたちまさっているか？どっちの少年像が抒情味をゆたかに添えているか？

ぼくの伯父さん

ところで、ぼくは国学院大学の学生諸君の16ミリ自主作品『**山に生きる子ら**』に『**アルプスの少女**』をこえた新鮮な映画形象を見た。僻地の高原で兄ちゃんの帰りを待つ一少女像は、フランクフルトの高い塔にのぼったハイジよりも、たしかに遠くを見ていたと思う。分校の給食はハイジがおじいさんのために貯めた白パンよりも、いかにもおいしそうだったし、分校と本校が一緒になっての運動会には遠くの連山が、アルプス連峰よりもずっと高く沈黙のこだまでこたえていた。生徒と先生と親たちが生きいきとした群像として、さわやかな大気にことごとくの声をあげていた。透徹した雰囲気にはメロドラマ性が微塵も感じられなかった……。（この作品の欠点はそうした視覚外のところにあり、所期のテーマをリアルな事実の中に発展させ、そのアクチュアルな意味を一貫して展開しえなかったところにある）

このみずみずしい視野から『**わたしのおかあさん**』を見るとき、それがひとりの少女の記録として児童劇映画にはきわめて乏しかったドキュメンタリー精神に力強くささえられ裏づけされながらも、なおメロドラマ性——『**鉄道員**』はそのために、ひっきょうホーム

ドラマに終り、少年サンドリーノを予役化している――を払拭しきってないうらみが残る。（母親は医師のセリフで念を押されているように、ギリギリの極点までからだをすりへらしていたのだとしても、あのままぽっくりと死ぬよりは、がくりと長い病床に横たわったままでいるほうが、自然でも素朴でもあったのではないか。――そのことによって、この劇の進行も幕切れも決して傷つけられるはずはなく、ドラマチックな心情的効果をかえって高めさえしたであろう。また、幼い妹がお茶碗を洗う場で、少女のクローズアップだけでじゅうぶん訴えかけを果しているのに死んだ母親のイマージュをダブらせているのは、あきらかに蛇足である）

だが、それにしても、この少女像は純真な息吹きを発揮している。この一少女は日本農村の現実の中に生きており、だからこそ東京の裏町の事実を素直な瞳で見とどけるのだ。（万引きされた一つのトマトを追っていく挿話は美しい。児童劇のドラマトゥルギーとしてすぐれた構成であり清潔な形象づけである）こうした現実像と、パリの地下鉄から出てくる白い少女の超現実像――現実と夢の世界の平和的共存は私たちのなかにもはぐくまれ実現できぬであろうか。ひとりの少女の記録、白い少女、白い馬、赤い風船……これらが一つの詩情に昇華されて、冴えざえとゆたかな色どりの中に、こんにちの明暗をたたえた生活の歌（ポエジー）の妖精たち――はつらつとした少年少女の群像となり群舞となれ！

（五八・一二・八）

カットの写真は『白い少女』

女流作家の生活と意見

昨一九五八年一年間で、我国では七百本に余る数の記録・教育映画が製作された。山頂から海底、深夜のロケをはじめとして、きびしく苦しい映画に携わるものの血と汗の結晶である。その中に数本の女流作家の手になる作品もまじっていた。男でも時にはネを上げたくなる苦しい映画の世界に、その男たちにまじつて、活動をつずける何人かの女流作家たち……。そこには男にはわからぬ喜びも悲しみもそして希いもあるだろう。今号から約三回にわたり、その女流作家の生活と意見を語ってもらおう。それが本誌の例でもわかる通り活動範囲の狭い女流作家との、交流をさらに深める機会になればとも思い、更に発展して新しい道の開拓と前進の一助にもなることを期待しながら……。

日本視覚教材映画作品「役に立つカビ」を演出

西本祥子 ■

女性作家――改って作家、とよびかけられてみると、作家にあらざる現在の不甲斐ない自分のことが、生苦しく頭を持上げてくる。

教材映画も、一つの立派な仕事の分野である。然し、ドキュメンタリストを目指して映画界に飛び込んできたというのに、四年たった今なお、あまりにも程遠い〝場〟に身を置いていることが。現実の事情が許される、ということを理由に。

ある国の、ある作家達は、屋根裏に暮しつつも、三年かかり、四年かかって自分の情熱をフィルムに注ぎ込む。それは、止めることを知らぬ、人間に対する愛情を持っているから。それは、未発表で終らせられようかとの作家の激しく厳しい情熱があるから……。それは、貧しさや、制作上の労苦には代えられぬ、作家の本随であり喜びであるからだろう。

所が映画界に入って最も驚いたことの一つに、「教材映画等やらない。馬鹿々々しい。俺は、あんなものがやりたい。こんなものがやりたい」と、かこつ人々許りといってもいい位であった事だ。

教材映画等……と思うのもいいだろう。私にだって、作っている当の自身さえ、これがその仕事なのだろうか……と、苦しんでいる

のだから。
　然し、もういい可減に、実行の伴わぬ、愚痴は聞きたくないものだ。資本主義経済の下にあって、成功か、不成功か、もうかるか、もうからぬか、さえ判らぬ仕事に誰が、多額のお金を、ポイと出してくれるだろう。その厚い壁を乗り越え、切り開いて行く意欲もなくて、棚からボタ餅式に待ち受けている所、たとえ、千年たとうとも、社会組織が変ろうとも、意欲ある、逞ましき作品が生まれてくるだろうか。

　自身の大きなる犠牲や、消耗なくして、かって秀れた作品の生れたためしがあるだろうか。現在の自分は勿論のこと、甚だ悲しむべき現実の姿が、そうした声を聞き、耳にする度に私をいらだたせる。

　絵、音楽、映画にしろ、自分を叩きつけ、現実に厳しく立向わさずして何か割り出せるだろうか。

　そういうあんたは、一体、何をしているってのだ――と。

　私は、待ち受け、目指していく所が、困難な道であればある程、受けとめたイマージュを十分に消化し、更にフイルムの上に、がっちり描き上げてゆく為のデッサンを、今のうち、今なればこそ、積上げておきたいと思っている。

　高座で、腕を拱いていることのみが……それが作家だろうか。然し、こうした私の考えも、慰めごと、ごまかしの一ツなのだろうかいまだ心の奥深くに、何かひっかかっているもののあることは―。

　ともあれ、悠々しやくしやくと許りもしてはおられない、世界の動き、日本の動きを考える時は、そして、芸術界もめまぐるしい発展を続けている。もはや、しつとりとした、日本的情緒では受け止められぬ程に――。
でなければ、映画界は、永遠に孤児として取残されてしまうことだろう。

　婦人問題を取り上げた多くの作品にあれ、種々、取り上げた角度に違いはあるものの長い間、鎖に繋れて、ゆがめられてきた日本の婦人問題。その全ての作品に対して私は不満である。取り組まれたメスの甘さ。ハタキで愈く、暗い倉の埃を払ったような、同情的共感のみが、、何よりも強く感じられるのである。

　台所改善もよいだろう、嫁、姑の問題を取上げるのもよいだろう但、その描く立場の根元は、自分の力で物事の正否を感じ、意識することの出来る婦人を、一人でも多く生み出すこと……。それが作家の中に、ガッチリと受け止められていて欲しいものだ、と思っている。何故か……社会悪を正しく見抜ける人となるだろう。そこからこそ、家庭と平和が強いきづなで結ばれて行くからである。

　そこで、問題を最初にかえして提案してみたい。立場を同じうする女性が集って、一度じっくり話合ってみることも、意義のないことではないと思うのですが、それが、作品活動にまで盛上っていったならば、どんなにかすばらしいことではないでしょうか。

　是非共、御急見を聞かせて頂きたいと思います。

羽田澄子 ■

岩波映画製作所作品「古代の美」を演出

　女の作家を〃記録映画〃誌で扱うので……ということで、映画製作に入った動機や作品活動について書くことになりました。もし女でなかったら、こんなことを話す機会はないにちがいありません。有難いと思うと同時になさけない気もします。

　私は――こんなことはいけないことだったと、とうに気がついたのですが――別に映画が好きでたまらなくて、映画をつくり始めたのではありません。私は何年も、映画とは縁のないいろんな仕事をしていました。戦前や戦争中にうけた教育に反抗したい気持と、生活に追われたことと両方で、女でも一生懸命やれば、何かやれるようになるだろうと思って、手当り次第何んでもやっていたわけです。そのいろんな仕事をしている間に、自分の言いたいこと、思っていることを伝えられる仕事が出来たらなあと思ったのです。つまらない仕事をさせられていたな、誰でもそう思うでしょう。私もそうでした。それで映画の仕事に入れる機会が出来た時、やってみようと思ったのです。映画だってやって出来ないことはないだろうとのんきに構えていたわけです。映画は豊かな表現手段をもっていますし、多くの人に見てもらい、強く訴えることができます。映画は一種の言葉なのだから、この言葉を早く話せるようになりたいと思ったわけです。

　はじめシナリオを書きました。今の私が考えてさえ、ずい分おかしなシナリオをいくつも書いたことを覚えています。西も東もわからないのに仕事をさせてもらえたのは、岩波の環境のおかげだったと思っています。自分のシナリオがはじめて映画になった時の嬉しさ、演出された画面に「なるほどこんな風になるものか」と感歎したり、またとても不服で、「どうしてこんなことをしたんだろう」とひそかに思ったりもしました。でもだんだんに、出来上った画面を批判するのはやさしいけど、それが出来上るまでの困難がわかってきて、無責任な批判が出来なくなりました。

　助監督仕事の大変さも忘れられません。連絡しておくことを忘れたり、スタッフの食事を忘れたり交渉で押しがきかずに演出家をいらいらさせたり、私はあまり役に立たない助監督でした。最近演出をする機会を与えられた時は、その頃の演出家の方がよく使って下さったとつくづく感謝しました。はじめての演出は観念過剰で映

画全体をよく把握していないために、うるおいのないものになりました。構成にも画面にもモンタージュにもふくらみがないのです。骨ばかりで身がないといわれた時には一言もありませんでした。

ゆったりとして、しかも要所のしまったコンストラクション。胸にひびくような切れこみのふかい描写。そういうことが出来るようになりたい！　とうとう映画の魅力にとりつかれて、いまではぬきさしならなくなってしまいました。はじめ簡単に考えていた映画の言葉を話すのは容易なことではないことがわかってくると、恐らくどこまでいっても立ちはだかるにちがいない広大な泥沼に、おそれを感じます。何時かこれを征服したと思うことがあるのかと思って。つくづくもっと早くから映画一本に打ちこめていたらどんなによかったかと思い、それと同時に映画をつくって生きてゆくのはこわいことだと思います。絶えず自分の考え、自分の生き方と対決しなければならないし、いろいろな人のしめすいろいろな反応に耐えてゆかなければなりませんから。

最近、吉村公三郎氏が「いい映画を一本や二本つくったからって少しもえらくない。そんなことは普通の頭脳の持主なら誰でもできることだ。えらいのは、ずっと映画をつくりつづけるということ、死ぬまでつくるということだ」という意味のことを言われているのを読んで全く心を打たれました。

この頃不健康で仕事のできないせいもあって、余計に、何事にもめげずに多くの作品をつくり出している作家の方々に畏敬の念をもつようになりました。今や、のんきな顔をして映画の世界に入ってきた自分を考えると、本当に「めくらへビにおじず」と思います。

この感慨は最近、全然方向ちがいの方にまでひろがってしまい、現に自分の力で生きているすべての人々に対する尊敬にまでなってしまいました。

「生きるって、とても大変なことなのに、よくみんな生きている」などと思うのです。あたりまえのことなのに、みんな何か仕事をしごはんをたべ、家にすみ、恋をし子供を育て、年をとって死ぬまで生きているんだと思うと本当に驚異です。こんなに無数の偉大な事業が歴史にも書かれず、大昔から現在まで、そして未来もずっと、幾億という人間によって営まれつずけているというのは、全くおどろくべきことに思われます。八百屋の主人、車の運転手、街ですれちがういろんな人たちが私をおどろかしています。

それでこの頃「人生」「生きてゆくこと」そんなことを感じさせる映画が私につくれたらと思います。しかし、考えてみればこういうことを描くのが芸術といわれるものの基本なのではないでしょうか。私はあたりまえのことに、はじめからわかっていなければならなかったことに今頃、思いいたったらしいのです。

でもこのあたりまえのことがやりぬけたら、私はどんなに嬉しいことでしょう。

山口淳子 ■

日本映画新社作品「南極大陸」等の編集助手

編集室にも製作部の机の上にも何時でも「仕事」はありました。P・R、短篇、長編記録映画、沢山の仕事に製作部、というより社全体が活気があり、見習いにとって、こんな恵まれた時期はなかったと思われます。

すべてが新鮮で、吸収すべき事にあふれ、いきいきと充実した毎日。

しかし、あまりに目まぐるしくて、いったい何本の作品に「ついた」かと云われても、すぐ云えるのは三本もあやふやです。あんなに沢山やったのに、それらはまことに責任のないやり方でした。編集のフィルムつなぎの一部をやると次は他のカット表書き、台本のコピイ、又は別の録音についたりと、一本の作品がどうなったか、見とどけるいとまもありませんでした。

しかしもう三年目、スタッフの一人としてあつかってくれる人たちに対しても、はぐらかすようなことは出来ない、いつまでもお客さんではならない。

環境は恵まれています。「仕事」もある。そして社員という三年目にもらった「場」もある、労組にもはいり「発言権」もあります。それを生かすのには、あまりに頭脳は貧弱で、体力も、時間もありはしない。

労働基準法などとは一こう無関係にTV放送、映画の企業で仕事をもつ人は働いています。封切日スポンサーからの契約期日にスケジュールは計算されて働かされています。

しかし当の人たちは、生活時間の不規則さなど、ごくあたりまえの事でむしろ誇りを持っているように思えるのです。

進歩的な映画製作方法論や社会問題の中心にとりくんでるはずの人たちが。

他人事ではありません。私も毎日毎日忙しいことで働いたような仕事をしたような自己満足のようなものに安住しそうです。

忙しく、やりたいこともやれないとグチをこぼしていながら、さてはたして何か時期を摑んだ時、「やりたい事」は自分に残っているだろうか、何にもないではあんまりです。

今までは「仕事」によって育って来た、（いくらかでも育ったと思いたい）けれど、「仕事」と一しょに育ち、「仕事」を育てる事をはじめなければ。

九年の歳月はかえらない

真実をうばわれた松川の人々の悲しみと怒りをえがく。

編集・斎藤 茂十
築地 美和江
撮影・黒田 清己
臼田 純一
シネ・フロント社
東京映画社
共同作品

バルーチャン建設

インドバルーチャンダムの建設記録映画。

脚本・演出 高村武次
撮影・加藤公彦
岩波映画作品

母と子

母子家庭の問題を扱いその幸福を追求する。

脚本・村山節子
宮川孝至
演出・森園忠
民芸映画社作品

第五福龍丸

近代映画協会。新世紀映画共同作品

世界ではじめて水爆の死の灰を浴びた人々を描いて平和を訴える。

脚本・八木保太郎
　　　新藤　兼人
撮影・植松　永吉
　　　武井　　大
演出・新藤　兼人

面接のしかた

社会に必要な面接の技術を具体的に描く。

原作・堀川　直義
脚本・岡田　山仁
撮影・赤川　博臣
演出・酒井　　修
東映作品

南方定点観測船

台風の襲来にそなえて南方洋上で活躍する定点観測船の記録。

撮影・岡野　巖
　　　阿部　久夫
　　　倉田　武雄
新映画実業作品

日本の工業地帯

石炭にめぐまれて発達した北九州の工業地帯を描く。

脚本・演出　西沢　豪

撮影・橋本　正

日映新社作品

五千羽のイワツバメ

ツバメの生態と子どものひたむきな心情をとらえた劇映画。

原案・脚本・演出　高木俊朗

撮影・仲沢半次郎

東映作品

最上川風土記

最上川を中心に川の歴史と人間を結びつけ今後を暗示する。

脚本・加藤松三郎

撮影・岡田三八雄

演出・丸山章治

桜映画社作品

亀井文夫作品集

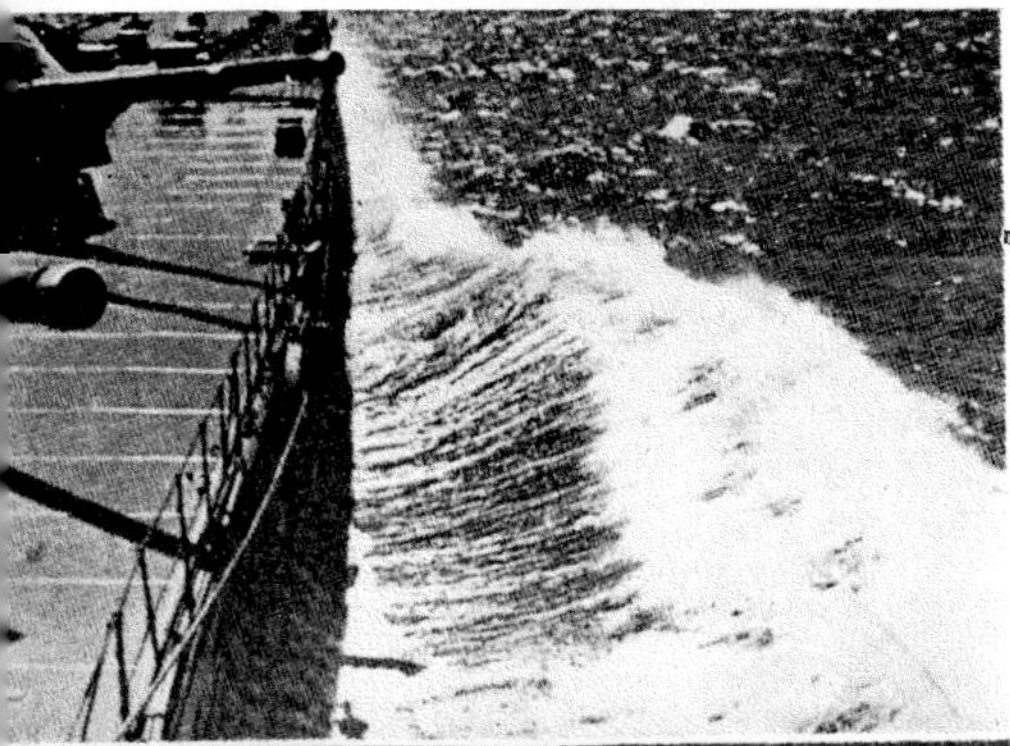

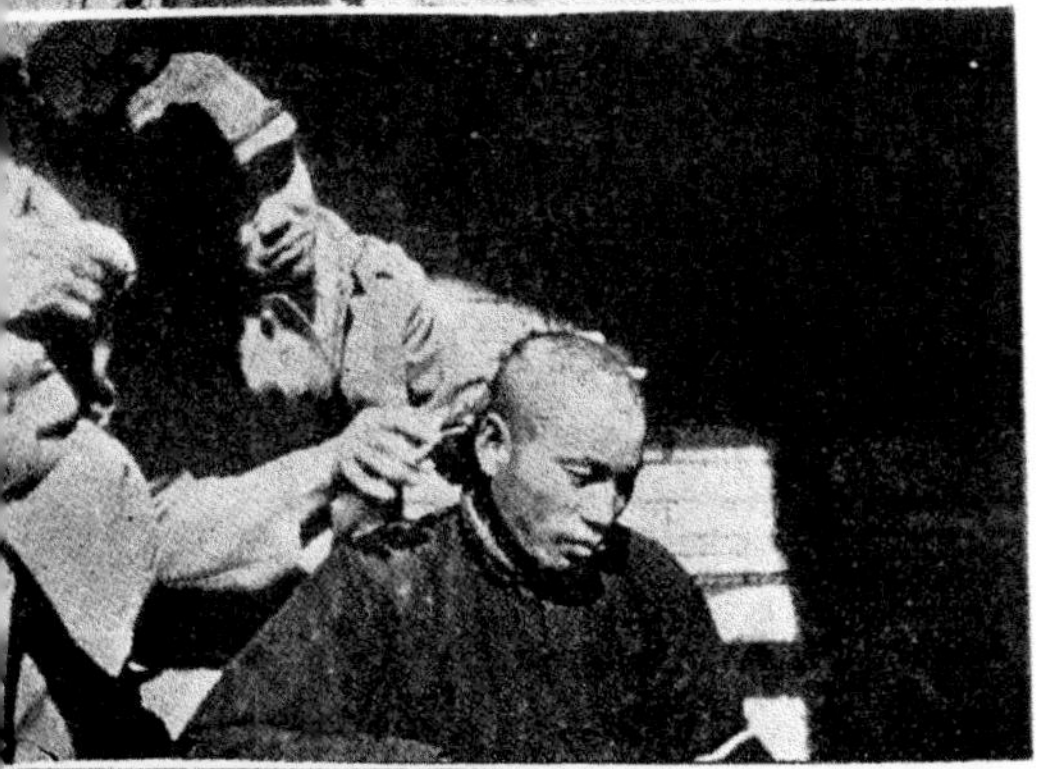

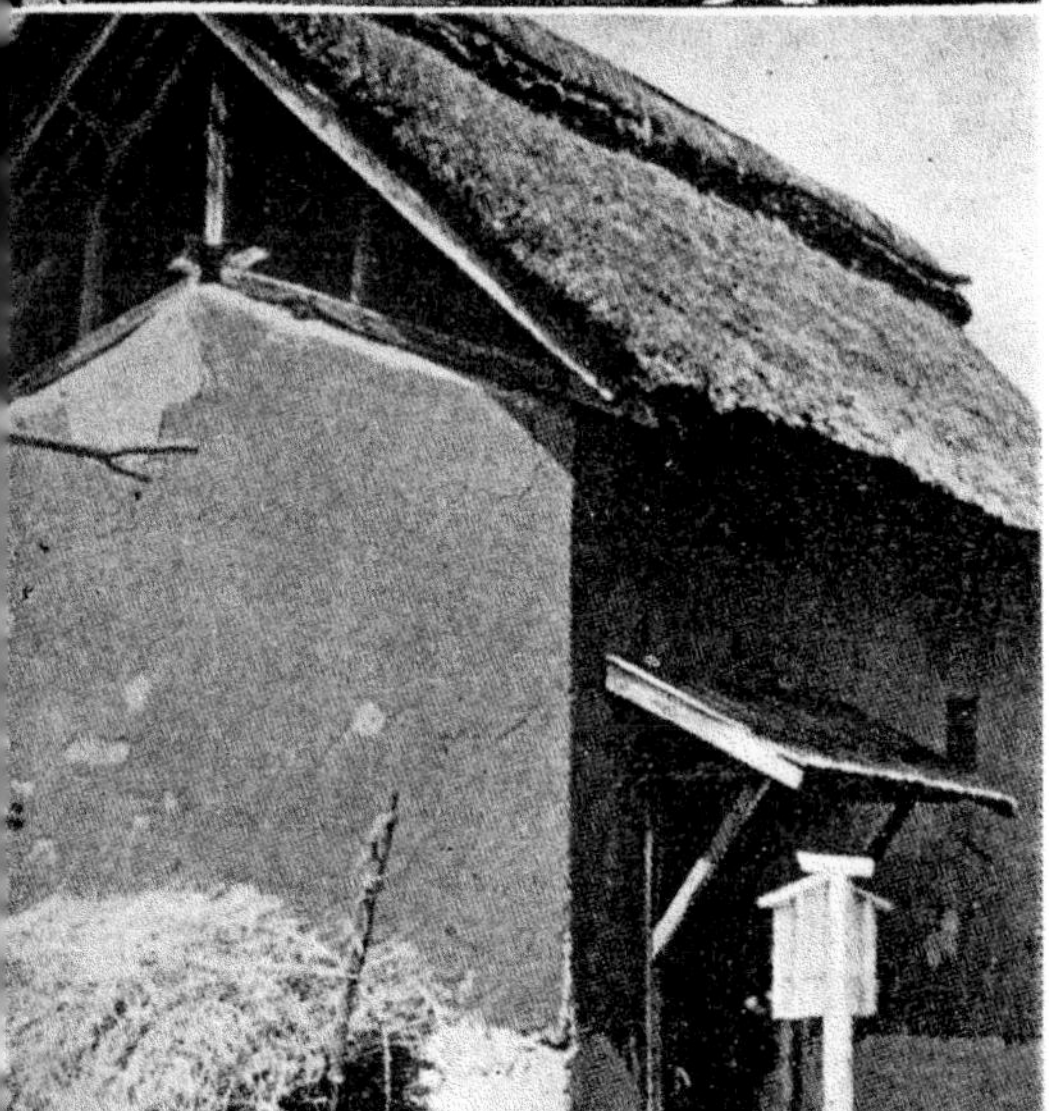

上から「怒濤を蹴って」　昭和12年
「上　　　海」　13年
「小 林 一 茶」　15年

上から
「生きていてよかった」昭和31年
「流血の記録・砂川」　32年
「世界は恐怖する」　32年

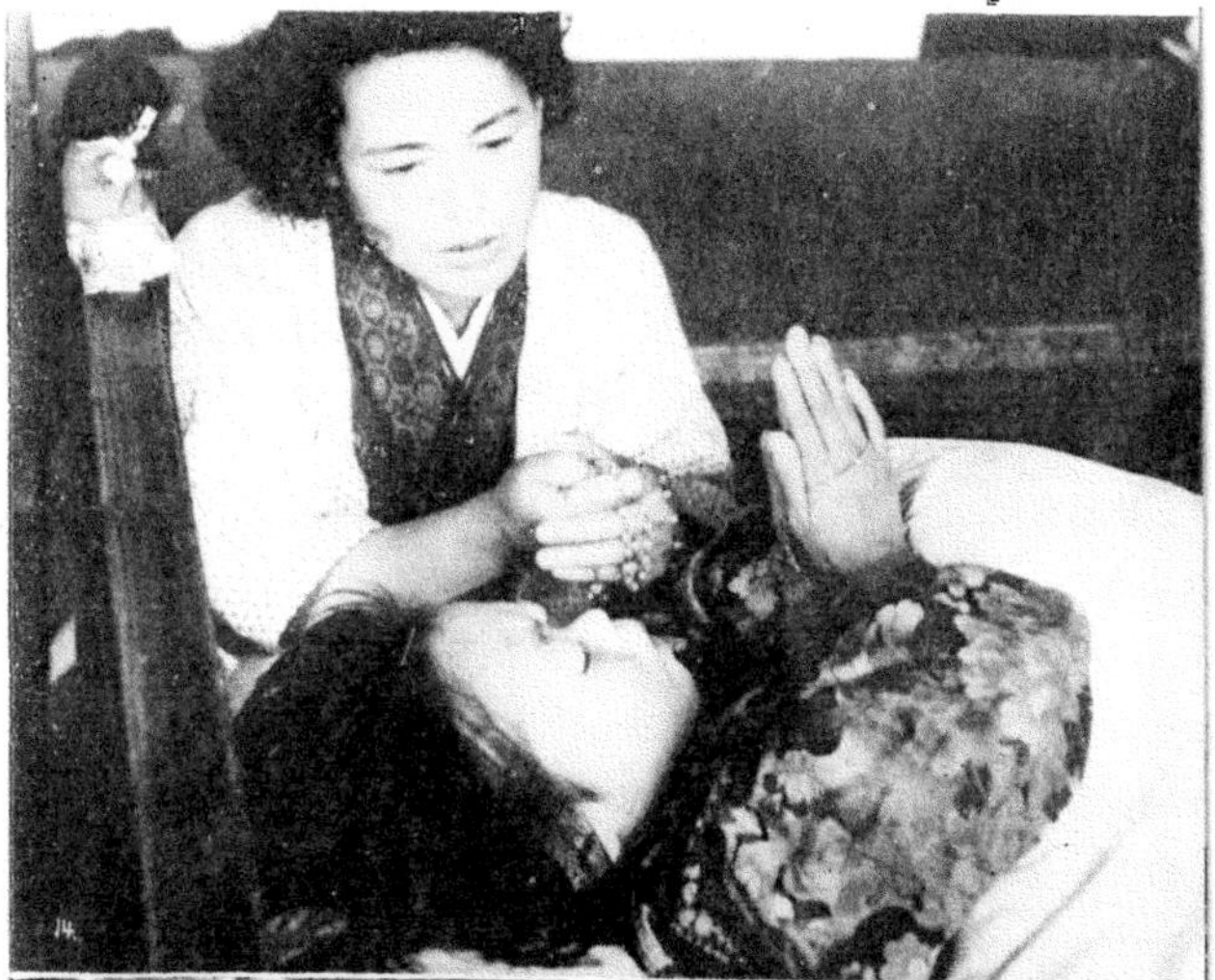

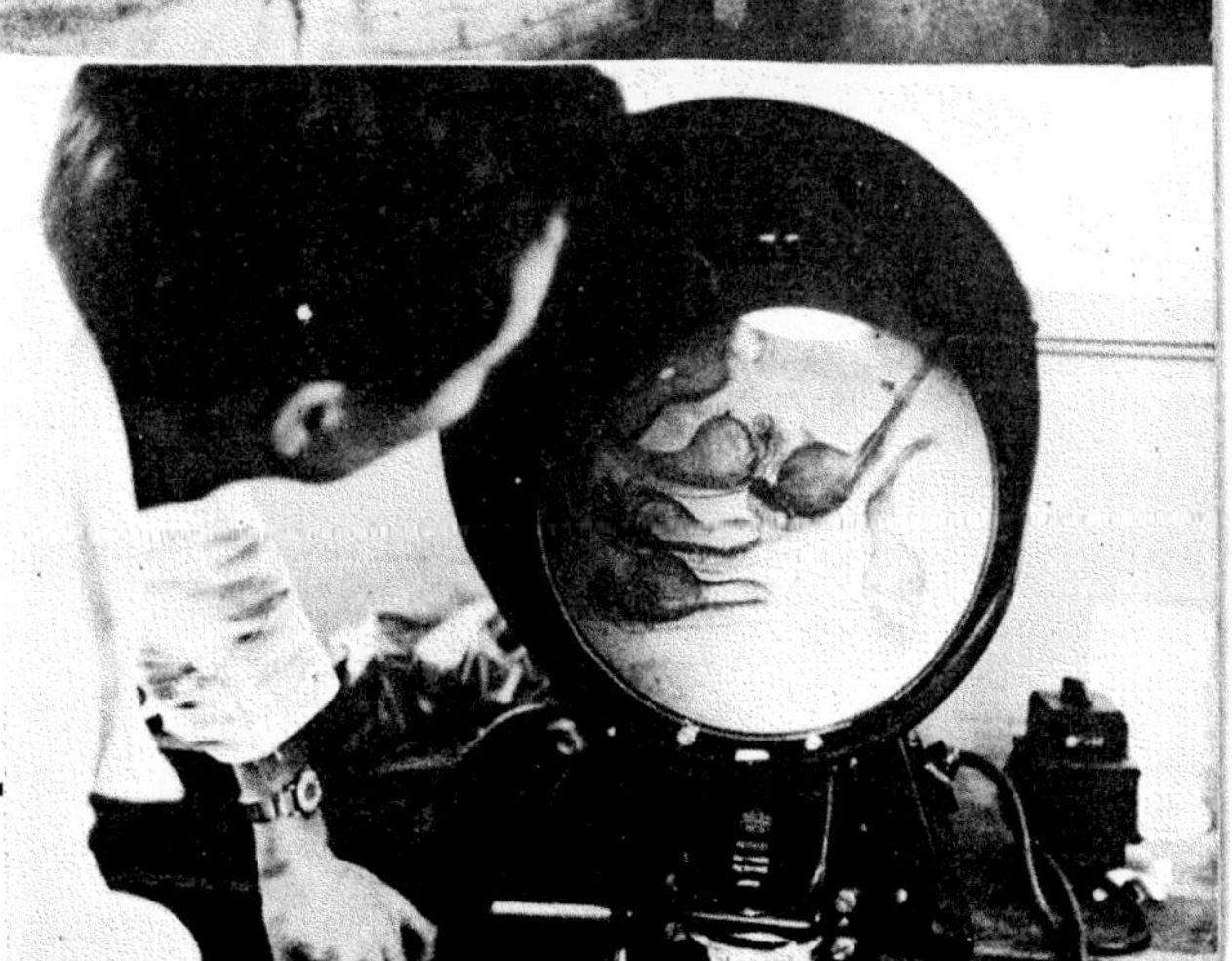

我が国ドキュメンタリーフィルムの先覚亀井文夫にきく

記録映画の社会変革実行力

語る人・亀井文夫

きく人・長野千秋・松本俊夫・渡辺正己

亀井文夫氏

1

松本　最初亀井さんが記録映画を志されたのはいつごろですか。どういう問題意識をもってこの世界に入ってこられたのかうかがいたいと思います。

亀井　はじめて記録映画を見たのがソビエト映画だったんだな。そういうことがやはり、僕の記録映画に対する考え方を決定したんじゃないかと思うね。当時、日本の映画館で見られた映画は「**ナポレオンの恋**」だとかいうような式のメロドラマがほとんどで、ソビエトへ行って最初に見たのが「**夜の辻馬車**」という映画だった。これがちょうどゴーリキーの「**母**」に類似したようなものだけど、無知な辻馬車の御者が、革命党員であった自分の息子を裏切るようなことをするんだな。自分の息子が逮捕されて憲兵に車へ乗せられ、刑務所へ連れていかれる道で、はじめて息子の現在の運命と、それが社会的な運命とどういう関係にあるかということが、薄ぼんやりわかった結果、途中で息子を飛び降りさせて、憲兵があわてる時に猛烈なスピードで馬にむちをくれて駆けだして、とうとうその馬車ががけから落ちてしまうという映画を見たわけだ。びっくりしたよ。つまり社会問題というか、革命の問題というものと映画が結びついたのを見たのは、それがはじめてだから、こういう映画があるのかとびっくりした。新しい大陸を見たあるいはまた違った人種を見たように驚いたわけだよ。今から三十年前になるかな。

松本　文化学院中退されて行ったわけですね。その時は美術かなにか研究される目的で行かれたということなんですが、そうするとそれを見たショックが、美術から映画へ向わせるきっかけになったわけですか。

亀井　そうですね。ウラジオストックでそういうものを見て、汽車の旅してモスコーへ行って、見た映画がまたショックだったわけだ。それが上海の記録というかな。シャンハイスキー・ドキュメンタル。それから「**幸福の港へ**」これは、ハンブルグへ船が入ってきて、資本主義の国をカメラが眺め探訪する、果してこれが幸福か？というようなものだ。その二つを見て、「夜の辻馬車」以上にフレッシュに感じたわけだよ。新しい時代の新しい芸術と感じたんだ。そういう点で記録映画というものが劇映画よりもはるかに、若いそのころの気持にぴったりした。そういうことで記録映画というものに興味持ったんだけども、しかし現在まで僕が記録映画を作ってきたのは、必ずしも芸術の中の記録映画というジャンルに興味を持ったというだけではなくて、単純にいえば新聞に投書欄というのがあるでしょう。映画の方法で社会に投書したいわけだよ。その方が動機としては大きい。不満なり、こうあるべきだということをフィルムを通していいたい、それが記録映画を作る非常に大きな原動力になってるんじゃないかと思うんだけれども。美学的にも興味持ったが、それ以上に社会批判、文明批評の動機が強い。劇映画というものは整えて人前に見せるものというふうに感じているけれども記録映画というのはいつでも自分のふところの中にあるものみたいな感じですよ。よく小説家が随筆や日記を書くでしょうが、あれに近いんじゃないかと思うね。永井荷風の日記なんていうのに興味があるんだ。僕の記録映画の立場とよく似てるんですよ。だから美学的な考え方はそれほど重要じゃないという気がする。

松本　そうすると、現実に立ち向われて、作家として現実とのかかわりの中で問題になってきたことを一ばん鋭く表現できるものとして、記録映画というものを考えられたというふうなことですか。

亀井　そう、まずなまなましい素材がやはり魅力の一つだろうね。それから間接法の表現なんかとっていたら、かえっていきが悪くなる。つまり魚をさしみで食うみたいなもんで……（笑声）劇映画はそういう意味ではひものみたいなもので、さしみのフレッシュさというものが魅力じゃないかしら。

2

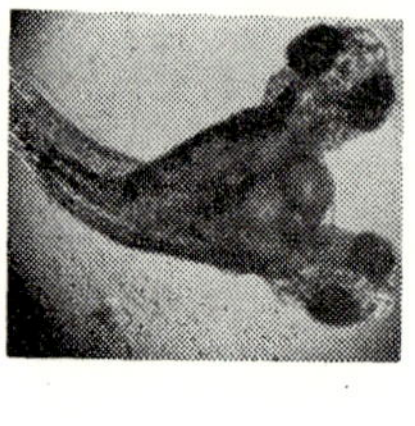

松本　そうすると、戦後亀井さんが一時劇映画をとられましたね。今お話になったような点と、どういう関係でその時に劇をやられたんですか。

亀井　これはいろいろな理由があるんですよ。一つには経済的な条件で、記録映画作ってたらなかな

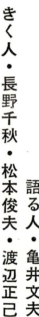

か食えない。子どもなんか多くなったし。もう一つは敗戦を契機にして警察国家軍国主義国家がこわれた結果、表現の自由がともかく大はばに広がってきた。そうなってくると、いわゆるメロドラマだけが劇映画の内容になるはずのものではなく、かなり素材・テーマが広がってくる。自分が世間に訴えたいというようなことも、劇映画を通してもできるという表現の自由の広がったことも原因だな。

渡辺　亀井さんが戦前、戦中を通じてずっと積み上げてきた記録映画の方法というのが、劇映画の中でどのように組み合わさるのですか。たとえばさしみもいいが、条件ができればひものも食ってみるというようなことですが。

亀井　劇映画ではじめた時に、ちょっと困ったことは、四畳半の中に劇映画を閉じ込めるような感じが強くて、つまり人間の問題といいながら個人の問題に深入りしてくる。ところが外側の空気や国民の動きの方が四畳半の中へ強い影響を与えてるに違いないんです。それを中だけで処理するという傾向が強いわけです。なんでもいいから窓を開けてみようというところから劇映画の中で僕がやりだしたために、窓の外といろいろの個人生活とが並列的になったりする傾向が強かったんですね。たとえば総理大臣がある財閥と会食して一つの意見を持った。そいつが法

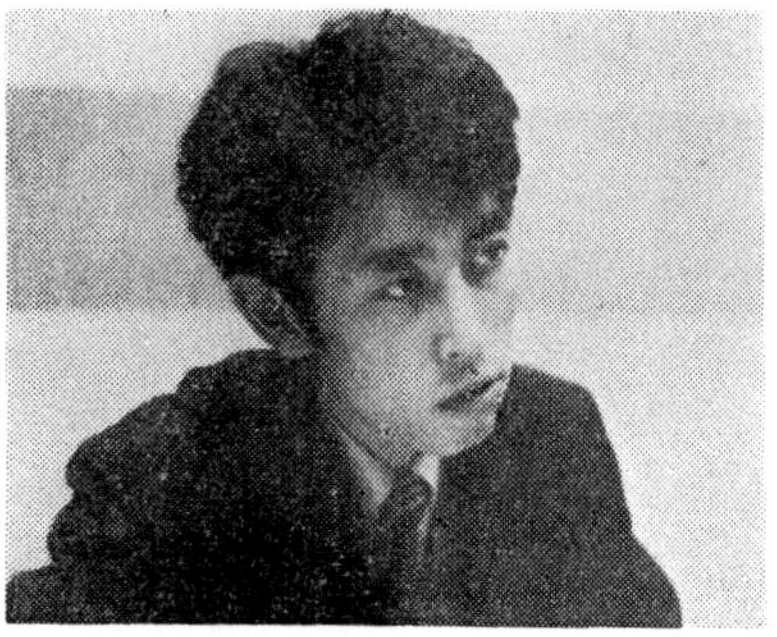

渡辺正己氏

律案として国会に提出されて可決された。それが貧しいサラリーマンの家庭の悲劇のもとになったというような、大部分の人間の不幸や幸福というものは、政治によって作り出されてるわけです。大臣が会食しながら感じたことが、まず出てこなきゃいけない。それが反対されながらも法律として可決されて施行されてくるということを、どうしても縦に見ていかなければ見えないように思うわけなんです。間接的な表現方法とれば、その過程の中でなんとなしに政治をにおわせる程度に終っちゃうわけですよ。そういう映画は批判的ではあるけれども、はっきりしてるようではっきりしてない……。

渡辺　亀井さんの劇映画見てると、今のお話でちょっとわかったような気がするけれども、一人の人が幸福か不幸かということが、政治的なものだけで解決がつくものじゃないとも思うんですよ。政治的以外の個人的な環境というものが、亀井さんの劇映画の中では書けてないように思われるんですが。

亀井　階級社会というか、人間の幸不幸が政治的なものだけで解決するものじゃなく、たとえば女が自分を嫌ったということは、かりにこっちに金があっても起る。その結果失恋ということが起る、これはどうなる。相当健康に注意しながらも病気になる、これはどうなんだというものは当然あるわけだ。病気となると医学の解明されてない部分では解決できないものがたくさんある。あるいは相手の女が自分を嫌うのをどうして好きにならせるかということは、まだ技術的に不可能な分野に入るかもしれない。しかし政治の方は人間の力で解決できる。そいつがまず手をつけて解決しなきゃいけない最初の問題だと思うから、それを解決することが真っ先で、あとのことはゆっくりやればいいと思うんだ。（笑声）僕が志してる映画というものは、もし環境の中で個人、あるいは個人の生活を描くということが目標だとすれば、実際問題としては表現の技術の問題にもなるけれども、一時間や二時間のフィルムではできないんじゃないかと思うほど、フィルムの長さが要求されてくるんじゃないかと思うんだね。文学なんかではやってるわけだ。たとえばアラゴンの「レ・コミュニスト」はぼう大な紙数を使って環境と個人を描き、「静かなるドン」でもそうなんですよ。一方、それを間接的なものとして、あるいはまたその一部分だけをピックアップして描く描き方、小説としてチェーホフなんかやってるけど、桜の園になってくるともう間接的で、わかったようなわからないようなもんだ。あとでいろいろな人が説明するわけですよ。劇映画でナマのものを追求して行くことは少なくとも僕の知ってる限りではやられてない。そういうものが扱われた時は記録映画的になってしまう。「戦艦ポチョムキン」みたいなのは、個人の問題よりも還境だけを描いてる。個人はおそらくでくのぼうみたいな個人だといえるほど、型類的になったりしてるでしょう。だからその点が解決しなきゃいけない問題だけれども矛盾もあるんじゃないか。短い中で大きなものを語るという矛盾は作者に要求されてはいるけれども大きなものは大きな長さで語るということから出発していいんじゃないか。単純化は技術の進むに従ってやったらいいんじゃないか……。

註・亀井文夫の劇映画作品

戦争と平和（東宝）

女の一生（東宝）

無頼漢長兵衛（東映）

母なれば女なれば（キヌタプロ）

女ひとり大地を行く（キヌタプロ）

3

松本　作品として、ぼう大な構造を持ったものが必ずしも悪いものじゃないと思うんですが、しかしそういう大きな構造、具体的には長い時間を持ったものでなければ描けないという点になると、ちょっと疑問なんですよ。われわれのぶつかってる問題は無限であるだ

けに、結局説明するための素材を集める限りにおいては、ぼう大にならざるを得ないんだろうと思うんですよ。もっとわれわれが現実に対してのかかわり方の視点を、いわばコペルニクス的な展開で変えていった時に、われわれが日常的な時間や空間の中で見失ってたものが、むきだしになって現れるのではないか。たとえば亀井さんが今度の『芸術新潮』十二月号にいわれてるように、原爆の問題でどろどろに溶けた瓦を見せられて驚きを感じる。その中にわれわれの生活の中で原爆というものの意味してるものの大きさが、とらえきれない広がりを持ったものとして、その前に立ちすくむ。従来のアクチュアリズムの表現では捕えきれないんじゃないかとおっしゃってるわけですけれども、それをはっきりさせる必要があるという気がするんです。たとえば「**生きていてよかった**」をお作りになった。ここでは被爆者を中心にわれわれがケロイドというようなものに感じるものを基礎にして、そこにヒューマンに呼び起されるものに訴えかけようとしている。しかし、これは一般の人から見れば、被爆者への同情とか、そういう人達のひどい苦しみを繰り返さないためにという形で、原爆問題自体とは距離があるわけですね。そういう場合に問題は、どれだけたくさんの素材を組み合していくかということか、従って非常に長い時間を持ったものとして長篇でなければいけないとかいうことでなくて、対象とわれわれ作家というもののかかわる視点がコペルニクス的な展開を必要としない限り、従って方法的に新しい方法というものを問題にしない限り、現実の立体的な、あるいは重層的なからみ合いというものを、いわば内臓を見せつけるようにするということはできないように思います。

亀井　いろいろ出たけれども、一ばん最初に長い時間と長いフィルムがなきゃいけないといっていながら、また内容の大きなものを小さな長さの中で表現するという努力も必要だともいってるわけです。なんというか芸術家の義務みたいなもの、努力の義務方向みたいなものをいってるわけです。経験を無視するわけにもいかない。つまり自分の技術なり表現能力なりを無視するわけにもいかない。そういうこともやはり実は、自分だけじゃなくて、日本のどの映画見ても、短いものの中では短いことしかいってない。今いったように視点を変えたらどうか、感性的なものによりかかってるというけれども、つまり原爆の映画を作るといっても、観客そのものの感じ方というものを計算に入れて作る。こういうふうにやったら感じるだろう、受け入れるだろう。しかもそいつは観客にある影響を与えるだろう。そう考えながらやるわけでしょう。そうなってくると現在、感性的なものを無視するどころじゃなくて、古い観客の持ってることばや感じ方を頼りにしていきながら、観客自身に伝わったもので観客の感じ方が変えられていくという、良導体というか、通じるようなものが必要だと考える。そういう点で芸術というものを、全く個人的な観客に今伝わらないでもやがて伝わるというような考え方には僕は達してないわけですよ。ですからそういう意味でアヴァンギャルド的な記録映画の理論というものは、理論としてはおもしろいけれども、現在そいつは高度過ぎる一つのメカニズムじゃないかと思う。視点を変えるということは表現の問題じゃなくて、むしろ表現を通して生れてくる観客の思想体系の改造とか、あるいは感じ方の改造とか、そういうところにあるんじゃないかと思う。ばく然と、大革命家のレーニンが端唄が好きだったというようなのがよくわかるんですよ。つまり、何かこう芸術家と国民とか大衆とかいうことを区別しない考え方を支持するわけです。だから表現の視点というのは古くさいものでいい。古くさいといわれるような、皆にわかる表現方法が一ばん必要だ。しかし、その表現を通して語られること、あるいは影響を与えることは、改革的なものでなければいけない。ただ表現の問題としてだけ考えると、今の広島で拾ったどろどろに溶けた瓦というようなものは、もう今までの表現では表現できない。観客も作る作者の方も共通することばつまり体験がない。具体的に原爆というものはわれわれの体験にはまだないものだから、今までの体験から作り出されたことばや、あるいはそのことばによって伝える感じ方やなんかでは、表現できないんじゃないかと、そういう意味だったんです。

松本俊夫氏

松本　ですから、たとえば原爆ということに対して、原爆はこういうふうに恐ろしいと、いろいろな資料をおいて原爆原爆というと、ほんとうに内側から突き動かされるような脅威を感じなくなっちゃう。原爆というものに対する認識にしても、あるいは感性的なものにしても、一つのステロタイプができちゃって、原爆という現実に対して大衆が日常性の中に組み入れてしまって、あまり内側から突き動かされるような脅威に対決されなくなっちゃうような面があります。たとえばどろどろに溶けた瓦というふうなものを見た時に、今までいろいろ原爆のことを知っていても、そこでは捕えられなかったような新しい恐怖感に対決させられる。今まで固定されていたのが突きくずされて、原爆というものに新しいかかわり方がさせられるわけですね。

亀井　話を前に少しかえす必要があると思うけれど、「女一人大地を行く」という映画の中で、ああいうふうにたくさんの社会問題を捕えてきては、長さがいくらあっても足りないというようなわけだけど、ああいうふうにまず知らせ

ていかなければわからないという段階を考えたわけだね。たとえていえば警職法改正ということ、あれは政府側からいえばギャングとか犯罪を犯すようなものを、事前に起さないようにするというふうにいってるわけでしょう。そうだと思ってる人もいるわけですよ。ところがまだ戦前の熱さがのどを通ったばかりだから、そうじゃないものを感じとるだけの能力をまだ持ってるんですよね。つまりそういうふうに社会構造がどういうふうに影響し合うかというようなことが、まず解説される必要がある段階では、そういうふうにものを捕えていく必要があった。それから今度は全部が必要な一つの素材というか、それだけのものがなしには説明しきれないものという感じ、表現の方法として、今焼け瓦の話が出たけれども、瓦が光でとけたということに、もし僕が恐怖を持ったとしたら、それはどういうプロセスを通ったかというと、木を火に入れれば燃える、水を火にかければ熱湯になる。しかし瓦は焼けないと考えてたわけですよ。ところが熱線だけでとけちゃうということになってくると、今までの生活体験や概念の中にはない一つのエネルギー、たとえばたばこの火が手についても熱い、そうしたら今までの体験にないようなエネルギーだったら、人間の体は蒸発してしまうんじゃないか、そう感じることではじめて恐怖を感ずる。

映画の場合はあの瓦をいろいろな角度から実証していくことで、はじめて感じさせることができる。たとえば瓦というものをいろいろな熱に当てる。とけない。この次の熱に当ててみる、とけない、最後にはじめて、破裂したところで五千万度、あの地上で五千度の熱というのは実際にあるわけですよ。しかしあの温度に対しては一人一人の感じ方はかなり違うんだ。だけれどもそいつは五千万度に感じるような五千度なんだ。そういう意味で、現在の生活体験概念を動員できるような表現の方法というものが用意されない限り、あの瓦はものいわぬ瓦になってしまう。ああいう作品が出たらいいということは、観客の持ってるものを動員できるものになってはじめて云えることだ。

長野　「**世界は恐怖する**」を見てその人の環境、条件で見かたは違うと思うが、ある労働者に聞いたら、ちっともこわくない、われわれがおかれてる現状がすでに非常な苦しみである。そういう苦しみがあるというわけで、違った形で受け取られてるわけです。各個人が今までの自分の業、生れとか生活環境からきて自分を形成してきたそういうものと、映画との対決において、違った問題が出てくると思うんです。そこで各個人の業からきたものをもひっくるめて解決させるような方向であったならば、非常にすばらしいと思うんです。業を持ってる各個人がそれを見て改革できるものまでいくには、そういう各個人との対立が完全に出されなければならないんじゃないかと思うんで。亀井さんの原爆の一連の作品で先ず「**生きていてよかった**」これは災害を受けた人々の悲劇を叙情的にとらえ、原爆の恐ろしさ、こういうものはなくさなければならないといううったえで出てると思いますが、それが世界は恐怖するでは、さらに感性的な段階から発展して、科学的な裏づけによって、原爆というものはこれだけこわいもので、われわれにこのように立ち向ってるものだと立証されてるわけですけれども、結局意図されてるところから考えると、さらにその次の段階としてわれわれが原水爆反対するためには、どのような考え方をしなければならないのか、という事が亀井さんの原水爆の問題で次の段階の映画として出て来なければならないと思うんですが、果して段階的に作っていかなければ表現ができないものか、あるいは一個の作品として、それまでを出せるような作品が作れるんじゃないか、そういうところをドキュメンタリーの方法と関連してお聞きしたいんですが。

亀井　労働者が自分のおかれている環境の方がこわいと、それはやはり将来自分の子孫にアブノーマルなものが生れてくるんじゃないかという恐怖とか、あるいはまた、いつかは白血病にかかるんじゃないかというような恐怖以上に鼻の先にできたにきびの方をこわがるということはあり得る。将来を恐怖しないということではない。将来白血病になるかもしれないというよりは、現在食えない方がさし迫ったことだからね。そいつをこわく思うのは当り前だ。だからある人は手伝ってくれてる時はなんとも思ってないのが、妊娠したら気にしてるんだよ。どんな子を生むかしらみたいなことを。そういうふうに出てくるわけですよ。しかしだいたいにおいて日本の場合には、こわいといいながらも、いやたいしたことないじゃないかと思わせるようないい方が強い。原子力扱って働いてる人はそれで家族が生活できる、その代りある程度の危険負担はやむを得ない。自動車の運転手も金をとるために町の中で交通事故の危険を負担してるというのです。許容量があって、そこまではかまわないという意見を持ってる人があり、ジャーナリズムの中ではそういう宣伝するわけです。そういう宣伝の中で一本の映画で日本国民の考え方を改造できなかったということは、現実の問題として考えていいんじゃないか。一本の映画で政治を動かすまでの与論をふっとうさせる映画ができることは、理想としては望ましいけれども、自分がやってどこまでできるかということと、どういうものがほしいということとは必ずしも一致しない。

4

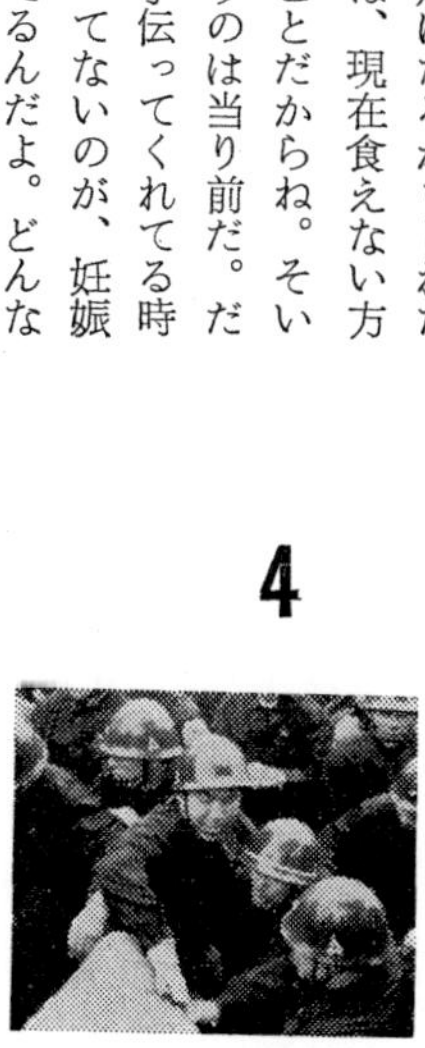

松本　どれだけのものがその映画の中で提出されたかという量的なものよりも、質的なものが重要だと思うんですよ。映画万能じゃなくて、一人の人間が変革されて現実へのかかわり方が質的に変ってくるというような今まで原爆に対して無関心で、あるいは内側から

脅威を感じてないような人を、どこかの一点でひっくり返すと、むしろそれからは、印刷物や演説や、あらゆる認識に向って積極的に知ろうとする。意味をつかもうとする。そういうふうに一点をひっくり返すという質の問題が、われわれ映画を作るということの中で問題にされないと、どれだけ映画の中で知識をたくさん、解説的に持ち出しても、ほんとうにその人が内側から変革されるというプロパガンダの本来の意味が、じゅうぶん発揮されないんではないかという気がします。

亀井　じゅうぶん発揮されないけれどもプロパガンダの意味がやはりあるんだろうと、僕は思ってる。一ばん困ることは原爆というものはわからないということですよ。こっちが。さっきからいってるのはそれなんです。こうじゃないがああじゃないかと想像する範囲のものなんですよ。視点を変えて一点で観客なり国民を動かすものはないかしらと考えることは反対しないわけだ。けっこうな話だ。賛成なんだけどそれは理想でつまり一つもできてないんだ。これまでに文学にもないわけだ。文学なんか、おっかながって手をつけないんじゃないかと思うほど手をつけてない。つけたものはいわゆる感性的なもの、あるいは体験記録ぐらいなもので、そこはもっとさし迫った現実的な問題と、表現のやり方の探究ということを、少なくとも区別しながら考える方が意味がある。そうでない考え方は現実遊離し過ぎると思うんですよ。むしろ古くさい、昔やったようなことが今日やられてるのが実情だよ。だからあなた方の説はまことにいいんだけれど、やはりもっと具体的なものがないと、どうしようもないんじゃないかな。

長野　亀井さんが作品を作る場合に、シナリオなしで即興的にカットをとっていき、一つ一つのカットは映画じゃなくて、自分の感じたものを発展させたものがフィルムであって、モンタージュしたものが映画になるといわれてるわけですけど、亀井さんの今までの作品に一貫したものがあると思いますが、それ以前の、それをつかまえるための方法みたいなものがあるんじゃないかと思うんです。つまり作者が現実にかかりあうかかわりあい方ですね。

長野千秋氏

亀井　表現の方法を探究するということが、芸術理論から出てくるというのはあまり期待しないんだけども、これはやはりわからないながらに何かやった人が作り上げるもんじゃないかと感じてるんですよ。シナリオも何もなしに動く現実にぶつかった場合に感じるということは、感じるまでにこっちがよほど用意されてなければいけないということでしょう。僕は広島なら広島へ行く場合に、文献とか人の話を聞いて広島を知ってしまってるわけですよ。頭の中にできちゃってる。その上で広島を見るから、瓦を見たって何か感じるわけですよね。だけどそういうことを考えてくると、僕の場合は自分のものを見る眼を磨くということみたいになるんですよ。ものごとを見てその表面しか見えない場合には、それがどうして現れた現象かということはわからなくてすんでしまう。そういう点で、記録映画をやるんだったらまず人間的な眼を高める方が、よほどだいじじゃないかと思うと、ときどき自分が恥かしくなることがよくある。自分はもっとストイックというほどでもなくても、思想家であり哲学者であり、実践家であるようなふうに、自分の生活を作ってなければ、記録映画の眼は曇りがちになってくるんじゃないかと、ぎくりとすることがあるね。酒場で芸術論戦わしてるということではないと思う。そういう点では記録映画以前に人間があるんじゃないか。その点が自信がなくなる。そこまでいくと、何とかしなきゃと思うことよくあるけど、やはり逆戻りですね。もう少し楽なところでお茶をにごしている。

　もう一つ、「**生きていてよかった**」という作品を見ていろいろいわれますが、感傷的だとかいわれるのは、たいへんずるくなってるんです。まず日本の映画を見る観客は涙っぽい、これは泣かせるに限るとか、そういうことですよ。作品として完成させる以前に、そういうふうに通俗的な意味で計算するわけです。

　もう一つには、あの映画が作られたのは、こっちの方に長崎の大会というものを開くための花火を上げるような意味で作って、あれで動員を相当やったわけです。そういう意味でちょっと気のひけるようなことをやるということがあるんです。たとえば「**砂川**」でもそうです。警官も人間、基地反対闘争に参加した農民や労働者も人間、みたいなことでお茶をにごしてるでしょう。いい悪いは別として、現実の映画館にかけて一つアッピールしようと思う時は、そういう小手先をやるわけですよ。中には警官の家族も来るかもしれない、警官の家族が見ても、やはり警官の方がやり方がまちがってるんじゃないかとか、ばく然と、暴力的じゃないかと感じる効果を上げようと考える場合は、ああいうことをやる。階級的な人間的な立場から、もし基地闘争を描けば、あの段階ではもっとドライでいいと思う。そういう形が今の映画館の気分にはちょっと合わないんじゃないかというようなことを計算して、そういう方法をとるんだね。だから僕の作ったものが僕自身ではない、もうそこに距離があるんですよ。それが一つになればいいんだろうが……。

渡辺　僕だけの特別な感じ方かもしれないけれども、「**世界は恐怖する**」という映画を見に行ってきて、一つ眼小僧がとてもこわかったですよ。普通、映画見てもたいがい忘れちゃうけれども、朝一ばん先に思い出したのは一つ眼小僧なんです。僕の頭の中で、どうい

う経験の中に入れたらいいかわからないような、ものすごいショックなんですよ。原爆というのはわからないけれども僕の子どもにあんなのができたらたいへんだということを、直感的に考えて、あの映画の中でどういうふうに解説されていたかということよりも、よほど直接的に僕の中に入ってきました。つまりそういう日常的な意味の世界や物語を通じて解説してくれた以上の、全然違う効果があるんじゃないかと思うんですけどね。さっき松本君のいった、物語性の否定という可能性は、やはりあると思うんですよ。

亀井　「**世界は恐怖する**」という映画を、どういうふうに組み立てようかと思った時、あればばく然とってきたわけですが、われわれの生活に必要な一切のもの、環境から食物から、すべてが死の灰を含んでいる、その死の灰はどういう影響を与えるかということで一般的な白血病なんか出していたんだけども、そいつを煮詰めて、こういうこわさだということで一つの眼の男の子を出したのは、あの映画の中では重要な要素になっている。一つ眼の男の子をなぜこわがるか、これがやはり、かなり古い伝統の上に立っている感情ですよ。昔の物語の中に一つ眼小僧なんてのがあって、だれも現実にあることは考えない人の方が多かった。ところが体のしわまであるのがスクリーンに大きくうつると、そこでもうどきっとする。ショックを受けて、全部が全部ああいう一つ眼のようなことになるんだと感じさせる。組み立て方の方法ですよ。実際には一つ眼なんてのはたいへん少なくて、大部分は血管が太いとか、内臓の寄形が多いんだそうだ。しかしああいう形で一つの恐怖というものを、感情的に訴えるという方法が、解説が先にできたせいもあるけれども必要になってきたわけだな。(笑声)まず恐怖させる、恐怖すると何かそこに一般の人が意識を働かせるんじゃないか。ワッといっておどかす目的で作ったんです。はっきり具体的な目的があるんですよ。だから、作品の中に、その目的以外のものを要求することは当然起ってくるけれども、その場合はあまり重要視しないわけだ。作ってる方としては。

渡辺　僕が一つ眼小僧の話したのは、全然経験していないような、いきなりおどかされると今まで考えてた原爆というものとは全然違った感じが生れてきて、原爆というものをもう少し考えてみるような、そういうふうに動いていくんじゃないかと思うんですけど、それが方法上の可能性としてあるんじゃないかということなんです。

5

松本　たとえば「**世界は恐怖する**」でいろいろなデータが出てきますね。あそこで知識として示されているデータを、知ってる人が見たらどうなのか、知ってる人はそれ以上に知るということがない場合、ショックがないのか、あるいはその映画を見ることによって原爆というものに対するそれまでのその人のかかわり方がひっくり返されていくような、否定の契機がないのかというふうなことを考えるわけです。やはり、知るということだけに頼ってしまってはいけない、というよりむしろ、もっと強力なイメージというものは非常に重要なモメントとして考えなければいけないんじゃないか。たとえば知識として知ってる人も知ってる限りにおいて、この場合原爆ですが現実との間に絶えずステロタイプができてくる。不断にステロタイプを突きくずして、最もアクチュアルな姿勢で現実にかかわるという、そういうプロパガンダとしての質を考えていかないと、結局は認識至上主義的なものにとどまってしまうんではないかという疑問を感ずるわけです。

亀井　イメージを持たせるということでは、やはり同じように僕も考えてるわけなんですけど、ばく然と原爆というものをケロイドとしか考えなかった、そういう人がまだたくさん国民の中にいるという時、その人々に一つの実証をするわけです。そうするとそれを受け取った方がいろいろな形でイメージを作り上げていく。これは劇映画と、また記録映画のおのおのの特長を示すものじゃないかと思うけれども、かなり知的なもので感情を呼び起していく。瓦の例でわかると思うが、最初から瓦のまま出したんではイメージが引き出せない、却ってケロイドの方が人間の肉体に刻みつけられたものだけにこわいです。実際に一番こわいのは白血病だが、それはやはり一般の受け取り方としたら二次三次だね。知的なものが知的な理解の上に立ってイメージがじゅうぶん動員できるような方法ということは、記録映画では往々あることじゃないかと思うね。だから作る上で感じることは要するに深さということだね。どこまで深められたかということは、具体的に一つの方法としては裏の裏まで見るということも深め方だと思う。それから感じ方で深めるということ、そいつは裏の裏まで見ていってはじめて、深く感じるような効果が生れてくるのが普通だと思う。だから安直にすぐ泣かせるのは気恥かしい場合があるね。それもやはり意識的にやるけれど、録音なんかしてても、ミキサーなんかがそこで少しボリュウム上げてきたりする、とミキサー自身がてれてる。いい悪いはわからんがね(笑声)

松本　一つ眼小僧なんかの、例のフォルマリン漬けを見せたあとで、はすの花か何かになるでしょう、ああいう対比とか、あるいは出だしが熱帯魚のディスプレーだったり、そういうものの生命の喜びみたいなものから死への恐怖を対比させていく。あるいは小鳥が喜々として飛び回ってるのが、ばたばたと死んでいく、そういう生とか愛とかいうものと死との対比のさせ方が、亀井さんの作品に前からずっと一貫してあると思うんです。たとえば「**戦う兵隊**」で、漢口の屋敷外に鉄さくの中に疲れきった兵隊が、ぼんやり花とちょうちょうを眺めている。そういうものに託して対比させて、そこか

ら第三のイメージを観客の中に起させる。その場合よりどころになるものは、さっきからいわれてるような、今大衆が持ってる感受性、あるいは情緒、こういう既成のものの上に、それを行うとおっしゃってるわけですがふだんに既成のそういう概念とか感性というものが、自己否定される形で新しい観念や感性が生み出される、そういう契機が強力に働きかけられないと、プロパガンダとして質的に変革させ得る力になるのかどうか。たとえば大衆というものがある意味で、絶えず疎外された中で、想像力も涸渇され、観念や感性というものが固定化されていく現象があると思う。ここで、ステロタイプになっていく観念や感性というものを突きくずすことによって疎外された人間を回復するという機能をプロパンダとしては強力に持つべきだと思うんです。

亀井　それがね、たとえばケロイドの娘が人前に出るのがやりきれない、そういうことはよくわかるわけです。ところが次の段階ではそういう娘が人前へ出るようになって、自分のきずを見せて、そのことで訴えるというふうに成長するわけだね。「**生きていてよかった**」の娘さんなんかもそうだったけど、最初はあの映画に出るのはどうしてもいやだといっていた。感性というものは古いものをくずされるということ自体に新しいものを生み出す関連がある。新しいものが出てくるんじゃなくて、個々に内部的に、あるいは形式的につながりながら矛盾して生れてくる。だからアヴァンギャルドとか音楽なんかいろいろ出てる、もうプレスリーも古いだろうが、ああいう式のものは一時はたいへんびっくりして、すごく変ったもんだと思う。ところがちっとも変ってない。何千年前にわれわれの粗先が林の中を走りながら鹿を追った時の声だったかもしれない。戦前を見ないで、戦後変ったという意見は若い人の中にはあるけれども、われわれがやったことをまたやってるということもいえるんですよ。映画を作って行く場合も、段階的ということばはおかしいけど、成長過程ということを考えながらやっていく以外に、なかなか製作は困難じゃないか。映画ができて以来、そういう作品を見て映画によって改造されたということは、積み重ねられていってはじめて可能で、それよりも強いのは形象化されないなまの生活の方が、その人に強い影響を与え引っぱっていく。そういうものはないか。ないかというのはやはり芸術というものを別個に考えてるからじゃないかしらというふうに思う。つまり芸術に神を見るというか—。

松本　いや、芸術は万能なものだとは思ってないですね。むしろ芸術家が芸術に自信を持ってるよりも、そんなに大きな力を持ったものではないと思うんです。従ってそういうふうな社会的なモメントが総合されて歴史は変革されていくし、人間は変革される。その中で芸術がどういう役割りを果すものか、位置を占めるものか、こういうことを質的に明らかにして行きたい。映画の力も、単に視聴覚的な具体性を持ったものだというふうにしか、認めないんでは、あまりにも映画になってないんじゃないか。観客が最も多数に動員できるという力だけからは、たとえば木下恵介の「**二十四の瞳**」は大いへんな観客を動員した。たくさんの涙を絞ったが、どれだけ変革させる力を持ったか。見てる間に涙を流したけれども一晩寝ればけろりと忘れてしまう。つまり、胸の奥に食い込んでいついかなる時も出てくるような形で、内部で変革させる執ような力になってないと思うんですね。「生きていてよかった」が「二十四の瞳」と、そういう意味で同じだというのじゃないけれども、ものの考え方に若干そういう悪くいえば俗流大衆路線的な考え方が……。

亀井　若干じゃなくて、それを意識的にやってるんだ。俗流というけれども、その方が必要だと思う。極端ないい方をすればね。だけれども映画の影響というものは、見た翌日変るみたいなもんじゃないだろうと、僕は思う。「ソビエト映画」という映画史の中に書いたことがあるが、ソビエト映画というものはどういう効果があるかというと、ヨーロッパの労働者がストライキで監獄へ入れられて、一人で静かに考えていると、ソビエト映画のあるシーンを思い出し、自分だけじゃないという勇気を持たせられる。そういうふうに、いつか自分では忘れてるような影響が、映画では非常に多いんじゃないか。芸術がだいたいそうじゃないかと思う。そういうことで長い影響というものを無視するわけではない。もしも、最も望ましいサンプルを眼の前に見た場合に、僕自身がそれに大きな影響を受けて、そういう映画の作り方を意識的に取り入れようとするだろうけど、正直いってそういうことを感じたことはない。「**鉄路の戦い**」がとてもいいというけれども、感性的な古いものに思った。かって通俗的な劇映画とニュース映画をレーニンが見せた時にルナチャルスキーが、革命のニュースはぜひ見せたいが、通俗な劇映画は困るといったら、レーニンはいいじゃないかという。そういうものを見たがって集ってくる人達を集めて、ニュース映画を見せればいいじゃないかという話をレーニンの映画のプログラムという題で書いたことがある。ニュース映画を見せて頭の変革をやりながら、劇映画であとへ戻らないかというけれども、あとへは戻らないですよ。古いものも現在あるんだから、戻る戻らないもない。それにある一つのヒントを与え、新しい火をつけたことになる。現実的な実践行動を重視するというのはそこなんだ。やる中で次の問題が出てくる。理論から生れてくるということはあまり期待しない。ないということはいい切れないが…。

松本　今日は、映画がいかにして社会変革の力になり得るかというようなことについて、ずっと一本筋が入って討論されてきたと思うんですが、いろいろ未解決の問題がたくさん出てきたわけです。この問題は相当真剣に、単に理論的にというだけでなく、実作の中で明らかにされてくるだろうし、そうならなければいけないと思います。どうも有難うございました。

観客組織の展望と今後

鈴木　幹人

1

〃よい映画を見る会〃の運動が新聞、雑誌、放送などで盛んに報道されたのは、もう三年程まえのことになる。それは、この運動のにない手が主に母親たちであり、その母親たちのその年（五六年）の母親大会（第二回）と、子どもを守る文化会議（第四回）で、いわゆる〃太陽族映画〃に抵抗する自からの地域活動の一環として、一年間の活動を報告し、さらに発展させることを決議したからであった。

それらの会議では、この運動は、町会や警察母の会などが〃青少年保護育成週間〃とか〃不良文化財追放〃をうたってする短期間のそのときかぎりの映画会ではなく、母親たちの仲間づくりのよりどころである、PTAや婦人学級を足がかりとして、〃子どものしあわせ〃のために青少年に悪影響を与える映画を追放するため、一方では〃よい映画を育てる〃ことも常に考慮した、たいへん困難で長い期間を要する運動であることが確認された。

こうした性格をもった母親による映画会は、そのにない手の条件から、いくつかの特徴が見い出されてきた。

たとえば、既設の映画館を利用して、その館主によい映画を上映させ、地域の青少年を動員する方法は、一見効果的であり、影響力も大きいように思われるが、母親たちの行動範囲と時間的余裕、館側との交渉、更に館を利用する際の時間の選定と利用しうる時間の余裕、上映映画選定のための試写の機会などを具体的に考慮するとデモストレーションとして適当な機会をとらえてやることはよいとしても、〃よい映画をみる会〃の継続活動をすすめるための基本にはならないことが、確認された。

このことからは、一六ミリ映画による映画会が中心になることが確認されたのであるが、そのためには、公立のフィルム・ライブラリーや、商業フィルム・ライブラリーを利用して、番組編成のための試写会をやること、専門家（視聴覚教育係の先生とか、生活指導係の先生など）の助言、協力をえること、そして母親たち自身が子どもの生活を理解することや教育についての学習を続けることが大切であることなどがとりあげられてきた。こうした背景になる活動がともなわなければ、たとえ物的な条件がととのえられていたとしても、実は継続的な活動ということは、困難なのではないかという見通しも討議された。

三年前の母親大会と子どもを守る文化会議は、母親たちの新しい運動の形態として、〃よい映画をみる会〃を生み出したのである。

それは、それまでに幾度かとりあげられた不良文化財への抵抗の運動とは異なり、この運動を通じて、子どもの生活を守ると共に、母親自身も学習をすすめるという具体的な目標を内包するものであった。

2

この〃よい映画をみる会〃の目標と形態は、いいかえれば、PTAの本来の活動である校外生活指導と成人教育を映画を通じて行うことといえよう。事実、この運動の積極的なにない手は、PTAの働き手でもあり、PTAが発足以来、形式的に発達し、内容的には、後援会的なものであることに、不満と批判をもった人たちに多かった。そして、ある場合は、個々の学校のPTAという枠を破って、いくつかのPTAの有志が自主的に（大会とか集会、地域、進学協議会を通じて仲間になりつつ）独自の会を組織し、その会を足がかりに、既製のPTAに働きかけていったこともある（東京・城南よい映画をみる会）。また、地域の子どもを守る会がその活動の一環として、展開した場合もある（東京・練馬、大岡山、玉川地区など）。さらにそれらが発展して、相当大きな地域活動として、各種団体、学校、PTAなどを主体に協議会形態ですすめている場合もある（東京・豊島映画問題協議会）。しかし、こうした形態をとらずこの運動の主旨をとり入れたPTA映画会が展開された場合も数多くある。

このように、はじめ、青少年に悪影響を与える映画の追放のために、反対の集会とか、陳情などとともにすすめられた〃よい映画をみる会〃の運動は、ここ三年を経て、PTAや婦人組織を基盤とする最も根強い地域活動に育つとともに、母親たちによる子どもたちの映画会と、母親自身の学習の場に成長してきているといえよう。

さて、ここには、東京という大都市の例のみをとりあげて述べてきたが、こうした運動が地方ではどのような形態ですすめられているかということは大変大事なことである。

具体的な資料はないが、前述の大会や、日教組の研究集会、視聴覚教育の全国研究集会などの発言、研究発表によって知りうることは、公民館でやる巡回映画の番組編成に母親たちが積極的に参画したり、婦人学級や母親学級に教育映画を利用するしかたが自主的になってきたことが、最も大きな動きである。しかし、中都市では、大都市のような動きがあらわれてもいる。こうしたことは、地方の方が大都市より、一六ミリ映画による映画会や学級の学習が、社会教育の場面で、活発に行われてきたことにもよるのではなかろうか？

3

では、こうした運動をこの三年間すすめてきた東京の具体例についてみてみよう。

東京都港区と品川区にまたがる地域に城南〃よい映画をみる会〃がある。この会は、〃よい映画をみる会〃の一つの典型といえよう。

会は五六年九月に発足しており子どもたちにみせるための映画会は、今日までに、二三回、お母さんの学習会が八回開かれている。上映映画は、児童劇映画二四本、記録、グラフ映画一六本、教材映画一七本、漫画人形劇映画三〇本、社会教育映画九本、計九六本に達している。この回数と本数は、毎月一回の巡回映画会と、学校の行う映画教室、講堂映画会の回数と較べるとき、決して多いものとはいえない。しかし、この会は、母親の会員が、約一三〇名おり、その毎月三〇円の会費と子どもたちの映画会の子ども入場料二〇円で運営されており。使用フィルムは商業フィルム・ライブラリーから有料で借入れを行って進められている。そして、この地区では、PTA主催とか、慈善興行以外はどんな理由でも一般興行と同じに入場税がかけられるので、その経費、会場使用料などもすべてまかなっている。さらに、利用するフィルムは自分たちの手で試写している。衆知のガリ刷も、入場券の検印、会場手配とその届出もすべて会員でやっている。こうしたことを考え合わせると決して少ない回数ではないようだ。

そして、今では、会員は、九つの地域、七つの小学校PTA、二つの中学校PTAにわたり、この子どもの映画会を利用してのお母さんの学習会の外に、子どもと語り合う会、小地域でのお母さんたちの話し合いの会が、特に集会に参加するという構えにとらわれずに行われてきている。そこでは、〃子どもたちの勉強、お母さんの勉強〃とか〃子どもの生活〃などから、〃道徳教育の問題〃、〃勤務評定のこと〃なども話題になっている。そして、常に、子どものしあわせを願い、よりよき教育を希望する母親たち、大人たちはどう実践したらよいかを語り合い、考え合っている。

これらの成果は、自分たちの所属するPTAで、熱心で、活動できる役員を選ぶことに現われてきたり、名士の講演は聞きほれるのではなくて、もっている問題を整理したり、組みたてるために聞くのだという態度のかわり方に現われてきている。子どもたちはこうした中で二回の夏休みと冬休みをすごしたが、大人たちが眉をひそめる事件もなくて、〃よい映画をみる会〃のお母さんが町で、注意してくれることには信頼をもって従ってくれるということも話題になっている。

さらに、何人かの母親は、教員組合の教育映画等審査会に直接参加して、母親の立場で意見を述べている。NHKのテレビ上映映画の選定にも当っている。その動きは遅々としているが、当初の〃太陽族映画〃追放の運動は、地域から着々とすすめられてきているといえよう。そして会員たちは、自分たちが子どものために、教育のために、発言し、その発言したことが実践に押しすすめる身近かな場が、PTAであることを確認してきている。さらに、教師との協力が大切なことであることも常に念頭において行動するようになってきている。

4

ところが、こんな成果をあげつつある母親たちも、青年たちからみるとまだまだ古くさくもあり、頼りないこともあるようだ。この会は常に青年たちの助言や協力でここまできている。しかし、最近でも、運営委員（特に会長というものはない）の連絡が不充分で、ある会合に出られなかった人が、腐ったり、あらぬうわさを立てたりすることがたまたまある。そんな時、この会を知っている青年たちは、そうしたことを話題にして母親たちの古くささを具体的に指摘してくれる。また、PTAでも、学校でも、先生たちは、〃この地域はお母さんたちが熱心で〃ということで、積極的にこの運動に乗り出してこない。そのためもあって、こうした会をもって経費をかけずに、気軽るにやっていくための物的条件の基礎であるフィルム・ライブラリー運動が平行しない。これは、先生も責任があろうが、いまの運動のにない手である母親たちにもより多くの責任があるのではないかという反省がでている。

実は、こうした難路をあえぎ切りひらいているのが、典型的といわれる〃よい映画をみる会〃の現実だといえる。

しかし、その切りひらいている道は、教育映画が、確実に教育実践に生かされていく一つの道であろう。そして、この道をともに歩んだ母親たちが、教育映画への新しい同情者、実質的な声援者になりつつあることも事実である。この運動を守り育てることがこれからの課題ではなかろうか。

続・ぶっつけ本番(4)

朝日ニュース

水野　肇

小笠原基生

　末野君はめずらしく紺の背広を着、紺のネクタイをしめて出社した。

　いつもなら、茶色とも、カーキー色ともつかぬくたびれたジャンバーをひつかけ、顔の半分がかくれそうな古ぼけた登山帽をかぶっていると彼しては第一級のあらたまったコスチュームである。誰が置き忘れたか、汗と埃にまみれ、形は崩れ切って、もう少しで、屑箱に投り込まれる筈の登山帽を、持主がないなら、俺があづかって置く、と宣言して、この数年来、忠実に頭の上にあづかりつづけて来た末野君である。

　勿論、今となっては、誰も、彼が、本来の持主のために遺失物を明示してやっているとは思っていない。

　末野君自身、とうの昔に、目的意識を失って、それはもう彼の輝やけるトレードマークとなっている。

　トレードマークのない末野君を見ても、誰も何とも云わない、そして、誰もが、どことなくいつもよりキチンとしたみなりをしている。

　――おとむらいなんだ、重さんの奥さんの――

　今朝、いつものジャンバーを出そうとした奥さんに末野君はそう云って、ナフタリンくさい紺の背広を出させたのだ。

　〃重さんの奥さん〃すなわち林田重男カメラマンの奥さんが亡くなったのだ。

　重さんは、ついこの前、アフリカから帰って来たばかりだった。

　早大の遠征隊と共にアフリカを横断し、三十五ミリのシネスコカメラを、キリマンジャロのてっぺんまでかついで上った。

　――多分、こんなカメラを六千メートルの山の上に持って上ったのは世界でもはじめてじゃないか……

　アフリカから帰って来て、それだけが、重さんらしいひかえ目な自慢話だった。

　その時、奥さんは、不治の病にとりつかれていたわけだ。

　アフリカの前は南極だった。

たった一人で、カメラと、録音と、照明とをやって、大作〃南極大陸〃を撮り上げた重さんに、新聞記者や、ラジオ、テレビの記者が聞いた。

　――南極の撮影は大変だったでしょう、と。

　重さんの答えは、むしろブッキラボーだった。

　――ちっとも大変じゃありませんでしたよ、かえって、撮影する前が大変でしたから。

　その意味をはかりかねた相手に、重い口調で重さんは説明を加えた。

　――出発する前のいろんな準備と計算、温度とカメラ、フィルムの北大低温科学研究室での実験、船中の撮影のための小道具、ローリング、のひどいときや、暴風圏での撮影のための準備、せまい船内の階段を、アイモケースや三脚や、ライトを、持って上り降りしないで済む様にリュックを準備するという様な細かい点に至るまで、出発前に充分、ととのえていたから、むしろ、撮影がはじまってからは楽なものだった。

　出発前の準備の方が、よっぽど大変でしたよ、というのだ。

　重さんはつねに、こうした万全の準備の上に立って仕事をする。それをしている、ということが彼の自信である。

　それがカメラマンとして一番大切な部分だというのだろう。現場であわて、苦心して何とか間に合わせる式のエピソードは恥だとさえ思っている。

　――ケープタウンでオビ号に会ったとき、ソ連の撮った南極の映画を見たが、僕の方がいいと思った。

　はったりでも何でもなくごく当り前の感想として、ポツンという。

　徳川夢声が〃問答有用〃で初対面のとき、記録映画界の名カメラマン、というから、どこかスマートで、鋭いひらめきがあって、すばやい言動の切れ味があってという風に予想していたのに、これほど実物が違うとは思わなかったと云っていた。

　夢声老の前に現われたのは、村役場の頑固者の助役さんか、国鉄勤続三十年無事故の機関手、――それもローカル線の――という感じの土の匂いと、労働の汗の匂いとが、離れないガッチリした坊主頭の口下手な中年男だったからだ。

　南極の前はカラコルムへ。

日本の記録映画ブームの頂点だった作品。

　とにかく、ここ数年、極地から極地へ、席のあたたまる暇のない有様だった。

　こうした外国での大仕事の合間

1958・1・23 キリマンジヤロ小麓にて

に、即ち、カラコルムと南極の間に、撮った〝黒部峡谷〟も、短かいながら、重さんの枝術が、ピーンと全篇を引きしめて小気味のいい作品だった。

信州の大町市を根拠地に、黒部の四季と取り組んだのだが、重さんは、この地方の名産、越後上布か、小千谷ちぢみか、何かの反物を見立て、奥さんに送っていたと、スタッフの一人から末野君は聞いた。

とにかく、重さんを、家庭に、じつと落着かせて置かない仕事だった。

重さんの結婚は戦争中のこと。当時としてはおきまりの見合結婚。外地からの出張から帰ったばかりだった重さんは、新婚旅行の宿で、せっせと、出張旅費の精算をやっていたという。

いかにも重さんらしい初夜の光景だ。

何ごとにも、おぼれたり、酔ったりしないリアリスト林田重男。

道楽らしい道楽は何もない。カメラマンとしてだけ、着実に生きて来た男。

報道班員として、或いは兵隊として、戦争中は多く家を離れ、戦後は、すさまじいインフレのなかで、生きて行くのがやっとだった。

ニュースカメラマンとして戦後の十年を、つらぬいて、下山事件をはじめ、いくつかのスクープも、やってのけた。

朝鮮戦争がはじまると、国連軍カメラマンとして、活躍し、〝朝鮮の悲劇〟を作った。

ニュース映画界では、誰知らぬものもなかった林田重男が、いくらか世間に知られ出したのは漸く〝カラコルム〟からだった。

本格的なドキュメンタリーカメラマンとして重さんが有名になり出した頃、奥さんは、むづかしいセキズイの病にとりつかれていたのだった。そういうことを、重さんは、殆んど誰にも云わなかった。

およそ、愚痴や、弱音を吐くことのなかった重さんだった。宗谷の船上や、アフリカの草原で、重さんが、何を考えていたのか、誰も知らない。

末野君は、重さんの家へ焼香に出かけた。

その日、重さんの息子さんは、盲腸炎で入院しなければならなくなっていた。

おそらく、悲しんでいる暇もない程だったに違いない。

こうして、母を失った子供たちを抱えても、重さんは、やっぱり、カメラマンとして、必要ならば、また外国へ出掛けて行くのだろう。

末野君は、そんな風に、仏のことよりも、生きている人のことを考えていた。それは、自分の仕事と、生活のことを考えているのでもあったろう。

末野君は、映画技術協会へ提出された、重さんの南極大陸撮影報告のパンフレットを読んだことがある。

フィルムの値段から隊員としての月給に至るまでの数字と、科学的事実だけの数ページ。それで一冊の本を書けそうな観測隊員としての体験、感想、エピソードを一行も書かずに提出された重さんの〝白書〟。数字は十年先でもはっきり物を云うという重さんの信念だった。

末野君は、喪主席の重さんの表情から、林田夫婦の結婚生活に関する報告書をうかがい知ることはむずかしかった。

末野君は、社へ帰った。

ニュースのデスクは、湧き立っていた。

警職法を阻止しようとする社会党が、衆議院地方行政委員会室に座り込んで、自民党と激突の体制にあった。

国会にいる小原君からは、応援たのむ、の矢の催促だった。

いいところへ帰って来た、と末野君はさっそくまだ喪章を腕にまいたままの松村部長から撮影伝票をつきつけられた。

——徹夜だよ！　乱闘だよ！

という部長の声をもう背中に聞きながら末野君は、紺の背広を脱ぎ、ネクタイをはづし、弁当と一緒につつんで来たジャンパーをひっかけた。

千呎のアイモロールのフィルムをかつぎ、アイモケースをさげた末野君は、車に飛び乗った。車は永田町の坂を登って行く。

子供が出来てからというもの、帰りの不規則な末野君に、めっきり風当りの強くなった奥さんの顔を思い浮べながら、

——今夜も帰れないな、と呟やいた。

現場通信

伊豆に憶う

八木 進

先ごろ、廿二号台風に襲われる前の西伊豆に、ロケに行った時のことである。辺鄙な海岸で撮影をしていると、褌一つの子供達が四、五人、集まって来た。どの子供も赤銅色に陽焼けして、見るからに元気そうな顔をしている。ある子供は水中眼鏡をかけ、ある者は銛を手にし、それぞれ、いくばくかの獲物を手に持っている。近くの海で漁をして遊んでいたのであろう。我々の方を物珍しそうに見乍ら、やおら、浜で焚火を始めた。

我々の方は、波の寄せ方が思わしくなかったり、砂や小石の動きが気に入らなかったりで、例によって、仲々、撮影に手間どっていた。良い状況になる迄、粘る事にして、腰をすえた。子供達が、我々のまわりに集まって来た。

子供一「おじさん達、なにしてるの？」

「映画の撮影をしているんだよ」

子供二「ふーん、俳優はいないの？」

「ううん、人間の俳優はいないんだよ。この波や、砂や小石が俳優なんだよ」

子供二「へーえ、へんなんだな」

子供達は、何か解せないという様に、何かを期待していた顔を一瞬、つまらなさそうにした。やはり、映画といえば、チャンバラを眼に浮かべ、その撮影とすれば、たくさん俳優がいるものだと、思ったのだろう……。

無理もないことだと思う。而し、子供達にその様な既成観念を持たれる事は、こちらも面白くない。そこで、

「この映画はね、チャンバラや、ギャング映画とは違うんだよ。皆が学校で勉強する時に、役に立つ様にと思って作ってる教育映画なんだ。だからね………」

もう、ここまで喋りだすと、一寸止まらない。もう止め様、もうよそうと思い乍らもとうとう、日頃、思っていた事を、一気に喋ってしまった。子供達にとっては、迷惑だったかも知れない。

「あああ、俺もまだ若いなあ…もっと相手の気持を考え乍ら、話しをしなけりゃ。特に、子供には嫌われるぞ…」

と、心の中で悔んだが、もう後の祭り。

その時、状況がよくなったので、「本番」数カット、順調に進行する。その間、子供達は？と見ると、浜に立ちつくしたまま、ぢっと、我々の方を観察している。一段落したので、子供達のそばへ来る。

子供四「撮影って、面倒くせえんだなあー」

「うん」

子供三「俺ぁ達、こねえだ、〇〇って映画、学校で見たけど、おぢさん達のうつしてるの、ああいうやつなんだろー」

「え？ 何という映画だって？」

子供三「〇〇っちゅうの！」

途端に、私は、一変にうれしくなった。なんと、その〇〇というのは、私の作品であった。

「喰いねえ、喰いねえ、寿司喰ねえ」という石松の気持はよく判る。思わぬ所で、自分の作品を見た子供達に会えて、なんとなく心がはずむ。うれしかった。誰でも、自分の作品は、自分が生んだ子供の様に思っている事と思う。その子供が、立派にその使命を果している姿に接する事は、親が久し振りに子供に会った時の様なうれしさ、なつかしさを感じる事と思う。

我々と、浜の子供達とは、それから、急にうちとけていった。

燃えさかる焚火の中に、大きなサザエが三つ——。子供達が、我々に焼いてくれたのである。一諸に、焚火を囲んで、この心からの新鮮な贈物を御馳走になる。本当に、「なんとまがいいんでしょ」と、思い乍ら、サザエのつぼ焼を口にしたのである。そして、この純真な子供達の為に、更により良い作品を生み出さなければならないと心に誓いつつ、別れを告げた。

伊豆に猛威を振った台風!!

いろいろな惨害を耳にする度に、あの子供達の元気な姿を心から念じている。

ある反省

深江正彦

劇映画界におとらず、最近の短編映画界も活発な製作活動ぶりを示しているようです。特に、我々の作っている県政映画なるものを見て下さい。実に多作——少ないスタッフで月二回の県政ニュース、そして二月一本平均の短編。多作であれば、当然乱作となりまして経費に追われては、駄作にもなりかねません。映画と名がつき、大勢の人たちに見ていただくものである以上、チョコチョコっとまとめた、駄作ではなんとも申訳ない限りではありませんか——と、まア我々はこの苦しいなかで歯をくいしばって(?)きっといいものを作ろうといつも頑張っているのですが……。

例えばここに、農村に、あるいは漁村に生きる人々の真実の姿を(県政映画にもこうした捉え方をすることがあります。) 描こうとしているとします。しかし、経費と日数に追われて、なんとか二日か三日で撮って来いと言うことになります。そりゃ無理と言うもの

——。でも我々も喰っていかなきゃならんのです。そこで、〃その作れって言うなら作りましょう〃なんとわびしいではありませんか。だが、ここに問題があったのです。

過日、我々は山の観光映画を作るべくロケに出かけました。柄にもなく、少しは山に生きる人々の生活を拾ってみようと、ある部落を訪れたのです。さて、キコリたちの姿を撮ろうと準備したところ、変なうわさを耳にしました。キコリたちは、映画の撮影には一切協力お断りと言うのです。『おれたちが、映画屋さんを喰わせるために働く道理はねエ』とまで言っているとか。もっともな話——うなづける話なんですが、これは我々にとって誠に困った話です。

わけを聞くと我々の前にも、某社（TV関係のようでした）が、山の生活を撮るべく、キコリたちをまるで俳優のように、あっちだこっちだ、ああしろこうしろとひっぱり廻し、一日の仕事を、キコリたちにとっては完全に休んだ形になって、賃金がもらえずに大変困っていると言うのです。

我々は、ここでとくと考えなければなりませんでした。一日の賃金がもらえなくなれば大変なことになるキコリたちの生活のはずです。〃二日か三日で撮ってこなければ製作費の足が出る、足が出ればそれだけお前たちが困るんだ〃と言う映画屋と、キコリたちの、その困ると言う比重は、はたしてどちらが重いでしょう。

『おれたちは、お前たちを喰わせるために働く道理はねエ』

『俳優なみに、金をもらえるなら話は別だが……』

これは大会社で、そしてもっと莫大な経費を使ってキコリたちに賃金を払えるのならともかく、貧しい経費で、しかも小さなプロダクションでは、それは無理と言う他はないようです。

あの言葉は、彼等にとっては当然だったと思いますが我々にとっては痛い言葉でした。しかしこれは、映画界全体が痛い言葉としてとってもいいのではないかと思います。

漁村など、大部ロケずれなるものがして来て、金を出さないと撮らせない所もあるとか聞きます。どうしてこんなことになったか原因をいろいろと考えてみる必要がないでしょうか。我々は、我々なりに、我身を振りかえって実にハッとしました。

我々の諸先輩は、漁村や農村を撮るとき、大変な苦労をしているはずです。じっくりと漁民や農民の生活の中に入って、その人々の真実の姿に、じかにふれて、そして撮る——これは金の問題じゃありません。こうした真剣な態度は、きっと彼等の心を動かしたことでしょう。

丹沢（脚・演—筆者）

しかるに、まったくしかるにです。我々のような、チョコチョコっと撮ってまとめれば、何とか一本出来上る主義の安易な製作態度の映画屋が多いために、こんな問題を作ってしまったのではないでしょうか。

我々のチョコチョコ組が、キコリによらず農民、漁民、そしてきびしい生活を営む人々の真実の姿を社会に訴え、世の中の人々に考えてもらおうとする立派な先輩の善意を、まったく誤解させてしまっているとしたら、なんと恐しいことでしょう。たった一日か二日で、うわべだけの知識で、よくお百姓さんなどに『ここでこうして、ああしてくれませんか、はいもう一度』と、やっているロケ風景——これでは、あの言葉が叫ばれても怒れません。これは、——ごく当り前の、いけない製作態度とわかっていて、どうしてもっと早く反省の機会が来なかったかと、残念でなりません。この安易な製作態度は強く責められてしかるべきではないでしょうか。

又、我々の心のどこかに持っていると思われる、映画屋の特権みたいな意識——素人の方のなかには、映画に撮られて、大きなスクリーンに自分がうつると言うことを大変喜ぶ人が多い。だから我々は、〃お前たちを撮影してやっているんだ、うれしいだろう〃と言う気持を、心のどこかに持っているとしたら——好きなやつは、頼めば気軽に動いてくれると、ごく簡単に考えているとしたら——知らず知らずにこうした気持で映画を作っているとしたら、——社会のすべての人々を、いやしくも社会を、人を導こうとする映画を作っている立派であるべき映画人を、完全に誤解させてしまっても、無理はないと思います。

我々は今、即刻あらためるべく努力を重ねているのですが……。

どうも、まことに長々と変てこな通信になってしまって恐縮ですが、我々がロケ現場で得た、一つの考えさせられた問題として、反省と共に、諸先輩に叱られることを覚悟の上で、このつたない一文をしたためてみました。

現場通信

第六号までに現場通信を掲載した方は次の通りです。

岩佐氏寿、野田真吉、杉山正美
豊田敬太、苗田康夫、松岡新也
田中実、坂斉小一郎、間宮則夫
楠木徳男、川本博康、富岡捷、
杉原せつ、藤原智子
の十四氏です。

会員同志の交流と仕事を大勢の人たちに理解していただくため、どうか現場通信をおよせ下さい。〆切は特にありません。

観客のページ

最近の記録映画雑感

小野 善雄

最近、日本映画の不振ということがよくいわれる。なるほど、ヴェニスでは「無法松の一生」がグランプリをもらったけれども、この映画はわが国での評判は大したこともなかったし、ヴェニスでの受賞についても、審査員の一人である今日出海氏の確言にも拘らずとかくの批判を受けており大変な内幕も報ぜられている。[1] 私自身、最近のわが国の劇映画は全くといってよいほど観ていない。観ていないから実際に劇映画が不振かどうかわかる筈もないのだが、是が非でも観に行きたいという意欲を起させてくれるだけの作品が現われてくれないところをみると、やはり不振なのだろうと考えたくもなる。他方、記録映画については記録映画を観る会のおかげで一般の人々よりは多く観ているつもりである。ところが、この記録映画――より正確にいえば記録映画を中心にした短篇映画及び長篇記録映画――の方もどうも不振だといわざるを得ない。もっともこの方についてはよく比較検討してみれば或いは年々よくなってきているのかもしれないが、ともかく昨年は「砂川」と「世界は恐怖する」以外には余り感銘させられるような映画はなかったし(記録映画ではないけれども、「お姉さんといっしょ」はみごとな快作だった)今年は「法隆寺」と「ミクロの世界」以外は、余りこれといった作品も見当らない。勿論、私の観ていない多くの作品の中にはすぐれた映画もいくつかあることとは思うし、観たいと思う映画もいくつかあるけれども(「東京1958」などは非常に観たい作品の一つである)。

例えば、「忘れられた土地」は最近での代表的な作品の一つだといわれているが、私にはどうも退屈なところの多い映画であった。それは教育映画的な調子が気に入らなかったことにもよるだろうが、やはり全体的な映画の作り方に問題があるように思われる。即ち、松本俊夫氏が指摘しているように[2]従来からの解説風の形式を踏襲していることである。解説風の形式であっても人を感動させる作品は生まれるかもしれないが、この映画の場合それが問題の提起を何かなおざり的ものに、してしまったように感じられてならない。イス・ブルニュエルが一九三二年にスペインで作った記録映画「糧なき土地」は解説、暗示、忠告といった類のものを一切排して、スペインのある貧しい村についての徹底的にリアルな記録を観客に提示して[3]深い感銘を与えたといわれているが、そのような作品がわが国においても、いろいろと障害はあるにせよ、少くとも一本ぐらいは作られてもよいのではないだろうか?

「法隆寺」は最近観た記録映画の中では一応見応えのある作品の一つであったとはいえ、この映画で用いられた静的な対象を唯眺めるのではなしに撮影と編集のテクニックによってスクリーン上に躍動させるという方法は必ずしも全面的に成功したとはいい難い。この方法が美術映画において如何にすばらしい効果を生み出し得るものであるかといことはアラン・レネーの一連の作品「ポール・ゴーガン」、「トゥールーズ・ロートレック」、「ヴァンサン・ヴァン・ゴッホ」及び「ゲルニカ」を観ればわかるが(これらの作品は京都の関西日仏学館に所蔵されていて、ときたま上映されている。「ゲルニカ」は記録映画を観る会でもとり上げられた)これらの作品が前記の静的対象を画面上に躍動させる技法に完全に徹し切っているのに対して「法隆寺」は何か中途半端な感じを免れ難い。勿論製作上の種々の制約が徹底した実験の遂行を許してくれないという事情はあるだろうが(「法隆寺」でも「忘れられた土地」でもそうであろうしその他事実上すべての映画について同じことがいえるだろうが)レネーの「ゲルニカ」で受けた戦慄的な感銘を想い起すとさ、日本の美術映画にもこれに匹敵するような名作の現われることを是非とも期待したいものである。

けれども、「ミクロの世界――結核菌を追って――」はこのような不振を打ち破った力強い秀作であった。この映画は結核菌と体内組織――白血球或いは単核細胞――との闘いの模様を微速度顕微鏡撮影で捕えて我々に示してくれる。それによって我々はいくらかの科学的な知識を得るわけだが――それはまさしく映画によってしか認識することのできないような種類の知識である――この映画は単にそれだけではなしに、我々に結核の恐しさを印象深く教え、生命力の偉大さに感動させ、また科学者の執拗な探究心或いは科学の偉大な力というものを感じとらせる。「ミクロの世界」の意義はこの点にある。直接画面に現われた科学的な事実の認識だけに留まらず、更に大きな感銘を生み出すような作品、「ミクロの世界」はそのような作品であり、そこに科学映画の一つの理想的な形態をみるのである。この映画がヴェニスの国際記録映画祭で科学映画部門の第一位を獲得したのも当然のことであったと考えられる。ところでこの映画の成功の一つの大きな要因が徹底した微速度顕微鏡撮影の駆使ということにあったのは明らかである。微速度撮影によるあくことなき凝視が結核との闘いという主題と結び付いて科学映画として稀に見る迫力をもって我々を深い感動に誘い込むのである。微速度或いは高速度の撮影技法は映画、特に科学映画にとっては強力な武器であり、「ミクロの世界」がこの技法を殆ど全巻に亙って貫き通してすぐれた作品になり得たということは、前述の「忘れられた土地」や「法隆寺」についての考察と共に考え合わすとき、一つの示唆を与えてはくれないだろうか?

一つのスタイル、特に映画独自のスタイルに徹し切ること、これが傑作、秀作に通じる一つの要因になっているのだ。今日のわが国の映画界において、作家が全面的に自由に振舞うということは不可

能であるかもしれないが、それでもその点に関しては記録映画界の方が劇映画界よりも制約がゆるいように感じられる。記録映画界に期待をかけたいのはまさにこの点においてであって、映画の独自性を貫いて映画芸術の勝利を謳い上げるような傑作の生まれることを期待してやまないのである。

（京都・記録映画を見る会）

註
一 「芸術新潮」、九(一一)、二五四—二五七頁（一九五八年一一月号）
二 松本俊夫、「映画批評」、二(七)三〇頁（一九五八年八月号）
三 ドナルドリチィ（加島、虫明共訳）「映画芸術の革命」。八七頁、（昭森社、東京、一九五八）

観客のページ

ささやかな疑問

吉川　透

八重州口観光文化ホールで「海は生きている」（岩波映画作品・羽仁進監督作品）を観る。非常に鮮明であり、終始美しい画面が展開される。だが、そうであるだけに余計に惜しく感じられるのは、一本の一貫した映画として、どこかすっきりしない、何か物足りないという感じである。いや正直に云うと、この作品への不満感は、東野英治郎が画面に現われた時に実は決定的なものとなったのである。

なるほど、この映画のネライ乃至はテーマにとって、水族館において少年達への説明者をつとめるあの役割は、大した重要性を持たないと云われるかもしれない。そして、そんなことでこの作品への不満感を持たれてはたまらないと云われるかもしれない。だが本当にそうであろうか。

どうして東野英治郎をあそこに使わなければならなかったのであろうか。

いや大体この作品自体が、商業劇映画に多く顔を出している俳優を使わなければならない程、緊密にドラマの要素で統一されていたであろうか。

（前半において、海中における魚の生態あり、島の人人の風俗あり、この地方特有の漁法の紹介あり、後半に入って、水族館の内部描写あり、科学撮影による発生のしくみありで、そもそも短かい時間のうちにあまりに多くのことを語ろうと欲張り過ぎて、記録的部分の中に織りこまれたドラマの要素が、しっくりとけこまず、結局何か全体に統一性のうすいものになってしまったということは云えないであろうか）

それとも、あの場合、東野英治郎を使わなければならないという積極的な理由もなく、使われたに過ぎないのであろうか。

私には、「大自然にはばたく」「世界は恐怖する」等における徳川夢声、「アフリカ横断」等におけるフランキー堺などと同じく、これらは、ともすれば劇場座館上映の機会を失いがちな記録映画が観客に媚びた、一つの媚態のように思われてならないのである。

そしてこの媚態が、現実にうちひしがれ、生活に疲れた人々に、政治や科学への眼を開かせる橋渡しとしての役割を荷う、記録映画の純粋性を弱め、その向けさせ、見開かせるべき観客大衆の耳目を操り、その興味と関心とのありかを極めて曖昧なところに、中途半端に解消させてしまっていはしないだろうかと、心ひそかに憂えるのである。

そしてこれは、大衆の中に生きることを最も強く願っておりまた製作者の一方的なおしつけにも似たつくりもののメロドラマの氾濫する映画界に、新しい生命を吹きこむかと期待される、記録映画の進むべき道であろうかと考える。

記録映画の製作、配給等一連の仕事の中にひそむ苦しさは、或程度判るつもりでいます。しかし、何か他にもっと方法がないものでしょうか。

例えば、この「海は生きている」にしても、解説者に既成の俳優などを使わず、またドラマ化するならそれとして、終始少年の頭の中で発展する疑問を追って、一つ一つ少年が納得して行くという、新鮮な驚きの眼を通して描ききったならば、却って素晴しい迫力を持つのではないでしょうか。

前にあげた「世界は恐怖する」にしても、「アフリカ横断」にしても、夢声やフランキーを使わないことによって、却って強く純粋に、「恐怖」を、或は「アフリカ」を感じさせたのではないでしょうか。

一体誰が、解説者の名前によりその声を聞きたくて、記録映画を観に行くでしょうか。これら記録映画を観に集まる人々は、それどころか、生々しい事柄自体への新鮮な興味と期待とを抱いて来るのではないでしょうか。そこへもってきて、聞き慣れた、或は場合によっては聞きあきて嫌悪感をもよおさせるような喜劇俳優や話術家の声を聞かされるのでは、気分が減入る一方であって、却って逆効果をもたらす場合も多いのではないかと気遣われます。

その度に、私は二、三年前の映画「真昼の暗黒」を思い出すのです。

勿論この作品についても、いろいろと非難や批判は、それぞれにあることでしょうが、この作品の一つの大きな強みは、五人の被告既成俳優を使わず、劇団員であったとは云え、未だ映画観客の眼にはふれたことのない、ういういしい数人を起用したことにあったのではないかと思っているのです。

それを、記録映画作家がこういう解説者を使うということはどういうことなのか。

私の受けた感じというのは、私一人だけのものなのか。或は、どういう事情のもとに、このような事態が生じているのか。

私は、これらの映画を観た人達の感想を聞く機会もなく、又、製作の実態にも暗い、一学生であるに過ぎません。

だからこそ、お聞きしたいのです。これらの映画を観た人達、作っている立場の人達のお考えを。

そして私の疑問に答えていただきたいのです。

（一九五八、一〇、一五）

プロダクション・ニュース

（文中略号、脚＝脚本 演＝演出、撮＝撮影 EK＝イーストマンカラー 製＝製作、企＝企画）

桜映画社

○準備中「おやじの日曜日」三巻黒白、脚—柳沢・他、演—金子精吾、
○撮影中「中学生の心理」四巻黒白、原作波多野勤子、脚—片岡、演—青山通春「青春よみがえる日」五巻黒白、脚—木村荘十二・佐野美津男、演—木村荘十二
○編集中「心と病気」二巻黒白、脚—岩崎太郎、演—丸山章治、
○完成「最上川風土記」二巻黒白、脚—加藤松三郎、撮—岡田三八雄、演—丸山章治

東京フィルム

○完成「古いイネの路を戻って」二巻、EK、35m/m、脚・演—岩堀喜久男撮—高橋佑次、「和尚がんばる」三巻黒白、16m/m、脚—野田真吉、脚—広川朝二郎、演—道林一郎、「国語教室シリーズ・正しい発音を」三巻黒白、16m/m製—吉中晃、脚・演—岩堀喜久男、撮—高橋佑次

北欧映画株式会社

○準備中「商店に働く少年達」三巻黒白35m/m、製—中筋藤一、脚—八田大八・伊豆村豊、「老人学級」三巻黒白、25m/m、脚—八田大八
○撮影中「都会と空と」四巻黒白35m/m製—中筋隆次・高木茂、企—松江敏郎、脚—東原澂、脚・演—蜷川親博

全国農村映画協会

○編集中「とりのなかま」一巻黒白、16m/m、製—中山亘、脚・演—岩崎太郎撮—小松浩・高井四郎「家の光グラフ・第十集」一巻黒白、16m/m、製—中山亘、構成・演—岩崎太郎、撮—小松浩、
○撮影中「むくどり」二巻黒白、16m/m脚・演—岩崎太郎、撮—小松浩・高井四郎、「荷車の歌」十二巻、黒白・ワイド35m/m、原作—山代巴、脚—依田義賢撮—前田実、演—山本薩夫、
○完成「郷土芸能・第五集」一巻黒白、16m/m、構成・演—岩崎太郎、撮—小松浩・他、「かっぱの嫁とり」三巻、EK、35m/m、脚—中江隆介、撮—小松浩、演—藤原杉雄・中江隆介、「へやのそうじ」一巻、黒白、16m/m、脚・演—岩崎太郎、「米つくりのしごと」一巻黒白、16m/m、

記録映画社

○完成「畑地かんがい」三巻EK、企—畑地かんがい研究会、撮—高尾隆、演—上野大悟、「昔の農民」「大昔のくらし—登呂の人々——」一・五巻、撮—藤洋三、脚・演—上野耕三、共同製作—教育映画配給社、

民芸映画社

○準備中「チビデカ物語」五巻、黒白、35m/m、脚—吉田進・若杉光夫、撮—未定、演—若杉光夫、「光を守った子どもたち」（仮題）五巻黒白、35m/m、脚—原源一・佐藤豪人、撮—未定、演—森園忠、
○撮影中「傷痕の掟」（日活発註作品）七巻、黒白、ワイド、原作—藤原審爾（「殺し屋」より）、脚—阿部桂一・青山民雄撮—井上莞、演—森園忠、
○完成「母と子」五巻、黒白、35m/m脚—村山節子・宮川孝至、撮—井上莞、演—森園忠、「姿なき顔役」五巻、黒白、ワイド、原作—島田一男（「土曜日の男」より）脚—阿部桂一、若—杉光夫、

岩波映画製作所

○完成「東芝五九年」四巻、EK35m/m脚—土屋篤、演—富沢幸男、撮—藤瀬季彦、「九頭龍川」二巻EK、35m/m脚—高村武次、撮—賀川嘉一、演—坊野貞男、「有峰ダム」三巻、35m/m、EK、脚・演—坊野貞男、撮—賀川嘉一、解説—今福祝、「奥只見」五巻、EK、35m/m脚・演—樋口源一郎、撮—江連高元、「軽量形鋼の家」二巻、35m/m、脚・演—喜渡正男、撮—佐藤忠、解説—篠田英之助、「コルゲートパイプ」二巻、EK、16m/m、演・撮—牛山邦一、解説—長島金吾、「たのしい科学シリーズ・泡」二巻、B/W、16m/m、脚—小口八郎、撮—根岸栄、演—富沢昌一、「たのしい科学シリーズ・地図」、B/W、二巻、16m/m、脚・演—桑野茂、撮—今野敬一、「たのしい科学シリーズ・水泳」二巻B/W、16m/m、脚・演—榛葉豊明、撮—今野敬一、「たのしい科学シリーズ・川は生きている」二巻、B/W、16m/m、脚・演—桑野茂、撮—中山、「たのしい科学シリーズ・夏の天気図」二巻、B/W、16m/m、脚・演—桑野茂、撮—中山、「たのしい科学シリーズ・冷たくする話」二巻、B/W、16m/m、脚・演—各務洋一、撮—根岸栄、「たのしい科学シリーズ・磁石」二巻、B/W、16m/m、脚・演—桑野茂、撮—中山、「たのしい科学シリーズ・船」二巻、B/W、16m/m、脚・演—桑野茂、撮—今野敬一、「たのしい科学シリーズ・秋の天気図」二巻、B\W16m/m、脚・演—桑野茂、撮—根岸栄
○撮影中「パルチャン建設（ビルマ）」、EK、製—小口禎三、脚・演—高村武次撮—加藤公彦

芸術映画社

○完成「わたしたちの健康診断」「たのしいろうけつぞめ」二巻、16m/m、パートカラー、脚・演—菲沢正、撮—浦島進、「わたくしたちの気象観測」脚—原清太郎、演—伊豆村豊、撮—龍神孝正、
○撮影中「時計のしくみ」白黒、16m/m、二巻、演—八幡省三、撮—藤井良孝

毎日映画社

○完成「大氷河を行く」カラー35m/m八巻構—内田吐夢、撮—田中正、依田孝喜、「愛知の産業」カラー、35m/m、二巻、演—滝光雄、脚—日高昭、撮—田中正、
○編集中「富士重工」カラー、35m/m二巻、脚・演—山岸達児、撮—納昭彦、「日本の宝」カラー35m/m、四巻演—鈴木重吉、撮—赤川孝一
○撮影中「鉄道公安室」白黒、16m/mT・V演—古賀聖人、撮—上原勇次、

電通映画社

○準備中「昭和鋼機（仮題）」16m/m、二巻、白黒、脚・演—日高昭、「Skilld Hand」外務省、35m/m、黒白、二巻脚・構—田中喜次、
○撮影中「嵐山橋架設記録」16m/m、カラー、二巻、脚・演—湯原甫、撮—尾崎照男、「社是に生きる明電舎（仮題）」カラー、35m/m、二巻、脚・演—松本治助、撮—尾崎照男、「コロンボ・プラン」カラー、35m/m、三巻、脚・演—田中喜次、撮—入沢五郎、「新しき土」カラー、二巻、脚・演—丹生正、撮—山中新男、「日本のサンマ漁味」カラー、35m/m、一巻、脚—松尾真吾、撮—渡辺悌三郎、「日本のふるさと」カラー、35m/m、二巻、
○編集中「栄光」カラー、16m/m、二巻、編・構—田中喜次、尾崎照男。

東京シネマ

○撮影中「癌」二巻、EK、35m/m、製作—岡田桑三、脚—吉見泰、撮—小林米作、演—渡辺正己「マスコミュニケーション・ジャパン」脚—吉見泰、撮—植松永吉、演—八木仁平

ワイド・スクリーン

☆「記録映画」誌も号を重ねる毎に少しづつよくなって来たことを喜びます。今後は評論的な記事と共に実際我々の仕事の技術的、研究的記事についてもよく考えたいものです最近少々議論にかたよってるのではないでしょうか？

（永富映次郎）

☆最も新しい映画論や映画の紹介、短篇製作上の新しい動向や実践の状態等に重点を置いてきた編集方針に賛成します。機関誌のワクを多少離れても、この方向は良いことです。機関誌のワクから抜け出して、これをもっと大衆の中へ、持ち込むと云う方針と実践が来年度に置いて打ち出さるべきだと思います。

（富岡　捷）

☆十二月号編集責任者になりながら殆ど御手伝いできず松本君一人にやってもらい恐縮しています。紙面の少い雑誌ですから連載ものは少くしたい。短い文章で上手に表現できる技術をみながら身につける必要がありますネ。一号一号に特色をもたせ、何号かまとまると全体が表現できるような編集、なんでもかんでも総花式に紙面をわりあてようとするのはムリです。（丸山章治）

☆機関誌の背に通字号数が印刷してあると便利だと思いますが？（久保義久）

☆今月号はとりわけ有益に読みました一号ごとに確実によくなっているのでとても嬉しく思っています。（榛葉豊明）

編集後記

発足以来いろいろ干余曲折があったが、なんとなく半年経った。省みて、編集責任者としてロクなことが出来なかったことをお詫びしたい。それにしてもここまで読けて来ることができたのは、表面にあらわれていないが、ベースボールマガジン社の池田社長の、信じられないくらいの熱心な御支援と、野坂編集総務その他の方々の御協力の賜なのである。厚く御礼を申しあげたい。

なお、来月号から、多少、発行発売の方法に変更があるが、依然としてベースボールマガジン社の、厚い御支援を受けるものである。それに応えるためにも読者諸君とともに、教育映画記録映画の質を高め、観客の数を増すことに、この雑誌も役立てて行きたい。作家協会運営委から委嘱された、編集委は十二月末改題になる。いままでの御声援を、編集委員一同に代って、御礼を申しあげる。

（岩佐氏寿）

KIROKU EIGA
Published Monthly By Baseball Magazine Co., Ltd.

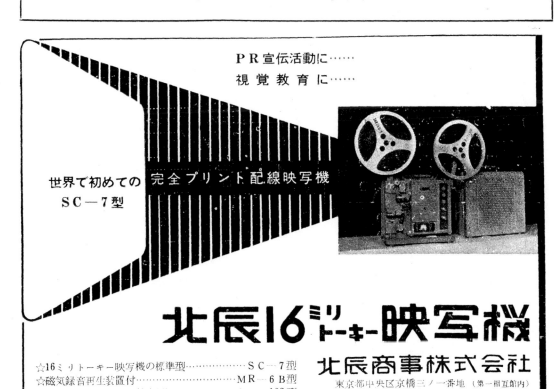

昭和三十四年一月一日発行（毎月一回一日発行）第二巻第一号 編集人 吉見泰 発行所 ベースボール・マガジン社 電話東京（29）代表七九〇一番
東京都千代田区神田錦町三ノ三 振替口座東京四六六二〇番
定価 七十円

教育映画作家協会編集

記録映画

THE DOCUMENTARY FILM

ディスニープロ作品「ペリ」撮影風景

2月号

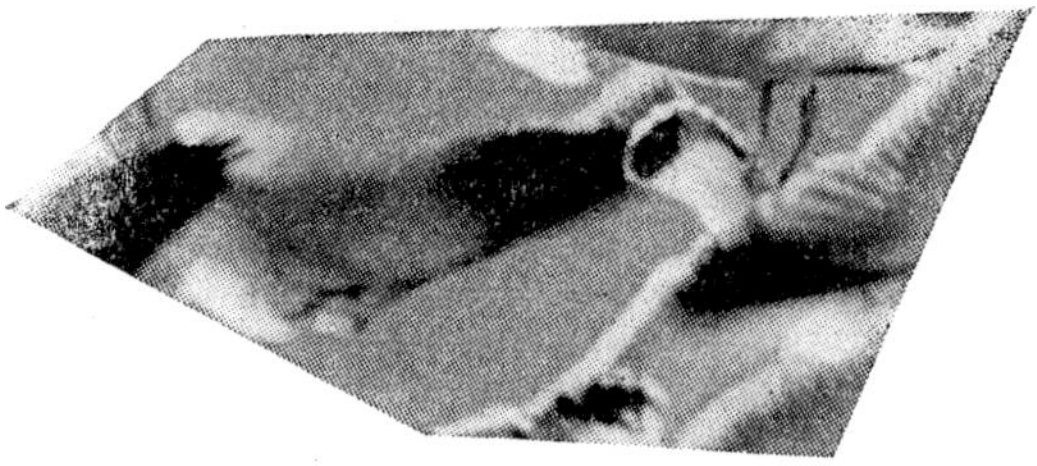

記録映画

１９５９　２月号

第２巻　第２号

時評

「記録映画」の自主発行について

「記録映画」の発行者が変りました。今月号から教育映画作家協会自体の発行になったのです。

そうなったについては、従来この雑誌の発行を厚意的に引受けて下さって来たベースボールマガジン社側の理由もあるにはありますが、根本的な原因は、矢張り記録映画自体の中にあると云っても云い過ぎではないと考えられます。

私共記録映画の作者たちは、記録映画こそ、本当に私たちの一生を賭けるにふさわしい映画であると考えて、その製作に努力して来たのです。古い人はもう二十年の歴史を持って居り、若い人たちも数年にわたる努力の積み重ねをして来ています。

戦争前には華々しい記録映画・文化映画の明るく陽の輝いた時代がありました。戦後、殊に最近では、多くの才能ある作家たちの優れた記録映画が産み出され、色々な場面で問題とされるようになりました。

しかし、どうしても一言しなければならないことは、どの時代を通しても、記録映画が楽々と製作されたことは一度も無かったと云うことです。経済的には、プロダクションも作家個人も常に悩まされ続けて来ました。記録映画が資金の心配なく製作されたことが一体何回あったことでしょうか。必然的に作家もプロダクションも貧困につきまとわれ乍ら苦しい仕事を続けて来たと云う訳です、只ひたすらに真実を追求する映画を作る喜びだけを心に抱いて——

だがその真実の追求すらも、仲々容易なことではありません。戦争前には幾人もの作家が、強大な権力のために真実追求の自由を奪われるような事態が起りました。又戦争中は同じ力が殆んどの作家の考える自由を圧迫し続けました。

そうして、戦後、漸く作家たちは、本当の自由を獲得することが出来、一斉に奮い起ちました。処が此処に私たちの前に立ちふさがったものが、戦後日本の政治経済の混乱の産み出した製作上の悪条件でした。一息つく間もなく作家たちは時には自ら製作資金の調達に、或いは外国検閲機関との折しょうに、全精力をつくさなければなりませんでした。又PR映画に明け暮れる日も続きました。しかし、どんな困難があろうと、記録映画を守り抜くのは私たち作家だと思います。作家たちは本当の映画を作るための努力を続けました。その中から、作家たちと記録映画を愛し、必要とする人々の努力で、いくつかの良い映画が産み出たのです。教育映画作家協会は、こう云う作家たちの良心の集まりであり対外的には同じようなまじめな団体と手を携えて進む中核体と思います。そして私たちの機関誌「記録映画」こそそのバック・ボーンとも云えるのではないでしょうか。此処にこそ「記録映画」を私たちの手で編集し、発行する意味があるのだと思います。

表紙の写真

ウォルトディズニー製作による「自然のファンタジー・シリーズ・その１・ペリ」撮影風景

もくじ

☆時評　「記録映画」の自主発行について……(3)

☆**物のはずみについて**……**長谷川龍生**…(4)

社会教育映画における主体性の問題……谷川義雄…(11)

社会教育映画をめぐって（座談会）その問題点と今後の方向……(6)

戦後記録映画運動についての一考察——記録映画製作協議会の運動について　野田真吉…(23)

☆**映画は道徳教育に役立つか**…**加納龍一**…(26)

教育映画作家協会第五回総会をめぐって　問題意識に根ざしたグループ活動を……吉見　泰…(16)

「主体性論」への提言……花松正卜

☆要約シナリオ・**ヒロシマ・わが恋　デュラ・大島辰雄訳**…(28)

☆女流作家の生活と意見（２）…時枝俊江…(15)

作品評　魔術師の限界「ペリ」…岡本昌雄…(30)

大衆芸術との接着点「シャンソン・ド・パリ」……河野哲二…(30)

複眼のドラマ意識「影」…松本俊夫…(32)

続・ぶっつけ本番(5)　**水野　肇**　**小笠原基生**…(34)

現場通信　立山を背景に……樋口源一郎…(36)

私は「現実」を二度のぞいた……荒井　英郎…(37)

☆観客のページ・「よい映画を見る会」から……大矢恒子…(32)

☆写真頁・新作紹介・記録映画製作協議会の作品……(19)

☆プロダクション・ニュース

☆編集後記(38)

「物」のはずみについて

長谷川竜生

　一九五八年の夏から秋にかけて広島に旅をした。土門拳の写真集「ひろしま」を放送詩劇化するために、身にあわない録音器と、大量のテープをもち、まるでF・W・クロフツの探偵小説に顔を出すフレンチ捜査警部のように、もっぱら脚にものを言わせて、こつこつと広島の周辺をあるき廻った。ところが魔の遺産は土中ふかく埋もれており、目的を果すためには相当の苦労をしなければならなかった。原爆被災者はここ数年のうちにその多くがかえらぬ存在となり、生きのこっている人たちは人目を避けてわからないまでにくらしていた。

　もちろん、ぼくが訪問し、面接した人たちは、ほとんど原爆患者であり、原爆に関係をもった人たちであったが、会う人ごとに亀井文夫の「世界は恐怖する」の話がもちだされたのである。この映画の内容はたいへん原爆被災者のあいだでは不評判であった。なかにはいきりたって原爆被災者を冒瀆していると、語気を荒くする人たちも交っていた。ぼくはたじたじとなり、そのあとでなにかしら白々しい空虚なものに襲われたりした。

　だいたいそれらの意見を調整してみると「世界は恐怖する」という映画は、誇張にすぎている。あるいは畸型遺伝の問題で、比率上、普通正常な人間と変らないのに、特殊、針小棒大に取扱っている。ということにしぼられた。その他、あの映画が出てから婚約問題がつぶれた。原爆症で寝ている人を、わざわざベッドの上へ起して撮影した、等々、嘘かまことか知らないが、なかなか亀井文夫批判は雑多であり、きびしいものがあった。しかし無慈悲なようであるが、ぼくはそれらの卒直な意見に対してあまり耳をかさなかった。むしろ、そのとき、思いついたことは、これらの意見の出所こそ原爆都市広島をえがく入口ではないのか、これこそ原水爆より恐い、「世界は恐怖する」の根原ではないのか、亀井文夫という日本でも指折りの映画監督が、この鍵になる状況をどうして見のがし、この対象をズバリと撮るのを、どうして忘れていたのであろうかと思った。これら原爆被災者の反撥は、「なにも世界は恐怖する」という映画がたまたま作られたから、その拍子に突然変異的にあらわれてきたものではない。その芽は原爆の落ちる以前から被圧迫者の底辺にあった。

　その芽が、あの日、原爆が落ちた瞬間から発生し、かれらの内部あるいは生活周辺に、はぐくまれてきたものである。すなわち人間の向日性にすこしでも傷をつけるものに対する無理解な反撥（この反撥は単純なものではなく非常に複雑な民俗心理が含まれている）この反撥が、かれらの未来にどのようにプラスの作用をし、どのようなところでマイナスの作用になっているかをまず最初に予測し考えておく必要があったのではないかと思った。

　亀井文夫の恐怖の提出は、プロパガンダの意味と結びつけて、大いに肯けるものはあるが、広島の内外状況を群集の中でよみとれなかったところに、ぼくは大いに歯がゆい思いをしたのである。なぜ、亀井文夫は、その意図を実現するために、まず対象を絶対矛盾の場におとしいれなかったのだろうか、そして、数時間後それがどのように動揺し、変化していくか、あるいは未来の時間に、どのような徴候をあらわし示すであろうかを、計算し、予測し、処理しなかったのだろうかと思いなやんだ。またその上に立って、始めて、かれの採用した誇張が、正当な未来ののっぴきならない事実としてフィルムに定着するのを、なぜ、さとらなかったのであろうか、と、ぼくは残念な思いで旅の日をすごしたのである。

　ぼくは東京へ帰ってから、そのことを一つのポイントとして、あれこれとドキュメンタリーにつき独自な考えをめぐらしてきた。ぼくはいわゆるドキュメンタリーについてのオピニオンリーダーではなく、むしろ貧しい創作家にしかすぎないものであるが、自分の仕事を支えるドキュメンタリーの方法をおしすすめるために、どうしても対象にむかい未来を通過していく明確な映像が必要となってきたのである。野田真吉は、「ドキュメンタリー方法論」で、「事実」を「物」と「意味」という単位に分解するといった。そして、日常性のヴェール（意味）をはぎとり、アクチャルにとらえた意味をうしなった、むきだしの「物」を主体的に再構成することによって、記録し新しい意味を、具現するリアリズムのあらたな方法を、おしすすめなければならないといっている。もちろん、それには正確な現実意識とか、アクチャリティが、欠くべからざる附随の条件となってくるのであるが、素朴なところで、むきだしの「物」を主体的に再構成することによって、記録しその果てに新しい意味が提出できるか、どうか、はなはだ実践面で疑わしいような気がしてならない。問題は分解の方法と、つぎにくる再構成の方法である。また往復運動における人間と「物」との統一関係においてであるが、では不統一な関係はドラマ

にはならないのか、という疑問も当然おこってくる。このあたりになってくると、実践面ではどのような考察と行動を採ればいいのか、ぼくにははなはだわからない。ことに映画のジャンルになってくると、理論的には一つの仮説を立てられても、技術条件、興業条件を考えあわすと、皆目見当がつかないのが実状ではないかと推察する。そこでいま、ぼくたちに一番必要なのは実験理論であるかもしれない。それを自ら提出しないかぎり手がかりが摑めそうにない。

しかし、こういうことだけは言えそうである。「事実」はただ単にスタティックなものではなく、たえず運動を起している。そして、運動の一側面と一方向としか見ることができない。その「事実」の運動に対して、べつの、もうひとつの「事実」をつきつけ、衝撃させ、そこに新たに起る対象としての「事実」の「物」と「意味」との断面を観察する方法である。

ぼくには、ながいあいだの疑問として、なぜ日本のいわゆる記録映画作家たちは、紀行ものや、考古学ものや、自然主義的な科学分析ものを、いたずらにたくさん「珍しがり屋」みたいに作るのであろうかと、そればかりが気になっていた。たとえば、ひとつの農村なら農村をとらえる、あるいは農村の主婦をとらえる。そして、過去から現在に至る封建的な構造に対するルポルタージュをフイルムに展開する。なるほど農村の主婦の一つの実態がよく理解できる。しかし、一体それは未来にむかってどうなっていくであろうかという点になってくると、必ず尻切れトンボである。現状維持をおぼろげにほのめかすものもあれば、しだいにそれは変っていくでありましょうという御丁寧な説明がついているものもある。平面描写であるから、まったく平面なものしか考えられない。また、現在の実態を、過去における成因の探索によって説明する。この歴史的な解説や方法ばかりを、ステロタイプで見せつけられていると、観客はたえず現実の時間に立ちおくれの意識を感じていなければならない。どうして、こうぼくたちの眼をひらかしめるものが、ぼくたちを過去に追いやるのであろう。問題の核心は、それを踏まえての未来の映像である。ほんとうに観客の要求しているのは「事実」そのものでもなく、「事実」の解釈でもなく、「事実」の運動が示している未来の在り方なのである。どこそこの川が洪水氾濫をおこして、家が流され、人が死んだ、それは山の森林を無計画的に切りとったからであるという風な顚倒する時間の説明ではなく（これこそ身にしみついた封建的な教育性である）明確に現在、五本の樹を切りとっているから、三年のちは洪水がおこるという未来の事実の決定的な存在である。これが欲しい。そのようにドキュメンタリーのドラマは、未来の映像の次元において、現在の瞬間が構築されなければ、さっぱり迫力がないと思うが、どうであろうか。

ところが、ある人は言うであろう。過去と現在の事実を正確に分析して、正確に未来を暗示するであろうと、ぼくは、ひそかに思うのだが、この良心的な暗示派には、ずいぶんと観客大衆はいままでだまされてきたような気がする。

何故ならば、「事実」の底流は決定的なものであるからである。観客は、いつも曖昧模糊とした未来をおしつけられて、現実では決定的に復讐されてきたからである。

ぼくには、現在の記録映画における、現場の運動理論と芸術理論の食いちがいについて、余り委しくは知らない。作家の主体性の回復ということもさかんに言われているようであるが、これも信頼のできるものではない。まず仕事である。日本における記録映画作家の未来像というものを、人間と物との関係に還元して、まず撮ってもらわなければ信用はおけないかもしれない。

野田真吉は日常性のヴェールの下のドラマについて、裸形の「物」としてのドラマにふれているが、（もちろん軽々しく言っているものではない）その新しい意味づけの発見過程が――主体が客体のなかに自己をみ、自己をみた客体を、主体のなかにとらえるといった、断絶した内部と外部の世界のあらたな疎通のための葛藤であり、格闘であり、くずれさった人間と物との関係のまったくあらたな関係の樹立、またそれを運動構造の中で成立させる――ということに対して、べつに異議をさしはさむものではない。しかし、これは、あくまでも単数位の「物」の見方であって、複数位のそれではない。そこに実践面におけるところの「映像化」「形象化」の過程で、かならずズレが起ってくるのだ。ぼくは、解放即秩序の成立とは思わないし、破壊即建設の成立とは思わない。ましてや、くずれさった人間と物との関係のまったくあらたなものが、全部が全部重要で、のっぴきならない意味をもつものとは思えない。要するに外部は複数である。人間の内部も単眼ではなく複眼である。内部と外部の断絶意識のあとにおこる葛藤、あるいは格闘は、まったく不調和であり、ひとつの混乱の状態であるかもしれない。しかし、その混乱の状態にあっても、基本的な未来に対するエネルギーを、あたらしい人間と物との関係のうちに発見する糸ぐちは、現在のところ実行のプランと実行力である。大衆はものを見せてくれなければ、その値段どおりには買わないのである。ぼくは冒頭に、亀井文夫の些細な例をあげざるをえなかった。ものはずみで「世界は恐怖する」の一つの実験は、「広島」という複数外部の衝突をもたらした。一つのAという事実に対して一つのBという事実をつきつけることにより、べつのCという事実が生れてきた。さらに、もうひとつべつの事実をひっさげて追究し、かれは対象を自己に接近させる必要があると思える。その運動構造の中において始めて内部と外部の断絶意識がはじまっていく。「断絶」とひとくちに言っても並大抵の仕業ではなさそうである。まず、未来を通過していく明確な映像の足がかりをこしらえなければ問題にはならない。

社会教育映画をめぐって

その問題点と今後の方向

社会教育映画試写研究会から

「おらうちの嫁」

出席者

教育映画作家協会
（司会）河野哲二
岩佐氏寿
京極高英
西沢豪
小津淳三
花松正卜

評論家
大島辰雄

国学院大学映画研究会
花谷晃至
榎本利男
川名次雄
梅田克己
小川紳介

(1)「山に生きる子ら」について

僻地をとりあげたが……

河野 まず、学生さんがなぜ「山に生きる子」をつくったかというところから——。

梅田 企画を立てたのは去年の四月頃なんですが、その頃いろいろ僻地の資料や映画を見たんです。当時僻地の映画というと、日映科学の「谷間の学校」しかないんです。あの映画を見てたしかに僻地の問題をやってるけど、僻地の先生のいい分なんかを描いているだけで、僻地の本当の問題をとり上げていない。それでこの問題は学生でなけゃ出来ない問題かなとぼく達の間で考えて、生れたものなんです

小川 日映科学の「谷間」を見たとき、先生が僻地の環境の中に入って、いろいろと対策を講じたり、善後策をやって、僻地教育を改善して行く、そういったところに主眼があったように思えた。しかし先生を中心においていくと、当然才能が中心になってくる。ああいった才能を実際果して全国の僻地にいる先生にすべて要求できるだろうか、と疑問に思ったわけです。結局ぼくたちは僻地に住んでいる子ども達に共通のものがあるのではないか、子どもというものにそれを求めていったら得られるんじゃないかと思ったんです。

河野 子どもを中心にしたことに異議をはさむわけではないが、子どもを通してあそこの部落のいろいろな僻地としての問題というものがあまりよくわからない。

梅田 生活を描け、ということですか。

河野 子どもたちを描いていく中で、子どもをつつんでいる環境や生活条件、僻地のいろいろな生活、そういうようなものが、子どもを描いた中に出てこないという感じだな。子どもたちの表面的な生活みたいなものしかわからないような気がする。

西沢 あのね、給食パンを持ってくるでしょう。あれだって遠くから持って来た感じが、わたしにはわからない。ずい分苦労してもってくるわけでしょう。どこからもってくるかということがないと、他とのつながりがよくわからない。説明はされてるけど……

小川 ドラマチックな、構成の中でわからせるという……

西沢 そうそう。

岩佐 そうだね。たとえば二人で肩くんでこう向うへ行くショットなんかぼくは好きなんだが、それが全体の構成の中の一つの部分として組み込まれていないそれが惜しいと思うね。それからぼくも、あの村の構造というものがわからない、僻地というけれども、どの程度の僻地なのか、地理的な説明でもいい、どこから何里ということがわかるだけでも、ずい分ちがったんじゃないか。もうひとつ、方法の

問題とも関連があるんだけれども、先生と子どもと親たちという三つの関係がね、もう少し突込まれる必要があったんじゃないですか。それと全体の調子がちょっと抒情に流れすぎたという気がする。

河野　私は本校へ行って運動会をやるでしょう。あすこが気にいらないんです。ああいう場面がいけないというのではなく、ああいうところも、家のお父さんお母さんが遠くの本校へ行くわけでしょう。そういう歩いて行くところとかね。運動場でいろいろやっている行事と、見ている人の顔で、カットバックなんかしているけれどもさ、そういうものにとらわれていて、もっとあすこへみんなが出かけて行く、そういう感じみたいなもの――帰る姿とか、そういうものがあっていいのではないか、と思うんですよ。

小川　弁解になるのですが、脚本で一応作ったときは、分校の生徒が運動会へ来るということで気持が高まっている、その子どもの運動会に対する気持のたかまりが、運動会でパッと大きくなる。ところが実際に現場へ行って撮ったのですが全然使いものにならないんです。運動会のような比較的記録性のつよい場面と、演出の加った劇的な場面とではどうしてもかみあわない

川名　あの部落は開拓部落のわけで、里にある部落とは根本的に生活がちがう。里の人たちは彼らは後に入って来たまったくちがう人種だぐらいに思っているわけです。ところがぼくたちのシナリオでは、一つの盛り上りとして里の人と開拓部落の人が仲よく運動会をたのしむ。――これが必要なんじゃないかと思ったんです。ところがそのぼくたちの考えと現地の実際の生活とが、まるで背中合わせになってしまった。どうしょうか。ぼくたちが村の人にたのんで運動会へ下りて来てくれ、といえば当然あの村にありそうにないことをフィルムではこれは事実なんだといって人にみせる結果になる。そういうことではいろいろ苦しんだんですが、その結果とにかくやってみる。いや自信をもってやったんですが、かくしカメラなんかもつかったんですが、まあ非常に作為的になってしまう。実生活とフィルムがどうしてもかみあわない。

岩佐　今はじめてうかがったんだが、行ってみたら開拓部落だったんですか？

川名　行って案内されて開拓部落だとわかったんだすが、実際のこまかいこと、土地の環境とかいろんな風俗とかは、やっぱりもぐり込んでいってからじゃないとわからなかったんです。戦後入植した人たちです。排他的というんではないんですが、どうしてもだまっちゃう。いろんな問題を話してはくれない。ぼくらも経済力があれば、いくらでも長くいられたんですが、会費と学校からの予算しかないもんですから。シナリオをかくために十日間いきました

岩佐　行ってみたら最初考えていたのとはちがったということは記録映画ではしょっちゅうある。或いはそれが開拓部落であったというようなことであれば、そこでいろいろと開拓部落の特徴をひっぱり出して、現場でどんどんシナリオでコンティニュィテイを変更して行くということ、記録映画の、偶然性とはそういうことだと思うんだけれども――。

学生の土性骨

山に生きる子ら

大島　ぼくはこちらの先輩方よりも、学生諸君に味方します。（笑）「切手のいらない手紙」をこの前に見ましたが「山に生きる子ら」の方がはるかに面白い。但し、その面白さが何かと今考えているとね、ぼくはやはり、子どもたちのポエジーだと思う。ぼくは非常に――例えばお兄ちゃんが帰ってくるという女の子をサッと出しましたね、あそこなど非常に新鮮に感じました。ああいう出し方は今日の外の三本にはなかったですね。そういう新鮮さが、ぼくにはポエジイになってくると思うんだ。

京極　おくれて来て見られなくなって大変失礼だが素人の方が特に学生さんが映画を作ろうとした、つまり土性骨というかな、そういうことをぼくは聞きたいんだが――

梅田　これは、失礼ないい方かもしれませんが、いわゆる商業映画に対する一つの反撥だったんです。そういう学生でなければ出来ぬようなものをぼくたちで作ろうじゃないか。それには制約はない、と思ったんですね。現地に入って行って実際問題としてやったんですが、いろんな制約があるわけですね。やはり商業映画でも引っかかっている制約だと思うんですけどね。

京極　どういう制約ですか、

小川　あの、たとえば、創作上の制約というかな、まず村の人たちと接して行く場合に、入って行く分には学生の場合入りやすいんですけれども、一たん入って調べようとすると、家なら家事情なら事情を分析されることをすでにいやがるんです。……まあしかし、学生であるからといって特別の目で見ないでほしいんですけど……。

大島　コメンタリーは非常に抽象

的で、気になってしようがなかったな、何か、あとから、こういうつもりで作りましたといい張られているような気がしますね。

小川　わかってほしいと思って、何かあわてちゃうんですね。それに、ぼくは大学四年たつと何となく自分が出されちゃうんですからね(笑)

川名　在学中は四年間で、二本出来たら、主観的な意味で作りすぎるくらいだと思うんです。ぼくは二本作ったわけですけどねとても忙がしくて、何かずっとかけ足して来たような気がするんですよ。実際にそんなにじっくりとやっていたかといえば、ぼくたちは若いんだから一時間ねればいいんだ、ということでやって来たわけです。けれどもやはり二十年生きた人間と四十年生きた人間と体験の上からもちがうんで、あくまで現状分析して行き、何かその中からつかみ出してくる、ということになると、例えば体験ということから負ける場合もあると思うんです。

小川　何か叫びたいというぼくらのあせりみたいなものもありますし、それから前に作った「小さな幻影」は徹底的にコメントを廃止したんです。ぜんぶ絵でやっちゃおうというわけで、幻想のシーンなんか、何にも入れないで音楽だけで、その結果見た人はだれもわからなかったんです。がっかりしちゃいまして、今度はそれじゃいけないという気持も、多分にあったんじゃないか、と思います。

岩佐　ナレーションで説明しなきゃ、なんか、心配になってくるんだな。

西沢　何かぼくたち専門家の作った映画に反撥しようとするところがあんまりないような感じがした。

大島　ぼくはね、前半の調子でずーっと押してった方がよかったと思いますね。

岩佐　しゃにむにくいさがったという馬力が割合見られないんだな。全体としてととのえようとした方がつよかったんじゃないかな。

京極　もっと残酷にいえばね、反撥して作ろうとした拠点が具体的になっていず、貧弱だったんじゃないか?

おらうちの嫁

(2)「おらうちの嫁」「切手のいらない手紙」「一枚のふとん」をめぐって

小川　「おらうちの嫁」の女優さんきれいですね。(笑)何か三本ともきれいにまとまりすぎている。解決しすぎている。例えば「切手のいらない手紙」あの子どもたちが親たちを批判するわけですけれども、ぼくは親の方にも言い分があると思うんです。あの「切手のいらない手紙」によって子と親との意志の伝達を計り明るい社会にしたい、という事なのでしょうけれど、例えばああいう状態にもって行かねばならぬ親の苦しみ、経済とも直結しているでしょうけれども、そういったものが省かれていて、ただ子どもと親の面だけがえがかれてこんなことがあれば、世の中が明るくなって行くんだというまい話なんだ。それは「おらうちの嫁」にも、もう一本にも感じられる。紙芝居みたいでてれくさい。

大島　「初手のいらない手紙」の一番終りのアナウンスで第一歩ですということを、一生懸命に出して来ているんです。

梅田　「一枚のふとん」の中で最後お婆さんと嫁さんでふとんをほしている。ああいう内面的なものであの問題が解決するということに非常に疑問に思ったんです。もっとその裏側に、例えば封建的なものとか、農村の問題とか、あると思うんですが…

岩佐　大人のための教育映画の機能というのは大体それがきっかけになって何かはじまって行くという位なもんだ。映画で何もかも出来っこないんだから。そこのところへいかにのっかって行くか、というのが社会教育映画を作る場合問題になる。もっと二巻ものの作り方ということについて、われわれは研究しなきゃいかんですな。

小川　一つのサークル、「おらうちの嫁」の青年団のような生活改善グループの力というものは「切手のいらない手紙」だって子どもたちの組織みたいなものだと思うのですが、そういった大きな力が更認識されたのは戦後でしょうし、又事実大きな力なのです。グループの力はもっと大きなものにぶつかって行けるんじゃないかと思います。それをあんな風に描くというのはグループの大きな力を見過すことになると思います。グループのもつ大きな力を表現して行く方向を発見したいと思う。

河野　「おらうちの嫁」はそういうグループの活動というものを描こうとしたものではない、という点で、私はあなたの今の意見を必ずしも妥当だとは思わないんですがね。割合、二巻、三巻の短かい社会教育映画では一応結論を出すために、お膳立てを仕立てる、するとある結論に達するためのプロセスはわかるけれども、実がない、という欠点は社会教育映画の場合出やすいんだ。岩佐さんがおっしゃったように、社会教育映画はある

一つの話題を提供して、話し合いの材料にするため問題を提起することが多いけど、その場合この話ではこういう結論になりました、というために映画の筋をそこへもって行く、そのために慎重さが失われる危機性を社会教育映画はもっている、そういう危険性を含まないもので、今の社会教育映画としてフィルムを買っているところにも買ってもらえるものを作るにはどうしたらいいかということは私たちに課せられた大きな問題だと思うのです。

岩佐　ぼくは妙なことを考えてる母親のための映画は大へん多いところがあれだけ母親たちがドンドンドンドン母親映画を見せられてるのに大きな、実践的な力に転化していっていない。だから生活技術の映画よりもエネルギイをふるい立たせるようなものをもっと作らなきゃいけないんじゃないかな。

京極　それはぼくたち作家の責任なんだけれども、ああいうふうにうまく解決しちゃうというのはね、問題を、うち側にもってきてるんだよ、中へね。だからあんな解決の仕方になるんだと思う。ところがそれが一つの型になってしまってね作家としては大変たやすい安易な方法になってしまっている。もっと外側を向いた解決への姿勢を工夫しなきゃならないんじゃないかこれからの教育映画は。

梅田　グループの問題を扱ったので「母親の生産学級」はこの学級というグループというものを対象にしていながら、解決しているものは夫婦かなにかの小話だったと思うんです。せつかくああいうグループをとっていながら何か……。

小川　ぼくのいったサークルというのは、そういうところに、活用できるものをもっているんじゃないか、ということをいいたかったんです。それが小さな話に転化されて終ってしまう。

大島　そんなのは大人の悪い童話でね、――何の積極性もないんだ。

京極　それが、教育映画を作る段階においてそれが売れる売れないという問題にブツカリものすごい作家の戦いになってくるし創作としても新しい道だけにとても苦るしくて、安易な解決に入りこんでしまう結果になる。したがってそれをつっ込んでいくと、問題の提起、材料も変ってくるわけです。それは一個人だけではどうすることも出来ない問題だ。

岩佐　農村の構造をゆすぶっていくようなものを作らなければならないんですけれども、今のところじゃ農村にとっては足の裏をくすぐられたような感じだろうと思うんです。それともう一つ、怒られそうなことをいうわけですが、「一枚のふとん」ねあれむしろね農村の人の心理的な問題なんだな、ああなるとね役者を使って芝居にした方が問題のありかがはっきりすると思うんだよ。もし芝居でなくとるのならね。記録映画として、これがなぜ記録映画でなきゃならなかったかという特徴がはっきり出るつかみ方をしなきゃならない。

京極　「おらうちの嫁」は教育的に一番わからない教育映画だと思う。あのストリーの範囲だけでも何も解決してないんじゃないのかと思う。あの場合どちらの家へ――嫁に来た家か、実家へ行ってこどもを生んだとしたって経済上の問題は解決しないそれをあの映画は解決しちゃったようにすっとばしている。すっとばしている処にいろいろ大変な事があるんだ。

岩佐　どっちで生むかということに焦点がしぼられるにしても、それが全体にとってどういう関係をもっているのか。

京極　それを言えばそれなりにわかるんだよ里で子ども生むというのは封建的だと一方的にきめてかかることはないと思うな、むしろ奴隷だったという方がよくわかる。嫁さんがね。

大島　もっともそれがね、嫁が働きだけのもんだ、ということをいってましたね。その出し方がね……。

京極　とにかく農村の嫁さんが全部悲劇みたいに描いている。裏返すと都会の方が農村より進んでいるぞといった、都会人の思い上った描き方のような気がしてならない。農民は実に下らん

上・一枚のふとん
下・切手のいらない手紙

ことをやっている。みたいにうけとれるんだよ。ことに帰ってくる嫁さんのいうせりふで「農家の嫁はソンだ」と詠嘆的にいうなんて一番いけないそのあらわれだね、全部農村だけの嫁さんが悲劇みたいに見えるだろうこれは何もこの映画ばかりでなく僕たちの作品の共通性の問題だけれど、いつも一番神経のいる点を、ああ平然とやられてはかなわん気持だ。

岩佐　信州で話したらね。向うで娘さんたちが討論している。そっから先の問題を討論しているんだよな、つまり「農家へ嫁に行くとソンだとわれわれが思うのは何故か」という討論なんだ頭では村に残って村を良くするのが自分たちだと思っているのに、都会へ出たいのは何故かということを討論しているんだね「おらうちの嫁」はちょっと問題が逆もどりしている感じだな

小津　今までずっと社会教育映画を見て、どうももの足りない反撥を感じるんだよ。それはどういうわけかといえば、社会教育映画という概念ね、それは、この四本みてもね、何か芸術的な農村なら農村の問題に本当にとりくんでいないやな。今までのやっぱり官僚的な教育概念を裏がえしにしたような感じだ。それから農村の青年にしたってあんなにオドオドしたものじゃない。じゃその青年がなぜまだ封建的な問題にぶつかるかということを今岩佐君がいったようにもう先の問題へ行っているんだその問題を我々は追求しなきゃならん。さっきからドキュメンタリイが問題になっているが、ドキュメントとして書いて行くとき、本当に作家のケンキョな分析なりにもとずいて、作家が何をかこうとするかというものがはっきり爆発してこなきゃ、教育映画なんてオコがましいと思うんだ。

川名　お母さんが出てくるとか、小話的なものは映画だけの上で現実の生活はちがっちゃってるということは、まずぼくらも農家の人も考えると思うんです。そういう意味で、ぼくは見る側にも責任がある、その責任をもたしてしまったのが作る側なんだ、と思います。そこで、こういう問題がある。一つみんなで考えよう、それを現地の実際のグループが議題としてやっていく、という方向へもって行くという、テもあるんじゃないか。

岩佐　だからぼくらは観客組織が大切だと思うんです。観客組織がもっとどんどん出来て、それが作者の方へはねかえってこなきゃならんわけだ。ところが間に配給機構があって、観客の声がそこをへだててくる。だから映画が売れたとなると、うれた原因がどうであれ、あんな映画作ったら売れるんだということでどんどん商売して行くことがある。配給機構を通じてお客の反響がはねかえってくるといっても、実際農村のことを考えている青年の集りや討論からはねかえってきているんじゃなくて社会教育課の係がこういっているよみたいな感想だとか、そういった形でぼくたちの方へはねかえってくる。親客と作者直通のパイプみたいなものを考えなきゃいかんと思うね。

小津　今のね、直通しないということね、これはとってもむづかしい問題だな。ぼくは配給やったことがあるが、直通しないことはないんだけどね、しかし見る人ってのは、映画みたときは理屈じゃなく、感覚的、直感的にスクリーンでうけたものをそのまま出す。ちっとも理論づけてないわけだ。たとえばセールスマンの死なんか固苦しくて面白くない、とか、暗い、とか、恋愛がない、とかそういうことなんだ。そうするとこれは整理されてないから一笑に付されるんだな。しかしうけないことは現実なんだから、あとでそれをこなすのに、作家の側を不勉強で、とってつけたように、恋愛つけて、これで恋愛がありますというわけだ。ところが、恋愛がないという表現して来てもそういうことじゃないんだな。暗いなら暗いで、その根拠が映画にはっきりしているかどうか、という問題を提起しているわけだ。直通の問題というのはね、現場からのこういう論理的じゃないものをね、こっちが深くつつこんで分析して自分の作品に生かすようにしなければ片面だけの直通になってしまうんだよ

岩佐　見る人はひどく単純化された、自分の知っていることばだけで表現することもあるし、全然逆の表現をすることもある。文学者みたいに言葉は豊富じゃないんだからね、そうなってくると見る人との克明な話し合いそういう努力を、両方からやってなきゃならない。

花松　相互交通というものが、スムースに出来たときでも、非常にリアルなものになるということは限らないでしょう。たとえば農村の人たちがある一つの映画を見たという場合、実際にその人たちのイデオロギーが、たぶんにマスコミに毒されている。例えば恋愛ものがないというときにね、その人たちのテレビドラマなどに毒されてるわけですよ。それがこういう形ででてくるとうけるがわでそういう変差をとり除く活動がすごく必要だと思うわけです。

岩佐　組織さえ作れば話がすんだみたいなのは困るわけだ。

京極　もう一度作家にかえってこなきゃね。

大島　常に創作の問題と組織の問題はからみあっているんだ。組織問題として追求して行けば、今日社会のあらゆる問題が入ってくるわけなんだから。

京極　ぞくぞく新しい現象が出てくるからね。その現象が本物であるかどうか見きわめることだ

川名　目の前のものがくりくりかわっていく。それにあわせてこっちがくりくりかわっていくかというと、仲々そういうわけにはいかないんですね。また変ってついていったとき、ついていったものが何か別な人間になっているんじゃないか、そういう恐しさもあるわけです。ふりまわされるだけでね。

河野　それでは今日はこれで。

社会教育映画における主体性について

谷川義雄

1 日本の現状と映画の社会的責任

今日の社会教育映画は主として地方の農村の公民館、地域婦人会青年学級などを対象として製作されています。これらの映画もささやかながら、マス・コミの一翼としての役割をになっているわけです。

テレビ・ラジオ・映画とめまぐるしいマスコミの攻勢のなかで大衆はいつの間にか規格品的頭脳になりつつあるようです。ついこの間まで野球や相撲に全く関心をもたなかった人が、いつの間にかこれらに、うつつをぬかしていたり、マス・コミで拡げられた意見をそっくりそのまま受け売りしていたりします。こうした事態から私たち映画作家は自分たちの作品に社会的な責任をもつことの必要性を今更ながら痛感します。

いま、日本の国民がおかれている状況は実に暗澹たるものがあります。生活保護を受ける程度の低所得世帯は全国で二四六万世帯、一一一三万人、総人口の一二―一五パーセントにあたると、三二年度の厚生白書は述べています。

この貧困からぬけ出そうと、ひしめきあつている社会の現状に、私たちはドキュメンタリー作家としての主張すべき多くの問題を胸の中で燃やしつづけています。

農村においては、いまだに根強い封建性が残り、近代以前の因習にがんじがらめにされている多くの人たちがいます。

社会教育映画として、この社会矛盾をつき、その中から新しい芽を育てるために役に立つ作品が作られてはいますが、まだまだ旧い壁をブチこわすたすけになるにはいたらない状態です。

沖縄の現状を冷静な態度で描くだけで、私たちは日本の矛盾を社会に訴え、現実認識への問題を提起することができるとおもいます

部落問題もその一つです。何の罪とがもない、そこで生れ育ったというために、いためつけられている人々の問題をとりあげて、何が差別をガン強に取りかためているのか——その実体を表現することができるとおもっています。

日本のこうした社会的状況を、作家は作品活動を通じて訴えたいと望んでいても、創作意欲を実践にうつす場はほとんどとざされています。

私たちは、ドキュメンタリー映画の中に、すぐれた遺産をもっています。それは〃**雪国**〃（石本統吉監督）〃**小林一茶**〃（亀井文夫監督）〃**医者のいない村**〃（伊東寿恵男監督）など、僅かではありますが、今日の作品活動の大きな足がかりになります。

〃**雪国**〃では、北国の農民が一年の半分以上、雪にうもれ、雪による災害をうけながら、その中から見出していく克服への知恵——こうした自然と人間との闘いをよく表現していました。しかし雪との闘いの背後にある社会的矛盾に対しては、無関心のようでした。

この作品が発表された一九三九年には、もう中日戦争が泥沼に入りこんだ状態になっていました。

そして、このころ既に、日本の支配者は映画を戦争協力に利用するための準備をすすめていたのです。

2 戦後の記録映画運動の経験

私はここで戦後の記録映画運動の得難い貴重な経験をふりかえってみたいとおもいます。

戦後の民主主義運動のなかで、私たちは地道に積みかさねなければならなかった作家の主体性の確立の斗いという重要な課題は、敗戦の翌年一九四六年六月、自由映画人集団での討議からはじまっています。

家城己代治監督はその席上で「反省をただの反省と懺悔におわらせないために〃自己革新〃が必要であると思い、思索が体験に重なり、文化が肉体になるために、大衆との密着の中に自己革命を見出そう」といっています。

しかし、岩崎昶氏がいうように映画人たちの多くが「自分の良心との対決をすませ、その自己批判をとおしての行動の身がまえができようとして」「借りものでない自分自身の思想で考え、自分自身の眼でみることができるようになった」（同氏著「現代日本の映画」）ということは、疑わしいことでした。それは、その後の歴史が証明しています。

戦後の日本民主化への改革は、占領軍と、その部下となった旧支配者によって行われたみせかけの民主主義でした。しかし、日本の映画作家は、それを自分自身の身につける斗いの時期はあったのですが、中途半ぱにおわらせたためやがてくる反動期に一たまりもなく後退しはじめました。歴史的にいって、近代的な訓練を経なかった日本の民主主義は、労働運動においても、真に横へのひろがりをみることなく、狭い枠のなかで、いつの間にか縦の人間関係を強めセクト的なボス組織をつくりあげてしまったのです。

これは日本のながい歴史が育てた封建思想——社会の上から下への縦の関係を強め、横の連帯意識の弱さを基盤としていました。

また、内面的な消化力をもたない欠陥は、いわゆる俗流大衆路線

などの中に道を誤ってしまいました。

このにがい経験は、戦後の記録映画運動の中にその反映をみることができます。

しかし、この戦後の歴史的な体験は、今後の作家活動の跳躍台とこそなれ、否定的な意味ばかりでとらえることは早計だとおもいます。

〝米〟（京極高英監督）の経験について、この映画のシナリオ担当者、吉見泰氏は「戦後の記録映画運動」（本誌五八年八月号）で次のようにいっています。

「取りあげるテーマや課題が階級間の利害に深く結びついたものであればあるほど、この斗いは深刻なものになるし、摑みうる真実の深さ（また作品を貫くリアリズムの深さ）は、そうした斗いの力関係を如実に反映するものだということを痛感しました。そして農民諸君と作家・スタッフの間の団結力の深さは、両者の信頼と相互理解の深さでありそのためにこそ真に農民の立場に立ち得るだけの作家自身の人間改造の問題が要求されていることを痛感したものです。」

これは抽象的な理論の中から作りあげられたものでなく、実践の中から生れた、かえがたい新しい意味の連帯意識の体験だといえます。

この記録映画運動はごく一部の作家が、おし進めた僅かな前進ですが、作家の自主性のないという欠陥を克服しないまま解消してしまいました。しかし、そうした実践の中から学びとった貴重な経験は、戦後十年にして、ようやく企業で〝ひとりの母の記録〟（京極高英監督）によって生かされました。

ところが、その後に二、三のすぐれた作品が散発的に発表されましたが、依然として不毛ぶりから脱しきれません。それは何に原因しているのでしょうか。

3 作品以前の問題点

理論的な沈滞もありました。最近ようやく発表された野田真吉氏の方法論（本誌五八年十一、十二五九年一月号）は注目すべきものを含んでいるとおもいます。

しかし方法論だけに限って論じていていいものでしょうか。この点については後述します。

しかし、何といっても製作条件の悪さに最大の原因があったといえます。

これでは作家の創作活動における新しい試みを実験する機会も得られないのです。

そこで私たちは、作家が創造意欲を実現できる条件をつくりだすという当面の大事な課題を解決することに取組まなければなりません。

今日、PR映画づくりにおいやられている作家が、ただ単に職人的に作品を作ることに満足せず、スポンサーとの軋轢や矛盾のなかで、ほんの僅かでも新しい表現の実験の場を探求しょうとする意欲は、将来に明るい希望を感じます

しかし一方には、その条件の限界をみて、積極性を失い、広告映画屋というコンプレックスにおちこんでいる面もあるとおもいます

このコンプレックスをなくすには個人の中でどんなに悩んでも、この問題は解決できるものではないと考えます。

そのためには、私たち作家協会の強化もさることながら、以前の経験を生かした新たな記録映画運動をおこし、作家の実験の場を拡大することが、私たちにあたえられた当面の大きな役割ではないでしょうか。この点については、今年年頭に開かれた記録映画研究会でも語りあい、意見の一致をみました。

現在のこの環境打破の運動こそ作家主体を大きく変革させるてだてとなるものだとおもいます。

かつての東宝争議による経験を思いかえしてもわかるように、「横ばい戦術」によって、全国の労働者、市民をまきこみながら、最も身近かな、日映演の同じ仲間である松竹、大映の組合を名目だけの共同斗争で、何ら実質的な斗争に起ち上らせなかった——むしろ、東宝のスト中に儲けるだけ儲けるという経営者の考えに同調するという企業意識——愛社精神によって毒されていました。そして今もなおこの状態をつづけているといえるでしょう。

作家は作家同士の交渉を深めることも大事な課題ですが、その上に作家とキャメラマンとの交流を発展させて、たえず作品活動以前から、友達づきあい以上の理論的な討論の場をもつ必要があるとおもいます。

それは作家とキャメラマンとの間に限らず、他の芸術部門の人たちとの交流も大きな力となるでしょう。

映画はその誕生のときから組織的な創造形式をもっています。しかし、その集団創作の中に、いままで封建的な要素も多分にもちこんでいました。それは分業化されるにしたがって近代的になりつつありますが、職人的な仕事のあり方にはまだまだおくれた関係が残されています。

先にふれた記録映画研究会——三日間にわたる討議は私にとって大へん勉強になりました。今後、日本の、いや世界の私たちの仲間の作品をみたり、研究会をもつということも、連帯意識を強めるばかりでなく、作家の眼をひらくことになるでしょう。その意味でもこうした会はひんぱんに開きたいものです。

4 作品における作家の実践

私は私なりにいろいろ考えた末やはり、すぐれた内容を描くことがすぐれた方法を生みだすのではないかという一般的な結論に到達しました。

方法論は、それぞれの時代の現実のあり方によって変ります。

私は方法の問題より、作家のものをみる眼を養うことの方が目下の急務ではないかとさえおもっています。このように極言するのは作家の能力や才能の差はあるとし

ても現実を鋭く観察し、分析するなかで、本質をつかみとることができるとおもうからです。

今までのような素朴なリアリズムの方法では現在おかれている私たちの環境――この複雑な現実を再構成することは不可能であることは私自身感じています。

現実の分析や貴重な体験のつみかさねだけが作品の形象化に到らないことはいうまでもありませんが……。

私はここで先にふれた部落の問題を、私ならばどのように取上げるか、このことについて述べてみたいとおもいます。

今日の部落の差別は何によって支えられているのでしょうか。それは私たちが、日本中どこを歩いても、ここにあるというふうには眼にみえないかも知れません。

しかし、私たちが調査すれば、具体的な事実として、いわれもない差別に苦悩する人たちが存在することを、この眼で見ることができるでしょう。

絶望的な貧困、それはまともな職業からしめだされていることによるでしょう。そのことは、大人ばかりか、子供たちが、学校の卒業期に最も切実に身をもって経験させられます。どんなに成績が優秀であっても、就職ができないということ、これは子供たちにとっても、大人たちにとっても理窟でなっとくできないためなお悲惨です。

しかし、この問題は、部落で生れ育ったものでなくても、父親がいないために就職できず自殺した少年があったことにも関連しています。

また、農村では今だに隣の不幸はかもの味とか、隣の不幸で赤飯をたくとかいった感情が残されています。自分より不幸なものが存在することによって安心感をもつというこの現実をみると、こうした感情に追いつめている日本の貧しさの本質を共通の場でとりだすことができると思います。

差別意識は差別される部落の人たち自身の中にも残っていることを見逃すわけにはいきません。

それは日本で職もなく帰国の自由も奪われている朝鮮人に対する優越感としてです。また部落にボスも存在しています。

けれども今やこの人たちの中から、勤務評定闘争にみられたような教員の問題を真に自分たちの問題として起ち上った部落の新しい姿をとらえ、何が差別を支えているかということ、それから解放への糸口までを一本の映画で訴えることも可能だとおもいます。

ただし、これはすべて私が頭の中で考えているだけで、現場にキャメラを持込んだ場合、イメージになかった驚くような事実にぶつかって感動し、また新しい発見をすることでしょう。

亀井氏が〝**生きていてよかった**〟における経験と似た困難に直面するでしょう。

はじめは人前に出るのがいやだといった被爆者の娘さんが亀井氏の働きかけによって自分のケロイドを人に見せて訴えるように成長したということ。このような困難にぶつかった時、対象の内面にくいこんでいく手がかりを見つけ出すことは、作家の努力はもとより、スタッフ全員の作品内容への協力が必要です。

それは単なるあまいヒューマニティや同情心からでなく、対象の人たちの問題を、そのまま自分の問題として取組むことだとおもいます。

部落問題を扱った二、三の小説を読んだり、昨年春NHKテレビの〝日本の素顔・部落〟をみたりして、私は安易に心を動かされましたが、部落の人たちは、これを単なる同情でしかないと、冷たく批判していました。テレビの方などは、後退よりなお悪い差別の再生産の肯定であるとさえいっています。同情という一段高いところから問題を見ている以上、どんなに良心的な意図であろうと、それは、にべもなく、はねつけられるものであることを、私自身痛切に感じました。

私は最近の社会教育映画の大半が、劇映画の形式で、安易な手段をもって表現しようとしていることは実に歎かわしいことだとおもっています。登場人物の類型化にも問題はありますが。

私は、たとえ困難がともなっても、ドキュメンタリーでこそ、社会教育映画の本来の目的が達せられるものだとおもっています。

頭の中のひきだしにある〝部落〟というテーマをとりあげて、私が考えているあり方について述べたのも、今日、突きあたっている社会教育映画の問題が、いろいろな意味で自分だけでは解決できないものを含んでいると思うからです。

わかりきったことですが、映画は文学とちがって、ペン一本で作品にならぬことがもどかしいようです。

5　野田理論に対する疑問

今日、文学・美術の世界で、アヴァンギャルド芸術の方法が論壇をにぎわしています。

自然主義リアリズム・社会主義リアリズムなどの在来のリアリズム論が壁にぶつかっているため、リアリズムの理念を再検討する必要に迫られ、そこで、アヴァンギャルドの方法に希望をもてると、感じた人々が、とびついたわけです。

記録映画の世界でも、この方法が野田真吉、松本俊夫氏らによってもちこまれています。

この理論には、今まで私たちに欠けていた作家の想像力、主体性リアリズムなどの問題を、いろいろ提起しているとおもいます。

野田氏のいう作家の主体意識の欠如は、私たち共通の欠陥といえるでしょう。そのために主体性の確立・主体と方法との対応という課題は、もっと追求される必要があります。

ここで、アヴァンギャルドの発生の必然性について考えてみたいのです。

シュールリアリズム、抽象主義などと共に自然主義を否定するという立場から生れたこの方法が、第一次大戦後、第二次大戦後という、ヨーロッパ社会の混沌とした状態からおこったものであることに気がつきます。（勿論これらの

萠芽は十九世紀後半にあったのですが）

私は芸術の中に、芸術独自の世界があることは充分知った上で、なお、その背景にある政治的、社会的、経済的基盤を考えないではいられないのです。

私は一般的にアヴァンギャルドといわれる芸術家たちが、こうした不安や危機意識の問題を表現しないではいられなかった近代について考えてみました。

巨大なメカニズムの中で、部分的な機能しか果せない人間の力の薄弱さ、無力感、これは人間が作りあげた機械によって人間が支配されるという近代社会の悲劇的な所産物だと思うのです。

近代的な個人主義というものは日本では、自己は自己、他者は他者という他者の中に自己を見出さないという断絶となってあらわれました。

このように人間と人間のつながりのきれたところで、すぐれた創造力をもつ孤独な芸術家が、ひたすら自分の穴の中で作り出した方法――これは所詮、生活的な大衆からはなれてしまう結果を生みだしたとおもいます。

ピカソがわからないという大衆を保守的とだけで、かたづけられるでしょうか。芸術のあたえる社会的な結果、または効果についてもう一度、充分に考えなおしてみる必要があるとおもいます。

アヴァンギャルドは、日本の社会のなりたちを無視して、ヨーロッパにおける理論が機械的に持込まれても育たないものがあると考えます。

たしかに、日本にははっきりした勃興期におけるような近代の自我を確立することが出来ず、封建性の残滓を温存しながら、もう一方では、メカニズムに切裂れた近代の歪みの中に生きています。

たとえば先に述べた戦後の民主主義運動の欠陥にも、封建的な要素以外にこうした近代の腐敗の一面の影響を考えなくてはならないとおもうのです。

そして、これらからの具体的な脱出方法は、再び機械を人間の支配下におき、組織を人間のものにできる、より発展した段階をつくりあげることです。これは本質的な階級的連帯感をぬきに考えられないのです。

野田氏は社会教育映画〝忘れられた土地〟という実作のなかで多くの問題を提起されています。

その中で、野田氏の意図した疎外された状況を僻地において描こうとしたことが、どれほど観客に理解されたか私は疑問をもっています。

この作品の研究会（本誌五八年十一月号掲載）において述べられた野田氏の一方法―全く疎外された二つの場所において平行して進行している事実、それを再構成することによって、新しい意味を生みだすことは、現代の社会の本質を描破する可能性を感じます。これは新しい意味でのモンタージュ論として注目すべきことだとおもいます。

ところが、その方法として、事実を物と意味に分解してとらえるということが現実に可能なのかと考えてみるのですが、私にはどうしても意味をはくだつし得ないのです。かげ膳の白米のめしを例にとってみても、物―意味のない物にならないのです。

それは人によって感じ方はちがうでしょうが、それぞれ何か連想をおこすものを社会的現実と自然的現実にわけるとすれば、もう一つ各個人の人間的現実があるのではないでしょうか。見る側としても、それぞれの認識の過程で相違があってもその事実から何らかを連想するでしょう。

作家の主体性は、むしろ事実のなかに意味を見出して選択していくことではないでしょうか。

動揺する外側の現実によって引きおこされた自己の不安定なものを外界の固定したものに安定させようとした主観的なアヴァンギャルドの方法の発想の中に本当に発展的なものがあるかどうかについて、もっと深く追求したいとおもいます。

野田氏の方法が記録映画の世界で最も大きな可能性をもっているのは、アニメーションの分野であるとおもいます。

物を物として把握できる場が、そこにはあるからです。しかしアニメーションの現状は、はなはだ悲観的です。職人的な仕事のために、身心をすりへらしているという――要するに主体性の喪失からの回復への闘いがないかぎり希望がもてないからです。

（一九五九年一月十七日）

（25頁から）

協議会の運動を停滞させ、さらには挫折へとみちびいたものは、尖鋭的な階級闘争をとりあげたり青年運動をとりあげたから、ハネあがってしまったのではなく、はじめにのべた挫折の三つの要因にある。例えば、大衆のエネルギーの集結点である闘いをただしくとらえ、ただしい方向へと描きだしえなかったのもそのためである。作家の主体の欠如はまた、それとうらはらに方法をもたず、ただしいプロパガンダをなしえず、「国民の闘いの武器」となりえなかったのである。

その挫折の意味を、作家の内部において、うけとめ、あきらかにすることによって、主体と方法を確立するならば、日常的な現実対象はもちろん、もっとも政治的に尖鋭化した典型的な階級闘争などを積極的にとりあげることができまた、とりあぐべきだと思うのである。

僕が『日鋼室蘭』を協議会の運動のなかでもっともたかく評価するのは協議会の運動の立場をただしくおしすすめた到達点であり、そこには今までのべた左右の日和見主義を克服し、今後の記録映画運動の前進と発展のための契機をもっているからである。

すでに指定の紙数もこえたので最後に、一言。記録映画製作協議会の運動にたいする作家としてのただしい評価をすすめていくことは沈滞している記録映画にあたらしい途をひらくものと思う。この一文もそのためであり、みなさんの御批判をまつものである。

■時枝俊江

岩波映画製作所作品「町の政治」を演出

〃女流作家の生活と意見〃などと大時代なタイトルをかかげられるとまだやっぱり女は珍しがられ、いたわられる時期を過ぎていないのかと、忘れてしまったのを改めて思い出させられる始末です。

映画に入った当初は女だからと自分で気を使う事が多い毎日でした。まず、男より体が動かなくて迷惑するのではないか、女だからスタッフが叱りたい時もがまんしているのではないか、女がまじっているだけでスタッフに余計な気持の負担があるのではないか等々！ あげればきりのない抵抗が自分自身にありました。小説家や絵かきと違って、大ぜいで仕事をするむづかしさを女だからこそ感じるのかと思ったものです。だんだん働いている中にむしろまわりの問題よりも、自分自身がその穴にはまりこんでいる事に気がつきました。それは、恐らく私が恵まれた環境にいたためだと思います。少く共私の職場の仲間達が対等につき合ってくれたお蔭だと、世間の女性の職場の悩みをきくにつけ、心ひそかに感謝している次第です。

職場の仲間がいくらよくても、スポンサーや世間は若い女の子のうつ事など本気できいてくれなくて、せめて年でもとってカンロクをつけたいものだと思ったのです。

女だという壁からつきぬけられたと思った時、そこには、創作というすごい壁がそびえていました。今にして思えば女だったなんていうのは、ものの数にも入らないほど厚い大きな壁です。

少し仕事を熱心にやると「女の人なのにほんとによく働く」とおだてられ、少しいい気になって失敗をやると「やっぱり女は駄目だ」といわれて、男の人は失敗しても「男だから」などといわれなくて、うらやましいと思ったのが気まり悪くなったほどでした。

今考えると冷汗ものなのですが、私の第一回の仕事〃町の政治〃は、いいたい事が山ほどあって、方法が伴わない自分の未熟さをイヤというほど思い知らされた仕事でした。一人づつの人間の彫りを深く刻んでいく事と周囲の環境を指示していく事が、限られた中でどうしても一つになっていかないのです。テーマに対して、人間と環境の結びつきのつかまえ方が適確ではなかった事を反省させられました。

私は、自分を含めて、女が女という座にあぐらをかきすぎてはいないかと思うのですが〃町の政治〃では、実力不足でその事が大変気になりながら、それを避けてまとめてしまった事が悔まれます。

それは、今後私の一つの課題ともいえます。それから、二、三のPR映画をつくってきました。PR映画は、戦後先輩の作家達によって、いくつかの型が出来上ってしまったようです。〃町の政治〃の時には思うことが一ぱいあって、描き方が思うようにならなかった事が、骨身にこたえて、今度は専らお手本をまねて描き方の勉強をして、みようと思ったのです。日数フィルム製作費の制限と枠が重ってくるとお手本をまねするなどのんきな事もいっていられなくなり、自分なりの決断、やり方を迫られて、これはこれでいい勉強になりました。あたえられた条件の中で最高の効果をねらう事についてはまだまだ勉強したいと思います。

しかし、ただあたえられたテーマを如何に消化するかという事に終始していると、このまま自分の思考が停止するのではないかとゾッとしてくるのです。創作らしい事もしていないで恥しい云い分ですが、もし私が絵かきや小説家だったら、書く内容をもっていない事は絶叫するような苦しみだと思います。お菓子の看板を見事に描き上げても、ナイロンワインアワの宣伝文を名文で撮ったとしても――仮にそれが飯の種だとしても、いてもたってもいられないだろうと思うのです。

PR映画をつくっていかなければならない現状の中で語りかけずにはいられないものを蓄積していない事が、今、一番恥しく思います。PR映画で少しづつでも自分の技術を習得する一方で自分自身の考え方、感じ方を蓄積し、みがき上げていくのにどうすればよいか―恐らく生粋の作家の方は、この事でどれだけ悩まれ斗ってきたか想像に絶するのでしょうが、自分が当面して始めてわかった事でした。

たしかに怠けるためには充分すぎる口実があります。製作条件が思うようにならない…スポンサーが強硬だ…いくらあたためても現実に作品にする機会がないのだから…等々、

私は、佐多稲子氏や円地文子氏の作品に女だという事を感じるのですが、女だという事は作品以前にあるものではなく、むしろ自分を徹底的に追求して結晶してこそ、はじめて自分の一部としてあらわれるものだという事をきびしい程感じます。

女の人しかわからない素材などというのは、全く無意味な気がしますし、そこによりかかるのは、大変甘ったれたことだと思います。知識を得るとか、もの事を解説していく事はそう至難の事とは思いませんが、自分を豊かにし、それを表現していくたたかいは、つらい長い途だと思います。月ロケットがとぶ目まぐるしい時代にものわかりばかりよくなろうとして、その中から発見し、おどろき、興奮する事の少い日々です。だからこそ人を大事にしなければいけないと思うばかりで、私の創作は、こんなところからスタートしなければならない実状です。

問題意識に根ざしたグループ活動を

吉見　泰

われわれは、今年度の活動方針の中で特にグループ活動の強化に重点を置くことにきめた。記録映画、児童劇映画、教材映画、科学映画、PR映画……など各部門別のグループ研究活動の強化である。

ここに至った経緯とその主旨はおよそ次のとおりである。

教育映画作家協会の発足以来四年間の運営を通じて一番苦慮されてきた問題は会員の作家としての活動をいかにして前進させるかということであった。

今日のような情勢のもとでは、作家の孤立化は、フリー作家の場合とくに顕著に、ルンペン化（経済的にも精神的にも）への道であり、作家協会が結成されたというのも、会員が相互に、作家生活を擁護し合い、協力してその前進をはかり合うためであった。そして、ここ一、二年来とくに、「作家活動の前進のために」というスローガンが中心的に強くうたわれてきた。これは協会結成以来、作家の統一団体としての組織の拡大強化に運営上の力点がかけられ、作家本来の作品活動の発展をどう充実させるかという点が比較的たちおくれてしまったことに対する反省に根ざしていた。

ところが、このスローガンを具体化し、実際に作家活動の前進をはかる点では、ほとんど成功をみなかった。数年来の創作活動の一般的な沈滞の中で、新しい展開の必要を痛感しながら、そのための具体的な踏み切り台が見当らなかったのである。もちろん、種々な研究会が試みられた。しかし、エネルギーが発露しなかったのである。それは全般的に見て、作家としての問題意識が把握されていなかったところに原因があったように思われる。部分的には各個に、それぞれの形での、情況の分析と課題の追究はあったのだが、一般的な沈滞を刺戟するに足るだけの、作家の内側からの問題意識的な課題の提起が起らなかったのである。

ひところ、一部で自主性の恢復乃至確立のことが論議されかけたことがある。戦後のPR映画、戦中の情報局映画と作家との関係を考えてみて、作家の位置が戦中、戦後と本質的には変っていないではないかという反省から、作家の自主性をいかにして守るかということを課題にしようとした問題提起であった。いまこれについて詳しく触れるいとまはないが、この論議は一種の模索的段階を越えることなく中絶してしまった。中絶したとはいえ、作家の自主性問題は、全般的な沈滞の中でもつねにその底流となって、突破口を求めつづけてきた。それは意識するとしないとに拘らず、本質的には作家の戦後的変革という重大な課題との対決であった。したがって沈滞は、なまやさしく破れる性質のものではなかったのである。

しかし、沈滞を脱出しようとする胎動はしだいに高まり、それはついに、機関誌「記録映画」発行踏切りへのエネルギーとなった。協会はこのエネルギーを収束して、「作家活動の前進のため」の具体的な足場として機関誌の発行を実現した。このとき胎動は具体的な形をとって発露した。作家主体に関する一連の論議、ドキュメンタリー方法論その他等々、戦中、戦後を経て今日に遭遇している作家の問題意識に根ざした発言が具体的に展開されたのである。ここに協会ははじめて「作家活動の前進のため」の具体的且つ有力な端緒をつかんだといえる。機関誌発行によるこの成果は、さらに言えば、作家全般に対して、それぞれの問題意識を刺戟せずにはおかなかった点にある。そして各作家は、各創作部門別のグループ討議に結集して、それぞれの課題を追及しようとする態勢を固めはじめたのである。それも作家としての具体的な創作実践に根ざした作家主体の確立の方向を目指しているように思われるし、そこを通り抜けねば、新たな展開を見ることはできない条件が作家をとりまいている。

協会はいま機を逸せずになによりも、この動きの芽をのばすことに大きな意義を見、それをグループ活動の強化に求めたのである。

協会では、こうした考え方に対して、いきなりグループ活動をとりあげ、これに頼るやり方は、客観情勢の分析に根ざした指導方針に欠ける弱さがあるし、指導的なスローガンに貫かれたグループ活動でない限り、それは仲良しグループに陥る危険がある、との意見も出された。原則的に賛成である。今後のグループ活動の展開を通じてこの原則はつねに留意されねばならない。

ただ、グループ活動の意図したところは、前に述べたような協会の発展の段階に即応して、作家主体の形成ひいては方法論の発展を導き出そうとしたところにある。それぞれの作家の中に形成されつつある（或は発展されつつある）問題意識を信じ、そこにすべての問題の発展の根を求めたのである。客観的な情勢の分析とそれに根ざした活動方針の確立ということも、協会はなによりもまず様々な部門の作家の集まりであり、それぞれの作家の問題意識がそれぞ

れの場の具体的な諸条件を主体的に把握するところにこそ、力強くとらえられるのだと考えたのである。今後のグループ活動も、そうした目的意識で展開されることが望ましいと考える。

昨年の警職法改悪問題に対する、思想、表現の自由（作家の諸権利）を守る闘いに示された協会の意思統一は、一層深められ、強化されねばならない。作家の諸権利を守る闘い、それにまたテレビをはじめとするマスコミの発展の中での積極的な作家活動の方向ずけ、教育の国家統制との闘いなども、日常の作家活動の課題を目的意識的にグループ活動に結集し、作家主体と創作方法の確立を目指すときに、一層具体的に強化されるだろう。そしてこのグループ活動の力が協会全体として綜合されるときに、協会はまた新たな発展の段階に達するのである。

われわれはこうした活動を通じて、他の芸術部門、文化部門並びに読者諸氏との交流と連けいを切に期待してやまない。

修正主義に反対し、二・三の原則を論ず

＝《主体性》論への提言（その1）＝

花松正ト

―「記録映画」誌の発刊以来「記録映画」の内容と方法について、さまざまな論議がおこなわれるようになった。私は、それら一連のエッセイを通読して、それらの主張が持つ、目的意識の正しさについては、充分理解出来、その論旨のいくつかの点に共感を覚えながらも、同時に、さまざまな疑問と、或る種の危惧を持たざるを得なかった。そして、昨年暮開かれた、定例総会での討論を通じて、私は、この種の疑問と危惧とをかなり明確に意識化することが出来、野田真吉、松本俊夫、高島一男の諸氏が論じている問題に対して、私の意見を提出しようと思った。そこへ編集部より、総会に於る私の発言を中心に、という要望があったので、それを中心として、それらと関連させながら、私の意見を提出したい。

教育映画作家協会第五回定例総会（一九五八・十二・二十七）の「来年度の方針に関する提案書」をめぐる討論には、基本的に異ると見做され得る二つの意見が対立した。それらは、一方が「原則論」＝提案書に反対の立場、として提起されたのに対して、他方＝提案書に賛成の立場、は、一方の意見を、「一般的に」という限定句を附した上で認容しつつも、「現状は…」「実情は…」という形で否定し、次第にそれぞれが、「原則」「実情」を固執することによって、討論は永遠に咬み合うことのない平行線をたどり、結局、議長の妥協的処置によって、休止符が打たれた。

そして実質的には、提案書に反対の立場に立つ意見の基本的部分は、方針の上に反映されることなく、「来年度の方針」は確立されたのである。

しかし、この「方針」の確立を以て、問題の解決とすることは出来ぬ。この「方針」を貫く論理、そしてこの「方針」を支持したもろもろの意見は、誤謬に誤謬を重ねた過去の「記録映画」運動の内容と方法とを、あらゆる視点から総括し、そこから多くの教訓を抽出し、そこにあるマイナスをプラスに転化することによって、新たな前進の道を切り拓こうと決意した私達に、つまづきの石しか用意し得ぬ、それ故に当面打破せねばならぬ、修正主義の典型ともいうべきものだからである。更に、こうした俗論が余りにも蔓延しているが為に、古来より原則として承認され、守られて来た原則に、今日的視点から原則的に異議を提起し、そうした原則をより豊かなものにするという、極めて有意義な仕事が、多くの困難に直面しているのである。

そして、私の考えるところでは総会席上のあの対立は、明年度の方針をめぐる討論にのみ限定されるものではなくて、経過報告の部分に於ける討論にも関連し、更に推し進めていけば、必然的に「記録映画」誌上で進行している所謂《主体性の確立》論と呼ばれるものにも言及せねばならぬ程、重要なものなのである。

「記録映画」誌上の一連のエッセイに対して、私が抱く多くの不満と、それに対する反論の開陳もさしあたりこの問題の解決から出発することが出来るように思われる。

「来年度の方針に関する提案書」は、七つの項目に分れていて、一、、グループ活動の強化、二、作家の諸権利と作家の主体性の確立を目指して、三、機関紙発行の自主体制について、（四以下省略）となっている。そして、その骨子となるべきものを要約すると、次のようになる。

「総会対策の一つとして計画された各分科会（＝グループのこと、私。）は、大きな成果をおさめ」「これを恒常的なグループ活動として発展させたい要望が出ている」ので「グループ活動の意識的強化を協会運営上の基本活動」とし、一方、「……権力による思想統制、教育統制の強化が見通されている状勢の中で、作家の創作の自由、思想の自由、作家の諸権利が、直接、間接侵害される危機は増大して」おり、「作家の自由と諸権利を守る闘いは、作家の主体制の確立に通じている。」そして、「主体制を確立し、闘いを強化する足場をどこに求めるか」は「大きな中心課題の一つ」になっているが、それを「当面日常のグループ活動の中に求め」「日常のあらゆる闘いをそれぞれのグループ活動に集中しその活動と話し合いの中で、主体制の確立を目指し、諸権利の守り合いについての具体的足がため」を行い、それを「足場としてはじめて、協会は具体的な力を持つことが出来」それら「グループ活動の成否は、作家の自由と諸権利を

守る闘いに通じている」

この「提案書」を貫いている論理には、敢えて解説の労をとる必要もあるまいが、一、運動方針の部分では、危機感なるものを前面に押し出すことによって、外部の現実に、一見、「関心」とも呼ばれるべきものがあるかの如く振舞い、実際には、《主体性の未確立》を引合いに出して、それへの対決を回避し、更に、協会の主体を、協会員のそれに還元して、結局のところ協会員の主体が一切を決定するという、運動が一旦挫折した後には、必ず一度は蔓延する俗論が基本となり、二、以上に導かれた組織方針の部分では、協会という統一体を、極めて便宜的に構成されたグループ（＝それは、記録映画、教材映画、P・R映画、アニメーション映画、科学映画、短編映画、短編劇映画という分類を見ても、それらが如何に安易に作られたかということがわかる）に解体し、そこに一切を集中する、という分散主義、以上の二つが組合されているにすぎない。

これでは、運動を展開するには何が一番重要か、協会を統一組織として成立させる契機は何か、協会員各個人を媒介している共通の課題とは、等の疑問が出て来るのは当然なことである。

今日、芸術というものは、芸術運動の中から生れる、という立場に立脚する限り、その芸術運動は政治運動と、深く結びついていると考えなければならない。教育映画作家協会とは、勿論、政治運動をする為の組織ではなく、私達の共通の芸術的諸課題の達成の為に結成されたものである。しかし、現在の情勢の下にあって、私達の共通の課題の達成をよくなし得る為には、この共通の課題に照し合せて、これに重ね合わすことの出来る共通の政治的課題を持つことが必要だし、現に持っている。言う迄もなく、協会とは、この芸術的課題と、これに重ね合わすことの出来る政治的課題とを、あわせ持った組織体なのであり、私達が結集しているのも、この共通の課題に媒介されているからであって、それ以外のなにものでもない。創作という本能的とも言い得る欲望を、余すところなく汲み尽し、これを集団化し論理化したものが、私達の芸術的課題であるならば、この芸術的課題の達成に際して、これをはばみ、抑圧するものの正体を見きわめ、それに向って目的意識的斗争を組織することが、私達の政治的課題なのであって、この二つの課題は、私達の実践を主軸として、極めて密接に結合されているのであり、この二つの課題の達成を保障するものは、私達の理論と、運動のプログラムと、それに導かれたところの実践なのであって、「提案書」や、「記録映画」誌上に流行しているような《主体性》などという、内容空疎な得体の知れぬものでは断じてない。

《主体性の確立》というスローガンを先頭にかかげ、あたかも主体性が確立すれば、一切が解決し主体性が確立するまでは一切を待つという「修身斉家治国平天下」の如き俗論は、かって、そして現在も尚、外的条件を引合いに出すことによって、内部の腐敗から目を外し、自己の合理化に努め、自らの為せることを、他人事のようにうたい流すことによって、自己批判を回避しようとする無責任な考えと、その根底に於ては全く共通している。そのような考えが、今度は逆に《主体性の確立》などという逃口上を作り上げて、内部の現実を引合いに出し、外部の現実を避けて通ろうとしているにすぎぬ。

今流行の《主体性の確立》というオシャベリを、私は「逃口上」だと言った。敢えて言うならば、私達の前進は、《主体性の確立》というオシャベリを、私達の周囲から追放することから始まる、と言ってもよい。

《主体性の確立》論は、たんに私達の運動の展開に際してのみ有害であるのではない。戦後十余年の複雑な要因に満ち満ちた歴史の推移に照して、当時の政治と芸術との関係、大衆の動向等々の総体を、詳細に分析し、自らの生命を賭した運動の実体に密着しつつ、そこから理論を抽出しそこにあるマイナス面をプラス面に転化するという操作に今後の方向を見出そうという、既に開始された極めて有意義な仕事に、この得体の知れぬものが導入され、その中心に据えられることによって、この極めて重要な、かつ困難な仕事は、まさに流産の危機に瀕しているのである。私達の立脚すべき出発点が、その様な状態である限り、そこから実り豊かな理論が生れよう筈はない。

作品の内容と創作方法の討議もこの《主体性》なるものが必ず中心に置かれるが故に、今私達が立つべき視点が不明確のまま放置され、いくら論議を重ねても、何ら実践的なプログラムが生れないのである。そうした傾向は、人々をしてレディ・メイドの破片の陳腐な積工細工と「一般的正論」の構築に走らせるのである。従って、その「一般的正論」を読んでみても、成程、内部世界と外部世界の図式的解説はあるが、私達がその際、最も着目すべき、外部と内部の結節点＝通路＝両者を媒介するものに関する考察が全くいってよい程脱落しており、随所に論理の転倒、逆立ちが散見するのである。

以下、私は、これらを一つ一つしらみつぶしに摘出していきたい衝動に駆られるのだが、数巾の関係上、次の機会にせざるを得ない。

今流行の《土体性の確立》論を追放することから私達の固な主体性の確立がはじまる。主体性を確立するには、所謂話し合いなど必要ではない。それは、戦後何度か唱えられた主体性論の行方を探求することによっても、日本の労働者階級の階級的主体が、いかにして確立され、又されつつあるかを調べることによっても、その糸口が開かれ得よう。

（一九五九年一月）

×　×

新作紹介■

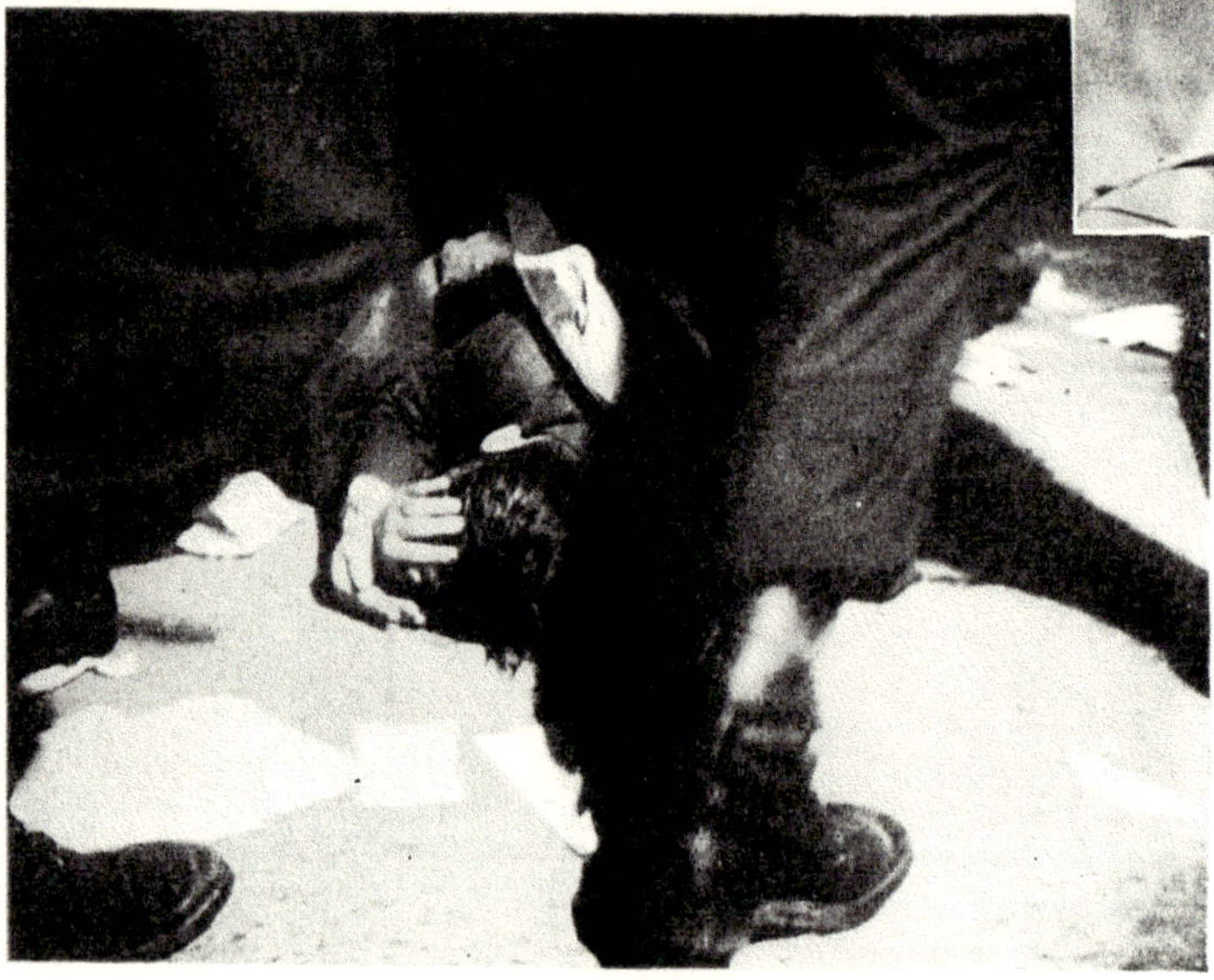

小さきものの世界
生物映画研究所
映配株式会社
共同作品
撮影・千石、高橋
演出・今村貞雄
昆虫の世界の様々の生態をえがく

悪法
企画・国民文化会議
製作協力・教育映画作家協会
民芸・自映連・共同映画社
戦前戦後のフィルムを収録し人民の不屈の斗志の歴史を展開。

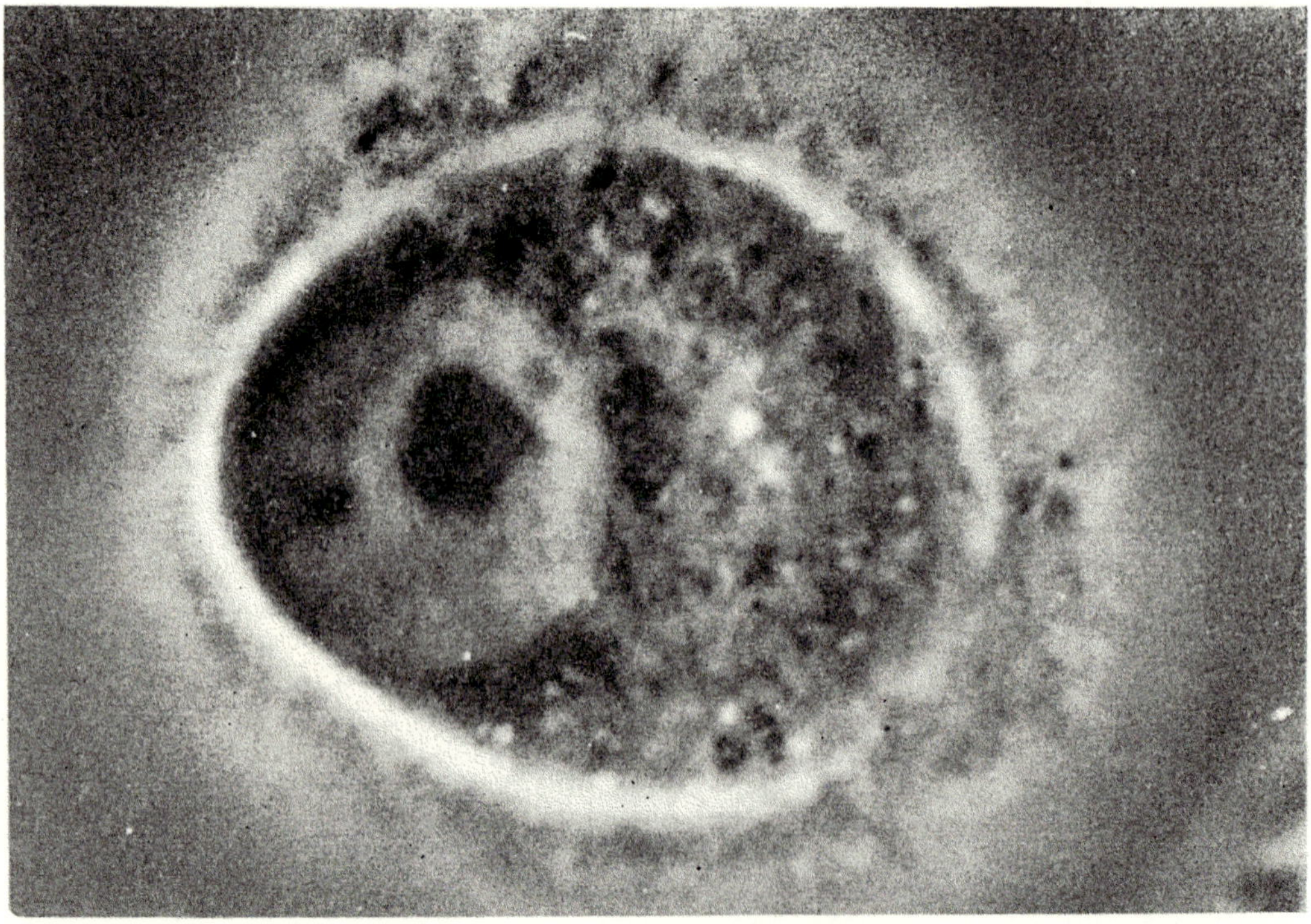

肝臓
東京シネマ作品
脚本・吉見泰
撮影・小林米作
演出・杉山、渡辺
内臓の中でも一番大切な肝臓をとらえ、その働きをえがく。

チョゴリザ登頂

日映新社作品
編集・伊勢長之助
撮影・潮田三代治
録音・国島正男
京大山岳部のチヨゴリザ征服隊の記録映画。

ぼくらも負けない

東映作品
脚本・和田博
撮影・北山年
演出・今泉善珠
島村姉弟の作文を原作として、苦しい生活と斗う子どもたちの姿をえがく

ピアノへの招待

日映科学作品
脚本・岡野薫子
撮影・後藤淳
演出・奥山大六郎
ピアノ製作の苦心をえがく

技能と経験

第一映画社作品

脚本演出・岩堀喜久男

撮影・菅　沼　正　義

社会生活に必要な技能を
科学的に説明する

昔の農民

記録映画社

教映画配給社　作品

脚本演出・上野　耕三

田中　舜平

撮影・藤　　洋　三

昔の農民の生活を再現し
その歩みを描く。

記録映画製作協議会の作品

55年「日鋼室蘭」

「52年メーデー」

53年「米」

55年
「朝鮮の子」

54年
「月の輪古墳」

戦後記録映画運動についての一考察

■記録映画製作協議会の運動について■

野田真吉

(1) 記録映画製作協議会の運動を いかなる視点でとらえるべきか

戦後、一九五三年から五五年にいたる記録映画製作協議会を中心とした記録映画製作運動は、戦前のプロキノの映画運動とともに、我国の映画史のなかで、階級的な視点にたったただ二つの運動であった。そして、たとえ、おおくの欠陥と未熟さをもっていたとしても、運動によってうみだされた作品は階級的な視点をつらぬこうとしていた。その点、戦後、独立プロを中心として製作された劇映画も、「民主々義映画」とか、「国民映画」となずけられたように、むしろ、階級的な視点はボカされていた。その初期の**『どっこい生きてる』『女ひとり大地をいく』**などにかすかにみられる程度であった。他の作品はむしろ商業主義映画（ブルジョア映画となづけてもよい）の限界をでず、それへの妥協でしかなかった。

このような意味において、プロキノと記録映画製作協議会との作品は我国映画史において、他のすべての映画と対置されるものであると思う。

僕たちはまず、この二つの運動を、そうしたささやかだが、貴重な経験として、歴史として、そこから、今後の問題を、批判的に、発展的にとりだされねばならないと思う。もし、そうでなく、たんなる芸術至上主義的な、形式主義的な観点においてのみ、みるならば、なんの益もないだろう。また、もし、運動への回顧として、ノスタルジーとして、語り草とするのならば、同じように、無益であろう。

さて記録映画製作協議会（以下「協議会」と略す）の運動をみるにはどうしてもプロキノの運動と関係づけ、対比しながらみていかねばならないのであるが、あたえられた紙数がすくないので、残念だが、プロキノの運動にふれられない。それで、プロキノの運動の継承と発展の上になければならないはずの協議会の運動はプロキノの運動の徹底的な批判と評価がなされずはじめられたことを、とくに、前置としたい。運動としてはプロキノの運動との間の断絶をそのままにした地点でなされたことである。僕はここに、協議会の運動の挫折の遠因の一つをみるのである。というのは、プロキノの運動の解消のなかには政治と芸術との従属関係、作家主体と方法に関するたくさんの問題を提出しているからである。また、プロキノの運動参加者がほとんど戦争中転向し、一部がファシズムの積極的な協力者となった経験は作家主体の解体と喪失の過程を分析解明し、作家主体を確立する重要な課題をもっているからである。

さらに、プロキノの運動（戦前のプロレタリア文化運動全体についても同じである）に対する批判と評価をせず、素通りしたと同じに、戦中の作家の戦争協力の問題を、作家の主体内部の問題としてほりさげ、批判し、対決することをさけ、戦争の被害者として自分をおきかえることで、作家の責任をすてさり、責任を外部条件の圧力におきかえてしまったことである。そうすることによって、作家主体の頽廃をそのままにして、戦後にはいり、おしきせの民主主義を身にまとい、民主主義の作家として登場した。記録映画についていえば戦時中の戦意高揚映画のテーマを民主主義高揚のテーマにかえた作品が続出した。

作家主体の喪失は方法的には自然主義的方法が当然、ひきつがれた。革命の芸術は自己変革にねざした、芸術の革命——変革された主体に照応した方法をもたねばならないということがおきざりにされた。発想も方法も戦前と戦後はかわらなかった。思想の青写真をさしかえによる、図式に従い、画面をとらえ解説する記録映画となった。そうした状態で、戦後の民主主義文化運動がすすめられていった。このような作家主体の喪失は方法の欠如となり、その運動の延長である国民映画運動の一環であった協議会の運動も解体し、挫折したのであった。結論をだしてしまったようであるが、もう一度ここで以上のような過程の上にたって、はじまった協議会の運動をこまかくみていくことにしよう。

(2) 作家内部の問題を軸として

協議会の運動のあらましは本誌ですでに吉見泰が『戦後の記録映画運動史』でふれているので、製作した作品名や年代は略することにする。だが、吉見の運動に対する見解についてはその視点を異にするので、彼の評価に同意するものではない。そのことはこれからあきらかにしたいと思う。協議会の運動の挫折の要因を箇条書にして列記すると。

第一に、前提として、戦前から戦後にわたる作家主体の崩壊、喪失である。戦争という、おそるべき人間疎外のメカニズムと作家主体の喪失とを、作家内部の問題としてとらえ、その主体のくずれさった過程ときびしく対決し、みきわめることをおこたったことである。これが徹底的に自己の内部においてなされなかったことは「戦後」の真の作家活動の基盤をもちえなかったことである。運動はこのような状況からはじまったのである。作家主体の確立の基盤のないままに運動がすすめられたことは運動によるただしい作家主体の

確立と強化をすすめることができず、作品も欠陥にみたされた。この点については前章にふれたところである。

第二。そこで、当時のいわゆる民族解放民主革命を戦略とした政治運動からくる要請を、協議会はただしいものとして（或はうのみにして）うけとめその文化闘争の一翼をになった。作家はその政治路線のあやまりをみぬけず、追従したことである。『我々は政治がただしいか、どうか、考えることもできなかったし、しなかった。ただ、夢中でやった。』という意見の作家がいた。この意見は政治路線がまちがっていたので、作品も運動も発展しなかったのだという自己批判とうらはらになるものである。これでは作家の自己批判として充分でない。作家としては、まず主体的に政治にただしくかかわっていなかったということである。つまり、盲従していたことである。ということは政治に対して作家はたたかい意識をもたねばならないことである。だが、たたかい政治意識がそのまま作品の内容をたかめるものではない。また、政治的プログラムがただちに芸術的プログラムではない。政治と芸術はおのおのの独自な領域において、たがいに作用され、変革されることで、また、それが現実変革の力となることで、一つにむすばれる。だから、作家はその政治的視点を作品のなかに、作家の現実意識の反映として、作品の内部に、また構造としてしめされるものである。さて

第三は、そのあやまった政治プログラムに芸術を隷属させたことである。この点について、すこしつけくわえると、もし政治プログラムがただしかったにせよ、それに安易にのっかっていてはやはり主体的なかかわりがなく、主体が喪失しているといわねばならないそこには政治と芸術との混同、方法の欠如ということが当然あらわれてくる。

要約すると以上のような点に、協議会の運動が作家主体の喪失という内部的な要因によって挫折したと思う。

(3) 記録映画製作協議会の運動のなかに、今後の運動展開の契機をどこにつかむか。

五四年七月に発行された『協議会ニュース』第二号に僕は『記録映画製作運動の問題点』という題で新しい運動方針討議のための覚書を発表している。『**米**』『**京浜労働者**』『**五三年メーデー**』『**松川事件**』『**月の輪古墳**』『**五四年メーデー**』などを製作し、運動が発足して一年半、運動として頂点にたった時の自己批判のまとめである『……第一に、我々が国民に奉仕し、服務するということがただしく理解されず、我々がつくり、あたえるのだという、思いあがりがつきまとった。つまり、製作の「うけおい主義」である。国民大衆の力で、国民大衆の要求を、我々の技能を奉仕していっしょになってつくるのではなく、いつとなく、国民大衆を利用して製作するあやまりをおかしている。我々の製作中心主義、利己主義、セクト主義のあやまりである。次に、自己改造である。国民大衆、とくに労働者、農民の立場に立ってのみ、我々のつくる映画は国民の闘いの武器となる。我々はその点を重視して製作運動にたちむかった。闘いのなかにはいり、そのなかで自己改造をし、国民の武器としての映画をつくることを決意して運動にはいった。だが、我々は観察者、傍観者、の範囲をでず、当面する問題、事件に対して、分析し、集中し、組織することができず、追ずい主義におちいった。我々はさらに観念的な、公式的な見地をもって起生する現象をそれにあてはめることによって、スローガン映画、おしつけ映画となった。

第三として、我々の社会のうごきをただしくみる理論の勉強をどうしてもしなければならない。このことは我々の映画が国民の武器となるためには必要であり、我々の製作運動を国民の大きい闘いの中の一つとして、ただしく前進するためにもなさなければならない。

……次に我々の映画の創作過程における経験主義である。我々の映画はいまもなお、客観主義の影響をうけている。キャメラの即物性にたよっている。平板であり、無感動であり、現象的である。我々はこの問題をもっと深め、研究し実践しなければならない。記録映画の理論的な確立がたちおくれている。……

国民大衆に最もうけいれられ、感動させる映画の技術のかく得である。それは、高い内容をただしくすべての国民にうけとらせるための技術のかく得である。……この問題をしていかねば国民の武器、しかも鋭利な強力な武器とならない。なまくらな武器であっては、武器としての役割を果しえない。……』

この覚書で協議会の運動の方針と実践のなかでぶっつからざるをえなかった諸問題が、作家の現実認識を至上とする、テーマの積極性を第一とする考えに根ざして提出されている。また、いわゆる当時の大衆路線論、つまり、大衆への無条件追ずい主義の思想につらぬかれている。しかし、第二章にふれた作家の内部の問題として、それらの矛盾をとりあげるにいたっていない。それにはなお時間を要した。それほど作家主体は解体し、喪失していた。

この覚書のあと、問題の解決の糸口をさぐりつつ、五五年に、協議会は『**日鋼室蘭**』をつくった。この作品は半年余にわたった日鋼室蘭労組の歴史的な斗争の記録であるが、覚書での問題を解決しようと手さぐりながら体あたりしていった作家の対象への執ような迫り方は『**米**』『**京浜労働者**』にはじまった階級的視点にたとうとした協議会運動の一つの到達点であった。

『**日鋼室蘭**』は階級的立場にたちながら、たんにその歴史的な斗争という素材によりかからず、なお『**米**』『**京浜労働者**』にみられた政治方針の図式に題材と場面をあてはめようとしたあやまりを克服

して、作家がその斗争にたえずかかわっていくなかで、作家の感動を対象化している。そうした感動を形象化し、つみかさね、構成していくことで、まさに歴史的な斗争のなかの労働者の姿を、そのエネルギーをアクチュアルに表現している。そこにはだから観念的な訴えや叫びがみられない。作家が対象へくりかえし、くりかえしかかわっていった過程をアクチュアルに記録し、再構成することで一箇の作品全体からおしつけの感動ではなく、作品のもつ感動として、感動をうけとることである。勿論この作品も感情移入による同化作用にたよった自然主義的な方法や作家の政治意識が、いまだ図式的に、その構成のなかにあらわれているなど、幾多の問題をのこしているが、協議会の運動の到達点としての意義はうしなわれない。

だが、協議会は**『日鋼室蘭』**の成果をただしくつかみ発展させ、ふかめていくことができず**『五五年メーデー』『朝鮮の子』**を最後として運動は事実上、停止し挫折した。なぜか。——『覚書』のころ、協議会は、作品があやまった政治路線によるハネあがった尖鋭的な斗争などのみを題材とした独善的で、排他的な極左冒険主義におちいったことと相関々係に、製作の経済的基盤であり、上映基盤でもある労組、民主団体、市民などの非劇場上映組織運動が発展しなかったという批判に従っていた。ということは、政治路線があやまっていたから、その一翼だった製作運動もあやまりをおかしたという問題の一面性をとらえ、すべてを外的な原因に転化したことである。そして、一方**『月の輪古墳』**の成果を運動のなかで全面的にたかく評価することで、ハネあがりの批判とし、運動を各地域、また短篇企業内に拡大することを運動の発展とみなす考えをもっていた。

ここで、僕はそのような批判の楔機となった**『月の輪古墳』**の運動上の評価をしなければならないと思う。それは、運動が**『挫折』**であったということと、今後同様な運動を展開する場合、その作品の内容を決定的に支配する契機となるものをあきらかにすることになるからである。

僕は、協議会の運動の一つの大きい成功的な成果として、**『月の輪古墳』**を運動上、とくにその現地の製作運動の組織化についてはたかく評価し、学ぶものである。

また、当時、この作品が教育映画祭に最高賞をとり、文部大臣の選定拒否に対する抗議運動などで協議会の運動と存在が社会的な注目をよんだ功績は大きかった。作品は、そうした社会的反響になりうるものであった。それとは別に、協議会の運動の立場に即してみれば、その構成は大衆的な古墳発掘運動そのものの本質を、つまり、あの運動に参加することによって、また参加したことによって映画にしめされた大衆のエネルギーの結集が、人々のどのような生活面によってひきだされたか、ひきだしたかということ、さらに運動によってそのエネルギーをみちびき、たかめたかということ、を描くよりも、運動の形態の発展の段階を軸として考古学的な古墳の解明をおしだし、逆に運動の意味を説明していることである。それは一つの図式として、あの運動の方法と形態をしめし、そして、内容を抽象することによって階級的視点を後退させ、問題を一般化して一つの教材映画となっている面をもっていることである。僕は**『月の輪古墳』**をその面で成功していると思うせ、それゆえに、この点をあきらかにしないと協議会の運動での位置がはっきりしないと思う。当時の協議会はこの点をあきらかにしなかった。**『月の輪古墳』**の成果の分析の不充分さはつづく**『日鋼室蘭』**の協議会の運動のめざした階級的な視点にたった記録映画運動の真の成果をおきざりにする結果をまねいた。**『月の輪古墳』**のもっていた、いわゆる「教材映画」「社会教育映画」的な後退的な要素をみきわめず、また、後退的な要素の利用によってそれまでの運動のハネあがりからおこった壁を、うちやぶろうとした低姿勢をそのまま、その反響の大きさのなかで、成果としてうのみにしたのである。

ここに協議会の運動の内部的な弱さがしめされていた。第二章でのべた作家の主体的、方法的な欠如が、一見、成功的な**『月の輪古墳』**の評価のなかで、内部的に崩壊の姿をあらわしはじめたのである。挫折への道がつくられだしたのである。くりかえしとなるが、五四年の後半、**『月の輪古墳』**の成果を全的に評価すること、停滞した運動の発展を各地域、労組、民主団体、の同様な映画製作運動の参加と助成とともに短篇映画企業内に製作をもちこもうとした。前者は**『日本のうたごえ』『五色の集い』『あけゆく山々』『五五年福岡メーデー』『五五年メーデー』『日鋼室蘭』**などであった。

後者にあっては、その年、全国の官公庁学校などの、フィルムライブラリーが一応、整備したのに即応して、政府の文教政策にのっとった社会改良主義を内容とする社会教育映画の製作を意図していた。こうした外的条件は協議会の運動に参加していた多くの作家をその製作にむかわせた。**『ひとりの母の記録』**もこの時期の一つの作品である。この作品はそうした条件をギリギリの限界にまでおいつめてつくられたものであった。**『ひとりの母の記録』**は**『月の輪古墳』**のもっていた低姿勢のなかの積極性をつかみ、のばそうとした点、成功した作品であった。しかし、**『月の輪古墳』**のもっていた同じような要素がふくまれることはまぬがれなかった。**『ひとりの母の記録』**の後、同じような系列の作品が社会教育映画として続出したが、**『ひとりの母の記録』**にしめされていた作家のギリギリの抵抗によってささえられたものではなく、いわゆる抽象化された「社会教育」の要素のみをとりいれて、リアリティをうしなっていった。簡単だが、以上の経過で協議会の運動の停滞と挫折をうちやぶる道が、運動を発展的に拡散する戦術的なものでなかったことを現在みることができる。また、闘争か日常生活か、どちらをえらぶかという、たんなる素材や主題の問題ではないことである。

（14頁へ）

映画は道徳教育に役立つか

加納竜一

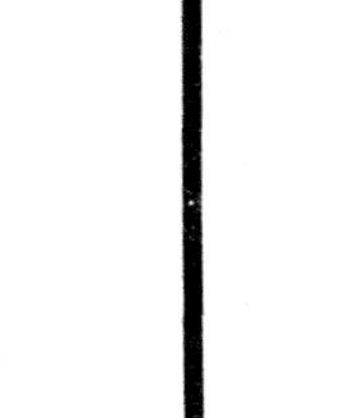

古くから「そうは問屋が卸ろさない」というコトバがある。もともとは気ままな注文者に対して、そう勝手気ままにはうまくゆきませんヨという位のイミであったろうと思う。ところが近頃では、問屋の方が気ままになって来て、おとなしいお客に対して「そうは問屋で卸ろさない」というようなことになって来た。お客は問屋が売りたいと思う品物を買わされるわけである。年末年始のデパートの売出しなどもそういった風になって来た。観光地の土産品などはもっとひどい。客の身になった品物などに出合うことはまったく少い。我々の仕事に近いことで云えば映画の番組など（殊に二本立の強行）も多くはそうだ。TVのプログラムなども大体「問屋の卸ろす」ままだ。問屋の方の云い分をきけばお客の好みに合わせているというだろうが、それは問屋に都合のよい「好み」が取り上げられるのに過ぎないだろう。昨年から行なわれている小中学校の「道徳」特設時間の実施ということも、この問屋の「サービス」のような感じである。戦後の新教育の中で多くの教師たちは、社会科やホーム・ルームの指導の中で、道徳教育をやり、それを積み重ねて来た実績をもっている。その現場からの反対の声にもかかわらず文部省は特設時間の実施をやるというわけである。その実施要綱についての、次官通達。それの書き出しには「小学校および中学校における道徳教育徹底の要請に基き…」と書いてある。このおけるというのは小中学校が道徳教育をやってくれといったわけではあるまい。普通に読み下す場合要請というは国民の要請というイミであらう。と思われる。（我々国民がどんな形で要請したか、しなかったかを、も一度反省してみたい）。言葉の末節にこだわるようだが、言語を正すことは即ち道を正すことだというのが東洋の一つの道徳観であったと思う。そして、それは古い封建的道徳とはいえない。尚もう一例をあげると、この次官通達の末尾の一句は次の通りである。「特に児童生徒に教科書に準じて使用させる図書教材については、これを承認に係わらしめるよう措置すること。」、係わらしめるということはどういうことなのか、判読に困る文句である。官庁が関係方面に方法を指示するコトバがこれでは困る。関係者にも、一般国民にも、よくわかるように伝え、誤った解釈をなくすることに努めるのは、政治「道徳」の一つであろうと私などは考える。

さて、道徳教育とはどういうことであろうか。私などとにはすぐにはうまく答えられそうにない。よく考えさせてくれといいたいところだ。そこで「実施要綱」を読んでみよう。「……個性豊かな文化の創造と、民主的な国家および社会の発展に努め、進んで平和的な国際社会に貢献出来る日本人を育成することを目標とする。」これだけ読めば立派な目標である。しかも、この道徳教育は教育基本法の精神に基いて行うというのである。これだけ見れば、教師や教育学者が、なぜこの「道徳」教育に反対なのか理解し難い位である。そこで、目標は目標として、この目標に向うための「指導内容」をよく見なければならない。（又いやでも時を同じくして行われた教育行政の方向転換にも目を向けなくてはならない。）

道徳の目標については、もう四十年も前に「民主主義と教育」を書いて間もないデューイが日本にやって来た時に東京大学で講演をした中で述べた。（そしてデューイは日本から中国へ行き、その教育思想に大きな影響を与えた。）「道徳の目標とか道徳

上の善ということは何かの行為をしなければならぬ時に始めて存在する」と彼はいう。それ（道徳の目標）は言葉としてでなく、又抽象的な型としてあるのでなく、何かをしなければならぬ時に必要なのであると述べている。実施要綱があげている「指導内容」について云えば、それは言葉として述べられた「目標」とどんな関り合いになるのであろうか。大へん心配になる要素をふくんでいる。現に、この要綱を立案した小委員会の委員の一人がいっている。即ち、「文部省はまずこの毒のなさそうなエサで道徳教育のための特設時間をまずかちとり、やがてジリジリと昔どおりの修身科へもっていこうというハラではないか、というのが教育学者などの心配である。」という新聞論説を引き合いに出して、「ここのような文部省のハラがあるかどうかは、私ども（即ち小委員会を指す）にはわからないが、もし心配があるとすれば云々…」というような自主的でない釈明を書いている（日本生活教育連盟のパンフレット）そうだとすれば、たとえば小学校要綱・指導内容の＝29＝）「規則や自分たちで作るきまりの意義を理解し、進んでこれを守るよう児童を指導せよ」ということはどうなるのであろうか。道徳的行為という以上は一つの価値判断の上に立った行為であるが、それを自主的な判断たらしめることが道徳の根本であろうと思う。

今回の「道徳」教育で、も一つ我々として、問題とする点は、要綱に示された「指導の方法」に関してである。児童相互の話し合い、読物の利用、等々とならんで「視聴覚教材の利用」と「劇化」という綱目が効果のある方法として示されている。我々は本来の道徳教育に映画や劇が大いに役立つことを知っている。又、役立つべきものであると考えている。しかし、それはあくまで現実的な・リアルな教材として、そう考えるのであって、個々の教育目標を絵解きにして判りよくするという意味ではない。勿論、映画にはものを解らせる、理解を容易にする、という働きはたしかにあるし、又その機能も利用した映画も大いにあって結構である。しかし、価値判断を教へ、自主的な行動を身につけるということ、広くいって「人間」をつくり上げるということ（道徳教育）はリアルな教材（ここではリアルな映画）によって、具体的な問題意識に立たせるというのでなければならぬと思う。ただ便利に映画などを使うというのは、いわゆる教育の形の上の「近代化」ということに終るだけであろう（「道徳」教育と併行して行われる学習指導要領の改訂に、この「近代化」「技術化」という一連の動きが見られることを併せて注意したい。）小学二年生の指導案例に「母の日」というのがある。「母の誕生日に『おかあさんだいすき』ということばを贈りものにしたこどもの紙芝居を見せる。」或は、「花を愛する母と、その手伝いをする子どもの様子を中心にして書いた作文『お母さんと花』を読んで聞かせる。」というやり方である。小学二年生でも、これではよそゆきの感じを読みとるだろう。お母さんに花をおくった子どもをよい子と思いますかと先生が聞けば、おそらくクラス中が手をあげるだろう。そして、それで終りということになるだろう。いくら、美しい「道徳」でも、道徳は外からの附加物ではない。四年生の指導案に「きょうだいげんか」という例がある。この時間に使えるようにということであろう、さきごろ同じ「きょうだいげんか」という「道徳」教育映画がつくられた。私は思うのだが、なぜ黒板に「きょうだいげんか」と書いたり、映画の題を「きょうだいげんか」としなければならないのか。けんかはわるい——すでに先入観をもたせた授業であると思う。当然善玉悪玉という形になって来る。もし、映画を見せるとすれば、なぜせめて「きょうだい」とか「太郎と次郎」としなかったかと考える。くりかえしになるが、いくら徳目主義でないといっても、徳目——修身ということになってしまう。題名が気になるということは、それだけでなくやはり発想が問題だということであろう。智恵のある利巧なウマが評判になったことがある。数字の計算が出来るというのである。ウマはどんな問題にでも正しく答える。後日、その秘密がわかった、ウマは自分で問題を考えているのではなかった。ウマは主人の態度身ぶりを見ているのである、そしてその主人のささいな動作や表情に反省するのである。特設「道徳」はともすれば、このような、自分で考え、問題を解かなくて、主人の信号にうまく反省する子どもをつくる危険性がある。

この映画の場合も、いろいろな方面で何かと批判されたにもかかわらず、ずい分の本数が売れたそうである。残念ながら教師の中にも、主人の信号にいち早く反省する人々が少くないようである。しかし、映画製作の分野でも、同じ問題がないとはいえない。多くつくられるPR映画は、当然「問屋」の映画であって、リアルな問題をもったものではない、それになれてくると記録映画のリアリズムは失われ勝ちになって来る。自分でたしかめて見る、現実と対決し発見するというリアリズムを離れて芸術作品も生まれないし、道徳教育に役立つ映画も出来ないであろう。自ら深く戒めたいと思う。道徳のあらわれ方は時代とともに変る、それは新しい価値判断を生むであろう。その新しい価値を発見し具象してゆくことが記録映画作家の仕事であり、そのことに関してのみ、我々も映画をもって道徳教育にとりくむことが出来るのだと思う。それは、我々の立場としては、記録映画の本質は何かを、も一度考えてみることであるだろう。中々大へんな仕事である。

一九五九・一・八

訂正　一月号柾木恭介氏文中五頁第二段終六行から七行にかけて「無識的」とあるのは「**意識的**」のまちがいです。また二五頁上段松本氏の発言中「コペルニクス的な展開」は「**転回**」「アクチュアリズム」は「**ナチュラリズム**」の誤りです。筆者、読者におわびし訂正します。

要約シナリオ

ヒロシマ・わが恋

アラン・レネエ監督

マルグリート・デュラ原案

大島辰雄・訳

一九五七年の夏、八月、広島でのことである。三十女の一フランス女性がこの町にきている。映画をとりにきたのだ。映画は原爆なり平和なりにかんしたもの。彼女は職業的な女優ではない。この映画に出ることにしたのは、もう少し金を得るためと、日本旅行の機会をつかむためだった。

映画（この作品）は、この女性がフランスに帰るという前夜もしくは前々夜にはじまる。彼女の出演映画は、ほとんどとりおわり、残っているのは一つのシークェンスだけである。

出発の前日、この女性——映画の中で名前は一度も出てこない——この無名のフランス女性は、日本の一技師と出会い、彼らはともに一夜を過すのだが、それはせいぜい三十六時間のアヴァンチュールでしかない。どうにもならない恋の冒険である。

二人がどうしてめぐりあったかは、映画の中で明らかにはされない。最初に出てくる彼らはホテルのベッドに、裸で寝ているところで、その抱き合ったからだが、あの「ビキニのきのこ雲」の下に、その地獄じみたひろがりの真下に現われる。二人の会話がはじまってみて、それがほんのかりそめのめぐりあいであることが分る。情欲にもとづく出会い——つまりは世界中で毎日のように数知れずうまれている、ありふれためぐりあいの一つなのだ。そして、このまだ若い女は、人妻で何人か子供もあるのだが、女という女がつねひごろ、あえてねがっていること——だが、それは現実の人生のことであって、映画では決して見られないものなのだ——一夜の冒険をあえてしようとしているのだと分る。

伴奏としてきわめて厳粛壮重な音楽が彼らの抱擁にともなう。それが厳粛壮重であるだけに、この抱擁は見た目に単純で、通俗的で「ありふれた」ものとなる。だがそれは、世界中でそう想像することがいちばん困難な町、広島でのことなのだ。

そのことをひとは、もう理解している——広島では何ひとつありふれたものはないことを。附加的な意味から文字通りの意味まで、ひとつひとつの振舞、いちいちのことばに、奇跡的な寂光がまつわる。そしてそれこそ、この映画の主要なデッサン（構想）なのだ。つまり、恐怖を恐怖で描くことをやめて——というのは、それは日本人自身が描ききっているから——この恐怖を、その執拗で恒久的な意味をとどめつつ、灰の中からよみがえらすのである。

この映画では、なぜ広島なのか？ そのわけは、広島こそが、地理的・哲学的・経済的・人種的に等々、地上でこれ以上ありえないほどかけへだたった二つの存在の恋物語を「はぐくむ」であろうから。また彼らの唯一の共通点となるのは一方では、エロチスムや恋や不幸に普遍的に与えられたものであるから。そして、それこそが本質的なものであり、ほかのすべては人為的なだけなのだ。さらには広島以外ならどこでも人為性は通用するが、広島では、人為などありえないからである。

眠りに落ちながら、欲情と恋ごころの中で彼らは広島のことを語る。目をさましつつ、まだ語りつづける。二人の会話は同時に自分たち自身のこと、広島のことに及ぶ。話題は、広島のことが愛のささやきであるように、交錯し、いりまじる。

つねに、二人の身の上話が、どんなにきれぎれであっても、広島のあからさまな——否応なく示威的である——物語よりもたちまさる。

（もしもこの条件が生かされなかったなら、この映画は、またしても、もう一つのお座なりの映画におわり、小説的記録映画としての興味しか持ちえないであろう。もしこの条件が生かされれば、一種の偽似記録映画〔セミドキュメンタリー〕として、うわべだけのお座なりの記録作品よりも広島の教訓をいっそうよく証明するものとなるだろう。）

彼女は自分が広島で見たものを語る。博物館、病院、霊場、等々……博物館、病院、霊場等々がうつる。それらの映像にダブって、日本人（彼）の声がきこえる。その声は静かに、だが執拗に、こう繰返す——「きみは広島で何も見ていはしないのだ」

彼らは眠りこむ。

ほどなく広島の上に日が昇る。このアメリカふうに再建された近代都市、そして石にやきつけられた人影の上に。そのかたわらを一人の農夫が歌をくちずさみながら通りすぎる。

二人は目をさます。彼女が着物をきるあいだ、また話になる。彼女の衣裳は映画の最後のシークェンスをとるために、また身につけるもので、赤十字看護婦の衣裳である。一夜を明かしたあと、いかにも女らしい、純潔さを示すこの白衣すがたの彼女を見て、彼はいっそう彼女をもとめたくなる。

彼は彼女の過去をききだそうとして話しかける。彼女の生まれた町ヌヴェールでは、彼女の育った土地ニエーヴル県では、どんなことがあったのか？ どんな半生を送って、彼女はこのように投げやりの女になったのか？ どっちつかずの、あいまいな、不実ともいえる様子は、まるで自分から、わざと仕向けてなれっこになってい

るみたいだ。

たぶん彼には、すこしそのことがわかる。だが彼女はぐったりしていて、打明けようとはしない。それに、自分自身の身の上話にはあきあきしている女なのだから。

二人はこれきりで永久に別れることにする。

午後四時、広島の平和広場。

カメラマンたちが遠ざかる（機械をもって遠ざかるところしか見えない）。演壇がかたづけられる。バンドロールがとりはずされる。疲れきって、あくびしている子供たちが、各国語のプラカードをもって散っていく、等々……。

フランス女性（彼女）が一つのプラカードのかげで眠っている。そのプラカードには「広島が灰燼に帰してから世界中で四万の原爆がつくられた」と書かれている。

平和帰場の映画をとりおわった直後であることがわかる。決してつまらぬ映画ではない。だが、もう一つの映画、それだけだ。

とりおわったばかりの映画のセットと、もう一度並んで行く群衆——その中にまじった一人の日本人。朝、ホテルの部屋にいた男である。フランス女性を見た彼は、立ち止って彼女の方に行き、眠っているすがたをみつめる。その眼差しが彼女をめざます。二人はみつめあう。笑いだす。「いっしょに来給え」と彼がいう。

彼女はためらう。広島で自分に残されている時間はもうわずか——数時間——しかないと答える。

それから承知する。土曜日夕景の群衆の中を、彼は彼女をつれて街々を通りすぎ、海に面した河口のとあるカフェまで行く。

二人は夕凪のころまで、夜になるまで、そこに残る。語りつづける。このカフェで、彼女はヌヴェールでわが身に起ったことを話してきかせる。

一九四四年、十九のとき、ヌヴェールで彼女は丸坊主にされた。初恋の相手はドイツ人だったのだ。

ヌヴェールで、丸刈のまま、彼女は一年のあいだ地下倉にいた。広島の事件（原爆）があってからやっと、彼女は人間らしい正気を取戻し、地下倉を出て、歓喜している町なかの群衆にまじった。

世界中で唯ひとり、そのことを知ってはいない——自分の夫でさえも。

どうして、こんな身の不幸をえらんだのか？ きっと、その不幸自体、同様に一つの絶対だからだ。愛とは数世紀このかた、何ものにもわずらわされない卓越した感情——ひとつの宿命的な感情であるときめられているのに、敵国の士官に愛をささげたからといって、一人の娘を丸坊主にすること——それは一つの絶対であり、恐ろしい、そして馬鹿げたことだ。

遠くとおく、ヌヴェールが見えだす。抽象画じみて、さながら彼女にとってそううつりだしたかのように。そして彼らは、なおも自分たちのことを語りつぐ。もう一度、ヌヴェールの、恋の、広島のアンブリカシオン（鱗形模様）。すべてが、なんの予断もない交錯と混合で、その交錯ぶりは、つねづね、初恋の者同士がいるところならどこでもつくりだされるはずのものである。

彼女は、もう行かなくてはならないという。彼は、去るにまかせて引止めようとはしない。そこには、意志表示らしいものは何もない。いちど接吻するだけで、それは、もはや二度とはくりかえされぬものである以上、心をおびやかすようなくちづけである。

つけ加えておくが、二人の話題に告白はとりかわされない。彼らは、それをどこまでも避けるのだが、それは自分たちのばあいにこれ以上残酷さがつけ足されるのを避けるためなのだ。

彼女は去って行く、市場や人ざかりの中を抜けてゆく。こうして時を過すのだ。心の中でのモノローグ（ひとりごと）が、彼女の広島での最後の時間を断続させる。つまり、このめぐりあいを機として、彼女には自分自身に語りたいことがあるのだ（自分の過去についてではない。もはや決してそうではない。なぜなら彼女は過ぎた日も正しかったのだし、過去を「断絶」してしまったのだから）——自分のモラルがよみがえってきたのだ、自分の道義こそ、とどのつまりは、勝ちを制する。それは、抑圧された者のモラルではない。だがそれは、他のモラル、美点と名誉からなる道義の愚行の上にかちとられたモラルなのだ。

彼女は明方の四時に、部屋に帰る。まどろもうとはしない。

彼がノックする——待ちもうけていた通り——最後の、つかのまの再会のために。もう二度と会えないという考えには耐えきれなかったのだ。誰が耐えられよう？

二人はたがいに呼びあう——ヌヴェール、ヒロシマと。おたがいの目に、彼らは、じじつまだ誰でもなかったのだ。そこで地名や、地名でもない名を呼びかわすのだ。それは、あたかも、彼ら二人の顔を通してヒロシマ全体がヌヴェール全体を恋しているかのように。

彼女は彼に向って、ただひとこと自分を愛する者と呼んでくれとたのむ——「いつまでも、なんにもならなくても、そうであるように」

彼はいう——〝mon amour〟（わが愛する者）と。

（訳者附記）アラン・レネエの新作で、彼としては最初の長篇であるこの〝Hiroshima, mon a mour〟〔はじめの仮題は〝Tu n'asrienvu〟（きみは何も見ていはしない）〕について、私たちの関心と期待は大きい。『夜と霧』を製作したアルゴス・フィルムとパテ・オーヴァーシーズとの共同製作で、レネエは昨年秋、日本での撮影をおえてフランスに帰り、目下最後の仕上げを果しつつあることだろう（本誌昨年12月号参照）。製作関係者の好意で入手したこの要約シナリオを一読しただけでも、わが国での公開が心待たれる。ストーリイは詩的であるうえに、いささか「哲学的」ですらあり、この原文の持味を日本語にうつすことは、とうてい不可能にさえ思えた——原案者の意図を忠実につたえるためには、意欲よりは逐語訳に近づけるほかなかった。

虚構と記録との統一などという表現ではつくせないこの構想が、きわめて奥深い発想をともなっていることだけは一見して明らかであろう。どんな特異な映画ができるか——劇映画でも記録映画でもない、それらをこえた一つのヒューマン・ドキュメント（人間記録）とでもいおうか——しかし、そうした予断めいたことを口にすればレネエはきっと〝On verra〟（いまにわかる）というかのように微笑をうかべるだけであろう。すべては出来上った作品を見てからのことである。

なお、日本での撮影用コンテを通読しただけでも興味深いが、いずれ完成シナリオの全文が紹介されることになっている（『映画批評』誌予定）。これは、そのエスキースであり、いわば予告版である。

二つの外国記録映画・作品評

ウオルト・ディズニー作品「ペリ」

魔術師の限界

岡本昌雄

「砂漠は生きている」を見たあるヒネクレ者の批評家が、自然を描いている映画にしては面白すぎる、と非難したことがありました。

それを聞いたディズニーはにっこり笑って云いました。

『その人は自然というものは退屈なものだと思い込んでいるのだ。しかし実は、この世の中で自然の物語ほど面白いものはない。（中略）自然こそは最も偉大な作家である――と言ったという話しがペリのビラに書いてある。

ディズニーは自然の冒険シリーズとよぶ「砂漠は生きている」「百獣の王ライオン」などを発表したが、こんどの動物物語映画ペリは、自然のファンタジーシリーズの第一回作回である。山奥の原始林にすむ野性の動物（リスを中心に、アライグマ・イタチ・山猫・テン・モモンガ・タカ・ビーバーなど）が、ディズニー一家として登場している。「バンビ」と同じ原作者フェリックス・ザルテンの同名少説から筋書がとられている。こう書けば映画を見ない人でもおおよそどんな映画か想像がつくだろう。

ユタ州北部の国有林で九人のカメラマンが三年間撮った動物のフィルムは、映写時間が八三時間に及ぶという物量攻撃で開始され、六十七分の一の長さに縮まるまでに一年間かかったという。

美しい自然、演出しない自然のユーモア、甘美なローマンス、迫力あるドラマ性等等相変らぬコーマーシャルとは裏腹に、スクリーンを前に、私は演技過剰に悩まされ、妙な嫌悪感が溜ってくるような気がした。はたして美しいのだろうか、どこがユーモアなのかしらと、喜劇役者の演技を想い出してみたが明瞭な印象が今ではもうでてこない。ペリとよぶ仔リスも愛らしいが、敵役の山猫も面構えほど悪い奴でもなさそうだ。それにしてもハッピエンドだから、ま

大衆芸能との接着点

河野哲二

ドーフィヌフイルム作品「シヤンソン・ド・パリ」

フランスの代表的シャンソン歌手、イヴ・モンタンは、一九五六年秋から、翌五七年春にかけてソビエト各地でリサイタルを開きました。この演奏旅行には、妻のシモーヌ・シニヨレ（サレムの魔女に出演）とボブ・カステラ楽団とが同行しました。「シャンソン・ド・パリ」は、仏ソ両国の映画人の協力によって製作されたその時の記録映画です。

第一部でモンタンは九曲うたいます。

モスクワのチャイコフスキー劇場で「グラン・ブルヴァール」「兵隊が戦争に行く時」「サルタンバンク」　モスクワ大学で「毛皮のマリー」　職業専門学校で「パリの悪戯っ子」　国立体育館で「枯葉」「ジャズ狂」「パリのフラメンコ」「ルナパーク」

第二部では八曲うたいます。

リチャホフ自動車工場で「トラックの運転手」　芸術家の家で「パリで」　レニングラードの発動機工場で「愛してる」　レニングラード劇場で「指揮者は恋している」「ブロードウエイの靴磨き」「セ・シ・ボン」　キエフのオペラ劇場で「パトリング・ジョー」「暁に」

こうした舞台の間に、モンタン夫妻のソビエトでの生活や旅行をニュース的に挿入して映画が構成されています。

何といっても楽しい映画です。もう少しくわしくいえば、面白いし、肩がこらないし、上品だし、男性的だし、シャンソンに興味がなくても安心してみていられる（きいていられる）映画です。そうした観客を魅了する力が、ひとえにイヴ・モンタンの舞台のすばらしさにあることはいうまでもありません。芦原英子は「イヴ・モンタンは強力なパーソナリティをもっている。舞台にあらわれて歌う前に、すでに聴衆の心を捉えてしまう」といっています。それか

ともに文句をいうと私の大人気なさが、かえって滑稽に見える結末になりそうだ。

ディズニーは自然を題材にした映画を出す以前から、漫画の素材として動物の生態をフィルムに収めていた。写実的な動作を漫画に移入するために、こうしたフィルムは貴重な資料となり、利用されてきた。ディズニーはその頃から、自然というより、動物の面白さに惹かれ、田園詩人的なファンタジーを描いてきたのであろう。やがて彼のスタヂオから発表された中篇映画は、その発展段階として解釈してよいだろうが、これは創作的な意図以上に経営上の着想だったと思う。

「ペリ」は自然のファンタジーとして冒険シリーズより一段と劇構成をとった映画だが、私には自然の姿がペリより余程残っている「砂漠」などの方がはるかに面白かった。

実写から漫画を作った絵物語「バンビ」が多くの問題を持ちながら好評だった。写実的な画風と構成で作られた「バンビ」はすでにシリーシンホニーでテストずみの成果を経たものだから、私はディズニーの当然たどりつく途だと割切っていた。

「ペリ」は動物の実写を巧妙に（この仕事は労作だが興味深いものと思うが）つなぎ合せていても「バンビ」以上の奇蹟は生れなかった。まして「砂漠」程のダイナミックなものもなかった。実写から漫画を作って、ディズニー流の世界を創造した彼も、漫画技術を素通りして「自然の物語ほど面白いものはない」と言いたかったのだろうが、それは裏切られた。

漫画の自然主義的な作風から、自然の実写に飛躍したアイデァーは、魔術師ディズニーの玉手箱に入らなかった。ディズニーの仕事は少しの狂いのない関連性があったが、ここらあたりが魔術師の限界なのだろうか。自然を肯定的にみたという彼の良さは「バンビ」で十分だった。記録映画も漫画的に作り、実写も漫画になりうるという考え方は創作上の着想だっただろうが、ディズニーはステロタイプ化に終った。彼が新しい技術をとりあげ、次々と自然のファンタジーを作るだろうが同じ途をたどることになるかもしれない。自然はすばらしくて、生きていることは本当に楽しいと訴える映画が、どうしてディズニーに不可能なのか分らない。これは本当らしい嘘になりさがる第一歩をたどってしまうことになる
自然をみる眼が、愛情だとか、ヒューマンとか言うことで、アンミツ的なものに包まれていては、ディズニーの映画に限らないが人々は欠呻の連発で小屋が閉るだろう。

漫画も、実写もよいが、いろいろな映画が作者の根性とどう結びついているか知りたいものだ。映画がどんなにファンタージーでも生物の人間が作る以上、もっと肉体的なものが匂ってこないと、いくらディズニーの眼が澄んでいても時代遅れの感じがしてくる。ただこの映画に参加したカメラマンの努力には、まともに敬意をもっている。


（五九・一）


ら歌いかつおどるのですが、きわめて自然で、モンタン自身が唄の内容になりきって、肉体的に表現しているのです。モンタンは一つの唄を必ず三ケ月位かけて練習し細かい仕草から舞台の方法まで決定し、計算の上に立って舞台にあらわれるのだそうです。彼は労働者階級の出身で、体つきも今近くの工場からハンマーをおいてやってきたような感じだし、黒の開襟シャツという舞台衣粧も効果的で、そうした一切が強烈なパーソナリティとなって観客をつかんでいるのです。

そうしたフンイキをキャメラはどこまで捉えているでしょうか。実際のフンイキを知らないで比較しようもありませんが、舞台上のモンタンの方は、唄の内容によってキャメラアングルやサイズ、ライティングカット割り、すべてよく計算されています。私がこの映画をみた時、何か書く責任も義務もなかったので、どの唄がどうゆうとり方をしたか実証できないのが残念ですが、唄によって、キャメラポジション以下全部違っていたようです。もし、ぶっつけ本番的にキャメラをまわしているのでしたら、その計算の緻密さは驚くべきものです。スタッフがイヴモンタンのシャンソンをよく理解しているのでこうした結果があらわれたのでしょう。スタッフにきいてみたいと思います。

聴衆の方は、ミディアムロングやフルショットの場合が比較的フンイキをよくつたえています。モスクワ大学での「毛皮のマリー」だったと思いますが、女子学生が熱狂する場面など、我が国のロカビリーに興奮するティーンエージャーには及びもつきませんが、うまく捉えています。しかし、アップサイズの観客の中には、唄にあわせて頸をふる動作がよく注意してみると、自然のようでいて固さを感じさせるのは、演技させたのか、キャメラをむけられたことを意識したのか、舞台のモンタンの奔放さと対照的でした。やっぱりアップはむずかしいと考えさせられました。

「トラックの運転手」で、モンタンの出演した「恐怖の報酬」のトラックを運転する一シーンが出てきますが、なくてもよいと思いました。こうしたインサートの使い方は、感情が中断されることのないように充分考えなければいけないのですが、私だけの印象だったのでしょうか。

舞台にくらべて、公演と公演との間の生活や旅行は、大胆に省略してまいすが、舞台の方がキチットしているためか、キメの荒さやキャメラの不安定さがめだちました。モスクワに到着してのすぐの練習、トロイカを走らせるところ、レニングラードのネヴァ河のほとりのさんぽなどの描写が比較的よかったようです。

批評をかく前にもう一度みてと思ったのですが、ついにみる機会がつかめず、けっきょく紹介文になってしまったわけですが、この映画をみれば大部分の人々がイヴ・モンタンのファンになりたくなる作品であることをつけ加え、大衆芸能の正しい実践者であるモンタンを賞讃します。

作品評

複眼のドラマ意識

松本俊夫

ともかく近頃こんなにショックを受けた映画はちょっとほかにない。去年ワイダの「地下水道」をみて、私はポーランド映画になみなみならぬ興味をもったが、このカワレロウイッチの「影」は、「地下水道」どころでなく、ほとんど私を圧倒したといっても誇張ではないのだ。だいたい私は、未完成で荒削りであっても、あぐらをかいた、既成の固定された眼をはげしくつきぬけようとしている、いわば可能性のかたまりみたいな新しい映画の方に感動する。「影」はそういう映画だ。「影」の新しさは、現実をみる眼の新しさであり、複綜した現実を立体的に把握し、表現する方法の新しさである。たとえばそのプロットはこうだ。一人の男が列車から飛びおりて死ぬ男の顔はくずれて見分けもつかない。それは一体誰か。なぜ飛び降りたのか。この奇怪な事件に触発されて、その事件の処理にあたった、相互に関係のない、別々な二人の男の、それぞれが過去に体験した、それと共通する謎にみちた事件の二つの回想と、列車事件直後、無賃乗車でつかまった一人の青年が、取り調べで追求されて、事件のいきさつを語る回想との、三つのエピソードによって映画は構成されている。

ポーランド映画「影」

そして、その三つのエピソードは、戦争中戦争直後、そして現在という三つのちがった時期におきた事件でありながら、どれも同じように、信頼していた、あるいは信頼すべき、組織、または人間の中に、それを裏切り、むしろ意識的に破壊と攪乱の陰謀をたくらむ、暗い「影」の存在をむき出しにみせつけられていく、きわめてショッキングなものなのだ。そしてお互いに直接全く関係のない三つのエピソードの背後にあった「影」は、もろもろの謎をかかえたまま列車から飛びおりて命を絶ったビスクピックという一人の男に絞られていく。

それは一種のオムニバス形式といえるかもしれない。しかし、それは「舞踏会の手帖」のように、しゃれたスタイルをねらっただけで、表現として積極的な意味をもたない串だんご形式のオムニバスともちがうし、「にごりえ」みたいに、いくつかのエピソードを平板にくっつけ合わせて、なんとなく雰囲気や内容の点で一つにつながっ

観客のページ

「よい映画を見る会」から

大矢恒子

暮に開いた「よい映画をみる会」の時のことでした。挨拶に立ったYさんが「静かにならなければ映画はしません」とマイクの前で絶叫に近い声をふりしぼったのですが、全然騒音は止まなかったのに、「五十万人の電話」がうつると、急にシーンとしてしまい、今更ながら、映画の偉力を見直したのでした。「勉強の邪魔になるから、映画は見せない」などというお母さんは、変人扱いをうける位映画は私達の生活にしみこんでいますが、教育映画の世界を考えると、まだ開拓の余地が充分あることを痛感します。

教育映画は、面白くない、と全然、問題にしない部類と、苦しい財政のやりくりの中で熱意を燃やしてつくられる作品だとして、批評や助言をすることを遠慮したり、点が甘かったりという部類に、観客層をわけるとすると、私などは勿論、後者の部類に属する方だと自称しますが、「道徳教育の教材に」という要望を、それぞれの立場から、教育映画に要望をよせられている昨今、母親からも一言と、いささか心を鬼?にして気づいたこと、感想などをのべさせていただきます。

私の住む豊島区の長崎小学校の親子座談会の実践を紹介し、私達、「親」に反省をうながしてくれた「切手のいらない手紙」は、これまでのこの種の映画の中では、すっきりした出来でした。しかし、不当な親の権力、子どもがなぜ手紙という形で、自己を主張したのか、又、親子の手紙のやりとりが、なぜ座談会にまで発展したのか…という必然性がよく摑めなかった、観客は「切手のいらない」という上手な題目によって、各自の胸に一つの映画をつくりあげ上映されたものの不充分、穴の部分を補っているという感じのために、多少のものたりなさ、迫力の不足が出たことは惜しいことでした。子どものしたことを親が理解し独善を改めることは、すばらしいことですが、親子の問題は、そう運びきれない、きびしいものを持っていることにも触れてほしいと慾ばります。ともあれ、親子座談会は教師と親の話しあいが出来ていたことを証明するものとして、最近では、モデルケースではないでしょうか。

「五十万人の電話」「石炭」?(東京ガス製

ていくだろうくらいの安易なオムニバスともちがう。「影」のコンストラクションはポーランドの現実を、戦中から戦後にかけて、Aのうちに非Aが生れ、葛藤と運動が複雑に交錯していく、その様な状況として構造的に肉迫してゆく、複眼のドラマ意識から成立したものである。ここには一人の主人公と、その周辺の人物及びそれらをとりまく環境との関係から生まれる事件を、起承転結方式の通俗な説明的物語りで展開する、あまりにも古典的なドラマトルギーは完全に捨象されている。人物の性格描写とか心理の追求などということもない。むろん雰囲気や情緒など感情移入は一切排除されている。あるのは、ただ、行動としての人間と、もの、そしてそれらの衝撃し合う関係と、それによって生み出される状況だけである。

一つ一つのエピソードがつみ重なり、みるものの内部に、一つの一貫したテーマが重層的に複合され、強烈なイメージとして結晶したとき、映画はファースト・シーンを新しい角度からつきはなすように通過して、一気にラストに終結する。スクリーン一ぱいに動く抽象画のようにすばやく流れてゆく大地のながいながい移動のアップにエンド・タイトルが浮び上ったとき作品はたしかに完結していた。しかしそこにはむろんカタルシスはなく、また最初の謎の男の正体が判明したことによって獲得される心理的な充足感もない。むろんはじめからこの映画が観客をひっぱっていったものは何もその男の正体に向っての関心ではなかったからなのだ。だから「影」はビスクピックの正体をさらに超えてその背後にひそむものに迫っていく。映画が終ったとき、我々につきささったものは、そこで、完結することなく、むしろその瞬間から我々の現実の生活の中に執拗にくい込んできて、内側から、現実を変革的に働き始めるのだ。

そう考えてくると、私は、作者がなぜ三つのエピソードを通して、「影」をビスクピックという具体的な同一の人物に実体化したのか、そのへんに中途半端な限界を感じないでもない。それは、お互いに関係のない、列車事件の三人の関係者が、過去の全くちがった時と場所で、この飛び降りた男と深刻な体験を交えていたという、ちょっといかにも話がうまく組合わさりすぎるという問題を持っていると同時に、この映画の各エピソードにうち出されたテーマを、それらのつみ重ねの中に立体的に綜合して、そこに、じかにみることの出来ないもっと普遍的なテーマを浮き彫りにすべきところを、ややもするとビスクピックという男への疑惑にすりかえさせてしまう効果をもつからである。たとえば、具体的な実在の物語りの上では全く何の関係もないいくつかのエピソードを一つの縦に通した事件とからませて立体的に交錯させ、それらのつみ重ねによって形づくられるより高次のイメージとテーマでドラマを統一させていくという方法をとったら、もっとずっとすばらしいものとなったのではないかと思うのだ。

作）などは、百聞は一見にしかず以上に分りやすく宣伝臭もきざでなく、明るい画面で楽しい勉強を堪能させてくれました。私達が組織した「映画会」などでも、こうしたPR映画もどんどん利用すべきだと思いました。

我々の祖先のすばらしい知恵と創造のたくましさを、いやという程見せてくれた「古代の美」又、その美をうみ出した古代の生活をみんなの力で世に知らせる努力をした経過を示す「月の輪古墳」などは息もつかずに画面を見入らされました。一緒にいった小学六年生の男の子は、「古代の美」を「オモニと少年」より感激していました。立派だ立派だという構えが我々をして敬虔の念以上に威圧を感じさせられたのは、音楽に原因がありはしなかったのかと思います。一個の壺にあてられたライトにてらされて、私達の祖先が無邪気に真剣に生活ととりくんだ姿が再来する幻想に酔いました

「オモニと少年」これは偶然、二度見ることになりましたが、不思議なことに二度目も新鮮な感動をおぼえました。商業映画、――一流監督の作品は別として――は泣かせ所、笑わせ所のツボに合せて、ポイントがはめられているので、二度見ると急に魅力も艶も失せるものですが、製作者の方々の良心的な一貫した態度が、直接、観客の魂にとびこんでくるのでしょうか。北林さんの一郎につぎをしてやるしぐさなどの何のテライもない演技にかざられたこの映画を、勤評に、警職法に派閥に、あけくれる日本の役人や政治家にぜひぜひ見せたいものです。教育映画、記録映画、をもっともっと勉強して、くだらない映画を締め出すようないいものをつくり出す、生き生きした力を私達も力を合せて育てたいものです。

（豊島子どもを守る会）

朝日ニュース
水野　肇
小笠原基生

続・ぶっつけ本番(5)

——え、今回は職場の友達が三組もそろって、こんな立派なお嫁さんを迎えられたことはなんともおめでたい限りで……。

春浅い宵だった。一段と声をおとした松村清四郎部長の改まった調子が、よそゆきにもうけとれた。

上座には心もち固くなった三組が仲よく並んでいる。井沢中田、高木の三君のはれがましい披露の宴である。つね日頃独身主義を謳歌していた井沢君も今日ばかりはちょいちょいお隣りの新妻の横顔を盗み見るように気をつかって、すっかりやに下っている。中田、高木両君の奥方は、日映の光栄ある社員であり、組合員である。つまり職場結婚である。

停年近いというのに、まだつやつやした黒髪をかきわけるように、万年青年のような松村部長は、つづける。

——井沢君のことはこの位で、次は中本君だが、皆さんご承知のようにハンサムで。どっと笑いがわいた。

花婿の中田君は、おやおやと思った。部長はまた、名前をまちがえやがったと。それよりも、新人でちょんがの中本君の方はもっと驚いた。あれっ、俺は一体いつ結婚しやがったのだろうと。

松村部長がこんな調子で相手の名前をちょくちょく失念するのは毎度のことであった。ひどいときは全くとんでもない名前で呼びつけておきながら、その相手が知らん顔をしているといって一段と声を張りあげた。

だから、誰かが≪あわての松ちゃん≫と蔭口をきいた。その松ちゃんは、三人ばかりいた。その一人は、ニュースの鬼であり、殉職した松本久弥であり、もう一人は国会担当で大いに幅をきかし、今はNHKの課長さんに収っている松岡君であり、そして松村部長である。

名前ばかりではない。よく忘れものをした。老眼鏡がその第一。これはすさまじいほどよく忘れた中身をやっと取り戻して傍にいたデスクの方がやれやれという内に眼鏡入れをどこかへ置いてくる。かと思うと、愛用のパイプがなくなる。

——おーい、俺のパイプ知らんかア

とくる。ついこの間は胸のポケットにパイプをつっこんだ儘、小一時間もデスクの上をごそごそ探していた。が、若いものにとり囲まれての仕事場だ。気は頗る若い。

やっと持ち時間一杯に部長の挨拶が終った。司会をつとめる小原君と、末野君はそろって立上って

——さぁ、乾杯。

とコップをとり上げた。小じんまりとしているが職場の友情に包まれた、気持のよい披露の宴であるみんなそろって若い。

若いときはよい——と松村部長は満足そうに見廻した。

松村さんのロマンスは、銀座の柳の芽と共に育った。

昭和十五年、新体制下の銀座風俗を画こうとする〃銀座四丁目〃のロケが始まった。松村さんの松竹時代後期の作品であり、カメラは、戦後名作〃中尊寺〃を担当した広木正幹氏。

戦争の黒い雲が銀座にもひしひしと暗い影をおとそうとしたときこの仕事が始まった。

暮近く始められた銀座の十二時間の記録は六ケ月経っても完成しなかった。柳の芽がふき始めて、春の足音も追いついた。

だが、ロケが延びたことよりも銀座四丁目で、松村さんの知っていた女優さんと一しょに、松村さんの粘りこい演出ぶりを、じっとみつめていた女性が忘れられなかった。

当然、その女性が現われると、ロケどころではなかった。

二人でお茶をのんで、語り合う。やっと探しあてた助監督が恐る恐るおうかがいに来る。

やがて柳の芽がふいて、美しい葉が出そろった頃に、このロマンスは実を結んだ。いかにも松村さんらしく仕事の中で芽生えたロマンスは、三十年の作家生活の輝かしい一頁だったに違いない。

昭和四年の春、松竹蒲田撮影所の門を叩いた松村さんは、第一回の入社試験を受けて、助監督生活に入った。

牛原虚彦演出の〃進軍〃を近衛師団でロケしたとき、松村軍曹の率いる分隊がこのロケに協力した当時雑誌「詩と音楽」の編集を手がけている内に兵隊にとられた文学青年松村さんの心をとらえたのが牛原監督のさっそうたる英姿だった。

ちゃきちゃきのアメリカ帰りの牛原さんはニッカーポッカーに鳥打ち帽のスタイルよろしく大きなメガホンをかざして近衛師団全軍を叱咤した。

これからは映画の時代だ――松村さんはこう決めると、兵隊服を脱ぐと同時に、松竹へとんでいった。

同期には、渋谷実、原研吉氏らがおり、栗島すみ子、川田芳子の全盛だった。

先ず牛原組。それから野村浩将組について、映画のＡＢＣを学んだ。

助監時代は、なんでも手がけた。わけてもタイトル撮影はつらかった。

徹夜、追込みのロケがアップするやいなやタイトルとくる。当時はサイレント時代で、タイトルは百二、三十枚もあった。

分業化されないこの時代は、助監がタイトル持ちをつとめた。まがりやゆがみで苦労した末、ついうとうともする。その合間にセット裏で監督さんにどやされて、しくしくやっているかけだしの女優さんの肩をたたいて、慰さめさあ本番ということもつとめた。

月給は二十円で、大入袋は二十銭だった。それでも残ったというからのんびりしたものだった。

昭和十一年に初めて一本になり真船豊原作の〃人の影〃を演出した。主演は、広瀬徹、上山草人、春日英子。

その頃、大船に文化映画部が出来て、初代の古田部長が、劇畑の松村さんを招いた。

劇から文化映画へ。初期のドキュメンタリーととり組んだ松村さんは、文部大臣賞をもらった〃鵜匠〃、力作〃銀座四丁目〃など、十五、六本の作品を作った。

昭和十五年、松竹、東宝、十字屋などが一つに統合されて社団法人日本映画社が生れ、〃食糧に備えあり〃〃最初の一分間〃といった情報局御用の映画づくりに終始した。

終戦――社会の変革が激しく、とても自主短篇やＰＲどころではないとき、松村さんは、「日本ニュース」のニュース部に移った。劇、文化映画、そしてニュースと三段跳びであった。

こうして、若い連中と一しょに戦後のニュース作りが始まった。

――君、平々凡々さ。何もないよまアいいじゃないか。

と松村さんは、パイプを放り出すと、「これからのニュース映画について」というインタビューにきた新聞記者へ挨拶もそこそこに部長の椅子を離れた。

――くわしいことは、デスクの矢野君か、渡辺君に聞いてくれ給え。ちょっと失礼。

ご存知ない記者には悪いが、矢野君は、素知らぬ顔をしていた。今日は土曜の午後である。松村さんはそわそわと落付かない。

土曜の午後は、時計のように正確に松村さんは、デスクを消える。たった一つの道楽といえば、酒を飲むでなし、麻雀でもなし、四っ足の魔力には勝てなかった。

やがて姿を現わすと黙りこんでデスクに座る。やがて未決書類に力をこめて認めを押す。別に不気嫌というわけではないが、この日のレースは運がないのだというわけである。だが、間違っても大穴をあてたという顔付きにお目にかかれない。至極淡々と馬券を買い、馬券をやぶっているのである。

第１回演出作品・松竹大船「人の影」
第３列右から２人目松村，３人目藤田正一，５人目上山草人

年に一度、ダービーとなると、松村さんはついに馬脚をあらわす。声高かに三―五と予想をたてる。遠く出向いて情報をあつめる。そして、うるさい位に取材に注意をあたえると、必ず一しょに現場へ向うのである。じっとしておれぬという態であった。

部長職は、苦情処理の窓口だとよく口にした。たとえどんな小さなことでもよく相手のまくしたてることを聞いた。そして決しておこらないのが年の功というのか、松村さんの人柄をあらわしていた。

ニュースの編集で新人が手こづって、もたついていると、松村さんは黙って鋏をもって手伝った。いわれる儘にラッシュをつないでさてその仕上げをみると、新人の連中は、声には出さないが舌を巻いた。三十年の年期が入った鋏の切れ味は、するどかった。

また、インタビューにいった若い担当者は、よく松村さんから注意された。インタビューする方は背中しか撮影されない。だから背中の演技力を勉強しなければならないと。

「朝日ニュース」は度々カット事件を起した〃警職法是か非か〃のときには、松村さんは録音で徹夜明けの眠い目をこすって、東宝重役に会い、朝日の特信部長に会い、日映のデスクに相談し、またしても東宝へ接渉に出かけた。しかし、どうしても一部はカットせよとくる。重たい足をひきづって帰ってきた松村さんに、組合の連中が早速ぐるりととり囲いた。さアどうするんだと殺気を（次頁下段へ）

現場通信

立山を背景に

樋口源一郎

汽車が親不知附近の数多いトンネルを過ぎると富山県に入った。カーテンを開けて窓外を見ると、まだ明けやらぬ田圃にはもう働いてる人が見える。雪が消えて間もないまだ肌寒い早春である。

私の目に、黙々と働いてるこの農民の姿が強く強く焼付られた。

やがて目的地、黒部市にあるスライド、ファスナー工場に到着した。スライド、ファスナーといっても判り憎いが通称チャックといわれている身近なものである。鞄をはじめボストンバック、ショルダーバック、ジャンパー婦人服から文房具に至るまで最近の進出振りのめざましいあのチャックのことである。

いうまでもなく、映画をやっているとダムからチャックまでいろいろ手掛けなければならない宿命にあるが、何といっても割切って仕事の出来ないたちの私にとって、その悩みの種は尽きそうもないのである。

チャック工場と聞いて私は、町工場に近いものを想像しながらいざ着いて見ると、描いていた想像とは大変な違いであった。

雪を頂いた立山連峰を背景に、整然と建設されている合理的な明るい工場が、働きいい環境を形づくっているその姿は、裏日本という言葉の持つ暗い印象を一掃してしまった。よく聞いて見ると三万坪にも及ぶ工場が、僅か三、四年のうちにまるで蜃気楼のように実現したのだっそうである。然しよく調べて見ると決して忽然と現れたのではなく、やはり経営主脳部の長い努力と働ぐ人々の協力で建設されたこと、そして更に十万坪に及ぶ敷地に新しい第二工場が次々と建てられていることも判った。

私は工場の調査を終えると、この工場の背景に連っている立山連峯の白く輝く雪にあこがれて、その山懐に飛込んで行った。

富山の人々をつちかっているもの又工場を取巻く自然環境を探りたくなったのである。

こうしたシナリオ、ハンティングの旅を終えてから間もなく奥只見の山奥に入ってダム建設に取組み、その完成を見たのは十月も終りになってしまった。

しかしこの六カ月は無駄ではなかった。工場の方が出していたいろいろな案、作品のスケールを縮少しなければならない希望せざる妥協案がこの六カ月の冷却期間に、ことごとく解消してしまったのであった。

この難問題の解決には工場の若い情熱的な社員の並々ならぬ努力が払われていたのである。

シナリオ、ハンチングのとき夜中の二時までも語りあった人間的な結びつきが効を奏したのだ。

裏日本の富山地方に、もうそろそろ雪が迫っている十一月始め、スタッフ一同立山めざしてのコースをたどっていた。

十数粁にも亘る熔岩流の上に生えた、杉ブナ、トチなどの原生林を過ぎ高山地帯特有の温帯地にある弥陀ケ原ホテルにたどりついたのは夜であった。しかも霧が立こめていた。次の日も雨、次の日も。そしてみぞれになり雪になった。

ファストシーンの雪の立山をイメージしながらねばりにねばったねばりの甲斐あって、ふと目を覚すとホテルを取囲む山々は新雪に輝いている。私たちは勇んで立山撮影をめざして新雪を踏んだ。

其後黒部渓谷、親不知と変り易い天候を縫っての撮影がつづき、予定通り工場撮影に入った。工場では、生産を低めてまで撮影に力を注いでくれた。そして工場の人

（前頁より）はらんでつめよる。

到底このままではすまされない空気に包まれた。視線を集めて松村さんは、おもむろに腰を下ろすと、ゆっくりと経過を報告した。そして

―又、問題を起して申訳けないいろいろやってみたが、部長の責任をもって一部カットをする。

しかし、カットしても君たちの考えていることに変りはないと思う。無論私も、君たちと同じ考え方だし、変えようもない。それよりも、ニュース映画のワイド化をもっと進めてもらいたい。

テレビの小さな枠は拡大出来ない。まだまだニュースもやることがある筈だ。まあいいじゃないか。

寛容とも、妥協とも、いや諦観ともつかない、不思議な殺し文句である。誰かが小さな声でふっと真似た。すると、緊迫感がほつれた。

――まぁいいじゃないか。

（未完）

× × ×

× × ×

々は黙々と協力してくれた。

私は絶えず汽車の窓から見た農民を想い起した、明けやらぬ田圃で黙々と働いていた農民の姿を。

いま、工場撮影も予定通り終って、年も明け楽しい編集にとりかかろうとしている。

雪国の人らしい堅実な発展を希っているSさんに私が約束したこと、それはこの作品で応えるつもりである。

私は「現実」を二度のぞいた
――「白い船」ロケだより

荒井英郎

撮影現場である島に渡ってから、もう二十日ぐらい。県や市の後援、現地の島々の協力は申し分ないのだが…どうしても『現実』をつかめぬもどかしさ、私たちにはつきもののあの焦燥感が、今度の撮影ではいつもより強くあった

シヤシンは、瀬戸内海の島々を廻ってゆく保健船の話。島の人々の生活を、若い保健婦の眼から見てゆこうというねらいだった。

所で本だが、島の生活のどのエピソオドをとっても、みんな大分以前にあった事とか、お定まりのキレイごとであって、今の島をとらえるズバリとしたものが、ちっともないじゃないか、と考えてみたものの、さて島へ来ても、眼の前に並んでいるものを、どうとらえたらいいか、さっぱりなのである。

そんな時、或る島の学校でトラホーム検診の場面を撮ることになった。トラホームの子供たちがたくさん居るので、保健婦がびっくりする所だ。之はメーキャップでなければ撮れないだろうと、出発前からその覚悟だったが、学校では、いやホンモノがいるから、それを撮ったらよろしいと、治療中という生徒四十名ばかりを並べてくれた。ここの生徒はみんなで百二十名だから、正にその三分の一にあたる。これでも良くなりましたと先生は自慢気であった。正に驚異的な数字である。この島では、おじさんやおばさん達の協力ばかりでなく、すでに何名かの子供が『役』で出演してくれていた。その『カラ臼の少年』も、『嵐の中の少年』も、『カブトガニの少年』も、驚いたことには、みんなこの四十人の中に並んでいたのである。

いや、飛んだ所に『現実』というものは、かくれん坊している、と思った。昨日まで一しょに、余りにほがらかに遊んで来たせいか、こう判っても、どうもピーンと来ないのであった。

もう一つ、かくれていた『現実』にびっくりしたこと。

之はもう大分終りの頃だったが、病人の家を保健婦たちが家庭訪問してゆく場面だった。かねて頼んでおいた家へ行って見ると、様子がおかしい。この家も島の外の家同様、おやじさんが船員になっていて、丁度昨夜帰って来たが、他の者がどう言ったか知らないが、主人である自分は話を聞いていない、と気嫌が悪い。生憎、撮影に一切の世話をしてくれるPTA会長さんが、この日は他の用事でいなかった。何とか話を通し直して、さて撮影にかかろうとすると、おやじさんが又怒り出した。布団を借りて病人用に敷いたからだ。丁度そのおやじさんの家の娘が病気で岡山の病院に入ってる、それなのに家で又こんなことをされたんでは、というわけである。もっともだが、之は芝居だし、別にどこの家とわかるわけでなし、他に好い家はないのだから……とやっと説得。別に頼んでおいた娘さんを、ネマキになってもらって、布団の上に座らせると、又おやじさんの血相が変わってきた。私たちは結局此処はあきらめるより他なかった。丁寧に挨拶して辞し去ろうとする時、『絵になる家だが、惜しいなあ』ともう一度家のたたずまいに眼をやると、座敷には、天理教の大きな祭壇と、もう一つ立派な天照皇太神宮の神棚が見える。玄関の脇には文行基菩薩を祀った祠があり、どうも家の中ぢゆう、神様だらけのようだ。

ここで私ははっとした。こんなにまでしなくてはならない島人の病気や不幸への畏怖が判ったように思えた。これが、ずっと無医村で来た島の『現実』だったのだ。これが何とか映画につかまえられなければならない。……しかし、撮影は台本通り、他の家で行われただけであり、私は二度のチャンスを逃したのであった。

『現実』がつかめぬ――それは『方法』が欠けていたからだろうか。いや島の現実を目抜く『思想』が欠けていたからではなかろうか。

しかし実際を言えば、私はそれよりはるか前の、ドキュメント撮影のABCあたりで、すでにヨタヨタしていたかも知れなかった。島の人の労働場面一つ撮るにしても、キャメラ（アリフレックス）の三脚をがしんと据え、人の位置を指定し、そう動くとキレるから、とか注文すると、もういけない。労働しているその人は居なくなって、ごく下手な俳優がそこに出現してくる――と言った具合だ。そして普通なら十五日が現場の協力の限度と言われているのに、ここではもう一月近い。何よりも先ず早く終らせねば、と『作家』よりは『現場監督』の方が顔を出して来て、結局、私は、瀬戸内海から『現実』の姿をチラリ二度程見ただけで、引揚げてくるということになったわけだ。

プロダクションニュース

（文中略号　EK＝イーストマン・カラー　演＝演出　脚＝脚本　撮＝撮影　16・35＝16ミリ・35ミリ）

科学映画社

○準備中「はんがのいろいろ」パートカラー　16　一・五巻、西沢周基「木版画のつくり方」BW　16　一巻　西沢周基

○完成「技能と経験」BW　16　2巻、脚・演―岩堀喜久男、撮―菅沼正義

マツオカプロダクション

○完成「偉大なる建設―東京タワーの建設記録」四巻　EK　製―松岡新也「メートルものがたり―すべての時代にすべての人々に」二巻　白黒　製―松岡新也「伸びゆく広島県」二巻　製―松岡新也　演―馬場英太郎

東京シネマ

○撮影中「ガン」EK　35　製―岡田桑三　脚―君見泰　撮―小林米作　演―大沼鉄郎・渡辺正巳「結核・第二部」脚―吉見泰　撮―小林米作

○編集中「コミュニケーション・ジャパン」EK　35　二巻　製―岡田桑三　脚―吉見泰　演―八木仁平　撮―植松永吉

○完成「肝臓」BK　35　二巻　製―岡田桑三　脚―吉見泰　撮―小林米作　演―杉山正美・渡辺正巳　編集―伊勢長之助

桜映画社

○撮影中「愛することと生きること」黒白　35　五巻　脚―木村荘十二・佐野美津男　演―木村荘十二　出演―俳優座

○完成「中学生の心理」（仮題）黒白　35　五巻　原作―波多野勤子　脚―片岡薫　演―青山通春「おやじの日曜日」黒白　35　三巻　脚―柳沢類寿・他、演―金子精吾

共同映画社

○準備中「おやじ」二巻　製―上野耕三　脚―古河良範　演―菅家陳彦（「記録映画社」と共同製作）「保育園物語」三巻　製―織田良一郎

○撮影中「動くおもちゃ」一・五巻　脚・演―韮沢正　撮―河合良三（文化映研と共同製作）

新理研映画株式会社

○準備中「日本原子力研究所・第三部」EK　五巻　脚・演―秋元憲　撮―中野浩「水辺の鳥」EK　三巻　構成―二瓶直樹

○編集中「躍進する東都製鋼」EK　三巻　脚―清水進　演―草間達雄　撮―香西豊太「御母衣ダム・第一部」EK　五巻　脚―赤佐正治　演―清水進　撮―稲葉直「住金の鋼管」EK　三巻　脚・演―島内利男　撮―稲葉直「OFコンデンサー」脚―秋元憲　演―草間達雄　撮―香西豊太

○撮影中「紀勢線の工事記録」EK　三巻　脚・演―岸光男　撮―八柳勇三「北陸トンネル工事記録・第一部」EK　三巻　脚―秋元憲　演―島内利男　撮―岸寛身「日本原子力研究所・第二部」EK　三巻　脚・演―松本信夫　撮―中野浩「地下鉄・第二部」白黒　三巻　脚・演―岸光男　撮―八柳勇三「八郎潟の干拓」EK　一巻　脚・演―青戸隆幸　撮―水上正夫「日本の原子力」EK　三巻　脚・演―竹内信次　撮―岸寛身「日新電気への御招待」脚―秋元憲　演―草間達雄　撮―香西豊太

○完成「ゴーストップ東京」EK　三巻　脚・演―秋元憲　撮―稲葉直「遠洋航路」EK　二巻　構成―徳永三千男　撮―保刈富士雄「新鋭火力発電所」脚・演―原本進　撮―水上正夫「警鐘」白黒　三巻　構成―徳永三千男　撮―ニュース撮影課

日本映画新社

○編集中「チョゴリザ」EK　35　八巻　撮―汐田三代治　構成・編集―伊勢長之助「瀬戸内海」白黒　35　二巻　演―落合朝彦　撮―高木敏定

○撮影中「日本の庭園」EK　35　二巻　演―下村健二　撮―橋本龍雄「裏日本」白黒　35　二巻　演―西沢豪　撮―橋本龍雄「赤石の山峡」EK　35　三巻　演―苗田康夫　撮―平木靖「愛知用水」EK　35　演―山添哲　撮―稲垣浩邦「日本の造船」EK　シネスコ　二巻　演―中村敏郎　撮―中村誠二

東映教育映画部

○完成「鳴く虫の観察」白黒　一巻　脚―尾田道夫　撮―小林一夫　構成―高橋成知「やきものの町」白黒　一巻　脚―大岡紀　演―田中積穂　撮―江川好雄「島の生活」一巻　脚―円城寺進　演―宇田頼弘　撮―伊藤貞幸「消えた牛乳びん」五巻　原作―筒井敬介　脚―大島善助　演―津田不二夫　撮―仲沢半次郎「昆虫の口とたべもの」一巻　脚―尾田道夫　撮―小林一夫「安全な航海」一巻　脚―平松幸男　撮―江川好雄　演―田中積穂「おさらいのしかた」一巻　脚―柳下貞一　撮―白石彰　演―岩佐氏寿「ボーナスをかせぐ村」二巻　脚―岡田山仁　演―大山年治　撮―村山和男「悪い芽」脚―増尾信江　演―大島善介　撮―高山弥七郎「家族と老人」二巻　脚―田代・清本・黒川　演―黒川義博　撮―赤川博臣

理研科学映画株式会社

○編集中「慶応義塾百年祭」16　EK　三巻　構成―大鶴日出男

○撮影中「自然との斗い」EK　16「地下鉄工事記録」白黒　16　脚・演―佐藤和夫「寄生蜂」撮―三橋毅

○完成「野沢セメント」16　EK　脚・演―大鶴日出男　三巻「宮田製作所をたずねて」16　EK　三巻　脚・演―大鶴日出男「自然科学シリーズ・栗の木と昊虫」16　二巻　構成・撮―三橋毅「蟻と蝶の助けあい」文部省特選　16　一巻　撮―三橋毅

日映科学映画製作所

○準備中「工業デザイン」EK　35　二巻　脚・演―中村麟子

○撮影中「クレーンとコンベア」EK　35　三巻　脚・演―諸岡青人　撮―後藤淳　野見山務「郵便標準作業・年賀郵便篇」白黒　16　三巻　演―松尾一郎　撮―鈴木武夫

○完成「ベルトン水車」EK　35　一巻　脚・演―松尾一郎　撮―佐藤登「ピアノへの招待」EK　35　三巻　脚―岡野薫子　演―奥山大六郎　撮―後藤淳「特急あさかぜ」EK　シネスコ　二巻　脚―諸岡青人　演―吉田功　撮―川村浩士「建設譜」EK　一部シネスコ　35　五巻　脚・演―下坂利春　撮―佐藤登「縫製工場」黒白　16　三巻　脚―加藤松五郎　演―谷川義雄　撮―鈴木武夫「石油を探す・二部」EK　35　二巻　脚・演―諸岡青人　撮―後藤淳

読者拡大運動に御協力下さい

先月号及び今月の時評にもあるように、今度「記録映画」はベースボール・マガジン社の手をはなれ、独立して、教育映画作家協会で編集発行することになりました。

それにともなって現在、新らしい読者をふやす運動を行なっております。一般劇映画にくらべ、まだまだ市場のせまい記録・教育映画の現状、それと同じようにこの雑誌の市場もまた狭く、苦しい運動ですが、わが国でただ一つの記録・教育映画専門誌としての本誌を守りつづけて行く運動に、どうか読者の皆さんも御協力いただきたいと思います。

ドキュメンタリー理論、観客組織の問題等に本誌の課題は大きく、また山積みされています。そして忘れてはならないことは、市場のせまい記録・教育映画の明かるい未来を築きあげて行くということ、これもまた本誌の課題でありましょう。

とまれ当面の目標としての読者倍加運動を「ひとりがひとりの仲間を」呼びあって成功させていきたいと思います。重ねて御協力を訴えます。

なお三月号は「マス・コミにおける記録映画・教育映画」特集です。花田清輝氏その他の論文を予定しています。

編集後記

☆協会員ならびに読者の皆さんから、激励や、お叱りを受けながら、この二月号で8号を生みだすことができました。（この号に通巻7号となっていますが、アルス発行の創刊号を加えて8号になります）

☆長谷川龍生氏の巻頭論文は、作家活動に当面必要なのは実践理論だと提起しています。この点にしぼって理論を深めたいものです。

☆野田氏の「戦後記録映画運動についての一考察」は、当協会の記録映画研究会が一月五、六、八の三日間ひらいた記録映画製作協議会の製作し、協力した作品を上映、研究討論の報告の予定でしたが討論の記録が不充分なため野田氏の意見をまとめたものです。

上映作品は「五二年メーデー」「五三年メーデー」「米」「京浜労働者」「月の輪古墳」「五四年メーデー」「松川事件」「五四年日本のうたごえ」「土の歌」「五五年メーデー」「朝鮮の子」「日鋼室蘭」「日本の青春」でした。予定の「五四年九州炭田」「永遠なる平和を」はプリントの都合で上映できませんでした。参加者は三十四名、協会員外からは大島辰雄氏、監督新人協会、児童文学者協会、日教組、民話の会、映画と批評の会、機関誌映画クラブの方々でした。なお、右プリントを提供された共同映画社に対してここに謝意を表します。

☆花松氏の原稿は最初の枚数から後半をはぶき、加筆訂正してもらいました。〃主体性〃について問題があるとおもいます。活潑な発言を期待します。

（谷川）

全世界の批評家を驚愕させた新鋭ポーランドのミステリー巨篇!!
THE SHADOW
優秀映画鑑賞会推薦
影
ポーランドの鬼才監督
イエルズイ・カワレロウイッチ
ズイグムント・ケンストウィッチ
アドルフ・フロニッキー
タデウシュ・ユラシュ
主演
フィルム・ポルスキー製作
ヘラルド映画配給
Herald
エジンバラ国際映画祭受賞
同時上映
白い決死隊
ポーランド山岳映画の名篇!
ポーランド国立撮影所製作
1月31日
より ロードショウ公開
ニュー東宝

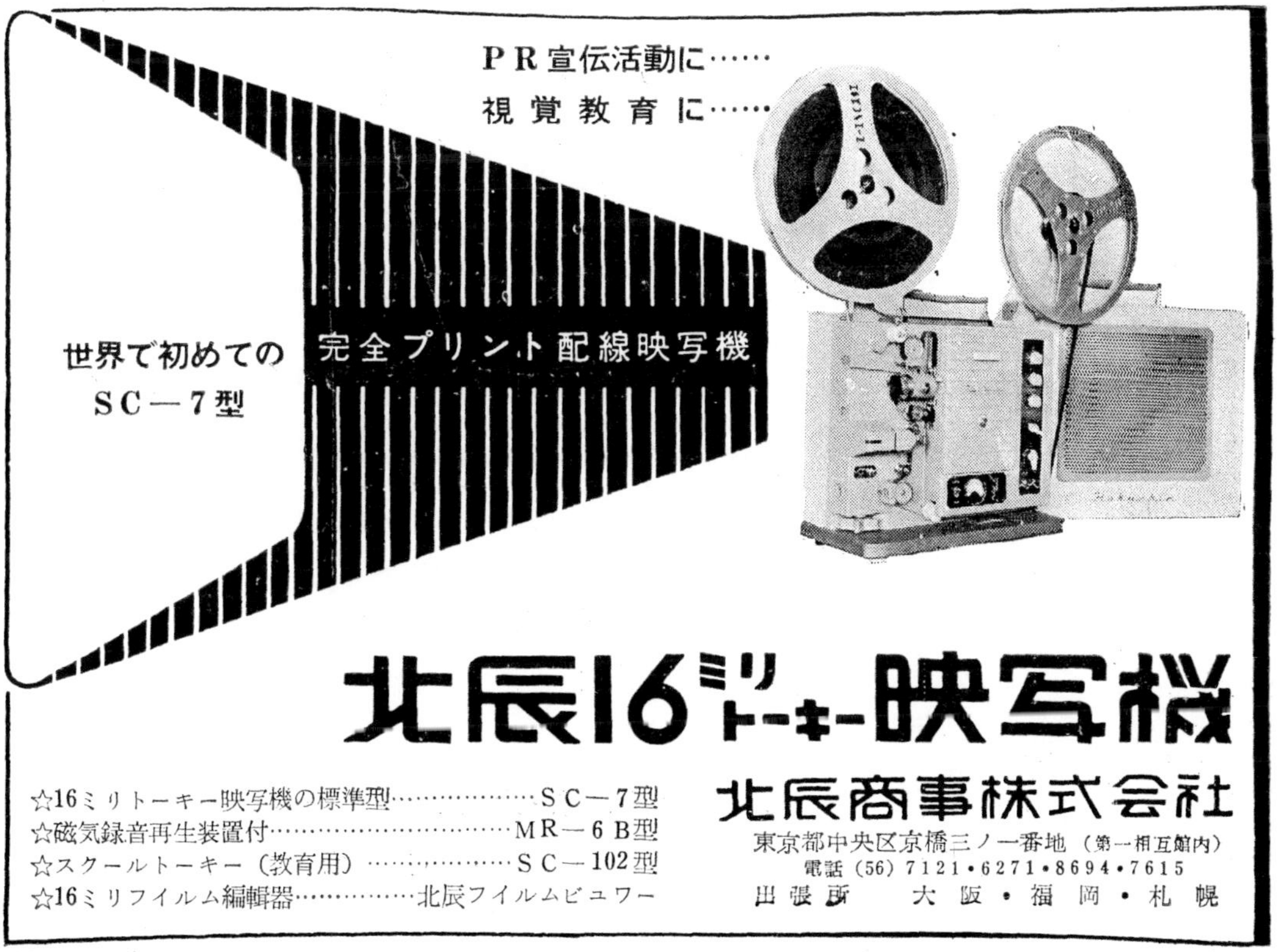
PR宣伝活動に……
視覚教育に……
世界で初めての
SC―7型
完全プリント配線映写機
北辰16ミリトーキー映写機
☆16ミリトーキー映写機の標準型……………SC―7型
☆磁気録音再生装置付……………MR―6B型
☆スクールトーキー（教育用）……………SC―102型
☆16ミリフイルム編輯器……………北辰フイルムビュワー
北辰商事株式会社
東京都中央区京橋三ノ一番地（第一相互館内）
電話（56）7121・6271・8694・7615
出張所　大阪・福岡・札幌

第二巻 第二号 編集・[illegible] 発行所 教育映画作家協会 電話東京（57）五四一八番
定価 七十円

教育映画作家協会編集

記録映画

THE DOCUMENTARY FILM

昭和三十四年二月十日国鉄東局特別扱承認雑誌第四三八号
昭和三十三年九月五日第三種郵便物認可

「青銅の顔」（スイス映画）

3月号

記録映画

1959　3月号

第2巻　第3号

時評

機関誌を理論と実践の前進の場に

教育映画作家協会は申すまでもなく映画作家の集団である。作家である以上、作品を通じて作家の考え方や感じ方を表現し、世の中の人々に訴えかけるのが本筋であろう。

かつての名作「小林一茶」が強烈に作家亀井文夫の思想、芸術を打ちだしたように、又戦後の佳作「一人の母の記録」や「絵を描く子供たち」が、夫々作家、京極高英、羽仁進の、しっかりした物の見方、豊かな感受性に彩られて人々の心をうったように――。

勿論以上の限られた作品だけでなく、作家の主張、表現によって識者に認められた作品はここ数年間だけでもかなりの数に達している。作家一人一人の思想的立場は夫々異るであろうし、又その創作方法も、作家個々によって千差万別である。とは云え作家の思想も技術も、決して不変のものではあり得ない。殊にこの頃のように、激動を続ける世界情勢の中では作家の思想も決して固定的ではあり得ないし、その創作方法も亦日進月歩する科学芸術の発展の中で旧体依然として停滞することは許されないであろう。映画作家は必然的に前進しなければならない。この現実の世界を生き抜いて行く人間として、そして又いかなる時代にも映画と云う有力な武器を持って立つ芸術家として――。

そのためには我々映画作家は常に勉強しなければならない。映画理論の確立に、又その実践であるべき、創作活動の発展に、私たちの全力を傾けなければならない。無論作家個人個人は絶えずその努力をつみ重ねているにちがいないが、私たちは、私たちの集団・教育映画作家協会こそ、それらの活動に最適の場であることを信じて疑わない。私たちは「記録映画」誌上に展開されている活動的作家による理論斗争、そして各グループに分れての研究会活動―更に期待される読者諸氏によるこれらの活動への参加等こそが、必ずや日本の記録映画製作活動に多大な寄与をなすものであると強い確信を持って云うことが出来る。

重ねて云おう。我々記録映画作家は、教育映画作家協会に結集することによって、そして又機関誌「記録映画」を更に発展さすことによって前進を続けよう、と。

表紙の写真

スイス映画「青銅の顔」（EKカラー・ワイドより）監督B・ザデンによって製作されたこの映画はインカ帝国の国境で撮影された。そこに住むさまざまなインデアンの生態を興味深く紹介し、文明と原始の生活を考えさせる。五八年度カンヌ映画祭特別記録映画賞受賞作。

もくじ

☆時評　機関誌を理論と実践の前進の場に　(3)

ライネッケ・フックス……花田清輝…(4)

☆特集・マス・コミ時代の記録・教育映画

鼠の責任について……大沼鉄郎…(6)

マス・コミよありがとう……矢部正男…(10)

「太陽」と「風」……厚木たか…(9)

虎穴に入って虎に喰われた話…桑野　茂…(12)

ルポールタージュ・テレビ映画
金と時間と人間の合戦記……(14)

「片隅の事実」は主張する
＝＜主体性論＞への提言2　花松正卜…(23)

最近の記録映画（3）……岩佐氏寿…(26)

続・ぶっつけ本番 (6)　水野肇　小笠原基生　(30)

エミールと生きている人形
子どもとアクションということ　大島辰雄…(32)

女流作家の生活と意見・その3
杉原せつ・藤原智子・かんけまり　(16)

現場通信
キョロロンの声……岩崎太郎…(34)
ジェット機にのって
北海道を天駆ける記…永富映次郎…(35)

☆書評
佐藤忠男「裸の日本人」……杉山正美…(28)
安倍公房「裁かれる記録」……野田真吉…(32)

☆ワイド・スクリーン……(37)

☆プロダクション・ニュース…(38)

☆編集後記……(38)

ライネッケ・フックス

花田清輝

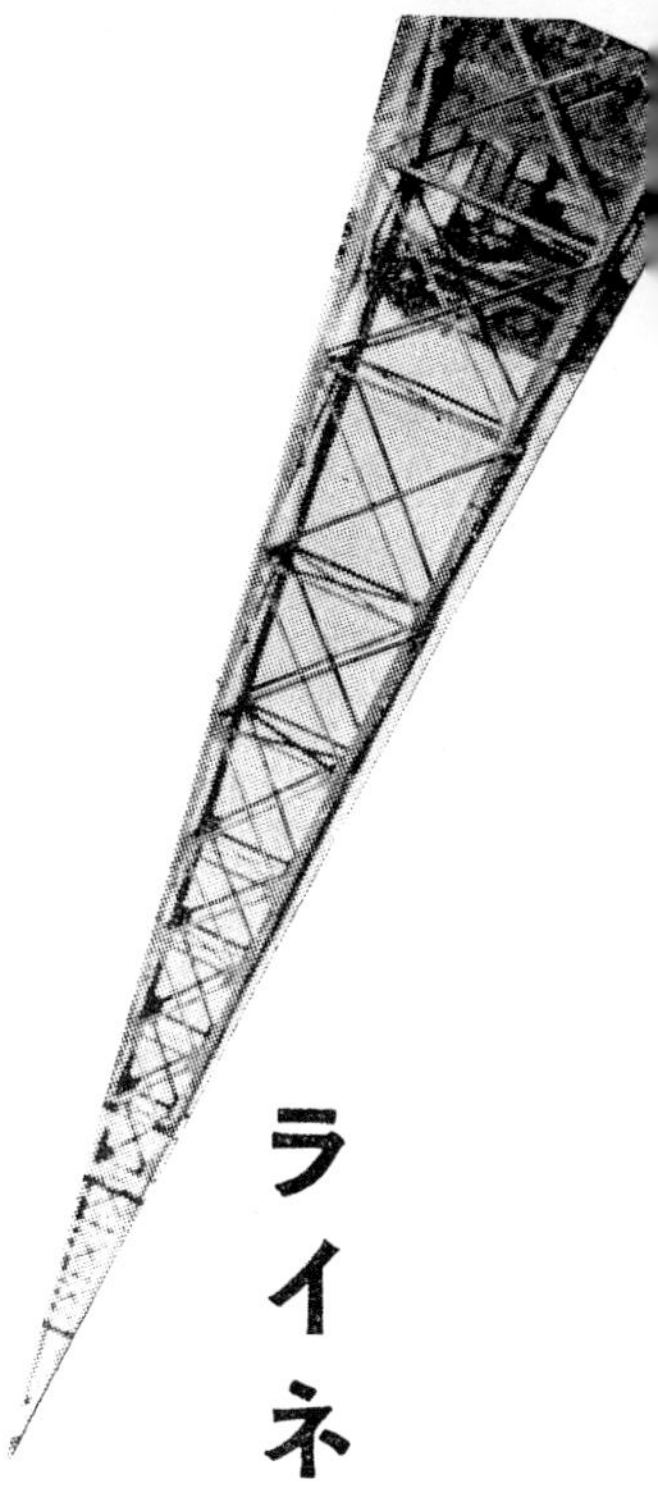

わたしは桑原武夫の「日本の教育者」(「中央公論」三月号)を読んで、久し振りに人間らしい声をきいたような気がした。教研集会の講演速記にあとで手をいれたものだということであるが、聴衆の先生たちにむかって、「相手はタヌキである、従って当方はキツネの英知を持たなければならない。みんなムク犬になってはだめだ」などといって忠告しているくだりでは、やはり、心をうたれないわけにはいかなかった。以前、わたしは、「バグダットの盗賊」というイギリス映画のなかで、コンラッド・ファイトの扮した魔法使いが、「犬になって、月にむかって吠えろ!」と叫ぶと、サブウの扮した少年が、みるみるうちに一頭の犬に変形してしまって、たけりくるいながら吠えはじめる場面をみたことがあるが、いまごろになって、わざわざ、桑原武夫から、そんな忠告をされたりするところをみると、どうやら日本の先生たちにもまた、多少、その少年をおもわせるようなものがあるのかもしれない。犬に変形してしまった少年の心事をおもうとあわれである。当人は、吠えたてながら、依然として魔法使いにたいして反抗しているつもりであろうが、すでにそのとき、かれは、みごとに相手の術中におちいっているのである。そういえば、つい最近みた「ニューヨークの王様」のなかには、カール・マルクスを読む十歳の少年が登場していたが、チャップリンは、あの少年の描写をとおして、アメリカの進歩的な文化人たちにむかって、桑原武夫と同様の忠告を試みているのではあるまいか。「相手はタヌキである、従って当方はキツネの英知を持たなければならない。みんなムク犬になってはだめだ」と。ハワード・ローソンをはじめとする「ハリウッドの十人」の非米活動委員会にたいする反抗には目ざましいものがあったが――しかし、あるいは「ニューヨークの王様」の作者の目には、かれらのすがたが、十頭のムク犬のように――すくなくとも十歳の少年のようにうつっていなかったとはかぎらないのだ。ローソンは「思想のたたかいにおける映画」という本のなかで、「革命児サパタ」だとか、「井戸」だとか、「嵐を呼ぶ太鼓」だとか、一見、進歩的とみられているようなさまざまな映画をとりあげて、完膚なきまでにその反動的な正体をバクロした。わたしは、その批判をまちがっているとはおもわなかったが、少々、柔軟性を欠いているようなところに危惧の念をいだかないわけにはいかなかった。ノーマン・メーラーの「鹿の園」にしても同じことである。「いっさいの権力の壁にたいして挑戦の小さなトランペットを吹く」といったような殺し文句をつぶやく分別盛りの映画監督の登場するのをみて、わたしは、アメリカの左翼は、これまでわれわれのように手きびしい弾圧をうけたことがなかったため、いくらか小児病的な傾向があるのであろう、とうらやましく感じた。もっとも、わたしが、「新日本文学」の編集をやっていたころ、ハワード・ファストから、表紙にアヴァンギャルドの絵をつかうのは、進歩的な雑誌にふさわしくないとおもうから、やめたらどうか、といったような注意をうけたときには、アメリカのマルクス主義は、ようやく日本の戦前の水準にたっしたところではなかろうか、と若干絶望したことは事実である。マルクス主義にしても、精神分析学にしても、ものめずらしいあいだは、あたらしいナイフを手にいれた少年のように、そいつをつかって、手あたりしだいに切れ味を試してみたくなるものらしいのだ。

さて、そろそろ本論にはいらなければならない。ここで、わたしにあたえられた課題は、日本の教育映画の今後の在りかた、といったようなものであるが、ここでもまた――いや、ここではとくに、「日本の教育者」のなかの桑原武夫の忠告を熟読玩味してみる必要があるのではないかとわたしはおもう。それは、教育映画の監督たちが、ひろい意味の「日本の教育者」であるからばかりではない。歯にキヌをきせぬ失礼をおかすことになるかもしれないが、どうもわたしには、かれらが、良心的であればあるほど、さっそく、ムク犬になってしまいそうな人びとであるような気がしてならないからだ。勤評反対闘争を契機に、日本の教育界が大きな曲り角にさしかかっている

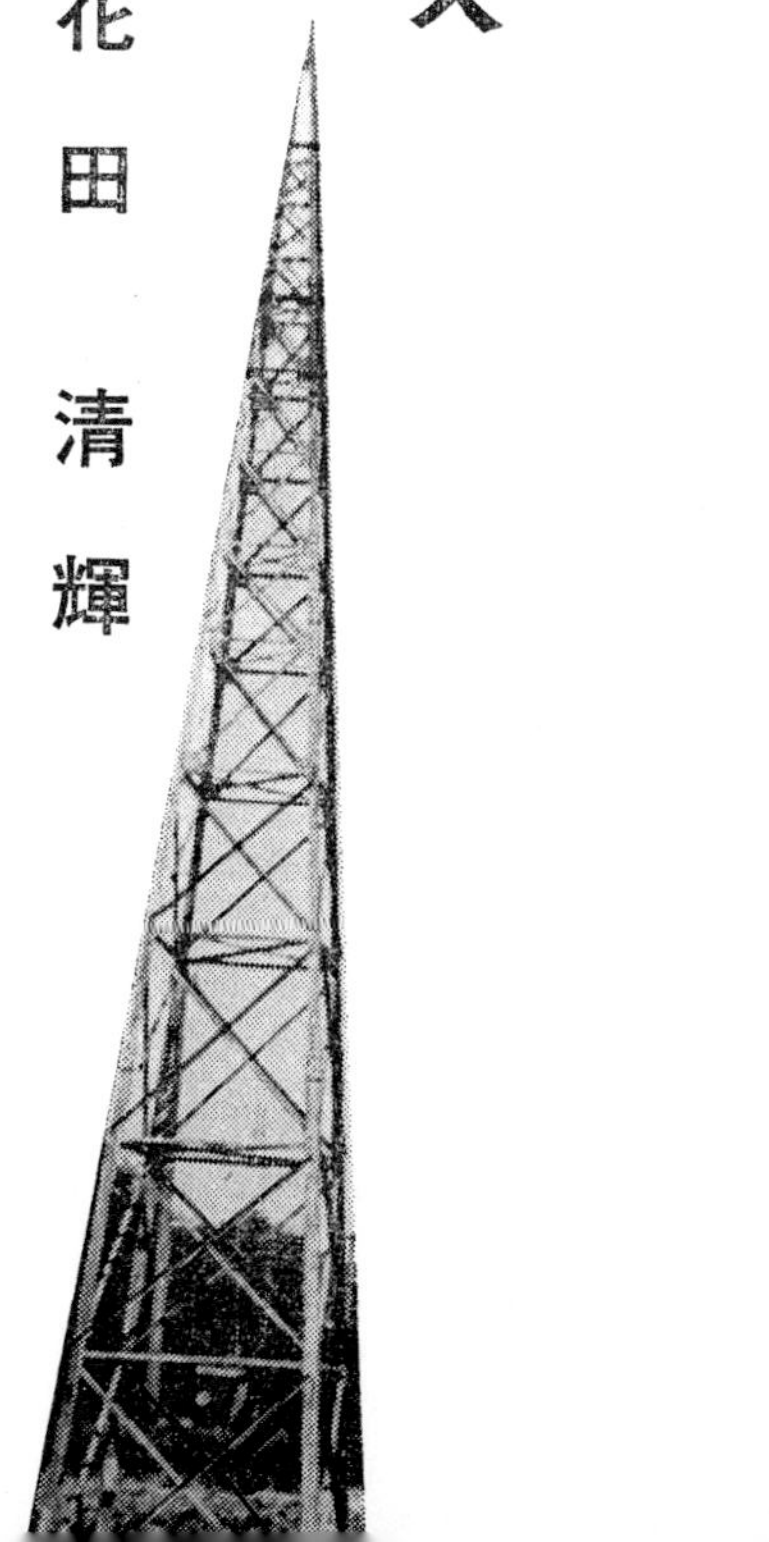

とき、教育映画の領域で、反動攻勢のおこるのは当然のことであるが、そのさい、みすみす相手の術中におちいって、月にむかって吠えたてみたところで仕方がないのである。しかし、「相手はタヌキである、従って当方はキツネの英知を持たなければならない」といったような忠告は、教研集会においても、相当、猛烈な反対論に出会ったようだ。いまだに夏目漱石の「坊ちゃん」のような小説の読まれているような国では、紆余も曲折もない、一本調子の反抗だけが、評判がいいのも無理はない。太陽族映画の流行したとき、そのアンチ・テーゼであるヒューマニズム映画をつくって対抗しようとしたようなセンスでは、もはや教育映画の監督たちは、今日の困難な事態をのりきれないのではあるまいか。なぜかれらは、アンチ・テーゼばかりねらうのであろうか。ジン・テーゼをねらって、太陽族映画のもつプラス面を、あますところなくみずからのなかに止揚したものこそ、真に教育映画の名に値いする作品ではなかろうか。そういう意味で、教育映画の典型として、わたしのつねにおもいうかべるのは、ルイス・ブニュエルの「忘れられた人々」という映画である。事実、その作品は、メキシコの社会教育局や児童防犯協会の依嘱によってつくられたものであるが、反対に、日本では、最初は、太陽族映画の一変種としての取扱いをうけていたようである。昨年、わたしは、その映画の最後の上映にあたって、二、三の映画サークルに呼ばれて、はなしをしに行ったが、誰もそれを教育映画として受けとっていないのをみて、いささかおどろいた。過去において、「アンダルシアの犬」のようなアヴァンギャルド映画をつくったブニュエルが、ドキュメンタリー・タッチでリアリズム映画をつくっているところに観客の興味はあるのであって、「忘れられた人々」のなかにまじっているアヴァンギャルド的な手法が、かれが十分にかれの過去を清算していないためであるか、それともその過去をあざやかに止揚しているためであるかが、そこでの議論の中心だったのには、すくなからずわたしは失望した。手法など二の次の問題である。いったい、かれらは、現在、われわれの周囲にハンランしている、ヒューマニズムの仮面をかぶった、社会改良主義映画を否定して、なんらかの意味で突破口をつくらなければならないと考えてはいないのであろうか、とわたしはもどかしい気がしてならなかった。不良児の教化というまさに社会改良主義的なテーマをとりあげながら、逆に社会改良主義の限界のいかなるものであるかをたくみに描きだしているところにその映画の偉大さがあるのだ。しかるに、日本の教育映画は、依然として、ヒューマニズムの世界にしがみついている。そして、それは、近ごろでは、社会改良主義ですらない、ただの温情主義の範囲から逸脱しまいとつとめているもののようだ。「オモニと少年」は、朝鮮人の老婆と日本人の孤児との愛情を描いているというので、視野のひろさを云々されているようであるが――しかし、要するに、多少、風変りな母物映画以外のなにものでもないではないか。こういう日なた水のような作品にくらべると、前にあげた、白人と黒人の対立をとらえた「井戸」のような作品のほうが、ロースンによっては徹底的に否定されているにもかかわらず、段ちがいに教育的価値があることはいうまでもない。とにかく、そこには、民族心理にたいする精神分析学的なアプローチがあったのである。柳田民俗学などによって最初のクワ入れのおこなわれたわれわれの前論理的な思惟の領域にきりこんでいくために、わたしは、たえずアヴァンギャルドを問題にしているのだ。その点、岡本太郎などもわたしと同じであって、われわれは、戦争中、神秘化されていた日本の伝統を白日のもとにさらけだし、そのプラス面を未来にむかって生かそうと試みているのだ。

教育映画が、現在、困難な事態に直面していることに疑問の余地はないにしても、キツネの英知をもっているものにたいしては、逆に困難な事態こそ、マンネリズムを脱して、飛躍することのできる絶好の機会を提供するものだ。日本の教育映画のいくらか偽善的でないこともない、あの生真面目さが、わたしにはたえがたい。記録映画や教育映画の支持者たちの集りにみいだされる、われわれは低級な娯楽映画なぞ歯牙にもかけてはいないんだぞ、といったようなエリート意識が、わたしにはバカバカしい。「ニューヨークの王様」のなかに登場する少年は、スーパーマンやカウボーイに熱中している同じ世代の少年たちを侮蔑しながら、ひとり超然としてカール・マルクスを読んでいるが、かれがオルガナイザーとして失格していることはいうまでもない。教育映画は、主として地方の農村の公民館、地域婦人会、青年学級などを対象としてつくられているということであるが、なにもそう観客層を限定しなくともいいのではあるまいか。げんにチャップリン映画は、数十年来、大人にも子供にもしたしまれてきているのである。わたしは、教育映画の監督たちが、かれらの真面目な作品のなかに、チャップリンと同様、笑いの要素をとりいれることをねがわないではいられない。キツネの英知を持つということはいかなることであろうか。「ニューヨークの王様」の主人公は、革命をのがれてアメリカへ飛び、出迎えた大使が、「陛下、ご無事のおすがたを拝見してうれしゅうございます」というと、開口一番、「笑ってうまくだましてやったよ」と答える。なにもそれだけがキツネの英知の全部だというつもりはさらさらないが、笑ってうまくだますことに習熟してさえいれば、今日のマス・コミの波にのることぐらい易々たるものである。教育テレビや日本教育テレビが開局され、教育映画が、その方面でも盛んに要求されていることを考えると、困難な事態であるどころか、教育映画の前途には、あかるい未来が約束されているのではあるまいか。もっとも、もう一度、くりかえしていうが、「相手はタヌキである。従って当方はキツネの英知を持たなければならない。みんなムク犬になってはだめだ」

鼠の責任について

大沼鉄郎

アンドレ・カイヤットの「眼には眼を」という映画を見たのですが、とても面白かった。面白かったわけ（沢山あるのですが、その中）の一つは、あのフランス人の医師がひどい目に会うからです。自分が知らないうちに、自分の運命を他人の手で用意され、その中でうちのめされるのは痛快そのものです。ザマ見ヤガレお人よしの間ぬけめ。

もちろん、僕とてもあのフランス人の医師が全く気の毒でないわけではないのです。が、そういう同情よりも、自分の運命に対する無関心がどういう結果を招くか、それがどんなに高価な償いを要求するか、を彼が思い知らされることが痛快なのです。

僕は、二十年前、日本が戦争の泥沼に足をつっこむ時期に、自分がまだ小学生にしかすぎなかった事に複雑なものを感じます。それは子供だから自己に責任を持つことが出来ないという時期でした。当時の大人たちは、「眼には眼を」のフランス人の医師が、夜、疲れて勤務外の診察を断るのは無理がないと思われるのと丁度同じ程度に無理もなく、戦争にひきずり込まれたのだろうと想像します。そして、そのことのウカツさに対して、死で、あるいは飢えで、あるいはその外さまざまな苦痛で償いをさせられたわけです。いとけない幼な児を戦災で殺された母親は、泣きもがくことによって、息子を失った父親は髪を一層白くすることによって、自分の運命に対する無関心を、価より高く、しかも常に値切ることを許されず償ったのです。そして僕は栄養失調で償いました。心と体との栄養失調で。

わなにかかった鼠は単なる犠牲でしょうか。いや、彼は、鼠とりを作った人間より知恵が足りなかった点に於て責任があるのです。僕は近頃、そう思っています。だから恐らく、二十年前に僕が子供だった事に対して、僕自身に責任があると思うべきなのです。大人だったらよかったのか。いやあの時の大人の責任を背負うのはごめんです。僕には子供だった事の責任だけで沢山だ。だが、どうやってその責任を果そう。先ず第一に、自己の運命を他人にゆだねていた自分の過去に唾を吐きかけることから始めようと思います。ザマ見やがれ、お人好しの間ぬけめ、と。

僕は今、どんなザマを見ているのだろう。沢山あります。ザマァねえ、というのが正直なところですが、一つは作家だということです。作家でなければよかったのか。それは今も作家でないのだから問題ないようなものです。僕は全く、何も作ってはいないのだ。それでいて僕は作家になろうとしています。

だが、今はだめです。何しろ何にも作るものを持っていません。これほどのザマはありません。僕は今の所、作らされているばかりなのです。僕よりはずっと知恵があり力のあるものがあって、僕に材料を与えてくれ、作る条件をこしらえてくれています。そして僕はそこで作品を仕上げる労働力を売っています。その限りでは無事に事が運ばれています。しかし、そのことが、何時か僕を不幸にすることになるとしたら僕は責任をとらなくてはなりません。そうならないために、常に注意しようと思います。注意はするのですが、それは全く不十分なことに違いありません。ハッと気がついた時、無理も無かったではすまされぬことになってはいないか。無理も無い、という二重否定が、理が有るという肯定と等価になったためしがない。僕は、不幸になりたくないという無理もない欲求からぬけ出して、もっと肯定的な第一義的な欲求に立ち帰る必要を感じます。自分自身で作るべきものを持っており、それが作れなくてはいけないのだ――という。情ないかな、僕はそれを自分に云いきかせる段階です。

現状は無事に事が運ばれているという中にあって、不幸になる可能性を見るのは何故なのだろう。僕が、すでに、現在のあらゆる状態に対して不信を持っているからです――この現在は未来にとって、大した役に立たないという。また、もう十年もしないうちに僕は自分のツラに対して責任がある年令になるのですが、今のままでは、その責任がとれるかどうか、あやしく思っています。自分の外の世界に対する、また自己の中味に対する不信と不満は、もう大分たまって、まったくひどい重荷になってきました。僕は、この現状を変革したいと思います。だから僕の言葉は変革をよびかけるものでありたい。僕自身に向っては僕自身を変え、外に向っては社会変革をよびかけるものでありたい。人間なんて変らないもんだよ、という絶望的な達観を敵としたい。変革を押しとどめる力に歯向いたい。だから僕が一切のものにどう働きかけるか人間社会とどうかかわり合うか、によって僕の芸術が決まってくるのです。自分自身で作るべきものを持っていない、ということは、だから、流れに浮ぶ木の葉だということです。社会のメカニズムに組みこまれた歯車だというのは、上等にきこえるが、モーターでないことを恥じるべきです。

マス・コミがコミュニケイションであるからには、何が、誰から誰へコミュニケイトされているか、今のところ、モーターが、何処でまわっているかは、はっきりしています。松川事件の新国劇がテレビ中継されようとしてされなかった、その理由は、まだ判決のおりていないものを、ということだそうです。真実は、誰かが決めてくれるもので、自分で知ろうとするべきものではない、からでしょう。人々よ、安心せよ、そのことについて君は責任がない、お前は鼠なのだ。

そして僕達は、このマス・コミに否応なくかかわりを持たされているのです。それは、いわば僕にとって、敵のモーターによってまわっているベルトコンベアです。

僕たちは、映画作家としては、マス・コミの送り手の側の歯車の一つになっているのですが、なおかつ、そこで、モーターであろうとせざるを得ません。しかも逆回転のモーター。

そしてまた、その存在の可能性が全くないではないのです。現に何人かの先輩がそれを示してもいます。

主体性を持った作家は、常に作品の主題を心の中に持っているのでしょう。そしてある特定の事実にぶつかったとき、かくし持っていた主題はその事実によって触発され、形象化されるのだろうと思います。彼は、常に、その特定の事実を探し追い求めていなくてはならないし、それにぶつかった時に、あざやかな形象化をとげるような主題を、心の中に養っていなくてはならないでしょう。そして、この二つは、どちらが先きとも言えない微妙な関係にあるのでしょう。更に、もし方法が正しければ、その形象化は作家のはじめの意図をこえたものまで人にあたえるらしいのです。してみれば、それはあるときにはPR映画の中で可能になることも起るでしょうし、既存のマス・コミの枠内でできることもあるだろうと想像されます。たとえ小さい可能性であれ、それはそれとして、活用したいものです。

自分の作品（それは僕には無いと言っているのですが）が、江戸時代の近松や西鶴の作品とくらべて、その当時の人々より多くの人々の目にふれているということでは僕は、マス・コミを有難いものだと思っています。映画作りの技術を持っているからには、まき紙に筆で原稿を書いて、版木で刷った本を出す技術をうらやもうとは思いません。多勢に見せるためには、僕たちの方が西鶴や近松より、多分シェイクスピアやモリエールより、よっぽど有利な条件を持っています。しかし、この有利な有難い条件、マス・コミに乗って、自分の作品が人々の間に拡がっていく時、現在の僕は、何万人か何十万人かの人々に、僕のつまらない作品を見せるという、僕の能力をはるかに絶した恐ろしいことをしているものの存在をひしひしと感じます。何万人か何十万人かの視線が、たとえ一べつであろうと僕の顔にそそがれた、ということ。そのことに、すでに、僕の責任があるのではないか。そのことが起った時、僕は、少なくとも内心の顔を赤らめるべきだったのです。一つに、僕より知恵のある力のあるものが僕をふりまわしていることの恥しさのために。一つに、作品へのキヨとホウヘンとを問わず、それが真に僕のものでないことの恥しさのために。

自分をとりまいて鉄の檻があり、その向うに何ものかの眼があり、そして自分を鼠だと感じた時、そのイメージをふり払ってはいけないのです。あなた自身にも責任があるのだから。鼠は先ず、檻の向うの眼の持主の正体を見きわめ、影の実体をつかまえ、次に鋭い歯をもって鉄を喰いちぎらねばならない。そのためにも僕は思うのですが、僕たち自身のマス・コミができないものでしょうか。

映画の興行は封切り前の大宣伝で客を呼ぶのですが、実はそのマスコミによる呼びこみ以上に、初日の観客が二日目の客を呼び、二日目の観客が三日目の客を呼ぶもののようです。そこには、いわゆるマス・コミと違ったモーターが存在するわけです。僕はそれを重視したいと思います。もちろん、その違った第二のマス・コミがそのまま僕たちのマス・コミだというのではありません。浅草で当る映画は全国で当るというのは活動屋の常識だそうですが、その当る写真が、多くどんなものであるか、題名をきいただけで僕は内心げっそりします。どうしても、手ばなしでそういう映画をほめるわけにいきません。手ばなしでない部分の、評価せざるをえない点は、今の僕にはぼんやりしかわかりませんが、それはさ

ておき、第二のマス・コミも現状はかくの如しです。初日の観客が二日目の観客に、作品をどう伝えるのか。僕は伝えやすい作品と伝えにくい作品があるだろうと信じています。泣かすぜ、笑わせるぜ、いかすぜ。ところがそうでない作品が、現在の観客には、自分の手でアトラクテイヴにマス・コミュニケイトしにくい作品があるのです。

ともかく、敵のベルトコンベア以外のものがあるからには、それに僕達のモーターをつなぐ可能性があるのだし、人々に働きかけようとするからには、その可能性を現実にするための努力を惜しむまいと思います。そして、これを一つの方法として、僕はマスコミに対決しようと思います。何もテレビをぶちこわそうというのではありません。だが、ぶちこわしたくなる時もあります。現在の殆んどのマス・メディアは人々が自己の運命に対してむける注意を外らせようとしている。

ですから、僕は今に、人々に向って、君の運命は君に責任があるのだぞ、と呼びかける映画を作りたいと思っています。作る能力を作りたい。それが作家にとっての鋭い歯になるでしょう。そういう映画は人々に受け入れられるか。正に彼自身が身に受けている不幸の責任を彼自身にとらせようという呼びかけが歓迎されるでしょうか。僕は大丈夫だろうと思っています。始めて結核に感染すると、大がいの動物の体は、発病を防ぐ機能を発揮し、多くは自然に治ってしまいます。そして次に来る結核菌に対する抵抗性を獲得します。しかし不思議なもので、（科学が進歩すれば不思議はなくなるにきまっていますが）同時に結核への感受性も高まるのだそうです。抵抗性と感受性が同時にできるという矛盾が進行するのです。僕は、男性と女性の間にもこういう関係が成立するのではないかと思っているのですが、人々の不幸に対する態度も似たようなもので、痛いところを突つかれるような映画も、結構よろこばれるだろうと考えています。

「眼には眼を」を見ると、喉がかわいて来るような気がします。映画館を出てから水を飲む所を探さなくてはならない。飢えとかわきの作品だと思いました。反対に、「天井棧敷の人々」や「オセロ」のような作品は満腹してしまいます。これこそが人生というものだ。お客はゆったりした充足感に満ちて、家に帰ってやすらかに寝ることができます。だが僕は、今は飢えとかわきの芸術の方が大事だという気がします。フィルムは、御ちそうも、うまい水も供給しない。人々は自分でたべものと水を探し求めるのです。食べたり飲んだりしているつもりだったが、実は飢えてかわいていたと、人々が思い到る芸術。

このような芸術が、あの、第二のアトラクテイヴなマス・コミュニケイトに、そのままピタリどころか、おそらく反対だろうということは予想されます。しかし、そのことで僕は気落ちしますまい。一ときの孤独はパイオニアの運命だ、というぐらいの勢いは必要です。第二、第三の作品によって、初日の観客は、次第にアトラクテイヴに二日目の客を呼ぶ技術を身につけるに違いありません。何しろ、第一の作品からして、初日の観客に変革をあたえるものなのですから――。そして、だからこそ、何よりさきに、僕たちは初日の観客を変革するような作品を作る創作方法を持っていなくてはならないのです。笑わせるのでも、泣かせるのでもなく、変革するようなシネマトゥルギーを。ですから僕は、大衆にウケルということ自体を軽蔑しているのでは毛頭ありません。どこの道を通ってそこにたどりつくかです。

二日目からは客の来そうもない映画を、どんな金でつくるのか？　いや、大型ワイド天然色の映画を作ろうというのではありません。8ミリ一巻ものからでも作るのです。僕は、すでに、このようにして8ミリどころか16ミリ35ミリで長尺の作品を作った先輩がいるということを想起して、敬意を表したいと思います。

僕は、現在のあらゆる状態が、未来にとって大した役に立たない、などと予言者めいたことをいったのですが、過去、現在及び未来について、たいした卓見があるわけでないのは勿論です。だが、どうしても鼠的無責任からぬけ出す必要があり、他人にもぬけ出してもらう必要があるということだけは、思い至らざるを得ませんでした。せめて、その変革のためにモーターをまわしたいと考えているのです。他人の飢えとかわきを指摘することができるのは、僕が思想や、芸術のエリートであるからではなく、自分自身、飢えてかわいているからです。何しろ自分が飢え、かつ、かわいている時に満腹の芸術をどうして作れるでしょうか。

ただ一回の満腹のために、永い飢えを代償としたくないものです。

（三三頁より）

「子どもの持つ時局性」を重視すべきで、そこに仕事を集中させている通俗作家と対決する必要がある――「この対決を避け、時局性に対するに童心の永遠性を拠りどころにしたのが日本の児童文学で、それは錯誤の歴史であった」と断じている。そして、結論として「アクションに異質の思想をもちこみ、総合的なイメージを伝達しうる文体、そういう新しい作家の出現を期待したい。」とのべている。

ここではやや不明確な「アクション」の規定、「思想」ということの抽象性、そしていささか図式的と思える「時局性」対「童心の永遠性」の問題が、「子どものエネルギー――非日常的なアクチュアリティの記録」（『文学』3月号――特集・子どもと創造力）によって深められ発展させられている。この特集号の全内容にふれつつ、映画における少年少女像の問題を本誌次号（特集・教育と映画）で、ぼくもさらに深め発展させたいと思う。（五九・二・二七）

「太陽」と「風」

厚木　たか

シナリオの仕事でかんづめになった宿屋で風邪をひいたので帳場にかぜ薬を頼んだ。

「何か、アナヒストかルルか——買ってちょうだい」

といってしまってから、しまったアナヒストの方が睡くならなくてよいのについ口がすべった、と思った。「くしゃみ三べん、ルル三錠」というテレビの広告文句につい乗せられた、——恐らく宿でもきっとルルを買ってくるにちがいないと思った。案のごとくルルを買ってきた。マスコミのおそろしさ——である。

「婦人民主新聞」の販売係の女性が集金から帰ってきて目をまるくして云った。

「『あなたんとこの新聞は皇太子さまの結婚のことを一言もふれないから、今月からもうお断りします』っていう人が今日まわった中に二人もあった——」と。

「婦人民主新聞」のような新聞も読者の幅が随分広いっていう点でも驚くに足るが、とにかくそれだけ多くの国民の気持がわーッと沸き立ったということを改めて確認もさせられた。しかしこういう人びとにわたしたちは、簡単にミーハー族というレッテルを貼ることで済ませてはならないのではないか。

大分まえのことだが、三コーちゃんという言葉に若い女性たちがのぼせていて、何だときいたら、越路吹雪に、皇太子に、もう一人は誰とか——という返事で、へえ、今の若い御婦人はたいしたものだぬけぬけと皇太子をちゃんづけで雲の上からひきずりおろしたと、驚きもし面白くも思ったことがある。

その人たちに云わせれば、ここに一人の豊かな生活を保証された結婚適齢期の男性がいて、しかも今の憲法では国民はすべて平等、その平等の象徴になる人なのだから、国民の一人として平等におつき合いしましょうッ、っていったところであろう。それがこのたび「行李一つ」で「平民」の娘が嫁入りすることになったとばかりマス・コミがさわぎ立てたから、たとえ狭き門であろうと扉のひらかれる可能性は生れてきた。つぎには自分も……という錯覚に踊らされてわきあがったのはあたり前のことだろう。

身分的なちがいを盾に、若い男女青年の結婚にガン強に反対していた老父が、皇太子さえあのように民主化されたのだから今更反対をとり消したという話なども、一つの副産物としてあった。たしかにその限りでの進歩性がないとはいえない。

ひとは誰だって、正直に働いているなら、啄木の歌のように「じっと手をみる」ほどいつまでも暮しがラクにならないというよりは真面目に一生懸命働いているんだもの、シンデレラ姫になりたいわと思うのは全くあたり前すぎる要求ではないのかしら。このたびの事件を喜ぶひとたちの心根には、こんないじらしさがあるのだ。

この辺をわたしたちはいつも具体的に汲みとってゆく必要がありはしないかしら。

ということは何も、こういう心根につけこんで、「一つのニュースしかなかった日」といわれるあの婚約発表の日、輪転機を電波をありとあらゆるマス・メディアを動員して「行李一つ」の「平民」との婚約の伝説をつくりあげ、一般国民の中に天皇家にたいする近親感を植えつけてお家の安泰（これは天皇家のことだけを云っているのではない）をはかるよう、きわめて巧みな演出をやってのけたその演出者への妥協を意味するものでないことは云うまでもない。

しかしわたしがいいたいのは、「あれは演出なんですよ」といって喜んでる国民に冷い水をビシャッとひっかけるといったただそれだけではなくて、ただなんとはなしに嬉しくなっているその国民感情そのものの中には人間的な暖かなものに根ざしている要素もたしかにあるのだから、それらが大きく芽ぶいてきてほんものになるように、わたしたちも何らかの役に立つようにしなければ、ということなのである。

この場合、そうした人間的なものの芽が大きくふっくら育つということは「自由」とか「平等」とかいうものに対して全くあたり前な人間的要求をもつという伝統が日本にはないのだからことさら多くの栄養物が必要なわけなのだがさて映画というメディアがその栄養物になるにはどうしたらいいのか。有毒物や睡眠剤をあたえる方が仲々相手にとりいる術にたけているということをみとめないわけにはゆかないのである。

こんなときにわたしはいつもあの「太陽と風」の寓話を想いだす羽織を脱ぎなさい、脱がねばならぬと強力にふきつける「風」になるのではなくて、じっとりと暖かくなりあつくなって自然に羽織をぬがせる「太陽」のようでありたい、わたしたち映画というマス・メディアを扱う者のその扱い方について考える。その辺のところが同じ映画というメディアを扱っても、それが「マス」に訴えるものになるかならぬかのわかれ道になるのではないかと思う。

マス・コミよありがとう

矢部　正男

世の権力ある人たち、或は、財力に恵まれた人たちが、マスメディアとしての映画の機能に注目して、それを自分たちの利益のために、或は大衆の利益のためと信じながら、競って利用しているのは誰もよく知っている通りです。その結果、おびただしい数の教育映画やPR映画がこの世に送り出されています。上から下へのマスコミの一方交通は、これらの短篇映画の分野で最も典型的に現われていると云っていいでしょう。いきおい、多数の脚本家や演出者が要求され、私たちがそれに応えているというのが現状です。

大抵の場合、これらの映画の基本的なテーマの方向は、私たちが参加する以前に決定されています。そして、私たちに期待されるものは、本当の「作家」精神といったようなものではなく、多少美的な粉飾を混えた映画製作上のある種の技術でしかありません。「作家」などは、正に無用の長物と見なされています。何故なら、若しそこに「作家」と云うようなものが働くと、それは当然、映画の基本的なテーマにまで触れない訳には行きませんし、そうなっては、企画者が考えている映画製作の意義がなくなるか、少くとも薄くなってしまうからです。意義が失われたと感じた時でもなお、多額の費用を投じて映画を作ろうとする程無邪気なスポンサーがいるとは想像出来ませんから、逆に云えば映画がとにかく完成した以上、それは「作家」のいない映画と云って差支えないでしょう。いや、「作家」がいない訳はないのですが、それは、スポンサー側の「作家」であって、決して私たちのそれではないと云うことです。

もっとも、ここには例外が無かったとは云えません。作家の「作家」と企画者の「作家」とが見事に一致して、幸いにも作家が「作家」を発揮出来たといった場合です。そういった可能性は自然科学的な題材を扱ったものに割に多いのではないかと思いますが、それは理由のないことではありません。自然科学的な世界には、誰が見ても疑いのない、一応れっきとした事実が厳存していて、その追及という根本的な立場に、「作家」と企画者との間に矛盾を起さずにすむことも充分あり得るからです。そして実際、大企業や官庁の企画になる科学映画の中から注目していい作品が生れました。ただこれらの科学映画の中に、本当に私たちの「作家」がいたかどうかを、この際もう一度よく考えてみなければなりません。案外、その作品の価値を支えているものが、卓越したカメラ技術だけだったということも少くないかも知れません。

社会的なテーマを扱った映画の場合、事は少々面倒になります。社会現象の裏にある真実には万人に共通したものがないからです。同じ現象に対しても、見方は当然その人の属する階級によっても違って来るはずです。とすれば、上から下へのマスコミの機構に於ける企画者と、大衆の側に立つ私たちとが一致した見解に達する見込みは大変少いと云わなければなりません。若し一致したとすれば、それは、その「作家」が、政治的にも企画者と同じ基盤に立っている場合ですが、それは全く稀なことと思います。少くとも、あれだけ踵を接して現われる社会教育映画が総て「作家」の共感の中で作られたとは信じることが出来ません。

もっとも、私たちの「作家」がいなければ、その映画は価値がないということにはなりません。殊に科学映画の場合、カメラによって巧みにとらえられた自然現象の一端は、それ自身だけでも立派な社会的価値を持っています。それは観客に新しい智識を提供しますし、時には哲学的な思索の糸口をさへ与える事があります。或いは又、科学智識普及のための無味乾燥な解説映画でも、一応専門学者の認める事実を説く以上、観客に何かの利益を与えていると云うことが出来ます。「作家」のいない映画に社会的価値がないと云うのは、文学者でなければ書物としての価値がないと云うのと同じ位間違っています。しかし映画の「作家」でありたいと念願する私たちにとって、「作家」のいない映画が自分の手許から生まれることには無関心でいられません。と云うのは、自然現象を優れたカメラがとらえた映画や、科学智識普及映画も若しそこに「作家」がいたら、その価値は一層高いものになると固く信じているからです。吉見泰氏の「自然科学映画の発展のため」の所論(本誌昨年九月号)もそこを衝いたものと思われます。ただ、そういう「作家」が頭をもたげた時、上から下へのマスコミの機構の中で、果して企画者との間に矛盾を起さないですむかどうか、それは大きな疑問ではありま

す。「作家」は、たとえ自然科学的な題材を扱いながらも、当然、それと人間社会との関連について考えない訳には行きませんし、そうなれば、映画は、単に科学智識の普及を超えて社会的なテーマを持つようになるからです。

上から下へのマスコミの機構の中から生れる社会映画が、いつも一方的な主張に偏るのは前にも触れた通りですが、そして、その一方的な主張が、大衆に何の貢献もしないとは云い切れませんが、少くとも社会現象の真実に唯一絶対的なものがない以上、さまざまな主張が百家奏鳴しない限り、本当に大衆の利益にはならないと思います。つまり、さまざまな作家がさまざまな「作家」を発揮することが絶対に必要なことです。その点、単純な科学映画の場合とは根本的に違っています。ところが、現実には、上から下へのマスコミの機構は、「作家」を圧し殺し去勢し疎外しながら一方的な主張を続けているのです。その害毒には測り知れないものがある筈です。

一方、この現実を作家の側から考えてみますと、このマスコミの機構の中で、私たちの「作家」は無慘に圧し殺されながら、生活のために単なる技術を提供し続けることを余儀なくされているということになります。そういう中にあって、しかし私たちの苦悩は、科学映画の場合には比較的少いでしょう。いくら企画者に屈服しても一応、科学上の事実について語っているという安心感があるからです。ある種の蝶が羽化する様子はカメラが写し取る現象に嘘はないし、又、電磁力を利用したモーターの原理は、既に万人の認めた真理に違いありません。

ところが、社会的或は政治的なテーマを扱った映画の場合、白と信じるものを黒と主張しなければならない、と云うことが必ず起きて来る筈ですが、そういう風に圧し殺された「作家」は、主観的には大きな嘘を大衆に向って主張した自責に耐えられない筈です。嘘とまで行かなくても、もっと重要な本当のことを敢て隠して置いた後味の悪さからは逃れられないに違いありません。こうした事態に作家が安住していられるとはどうしても考えられません。しかし実際に、教育映画を作っている私たちの仲間から一人の自殺者も出ていないのはどうした事でしょう。みんながみんな企画者と共感出来たとはとても信じられないのはさきにも述べた通りですが、万一そうだとしたら、私はその「作家」の現実を見る眼の浅薄さに呆れない訳には行きません。私たちの名誉のために、そういう「作家」の存在を認めないことにしたいと思いますが、すると、マスコミによって圧し殺され去勢されるようなそういう「作家」は、その作家の中に初めから無かったのではないかと考えない訳には行きません。

少くとも私たちの仲間を、十把一とからげにして漠然と作家と云わずに、「作家」を圧し殺された作家と、もともと「作家」でなんか無かった作家とに分類した方が話のつじつまが合うような気がします。そして、その分類の確認は教育映画作家協会の運営のためにも大変利益があると思います。もともとありもしない「作家」を、外から疎外されたと錯覚していたとしたら、その錯覚の上に立った将来の対策などという物はナンセンス以外の何物でもありません。マスコミ機構に対する姿勢にしても、前者と後者とでは全く反対になる筈です。本当の「作家」にとってそれは恨みても余りある宿敵ですが、「作家」のない作家にとっては有難い救いの神です。彼には、相手から圧し殺される「作家」がないのですから何の被害もありません。その上、フイルムをいじりながら口を糊する場を与えられたのですから大いに感謝しなければなりません。フイルムをいじっているうちに、自分も元来「作家」であったような幻覚に陥り、それを疎外されたとしてPR映画や教育映画を恨むとしたら、見当違いも甚だしいと云わなければなりません。実状は、上から下へのマスコミ機構が「作家」を圧し殺したのではなく、このマスコミの濤々たる流れが、「作家」でない作家を大量に要求していたので、それに応じて喜々として馳せ参じたと見る方が納得が行きます。正にマスコミよ有難うです。

そして又、今後、もしその人たちが映画の「作家」でありたいと念願するなら、それは、圧し殺された「作家」の回復ではなくて、もともとは何も無かったところに「作家」を創立することだと認めることによって、大変困難なことにしても、はじめて前を向いた姿勢がとれるのではないでしょうか因みにここで、私自身は明らかに「作家」でない作家の部類に入ることをはっきりさせておきます。それはこの奇妙な分類の発案者の責任のような気がしますから…。

さて、本当の「作家」は、PR映画や教育映画の中で自殺する前に違った所で自分を主張したように思います。そして実際、上から下へでない、下からの主張を叫んだ作品がそこから何本か生れました。しかしそれらは、ともすれば多くの人達に観られることなく消えて行きがちでした。上映組織もまた、上から下へのマスコミ機構の一部として、同じ権力に握られているからでしょう。

又、自主作品と称する、プロダクションの出費によって作られる映画があって、私たちの憧れの的になっていますがここでこそ「作家」が主張出来ると考えるとしたら、それも一つの錯覚だと云えます。製作費を負担したプロダクションが、その出費をたとえばプリント販売で回収しようとする限り、映写機にかかるまでの経路に多少の違いがあるだけで、結局は、上から下への同じマスコミ機構の主権者の御気嫌を大して損じない程度の作品でなければならないからです。結局、下からの主張を有効に反映させるには、現存のものとは別な、そしてそれに対抗出来るマスコミ機構を作る以外に道はないと思うのですが、それについて建設的な意見を述べるのは残念ながら到底私の任ではありません。ただ、テレビには、同じ上から下へのマスコミではあっても、何かの形で、下からのコミュニケーションの場も開かれる気配がしますがどうでしょうか。

虎穴に入って虎に食われた話

テレビ時代

桑野茂

岩波で、希望者にテレビを買ってくれることになった。もちろん月賦で資金を貸してくれるだけだが。

私たちは、もうかれこれ、この一年に、六十本近いテレビ映画を作っている。ところが誠に申しわけないが、そのうち二十本近くを手がけた私が第一、自分の作品をテレビで見たことが数える程しかない。放送時間は日曜日の午後六時、断られるのを覚悟で、近くの喫茶店に出向くのも気が重い。などと一応言いわけみたいなことも考えるが、自分の不勉強であることには間違いない。

しかし、これではテレビ向き作品の質の向上、技術の進歩などはとても望めない。岩波映画の中心部の方々は、きっとそう感じたのだろう。

編集をしていても、十六ミリの映写機で映していたのでは、つい映画向きのカッティングをしてしまう。あの、ぼわっとした三百何十本の走査線のことや、日曜の夕御飯の御馳走とブラウン管を半々に眺めながら観賞している環境のことなど、すっかり忘れてしまうし、暗闇の銀幕に映る映像にすっかりいい気になってしまう。

テレビで見直さない限り、テレビ作品など満足に出来るはずがない。私も、岩波首脳部の財政的英断に、全幅的な賛辞を呈した。

「ところで、むろん、貴方もお買いになりますね」

「……」

「申込んでおいていいですね」

「ちょっと、待って下さいよ」

まことにおかしな話だが、そう念を押されて私は混乱した。仕事の話とは別に、自分の一身上の問題として考えて見ると、前に言ったように簡単にはゆかない、何かを発見したのである。素直に「はい」と言えない何かが胸の奥の方でモゴモゴしている。

もちろん、金の支払い能力の問題はある。しかし、これは無理すれば何とかなる。

ただでさえ、遊び好きの子供たちが、余計勉強しなくなる。これは大きな問題だ。だがある統計資料によれば、未成年者がテレビに盲目的に興味をもつのは、最初の六カ月だけだそうである。だから、子供をダシに使っても、自らにとっても、正当な拒否理由にはなりそうにない。

それなら、この素直でない「何か」とは一体なんだろう。朝、寝床で天井を眺めながらふと、私はその「何か」を発見した。

明白な理由のつけにくいほど、漠とした、それだけに、自分の骨のズイまでしみこんでいるようなテレビに対する反感、抵抗感である。あの郊外の安っぽいスレートの色瓦のわきから、ぬっと誇らしげに立った手ぬぐいかけのお化けのようなしろもの。「私はテレビ族でございます」と住む人の馬鹿の広告をしているようなあのアンテナ。野球や相撲の季節になるとすべてのテレビ喫茶店を埋めて、まるで、生きる悩みも苦しみも全然持っていないように、ポカンと口をあけている無数の白痴的ブラウン管族。

こういうと、いかにも、私のテレビに対する反感は、氾らんする「愚劣なテレビ族」への嫌悪に根ざしているようにきこえる。

ところが、寝床から天井への凝視時間が長びくにつれて、更に重大な新発見が起った。

もし、私が一度テレビを買い、狭苦しい部屋の中に、デンと据えつけるや否や、私の内心の要求を正に裏切って、私自身がテレビの前に坐りこみ、まるで、生きる悩みも苦しみもないような顔をしてポカンと口をあけて、「おトラさん」や「××ショウ」「○○パレード」「○×の巻」などを楽しむことは、火を見るよりあきらかである。

して見ると、この反感は、正にテレビに対象化された自己軽蔑以

外の何ものでもなくなる。私は今更のように、近代のマス・コミの巨大な魔力に「唖然」とした。その病魔はもはや、テレビを買おうと買うまいと、私の精神の中味を食い荒しているのである。

それなら、一体全体、私は何を好きこのんで、その魔力に乗ったテレビ映画などを作り続けているのだろう。

最初この企画、八幡製鉄提供、「たのしい科学」の番組がはじめられた頃、岩波の吉野さんは、かねての念願、科学教育映画の連続製作をもくろまれていたようだ。言って見れば観客にこびることなく、科学的な基礎知識、それより何より、基本的な科学的なものの考え方、それを広めてゆきたいと意図されたのだろう。

これは、とても、よいことだ。

而も重要なことだと、すぐ様、私も感じた。テレビに象徴される巨大なマス・コミの魔力を恐れているだけでは何にもならない。それがいま、そうある以上、あらゆる可能な道をさがし出しても、逆に、それをよい方に利用しなければならない。虎穴に入らなければ虎児を得ないのは、昔も今も変らないはずだ。

しかし、テレビを利用する以上は、テレビにはテレビ向のやり方がある。第一、日曜日の夕方、一番子供たちが解放された気分でいる時に見せようとするなら、まず面白くするのは決定的条件だ。

まるで、しんねんムッツリとした先生が、一段高い教壇から、生徒のよそ見を叱り叱り、無理に教えこもうとするような、今迄の教材映画調のやり方は捨てねばならない。

面白くする以上、自ら題材を選択しなければならない。

基礎知識々々と言って、砂をかむような概念の連鎖や、理論ばかり与えていたのでは、すぐ観客に見捨てられてしまう。

昨年前半の、まだ教材調の残っていた作品――例えば、「灯火のなりたち」「レール」「浮力」「磁石」或は「火山の形」「川のはたらき」――などの系列から、私は次第に離れて、基礎知識でなく、単なる興味本位の科学知識であっても、面白いものへ、面白いものへと、首をつっこんでいった。こうして「船」「ロケットは何故とぶか」「動物の足」などから、とうとう、昨年十一月の運転開始に合せて、ジャーナリスティックに「特急こだま」まで作った。

ところが、一番興味本位で、一番面白いはずのその「特急こだま」が見ていても一向にわからない。という新事実にぶつかった。こだまが汽笛一声、東京を出発して、ヤッサモッサと六時間五十分で大阪駅に滑りこむのは何んとなく流されるような気持で見過していられる。しかし、重心位置と速力はどう関係するのか、空気バネは、鋼のバネとどう本質的にちがうのか、発動ブレーキというのは、そもそも何物なのか、一向にわからないのである。

虎穴に入って、虎に食われたと私は直感した。もちろん、こだまの快的なスピード感で興味をそそりながら、それらの科学的テーマをもっとわかりやすく展開する方法はきっとあるにちがいない。しかし、それより以前に、テレビ向けだから、面白く面白くと意図した点にもっと、基本的な問題があったのではないか。

ついに「面白く面白く」と考えているうちに、マス・コミの魔力に逆にかんじがらめにされてしまったような気がしてくる。利用しようとして、見事に利用されて、背負投げを食わされた形である。

ことによると、当初の吉野さん的に「観客にこびることなく」必要なものは必要なのだと、相手がどう思おうと、押しつけ押し込んでゆくやり方の方が正しいのではないか。

少しぐらい問題はあるにしても「面白く面白く」とまるで、相手の顔色をうかがいながら、自分の自主性を忘れ果てて作るより「俺は、これが大事だと思う。これ以上のやり方は俺にはないのだ」と自分を曲げずに押し出す方が、ものを作る人間としてどれだけ立派だか、疑う余地のないことである。

こうして、私は一年間で、又、もとのふり出しに戻って来た。回り道をしたのだから、それだけ勉強したように見えるかもしれないが、一年前の出発点と少しも変らない。ただ「面白く」しただけでは駄目だとわかっただけの話である。それなら、どうしたらよいのか一向わからない。教材映画調のよそ見を叱るような態度ではやっぱり駄目なことも、これもはっきりしている。

虎穴に入る以上は、それ相当の武装が必要なのである。ただ、武装のし方がわからない。相手に対して武装するだけでなく、自分の中の、もう一つの自分にも、武装しなければならないのだから、問題は複雑になる。

テレビを買うかどうか、その話題を持って帰って、子供たちの家族会議にかけたら、私の曖昧モコとした提案は、一辺にはね飛ばされた。その揚句、私の胸の中の、どうにも解決のつかないモヤモヤした「何か」を、出来るだけ子供にもわかるよう説明したつもりだったのだが。

「そんなの、古いよ」

と一言で否定された。ただ、長女だけが、

「そう言えば、テレビよりLPの方がいい時もあるわね」

とちょっと、賛意を表してくれただけだ。

妻は、ひたすら、金の払いの問題と、テレビが出来たら勉強しなくなる子供のことで、頭が一ぱいらしい。

私は、テレビの前にすわれば、自分もきっと「愚劣なテレビ族」になって、「もっと面白く、更に面白く」と生きる悩みも苦しみも放棄するだろうと、いまだに決心がつかないでいる。

一九五九、二、九

× ×

× ×

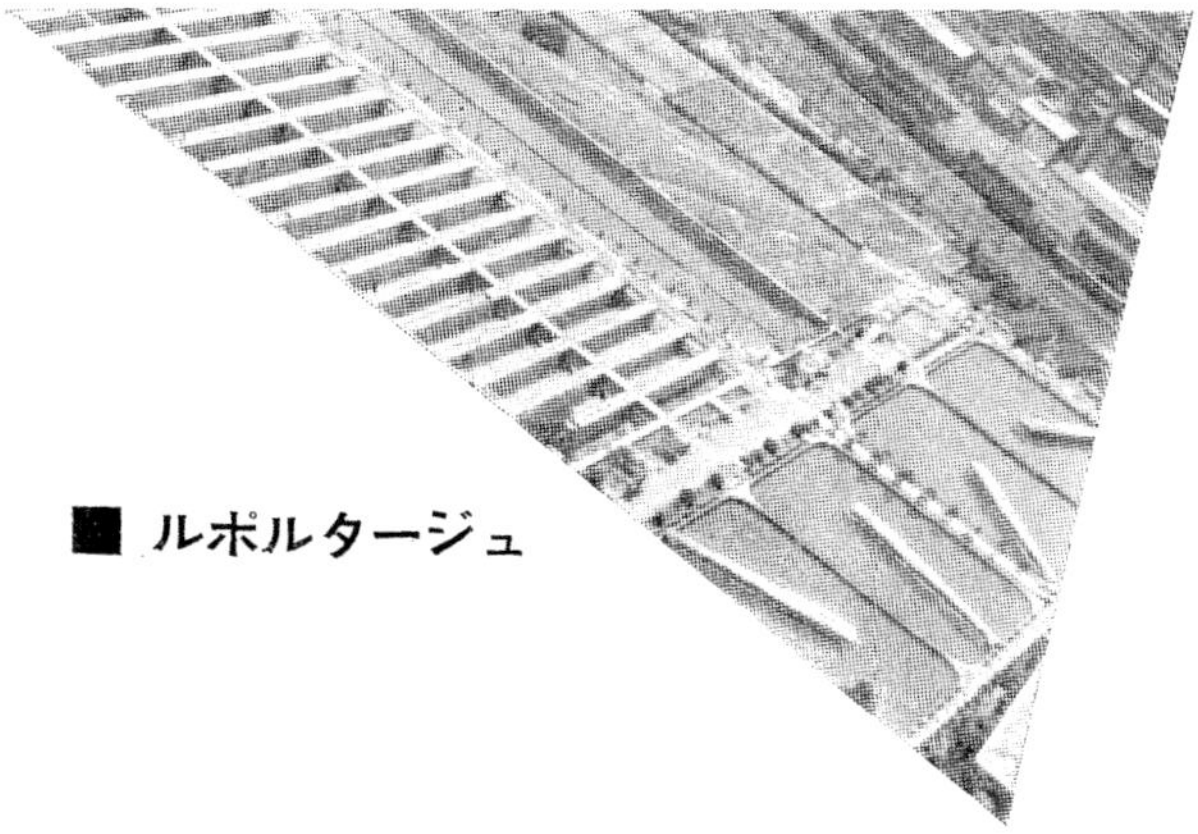

■ルポルタージュ

テレビ映画・金と時間と人間の合戦記■

(はじめに)


テレビ・フイルムというのが問題になっている。

今年の春からは東京でも六局の電波が出揃い、民放の全国ネットワークも完成する。こうなれば、テレビ・フイルムの需要もますます増大するだろうと見るのは当然である。このなりゆきに、マス・コミの積極的な意義を見出そうとするもの、儲けは薄くても確実な資金の回転にはなるだろうと考えるもの、今のところ各プロダクションの思惑はまちまちだが、私たちのまわりが何となくざわめいてきたことは確かだ。

雨傘番組と呼ばれ、専らスポーツ中止の穴を埋めてきた短篇映画が、TVで今年はどんな伸展の途をたどるか、むずかしい創作理論や経営論はさておき、ここではテレビフイルムに追われる現場の話題を拾ってみよう。


(本誌調査部)


「TVフイルムですか、絶対に儲りませんね。尤もこれには私たちのTVフイルムに対する計画や準備の甘さ、ルーズさと云ったものがいけなかったのですが、何分長い間映画を作ってきた私たちのスタッフが、俄かに時間的にも経済的にも縛られたこうしたものをやると、さまざまなズレが出てくるのですね。」

と前置きして、プロデューサーのA氏は次のように話してくれた。このプロダクションでは、新しく開局するTVのために、昨年十一月から少年冒険シリーズを撮り溜めているということである。

「ウチはTV局と直接の契約だから、予算の方も他に較べればまァいい方なんですよ(エージエントの中間搾取がないという意味だろう)。スポンサーも局の方で探してくれることになっていますしね。

ところがですよ、いざ製作を開始してみると赤字の続出なんですね。一本々々のデコボコは一クール(十三本)やるうちに何とか調整出来るだろう、こう思って無理押しする、それがまた赤字になる、全くの悪循環ですね。仕方がないから、この一クールの赤字は、次のクールで何とか埋め合わせてゆきたいと思っています……。」

正直な話、このプロダクションが予算表を検討して決定的な赤字に気がついたのは、八本目位を撮っているときだったという。八本目で実行予算の殆んどが消えかかっていたのである。TVフイルムは初めての経験だし、それにシリーズ物なので、五本宛を一まとめにして一組のスタッフが担当していたから、一本々々の赤字はそれほど目立たなかったのだろう。五本をまとめてダビングし、完成してみて驚いたというわけである。大晦日の晩に、帰省しようとしてプロダクションに汽車賃をとりに行ったスタッフが、とうとう約束のギャラが貰えず泣く泣く鞄をさげて下宿に舞い戻ったというのも、その頃の話である。

だから残りの五本を仕上げるには無理な借金で火の車だ。それでもTV局には一クール無事に納めて、あとのクールも何とかして載かねばならぬ。一般に一クールの契約金は七五〇万から八〇〇万円前後と云われている。これで三〇分ものを十三本作るのだから、もとより楽であろう筈がない。一本(三〇分)当り四五万から五〇万、とても短篇映画の比ではない。

それなら、儲からないものには始めから手を出さなければいい、とも割切ってみるのだが、例のプロデューサーA氏はこう云っている。

「……何かいい企画はありませんかね。今度こそうまくやってみせますよ。」

全く人ごとではない。こうしたTVフィルムをささえているのは、製作スタッフのお話にならないような安いギャラと労働強化だからである。

× × ×

そこで早速、私たちはA氏の紹介でその現場を訪ねてみることにした。町工場を改造したという三〇坪余りのスタジオ、露路にあげられた二〇キロトランス（二台）を別にすれば、これと云って手を加えた様子もない、いかにも当世風なTVスタジオである。

だが裏戸から中に入ると、なるほどA氏の云う通り、TVスタジオというよりは、二、三流映画のセットを思わせる建込みで、ホリゾントなども、小さいながらなかなかていねいに描いてある。スタッフの人数も相当なものらしく、キャメラのまわりには助監、ライトマン、美術、スクリプターなど、顔見知りの面々が、とぐろをまいている。本番のサイレントボールドをみたら、S#-550とある、五本分を一まとめに通しナンバーで撮っているのだろうが、それにしても大へんなカット数である。助監氏に聞いてみると、

「一日にどうしても八〇カットは撮らなければなりません。これも始めのうちは何とかやれるんですが、俳優さんの都合や何かで必ず徹夜になる。それが三日も四日も続いてくると、同じキャストで中抜きの連続だから、いま撮っているのが何本目（第何話）のどのシーンだったか、スタッフもさっぱり解らなくなっちゃうんです。」

こうした撮影の合い間をぬって、演出者はセッセと、次のコンテを書かなければならぬ。だから徹夜のない日でも演出者はなかなか家へは帰して貰えない。

「パパにオメカケさんができたんじゃないかしら――」

ここの演出家の娘さんは、或る日小学校から帰ると真けんにそう云ってママを驚ろかせたという。全く笑いごとではない。

ところで、こうした忙しい現場スタッフのギャラはどうなっているだろう。私たちが調べたTVプロダクションの平均は、一本当り脚本が二万、演出が二万から三万、撮影が一万五千から二万、キャスティング費がコミで五万、メーンスタッフがこのような低賃金だから、ハンドの諸君（各パートの助手）は推して知るべしだ。だからTVフィルムのギャラは、肉体労働に対する一種の労賃であり、僅かばかりくすぐって笑わせたり泣かせたりする技術に対するお涙金なのである。そして意欲的な創造活動よりは、分秒の狂いもなく予定の呎数に仕上げる早撮りの技術が買われるのである。

こうした僅かなギャラをめぐって、スタッフの一人はこんな話をしてくれた。

「先日、なかなかギャラが出ないのでスタッフ会議をもってプロデューサーと交渉したんです。ところがその日は、前の五本を仕上げたスタッフがどっと押しかけている。前の組もずいぶんギャラが残っていたんですね。さんざん揉んだあげく、やっと私たちの分だけ僅かばかり出ることになったのですが、これでは前の組がおさまらない。そこで私たちはいったん貰ったギャラをまた出し合って、その半分を前のスタッフに貸してやったんですよ。」

×　×　×

撮影はオールアフレコなので、撮影ばかりでなくダビングの様子もみておこうと思って進行の人にきいてみると、幸い明日の午前中はダビングがあるから、十二時までに録音スタジオに来て下さいと云う。午前中なのに十二時でいいのかと念を押すと、

「ええ、今夜の十二時ですよ。午前中と云っても午前零時から八時までがウチの割当なんです。」

と云う。すさまじいものである。

云われるままに夜中の十二時過ぎスタジオを訪ねた。先刻まで撮影現場にいたスタッフが次々にやってくる。今夜は撮り溜めたうちの二本分をアフレコ、ダビングするのだと云う。編集は勿論、撮影スタッフとは別にすすめているのだ。時間に追われているからカット表など作っている余猶はない。万事映写される画を見て効果音を考え音楽をアレンヂするのである。

かけ合いの台詞も、相手の俳優が揃わなければ片方だけとっておき、相手の分は俳優が来てからダビングするというのも珍らしくはない。子供の台詞は殆んど大人の女優さんが受持っている。この方がはるかに能率的だからである。見ているとなかなか器用なものだ。テレビ洋画の吹き替えで訓練されたのだろうが、一日中方々のスタジオを駈け廻っているこの人たちは、現場で台本を受取ると躊躇なく画面の動きにパクパクと台詞を合わせてしまうのである。

しかしダビングはなかなか先へすすみそうもない。眠気と煙草の立ち込めたモニターを出ると、廊下の椅子もまた睡眠をとるスタッフや俳優さんに占領されていた。

尤もこれがTVフイルム製作の凡てではない。では次に比較的うまくいっていると云う或るTVプロダクションの場合を紹介しよう。

× × ×

このプロダクションでもスタッフの編成は他に余り変らない。つまり演出一、助監二、撮影二、照明二、進行一、記録一名で九名から一〇名のスタッフだが、全体の計画を次のように割切っている。

まず一クールを三人の演出家に四本宛割当てる。しかし脚本にはチーフ・アダプターがいて、十三本のどの脚本もここで、

撮影日数は四日以内、

夜間撮影は行わない、

撮影はすべてロケ（又はロケセット）にする、

など、予算のワク内に調整して再び現場のスタッフに渡すというやり方である。エージエントとの契約金のうち一割をプロダクションの間接費にトップオフして、残りを十三本に分けるのだから、製作費は一本当り四〇万から四五万が、ギリギリのところ、しかしこれで結構無事に一クールを仕上げたそうである。

× × ×

ところで、どの現場を廻ってみても、TVフイルムはアイデアが勝負だと云っている。つまり脚本なのである。最近ホームドラマの一クールをあげたばかりの或るプロデューサーは、

「やっぱり本ですね、しかしTV映画の本は、従来の本と少しやり方を変えた方がいいと思う。つまりわれわれは、今まで脚本を読む場合文字を通してイメージをひき出していたのだが、TVの場合はむしろこの文字が邪魔なのですよ。もっと直接的な創作方法、例えばアイデアマン、そのアダプター、ダイアローグライター、この三人が協力して新しい形式のシナリオを作る、特にダイアローグライターに期待するところ絶大ですね。」

なるほどと、解ったような気がしないでもない。しかし具体的にはどんな脚本なのだろう。ひところ、シナリオ文学ということがさけばれ、視覚的文章という言葉が流行した。現代のマス・プロはそれさえ過去のものにして、もっと直感的な、なにかを要求しているのである。

× × ×

ともあれTVフイルムは今後もますます活発に作られてゆくだろう。そしてその劣悪な製作条件や低賃金は、コツコツと教育映画や記録映画をまもり続けてきた私たちにも無関係ではあり得ない。

教育映画の製作者達もお互いの企画を調整し合い、出来上った作品は、各社が協力してシリーズ物にまとめあげようとしている。TV時代に対する教育映画プロダクションの共存共栄策であろう。しかし一度市場で稼いだセコハン映画を、十三本揃えたからと云ってTV局やエージェントが買ってくれるかどうか、問題は山程残されている。

やはり頼れるのは教育映画を見てくれる幅広い観客である。或るプロデューサーはTVと教育映画との関係をこう割切っている。

「私がTVから学ぶものは、観客の反応だ。TVに較べて映画の観客（利用者）は遥かに密度が濃いのだから、TVで関心をもたれたものを更に掘り下げて構成し、教育映画にしても決して遅くはない。出来ることならTVでは素材に近い形でどんどん流して貰い、その中から反応のあるものを映画にまとめたらよいと思う。

TVも映画もそれぞれマス・コミの手段には違いないが、観客の密度や利用の方法がまるで違うのだから、立派に共存出来る筈だ。」

女流作家の生活と意見

■その3■

■杉原せつ

共同映画作品「保育園物語」の脚本

私がこの世界に入ってからもうかれこれ十五年も過ぎましょうか思えば長い歳月を過ぎこしものかなとしみじみとかえりみざるを得ません。今のあの日映の試写室から「轟沈」の歌声が声高らかに響いていたのが、つい昨日の事の様に思い出されます。

無我夢中の敗戦を迎えたかと思うと、日映の中も人事を始め、凡てがらりと一変してしまいました。私は激しい歴史の移り変る中でニュース映画部員として、只それそれと追いかけられる様にしておちおち自分をかえりみる間もなく日を過して参りました。

その頃の私には、今問題になっている作家の主体性などというものは全くかげもなかったと云ってもいい位のもので、赤旗をかかげ勇しい事を叫び乍ら仕事の上ばかりでなく何によらず勢こんでとび

こんでいったものでした。今思えば本当に冷汗ものです。

しかし、その頃の中で忘れられぬものの一つに紙芝居屋をやった時の事があります。これは共産党の婦人部員として動員された仕事の一つですが（勿論ニュースの仕事が終ってからでした）確か月島方面の工場の寮の立並ぶ裏町でした、そこへ職場のYさんと一緒に出向いて子供たちとお母さんたちに呼びかけ紙芝居を始めたものです。それがとても喜ばれて私は感激しました。次々と幾月か幾場所か続く中私は心に思いました、おそらくニュース映画すら満足に見る事もないであろうこれらの人たちに、私は映画の仕事にたずさわる人間として本当に役に立ちたいと、それからは、あれやこれや自分のなすべき事を真剣に考えました。けれどもそれを自分の人生の壁にぶち当るや、その中にのたうちまわるだけで何等今日に至る迄も発展をみぬ有様です、我と我が身を振り返るにつけ只々御恥しい限りです。

私は過去、女であると云う事で余りに自分を甘やかしてきたと思います。今はそういう過去の自分をきびしくみつめ、これから多くのなすべき事のためにもっと時と自分を大切につかいたいと思っています。

私のやろうと思ってまだしてない胸の中にモヤモヤと一杯つまっているもの、今この胸を引きさいて吐き出せるものなら吐き出したい。しかし、今の私には口惜しいかなその力も場所も方法もないのです。ですから凡ゆるものをむさぼり読み、聞き考え、観るのですが、何もかも何だかこれと思うものにぶち当れず悩みます。最近の日本映画の傑作と云われるもののどれをみても凡て凡てぴんとこなくなってしまったのです。野田さんや松本さんの論文も云わんとされていらっしゃる事は解る気がするのですけれど、さてこれを映画の中で具体的に形象化させる時の事を考えると、さて？　と今の私ではやはり首をひねらざるを得ないのです。

とに角私もこの辺でひとの事許りから学ぼうとするのでなく、自分は自分なりに或る実験をしていかなければいけないのだと思いました。そしてまず出来るところからシナリオを書きました。不安です、結局型通りの今迄の方法でしか書けなかったのですから。

作家の道は険しいとよく云われます。私が、人生のどたんばで血を吐く様なのたうちまわり方をしたあの苦しみが、今度再びこの私の上にのしかかってきたと感じた時私は始めてその時作家の第一歩に足をふみ入れる事になるのでしょう。まだまだ行手遙かだなどとのんびりしてもいられない年齢になってしまいました、あせる気持せつなるものがあります。

藤原智子

新理研「毎日世界ニュース」の取材、現在フリー

映画の仕事をしはじめて四年近くいた、新理研映画を最近辞めた私は、目下浪人中です。女は浪人していると、とかくおさんどんを人並みにさせられるので損だナ、と思い乍らも、久し振りに与えられたこのヒマに、今まで一日のばしになっていた勉強を少しずつしはじめました。見そこなった映画なども時々見に行ってますが、最近おくればせ乍ら〝老人と海〟をみて、沖へ出すぎた老漁夫のように、私も、映画というでっかい魚にひきずられて沖へのり出してしまった自分の姿を、空恐ろしい気持で見つめている所です。乗ってる舟も小さいし、武器も少ない。いぜい鰯を釣ってはなげき、鰹を釣っては喜んでいたようなものだと——。

とは云え、私にとって映画の仕事はずっと前からの念願だったのです。その豊かな表現力——特に超現実的な世界の視覚化や、きわめて現実的な記録性に心を惹かれていた私は、短篇、記録映画の世界に入れた時にはずい分大きな夢を描いていたものです。全然実情を知らなかったため、もし才能があれば、明日からでも実験映画みたいなものが作れるのかとも思っていました。が、あまりにもかけ離れた現実に投げ込まれて、夢の風船玉は見事にしぼんでゆきました。

その代りにやって来たのが、すさまじい現実です。助監督の仕事は、女として確かに相当の覚悟が要る仕事でした。周囲に差別する空気がなくても、自分でいろいろ気をまわしてしまうのです。女だからと云ってはっきりバカにされるよりも、女だからといっていたわられたりする方が苦痛で、劣等感が強まるのでした。又事実、女だから役に立たない事はあるのです。そして私は、映画の一カットにどれほどの能力と体力と時間と金がかかっているものかを知り、それをつみ重ねた一本の映画が、その何倍かのものである事を知ったのでした。映画の仕事をやりたいなど、特に女だてらにめったな事で考えつくべき代物ではないナと思ったりしたものです。それでも、この苦しみには、一つの映画をつくりあげた時スタッフ全員とわかち合う計り知れない喜びがありました。

ところが、そんな風には償われることのない苦しみが、日毎に私の肩に重くのしかかって来たのです。それは、一口に云って現代社会の矛盾の具体的な姿です。それは、私を、女であるからなどと云ってウジウジさせるほど生暖かなものではありませんでした。私は労働者であり作家である人間が、その精神と相反する自衛隊のPR映画を創作せねばならないというような極端な例にみられる類の苦しみを、どのように理解しなければならなかったでしょうか。自衛隊に限らず多くのPRが多少なり

ともそうなのですが。

　私は、目の前に並んでいるスポンサーのおえら方を相手に自分の脚本など説明し乍ら、いつも、心の底で〃嘘だ、嘘だ〃と叫ばずにはいられませんでしたが、そんな心の底の叫びなんぞ何にもなりはしなかったのです。一生けんめい書けば書くほど矛盾が深まるような素材だったり、あれこれとこづき廻されたりすると、自分の弱さから、ひどく投げやりになってしまった事もありました。そんな時そんな気持でした仕事が映画になって、私は絶望と自己嫌悪の、どん底につき落されてしまったのです。当り前の事ですが、その時には本当にこの仕事が恐くなってしまいました。そして、そうした矛盾と自分を対決させる所から今日の芸術が生れるのだという事をおそまき乍ら知ったのです。このころ、バラバラに解体された私の夢に代って、細いけれど、根の生えた現実の理想が芽をふいて来ました。

　そうした中で、私はチャンスを把んでニュース映画の仕事にとび込んだのです。自分の考えを、自分のえらんだ素材で訴えてゆくこと、偶然の事実を、歴史の流れの中で適確に把握する力―真の記録性を養いたいという気持で、私はニュース映画の製作に情熱を注ぎ込みました。気負い立ってテーマ倒れしたり、素材主義に陥入ったり、思いがけない事実にとまどったり―― それでもテーマと素材の融合に心を砕いていくうちに、少しずつ仕事が出来るようになりました。ここでも、有形無形の圧力が加えられて来ましたが、私は常設館の暗やみで、観客と共にそのニュース映画をみて、反応の一つ一つにささやかな喜びを味っていました。が、ややもすると、安易なその日暮しに流れそうになる事もありました。そんな私の目を覚まさせるような争議――働くもののつもりつもった不満と怒りが爆発したのです。生れてはじめての経験で又、新らしく自分の未熟さを発見したり、改めて、一層やり場のない怒りを覚えたりしたのでした。ともすると、道理がひっ込み勝ちになるこの社会の中で心細くさえなるのですが、過ぎ去った日のいくつかの体験を生かし、現実を凝視して、私は歴史をこの足で歩いて来た証《あかし》となる映画をつくりたいと考えています。

■かんけ・まり

日経映画社作品
「デパートの働き」脚本演出

この世界では、女といわず男といわず、作品がなくては問題になりません、私も仕事は数多くしていますが、どれ一つとして自分を主張していない、生活のためだ、PRだと弁解もしてはみるのですが、矢張り作品がないことにかわりはないのです。

　才能はドングリの背くらべ（と私は思っています）記録映画の製作条件も同じだとしたら、私だけに何かが欠けていて、それが作品を作らせないということになります。社会の動きに敏感に反応していなかったり、自分の位置さえ社会的関連でみられない、せまいワクのなかで物を考えてしまうところに、私自身の弱さとともに、一般的に言われるような女の位置の低さを感じています。

　私の周囲には、まれには、めぐまれた環境と職場で、自分の意慾を充分生かせると言う女性もいます。その女性でさえ、作品では作家諸君をうならせるものはなかなか作れません。

　やはりどんなに個人はすぐれていても、女の社会的条件を無視する訳にはいかないというのが現実のようです。としたら、私たちにも社会的な成長のために何かの努力がいるでしょう、そこで私たちなりの「仲間」を是非つくってみたいものです。

　この十年間だけをみても、私たちの仕事には新しい仲間の増え方が非常に少い、他の芸術部門に比べて余りにも少いようです。勿論それは、仕事の足がかりとなる経営が、数年前から除々に女には門戸をせまくし始めているということもあるでしょう。しかし、私たち自身のなかに、のばさない原因もあるように思います。こうした問題を追求することも、私たちには、まだまだ必要なように思います。若い仲間の新しいエネルギーを豊富にもって、沢山の仕事を積みあげたいものです。

　出る釘はたたかれるといいますが、むしろ出て来い、出て来いというのに女の方は出てゆかないというのが現状かも知れません。

　私たちは協会のなかで、紳士的で親切な諸氏にとりまかれ、居心地ばかり楽しんでいるわけには参りません。

　表はフンワリと、裏ではシンラツな批判も出ていようというものです。何はともあれ、大いにたたかれる釘になりたいものです。

　私について言うなら、「話をきけば面白いのに、出来た映画はつまらない」ということをくりかえしています。単なる経験主義や形式主義がどんなに役に立たないかを、思い知らされている訳です。

　しかし一方、協会のなかに動き始めた記録映画運動を、マス・コミの巨大な流れと対応して考えるとき、私もやはり腰を据えてやらなければ、と思うのです。断続しながらも今日に続いている記録映画運動。その歴史的な意味もつかみたいし、記録映画の社会的な役割もはっきりしたい。映画が映画として生きてゆくためにはどうしてもそれを明確にしなければいけないと思うのです。そして映画かテレビかという問題の提出ではなく、記録映画の本当の在り方をみつけ出して生きてゆきたいものです。何がなんでも映画をやりたい作品を作りたい私なのですから。

新作紹介■

瀬戸内海

日映新社作品

演出・落合　朝彦

撮影・高木　雅敏

自然の風光にめぐまれた瀬戸内海の新しい発展の姿を追求する。

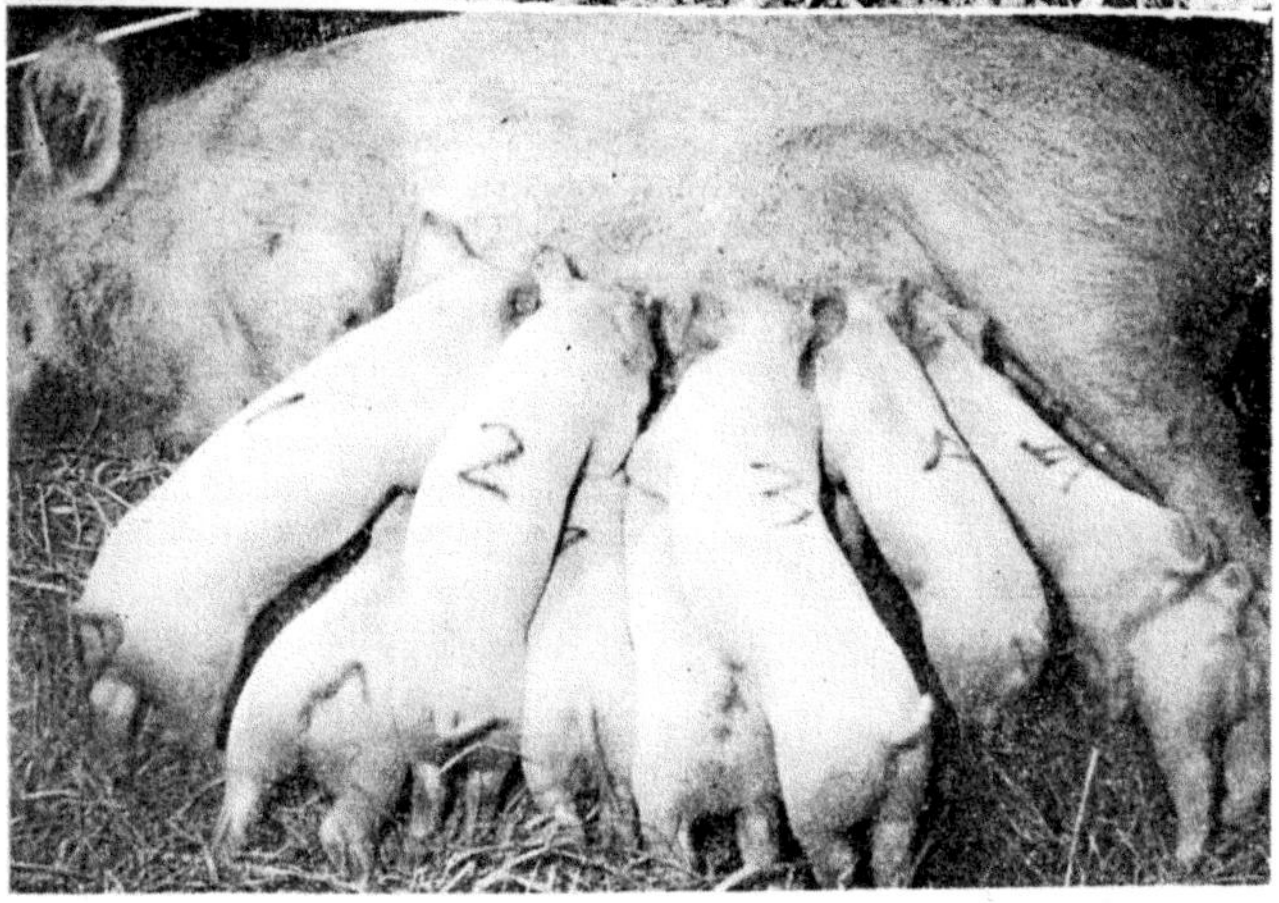

動物の子どもたち

日本視覚教材作品

家畜の生育を描き、動物への愛情を深める。

脚・演・樺島　清一

撮影・関口　敏雄

生活指導シリーズ　　東　映　作　品

演　出・岩佐　氏寿　　（左）おさらいのしかた

脚　本・柳下　貞一　　（右）おてつだいのしかた

家庭学習のあり方を身近な例の中で考えさせる。

家庭におけるてつだいのしかたの問題点を示しよりよい生活を導く

注文の多い、料理店
学習研究社・作品
脚本・神林 伸一
演出・小野 豪
人形・高山 良策
宮沢賢治の童話に取材した学研人形劇第一作

多摩動物公園
新映画実業作品
脚・演・後藤 誠
撮影・ 福井・内田
新らしくつくられた都立自然動物園の記録。

都会と空と
北欧映画作品
脚・演 蜷川 親博
撮影・ 東原 潔
都会という怪物の中で公明選挙推進はどう行われるべきかを追求。

悪魔の発明
チェコフィルム作品
銅版画と人間と特殊技術をくみ合わせて珍奇・空想の世界を展開する。一九五八年度ブラッセル映画祭グランプリ賞を獲得した。

沈清伝
朝鮮国立芸術映画作品
朝鮮三大古典民話に取材して人民の間に生きつずけた孝女の物語。
演出・金　楽　燮
撮影・朴　炳　洗

人形は生きている

■ チェコスロバキア国立映画・作品

チェコ人形劇映画の第一人者トルンカの人形たちとその工場……。
第一部　トルンカの人形
第二部　勲賞をもらった歩哨

「片隅の事実」は主張する

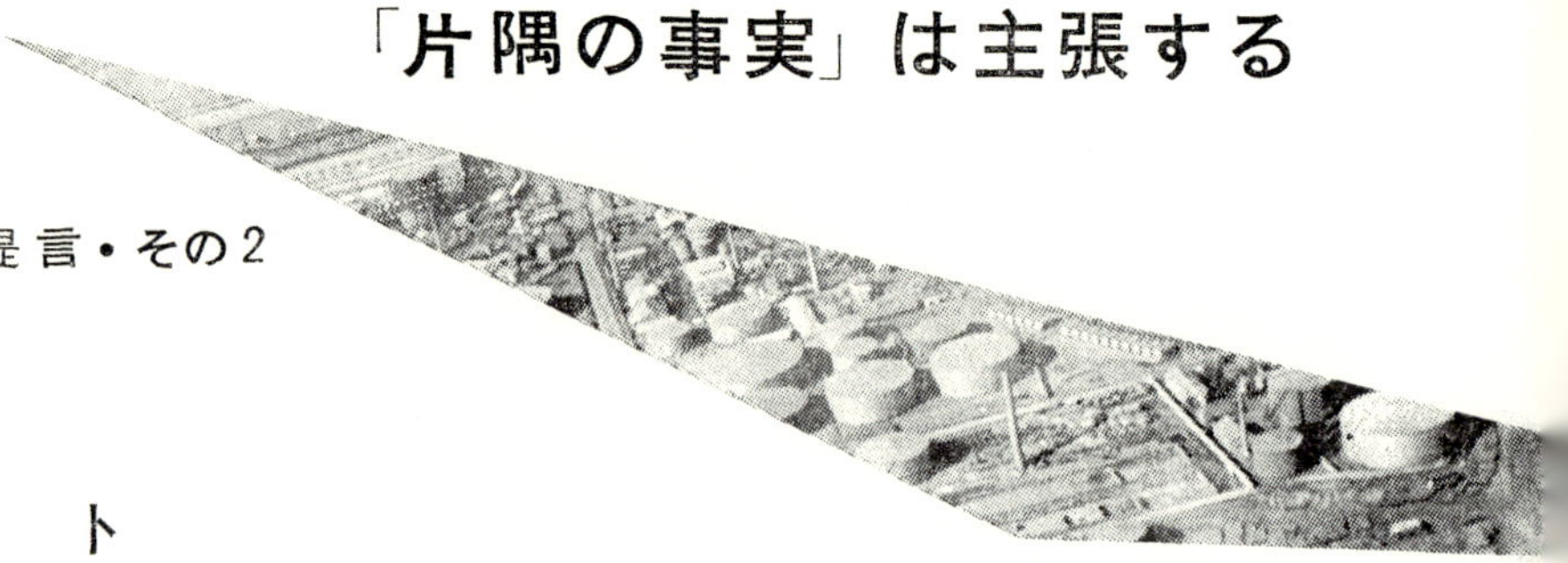

≪立体性論≫への提言・その2

花　松　正　卜

1

長谷川竜生氏の『物』のはずみについて」（本誌一九五九年二月号所載）は、私達の現状に照してみて極めて時宜に適した発言だということが出来る。それは野田真吉氏の作文に反論を加えたからでも、所謂主体性論などは「信頼のおけるものではない」と言ったからでもない。——こうした点では、氏のエッセイは、まだまだ不充分なのだ。それは広島に直接足を踏み入れることによって、「土中ふかく埋もれ」た「魔の遺産」を探り当て、これを今日的視点から映画「世界は恐怖する」につきつけたからである。そうすることによって、それは、たんに映画「世界は恐怖する」の根本的弱点を指適するに止まらず、今日の原水爆禁止運動、平和運動にひそむ弱点をも同時に暗示し得た、と言い得るのである。氏の指適は、今日私達の対決せねばならぬ極めてアクチュアルな問題の一つであるように思う。

広島に原爆が投下されてから十余年を経た今日、原爆被災者の苦悩は、原爆の爆発という物理的現象から直接受けた被害、——それは現在、何人によっても否定し得ぬ地上最大の物理的暴力であり、その事は被災者達が何よりも知っている——よりも、その物理的現象によって引起された人間関係の方により多く存在している。当時、原爆の射程距離に偶然居て放射能を浴びたが故に受ける、就職、結婚、その他日常の生活上の問題などに際しての必要以上の制約や特別扱い、それに対する局外者の浅薄な、無理解な同情、医療厚生施設の不完全さ、そして、こうした被災者達の苦悩を充分汲みとることが出来ず、いたずらに美しい言葉に飾りつけられた運動への参加の呼びかけ、等々。彼等にとっては、過去の惨事よりも、現在のこうした人間関係から生じる苦悩の方が堪え難きものとして感じられ、はるかに現実的な苦悩なのである。この様な「救い難き苦悩」に悩まされている彼等には、この苦悩のそもそもの原因である「原爆の投下」を自分達がこの世に生れて来たと同じ程度の「宿命」としてしか考えられず、一般的にいって、彼等の感情の底流には、こうした仏教的諦観に基づいたニヒリズムが渦巻いているのである。

こうした被災者達の内部に渦巻く感情を、隅々まで検討し、それを底の底まで汲み尽すことを抜きにして進められた「他の人々にこの苦しみを二度とさせない為に」等というブルジョワ・ヒューマニズムの精神に支えられた運動や、彼らから被害者意識を引出して運動の原動力にしようとする言辞、道徳的憤りのみのジャーナリズム等——こうしたものに被害者達が空虚なものを感じ、本能的に反撥するのは当然であり、更にこうしたものが、圧倒的な暴力の前には、何の役にも立ち得ないことを、彼等は直観的に感じとっているのである。

こうした、ヒューマニスト達に敵意さえ抱いている被災者達が、「世界は恐怖する」に対して侮蔑の念を持つのも、至極無理からぬ話である。

この様な現在の平和運動や、私達の芸術運動が把え得ないでいる被害者達の内部の感情を、如何なる暴力にも決して屈服することなく冷然と対決し得るように組織するに当ってその要はいったい何か、そしてその要は如何なる方法によって奪取可能か、——ここに私達の論議は集中されねばならないのだ。

この現実の要請に対して、私達の周囲では殆んど何事も成されていないような気がする。一例を挙げれば、「記録映画の社会変革実行力」（本誌一九五八年十二月号所載）という名の下におこなわれた討論会には、論客四人も集って、要するに如何にして人をこわがらすことが出来るか、ということのみに終始し、今日の現実に対する省察は全く脱落している。この様な状態では社会変革など出来るものではない。このおそろしくピントの狂った論客達には、自己に、自己の大時代的な現実意識を変革する力があるかどうかを、調べることの方がより現実的であるような気がする。

原爆投下直後ならいざ知らず、それから十余年経た今日の「広島市民の人間的不幸」の原因を、直接原爆に結びつけるとしたら、それは全くの怠慢であり、その間には、さまざまな中間項が存在し、この中間項を無視したところに、先輩達の主な誤謬があることを銘記すべきである。

しかし、翻って考えてみるに、この現実に対する、被災者達の反応にもさまざま

な様式があろう。
厭世的な気分や仏教的諦観に基づいたニヒリズム、その裏がえしとしての極端なオプティミズム、素朴なヒューマニズムに基づき、被害者意識にかられて、運動する人達、或は決然たる勇気をふるい起して運動に身を投じたにも拘らず、その運動にも絶望して、再びニヒリスティックになっていった人達――こうした人々の矛盾した感情や行動を否定せず、そうしたありのままの状況を、矛盾として対立を対立としたままで、描いてみたらどうだろう、という長谷川竜生氏の提言に、私は興味を持っている。

私は現在彼等のニヒリスティックなまでの政治的無関心さを一段と高い次元で肯定しようと考えているのだ。

自己の仏教的諦観に基づくニヒリズムに訣別の辞を送り、あらゆる困難にもめげず、敢然と勇気をふるい起して「正しい運動」に身を投じたにも拘らず、その運動の実体に接して失望し、再びニヒリスティックになっていった人々――これらの過程を主軸として、「ヒロシマ」の複雑な内外の状況を、即物的ドキュメントを通して、対立を対立として、矛盾を矛盾として、客観的に描き出してみたいものだ。

こうすることに成功したならば、それは、現在の平和運動の持つ盲点をえぐり出し、更に「ヒロシマ」内外の状況は、それのみに止まらず、現代日本の状況として普遍的な意味を持ち得る、と私は信じている。

私が何故この場合、ニヒリズム―ニヒリズムの変質、を主軸にするかということを明らかにする余裕はここにはないが、要するに、日本のニヒリズムが本物とはいえないように、日本のマルクス主義も本物ではなく、前者はニヒリスト達が現実の斗争を強制され、それを経ることによって、後者は一度ニヒリズムの段階を経ることによって、それぞれ本物になるのではないか、と最近思われてならないからである。

こうした内容が、既成のリアリズムで表現し得ないことは、いうまでもない。私の動機と、表現したい内容との探求――こうした経程の中で格斗することの中から、身についた創作方法が獲得出来るのだ、と私は信じている。前稿（本誌一九五九年二月号所載）でも一寸ふれたように、私達の理論とは、レディ・メイドの破片の積木細工などからは、決して生れ得るものではない。

この課題を解くに当って、とりわけ、前世代の先輩達の諸欠陥――具体的客観的事実を描くのに、自己の古い観念が極めてマイナスの作用をしたこと、内部世界探求の不充分さのために、その形象化に於て、前近代的な呪縛におちいったことなどが、当面至急に払拭されねばならないことは、言を俟たない。

2

ここ迄書くに及んで、私はふと、今年の一月、作家協会の主催した「記録映画研究会」席上での「一九五二年メーデー」の評価をめぐる討論会を想い出した。

その席上で私はこの作品を評価して、大体次のような意味のことを発言した。

「この映画の前半の部分では、当時の情勢下にあって、五月一日の職場放棄を自分で斗いとった労働者階級の、階級的本能ともいうべきものに由来する衝動、自分達を抑圧するのに対する半無意識的な怒り、といったようなものが、勿論不充分ではあり、意識的でないにしても、或る程度描き出されていた。又他方ではこうした大衆を指導する指導者達の内容空疎な演説や混乱、無統制ぶりなど、――要するに大衆のエネルギーを把握し得ぬ指導者達も、到底適確とはいえぬ迄も、いくつかのカットには収められていた。そしてこの爆発的な大衆のエネルギーと、これを適確に把握し、これを正しい方向に目的意識的に組織し得ぬ指導者達という、この断絶が後半部の『人民広場での乱斗』に至って頂点に達する。即ち、事実は、支配階級の仕組んだ巧妙な陰暴と、陰険な弾圧、これを事前に見ぬくことすら出来ず、全く無責任なデモの指導とアジテーションで、この支配階級の罠に、裸のままの大衆を導入して行った日本共産党の『指導』そして、大衆の本能的ともいえる斗争意識と、権力に対する憎悪の圧倒的高揚、それと同時に、事の本質を見抜いた大衆が、自己の戦線の崩壊を喰止めようとして、日本共産党の極左冒険主義戦術を本能的に拒絶した――という具合に当時に於ける日本の政治情勢の典型として進展していったのに対し、キャメラとコメントとはここに至って、こうした事実から出発するのでなく、『新綱領』という経文を拝誦することによって、現実の歪曲化へと向っている。しかし、現実を如何に歪曲化しようと努めてみても、それが具体的事実のドキュメントである限り、私は、各カットのフレイムの後方に、或は片隅に、こうした客観的事実が、力強く自己を主張しているのを視ることが出来る。今見逃すことの出来ぬのは、当時のこうした客観的事実の検討であり、事実より『新綱領』の『絵とき物語』の方が至上命令と錯覚した、当時の作家の誤謬の克服である。蛇足ながら、つけ加えるが、当時こうしたことの根本的な反省がないままに、進んで行った為、『一九五三年メーデー』『日本の青春』等のように、労働者階級の階級的本能に手痛いシュペ返しを喰った日本共産党が、この客観的事実に照して自己の『理論』を根本的に再検討するという課題を湖塗し、今度は極左冒険主義の裏がえしとして、大衆のエネルギーを組織するどころか、『青年よ！歌え！踊れ！』というスローガンに代表されるような、卑俗な大衆追従主義の方針を出して行き、大衆のエネルギーを徒労させたという政治方針の誤りを批判することが出来ず、この忠実な走狗となったのである、云々」

しかし、意外なことに、私の以上のような発言は、「そんなことを、当時の製作者に要求するのは無理だ」と言下に拒否され、私の再度の発言「……それにしても、当時労働者階級をはじめとする大衆の内部

に渦巻いていた複雑な感情、これを充分に汲み尽すことなく、大衆を一片の経文で指導しようとした日本共産党の無責任な指導、これに追随したが、事の本質を知るに及んで、本能的に『新綱領』を拒否する大衆、これ等をまちがえる支配階級の巧妙な罠など――こうした矛盾した、対立した状況を、少なくとも主観的判断中止という状態で、そのまま提起することでも出来たなら……」も、問題にされなく、話は昔のノスタルジヤへと移って行ったのである。しかも、当時この映画製作に直接関係した野田真吉氏をはじめ、いく人かの人々が、出席して居り、私の発言を黙殺するか、或は、抹殺するかの急先峰に立ったことは、私の忘れることの出来ぬ事実なのである。

そこには、互いの「傷」を労わり合い、隠し合おうとする、ヤクザ的なれ合い根性しかなかったではないか。

たとえどんなに誤りに満ちた経験であろうとも、いや、それであるからこそ、それを軽々しく捨てさることが出来ないのである、と私は思う。自己の青春や生命を賭した運動の実体に密着し、自己の体験の隅々に迄検討を加え、そこにあるマイナスを、如何にしたら今日の現実にプラスとして作用し得るかを考察すること、それなくして真の理論を生み出すことは出来ぬ。

自己の実践を基礎とし、そこから理論を抽出し創造すること、――これこそが私達の原則的態度でなければならぬ。

3

最近、本誌上、及び私達の周囲に於て、戦争責任と戦後責任追求の問題がかまびすしく論議されている。しかし、こうした論議の主唱者が、以上述べた如く、自己の戦後責任にすら真正面から対決するが出来ないものであることを思いうかべるとき、そこから、実り豊かな理論が生れるとは決して考えられない。

戦争責任と戦後責任の問題とが、何よりも、それを政治と芸術、組織と大衆などの普遍的問題とからめて客観的に問われねばならぬ時、《主体性》などという主観の産物を発想の基軸に据え置いた評価は、事実―支配階級の組織化された暴力の前には、個人の思想的節操、主体性などは、全く無力に等しかった、という厳たる歴史的事実を隠蔽し、「非転向」のまま獄中にあって敗戦を迎えた人達を、再び超人か何かの如く祭りあげ、前衛党を超人の組織に仕立てあげようとするものに役立つのみである。

私達が現在、戦争責任と戦後責任を追求する際、絶対に失うことの出来ぬ原則的態度とは、今日の現実を打解するに当って、過去の様々のマイナスを、如何にしたらプラスとして作用させ得るかということを、私達の普遍的課題である政治と芸術、組織と大衆などの普遍的課題に即しつつ、何よりも客観的に、科学的に問うことなのである。従って私は、《主体性》などを基準とした評価に対しては、これを私達の周囲から追放せねばならぬとは思うのだが、期待すべき何物をも認めてはおらぬ。

各個人の《主体性》を全ての誤謬の根源にあるとする、宗教的臭いに満ちた「主体性根源論」などは、戦前・戦争期を通して日本大衆のおこなった、さまざまな形の柔軟な抵抗――暴力に対して激しく抵抗しようとする主体意識＝主体性なくして、果してこれが可能ですか！――を読みとり、それらのエネルギーが何故組織的エネルギーに転化し得なかったか各個人の抵抗が如何にして組織的抵抗へと発展し得なかったか、という重要な問題の解決に当って、全く無効であることを自ら宣言しているのだ。戦争中非転向のまま獄中にあり、終戦を迎えた人々が、自己の非転向の優超感にひたり、大衆のこうしたさまざまな抵抗を読み取ることが出来ず、自己と大衆との意識との断絶を検討しようともせず、戦後の革命運動を指導したところに、戦後の誤りの一つがある。問題は主体性などではなく、客観的事実なのだ。

終戦を小学校五年で迎えた私などにとっては、当時既に政治的活動が可能であったような人々の戦争責任は、如何様にも問うことが出来、そしてそれ等の人々は、例え誰であろうと私に対して、絶対に抗弁しようがないという立場に立つにある。即ち、戦争責任を追求するに際して、私は、いわば神のような絶対者の立場に立っている、そうした私には、戦争責任をあげつらうことに余り興味はないし、余り好みもしない。それよりも、私にとっては、戦後責任の問題の方がずっとアクチュアルなのであり、戦後の数々の歴史の中にひそむ多くのマイナスをマイナスとしてひろい上げ、それを、今日の現実打解に際して、如何にプラスに転化し得るか――それとの関連の下に、戦争責任の問題を解くこと、この方により多くの興味を抱くのである。

だがしかし、戦後責任との関連の下に戦争責任を追求していく、というこの原則的立場を放棄し、自己の戦後責任に唯《主体性の欠如》というレッテルを張ることによってごまかし――この様に自己の戦後責任にすら唯の一度も正面から対決しようとしないものに果して戦争責任、――例えばプロキノ当時の人々――の責任を追求する資格があるといえるだろうか。

この誤りは許し難い。

戦争責任と戦後責任追求の資格は、清浄無垢なものにも、満身泥まみれのものにも同様に与えられる。

しかし、自己の戦後責任を明らかにし、それを踏まえた上で戦争責任を追求するという原則的立場を逸脱したものに、果して他人の責任を云々する資格があるのか。

私はここに生じた新たな戦後責任を問うているのである。

一九五九・二・三

（月の輪古墳）

最近の記録映画・3

岩佐氏寿

1

　さきに述べましたように、さまざまの外国の記録映画からの影響――ソヴエト、ドイツ、そして最も大きくは、イギリスのドキュメンタリイ派からの影響を受け入れつつ、日本の記録映画は「実写」から抜け出して、その中から日本の独自の記録映画がつくり上げられて来たと思うのであります。戦前につくられた「**雪国**」（石本統吉監督）「**ある保姆の記録**」（水木荘也監督）とか、「**上海**」「**信濃風土記―小林一茶**」（亀井文夫監督）などは、そうした中でつくられたオリジナルな作品であり、ほかにも沢山ございます。しかし私の考えでは、亀井文夫の「**戦う兵隊**」を最後として、人間の生活に踏みこんで行く記録映画は戦争によって頓挫し、戦後に至るまで大きな断層ができたと思うのであります。残念ながら軍国主義へ魂を売り渡したということになりましょう。科学映画の方も勿論、ガタ落ちになったのですが、その性質上、技術的な側面では比較的傷は浅かったといえるかも知れません。

　さて、戦後になって、どんな具合に記録映画が恢復して来たかと申しますと、却々これが思うようにいかなかった――というのは、御承知のとおり、映画は連合軍、実質的にはマックアーサー司令部の統制の下につくられました。例の「助言」と称する干渉に相当悩まされたわけであります。もっとも、まったくゼロだったとはいえないのでありまして、降って湧いたような「民主主義」を、伝達する、いい意味でのマスコミのメディアとしての役割は大いに果したのであります。しかし、それ以上のものではなかった。その上、アメリカ人は、ドキュメンタリーの映画がひとつのジャンルであるということは、考えませんでしたし、また映画にはわれわれのいうドキュメンタリーの方法があり、それが何であるかを理解している人も、占領軍にはおらなかったようであります。その証拠に短いやつはすべて十把一からげに「教育映画」（エデュケーショナル・フイルム）あるいは「短篇」（ショート）ということになってしまいまして、ドキュメンタリー映画などといいましても、せいぜいアメリカの時事解説映画「マーチ・オヴ・タイム」ぐらいなところで、それならばショートではないかということになってしまうような調子でありました。要するに短篇はすべて映画の社会的な効用から逆算していった、プラグマティックな解説映画の様相を呈して来たのであります。

　そうした中で、戦前からの記録映画作家は、雀百まで踊りを忘れずというやつで、何とかしてつくろうという努力を絶えず怠らなかったのであります。けれども世の中は大へん皮肉にできておりまして、戦争中は映画法という法律によりまして「文化映画」は映画館で必ず一本は上映しなければならないという仕掛けになっておりましたので、どんどん作れたのですが、悪名高い思想統制法である映画法は、当然民主主義の世の中ともなれば、テッパイされた。これは大いに歓迎すべきことだったのですが、そうなると映画を配給する側では、占めたというわけで、クソ面白くもない儲けのうすい教育映画なんぞというものは全然見向きもしなくなりました。その結果、多くの記録映画作家の拠っておりました、日映・東宝・理研・新世界などの教育映画部は根こそぎ廃止になり、ひとりのこらずクビになってしまいました。しかしその一方で、映画館で上映しないならば、劇場外での上映組織をつくろうというので、普及する側は勿論、つくり手の側も加わって、惨胆たる苦労を重ねて来た結果、やがて、まがりなりにも、各地にフィルム・ライブラリイがつくられるような方向に向って行ったのですが、これについては本日の目的ではありませんので、話は省略いたします。

　とにかくこの時期は、われわれの知る限りで最も日本の記録映画が沈滞した時であり、従って私どもつくり手も、食うや食わずの、文字通り赤貧洗うがごとき状態となり、日日の米代にも事を欠くような有様でありました。

2

　駈け足でお話をするようなことになりますが、各社の教育映画部が廃止されてから以後の作品を考えてみますと、「**月の輪古墳**」（荒井英郎監督）「**一九五二年のメーデー**」（共同監督）「**日鋼室蘭**」などを中心とする記録映画作家協議会の一連の仕事の時期、それから「**ひとりの母の記録**」を境として、映画企業体の中で記録映画がつくれるようになった時期、しかし、これにはすぐに追い討ちをかけるだけの力がありませんでしたので、亀井文夫の「**流血の記録―砂川**」「**生きていてよかった**」あたりまでちょっととだえました。こ

れらの個々の作品についてくわしくふれる余裕はありませんが、ごく大ざっぱにいって記録映画の方法としてまだそれほど新しいものは生み出せないと私は考えるのです。

例えば「**一九五二年のメーデー**」は、貴重な記録映画であります。この映画の成功を、私は、ウラマれるかも知れんと思いながらいうのですが、過大に評価してはならんと思うのです。うけたのは、扱った主題の強烈な性格のおかげです。方法が新しかったためではありません。「**日鋼室蘭**」などについても私はそう思うのです。「**日鋼室蘭**」の方が、より新しい方法への接近は感じられるのですが、しかし、ああした一種の昂奮状態の映画は、観客に対して十分説得力を持たないと思うのです。ニュース映画が説得力に欠けるのと同様に――。

状況そのものの把握の上に立って、一カットの内容が十分に豊富で、しかもそれらの豊富なカットカットの組み合わせが、もう一つの現実の創造となって、肌でジカに観客の胸につきささって来るというふうなものにならないものかと思うのです。「**砂川**」の映画ができたあとで、亀井文夫がいっておりましたが、砂川でのあのはげしい闘争の、現象そのものはたしかにとらえることができたが、それを基地一般の問題、あるいは、日本の置かれている政治状況一般へまでつき上げることができなかったが、どうすればよかっただろう――ということでした。

勿論そのときには、だれでもせい一ぱいの仕事をしているのであり、まして、ほんとの命がけみたいなものでありましたから、ノンキなことをいうなということになるかも知れませんが、もう一まわり大きなところで問題を、あるいは現象をつかまえていく力に、私たちは欠けていたのではなかろうかと今にして思うのであります。

3

ところで、なぜ最近私たちの身近かな生活を記録するところから新しい記録映画が生れて来ないのだろうかという問題です。

一応映画をつくる経済的な条件がととのわないということを、ワキに退けてお話することになりますが、ひとつには、テーマの問題があります。

テーマが捕捉しがたい。最近、日本の社会経済の、あまりわれわれの気に入らぬ形ではありますが、一応の立ち直りというものがあります。その中で、マスコミのすさまじい発展が私たちの目の前にあります。すなわち、現象はひじょうに複雑化して来ている。問題は、事の本質がその複雑なものの下にかくれていて、容易にさぐり出せない――その上、さぐり出せても、ちょっとやそっとではそれを単純化することができないという事情があります。テーマを拾いあげて、単純直截にスクリーンへつき出すことがひじょうに難しくなって来ております。「**ひとりの母の記録**」に、私ははじめから参集しましたのでよくわかるのですが、調査に一年もかかったのは、そういう理由によるものです。現象の上っつらをはねのけ、はねのけ、問題の本質を探り出して行くのには、それだけの時間と労力がかかります。

第二の問題は、方法です。方法の混乱といってもよろしいです。テーマに対する方法が発見できていない。テーマと方法の分裂といったものです。一体、映画はどこの国でもそうですが、メロドラマの方法が定着して来ております。記録映画は、それをブチこわすものでなければならないし、またブチこわして来た。しかしわれわれの体の中に浸みこんでいるそれは、容易なことではぬけない。生活をとりあげた記録映画が、どれを見ても自然主義的なにおいがするのは、そのためだろうと私は思います。もっと具体的にいえば、一種の詠嘆的なトーンが生活をつかまえた記録映画には、必ず流れております。いちばんよくあらわれているのは、ナレーションの一種独特のフシです。記録映画節みたいなものがある。ラジオドラマの語り手がよくやっているあのフシです。こうしたものは、われわれの体臭のようなものでありましょう。しかしこれが残っている限り、テーマが新しければ新しいだけ、テーマと方法の古さが分裂してくるのは当然のことです。

まあこういった問題が、私どもにはあると、私は考えております。

さて、それではどうすればよいかということになります。

よい智恵があろう筈はありませ

「流血の記録・砂川」（上）
「アフリカ横断」（下）

書評・佐藤忠男著『裸の日本人』

庶民の中で庶民を追求

私達の体験や、日常接している、日本の文化、特に伝統文化のなかに、不合理な、ゆがめられたものを感じない事はないでしょう。そしてその点について過去の封建的な社会のもとで生み出されたものとして、それ以上深くは追求しない事が多いと思います。

この著者は、戦時中を予科練、戦後を一労働者として過した生ま生ましい体験から、この日本人の心のなかにひそむゆがみを、封建的という所で思考を停止させずに、平凡な日本の一庶民として自分自身の心のなかを追求し、日本人としての一つのタイプを打ち出し、そこを基点として、色々な角度からの日本文化に対する独創的な解釈を試みている。

「親分なぜ一言死ねとおっしゃっては下さらないんですか」このよく聞くヤクザのセリフは、ヤクザの世界だけでなく、殿様、だろうが、隊長殿であろうが通用する、普へん性を持っていて、「おれは他人の指図は受けねえ！」という西部劇のセリフとのコントラストのなかに、日本の伝統文化、それが現代の日本人の心のなかに持っている精神構造の土台に対する、この著者独特の追求は、この本のなかでも特に面白い部分である。又、喜劇に対する、見解も面白いもののなかの一つである。

「笑いとは、愚しい人間の愚しい行為に対する、正常な人間の優越感から生れるものだ」という従来から言われている説に対して、

「じっさい見物の心理はそんなもんじゃない、もし我々が現実にそういう情景を目撃したならばその愚しさに胸のつぶれる様な恐怖を感ずるに決っている。

腹をかかえて笑ってしまうのは、観客がその主人公のおどけたしぐさによって、彼がわざわざそういう事をのみこんで——愚かなまねをしているのだという事を暗黙のうちに了解しているからである」

こうした新しい分析は、筆者が、平凡な日本の一庶民、という姿勢のなかでこそ始めて言われるもので、既存の思考体系のなかでの評論には考えられない、新しさがあると思います。

こういった意味での面白さ、新しさは本書を読まれた方は、随所に発見出来ると思います、難しい外来語を使った評論よりもずっと読み易く、心の糧となる著作だと思います。

（光文社版・カッパブックス価百二十円）

杉山　正美

ん。対象の内部世界への踏みこみ以外にはないと思うのです。内部世界へのフミコミについては、一九二〇年代のフランスのアヴァン・ガルドがこの道の大先達でありますが、フミこんだきりで、でて来るのを忘れたのが、フランスのアヴァン・ガルドではなかったろうかと、私はなにか、そういう気がするのです。外部世界と切り離された内部世界の映画——「ひとで」とか、「貝殻と僧侶」みたいなものもそうだと私は勝手に考えているのですが、これはどうもいかんと思うのです。

劇映画では、このところ、少しばかり、先へ出ているように見えます。イタリアの「道」という映画で、私は、シネマツルギィが一足、従来のメロドラマから出たナという感じがし、フランスの「眼には眼を」あたりで、ますますその感を強くしました。シナリオの方法が変革されつつあるという感じがしたのです。これの作品には、伝来のメロドラマ的な、シナリオ構成の約束——伏線をはっておいて、あとでひっくり返すといったふうな手練手管がなくなっております。日常性の中から、ドラマを汲み上げてくる、そしてここぞと思うところに食いさがるという方法がとられております。いいかえれば、作者がつかまえた状況——その中での日常的な人間の姿、状況の中へ人間を置いて、まわりから攻めて行く、こうした方法です。

記録映画は、もうひとつその先へ行かねばならんと思うのです。記録映画では馬面がじかに、より即物的に訴えかけねばならぬと思うのです。

いままでの、生活を記録した映画は、いわば現象の記録であります。その現象が、全体の状況の中でどうなのか、最初にあげました「アフリカ横断」をもう一度例にとりますと、現象自体の内部へのフミコミ、アフリカの植民地解放の問題が、黒人の質感から、黒人のエネルギーとしてとらえられていたらと申しましたのは、そういう意味であります。

そのためには、私たちは、日本の人々のエネルギィを、内部から探り出し、それを外部世界との関連で描き出さねばならぬ、そのためには、観客の皆さんの中へはいって、そこか集団的につくり出すのがいちばんいい——依然としてそういう結論になるのであります

作品評

「悪魔の発明」（チエコ）

空想科学と映画技術

苗田康夫

チェッコの映画作家たちは豊富な想像力と、それを視覚化するに高度な技術にめぐまれているようだ。人形映画「呑みすぎた一杯」は人形とは思えないリアルな方法で、一人の勇敢なオートバイ乗りの青年の事故死を描き、「水玉の幻想」では一人の美術家の水玉によせる幻想をガラス人形によって神秘的にまで美しく展開させることに成功していた。

「悪魔の発明」は黒白の長篇で、十九世紀末の空想科学小説（ジュール・ヴェルヌ作）を映画化したものであるが、むしろ画家の空想的なイメージの映画化と言った方がぴったりする。この原作の初版本の挿絵に使用された銅版画（エッチング）のアイディアを基にして構成された画面は、忽ちにしてその空想の世界に観るものをひき入れてしまう。この映画の作者はカレル・ツエーマン（製作、脚本、演出）であるが、画家であり彫刻家であるというベネットとリュウによって詳細に描かれた空想的産物（この映画の重要な役割を占める動画部分）の魅力によるところが大きい。

そのため、十九世紀にヴェルヌが想像して描いた科学的発明品は二十世紀の今日では、もはや時代おくれで陳腐であるにもかかわらず、生き生きとした生命感をもって登場している。これが原作のイメージの忠実な視覚化だとするとヴェルヌが文明機械に託した人類の夢の普遍性が、その豊かさが、今日の我々を魅了するのであろうか。そしてそのすぐれたアイディアは動画と人形と実写の合成技術によって見事に画面に定着されている。このアイディアと技術に対して、昨年のブラッセル映画祭でグランプリ賞を獲得している。

映画は十九世紀末、機械文明がめざましい発達をとげつつあった時代の一人の科学者、ハルトの冒険の体験記という形式でまとめられているが、物語自体は余り問題にならない。

ハルトが始めて、これに乗って大西洋を横断したという銅版画の汽船が、忽ち波をけって動き始めるところから画面は展開される。船上ではハルトたち旅行者が望遠鏡をかざして空を眺める。空には鳥よりも高く、自転車のようにペタルですすむ飛行船がゆく。遥か海上には巨大な潜水艦がいる。当時のハルトたちにとっては将に夢のような機械文明の進歩である。ハルトの乗った汽車、自動車、これらは人物と動画の合成によって、空想世界を見事に視覚化している。

特に空想的産物の傑作は、大きな魚の格好をした小型潜水艇で、鼻の先に汽関車のヘッドライトのような燈をもち、蛙の手足のようなヒレと、尻のスクリューで前進する。その運動の機能も仲々面白く、将に魚そのもののように愛敬までである。

また海賊島で映写されるニュース映画は、円盤式という人を食ったものであるが、そのスポーツニュースに現われる空飛ぶ人、水上をゆく人などは、想像力をかきたてるような楽しさをもっている。

技術的にすぐれているのは、海賊潜水艦が大西洋航路のアメリカ号を逆襲して、沈没させるところと、海底で、その財宝を手に入れるところだろう。人形と動画と実写の手法が渾然と一つに組合されて、非現実の空想の海底の世界が展開される。

その他、随所に見られる着想の面白さは、冒険物語の平板さをすくっている。例えばハルトが海賊島からの脱出を試みて、海底トンネルをゆく途中、酸素がきれて、意識を失って、幻覚を見る。逆さになった深海魚。二匹の魚が尾ヒレだけを残して一つにくっついて蝶になり、海底を乱舞するところ。また沈没船の乗客であった女性が海賊船に救われて大砲のある部屋で濡れた着物を乾かす場面で、火薬樽の傍で火をたいて、装填棒を熱め、砲身を台にしてアイロンをかける。船長がきてどなりつけても、別に驚きもしない。もっともこの女性は、船が沈没するときも少しも騒がずあわてず、カゴの小鳥を逃がしてやったりする位、落ちついたものである。

この映画に登場する人物たちはこの女性をのぞいてはいわゆる善玉と悪玉に分類される。ハルト及びその先生のロッシ教授と、彼の発明による巨力な爆発物を横どりして世界征服をくわだてる海賊の一味であるが、この人間達は常識的で物語りの主人公としては興味をそそわない。むしろこの映画の唯一の弱点であるのだが、勿論、作者の意図は、人間や、ストリーを描くことにはない。従って、小鳥を逃がしたり、大砲の上でアイロンをかけたり、ハルトを窓の外にまたせて着換えをしたりする女性以外には、単に物語りの運び手であるにすぎない。これはヴェルヌ原作のもっている空想科学小説としての限界点であるのかもしれない。そして最後には、ハルトとその女性が気球で脱出に成功し、教授は海賊達の手におちた発明品（原子砲弾）を自分の手で海賊島もろ共、ほうむってしまうのだが原作の面白さよりも、画面としての空想性のすぐれていることが、その映画の価値を決定的なものにしている。このことは空想科学映画の製作にはもっとも重要なことかもしれない。

■続 ■ぶっつけ ■本番 ■6

■朝日ニュース
■水野　肇
■小笠原基生

昭和三十三年の秋、ニュース屋たちは、ひさしぶりに忙しい思いをした。

勤評斗争が全国を掩って、アイモやデンスケをかついだスタッフは高知、和歌山、福島と飛び廻った。

しかし、勤評問題をニュースに入れるたびに朝日ニュースの配給元の東宝では余りいい顔をしなかった。

——もっと、明るくてオモシロイニュースはありませんかねえ。

しかし東宝の意向に反して、勤評斗争は、ますます深みに入り、全国一斉の授業放棄、総評の子弟の欠席戦術、というところまでこじれて行った。灘尾文相は、法律一点張りでテコでも動かぬと突ぱねた。

——法律法律って、権力で押しつけられると法律こそ暴力だって気がします……とある母親が語るのをシングルで撮ってニュースに入れると、さっそく東宝からカットを要請された。このところ、少々カットずれして来たスタッフは

—やっぱり、切れと云って来たかい、と顔を見合わせて笑った。笑ったが、みんなすぐに不気嫌になり、そしてわびしそうに煙草をふかした。

三年前に朝日ニュース五二一号が上映拒否にあって以来、もう何度目だろうか。CIEによる占領下の検閲がなくなったかわりに、東宝による検閲がはじまって、労働問題政治問題のニュースに限ってしばしば鋏を入れられて来た。はじめのうちは編集権の侵害だと重役室に全員で押しかけたり、共同製作者の朝日新聞と共に東宝にかけ合ったりしていたものの、所詮配給権を握られている弱味はどうにもならず、五カットのところ三カットにまけさせるという程度の抵抗であきらめる様になってしまった。

これは天下のニュース屋をもって任じていた気のいい日映のスタッフの誇りをいちじるしく傷つけた。

テレビニュースなんぞに負けられるかい、と、週刊ニュース映画の今日的使命を、問題の解説的報道、そして時には主張を明確に打出して行く方向に求めようとしていたスタッフの意気込は、つぼみのうちにしぼんで行った。

かつては談論風発をきわめた企画会議でも、そんなこと云ったって東宝さんに、バッサリやられるだけじゃねえか、とシニックな発言が多くなった。

そんな中で作られるニュース映画が、いいものになる筈もなかった。新聞の批評で《テレビの焼直しに過ぎない》などと書かれると

—ちえっ、人の気も知らないで何云ってやがる！

と悪態をつきながら、今度こそは、と突込んで行くと、又もや、カットである。

こうしたくりかえしに堪えられなくなって、少なからぬスタッフが日映を去った。

斜陽のニュース映画でブツブツ云っているより、未来のあるテレビで黙って働いた方がいい、勿論ゼニだって沢山呉れるんだからな——

そんな割切った様なことをいいながら、辞めて行く連中も、どこかさびしそうだった。

残った連中は一そう秋風が身にしみる思いだった。

だが、そんな思いを吹きとばす様に王子製紙の大ストライキが起り、伊豆の大水害が起り、そして警職法問題が起った。みんな張切った。

国会へ詰めたスタッフは、眼を血走らせて撮りまくった。国会の取材がメシより好きな金子カメラマン、加茂カメラマン、企画の小原君、若手のドンちゃん、アフリカ帰りの今村君も張切っていた。

張切り過ぎたドンちゃんは、もみ合いを取材中、新聞のカメラマンと口論して、アイモで相手のスピグラをひっぱたいてひんまげてしまった。ドンちゃんだけではない、与党も野党も新聞記者席も、みんな殺気立っていた。

クーデターの前夜、ちょうどそんな空気をみんなひしひしと感じていた。

秘書団を指揮して地方行政委員会の強行突破を図る自民党の議員は、山崎巌や相川勝六、纐纈弥三など、みんな特高出身の連中ばかりだったし、それを阻止しようとするのは、彼等に逮捕され、拷問された経験を持つ社会党、共産党の議員だった。この両者のたたかいに妥協があろうとは思えなかった。自民党は、普段は閉め切られている扉を開けスチールロッカーを押し仆して、ピケを突破した。しかし、雪崩れ込んだまま、委員会を強行しようとせず、引揚げた。要するに社会党の〃暴力による審議拒否〃をPRするのが目的だった。

—国会の混乱を現象的に報道するだけでは駄目だ、警職法の本質をはっきり示して積極的なキャンペーンを行うべきだ。

スタッフの意見は一致した。戦前の弾圧下に作られたプロキノニュースを探し、治安維持法成立当時の古新聞を借り、戦争中の天皇制軍隊のフイルムをひっぱり出し憲法第九条廃棄を言明したと問題になった岸、ブラウン会見のいきさつを示し、一つにまとめて、

〃警職法是か非か〃のタイトルで朝日ニュース六九〇号のトリネタとした。

当時、自民党は警職法反対の世論を緩和させるため懸命の工作を報道機関に対して行っていた。文化放送やNHKでは番組の中止が起ったり自民党からの抗議を受けたりした。

果して、このニュースはカットされた。

戦前の治安維持法と警職法を同じものの様に扱うのはいけない、というのだった。かんじんの朝日新聞自身が、このニュースは若干行き過ぎである、と云うのだから堪らない。八十呎にわたってバッサリと切られて了った。

今度という今度は、みんな本当に情なくなった。

—馬鹿馬鹿しい、いっそ、もうこんな取材はやめちまえ、どうせ切られるんだ！

というわけで、次週、本当のヤマ場にかかる警職法に一切目をつぶることになった。時の勢いである。

ちょうどそこへ、国会の抜打延長が起った。朝日ニュースでは、それをワン・カットも撮影していなかった。

—俺は知らねえよ、といいながら、それでも小原君たちは国会へかけつけなければならなかった。

—どうしたの、今頃現われて、何ならお高く売りましょうか。

テレビへ行った仲間が、からかった。

—そうだな、十六ミリでも売ってもらうよりテはないね。

もう負け惜しみをいう元気もなかった。

—いよいよ十一月二十七日発表ときまったよ。

宮内庁から帰って来たデスクがいった。

皇太子妃の発表なのだ。各社は気違いじみた報道合戦をつづけていた。しかし日映では、この問題について、ただのワンカットも撮影していなかった。正田というお嬢さんが確定的な候補として浮び上ってからも、全然、ノータッチだった。正田家に張り込んだ各社のカメラマンが、買物に出た母娘を追っかけ廻し、聖心女子大にかけ込んだのを、

—逃げるのか！ とどなりながら、撮りまくって、とうとう正田母娘が抱き合って、泣き出したという話を聞いたときも、各社とも頭にきてるんだなと笑い話にしただけだった。別段、日映としても一つの主張があってのことではなく、余り興味を持たず、やる気がなかったのに過ぎない。

それでも前日になると、朝日新聞を通じて正田家にカメラマンを一人泊り込ませるということになった。

林田重男カメラマンに白羽の矢が立った。

—他社に気附かれてはまずいから変装しよう。

とにかく林田さんの有名なブリンナー頭をかくすためにソフトを買い、素通しの眼鏡を買った。

—つけひげはどうかな。

本気だった。その前夜の美智子さん、そして一家の表情などを撮れば、今までの出おくれは一気にとりもどせる筈だ。カメラボックスは三越の包み紙でカムフラージュしよう。などと工夫をこらしたが結局はノーだった。

そのころすでにNHKのカメラマンがひそかに正田家に入って、たっぷりと撮影していたのである。

皇太子妃決定の特報。それは各社共同取材のフイルムを思い思いに編集しただけの、まことに味気ないものだった。

昭和三十三年の秋、日映のスタッフは、久しぶりに忙しい思いをした。

しかし、いつもの様に、忙しいあとに残る充実した〃仕事をした！〃という満足感が、少しも湧いて来なかった。実りのない秋だった。

かつては〃ニュース映画が駄目になったら、田舎へ帰って豚でも飼うよ〃といっていたニュースの虫の様な金子カメラマンが、とうとうテレビへ転進する決心をしたのは、この頃だった。

昭和三十三年の大みそか。

小原君と、末野君は宿直であった。ガスストーブの上で餅を焼きながら、テレビから流れて来る除夜の鐘を聞いていた。テレビ局の数も百八つになる。除夜の鐘の数、そしてボン悩の数と同じに。

消えかかった炭火の様なニュース映画をもう一度、真赤におこすのには、どうすればよいのか、そして誰がやるのか、とにかく、それは次の年の難しい課題だ、と二人は同じ思いに沈黙しながら、焼けすぎた餅をひっくりかえすのだった——。

文部省前をデモる日教組の〃勤評反対〃

六か月にわたり御愛読いただきましたが、編集後記にのべる通り、まったく本誌経営の問題で一時休載のやむなきになりました。筆者と読者に深くおわびします。

エミールと生きている人形
—子どもとアクションということ—

大島辰雄

さきに（本誌1月号）ぼくは「白い少女をもとめて」映画における少年少女像を多少とも追及してみた。そして、さいごに希望として、こうのべた――「日本農村の現実の中に生きている一少女の現実像と、パリの地下鉄から出てくる白い少女の超現実像――現実と夢の世界の平和的共存は私たちのなかにも、はぐくまれ実現できぬであろうか。ひとりの少女の記録、白い少女、白い馬、赤い風船……これらが一つの詩情に昇華されて、冴えざえとゆたかな色どりの中に、こんにちの明暗をたたえた生活の歌（ポエジー）の妖精たち――はつらつとした少年少女の群像となり群舞となれ！」

　ところで、拙文と隣り合せた〃女流作家の生活と意見〃をかざるカットが二羽の可愛らしいペンギンで、しかも拙文末尾の方を向いていた。ぼくは即座に、いぬい・とみこさんの童話『ながいながいペンギンの話』のペンギン兄弟を思い出した。これは『ぼうけんずきで、たいへんこころのしっかりしたペンギンのこどもルルと、そのおとうとで、すこしきのよわいキキとのおはなし』で、いぬいさんの説によると、右の卵から出てきた兄さんの名前ルルというのは、ペンギン語で「くしゃみくん」、左の卵から出てきた弟のキキというのは、「さむがりやのちびくん」という意味だとのことだ。

　こんなぼくの連想や問題の小カットとはおよそ関係のないことだろうが、少年少女の生活の歌に詩情をもとめ、妖精たちとしてのはつらつとした群像・群舞を希望したぼくの小文は、どうやらリアリズムとロマンチシズムの混淆と受取られたらしい。そのことを編集部からきかされて、ぼくは、「現実と夢の世界の平和的共存」をみだりに口にしたわけでもなし、ましてや児童向きの劇映画に第三勢力を導き入れようとの意図など、みじんもないのに――と少々めんくらった。

　『**白い少女**』は映画詩といわれるべきものにぞくする。その詩的韻律は超現実主義的で、いささかも童謡的ではない。つまり、むしろ大人の世界としての「人生のメールヘン」であり、だからこそ白い髪の少女は、人生の夢と現実の中に純真な愛の象徴となり、私たちの心の奥底に投影するのだ。そしてその白い髪は、あの「白いたてがみ」と一つになりつつ、非情とペシミズムの和音の中に、こんにちの明暗をたたえた生活のポエジー――生きいきとした不

書評・安部公房著『裁かれる記録』

記録主義のエッセイ

野田真吉

安部公房は、いつか座談会記事で、『発明ということと、書くという動機と何かむすびつきがあるのではないだろうか』といっていた。安部らしい発言だったのでいまもおぼえている。

　安部公房の作品は発明的なおもしろさ、たのしさ、そして、いたずらっぽい新鮮さがある。つまり、アクチュアルな空想性がある。それは、僕にとって大変魅力なのである。発明的などというと、世の特許マニヤのこそくな発明、わびしい模倣的発明を連想しがちだが、安部の発明は特許マニヤの特許品の盲点さがし的なものでない。また、たんなる解釈的な発明でもないのである。彼の発明的作品は彼のするどい方法意識につらぬかれた所産であり、彼のたくましい探検と冒険にささえられたアヴァンギャルドの「発見」の記録なのである。

　彼の作品、ことに最近では「世界」に連載していた空想科学小説『第四間氷期』や戯曲『幽霊はここにいる』などますます彼らしき発明的作品である。子供の時間に放送されたラジオドラマ（題は失念したが）「コウモリ傘と豚と化けもの」の物語もおそるべき教育的作品であった。

　『幽霊はここにいる』は花田清輝の『泥棒論語』とともに昨年度の演劇界の大きい収穫だと思う。モスクワ芸術座のアカデミックな「芸事のメカニズム」にうつつをぬかすより、それらの作品のもつアクチュアルなおもしろさを再検討した方が日本の演劇は前進するのではないだろうかと思う。余談はよして、安部の近著『裁かれる記録』の紹介的書評をしなければならない。この著書に収録されているのは「群像」にのっていた、映画芸術論である。だいたい、彼は講演でも同じだが、いままでのエッセイの多くは発想のするどさとおもしろさにおわって、その肉付がたりないうらみがあった。もちろん、それはうけ手によって、おおいにふくらみをもちうる示唆にとんだ内容をもっていた。ところが、彼が『裁かれる記録』のあとがきに『……個々の作品評はさして問題ではない。あくまでも具体的なものからはじめて、映画一般……というよりも、映像芸術と言語芸術の境界線をさぐり、両者の相違点と共通点を考えながらむしろ、芸術そのものを新しくとらえなおそうというところに、そのねらいがあったわけだ。』とかいているように、同書は具体的に芸術そのものを新らしく今日的にと

協和音をひびかすのである。この映画詩の宿す生命を、いわば童心の永遠性と見たり、またぼくの〃生活と意見〃――こうした作品への愛着を、つまりは童謡的世界への郷愁と読みとった人は（もしそうだったとすれば）まちがっている。ぼくの求めかたも追及も、それとは全く異質の思想に発し、およそ異なった次元でのことだ。もしも誤解を生んだとすれば、それはぼくが生れたての二羽のペンギンのように舌足らずだったからでもあろう。

要するに（枚数が限られているので、また舌足らずになるかもしれぬが）ぼくは映画における少年少女像に、はつらつとした動き、新鮮な形象づけを求めたにすぎない。それは徒らに冒険好きなアクションでもなければ、少し気の弱い「詩情」でも「非情」でもない。あくまでも映画的なリズムとテンポに即した子供たちの群像＝群舞ということだ。雨雀的少年少女像をこえた形象、未明的世界をこえた今日の妖精たち、その生活の歌としての「夢と現実」である。児童劇映画としては、ドイツの新作**『エミールと少年探偵団』**（企画B・ワイルダー、脚色・監督R・A・シュテムレ）は、原作（エーリヒ・ケストナー）から一歩も出てないといえるにしても、また色彩にむらがあるにしても、そうした要素をもっているし、少年探偵たちを思う存分活躍させている。一方、人形づくりのピカソともいえるチェコの〃人形の魔術師〃トルンカの人形たちは、その「入神の技術」によって、はつらつと生きている。この「魔法の工場」に生れる〃お伽の国〃の奇蹟は、たしかに今日の小妖精たちの生活の歌声であり、全世界の少年少女の夢と現実である。たとえばチルロヴァの**『仲間はずれの人形』**が決して仲間はずれのままではないように、彼らは単純素朴で、豊かな民族的香りと生きいきとした民衆の表情をたたえつつ、東西両世界の誰をも、お伽の国の共存世界に誘ない、みんな手をとりあって輪舞させずにはいないだろう。そうしたメールヘンとアクションをこそぼくは強調したのであって、その本質は静動二態、叙事・抒情にかかわりなく一つの世界、そしてそのしなやかなはつらつとした形象づけといえるだろう。だからこそ、ぼくは**『山に生きる子ら』**に新鮮な映画形象を見、また**『荷車の歌』**の子供たち――とくに少女オトヨ（左民子）――の演出・演技にも、それを見出す。

紙芝居はもとより、残念ながら嫁とりカッパも到底大刀打ちできぬトルンカたちの人形映画はまさしく「子供に夢、大人に笑い」をあたえる。兵士シュヴェイクはデクの坊ではないし、勲章をもらった歩哨は、ナポレオン戦争の時代を今日にもたらしつつ、その夢と現実を語る。三月三日に新作二本立で公開される「混血児の問題をつく話題作」――**『名づけてサクラ』**と**『海ッ子山ッ子』**の「愛と冒険の心あたたまるロマン」（いずれもNHK放送劇の佳作者筒井敬介原作）はどうであろうか？　そして**『キクとイサム』**は？

佐野美津男氏（児童文学実験集団）は、「現代の子どものアクションを誘い導くのはテレビ・映画・マンガ・絵物語の類で、しかも多角的なイメージで子どもに結びついている……」として、子どものアクションの思想を注視せよ、といっている。（『図書新聞』第四八九号）

らえなおしている。安部のエッセイのなかでも一番、充実した、清新なものである。

彼は彼のきらいな生活派と美学派のエッセイを否定して、独自な内容とスタイルを一貫性のなかにうちだしている。彼は対象を執拗に追いかけ、つきはなし、きりこむ。同時に、そのように対象に迫っていく彼自身を、彼は、また、追求、分析する。そのくりかえしの往復運動と複眼的なものの追求は一つの新しい芸術の探検の記録（ドキュメント）となっている。

彼はいっている。『記録主義は、判断をまじえず、事実をもって語るものだというふうに、卑俗に誤解されている。たしかに記録主義的な手法は、まだ意識では整理されていないままの、偶然とさえみえる細部にじかに踏みこんで、それを既成の概念とはまったくちがったところに総合してみせる。だが、ちがったところに総合するのであって、総合しないのとはちがうのだ。つまり、客観的であっても、傍観者的でなく観客に暴力的な作用をおよぼしさえする。記録主義はアクチュアリティの要請と表裏一体のものなのである』『記録精神とは、解説者の精神にまっこうから対立しているものなのである』

そして、『記録主義は、細部の提出、あとはあなたまかせというのではなく、細部の提出そのものに、すでに新しい総合（まだ、未知のものであるにしても）がふくまれているのであり、その点、いわゆるテーマ主義的な作品以上に、大きい責任を負っているものだと考えるのである』と。

彼の著書も『細部の提出』のなかに、新しい総合がふくまれている記録主義のエッセイである。彼の『細部の提出』のなかに『裁かれる記録』の真価があるのであるが所定の紙数がつきたので、前説的な紹介におわってしまった。ともかく、「新しい今日の芸術の追求記録」として、同書は一つの視点と、たくさんの問題をなげかけている。

『映画をそこなっているような芸術論なら、彼らが大好きな文学だって、同様そこなっているにちがいあるまい。直接言語を素材としない芸術のジャンルを、正当に論じうる芸術論こそが……単に映画の味方であるだけでなく、文学にとってもまた、必要欠くべからざるものであるはずだ。……新しい映画理論の確立は単に映画にとってのみならず、おそらく芸術全体にとって急務なのである』（同書「全面否定の精神」より）（講談社版、ミリオンブックス、価百五十円）

学校図書館欄のこのトップ記事で、彼は「戦中派の復活よりも恐しいのは、子どもたちのアクションを郷愁の抒情によって容認し、その思想を無視する大人の無思想だと思う。」――**明日では遅すぎる！****（八頁へ）**

キョロロンの声

岩崎太郎

去年の四月下旬から六月なかばにかけて、わたしたちは軽井沢に逗留した。ムクドリの巣づくりから巣立ちまでを撮るためである。

巣づくりに先だって、ムクドリたちはまず巣場所を探しまわる。ほかの鳥もそうなのかどうか知らないが、ムクドリはオスがこれと思う場所いくつかを選んでツバをつけてあるくと、あとからメスがそれを見てまわる。メスの気に入ったところが夫婦の巣場所になるというわけだ。卵をうむのも抱くのもメスなのだから巣場所の決定権を持っているのがメスだっていっこうおかしくないではないかと思われる向きがあるかも知れないが、ムクドリのオスは（まさか卵をうみはしないが）メスと交替で卵を抱く。だから巣場所決定についての両者の関係はたいへん示唆に富むというものだ。もっとも雌雄が交互に抱卵するのはムクに限ったことでなく、モズなどもそうするということだが、巣場所や巣の形態が全くちがうので、巣場所決定についてはムクドリの場合のようなことはないらしい。

そういう手続きがあってムクドリは巣づくりをはじめる。御承知のように日本のムクドリは漂鳥である。つまり年中日本をはなれることがない。ところが同じムクドリ科のコムクドリは渡り鳥で、冬は南方ですごすが、たまたまこの年は来かたがおそかったのが因果であった。

ムクドリとコムクドリとは巣場所の条件がほとんど同じである。つまりどちらも木の洞穴だの空家の戸袋だのという暗い場所に営巣する。そんなかっこうの場所は自然の状態ではそうやたらにあるものではない。おそく来たコムクドリはそういうかっこうの場所がみんなムクドリやアカゲラに占領されているのを発見せねばならなかった。だからといってコムクは蕃殖をあきらめるわけにはいかない。そこで彼は彼にとっても不本意だったかも知れないが、空巣ねらいをはじめた。宿主が採餌にか巣材探しにかでかけているあいだに、チャッカリひとの巣にはいりこむ。しかもコムクは他人の巣材は気に入らないらしく、ほとんど完成に近づいているひとの産座の材料をセッセとくわえ出す。なるほど「空巣ねらい」というぶっそうな言葉はこんなところから出たのかと、われわれは目の膜がとれた思いがしたことであった。

そういえばわれわれは語源も出典も知らないまま、なんとなくわかった気で使っている熟語のたぐいのなんと多いことだろう。それが「空巣ねらい」ぐらいなら、語源を知ろうと知るまいと、また多少は語義をまちがえようとたいした弊害を招きもすまいが、ほんらい言葉は概念の表象なのだから、やたらな誤用は概念をこんぐらからせ、事理をチグハグにして話の風とおしをわるくする。

それはともかく、空巣ねらいは宿主が帰ってきたために大喧嘩をひきおこすのだが、そういう事件をつづりながらムクドリは巣をつくりおえ卵をうみ、卵をかえしてヒナを育てはじめた。いろいろな失敗もまじえながらわたしたちは戸袋、洞穴、巣箱、それぞれについていくつかの例にとりつき撮影をすすめていった。

ムクのヒナは成長がはやい。かえりたてはほとんど赤裸だが、二、三日で筆毛がはえはじめ、十五、六日もたつとからだの大きさだけはもう成鳥とあまりちがわなくなり、巣穴からのりだすようにして親の給餌をうけるようになる。見ていると、いまにも飛びたちそうな感じである。

ヒナの巣立ちはこの映画の一つのヤマになるはずだったし、軽井沢ロケのクライマックスともなるはずだった。だからそのようすは、細大もらさず撮らなければならぬ。そこで翌日から巣立ちもまぢかいと思える状態になったあるカラ松の洞穴の前にブラインドを張ることにした。もう六月になっていて、来たときは裸同然だったカラマツもすっかり葉をしげらせていた。前年巣立ちを観察した老人によれば、ヒナは晴れた日の朝のうちに立つのがふつうだそうだ。親の給餌行動は夜があけるとまもなくはじまるから油断はならない。というのも巣立ちッ子は親が餌をもってきたときに、つられて飛びたつからだ。わたしたちは四時に起きて、四時半にはブラインドにはいることにした。

いくら夏場だって四時起きは難事業である。キャメラのT老はなにわけはないみたいなことを言うが、わたしなどは、ふだんなら真夜中ともいうべきそんな時刻に起きる自信など全然ありはしない。鳥博士のK君にいたっては、家伝の秘儀と称して、いと厳粛な面もちで枕をトントントントンとたたきたもうしまつである。三時に起きたければ三つ、四時に起きたければ四つたたくとその霊顕たるやまことにいやちこなのだそうである。三時半に起きたいときにはどうするのだと意地わるを言ってみたら、そこは聞えた大博士、トントントンと叩いたあと軽くトとたたけばいいと。おちつきはらって教えてくれた。そんなら三時十五分のときは……とよほどきこうかと思ったが、十五分なら1/4の力でたたくんだと言われそうでそれは思いとどまった。

そんな騒ぎをしながらもどうやら翌朝は四時に起き、洗面もしたりしなかったりで宿舎を出た。起きたときはまッ暗だったが、

現場に近づくにつれて薄明るくなってくる。まわりの空気はアカハラのなき声でみたされている。

キョロロン　キョロロン　ツィー
キョロロン　キョロロン

一時間もたつと、さしも鳴きしきるこの小鳥が、キョロンとも鳴かせなくなるのはなぜだろう。たぶん薄明の光が鳥の視神経を通じて脳下垂体のなにやらを刺激し、その結果なんとかホルモンが分泌されてどうとかするのだろうが、しろうとのわたしにはふしぎな現象としかうつらない。

ブラインドにはいってキャメラをセットするとまもなくそのキョロロンがやみ、やがてムクの給餌第一便がやってくる。

〃用意——〃

ヒナはこぼれそうにのりだす。飛ぶときは一瞬だ。あわてて〃スタート〃なんて言ったっておっつかない。立つか立たぬかわからないが、一応はまわしておかぬとホゾを嚙む。息を殺してヒナの挙動を見守る。これは立ちそうもないと見定めて〃ストップ〃。ゲイジをにらんでハラハラだが、そういう性格の題材ととりくんだ以上しかたがない。

そんなことをくり返して午前は終った。立つのは朝のうちだというから、その日はあきらめるほかない。

翌朝はまた四時起き。キョロロンキョロロンにおくられてブラインドに入り、巣穴をにらみはじめたが、きょうも立たない。

その翌日も、そしてそのまた翌日も。

五日目——

ふと目をさますと雨の音がしている。隣りの鳥博士はと懐中電燈をつけてみると、博士の寝床はカラッポである。障子にうつる外光はほの暗いが、時計を見ると六時に近い。しまったと思っているところへ博士が帰ってきた。巣立つのは晴れた日だというからけさはみんなを起さず、ひとりでようすを見てきたが、さして変化はないから寝ていなさいとありがたい仰せである。

おコトバに甘えて八時ごろまで寝床にいて、その日は空別荘の戸袋をねらうことにした。

それでも気になるので、午後雨の晴れまをみて博士にようすを見に走ってもらった。

ところが、である。博士は血相をかえて駈けもどってきた。ヒナがいないというのである。そ、そんなバカな……ヒナは雨の日は立たないはずだったではないか。

あわてて駈けだしてみたがあとの祭りであった。巣穴はしんかんとして、ヒナの糞あとだけがいたずらに白い。四日間の涙ぐましい早起きはひとつの教訓を残して徒労におわった。曰く〃故老の経験談などを行動の基準としてはいけない〃

われわれは改めて別の巣場所相手に早起き行をおこすことになった。

それから半歳後こんどは、学者の話さえ無条件に信じてはいけないという教訓を身をもって学ぶのだが、それはまた機会があったらということにしよう。

それから暫くというもの、わたしの耳の底ではキョロロンキョロロンが鳴き続けてせつなかった。

小津作品〃彼岸花〃を東劇で見たときであった。主人公夫婦が娘をつれて芦の湖に遊びに行くシーンがある。この山の緑の色のわるさなどと思っていると、突如、鳥の声がはいってきた。

キョロロン　キョロロン——

ハッとした。一瞬ののちわたしの胸いっぱいに、時間のフィルターに漉された甘にがい思いがみるみるひろがってきた。

ジェットを追って 北海道を天駈ける記

永富映次郎

「憧れの大空」「翼をはぐくむ人々」——そして今度の「日本の空を守る人々」（仮題）——と、僕の飛行機映画の製作も、どうやら病こうもうに入ったらしい。

「どうして遭難の多い山に登るんだ」

「いや、そこに山があるからだ」

という言葉があるが、今の僕の場合は

「何をすき好んで、風当りの強い自衛隊映画をやるんだ」

「僕はとても飛行機が好きだ」からだと笑って友達に返事をしている。

こんどのこのジェット機の企画も、昨年から構想を練っていた、レーダー・サイトに働らく隊員の苦労を何とかして世間に知らせたいということだった。灯台員の苦労は松竹映画「喜びも悲しみも——」で世の人々の同情を百パーセントに得たが、灯台員以上の苦労をして敵機——いや国籍不明機の発見に徹夜で監視しているサイトの隊員の苦労は勿論のこと、全国廿四カ所にサイトがありこうした要員のいることさえ知らぬ人々が多いのだ。このサイトと「スクランブル」——即ち「緊急出動」を組み合せたのがこんどの北海道の空の護りというテーマになったわけである。

十月一日、輸送機で新東宝教育映画部のスタッフは木更津飛行場を飛び立ち、北海道の千歳飛行場に降りた。二、三日、ロケハンと打合せをすますと、直ちに地上と空中のAB二班の撮影班を編成した。Aの地上班はともかくとしてBの空中班はいつもながら頭が痛

い。というのは、F—86Fジェット戦闘機の四機、又は十六機編隊を撮影するには、T—33ジェット練習機（復座）の後部座席にカメラマンが乗って撮影するわけだが第一、ジェットに乗るには精密な体質試験にパスした人でなければならない。本機の撮影技師でジェットに乗って仕事したのは、日本では聞いたことがない位だ。そこで僕は前々作の「憧れの大空」の時初めて頼んだ、航空自衛隊の伊藤一尉にこんども御願して北海道の空中撮影の全部を撮影してもらったが、結果は成功だった。イーストマン・カラーで空から見た北海道の秋色は、まさに「たけなわ」という一語に尽きる。札幌、襟裳、石狩川、当別、根室、阿寒湖、摩周湖、大雪山その他北海道全土にわたっての大空中撮影を敢行したことは、恐らく我国でも初めてのことだろう。

ところがジェット機をジェット機が追っかけて撮影するということは、我国だけのことで、外国の航空映画ではB57などという重爆撃機にミッチエルを二台位でんと据えて撮影しているようだ。T33からキャノピー（飛防ガラス）を通して、アイモやシネフレックスなどの手持カメラで撮影するのだから、ハレーションは起るし全然パンは出来ず、うっかりすると翼下のチップ・タンク（燃料槽）が画面に写りこんで構図をこわしてしまう。こうした苦心さんたんの末、すばらしい空中撮影をとろうというのだから並大抵ではない。

その上外国の航空映画は我々が観ても胸がドキンとするような、スリリングな場面をよく見せるが、その巧妙なトリック、つまり特殊撮影のうまさに感心する。だが我国では、劇映画はともかく、記録映画ではスクリーンプロセスは勿論のこと簡単なトリック一つ出来ないで全部が写実そのままだから観客をハラハラさせる技巧は知っていても残念ながら用いることが出来ない。いかに音速を突破するジェット機でも、映画でみると本物よりスピード感が落ちてアッケナイ場合もある。こうしたいろいろの苦労が航空映画にはいつも附きまとっている。或る程度の特撮を併用しなければ完全な航空映画は出来ないと思う。

こんどの仕事で襟裳のレーダー・サイトで僕は隊員と一緒に、例のカマボコ兵舎で四晩寝食を共にしたが、その中の士長（昔の軍曹位）の一青年は、昨年浜松の通信学校で僕の映画に出演したといっていた。彼は人里離れたサイトの生活はとても苦しいが、一生懸命やりますよ、と微笑していたが、もう一人の青年はつくづく今の生活がたえられなくなったので、最近除隊して東京へ出て映画か演劇関係の仕事をやりたいから紹介してくれといっていた。僕はこの二人の青年隊員のいずれのいうことにも共感が出来た。こんなところが今の自衛隊が昔の軍隊と違うところで、面白いとも考えた。

また思い掛けなかったことは、レーダー・サイトでの唯一つの娯楽として、映画が盛んに利用されていることだった。襟裳（エリモ）サイトでは、立派な米軍の食堂に天井からスクリンが降る仕掛になっており、本国から毎週慰問用に到着する新しいカラーの劇映画や漫画映画の会があり、毎晩日米の両隊員が和気あいあいで観賞しているのだった。映写機はR・C・Aと固定の二台で、映写技師は愛嬌たっぷりの黒人の米軍下士官だった。石狩当別のレーダーサイトでは、撮影前に全隊員の撮影協力方を頼む意味で、僕等の旧作「憧れの大空」と東映の「一〇一航空基地」を東京から持参して映写会を催したところ、たいへんな受け方だった。自衛隊員は勿論のこと米軍のコマンダまで僕に握手を求め、素晴らしい映画だと讃めてくれた。

娯楽に餓えている、辺地のサイトの人々が喜んで見てくれるようにこの映画も懸命につくらねばならない。

こんどのロケで一番ショックを受けたことは、千歳の第二航空団のパイロット西原二尉の殉職事件だった。西原照博君は僕と同じく九州熊本の出身で廿五歳の若さだった。僕等の撮影隊が予定通り撮影を終え、明日はC46で久し振りに東京へ帰れると喜び勇んでいた十月廿三日午後、四機で対地射撃中、急速度で標的に突込んだ瞬間、愛機と諸共にパッと散ってしまったのだ。西原二尉は今度の映画で重要な役割を果たしている。全部で四ケ所に出演し、その若さと性格の清純さがスタッフ一同にすごく好感を持たれたパイロットだったが惜しいことをした。事故の現場には遺体らしいものも殆んどなく、隊長の小松三佐が二時間も附近を歩き廻ったが、愛する部下の遺品は発見出来なかったという。世間の冷たい目もいとわず熊本工大を出るとすぐジェット・パイロットとして北辺の護りについていた西原君は、第二の故郷である憧れの大空に散華したのだ。

最近、政治家や防衛庁の先輩たちが、グラマンだ、いや、ロッキードだと、けんけんごうごうたるとき、そして国民の支持がないままに、若いパイロットは夢を大空に描いて死んでゆく。僕はいま夕暮の編集室で、彼がヘルメットを冠り、キャノピイの中から微笑している、カラー・ラッシュのフィルムを見ながら、過ぎし日の彼の面影を描いている。

十二月、雪になったら、僕はもう一度北海道へ行かねばならない。その時は雪に埋れた島松の射撃場に立って、亡き彼がいつも身につけていた白いヘルメットと、空色の飛行服姿を忍ぼう。

（一九五八・一一・三稿）

×　×　×　×

ワイド・スクリーン

（古川　良範）

一頁か二頁を新作教育映画の鳥瞰に当てて載きたい。統計的な記録は資料的にも大切だと思う。（いいも悪いも含めて）

（深江　正彦）

優秀作品のシナリオ、又はコンテ是非是非のせるようにして下さい。

（花松　正卜）

二月号の「座談会」の記事について、職場の人々から意見が出ています。むろん内容についてではなく「いったい貴様は何処で発言しているのか」という意見です。成る程、職場では、恥も外聞もなく、己れの信ずるところを虚心にしゃべり、人の理解が充分でないと手のうちを見せる位の私が、ここでは始終一貫沈黙を守っているのですから、人々が騒ぐのも無理はありません。（沈黙は金なりか）たしかに私は、その時沈黙を守ろうと思って努力したつもりですがその努力も余り長く続かず、つい口を開いてしまいました。しかし少くとも三～四度は開いたつもりなのです。テープコーダーの故障か、しかし、時代遅れの記事を少い紙面のうちに、どうしてのせる必要があったのか—、左様、私は、花田清輝の雑文〃座談会とサロン〃を思い出しているのだ。

（西尾　善介）

今年より会員各一冊販売割当制に、唯赤字救済のためだけでは、長続きしない。同人雑誌ならテイサイどうでもよい内容本位、一般にPRするならそういった内容も考えるべき。イージー不賛成。

（丸山　章治）

編輯は全くうまくなった。しかし「云いたいことは山程あり、枚数は少い。だから圧縮して語らねばならない」というワケか、自分の云いたいことを語るだけが精一杯で、読者をナットクさせるところまで手のまわりかねているような論文が多い。よんでもよくわからない。この点を何とかして改めて欲しい。

（能登　節雄）

広告は止めたらいかがです。その広告を出して頂く会社を賛助会員にして会費をもらい本もあげる。各協会員がPR映画を製作の時にはそのスポンサーを固定読者に頼んではどうでしょう。まだ参加していない映画人を入れるようにしては。

（楠木　徳男）

最近入ったフランスの短篇「白い少女」とか昨年度の評判作「オモニと少年」とかそういった話題作のシナリオを転載するとか、合同批評会をやるとか、定期的に毎月一つぐらいずつそういったものを取り上げてみては如何でしょうか。

（吉見　泰）

今年は編集委員になりました。よろしく。創作方法の理論もさることながら、具体的な創作の実践記録もたくさんほしい思います。現場報告の欄はもっと広げたいのです。現場というとロケ先に限られるような印象がありますが、それには限りません。それが書斎でもどこでも結構です。具体的な創作活動についてのルポがほしいと思います。

（杉原　せつ）

編集委員皆様の御努力を感謝しております。強いて意見らしきものなど申上げれば野田氏、松本氏などの、かの一連の記録映画理論につきもっと異る畠の方々の反論など御聞かせ願い度思います。

（村田　達二）

もっと取材範囲を広く求めてもらいたい。

（永富映次郎）

号を重ねるにつれて段々よくなりましたが、欲を云えばまだ評論的な記事が多過ぎるきらいがあります。もう少し我々の実際の仕事を中心に、或はずっと技術的な雑誌にしたいものです。百の議論より一の実験が我々作者にはより多く必要ではないでしょうか。むづかしい議論はもう沢山です。「××主体性云々」の記事はもう耳にタコが出来ました。

（渡辺　正己）

本物の論争が欲しいですね

（西田真佐雄）

文章を簡単にお願いします。わかりにくいのが時々あります。

（岡本　昌雄）

本年は「記録映画」の編集から身を退きましたので諸兄の御活躍が誰よりもひとしお身にしみます。それにつけても二月号は、満足すべきじゃないかと思います。御苦労です。

（菅家　陳彦）

御苦労多謝。読者拡大にお互いががんばりましょう。

プロダクションニュース

（文中略号、EK＝イーストマンカラー、16・35＝16ミリ・35ミリ、脚＝脚本、演＝演出、撮＝撮影、編＝編集）

東映教育映画部

○完成「ボーナスをかせぐ村」二巻、白黒、35、脚—岡田山仁、演—大山年治、撮—村山和男、「水産加工の町」一巻、白黒、35、脚—大岡紀、演—尾山新吉、撮—伊藤貞幸、「若き日の豊田佐吉」五巻、白黒、35、脚—清水信夫、演—堀内甲、撮—仲沢半次郎、「昆虫の口とたべもの」一巻、白黒、35、脚—尾田道夫、撮—小林一夫

日映新社

○準備中「赤石の山峻」EK、35、演—苗田康夫、撮—平木靖

○編集中「花嫁の峰チョゴリザ」八巻、EK、35、編—伊勢長之助、撮—汐田三代治

○撮影中「山陰の生活」二巻、白黒、35 演—西沢豪、撮—坂崎武彦「愛知用水」EK、35、演—山添哲、撮—稲垣浩邦、「日本の造船」二巻、ワイド、EK、演—中村敏郎、撮—中村誠二

○完成「瀬戸内海」二巻、白黒、35、演—落合朝彦、撮—高木敏定

北欧映画株式会社

○完成「都会と空と」四巻、白黒、35、脚・演—蜷川親博、撮—東原深

芸術映画社

○編集中「なくなったおもちゃ」（仮題）二巻、モノクロ、16、「ブルガリヤ映画」日本語版製作中、一八〇〇米

○完成「時計のしくみ」モノクロ、二巻16、脚・演—八幡省三、撮—藤井良孝

神奈川ニュース映画協会

○準備中「農業改良普及員」一巻、16、演—吉田和雄、撮—高坂広「都市計画」ワイド、35、演—深江正彦、撮—久村守

○撮影中「城ケ島大橋建設記録」四巻、EKパート、35、演—深江正彦、撮—久村守、高坂広、「相模川」二巻、ワイド35、演—深江正彦、撮—久村守、「大気汚染」一巻、ワイド、35、演—深江正彦脚—久村守

○完成「神奈川の休日」（英語版・日本語版）二巻、35、演—岩下正美、撮—坂橋重夫

記録映画社

○準備中「京のみやこ」「貴族の生活」「東山文化」各二巻、白黒、16、脚・演—上野耕三、「オートメーション」三巻、EK、35、脚・演—上野耕三

○撮影中「おやじ」二巻、白黒、16、脚—古川良範・演—菅原陳彦

共同映画社

○準備中「道徳教育もの」二巻、白黒、16、「社会教育もの」三巻、白黒、16、脚—杉原せつ、

○編集中「日本の政治」二巻、白黒、16 脚—谷川義雄

科学映画社

○準備中「デマ」二巻、B／W、16、脚—岩堀喜久男

○撮影中「紙でつくる版画」二巻、パートカラー、16、「木版画のつくり方」一巻、B／W、16、脚—堀田幸一、演—西沢周基、撮—岡田三八雄、

新潟映画社

○撮影中「会津盆地の四季」九巻、EK16、演・脚—相川信雄、撮—越野正次、「日本通運ジンボールの活躍」二巻、白黒、16、演—山田護、脚—相川信雄、撮—鈴木鉄男、「柳都の消防」三巻、白黒16、演・脚—相川信雄、撮—斎藤充「青い鳥の物語」（劇）十巻、白黒、16、演・脚—相川信雄、撮—近藤保、「奥只見電源開発」十六巻、EK、16、演—山田護、撮—近藤保「信濃川」八巻、EK、61、演—桑山龍、撮—近藤保

○完成「ボーイスカウト北信越大会」二巻、EK、16、演—相川信雄、撮—近藤保、「新潟ガス田」三巻、EK、35、脚・演—益子桓徳、撮—越野正次、「新しき新潟」三巻、EK、35、演・脚—益子恒徳、撮—近藤保、

新世界プロダクション

新世界プロダクション

○準備中「肺機能の訓練療法（仮題）」二巻、白黒、16、脚・演—谷川義雄、撮—吉田清太郎（予定）

○撮影中「東京の生活（都内見学シリーズ）」二巻、白黒、16、脚—菅家陳彦・かんけまり、演—荒井英郎、撮—吉田清太郎、「進路指導シリーズ・第一編谷間を生きる子等・第二篇わかれ道・第三編葦（仮題）」各二巻、白黒、16、脚・演—松本俊夫、撮—瀬川宏

○完成「デザインの勉強」二巻、パートカラー、16、脚・演—小津淳三、撮—浦島進

読者は増加しつつある

—なお一層の協力と運動を—

「記録映画」自主発行体制とともに実施して来た。読者拡大運動は、読者と会員の皆さんの御協力で、二月中は、一日平均三名の割合で新しい読者が増加いたしました。この一か月間余りで百二十名という驚異的な数字を示したわけです。

しかし、まだ雑誌経営は非常に苦しく編集後記にあるとおりの実状です。更に読者拡大の運動をここに訴え、いっそうの御協力をお願いする次第です。

新編集委員の手になる、清新な誌面は必ず御満足のいく内容をおとどけ出来ると思います。〝ドキュメンタリー〟なら「記録映画」誌〟を目標に、理論に、現場に、作家と読者をしっかりと結びつける雑誌でありたいと思っています。

なお都内販売は、大盛堂（渋谷）、紀伊国屋（新宿）、近藤書店（銀座）、東京堂（神田）、その他数店です。地方の読者の方で、本誌販売を引きうけてくれる書店がありましたら、おしらせ下されば幸いです。

新編集委員決定

編集委員が改選になりました。創刊号から二月号までは旧編集委員の手になるものでしたが、この三月からは新しいメンバーによって編集されます。旧委員は八名でしたが、こんどは内容の充実を期すため、十一名とし、また編集長をはっきりさせるとともに、常任委員制をとって編集体制の活動化をはかることになっています。

新委員のメンバーは次のとおりです。

○編集長　岩佐氏寿（演出・脚本）

○編集委員　吉見　泰（脚本）

野田真吉（演出）

谷川義雄（演出）

松本俊夫（演出）

大沼鉄郎（演出）

（以上常任）

八幡省三（演出）

西本祥子（演出）

長野千秋（助監督）

秋山矜一（助監督）

近藤才司（助監督）

編集後記

☆　今月号から別欄にご紹介した新しいメムバーが編集にあたることになります。

まだ確固たる編集方針はたっていませんが、理論的、哲学的論文に集中しないで、作家の具体的な創作体験をもとにした問題提起の文章がもっと得られればと思っています。

☆　今月はマスコミ特集。来月は教育映画の今日的問題点の特集ということになりますが、経営委員会からのお達しで協会外部に依頼する原稿料のワクが少額にきめられて苦しい。しかし苦しくても欲しい原稿があります。編集委員はワク外原稿料かせぎをやっても、内容を充実させようと積極的に考えていますが……

☆　右のワクがきめられたことから、「ぶっつけ本番」も一懸今月号をもってしばらく休ませて頂きます。熱心にご寄稿くださった日映新社の水野肇、小笠原基生両氏のご好意に深く感謝いたしますとともに、休載のご無礼をお詫びします。

☆　今月号は自主体制第一号とも言えます。きりかえの不手際で、発刊もおくれてしまいました。ご寛容のうえ、一層ご支持くださるよう願います。

（吉見　泰）

録映画　三月号　昭和三十四年三月一日発行　第二巻第三号　通巻第八号
編集・発行人　中村敏郎
発行所　教育映画作家協会　東京都中央区銀座西八の五（日吉ビル）
電話東京（57）五四一八番　振替口座東京九〇七〇九番
定価七十円

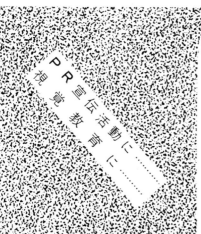

昭和三十四年二月十日国鉄東局特別扱承認雑誌第四三八号
昭和三十三年九月五日第三種郵便物認可

教育映画作家協会編集

記録映画

THE DOCUMENTARY FILM

「昆虫の口とたべもの」

4月号

記録映画

1959　4月号

第2巻　第4号

時評

教育映画とは何か

すぐれた芸術作品は、当然、青少年や大衆に偉大な教化を及ぼすものである。しかし、そういった文学や絵画や音楽を指して、教育文学、教育絵画、教育音楽などとは誰も云わないようである。映画にしても同じことで、大きな教育的効果を発揮したと認められる秀作を、特に教育映画と云う訳では決してない。文学や絵画や音楽の分野には、「教育」の二字を頭に冠せたような分派的存在が実際には無いからいいが、映画の世界には現実に、簡単に「映画」と云うものの外に、「教育映画」というものが確かにある。それは、何かの便宜上の理由でつけられた区別であるかも知れないが、過去の諸作を眺めてみると必ずしもそうとばかりは云えないものがあるようである。

ある特別な教育に役立たせるために、という目的がまずあって、その目的にかなうように作られた映画——、それが、現在、教育映画と云われるものであろう。少くとも、今まで作られた教育映画の大部分は、こうした生産構造を持っていると思われる。とすると、これは明らかに芸術ではない。ある功利的な目的が先にあって、それに合せて作られる芸術などというものは考えることが出来ないからである。

こうした教育映画を、ある作家は肯定するであろう。又、或る作家は否定するであろう。それは各人の自由であるが、肯定するにしても否定するにしても、右のような実態の正しい把握の上に一度立って見ることは何よりも必要なことではないかと考える。教育映画作家協会の会員であるわれわれでありながら、教育映画というものの認識には、いつも薄いヴェールが一枚かぶっていたように思えるので、ここに敢て提言する次第である。

表紙の写真

東映教育映画部作品「昊虫の口とたべもの」より花の蜜を吸う蝶の姿。小学校低中学年向の理科教材映画。小林一夫撮影による。

もくじ

☆時評「教育映画とは何か」……(3)

特集・教育と映画

視聴覚的人間形成の問題点…**乾　孝**…(4)

「教育」映画よ、さようなら…丸山章治…(5)

ぼくの乱視……岡本昌雄…(6)

教育映画の自由……**岩佐氏寿**…(8)

学校教育映画の問題点……高桑康雄…(16)

教室と映画を結ぶもの……**鈴木喜代春**…(12)

大いなる想像力……佐野美津男…(29)

ぼくは困っている……**大島辰雄**…(14)

座談会 **社会教育映画の課題**……**重松敬一**・**豊田敬太・荒井英郎・田中徹・吉見泰**…(23)

ドキュメンタリ映画と商業映画産業…シンクレア・ロード　厚木たか・訳…(32)

朝鮮映画のあけぼの……**山内達一**…(34)

「戦艦ポチョムキン」上映運動…山田和夫…(35)

現場通信

〃日本の政治〃雑感…谷川義雄…(36)

道徳教育について……間宮則夫…(37)

☆写真頁・新作紹介

最近の児童劇映画……(19)

☆プロダクションニュース

☆編集後記(38)

視聴覚的人間形成の問題点

乾　孝

「正常な人間が、視覚、聴覚をそなえ、主として、それを入口として周囲の世界を映しているのは、わざわざ言うまでもないことだ。それなのに、ことさらに「視聴覚的人間形成」というようなことが問題にされるのは、最近の「視聴覚的な」伝え方式の発達を、どう人間形成に役立てるか、という角度に重点をおいて考えられやすい。

視聴覚的伝達手段——映画、テレビなど——は、文字——活字による伝達とは異った質の伝達可能性を用意した。ここから、教育（教育も、じつはそのまま伝達の一種に数えられてよい働きなのだから）にも、宣伝にも、新らしい方式が考えられるのは当然のことだろう。「視聴覚教育」の理論も、だから、まずこういう角度から考え出されたのであろう。

しかし、もう一歩進んで考えてみれば、人間の認知も広義における「伝達」であり、思考も、主体内伝達である。だから、伝達手段における質的飛躍は、当然、「人格」の内部構造にもはねかえる筈だろう。「視聴覚的人間」の理想像が、ここから出てくるとしても不思議はない。活字に固定化された思考を枠ぐみとした人間に対する、映画、テレビ的見方、感じ方、考え方、反応の仕方をそなえた新らしい人間像を考えずに、ただ伝達の「思想乗物」の形体や、路線の数が附加されたとのみ考えるならば、伝達方法の研究さえ、はなはだ不備なものにおわるのではあるまいか。

つまり、視聴覚的人間形成というとき、それはまず第一に、人間像への反省であり、つぎにその形成方法の問題がきわめられ、伝達手段としての、新らしいメディアの特性は、それとの連関において考察さるべきものと思われるのである。

それは、どのみち、旧教育への批判という側面をきわだたせる問題であろう。

問題の自覚された順に従っていえば、まず活字本以外の記録、伝達方法（ついでながら、「記録」というのは、時間を超える伝達の一面であるから、こう分けて書くのは、便宜的なものにすぎない）が発見され、それを利用する方法が考えられるうちに、言語丸暗記が批判され、それはやがて、言葉だけで「分かる」けれど行動しない人間、思考と実践との分裂した人間批判への方向を指し示すことになるのが、しかも、この自覚の順序は必しも事柄の因果とそのまま対応してはいない。むしろ、思考し、命令する人と、行動する人々との分裂を維持しようとする試みそのものが、かえって視聴覚的伝達方式を、自ら呼びだしてしまったのだ。そしてまた、このような皮肉な歴史の展開は、命令する側と働く者の側との分離を基礎づけた土台そのもののうちに発していたというべきだろう。

送り手の「意図」→伝達→理解→履行という形でしばしば表現されるこんにちのコミュニケーション活動理解も、まだ命令者からの一方交通的図式を脱していない。だから、ここに、視聴覚的メディアを代入しても、たかだか、その伝え能率——せっかちなお母さんたちの言葉を借りていえば「いうことをきかせるのに便利だ」という側面からしか評価されえないのである。

視聴覚教育の支持者たちから屢々批判される「ことば主義」は、それが「ことば」を使うから無力ないしは有害だといわれる。しかし、「ことば」がそのように無力な伝達手段なのではない。だからまた「ことば」をぬきにした伝達が、そのまま純粋主義的に狂信されることが、子どもたちにとって、また「大衆」にとって望ましいということではない。そうではなくて、「ことば主義」が責められるべきだとすれば、それが却って「ことば」本来の有効性をそこねたからである。単純化していえば、いわゆる「ことば主義」における「ことば」が、命令用のことばであって、相談用の側面をそこなったために、ことば本来の働きである生きた体験の有効な組織化、感性的体験

の奥底に働く法則性への接近という生産的側面を失った点こそ、批判さるべきであった。

先まわりしていえば、視聴覚的伝達手段は、「ことば」の生産性恢復のためにこそ有効なのだ。

映画を、具体（現物）と抽象（概念）との中間にある「半抽象」であるからという角度から意義づけようとする理論がある。この理論は、抽象というものが、特殊を切捨てることによってのみ到達されるとする理念を基にしている。つまり、抽象は、具体の対立物であり、抽象のレベルを高めるごとに、経験的内容は乏しくなると考えるのである。こうして単純化したものによる送り能率の向上は、いつも、具体的場面から宙乗りすることによる実践性の低下を、いわば税金みたいにしのばなければならないことになっている。だから、概念のレベルで、話が食い違ったときには、抽象のハシゴをおりるように、つまり現物にもどって、これを指示するように忠告されるのである。

このような言語観は、「ことば」の中核を、「指示」の働きにおき、概念の奥にひそむ論理——それは現象の裏に働く法則に対応するものである——を不当に軽んじた観点に立つものといわなければならない。ともに相談し、いっしょに工夫する媒ちとしての「ことば」の役割に思いいたらないからである。そこで、「より低い」対象のレベル、あるいは半抽象によって、愚民に指示するという方式はでてきても、現物と取組む中からつかみ出す法則の発展性については、殆ど顧みることがないわけだ。

「ことば」を独占した支配階級が、その勝手に定めた記号を操作することによって、「愚民」をひきまわす。その「愚民」の協力した体験からくみ上げられた知え——物の法則に学ぶことは予定されていない。

横につらぬられた庶民の生活から生れるチエが重んぜられない以上、「伝達」も、一から多へと拡大された場合、その多のひとりびとりを孤立した「量」として概念することになるのは当然であり、マス・メディアが（とくに視聴覚的メディアが）人々を共通の体験で結ぶ側面が看過されるのは無理もない。また、視聴覚的につまり感性を通じてする伝達の、真の生産性が無視され、たんに「やさしい」、「したしみやすい」糖衣的役割のみが評価されるのも当然のなりゆきであろう。

汎言語主義の対立物として立現れた観のある反言語主義的視聴覚教育論の多くは、それ故、じつは却って、汎言語主義と同じ一方交通的伝達観、知、行背反的人間観から生れた背中合せの双生児にすぎないのである。

活字文化の普及は、「考える人」の大量生産に成功したかにみえる。体験や思想を、時と場所をこえうる形で定着し、おしひろめる活字文化は、人間の「考える」機能の典型化、拡大化でもありうる。人間は、より適当な反応を組み上げるために、直接、即刻の反応を一時保留し、過去のストックを調べるところに強味をもっており、この操作が「考える」ことにあたるからだ。しかし、それは、健康な状態では、いつも行為するための、一時的な行為の制止であった筈である。それが、命令者と実行者に分裂したとき、自らの実行を計算に入れぬ不毛の「思考」が生れた。それのコピイが文字文化である。

しかし、これも、多量のコピイを可能にする活字によって普及したとき、それはまず、命令者への抗議を結び合わせるという働きをはたした筈であった。活字は考える機能を被支配者の手に取戻す第一歩の働きはつとめたのであった。が、それはすぐに広告主やその持主たちの一方的送り機関に取込まれてしまった。わが国ではとくに、文字の独占が永く続き、「ことば」は上から下へ流れるものとする伝統が強かったから、文字文化は、楽屋でこっそり仕上げ、変更を許さぬお墨附として「下附」するものときめてかかる傾きが残り、「学問」とは難解な、読みかえしてフクヨウすべき——それを理解するのにその償いとして相当の苦業を修めねばならぬ——ものとする偏見が定着したのであろう。

視聴覚的伝達と、マス的性格とは、その発生からいっても、本質からみても、切離しがたく結びついている。といっても、ここにいう「マス的性格」とは、「低俗」の同意語ではなく、むしろその反対物にも転化しうるものなのだが——。

だから、マス・コミュニケーションが、その発生上、高度に集中した資本の要求から生れながら、本質的には、それを中から食いやぶり、大衆の消費性だけを拡大再生産しようとの意図に仕えながら同時にまた大衆の積極面を育てずにはいられないのと同様に、視聴覚的メディアは、その内の最も強力な一環として利用され、送り手の頭の中に描かれた最も愚かな「大衆」目がけて、最も非論理的に「指示」を与える道具として重んぜられつつ、いつか、最も生産的な思考、実践的な思想を拡める役割を果すものに転化していくのである。それは商業主義の枠内にあってさえ、送り手の主観的意図を裏切る。しかし、ここに媒介者としての映画人（それは送り手からみれば、単なる道具と看做されると同時に、受け手大衆の側からみれば、送り手への抵抗の最前線であるという二重性をもっている）の目的意識的な活動によって、このはね返えりは質的に飛躍しうる筈である。

視聴覚的人間とは、相談するコトバを、より豊かに肉づけ、現場、現場の特殊そのものの中に法則をズバリと見ぬくたくましい抽象能力をそなえた（楽屋の要らない）実践的人格でなければならない。

そのような人間形成の実現は、宙乗りした論理をイメージに飜訳するのでなく、イメージをくぐって本質を追究する作家たちの努力が、外視聴覚的な——つまり映画、テレビなどの路線の外の、日常生活における大衆との接触によって支えられ、一方、大衆自身の視聴覚的表現への習熟と相まって、次第に具体化すると思われる。

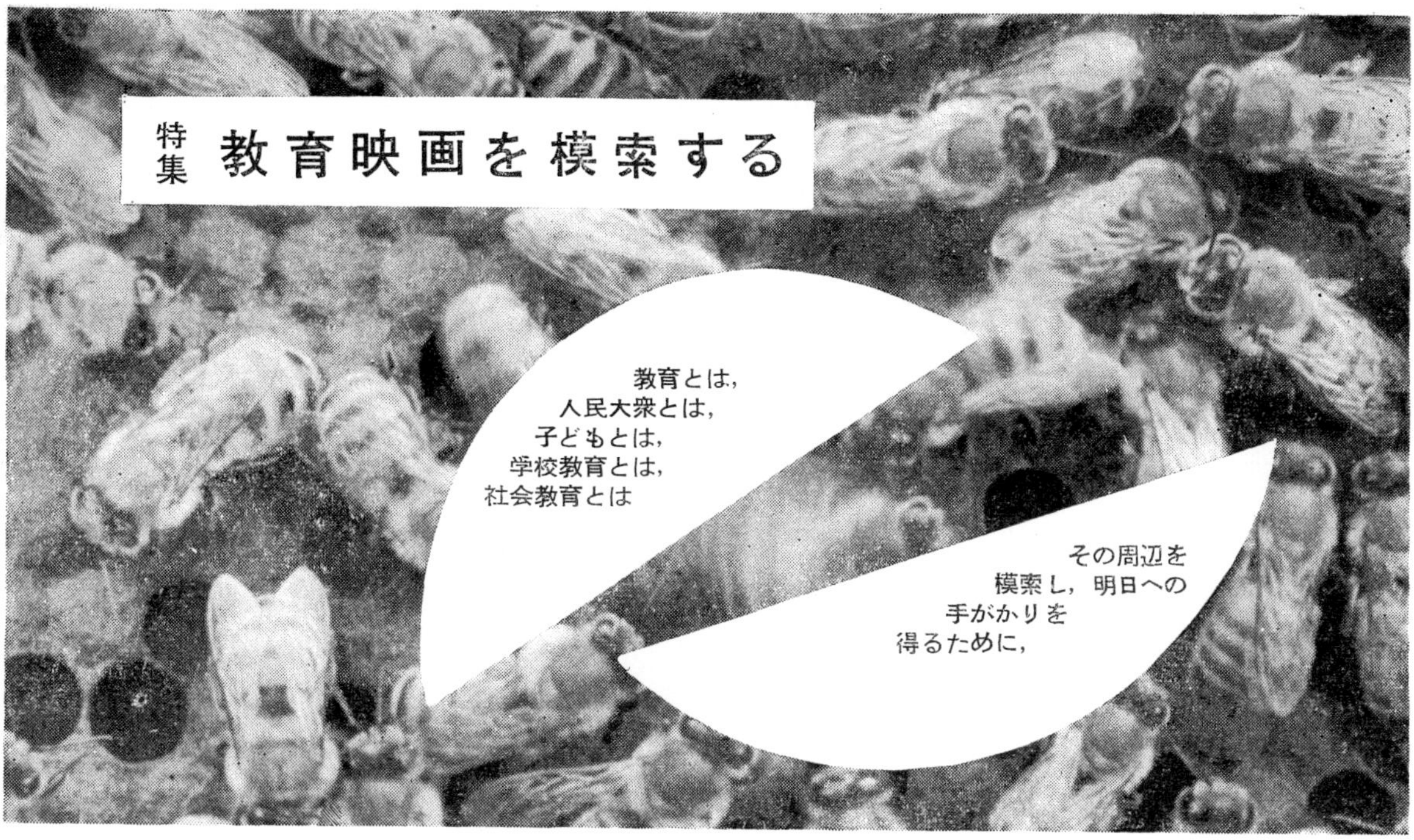

特集　教育映画を模索する

教育とは，
人民大衆とは，
子どもとは，
学校教育とは，
社会教育とは

その周辺を
模索し，明日への
手がかりを
得るために，

「教育」映画よさようなら

丸山章治

　今までに僕の作った映画の何パーセントかは、社会教育映画という分類の中にはいっている。しかし正直なところ僕は、社会教育映画という名づけ方には賛成できない理由を持っている。

　せんだって、社会教育映画について、石本統吉さんに質問していたら、「社会教育法ぐらいは見ておきなさいよ」と云って六法全書を出してくれた。社会教育法改悪が問題になっているにもかかわらず、僕は今まで社会教育法なるものを読んだことはなかった。六法全書をひろげてみたら、社会教育法第二条に「社会教育とは、学校教育法にもとづき、主として青少年及び成人に対して行われる組織的な教育活動（体育及びレクリエーションの活動を含む）を云う」と規定してあった。

　学校教育に対比するものが社会教育であって、つまり青少年から成人までにわたる人民大衆の教育のことなのである。

　ところで、僕位の年齢の者でないとわかりにくいかもしれないが「日本帝国の国家機構の上で一定の位置を与えられた、公認の教育」の冷たい手でいじりまわされた経験のある者なら、誰でもそうだろうが、僕は教育というコトバに反撥を感じるのである。

　だから、僕は、そういう「教育」と対立する「啓蒙」こそが、教育映画作家としての自分のやるべき仕事だと考えている。つまり、社会教育映画ではなくて大衆啓蒙映画、というわけである。（今は、教育と啓蒙のちがいについては、論じない）

　終戦の時、僕は東宝の航空教育資料製作所で演出助手をしていた。ここは帝国陸海軍の航空技術映画をつくっていたから、終戦と共にその必要がなくなり、まさか全員クビにもできないと云うので、教育映画の製作に看板をぬりかえることになった。それ以来、僕は教育映画作家ということになったのであるが、同時にその時から一貫して、啓蒙映画を作ろうと考えてきた。

　と云うのは、僕の判断によれば、終戦をきっかけに、我国は新しく啓蒙の時期にはいったからである。

　石本統吉さんの話によると、今や社会教育映画は地方の青年学級や婦人の集りの中に確固とした根をはり、彼らに必要欠くべからざる今日的な話題を提供しているそうである。自説をこじつけるようにきこえるかもしれないが、このことは、農村にある封建的残存機構から生まれてくる不合理や蒙昧と闘うために、「社会教育映画」が、とにかく啓蒙の役割りを果しつつある証拠であり、社会教育映画は啓蒙映画であるべきことを証明している、と思われる。

　更に近来、日本帝国時代の忠君愛国的教育を復活させようという動きが臆面もなく行われている実情を考えてみるなら、今日いよいよ啓蒙の重要さを考えないわけにはゆかないではないか。

　ところで、社会教育映画は常識的でこまる、という非難があるが、実は、常識水準を高めることこそがそもそも啓蒙の目的ではあるまいか。だから、学問や知識を大衆化したり通俗化したりするのが啓蒙映画（社会教育映画）の仕事であるのではない。学問や知識をどれ程もっていても、没常識や非常識な人間はいくらでもある。

僕は、常識水準さえ高ければ、所謂素人であっても、充分学問や芸術やの専門家の仕事を批判することが出来ると信じている。もしそうでなかったら、大衆（シロウト）から学ぶなどと云うことは全く意味がないではないか。大衆をミイちゃんハアちゃんあつかいにする作家も批評家も、一方では大衆から批判を恐れているのが何よりの証拠である。常識（共通感覚）とは、そういう批判的精神のことであり、物の考え方や見方のことであり、哲学であると思う。

僕は、社会教育映画は大衆啓蒙映画だと云った。だから当然この映画は、大衆性を持たなければならない筈だ。大衆の日常茶飯生活につながる日常性と、実際性（アクチュアリティ）と、時事性を持たなければいけない筈だ。そして又当然のことだが娯楽性（面白さ）を持たなければならない筈だ。

社会教育映画についての僕の考えは、一応以上のようなものである。

更に多少の補足をすれば、映画がコンミュニケーションのメディアの一つである以上、当然受け手即ち大衆の日常的に必要とするものについて考へないわけにはゆくまい。作家の主体性確立も大事なことだろうか、受け手についても考えないと、伝達が行われない場合が生じるだろう（大衆路線）。主体性問題については僕にも意見があるが、今は編集委員から指定をうけた社会教育映画についての意見だけにとどめる。

ぼくの乱視

岡本昌雄

映画というものは子供は子供なりにみている。それが幼稚であってもそれなりの批評を下してくれるものだ。製作者は〝素人に映画が分ってたまるもんか〟という反面、観客に気に入られるように努力している。全く頭の下るほど献身的な大衆奉仕である。

或る現場の教師は「製作者は劇場に上映されるようになれば教育映画を作らなくなってしまうでしょうね」と言ったことがある。私はその教師が本当に心配しているのか、皮肉なのかは分らない。

短篇映画が興行にのるなら、興行資本はどしどし短篇映画を製作するだろう。だんだんお下劣になる映画を、二本ではたりないで三本まで揃えて出そうという御時世に、こりゃあ少し話がくいちがってはいないだろうか。興行資本による映画製作は良い映画や教育的映画を作ったんではなくて、いかにして劇場に客をつめこむかという点では、国鉄や私鉄とよく似ている。

文部省の〝選定〟なんていうレッテルを問題にしなければいいんだが、教育映画はこれをもらわないととても商売になりませんと弱音をはいている。

自信満々たるプロデューサーが作りあげた映画が、なんで非選定になったら、売れないと悲しい「声」を出すのだろう。官製レッテルがなければ売れないんなら選定用映画を作ればいいんではないか。

教育映画にもいろいろジャンルはあるが僕は教材映画の、ごく一隅で理科という自然科学のほんの片隅をポツリポツリかじっている。僕は科学の教養もないから、そんな仕事でもえらく苦労している。他人がやってる仕事がいかにも上手にみえてならない。どうしてこううまくできないんだろうと、いつもなげいているのが本音である。はずかしい話といえば、何かテーマを与えられると、小学一年生から二、三、四、五年と順ぐりに教科書を読んでみないと、学校で教えている内容とねらいがつかめない。それから延々と勉強して、ようやく教師のやる仕事がわかりかけ、よい教材を作るために頑張ろうと思うようになる。なんのことはない仕事で勉強し、映画をでっちあげてるようなものである。

よい職人になることが理想だが、とても職人になれる才気もない。

やっているうちに、数をこなし暇をかければ、何とか僕にもできるという、僕なりのモノサシで映画を作ることを発見したのはごく最近のことである。

僕は教材映画が面白いかときかれると「面白くない」と正直に答えられる。だが映画を作っていることは愉しくて面白い。おそらく一生涯やめられそうもない愉快な仕事である。

今日の若い作家は、私などよりもっと理論的にも整然としているように見うけられる。僕のようなアイマイで頼りない事は、誰一人言う筈がない。みんながしっかりしている証拠だと信じている。

僕は自分で分らないことは仕事にとりいれることはやらないことにしている。他人がやっているとすごく見事なテクニックも、感心はしても、自分のものになりきらない。だから他人のやることはそれなりに感心しても真似ないよう心掛けている。でも誘惑にかられることはままある。

教育映画をつくりPR映画を作っている演出者は多い。しかしその人々が教育映画やPR映画を勉強している「声」を聞かせてはくれない。こうした映画を作ることは何か恥ずかしいものでも作ってるようにみえるのは僕の乱視のせいかもしれない。

教育映画なんてものは、どうせ売れないんだからというわけか、どうも永久に金をかけそうもない。機械も何もあったもんではない。よくあれで映画になると感心したいようなもんだ。

しかしこういう条件で作らなければ、それこそ日本の教育映画はつぶれてしまうのであろうか。

それでも顕微鏡を買えば出来る映画もあるし、拡大レンズを買えば今迄とれない画面（新しい視野）が新しい視覚となるのである。費用費用といってる事の中に、何をよくしようとしている費用なのか考えてみる必要がいくらでもありそうだ。

教育映画の自由

岩佐氏壽

1 教育テレビ出発進行

まことに、あれよあれよという間に、事態は進むものである。

テレビ局が、タケノコのように方々ににょきによきとでき、教育テレビ放送が、ぐんとふえるということが、二年前に話題になりはじめたとき、私たち、つくり手仲間は、ちよっと首をひねったものだ、教育映画とテレビの関係はどうなるだろうか――すでに私たちのつくる映画は、P・R映画であれ、記録映画であれ、そのときまでに多くがテレビにかかっていた。

テレビ局がふえれば、遠い将来はいざ知らず、当分は番組編成の形勢から見て、今後つくる作品も殆んどテレビにかかるものと考えて間違いはない。逆に、テレビ映画の製作を担当することも、短篇の得意なわれわれの場合、あるかも知れない。まあ、それは結構なことだ。教育映画がテレビにかかるのは、よいことだ。われわれ監督や脚本家は一エンも貰えないけれども、雀の涙ほどのものをプロダクションは貰うのだから、まずまず、ソンのいく話ではないではないか。

ここまでは、まあ、よかった。

けれども――

問題は、そこから先にあるように思えたのである。

教育テレビ――教育映画――というふうなことから、目を転じて、しろうとなりに教育――文教政策の方を眺めてみると、これが頗るあやしいように見えた。

学校教育に対する、ただならぬ雲行と平行して、テレビ・映画など、いわゆる視聴覚的方法を通じて、カラメ手から家庭への「上からの」教育の働きかけ――といったようなことがあるのではないかと、感じられた。例えていえば、間もなくはじまった道徳教育特設時間の提案である。まさにそのことを裏書きしているように見えた。教育映画・教育テレビ・道徳教育――これが結びつかずにはいないだろうし、どう結びつくか。私はその頃、現在フイルム・ライブラリィを中心とする教育映画の年間観客数は四億いくらと報告されているが、教育テレビがはじまると、観客数が数千万もふえる――という数量の問題もだが、それよりも、問題は、「家族ぐるみの道徳教育」が可能となることではないかと書いたことがある。今もその考えは変っていない。

つまり、こうである。

映画の場合、見る場所は、学校・公会堂・公民館など公共の場所であるが、テレビによって、教育映画は、茶の間へどっと出張することとなる。そのことは、教師――こども――親、という関係が教育放送・教育映画を通じて、ずっと近づくことであって、そのこと自体がよい方に働けば結構なことだ。しかし、テレビの教育的な放送（教育映画放送を含めて）が逆に働けば――例えば、「親孝行をいたしましよう」的なむかし風の「道徳教育映画」が、追い討ちに追い討ちをかけるような具合に放送されれば、全国的に統一された形でそれが行われれば、先生・親・子、もろとも逆コース行きの制服を着せられるようなものではないか。勿論これは極端な話であって、着せられっ放しなどということが、当今、あり得るわけではないけれども、全く可能性がないとはいえないのではないか。

そんなおかしな映画をわれわれがつくらなければよいではないか――というリクツは尤もなのだが、そんな具合にいくだろうか。こいつは、へたをすると、大へんなことになるぞ――というわけであった。

尤も、教育映画はマジメだから、それがたくさんテレビにかかれば、「一億総白痴化」に対する抵抗となって、テレビも少しはよくなるだろうという、無邪気な予想もないではなかった。いや、当局の教育テレビ開始に当っての謳い文句が、そもそも、そういう音色であった。テレビ番組があんまりくだらないので、それに対してわあわあいっている世論の弁臂の泣きどころを当

局がおさえたという格好に見えた。

こいつは、まったく、泣きどころだ。

「政府もくだらないと思う、だから、政府も一肌ぬごう」という具合に、ここで、教育テレビの方向を、おカミが、うまく舵をとれば、官製道徳教育立案者バンバンザイという方向へ行くだろう。茶の間で、親子ぐるみ、「道徳教育」を施すことができるだろう。マスメディアとしての実質的な力は、教育映画よりも、テレビの方が大きいから、教育映画も、右へならえというふうなことになるのではないか。かくして、教育映画は、官製または準官製教育映画の方向をたどることになるのではないか――

そういうことを、私たちは話しあったのであつた。それは特別に私たちが疑い深いせいではない。憲法第九条と、オネストジョンの関係を見てもわかるとおり、いつもなしくずしに事は運ぶものなのだ。

事実、なしくずしに、教育映画の舵は、おとといの方を向いているのではないだろうか――。

そんなふうなことを、私たちは話しあったものだ。

2 製作の自由・バンザイ!

現在、教育映画の製作は、われわれの自由にゆだねられている――ということになっている。

だから、「道徳教育」の次に現われた、新「学習指導要領」のことを、カツドウ屋がとやかくいうのは、ひどく場違いの感があるのかも知れない。あれは、学校の先生に向けられたものなのだし、私たちは、ドキュメンタリィやフイクションの問題を論じていた方が、平穏無事なのかも知れない。

けれども、またしても疑い深い話になるが、「学習指導要領」では、視聴覚教育の位置が、今までになく、大きくなっている――ということを聞くと、やはり、待てよという話になってくる。

なぜなら――

権力機構というものは、オートメーションで、ラジオをつくるようなあんばいに、自動的に事が運ぶようにできているようである。組織・機構が複雑だから、それに気がつきにくい。

論より証拠、いくつかのプロダクションで、道徳教育や学習指導要領や、つまり、教育行政一般の雲行きと、教育映画との関係を話しあってみると、答は、甚だ強気である。

「なあに、文部省が何といおうと、戦前じゃないからな。製作の自由は、プロダクションにあるさ。プロダクションがよいと思う教育映画をつくればよい」

それに違いない。

そういえば、かりに文部省に尋ねたら、きっと、当方としては、教育映画製作について何ひとつ干渉したことはないし、今後とも干渉するつもりはない――と、おごそかにおっしやるのにきまっている。まさにそのとおりで、私たちの仲間で、文部省から、なにかいわれた者はひとりもいないのである。さいわい、悪名高いキンムヒョウテイというやつも、われわれにはない。

検閲もない。

まことに、教育映画の製作は、われわれカツドウ屋の自由にゆだねられているのである。

自由万歳!

ところで――そろそろ疑い深い話がはじまるのだが、教育映画の文部省選定というやつがある。これについては本誌でもとりあげられているからとやかくいうまい。ただひとつ、選定の基準というものは、われわれには捕捉しがたいが「学習指導要領」が持ち出されたころから、俄然、奇妙な現象が起ったことを、みんな知っている。

「どこかで春が……」「千羽鶴」「町の政治」「つづり方兄妹」「季節風のかなたに」その他、さまざまの映画が、相ついで文部省非選定ということになった。突如としてそんなことになりはじめたのである。そのなりかたは、今日から基準が突如かわったというふうな、変りかたであった。

選定委員が、かわったということも聞いた。はてなという感じであった。もっともらしい非選定の理由がそれらの映画にはついたがリクツは何とでもつく。尤も、選定非選定は、大した問題ではないという人もある。私もそう思う。「よい映画は選定でなくてもよい」と思う。けれども、映画の営業・配給部門では、そう気軽にはいかぬらしい。非選定映画は売りにくいという。これは事実だろうと思う。そうでなければ広告の、映画題名の肩に、「文部省選定」とか「特選」とかを、わざわざゴジック活字などで刷りこむには当るまい。それが刷りこまれているのは、なんらかのキキメがあるからだろう。私たちも、折角つくった映画だから、一本でも余計売ってほしいし売れるためには、キキメのある広告もしてほしい。だから、「文部省選定」でも「特選」でも、できるだけでっかく刷りこむことに賛成である。だが、これだけは覚えておきたい。この肩書は、「文部省がよいという映画ですから、どうか安心してごらん下さい――あるいはお買い下さい」というシルシであるということ。で、映画を見ないうちは、買い手は、どんな映画がよいかわからないから、「選定」というレッテルで買うのが手っとり早い。だからそのシルシはつけた方が売り易い。

ところが、プロダクションは、商売だから、売りにくい映画よりも、売り易い映画をつくった方がトクであるのにきまっている。だから、売りやすい、「選定」というシルシを、ゴジックで刷りこめる資格のある映画をつくった方がトクである。それには選定委員が、どんなことを考え、どんな映画を好むか、どんな映画をつくれば「選定」にしてくれるかということを、推量した方がトクである。そうなると、文部省の選定基準は何かということになる。勿論これは、新学習指導要領に沿うものならば「選定」まちがいなしだ。あまりヘタクソにつくると「選定」に洩れるが、まあまあという出来ならそれでよろしい。それに新学習指導要領に沿い、なおかつ、ホロリとくるようなやつをつくれば「特選」にだってなるかも知れないのである。

そんなわけで、新学習指導要領に沿う作

品で、「千羽鶴」みたいでないものをつくればいちばん具合がよい。こんな具合で、選定・非選定が十分モノをいうから、おカミの方ではおっとり構えている。「選定」問題で、「芸術家」だの「文化人」だの、「おかあさんたち」だのが、わいわいいっても、ほっとけ！であろう。ケンエツもしなくてもよろしい。プロダクションみずから、ケンエツはしてくれる。「こんなのをつくると『選定』にならねえぞ」といって自分から、手控えする。文部省の顔色を見い見い、ケンエツをやってくれる。

製作の自由万歳！

作家たちのもっている製作の自由とは、右のような自由なのである。

もちろん、みずから、そうした自由の制限を課することをいさぎよしとせず、おのれの信ずるすぐれた教育映画をつくり、またつくろうとする、背骨のシャンとしたプロダクションやプロデューサーがたくさんあるということを、私たちは知っている。

けれどもまた、新学習指導要領が出たとたん、その単元に基くラインアップをずらりとならべ、矢継早に製作をはじめたプロダクションもあるのを、私たちは、見たのではなかったか。テレビの開局につれて、テレビ・映画のどちらにも使える二巻物が着々とつくられ、ストックされるのを、私たちは見、かつ、私たち自身その何本かをつくって来たのではなかったか。それはあたかも、道徳教育時間特設の発表があるや否や、教科書会社が、セキを切ったように道徳教育の副読本をつくりはじめたのに似ていた。

千羽鶴

私たちのもっている製作の自由は、そういう形であり、事実上そこから逃れるわけにはいかない——ということの現実から、何事も考えはじめていかねばならないだろう

また一方、もう一度、教育映画の受け手の方に目を転じてみよう。

いや、その前に「選定」の問題だが、教育映画の場合、本来の意味での選定は必要である。現に私たちは、しよっちゅう聞かれる。

「教育映画の会をやりたいのですが、どんな映画がいいでしょうか」

私たちは答える。

「あの映画はつまらんから、この映画をおやりになった方がいいでしょう」

という具合に「選定」する。

受け手の側の選定は、つねにこういう形で行われる。そして一般に、選定をする人は、視聴覚係の先生であり、ＰＴＡの文化部員であり、おかあさんたちであり、公民館の主事であり、団体の役員である。つまり、勤務評定や、学習指導要領や、道徳教育と、直接間接に、決して無関係ではない人々である。その人たちが、よほど慣れた場合以外、その選定の基準を、漠然としたメヤスとして、「文部省選定」に置かざるを得ないであろう。いや、置いてほしいという理由で「文部省選定」という仕掛けがあるのであろう。とくに、新学習指導要領で、視聴覚的方法が、学校で多く用いられるということになれば、ますます「文部省選定」はモノをいってくるだろう。なぜなら、視聴覚係の先生たちは、勤務評定で、悪い点をつけられては困るから、悪い点がつかないような方向で、教育映画を選ぶだろう。そしてまた、学校の先生は、学習指導要領の達人だから、その単元に沿う映画を選ぶのは当然のことだ。学習指導要領に沿う映画とは、先にいったとおり、「文部省選定」の映画である。

教育映画のつくり手と、受け手とのつながりは、極めて大づかみには、こんな形になっているのだから、そういう意味での、「売れる」映画を、プロダクション側は、どんどんつくるということになる。つくられた映画は、テレビにもかかる。オートメーションで、ラジオをつくるような具合に自動的に茶の間へも出張するということになる。「家族ぐるみの道徳教育」の道はこういう形で開けているのである。

3　もう一度、製作の自由　万歳！

さて、ここで教育映画の方法が、当然論じられなければならない。

先に、私は、私たちに与えられている製作の自由が、どんな性格のものかということに、少しふれた。けれども、ことばの本来の意味での製作の自由もまた、私たちには残されているのだということを、忘れてはならないように思う。

ところで——私事に亘ることを許して頂きたいが私は昨年「わたしのおかあさん」という児童劇映画をつくった。私は他のどのジャンルの映画よりも、教育映画にはドキュメンタリイの方法が必要であると考えている。その理由は追々解って頂けると思うが、「わたしのおかあさん」を見た若い友人、児童文学者の佐野美津男がいうのである。

「教育映画にドキュメンタリイの方法は大賛成だけれども『わたしのおかあさん』の場面で、ほんものの青物市場へ俳優さんをほうりこんだところは、浮いてますな」

ぬかしたな！　私は、それが浮かなかったということで、大へん得意だったのである。教育映画にこういうやり方が必要であり、またそれはできるんだということを、画面にまざまざと示すことができたというので、うまくいった、どんなもんだい！と思っていたところである。佐野美津男はきっと、そういうやり方はそもそも浮き易いものであり、そこを見てやろうと、手ぐすねひいて見ていたのに違いない——と、

私はカンぐってみたものの、いわれた以上一応、そんなものかと思ってみるのが、まあ礼儀というものであろう。しかし、それにも増して身にこたえたのは、「前半に、生活の矛盾を、矛盾のままで描きだしたのはエライが、後半に至るや、俄然道徳教育映画になった」という意味の新聞批評（読売）を見たときは、ガクゼンとした。さあエライコッチャ。

尤も、この脚本はもともと、きついメロドラマとして書かれていた。これは脚本家古川良範が、自ら進んでそうしたのではなく、まわりのさまざまの条件がそうさせていたのである。一度メロドラマとして構成されたものを、ひっくり返すことは、大仕事であり、楽にはできない――これは、シナリオや、映画監督という仕事に経験のある人にはわかって頂けよう。私は古川良範氏とも相談の上、メロドラマの構成の上に可能な限り、ドキュメンタリイの方法を乗つけようと決心した。だから、その種のやり方についての批判は、覚悟をしていた―が、「道徳教育映画」云々は、予期しなかった。だが、思えば、そうである。そういえば、個人的な、「親孝行」映画の要素がないとはいえないのである。ナレーションでは、そんなことはいっていない、反対のことをいっているのだが、ナレーションというやつは、余りキキメがないことは、みんな知っている。だが、佐野の批評といい新聞批評といい、事こころざしと喰い違うのはなぜだろうか。

長くなると困るので、こまかい話はぬきにするが、この私事に亘る例をひいたのは「教育映画」という概念の問題にふれたかったのである。

教育映画というからには、「映画」のもうひとつ手前で「教育的」であることを必要とする映画ということであろう。児童文学の場合も、おなじことが問題になるが、こどもに読ませるもの、こどもに見せるものから、教育性をヌキにすることはできないだろう。私たちは、じぶんたちが、芸術家であると信じたいので、作家協会でも、教育性の問題には、余りふれないで来た。ふれると、じぶんが芸術家でなくなり、子どものとき、教壇の上から、「朕オモウニ……」と教育勅語を読んでくれたあの八字ヒゲをはやした校長先生になったような気がするので、極力、教育性から遠ざかろうと試みて来たウタガイが、私たちにはある

これは、私は大へんな間違いだろうと思う。私と同様、野田真吉のごとき根っからのドキュメンタリストであると、てめエで思いこみたい人間にしてからが、つくった映画が「忘れられた土地」という、好むと好まないに拘わらず「社会教育映画」という区分けに入れられてしまう映画であったり、地理教材「利根川」なんぞというよい映画をつくっている限り、「教育性」について一度つきつめてみないことには、教育映画とドキュメンタリイそのものの関係が明らかにはなってくるまい。

そこで、もうスペースがなくなったのでてっとり早く問題を提起するに止るが、そもそも、現実をぬきにした「教育」というものは考えられない。マスコミの、この荒っぽい、安保条約やら、人殺しやら、皇太子の結婚やら、貧困による一家の自殺やらという、目の前にあるアクチュアルな事実をヌキにして、教育は考えられまい。教育という抽象概念が先にあって、それからおもむろに、現実があるのではなく、現実が先にあるのだということはだれでも知っている。してみると、「教育映画」というものも、まずそこを土台としてはじまる筈である。ドキュメンタリイの方法と教育映画の関係が、先に述べた現在の政治状況に対応して、いま、いちばん考えられなければならない。

（つずく）

教育映画をひろめる会

「子ども月間」の一行事として挙行

日本子どもを守る会では、五月五日の子どもの日を中心として、同四日から六月一日までを「子ども月間」とすることを決めたが、菅忠道、山本藤枝、宮永次雄、前川源太郎氏らの準備委員は、この期間の行事の一つとして「教育映画をひろめる会」を行うことを提唱している。

すでに各地で行われている教育映画をみる会などは、この月の間は特に「子ども月間参加」と銘うつが、またこれを機会に、新しい「教育映画を見る会」が生れるのではないかと期待されている。

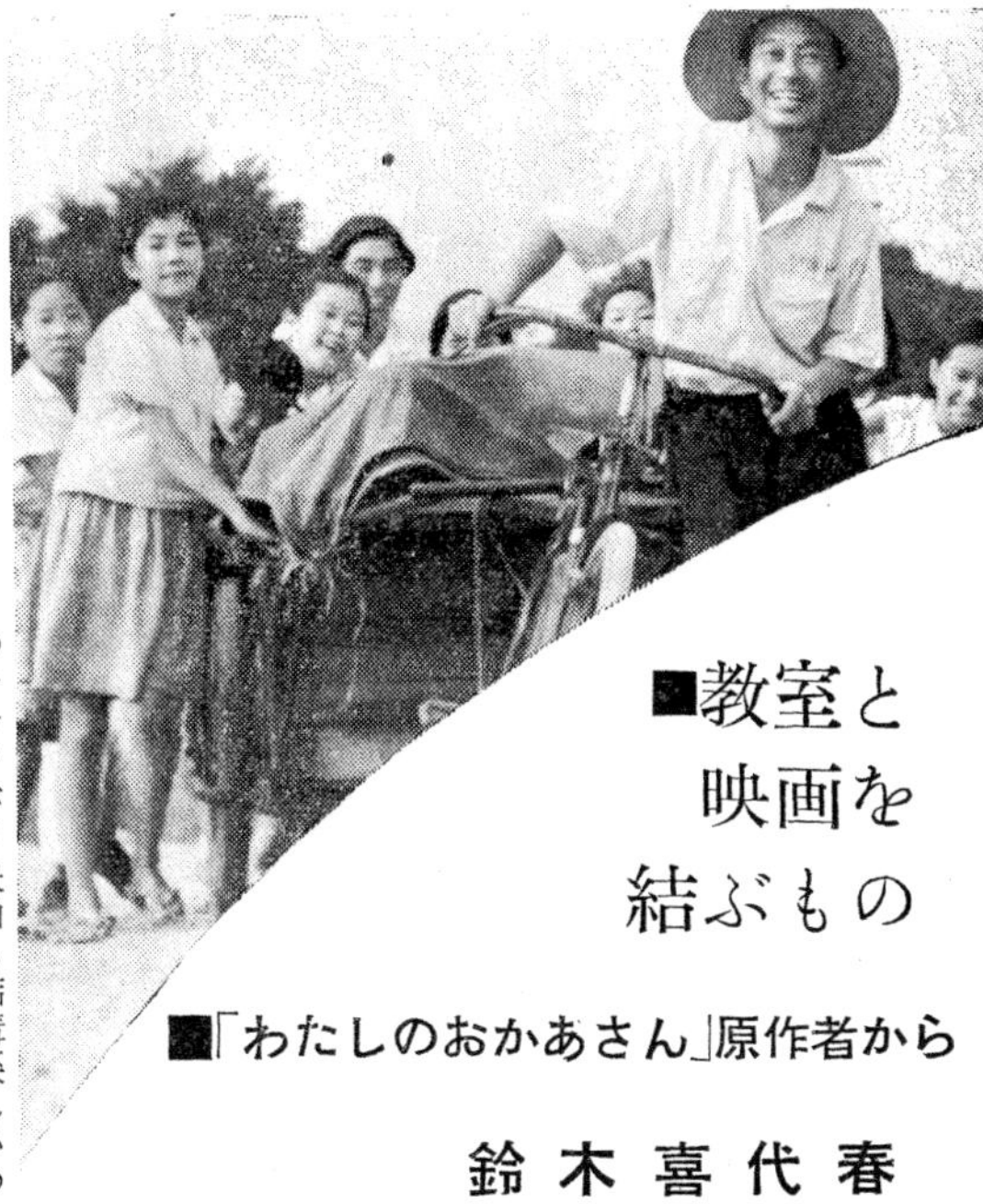

■教室と映画を結ぶもの

■「わたしのおかあさん」原作者から

鈴木喜代春

㈠

現場教師から見た教育映画——について書けという編集部からの注文を、簡単に引受けて、いよいよ書く手段になって、これはとんだことを引受けたものだと後悔している始末。

というのは、私はほとんど教育映画なるものを見てはいないのである。私は私の住んでいる場末の映画館によく入る。入場料が七十円ということもあるが、私は高尚な映画でなくて結構楽しめるという低俗な人間だからでもある。伴淳や、堺駿二も結構楽しいし、先の見えているギャングものも、太陽族映画も、勇ましいたちまわりのチャンバラ映画も結構楽しいのである。何時間か、ほんとうにその中に自分をひたし込んで時間を過している。

ところが、この映画館には「教育映画」はかからない。従って、七十円の入場料を出しても教育映画なるものを見ることができないのである。

ただし一年に二回か三回ぐらいは教育映画なるものを見る機会が与えられる。それは教員組合の方で廻してよこす巡回映画だ。従って、この原稿を続けるとしたら、それらの感想を述べるということになるのであるが、しかし、その見た映画も大方かすれて、頭のすみにほんの少し残っているだけで二十枚の原稿用紙をうずめる分量にはとてもたりない。

そこで、「わたしのおかあさん」について私の感想——といっても雑然としたもの——を述べることにしたい。

㈡

「わたしのおかあさん」について述べる前に、どうしても、いますこし七十円を出して入場する映画館に教育映画が、かからないということについて述べなければ気のすまないものを感ずる。

それは、私の見た限りの教育映画では、とても七十円の映画館にかけられないということである。あの、後あじの、なんとじめじめしたことか——。その内容の、なんとミミッチイことか——。これではとても七十円の映画館にはかけられないなあ、と思うのである。

勿論、教育映画が、メロドラマになり、人を泣かせて受けようとする事はいけないことだと思う。そのことはよく解るわけである。しかし、私の問題にしたいことは、教育映画の、そのセクトさである。

私は「千羽鶴」も「オモニと少年」も「九十九里の子どもたち」も見ていない。従って、こんなことを言うことは、思い上りになるかも知れない。ただ私の見た範囲内でものを言っているわけで、当っていなければこれにこしたことはない。

題名は忘れたが、女の子が、生まれつきのチヂレ毛で悩む話があった。最後にチヂレ毛をなおすパーマネント屋に入り、きれいなかみの毛にしてもらう、のだが、やがてくすりのききめがなくなると、またもとのチヂレ毛にもどるという、まことに、じめじめした映画があった。

子どもは「かわいそうだ」とその時は結構ないてみせる。そして最後に「私は、チヂレ毛でなくてよかった」と言って、ケロリと忘れて、目のパッチリした子が出てくるマンガに夢中になっている。

このことは、つまりチヂレ毛の少女が、はじめから終りまで自己の問題として、問題を処理しようとしていくことからくる結着ではなかろうか……。それは映画そのものの問題になるわけである。

個人をえがくことの重要さは解るが、その個人が集団（学級とか村とか、社会とか）の中で育ち、集団がまた個人を育てるわけで、このからみあいを深くえぐっていくことができない限り、七十円の映画館に教育映画（こんなことばのなくなることを望んでいるのだが……）は進出して行くことができないと思われるのである。

例えば、チヂレ毛の問題にしても、あのチヂレ毛の子が、もっと社会に対して反抗を示してもよいはずである。映画はそれを大きくえがかなければいけないと思うのである。しかも、親の悩みも、自己の罪悪感にだけ持っていかないで、つまり、じめじめと、ひっそり悩ませないで、もっと子どもとの関係の中でえがいてよいはずである。えがかなければいけないはずである。

このように考えてくると、チヂレ毛の子をえがいたあの映画も、立派に七十円の映画館にかけられると思うのだがこれは甘い見方であろうか？　しかし、えがき方によっては、立派に七十円の映画館にかけられると思うのだが……どんなものだろう。

私は、七十円の映画館にかけられる教育映画を主張するのは、教育映画を、ほんとうの教育映画にしたいと思うからである。

私は七十円払って入る映画館の観客の半数は子ども達だということを知っている。一年に一回巡回する教育映画よりも、七十円の映画館にかけたほうが、どれほど教育的かと思うのである。

また、大人にだって見せて悪いということはないはずである。大

人が教育映画を見てはいけないということがあり得ないのである。

㈢

七十円の映画館にかけられる——という見方からすれば、「わたしのおかあさん」は、あるいはその趣旨にかなっているのかも知れない。なぜならば、あれはメロドラマとしてえがかれているからである。

最近少女雑誌を見たら、「わたしのおかあさん」がマンガとして出ていた。目のパッチリした女の子が、映画のストーリーに従って活躍しているのだ。私はドキリとした。

雑誌では、上の三分の一に写真を入れて、下の三分の二をコマにわって、目のパッチリした子が泣いたり笑ったりしていくのである

これでみても解るように、泣かせる効果は充分あると思われる。おかあさんの死ぬところで、観客もポロポロ涙を流していた。

しかし製作態度としては、決してそんなに甘い考えでとってはいないと思われる。

それは教師が教室で「野菜が安くなったな」などなど、極めて社会科学的なことばをはいているのである。また社会科の学習で野菜などの学習をする場面もある。

また、市場のセリを入れてなまなましい現実を入れたりしている

そのほか、遠足に行って、ビルを見、それと野菜売りに行ってみた小さな町工場の現実を具体的に取り入れたりしているのである。

しかし、それらのことは、ほとんど母の死によってボカされて、いわゆるお涙になってしまっているのは、どんなところに原因があるだろうか。

私は、私なりに次のように考えてみた。

あの主人公である千恵子の成長を私は次の点におさえて物語を書いた。

その一つは、ひくつな子だった千恵子が五年生になって青山先生に受け持たれる。そして青山先生と次第に人間対人間として結びついていく。

例えば、宿直の夜千恵子が遊びにくる。そこで青山先生が、おつゆをごはんにかけて食べている現実を見る。しかも青山先生は自分の成長過程をおもしろおかしく話して聞かせる。

千恵子は、青山先生にあって、はじめてものごとを素直に見ていけるようになるわけだ。

その二は、青山先生を中心とした学級の友達が、次第にほんとうのことをいいあうようになったこと。

例えば、畑の四町歩を耕作している子が、家では、案外らくだけど、こんなことでこまるとか、千恵子がかくそうとしていることを他の子どもが素直に詩で歌い出すとか……。

このことで、千恵子は、みじめなのは自分だけではないとさとり後向きの姿勢から、次第に前向きの姿勢に変っていくわけである。

その三は、教室で社会科学的な学習をつみかさねていくということである。

例えば、農家の子は、野菜が安くて困ると言う。しかし非農家の子は「だってあたいのような、買って食べるうちでは、安い方がよいのよ」ということを発言する。

そこで、そのことはどういうことなのだろう——と、いわゆる労働者の学習に入り、結局安い方がよいということは、それだけ自給が少ないことだと発見していく。

その四は、映画にもえがかれているように、(しかしあれだけでは弱いと思う)野菜売りに出かけて、実際に町工場をみる。そのことによって、千恵子は、自分が悩んでいる問題は自分だけの問題ではないということを知る。

以上のようなことが、いろいろなからみあいの中で、千恵子を成長させていくわけで、その中には母の死もある。しかし、基本的には、以上あげた四つのことがらが強く基バンになって物語が展開されていくわけである。

従って、このことをえがくことが、私としては大切なことだと考えるわけである。もしも、以上あげたことを基バンにして、物語を展開していったならば、いわゆるメロドラマにはならなかったのだと考える。

しかも、七十円の映画館で立派に上映できる作品になったと思う。……、そのようにえがくためには、五巻ではとてもえがききれないであろう。ここに問題が出てくるわけで、現在の状態の中では、まず、五巻とか三巻とかの制限をぶち破ることが、教育映画を映画にしていく第一歩になるのではないかとも考える。

ともかく、教育映画が、映画にならない限り、教育映画にならないということを、しめくくりとしてつけ加えておきたい。

(筆者は教師・児童文学者)

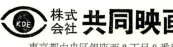

ぼくは困っている

―曲り角の児童たち―

大島辰雄

> 風とゆききし、雲からエネルギーをとれ
> ――宮沢賢治
> 勉強、べんきょう、そして勉強
> ――レーニン

　ぼくは困っている。おとなって、どうしてこんなに勝手なんだろう！　基地問題ではチャンバラさわぎまでするくせに、ぼくたちの基地の遊び場は平気でとりあげてしまう。入学難ていったって、いちばん困らされるのはぼくたちだ。満員電車の越境通学までさせながら、親のなんぎや苦しみだなんていいあっている。そりゃあ、ぼくだっていばりたいけど、なにもみんながみんなテレビの豆スターになりたがってるわけじゃない。ぼくなんか、タレント学校でむりな修業するよりかも、みんなを集めて赤胴鈴之助ごっこをやったほうが、どんなにおもしろいかしれやしない。子どもの夢だなんていいながら、じつは親の虚栄心で、おとなのほうが勝手な夢をみているんだ。ほんとに困っちゃう。おとなのほうが、よっぽどわがままだ。へんな声で「有楽町〇番地」とか「港町十三番地」なんて歌ってるくせに、ぼくたちが「お富さん」を歌いまくったりしたときなんか、びっくりしてさ。いつまでも十五夜お月さんを歌ってればいいと思ってる。月だとか波止場だとか涙だとか、自分たちがそうだからなんだろう。チェッ！　ショッ、ショッ、ショジョジだ。有楽町で会いましょうだなんていったって、誰が会ってくれるもんか！　靴みがきはパンパンとはちがうんだから。ヘエーッだ！

　とにかく、おとなには困るよ。わからずやなんだ。ぼくたちのことを、ごく上等なこね粉のお菓子みたいに、どうにでもなると思ってるんだ。だから、母もの映画で自分たちがお涙ちょうだいでいいきもちになったり、マスコミ、マスコミって、きちがいみたいにさわぎたてたりするんだと思う。まったくこっけいさ。「子どもの涙は、おとなの涙より小さいものではありません。おとなの涙よりも重いことだってめずらしくありません」よって、ようく教えてあげたいくらいだ。いつかのマンガには、「たわむれに母を背おいてそのあまり軽きに泣きて三歩あゆまず」っていう歌に、鼠が笑っているところがかいてあったっけ。オホホ……アハハだ。まったく、こんなの、もう古いや。そういえば、ぼくのおじさんもいってたな――自分たちがむかしＴＴＴのナンバーワンや猿飛佐助ごっこしたのを忘れて、月光仮面やまぼろし探偵に熱中してるぼくたちを心配したり、そういうマスコミをとがめだてするようなＰＴＡはまちがってるって。おとなは子どものなれのはてじゃないかって笑ってた。たしかにそうだと思う。心配するお母さんや、まして戦争やいろんなまちがったことから子どもを守るなんていうよりも、ぼくたちもいっしょになって正義を守りぬくように、うんと活躍させてくれればいいんだ。あのエミールと少年探偵たちみたいにさ。

　ところが、そうじゃないから困るんだ。「さあ、みなさん」なんて、気取った声で教育紙芝居なんかはじめられると、とたんにぼくはうんざりしちゃう。ぼくたちをこね粉あつかいしてるから、あんなねこなで声を出すんだろう。そんなのより、れんぞくマンガや落語のほうが、よっぽどおもしろいし、気がきいている。外国のマンガを説明してくれたり、落語が大好きで、ラジオでいっしょにきいたりするおじさんも、本当に「人生案内」になるような映画やテレビは、まだまだこれからだろうって話している。日本ではまだチャチなものが多すぎるのが困りものなんだそうだ。その点、ぼくにはまだよくわからないが、クリちゃんでもサザエさんでもまだまだだし、そのケチっぽさが日本のケチっぽさなんだというおじさんには、ぼくも大いに共鳴することがある。（あのつまみ食いが「黄色い老犬」の悪いくせみたいだと、どうにか芸術になるんだがな）。おじさんも困ってるんだなってことがわかるし、ぼくとしても同情をきんじえないからだ。

　『コタンの口笛』をいっしょに読んだときもそうだ。――消え去るものを追わないで、永遠の喜びのあるところへむかって、急いでいこう、なんていうのは、仕合せはおいらのねがいだとか、明るく、あかるく、走るのおよおう――なんて歌うのとおんなじで、ちっとも火の玉みたいじゃない。正しく生きぬいてゆくという生ま身が感じられない口先のセンチメンタリズムだっていってた。これはおじさんのことばだが、ぼくにも、おじさんのがいたんやふんがいのきもちは、よくわかるって気がする。なぜかっていうと映画になったのをみて、なるほどっていう気がしたからだ。あのマサもいい姉さんだし、ユタカには大いに共鳴するんだけれど（とくに血をしらべるんだってせまったり、決闘を申込んだりするいきごみなんか）、なんだかおとなのつくりものだっていう気がしてた。きれいすぎるくらいの北海道の大自然のほうがずっと雄大じゃないか。そういえば「森と湖のまつり」をおじさんといっしょにみたときも、そんな気がした。さいごの決闘は西部劇

みたいで、思わずひきこまれたが、それでも『白いタカ』（岩波少年文庫）を読んだときのかんげきのほうが、ずっとすばらしい。ぼくは、あれで、ますますインディアンが好きになった。アイヌの物語には、どうしてああいうのがないんだろう？　おじさんも、そういってた。とにかく、森は生きてないで死んでいるし、千羽鶴ははばたかない。日本の児童劇映画は勉強、べんきょう、そして勉強だな（「仲間はずれの人形」の教室には、このモットーがかかげられていた）――おじさんはこういって、ぼくの顔をみてニヤリと笑った。ぼくは頭をかいた。そして舌を出してやった。チェッくそ、ちょっとやられたな、一本。

ベロを出したのは、しぜんでもあるけど、じつはキクのまねでもあるのさ。「**キクとイサム**」のくろんぼ姉弟はよかったな。「つづり方兄妹」なんかくらべものにならない。キクは「名づけてサクラ」なんかふっとばすくらいのエネルギーの持ちぬしだ（おじさんの口まねじゃなしに、ぼくのじっかんでそうなんだ）。映画のせんでん文句なんてたいがいヨウトウクニクだが、これはまさしく「日本映画の良心をこめて全世界に訴える愛の名作」だ、「オモニと少年」よりもずっとリアル（真実）だと、おじさんも感心していた。（音楽も「禁じられた遊び」に似てて、とてもいい。）「山びこ学校」以上だし、おばあさんがキクに「お前は、やっぱり尼寺さ行げ」っていうところなんか、すばらしい、ぶざまなキクの顔がオフェリヤのように美しく見えてくるんだよ、とお母さんにきかせていた。ぼくも、あそこはシュンとした。ずいぶん笑わせられたんだけれど、お祭りの場で、キクが「なんだ、黄色ン坊！」ってどなるとこなんか、思わずつりこまれたくらいだ。だれだって生れつきのことを悪くいわれれば、まんずカーッとくるものな。それに、ドッチボールでキクがつぎつぎと敵をアウトにしてくとこなんか、すごくきんちょうしちゃった。自分が投げてるみたいだし、そうかと思うと、ぶつけられてぶっ倒れるみたいな、まるでへんな夢をみてるみたいに、からだがほてって汗ばんだ。そうだ、おへそのあたりがしめつけられるみたいだった。その前にみた「**チビデカ物語**」のデカ三が竹棒のぼりに成功するところなんか、まるでくらべものにならない。あそこでみんなが手に汗をにぎるなんて、うそだと思う。だいいちおかしいや。ぼくは、かえって笑っちゃったもの。なにしろ百貫デブのごあいきょうはいいとして、あの教育映画はすこしかんねん的だと思う。そこへいくと、そのあくる日にみた、おじさんも感心したユーゴの「**大きなものと小さいもの**」はよかった。レジスタンスの映画で、少年アツァがパルチザンの闘士をかくまってたすける物語だ。そのためにアツァのお父さんはついに殺されるのだけれど、この映画をみて、ぼくはとたんに、おじさんが読ませてくれたフランスの『小さな魔法使い』（岩波少年文庫）を思いだした。そしてさっそく読みなおしてみて、レジスタンスっていうのが前よりもよくわかってきた。つまり、アツァとエミールと、そして「ル・マゼの小さな魔法使い」ジャン＝ガーブの三人が、そろってぼくの同志になったわけだ。ちょっとしゃれていえば、この三人の同志たちがはなれがたい仲間として、いっせいにぼくとかたい握手をかわすことになったのだ。「おしくらまんじゅう、おされて泣くな」そして「はねとばせ！」――これが、ぼくたちの合言葉だ。山と川との合言葉、デデデデーン！……おてんばたちも集まれーい！　そろいもそろって勝手きわまるわからずやのおとなどもへのレジスタンスの開始だ。自転車や「馬」で集合！　敵を包囲せんめつだ！

ピノッキオはただの木ぎれからつくられたけれど、ただの繰り人形じゃなかった。ぼくは彼やチポリーノみたいな冒険を空想する。トムやハックみたいなわんぱくやいたずらを思うぞんぶん、やってのけたい。「よい子」のためになるばかりで、ぼくたち「悪い子」のおもしろがる世界を忘れてるようなお話はもうたくさんだ。おとなだってそうじゃないか。げんに、おじさんは、かなりいい本やむずかしい本をよんでるくせに、ぼくといっしょに、よく西部劇をみにいく。ぼくたちは、たしかにインディアンみたいなんだと思う。あばれん坊みたいだが、本当はとても考え深いし、いつも人間の正しさということをたいせつにしている。西部のこうやにそびえるスフィンクスみたいな大岩や、「**黄色い老犬**」のきもちがわからないようなおとなは、みなごろしだ。ぼくたちの目でみれば、平服の皇帝もハダカの王様も、みんな一対一の人間だ。だからこそ、ぼくたちは乞食にも変装すれば、王子にもなる。おもいやりも人一倍だ。つねに正義の味方なんだ。スフィンクスの謎みたいなクイズだって、ぼくたちのほうがお茶のこさいさいなのさ。だからといって、図案を目茶苦茶にかけばいいみたいなアブストラクト図工にはちょいと首をひねるな。先生のひとりよがりかもしれないからだ。

ぼくたちはガリバーやトム・ソーヤー、宝島やロビンソン・クルーソーの冒険の世界に住んでいる。だが、アンデルセンやアンクル・トムの小屋に流れるうたにだって心をひかれる。アラビアン・ナイトの王様のように、どんなお話だって、おもしろければ好きだ。もし下手くそだったり、おかしかったりしたら、笑って吹飛ばしちゃう。ぼくたちの好く歌は鉛の兵隊のうただ。歌なら、ほんとうに「大砲の花咲く国」にしないためのうただ。めちゃくちゃアブストラクトの音楽は、赤ん坊だって、はじめはおもしろがっても、そのうち泣きだすだろう。ぼくたちがききほれるのは、やっぱり美しい歌声だ。ヤッホー！

だから、ぼくたちは困るんだ。きけんなまがり角で、つっぱしりやのダダッ子先生たちの冒険かくめいには、うっかりついてはいかれない。ぼくも困っている。

おわり。

（先生）先生も困っています。いずれ、きみのおじさんによく教えていただこうと思っています。　（五九・三・二二）

学校教育映画の問題

高桑康雄

文部省は、昨年、教育課程を全面的に改訂するとともに、それまで試案として示されてきた学習指導要領に新しく国家の要求する教育課程の全国的な基準を示すものとしての性格を与えて、文部省告示で発表した。

この改訂学習指導要領において視聴覚教材の利用が、これまでにないほどはっきりと位置づけられたことは、視聴覚教育関係者に明るい光を感じさせたようである。戦前における視聴覚教育運動にたずさわっていた人びとが、かつて不毛の土地にたちむかい切り開いてきたなみなみならない努力の結実に接しえた喜びをふかい感慨とともに味わっておられるのも当然のことかもしれない。

しかし、視聴覚教材が、基準としての学習指導要領の中に位置をえたことをただ明るい一面からだけとらえることはいささか問題であるように思われる。たしかに、位置をえたこと自体は喜ぶに値するかもしれないが、それがどのような教育課程の中にどのような役割をはたすものとして位置づけられているか、つまり、何のために、どんなふうに利用されようとしているかが、より一層重要だからである。

そこで、そのような視点から　教育映画に検討を加えてみたい。

2

一例を示そう。

先日、「おてつだいのしかた」というフイルムをみた。これは「生活指導シリーズ」の一つであって、三人の子どもが学校から帰っておてつだいをさせられる。ところが、母親とのちょっとしたことばのやりとりで不愉快な思いをそれぞれが経験する。そこで、どの家庭でも、家族の話しあいがひらかれて親の立場からはおてつだいを気もちよくやってもらうためにどういう配慮をするかの提案が出され、子どもたちも、親の気もちをくみ、自分のことばや行動を反省してみて、よろこんでおてつだいしようと考える、というのである。

この映画が、なぜ「おてつだいのしかた」という題名をもっているのか、その点がまず問題となる。つまり、おてつだいをすることそのことは当然のこととして、そのやりかただけを問題にしようとする態度というものがあるように思われる。つまり、「お母さんはいつもいそがしく働いているのだ。だから、みんなはおてつだいをするのがあたりまえなのに、ちょっと気にいらないようなことがあるとすぐにフクレたり、親にむかってどなりちらしたりする子どももある。そんなにフクレたり、どなったりするのは、お母さんたちにもなおしてもらわなければならないことがあるのかもしれないけれど、みんなにも悪いところがある。どうしたら気もちよくおてつだいすることができるのか、この映画でわからせよう」という意向があるように思われるのである。

しかし、おてつだいをめぐる問題は、なにも「しかた」の中にだけあるのではない。むしろ、その前提となって家族生活のありかたにさまざまな問題がひそんでいるのだといわなければならない。

たとえば、小西健二郎氏の「学級革命」（牧書店、昭和三〇）の中に、「弟が板をけずるのに打った釘があって、お母さんからいいつけられたのに縁側の戸がしめられなかった。『抜いとけよう』と弟にいって部屋で本を読んでいたら、お母さんが『勝郎あれ程いうとんのにまだ閉めとってない』とどなってバチリとほうべたをはった。そこでおし入れの中にとびこんで『茂行のアホウ、おかあさんのアホウ、もうめし食わへんわい』と泣いた」というある男の子の詩が出ている。（同書、五〇―五二ページ）ここでは勝郎君はたしかにお母さんのおてつだいをしていないのだが、はたして勝郎君がおし入れにとびこんでくやしなみだを流したことを単に反抗的な行動としてかたづけてしまうことができるだろうか。このばあいには、いうまでもなく、問題はお母さんと勝郎君との二人のものであるというよりは、勝郎君と茂行君との関係やお母さんと茂行君との関係をも条件としてふくみこんだものであるはずだ。だから、勝郎君がお母さんに対してとった行動なり態度なりだけをそこから抽象して考えようとしてもそれはむだだし、無理だといわなければならない。そうしてみれば、おてつだいを気もちよくするにはどうしたらよいかという「しかた」の問題をその範囲の中でだけ扱うこと自体が疑問でなければならない。

最近の作品「母と子」の中に、小学校の女の子が家事の分担が中学校三年の兄よりも自分に重くかかっているということで母に不平をいう場面があったが、「男の子だから、女の子だから」ということで、おてつだいにおける扱いがちがう事実は、きわめて一般的にみられるのではないだろうかむしろこの方がさきの勝郎君のばあいのような「年上だから、年下だから」の問題よりも多いかもしれない。そしてこの問題もまた、おてつだいのしかた以前の、より基本的な問題であるはずである。

どうも題名にこだわりすぎたかもしれな

いが、やはり、それが、この映画全体の性格をよく示しているように思われてならない。

すなわち、つぎに気づくことは、そこに出てくる三人の子どもたち、および三軒の家庭が、じつに模範的である、ということである。子どもたちははじめはずいぶんフクレたり、すねたりするのだが、終りの部分では、そうした自分の態度が悪かったと気づいて、おてつだいを楽しくやるための方法を理解してしまう「いい子」であり、家庭も、すぐに話しあいをひらいてお互に反省しあうというなごやかで民主的な模範家庭なのである。

こんなにすなおな子どもたちならずいぶん結構だし、指導はさほどむずかしいことではないだろう。そしてまた、こんなになごやかな家庭だったら、なにも映画を見せなくても問題は解決していくだろう。現実の子どもたちは、そんなにすなおではない。

映画に出てくる日課表のことでも、自分がいろいろ考えて作った日課表なのだから、そこできめてあることを破るのはいやだとがんばっている子どももあるだろう。お使いにいきなおしをさせられて、お母さんがはじめに買う物をちゃんといわなかったのが悪いんだからいやだとことわる子どももあるだろう。そういう子どもたち（それが一般の子どもたちであるが）はどこへいってしまったのだろう。とにかく、この映画の中に、そうしたありふれた子どもの姿を見ることがあまりにも少ない。それは、子どもたちの生活に近い場面をとりあげてはいるけれども、しかし、どこまでも現実的ではない。

なぜ、そのような現実に近いが現実ではないものが写されるのだろうか。これについては、この映画が、子どもたちの生活の中にある問題場面をとり出し、それについて望ましい解決の方法を示して指導するというねらいをもっているものだから、見てなるほどとわかり、行動のしかたを変えるヒントになればよいのだ、ということもいわれるであろう。

しかし、映画を見ただけで子どもたちが、なるほどおてつだいはああすればいいのだな、とわかるであろうか。かりにわかったとしても、子どもたちひとりひとりが自分の具体的な生活の条件の中で、どう行動したらよいかを身につけることができるだろうか。さきにもふれたように、具体的な生活場面の中にはもっと複雑な条件がからみあっている。親とその子だけの関係で解決しないことが多い。それだけでなく、親も子もいっしょに話しあう家庭のふんい気もないかもしれない。そんな中では、この映画の解決法は、なんの役にもたちそうにない。

あるいは、映画を見せるだけでなくて、その前後に指導をすることによって、子どもたちの生活経験をひき出し話しあうようにすれば十分ひとりひとりの問題にこたえるようなものにすることができる、といわれるかもしれない。

しかし、こうすればよいということで、「いい子」を見せられたあとで、子どもたちがほんとうに自分のありのままの感じや行動や態度を表現するだろうか。たしかに自分の行動を「反省」はするだろう。しかし、それはけっしてその場面を自分なりに条件を分担し、客観的に判断して、考えだされた結論というものではなくして、映画に示されたできあいの基準にあてはめていっているだけではないだろうか。これではどんなにりっぱな「反省」や話しあいがおこなわれたとしてもそれで効果があがったなどと考えることはおよそ無意味である。

つまり、これらは指導法の問題ではなくて、この映画の基本に「これが望ましいことだ」「これがいい子だ」という固定した考えかたがあり、子どもたちに考えさせ、話しあわせるといいながら、それはただ手続き上のことで、実際には善玉・悪玉的な道徳観を教えこむだけなのではないかを考えなければならない。

いわゆる生活指導用教育映画、道徳教育用映画といわれるものが、「教育的」意図をあらわにしていることは、右にあげた「おてつだいのしかた」以外の例についても認められるところであり、その「教育的」性格のゆえにかえって真の教育映画としての（少なくとも人間性をゆり動かし、生きかたの問題を考える手がかりとしての）価値を低めていることを指摘しないわけにはいかない。

さて、昨年、学習指導要領の改訂に先だって発表された「道徳」実施要綱および道徳指導書は、実質的には学習指導要領の道徳の部分の内容をより詳細にしたものであるが、すでに知られているように、多数の指導主題が列挙され、これらが組織的計画的に指導されることになっている。そして原則的にはそれらの主題に示された内容が全体として子どもの道徳性を高めるように関連しあわなければいけないといいながら、実際にはバラバラにひとつひとつの指導内容を教えこむというようになっている。

その方法のひとつとして視聴覚教材も、「道徳的な問題に関心をもたせ、児童の関心を高めて理解を容易にし、感銘を強めることによって道徳的な意欲や態度を養い、心情、判断を発達させるのに効果がある」としてとりあげられている。つまり、子どもが自分の生活の具体的な条件の中でどういきるかをひき出すのでなく、道徳的に望ましいありかたといわれるものを抽象的なかたちで子どもたちに「わかりやすく、しかもお説教でなく」教えこむ道具と考えられているのである。

そして、「おてつだいのしかた」その他の映画は、この文部省の意図のとおりに作られており、「おてつだいのしかた」も「道徳」実施要綱に示された低学年の参考指導主題「おてつだい」および中学年の「いそがしい時の手つだい」に即して作られたものだろう。

なぜ、映画までが、そんな方向をむいているだろうか。教師が訓辞を与えるよりは映画を写したほうがいいという声も現場にはあるかもしれないが、しかし、それでは、映画は子どもに背を向けることになること、そして無意味になっていくことを考えなけ

ればならない。

子どもの生活をこまかく分解し、しかもそれにあるわくを与えようとするような道徳教育のありかたに疑問がもたれているさい、映画に期待されることは、生きた子どもの生活している姿を描き出し、それを見る子どもたちが、自分たちの姿をそこに見いだし、画面に現われた生活の場面をいとぐちにして生活の全面をみわたせるようなものを表現することであろう。それは、安易な劇構成では十分はたされない。記録映画の手法や考えかたが、もっと前面に出されることは当然のことと思われる。

教育的意図というものは、ここでは、さまざまなものの見かたや考えかたをひき出しうるような場面構成や、人物の描きかたのなかにこめられているべきものであると思うのである。

（以上の点については、加納竜一氏が本誌本年二月号にのべておられる）

3

いまひとつ、教材映画とよばれるものについても考えてみたいことがある。

戦後、教材映画も、シリーズとしてかなり製作されてき、戦前のいわゆる文化映画の教育的利用の段階からさらに一歩前進したといえる。そのような精力的な努力の結果、ほとんどの単元にも、そこで利用できるいくつかのフイルムがあるようになったことは、きわめて望ましいことにちがいない。ところが、そのような豊富なフイルムがあるにもかかわらず、現在、なにかそれだけではたりないような印象をもっているのは、あながちわたくしだけではないと思う。

それは何か。現在の教材映画が、その単元のその内容についてはいかにもくわしく理解しやすく描かれているのに、それがあまりに完結しすぎていて、そこで学ばれた内容がもっと広い視野から見てどのように位置づけられるのかがあいまいになってしまうおそれがないわけではない、ということである。

それは、理科の教材映画について考えてみても、社会科の教材映画についてみても、そういうことが感じられる。「電気の旅」を例にとってみよう。電気がおこされてから、しだいに高圧電流にかえられ、運ばれて都会にくる。そこでまただんだんに低圧電流にされて家庭に送られる、その道程がいちおう描かれ、多少難解なところがあるにしてもほぼ単元に即して理解はされるだろう。しかし、送電に関連する内容は、それだけではないだろう。ところが、そういう学習の発展はあまり考えられないのではないだろうか。これは「電気の旅」だけでなく同じく電気を扱った作品にも共通していえることではないかと思われる。

そうなると、映画は、結局かつてそこからぬけ出そうとして努力してきた「動く掛図」にまた帰っていくのではないかという心配が出てくるのである。

それには、現場では時間的制限の関係もあって、その単元にドンピシャリの映画でなければ使われないということもあり、そういう「便利な」映画への要求が高いということも関係しているかもしれない。

しかし、ここで、われわれは理科や社会科の指導においては、ひとつひとつの知識そのものの確かな認識とともに、それらが全体的なまとまりをもち、自然現象や社会現象を見る目を養うことをもめざさなければならないことを考えておく必要がある。

映画が、その特性を利用して知識を確実に伝えることに役だってきたことは認めるとしても、あらためて映画のもつ総合的な具象的な表現力によって、右のような自然現象や社会現象への観察眼をひき出すことを考えるべきではないだろうか。

これまで、教材映画としては正しい時期に正しい場所である内容を与えることができるかどうかということが評価の重要な観点であった。そのために説得力のある論理とキメのこまかさが要求されてきた。しかし、それがさきにもふれたように完結しすぎているために子どもの疑問をのばすという点でたりないところがあるのではないか。すくなくとも、もっと子どもの心に挑戦するような映画が作られていくことが必要ではないか、と思う。

東井義雄氏は「村を育てる学力」（明治図書、昭和三一）の中で、生活の中にいろいろなハテナをのばすことを指導しておられるが、その中に「澄ちゃん」という小学校六年生の女の子が、草とり作業をしながら、なぜこんなに一所けんめい草をとっても草がなくならないか、と考え、雑草のふえる力の研究を自分なりに進めていることが報告されているが、子どもたちの身のまわりにあるなんのへんてつもないような事象が、じつに多くの問題をふくんでいることに気づかせ、そこに立ち向かっていく意欲をひき出すことが、このようなすじみちで考えられるだけでなく、映画もそこに重要な契機を与える役割をはたすものとして利用されてよいのではないだろうか。

たとえば「たのしい科学」シリーズのような映画も、テレビ的であるという問題があっても、ある意味において教材的価値をもちうると考えられるのはそのような視点からである。わたくしは、けっして戦後作られてきた教材映画のありかたを否定するわけではないが、そのようなものと別なかたちの教材映画が作られてもよいと考えるのである。それは、やはり新しい教育課程との関係においてのことである。新しい教育指導要領では、各教科について教えなければならない知識内容がこれまで以上に増している。ところが、それらの知識のひとつひとつが系統的組織的にしくまれたといわれながら、全体として、どのような人間を形成しようとするのかが明確ではない。しかも内容が多くなっているから、いきおい断片的な知識の切りうりになりやすいことはあきらかである。そうだとすれば、われわれは真の子どもの学力を高め、人間としての成長を望む立場から子どもたちの思考能力を高めるような場、ないしはそれを構成しうるような教材を必要とする。そして、映画にそのような役割をはたす可能性を認め、これを期待するのである。

新作紹介

醤油

岩波映画作品

日常生活に最も身近かな醤油の生産状況を紹介。

演出・時枝とし江
脚本・時枝とし江
撮影・大小島嘉一

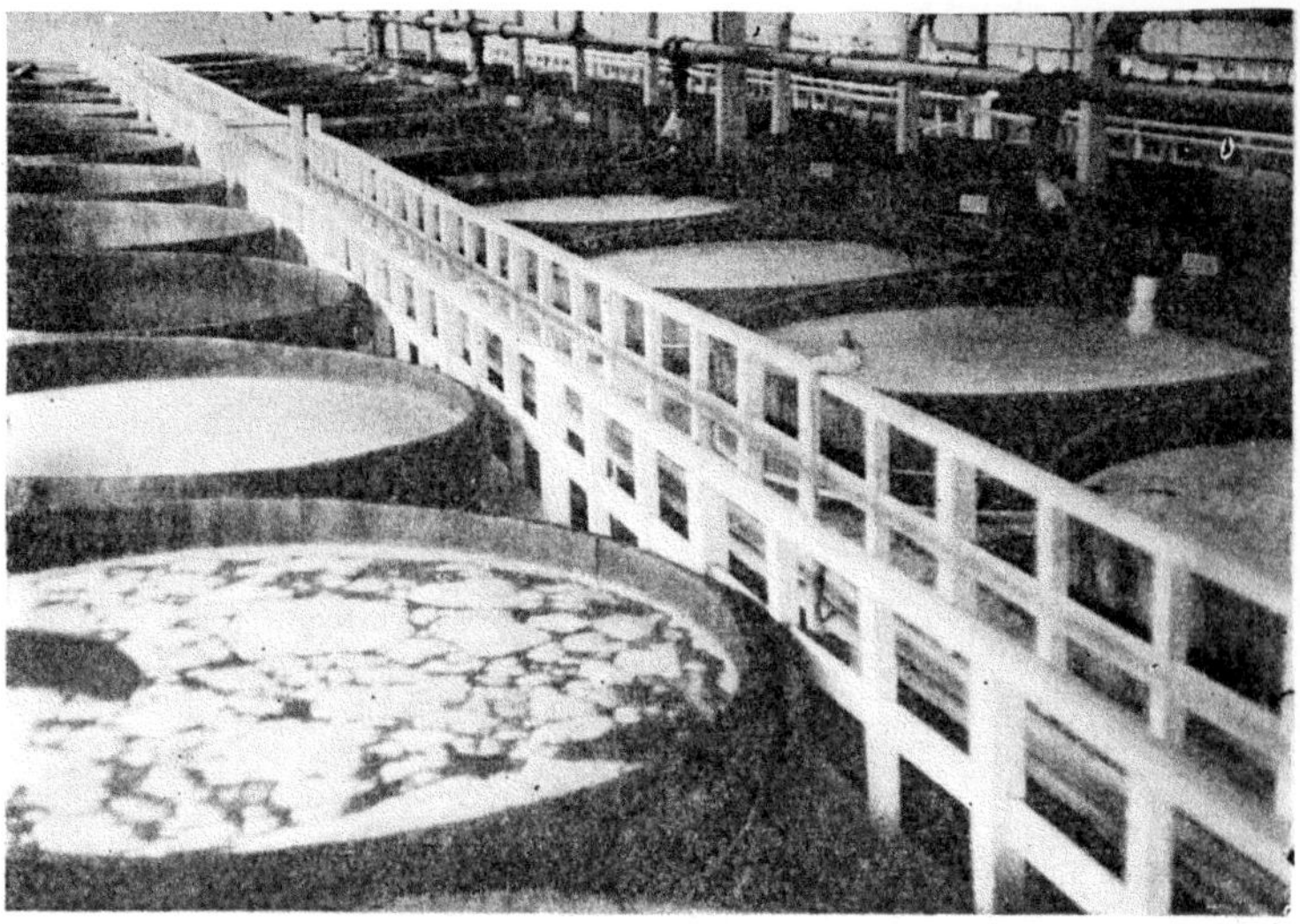

大気汚染

神奈川ニュース作品

都会の大気汚染の状況とその原因を追求する。

演出・深江正彦
脚本・西村孝昭
撮影・久村守

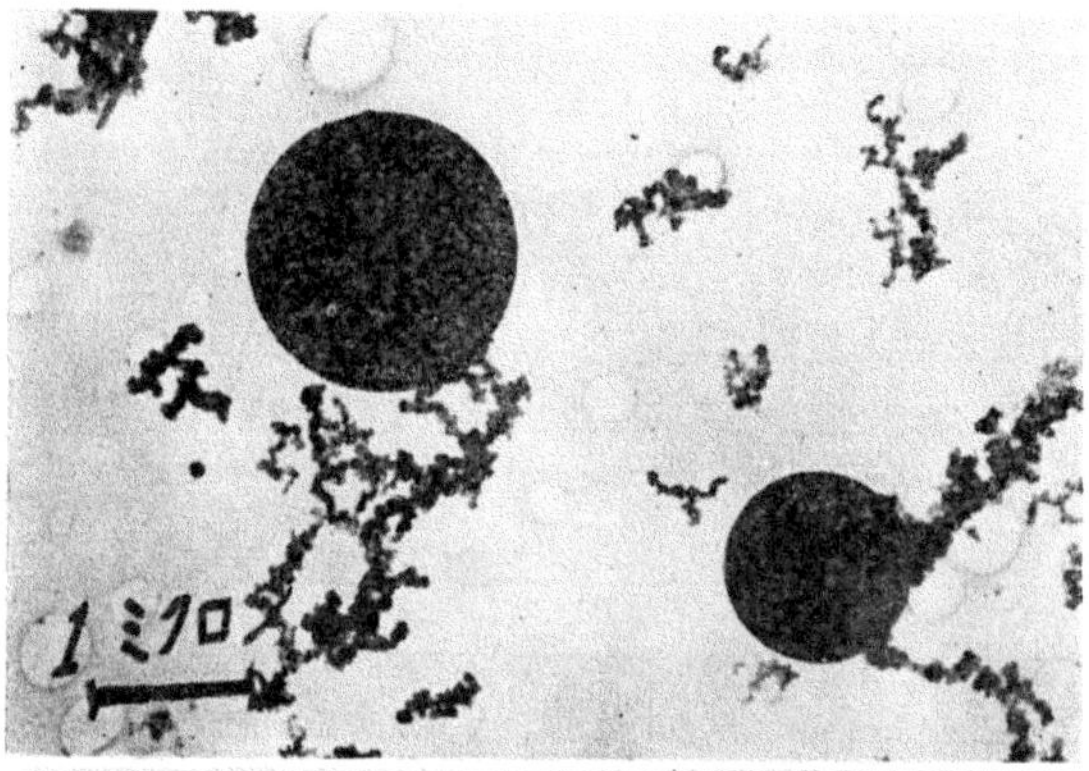

眼

読売映画社作品

人間の眼の物理的生理的な構造の科学的解明

演出・広木正幹
脚本・広木正幹
撮影・吉田豊

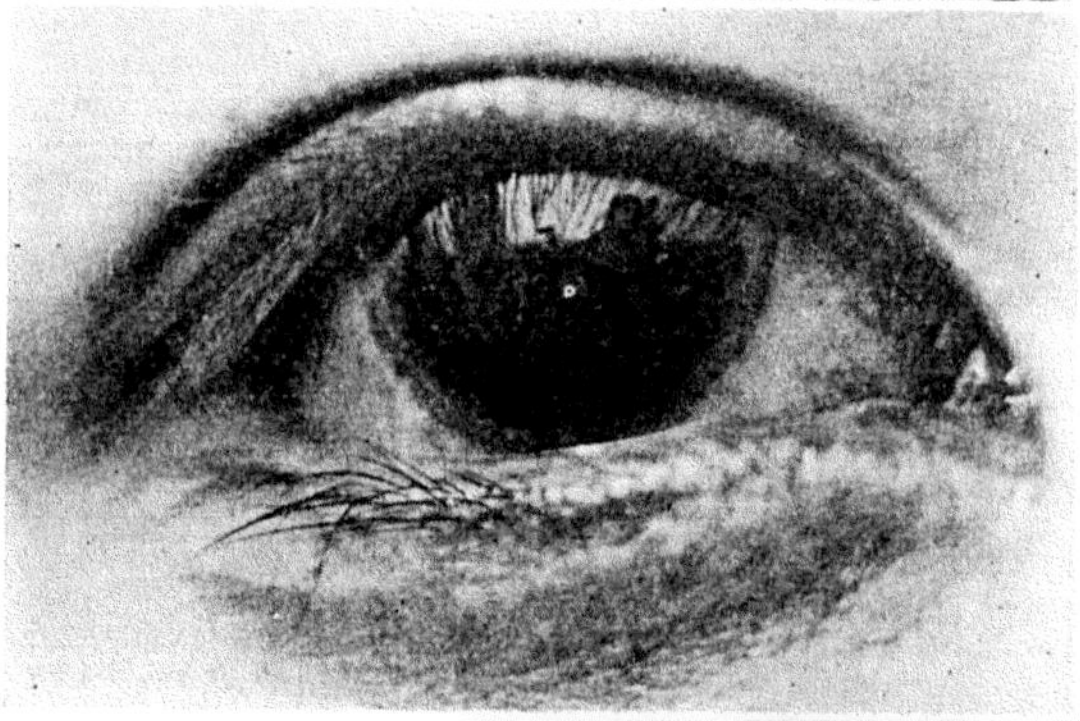

害虫と天敵

理研科学映画作品

害虫と天敵の関係を栗の木の例で描く。

構成・三橋毅
撮影・三橋毅
編集・永井清治

僕わかってる

桜映画社作品

中学生のしつけの問題をとらえすべての母親にささげる。

演出・青山通春
脚本・片岡薫
撮影・山根重視

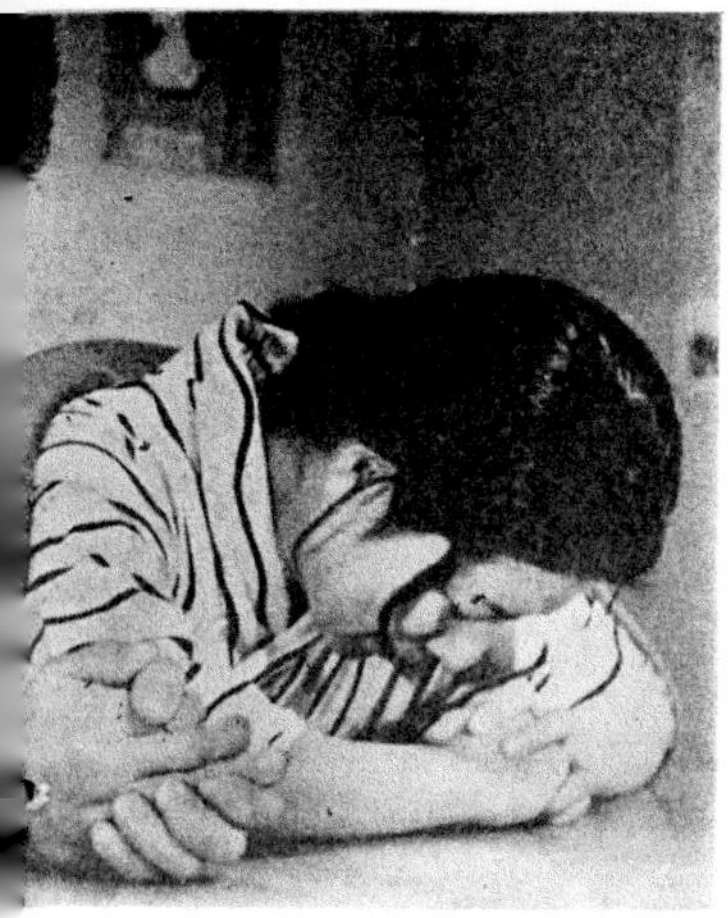

愛することと生きること

桜映画社作品

売防法成立一ケ年、従業婦の保護厚生問題を劇形式で追求

少年猿飛佐助

東映作品

東映長編漫画映画第二作

演出・藪下泰司
　　　大工原章
脚本・村松道平

瀬戸内海

関西映画作品

海の国立公園瀬戸内海の観光記録映画。

演出・伊勢長之助
脚本・加藤松三郎
撮影・長瀬直道

潜函

三井芸術プロ作品

近代的ビル建築の新しい方法を紹介、説明する。

演出・柳沢寿男
脚本・古川良範
撮影・佐藤昌道

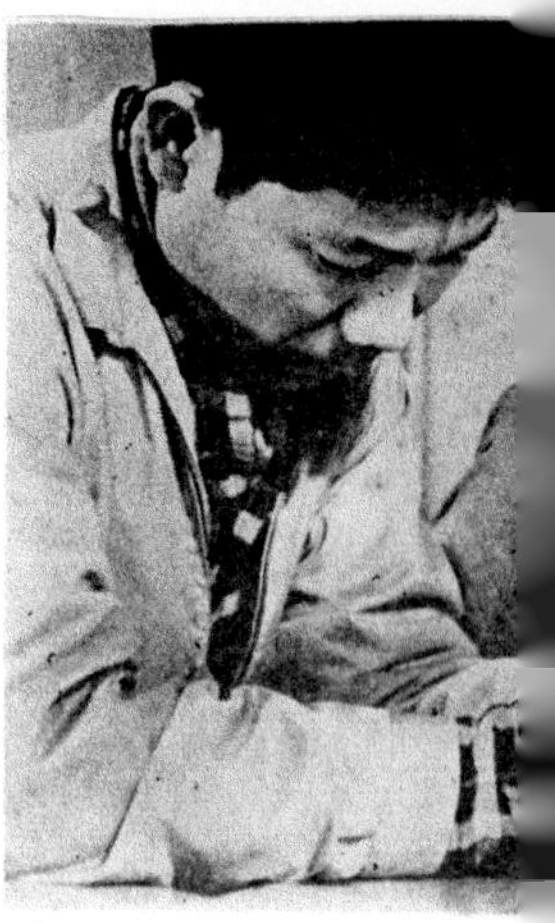

脚本・木村荘十二
　　　佐野美津男
撮影・長瀬直道

ふしぎな森の物語

イタリー映画　イタリーフイルム配給
イタリー最初の自然科学映画，森の中のフアンタジーと現実を面白く展開する。
演　出・アルベルト・アンチロット
撮　影・マリオ・フアンティン
フエルナンド・アルマーティ
ジュゼッペ・セベスタ・他

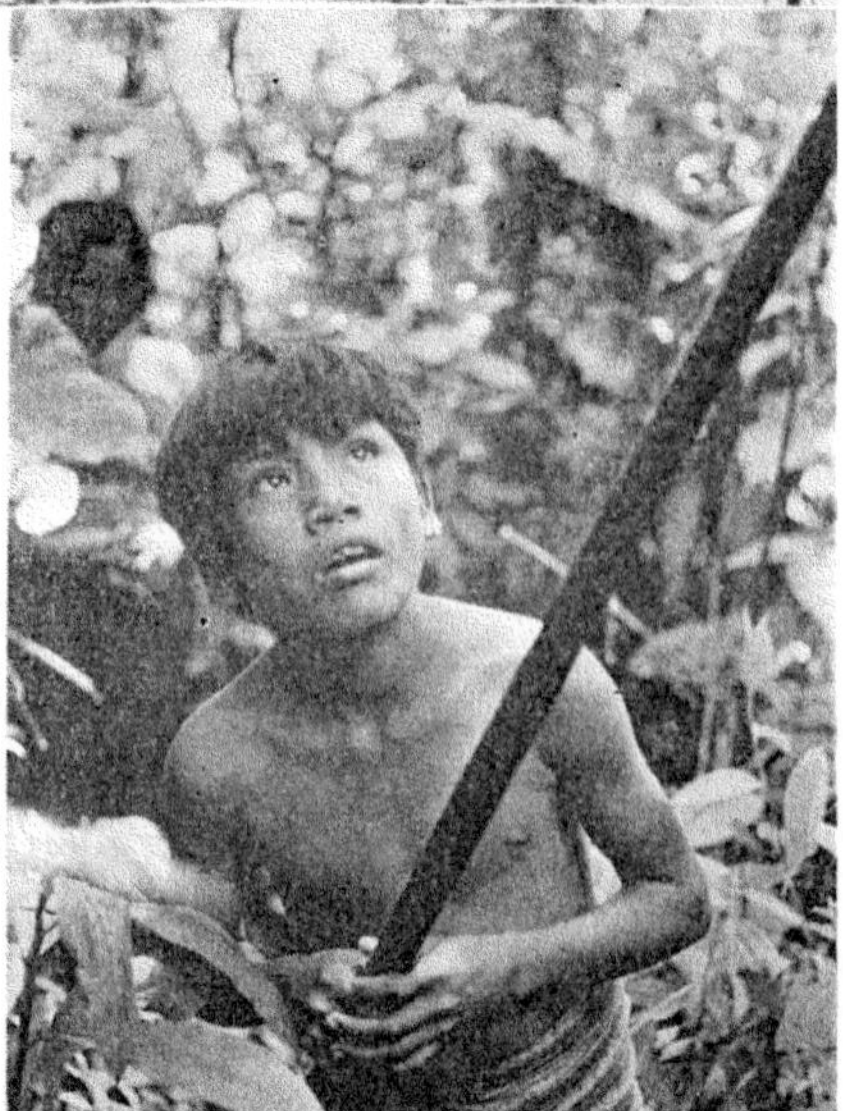

青銅の顔

スイス映画　NCC配給
太陽の帝国に住むインディアンの生態を興味深く紹介。
製　作・R・H・リュズイ
演　出・ベルナール・テザン

最近の児童劇映画■

チビデカ物語（民芸作品）
演出・若杉光夫

若き日の豊田佐吉（東映作品）
演出・堀内甲

わたしのおかあさん（東映作品）
演出・岩佐氏寿

コタンの口笛　（東宝作品）　演出・成瀬巳喜男

座談会

社会教育映画の課題■

――社会教育法が改悪されようとしているときに

（九十九里の子どもたち）

（重松敬一氏）

出席者

重松敬一（教育評論家）
荒井英郎（教育映画作家）
豊田敬太（教育映画作家）
田中徹（教育映画作家）
司会　吉見泰（教育映画作家）

（敬称略）

社会教育改悪法案の焦点　この法案はいま国会で審議中であるが問題点を要約すると次の四つにしぼられる。

1、社会教育主事の養成　社会教育主事というのは、現場で、社会教育を展開する実際の担当者である。これまでは各大学の社会教育主事講習を経て資格を与えられていたが、今度は文部省が直接に養成しようとしている。この数年、主事の追放、左遷事件が各地に起っているが、これは戦後の民主教育の盛んな頃に養成された主事の活動が保守勢力の政策に合わないからで、この際、官製特許の主事を養成しようというのである。

2、社会教育委員の権限　県市町村に社会教育委員会があって、教育委員会に対して、社会教育についての助言を行なってきたが、今度の法案では、こと青少年教育の問題に関する限り、自主的な団体（青年団など）に直接、助言指導できるようにしている。民間の自主的な社会教育団体に対する官僚的な統制指導ということは社会教育の根本精神から言って大変な問題である。

3、公民館の設置規準の設定　公民館は全国の市町村の八〇％に設けられ、地域の文化センターないしは部落の茶の間として、財政的にも住民自身が相当な負担をしてもりたててきたものである。これに国家的な基準をきめ、設置の枠をはめようというのである。公民館の規準をひきあげて豊かにすることはいいことだが、枠だけきめて財政的な援助は何も明示されていない。これでは、民衆に経済負担を転嫁することになるばかりか、上からの統制の色が露骨である。

4、民間の社会教育団体への補助金の交付　現行の社会教育法十三条にある補助金交付の禁止事項の削除が問題になっている。この十三条の精神は、民間の自主的団体に何らかの規制を加えてその自主性を損なわぬようにするという所にあった。

　今度の改悪法案の狙いは実は前記の三点にある。この十三条の削除は、民間勢力を賛成派と反対派に分裂させる作戦と考えられる。

（重松氏談）

吉見　今日は、社会教育法の改悪だとか、その他一連の教育法が、だんだんと改悪されて行く傾向の中にあって、これからの社会教育映画のありかたを考えて行きたいと思うのです。まず、先生の

方でいま問題にしておられる点をお出し頂き、それから作家の側から社会教育映画を中心にして今当面している問題提起をして、双方から攻めて行って一つの方向づけをしていただきたいと思います。

重松　今の教育の問題、特に社会教育のぶつかっている問題には、ほんとうはマスコミと教育との関係であるとか、あるいは今一般的に商業主義文化といわれるものと教育との関係などがたいへん深くひそんでいますが、まず足もとの問題では、前書きにお出しになったようなことがあるわけです。ところが現在当面している社会教育そのものの危機について一般の間に十分な把握が足りないんではないかということ、これは私自身が特に指摘したい点なんです。というのは、社会教育法の改悪問題はもとより、文部省推せん制度の復活にはならないだろうかという危惧が持たれている、文部省による良書の選定制度や、しくみ、こういう事実を見ていくと、今日の問題を社会教育の本質から見きわめていかないと、混乱だけが大きくなって収拾つかなくなる危険が大きいのです。その本質は何かというと、やはり戦前の、上からの教化政策の一環としての教育はごめんだという考えかたです。戦前あった社会教育というのは、御存じの通り官許の思想にもとづいて、つまり役所が許すような思想にもとづいて教化宣伝の一環として施された啓蒙の筋道が、その内容であったわけです。けれども、今の社会教育は、戦前からの上から与えられた筋道を押し返すような民衆勢力を作っていく、つまり一人一人の人間の自主性を青年からおとなに至るまで、きちんと持たせるということです。そういう、非常に常識的な目的さえも今社会教育の現場の中では、十分に確認されてないというのが現実なんです。いわばそういう弱点につけ込まれて社会教育が大幅に官許の思想中心の社会教育に逆戻りさせられようとしているのが、今日の問題です。もう一つは、日本の幼稚な商業ジャーナリズにささえられたマスコミに対応できる人間形成をしなければならない。こういう課題から今日の諸問題を検討して行きたい。つまりそういうような課題に答えられるような社会教育の体制なり、あるいは教材なり指導方法なりを確立しているかどうかということです。

豊田敬太氏

荒井英郎氏

吉見　最近の作品で言えば、豊田君は「**切手のいらない手紙**」荒井君は「**おらうちの嫁**」田中君は「**ちえ子の世代**」というような社会教育映画にたずさわってきた作家です。そういう作品を作る中でわれわれも最近、今の商業主義的なマスコミなどに対して、下からの自主的な積み重ねという方向で問題点をとり上げ作品を作っていきたいと考えてきているわけですけれども、荒井君どうでしょう、あなたの作品で、はじめはこの問題を提起したいと考えてとり組んだのが、いろいろな事情のために少しずつ歪みがきたり、抵抗したりせざるを得なかったというような摩擦はなかったですか。

荒井　私の「**おらうちの嫁**」の場合は、日本青年団協議会と連絡をとって、現地の青年達と話し合いをやって、題材を確かめて、そこから協力を得ながら作った。別に外部との抵抗というようなことはなかった。むしろ、民衆の要望に答えるには、どういう点をつかんだらいいかという点で、なかなかつかめてないということを経験したのです。

豊田　東映の場合、もっとも、これは東映に限ったことではないが、売れるか売れんかということが問題になる。そして終りの方でホロリとするということが要求される。

重松　売れるか売れないかという問題は実は一般の商業主義的な映画と教材映画の違いだろうと思うが、具体的にいうと教育委員会とか農協とか青年団とかが買うか買わないかということなんですね。だからそういう団体なり、あるいはお役所に非常に近い所で陣取ってるようなところが、思想的によろめいた時にはとんでもないはね返りが教材映画にすぐ来る。つまり戦争映画だって反戦映画だって、民衆一人一人がおもしろいといって拍手を送ってる間はまだいい。ところが教材映画は民衆自体が評価するんではなくて、中間の、へんな上部構造がそれを評価して、買うか買わないかをきめるので、今度の社会教育法の改正次第では、危険なことになる。

豊田　売れるか売れんかという時に、いろいろな人が作品を買う委員会のようなものでも構成しているわけじゃないでしょうから、

そこが危険なところなんですね。選定をとりたいというのも売りやすいということに結びつく。

重松　本質的に一種の官許の思想なんですね。選定を受けたということは、これはお役所が大丈夫と判こを押してくれたから、私のところで採用してもよかろうという。

田中　特に東映みたいな大企業で教育映画を作る場合は、テーマの選びかたなんかでもそういう売りやすい条件に合わせようという考えが強いんじゃないですか。

吉見　とにかく一方では、人間形成の問題とは別のところで売れる売れないが問題になっているとき、一方では、小グループのような形で、社会教育の信頼すべき下からの基盤も積まれているのではないですか。われわれの立場も、その辺を信頼して行かないと。

重松　最近、自主的な総合学習とか共同学習という名で、話合い中心の学習が各地に行なわれるようになりました。青年、婦人を中心に、小さな仲間で自分たちの身近な問題をとらえながら、共同の思考を重ね、共同の行動を起し、それと学習をからみ合せながら人間作りを自主的に行なっている。これこそ日本の社会教育といえるものだ、これを何とか伸ばしたい。そのためにはそういう自主的なグループの学習を刺激したり、活動を向上させるための一環として当然教材の問題が出てくる。そういう意味で最近、私は非常におもしろいと思ってるのは、この一月からNHKに婦人学級の時間ができたんです。集団聴取を前提にした番組です。これからのマス・メディアの使い方の新しい傾向を示しているのではないでしょうか。映画の場合には従来集団的な鑑賞であるとか、教材映画というジャンルを確立している事実はありますけれども、もっと受取る主体の方の、集団の態勢というものをもう一ぺん考えながら、そういう態勢を作り上げるような教材を明確に作っていかなければならないんじゃないだろうか。NHKの新番組は、まとまった結論とかものを教えようなんて意図はないわけです。何か聞くことによって集団の中での話し合いが活発に行われるような、それを促すような、あるいはみんなで持ってる問題を確かめるための教材を与えるというような考えかたで、かなり好評を受けてます。民衆自体を分裂させ、集団中心の上からの統制的な社会教育をやろうとする傾向、それに対して社会教育はもっとこまかな、小さなグループ、あるいは一人一人の人間の意識昂進を狙うということが大きな課題にならないだろうか。官僚統制が強まれば強まるほど、一人の人間の積み重ねで大きな集団を作りあげる活動を促すような、そういうための学習、そのために必要な教材ということをこの辺でかなり明確に考えていかなければならないと考えます。

田中　徹氏

吉見　泰氏

吉見　そうした要請の中で、われわれの態勢はどうでしょう。

田中　われわれの場合には、さっきの売りやすい条件に合わせるという問題にからんで、NHKの、集団で討論する材料になるようなものを与えるという方法がむつかしい。このあいだ西原孝さんの「**ちえ子の世代**」で助監督でついたんだが、結婚適齢期の娘達は農家に嫁に行くことを悩んでる。これを映画化すれば見たい、という声は青年団の中にあるけれども、いざ東映の中で脚本にまとめようとすると、ある程度悩みを見せておいて最後に何となく今日の状態の中で農家に行くことを納得するという結論へ持って行かないと映画化できない。問題を投げかけるというようなことはなかなかやりにくいと思う。問題を投げかけるものでもいいというプロデューサーもいますけれど。

豊田　投げかけるのはいいが、投げかけ方が問題になってくる。だから貧乏生活を描いても、何で貧乏かということは、映画の中の人物はあまり深く考えない。その貧乏の中でいたわり合うホームドラマに流れるわけです。

重松　最近放送の関係者に聞いたんですが、テレビが始まってから若い世代の人達がホームドラマを好むがなぜだろうという。特に高校生あたりが例のNHKの「**バス通り裏**」を非常に好むんですね。いいかえると、日本の家庭や社会は矛盾だらけで家庭にも、青年達の世代の考えにそぐわないことが多い。ところがホームドラマの中では家庭というものの楽しいふんい気を具体的につかんでいく。それが案外受ける原因らしい。社会に矛盾があるから、必ずしもリアルに描くことが受けるということでなくて、むしろめでたしめでた

しでもいいから見ている人達との間の脈絡が問題だと思う。農村の嫁さんでもしあわせになれるんだということを押しつけることしかないというのが現状だとしても、それでも自分達の生活と比べることが沢山あれば考える教材になる。

吉見　荒井君の写真なんか現地へ持ち帰ってみて、今のような観点からはどういう反響があった？

荒井　まだ集計してなくて、手元に帰ってこないんです。この映画を作りながら考えた事は、その映画を上映した場合、個人が見ただけで効果が上ればいいのか、あるいは集団で見て討論することで効果が上るような映画になればいいのか、ということだったんですが、その結果が分らないんでね。

重松　社会教育のほんとうの働きというものを高めるためには、集団の中での話し合いを前提にした教材が、やはりほしいところです。けれども、個人に見せて納得させようと考えるから、どうしてもＡＢＣＤに始まってＸＹＺに終るという映画にしかならないんじゃないか。特に私は教育の作用という点から考えて、大集団に対して一方的な、マスコミ的なものは駄目で、だいじなことは横のパーソナルコミュニケーション、人間的なコミュニケーションにおきかえざるを得ないような問題をはらんでるものが、教材としては重要な意味を持ってると思う。

吉見　そうした横の人間関係を考える場合、作家の考えかたそれ自体が、ある反発なりある感動なりが観衆一人一人に呼びさまされて、自主的な討論を激発していくような作品でないと、おもしろくない。作家と観客が互いに考えあい、結びあう映画、自主的な人間関係の討論もそれによって刺戟されて行けるのでしょう。

豊田　その討論のことですが、社会教育関係のある人がいってたけれども、昔文化映画といってたころのは全部ナレーションでいくでしょう。それでは都会はいいが地方では駄目で、要するに劇的構成で見せて、終りの方で、ホロリとすると、場内がしんとなる。パッと明るくなって、しいんとした余韻が残ってる。そこで、さてといって話を出すと話がいろいろと出てきやすいということだったんです。それはそういう討議とも結び着くし、一つの社会教育映画の形式とも関係があるいろいろな問題を含んでる話になってくるんだけれども、そういうことはどうなのかな。

重松　極端にいえば、映画としてのできふできはある場合は問わないということですね。社会教育の立場からいうと。たとえばおかしな、内容の支離滅裂な映画だって、その支離滅裂なことが話のきっかけになるかもしれない。しかしですね、例えば嫁と姑の教材ですが、ある農村へ行くと「うちあたりではそんな状態はない」という。そのとき、映画製作者の方はそのまま退いては困る。映画によってそうじゃないという反発が起ってくること自体が話し合いを刺激して、身近な生活との比較をちゃんとやれる。反発も起りません、ただ何となくホロリとしましたでは、社会教育映画としてはゼロであるということなんですね。それからターザンの映画を見せたって社会教育はできる。けれどもなぜ教育映画に期待するかというと、ただ一点、理性を信頼する点なんです。普通の劇映画はマスコミ一般が持ってるように情緒的な、感性的な性格が多いわけです。ところが教材映画の場合は、ふっとわれに返ったり、ふっと理性が鑑賞中に芽生えたりする。それが教材映画として重要なことだろうと思います。

豊田　今いわれたことは、要するに劇映画、教育映画を問わず、いい意味でのいい映画がみんな持ってるもんでしょうね。

重松　それからもう一つ関連して出てくることは、よく農村の婦人会や青年団で起る、あとの話し合いの一つの傾向ですが、作品批評をやる場合が多い。映画鑑賞的な話し合いですが、私はこれは避けたい。そのために自分達の身近な問題にちっともぶつからない。作品として見てしまう。そうならないためには記録映画・教育映画というのは筋だとか作品中心的な

おらうちの嫁（上）
ちえ子の世代（下）

見かたをさせない条件というものの、これはむずかしいと思うんですけれども、考えていかなければならないんじゃなかろうかと思う。

豊田　農村なんかじゃ、映画を見て討議する時の司会者の質の問題がずいぶん左右するんじゃないですか。

荒井　そのほかに、今いわれたように映画自体の責任があるでしょうね。作品批評にひっぱりこませるような映画というものもあるように思うんですがね。最近の経験ですが、教材映画を今作ってるんです。子ども達が都内見学をして歩くんです。学校の先生側が「あまり子どもを出さないでくれ、見て歩く子どもを出すと、その映画を見る子ども達が客観的になって自分達の問題として考えない」そういうことをいうんです。

重松　おもしろい問題ですね。身近な問題と比べるとか、生活経験に照してとかいうと、そのまま鵜呑みにして同じような環境や同じ対象をおかなければいけないと考える安易な経験主義は間違いだと思います。農村の青年に都会のどまん中の青年の生活を見せたっていい。農村には農村向けとか、都会には都会向けなんて間違いじやなかろうか。子どもに、たとえば紙屑を落してはいけないということを、かなり道徳的に扱おうとする。子ども達が紙をちらかしてるのを扱っても印象として薄い。おとながやってると「おとなのくせに」という。むしろそういう細かなことを考えていくのが教材映画ではかなりだいじなことで、今の例は非常におもしろいと思う。それに関連してもう一つ、教育映画の持ってるいやらしさという問題がありますね。（笑）修身教科書的なものがちらつくわけですね。特にナレーションなどでそれをやられるといけない。

豊田　ナレーションでやるとそうだから劇でやった方が見てからしんとなっていいという意見が出てくるわけです。考えかたとして、劇映画の方は感情的、情緒的、教育映画は知性的というのが大きな別れかたで、考えかたとしてはそういうことはあるんじゃないですか。特に初期の文化映画のころには。

重松　知的な、感情的なという分けかたでジャンルはきまらないと思います。さっき、理性に期待するという言葉でいったんですが、考えかたとしては理性そのものではなく、理性というものを期待するという条件から、教材映画の特質である考える刺激、考える時間を与えるということが出てくると思うんですがね。

吉見　このごろはまた社会教育映画が一つの類型になってきてるような傾向がありますが。

荒井　もう一つ問題加えると、劇形式ということが問題になってきてるわけですよ。それが安易になってるんじゃないか。

吉見　作品が描くべき対象の本質を衝いてる場合、これはやはりその衝きかたのみごとさで理性の可能性への期待というものは当然感動的にも出てくるんじゃないかと思うんですが、ところが本質が衝かれないとすると作品が弱い。その弱さをかばったりするために劇形式ないし人をつる手法でごまかすということになってるんじゃないか、類型化もその辺から出てくるんじゃないかと僕は思うんですけれども。

豊田　劇形式であってもナレーション形式であってもいいと思うんですよ。よければいいと思うが、劇形式の場合は製作日数がかからないということがある。たとえば二巻ものなら撮影日数、一週間か十日。五巻ものでも普通なら二十日から二十五日だ。これがドキュメンタリー形式でやれば最低二月三月、長いものだと半年かかる。

荒井　それからもう一つ。この間の「**おらうちの嫁**」は劇形式をとったが、これは農村ではドキュメントはあまり受けない、劇形式をとってくれという声があって、製作した共同映画の方で、劇形式にした。そういう問題も一応あると思います。

重松　教育映画を選ぶのは民衆ではなく、いつでも、大衆を動員したい側の人間が選ぶから劇映画を望むということが容易に出る。それに左右されるということは恐ろしいですね。だんだんこれから中途はんぱな劇形式映画はだめになるんじゃないでしょうか。記録形式の映画というものは教材映画として大きく評価されることになるんじゃないかと思います。その場合だいじなことは、「**佐久間ダム**」一つ取り上げても、あの工事のプロセスとか自然の雄大さというようなことが問題じゃなくて、あの中で人間がどういう営みをしたかが感動の焦点だということ、ややもすると記録映画は人間の生きかたというものを忘れるのが致命的な欠陥じゃないでしょうか。

荒井　われわれは生活を出さなければいけないと思ってやってきてるが、生活は具体的ななま生活を出さなくても、機械を出すことでも生活は出てくるはずだと思います。人間の作った道具を見せたって生活は出てくるわけです。

吉見　しかし矛盾に満ちた人の生き方を追求するということは従来の方法ではとても駄目だ。たとえば農村の生活にしてもなかなか描ききれない。今までは分ったような顔をして情緒的に描いてきたが、一度分らないことは分らないと自覚してみるんだね。そして分らない程、孤立しあっているんだということを客観的にドライに見直さないと本質には迫れない気がする。

重松　何か今までの教育映画の持ってる一つの傾向としてこういうことをいえると思う。ちょうど学校の社会科的な考えかたの作品があります。そんなしくみ中心の教育映画理論が、どこから出てるのか分りませんが、社会教育映画の場合は一人一人の人間の生きかたや考えかたという問題になってくるわけで、その場合、しくみの中での人間の姿が一ばん大切なんで、その姿を考えさせる条件がどのくらい画面にあるかということだろうと思います。

吉見　さっきの社会教育映画全般の一種の類型化の基本は今おっしゃったしくみ中心のためなのでしょうね。作中の人間が類型的にしか動かないというのはしくみ中心だからです。これをくり返して

いると、上からの教化主義にまみこまれる危険もある。

重松　しくみが先にあり、その中に人間がぶち込まれてはめられる印象が強い。「このごろの映画を見るといつでもわれわれ姑は悪者になってます」としみじみこぼすわけですね。この罪たるや大きい思う。（笑）

豊田　この間、農村の病気の映画で、農村の若いお嫁さんは、姑がいればおやじとの板ばさみになり、それが重なっていくと精神的な心労という形で総合して体に影響してくるということを現わすのに、箱の中に、こっちに犬、こっちに兎を入れると、兎は犬がいるから、いらいらして、ほかの刺戟と総合してだけれども、肝臓が腫れてきたりする。それを撮るのに、こっちに兎、こっちに犬がいて、オーヴァーラップするとこっちのいろりのところに姑がいて、こっちに嫁がいるというのをピシャッと撮ったんです。その犬がシェパードみたいな犬なんです。それじゃ姑は狼だ。（笑）どぎついというんで編集し直して柔かくした。

重松　だから、さっきのしくみでもいいから、もう少し科学的に追求していく眼がほしい。嫁と姑の問題扱うんだったらおやじの姿をとらえてほしい。つまり、社会科学的に見たってだいじなのは、男がどういう位置にいるかということが、嫁としゅうとの問題の決定的な問題なんですよ。具体的な問題ですよ。嫁としゅうとが争うという場面よりも、その時男は何をしていたか、おやじがどんな姿でどんなふうに問題から逃げ去っていくかということをカメラで追求する。そういうものです。社会科学的な眼というのは、小学校の社会科程度の眼では困る。

吉見　話はこれからというところで時間がきました。人々をばらばらに孤立させたまま、十ぱひとからげに引っくくってしまう官製教育との対決という点で、社会教育映画の課題がいろいろ出されたと思います。私たちは民主々義の基盤を強く積み重ねて行く場にあるわけで、人々と結びあった作り方をますます発展させねばならぬわけです。

重松　最後に。青年や婦人のグループに出られ、ほんとうに要求されている教材は何かということを摑んで頂きたい。それは教育関係者と映画人との共同の問題です。お互いの研究会組織のようなものがほしいですね。

吉見　それはほんとうによろしくお願いします。どうもありがとうございました。

（三五頁から）三万ドル以上稼がないと割当がもらえないし、枠外短篇制度は四千呎以下の短篇でないと資格がない。日本映画の九九・九%が六大会社に独占されているとき、中小業者が六大会社のヒモつきなしに輸出をやるのはほとんど不可能だし、一方の枠外短篇制度にあてはめるために、六千五百呎の「戦艦ポチョムキン」を二千五百呎もカットするわけにはいかない

一九五七年の春からおきた「戦艦ポチョムキン」の輸入促進運動は、先ずこういう規定にたいして特例を設けてでも輸入を許可させようという陳情運動ではじまった。しかし、各種団体から山積した陳情書も当局を動かすことはできず、その他ありとあらゆる方法を使っての輸入実現への努力が行われたが、何れも強固な輸入制度の壁にぶつかって成功を収めることができなかったのである。

昨年の暮「戦艦ポチョムキン」上映促進の会は、こういう二年来の運動の総決算として誕生した。これまで各団体ごとに行われていた輸入促進運動を全国的に一本化して、もっと強力なものに盛り上げ、割当による正式輸入ができなければ寄贈プリントによる非劇場上映運動を展開しようというのである。「戦艦ポチョムキン」はフランスでも、イギリスでも、先ず「シネ・クラブ」や「フィルム・ソサェティ」などの映画サークルが非劇場上映ルートを開拓して公開していって歴史をもっているが、日本でもこの経験にまなんで、最初の本格的な非劇場上映運動を展開することになったわけで、上映促進の会は誕生と同時にその実行運動体となった。正式割当高による劇場公開ののぞみは昨年末でついに絶たれ、観客がこの映画を見たいという要望、これを組む輸入制度と商業主義にたいする怒りが非劇場上映運動をふみ切らせたのだ。

今年の二月二一日、神奈川県会は県立音楽室で全国最初の非劇場上映を圧倒的な成功裡に終了し、三月には五日間にわたる特別披露公開が東京都で行われた。この上映促進の会はようやく全国的な規模で、急速に発展しているが、この運動こそ「戦艦ポチョムキン」にとどまらず、すべてのすぐれた映画を自由に享受したいという観客の要望、また享受する権利を現実化するためのあたらしい運動の第一歩である。

大いなる想像力

児童劇映画への作品評的な註文

佐野美津男

（白い少女）

子どもの空想力と児童劇映画という題で原稿をもとめられ、「白い少女」と「若き日の豊田佐吉」の二本を見るようにいわれた。「白い少女」については、本誌一月号で大島辰雄さんが絶讃に近い評価をしていたので、かなりの期待をもって試写会にのぞんだ。そして全く落たんした。「若き日の豊田佐吉」のほうは文部省特別選定ということなので、それなりの態度でのぞみ、それなりにヒドイモンダと思った。そしてぼくは、あの二本の映画と子どもの空想力とを結びつけて考えようとする努力を放棄した。だがやはり、それなりに——というよりもそれだけに改めて、子どもの空想力と児童劇映画ということで考えざるを得なくなったのだった。早い話が、「白い少女」について、あれほどの評価をした大島辰雄というひとに対して、ぼくは大きな疑問を持つ。あんなものを追いもとめていって、子どもという存在を把握し形象化できるとは、どうしても思えないのだ。「白い少女」の試写会でもらったプログラムには、子どものための映画とか、児童劇映画とかいう文字は刷り込まれていない。あれは大人の見る映画だったのかも知れない。だが、子どもを描いた映画ではあったのだろう。その限りにおいても、ぼくは不満だ。公式的な言い方だが、現実の子どもとのかかわりということを、ぼくはまず第一に考えたい。そしてぼくは、あの映画に出てくる少年も白い少女も、何ら現実の子どもたちとかかわりがないと思うのだ。あの映画に出てくる少年の夢も幻想も、子ども自身のいだくそれでは決してなく、大人が子どもに対してもとめる自己の投影でしかない。その意味で、あの映画の作者は童心主義の立場にたっているのだ。「少年の思い出、霧のような話、誰にもあったこと」いう発想からして、現実の子どもとはいささかのかかわりもないのである。子どもがみる夢、いだく空想が、誰にもあったといいきれるものだろうか。子どもが、そんな普遍的な夢や空想をいだくはずがないではないか。子どもは、それこそ誰でも、自分の夢や空想を、自分独自のものとしていだき、それを育てようとするのだ。それが普遍性を持ち、共通性を持つものだと知ったとき、子どもはそれを放棄する。子どもはそれほどに利己主義であり、自己中心的である。そうした子どもの心性を無視して夢の普遍性を強調しているから、あの映画はつまらなく雰囲気的なのである。その雰囲気的ということでは、あの映画はそれなりの出来ばえをみせており、大人の自慰的心情を満足させる作品だと思う。カタルシスの芸術である。

「白い少女」を見ながら、ぼくはしきりに浜田広介の童話を連想していた。象徴的な手法ということでも「白い少女」と広介童話の共通性はあり得ると思うし、大島さんが認めている「詩的韻律を画面に息づかせ」ている点でも両者は共通しているだろう。しかし児童文学の世界で、ぼくをふくめて新しい世代が詩的韻律といったようなものを否定しようとしている現在、映画の世界でもまた、それは否定されるべきことだと思うがどうなのだろうか。それとも百花斉放ということで、それもまた肯定するということなのか、この辺の事情は是非知りたいと思う。もちろんぼくも大島さんのいうように、「日常茶飯の飾りつけに目をくばるだけで、その奥のレアリテを見とどけ、それから幻想的な世界をひきだそうとはしない」という児童劇映画の現状には強い不満を持つ。だがそれが、ボワロオ・ナルスジャックのいうように、また大島さんが強調するように「ほんのささいな想像力で足りる」とは思えないし、「私たちは少年の日の思い出に、誰にもあったはずの遠い日の夢にたち帰り、童心の憧れにめざめ」ということで、打破できるとも考えられないのだ。

「その奥のレアリテ」を見とどけるということ、このためには、大いなる想像力が要求されるし、子どもの「前につずいてビニールの霧につつまれて」いる人生を鮮明に、あからさまにすることが必要なのだと強くいいたい。「白い少女」の作者たちは、子どものなかに自己の投影を見ようとはしたけれど、子どものその奥のレアリテを見つめようとはしなかった。その甘い雰囲気にまきこまれて、大島辰雄さんもまた、子どもに自己の投影をもとめようとしている。この人たちに共通してぼくが感じるのは、子どもに対する安易な考え方だ。ほんのささいな想像力で子どもを見ようとしていることだ。あらゆる可能性を持っている子ども、それを見つめ、形象化するということ、それがたやすく出来るはずがない。ほんのささいな

子どもの空想力を形象化するのにも、作家は大いなる想像力を働らかせなければならないのである。むしろ現状は、大いなる想像力を持った作家がすくなすぎるということではないのだろうか。それと、否定し去るべき古き方法にたちむかう戦闘精神の不足。

「白い少女」にくらべて**「若き日の豊田佐吉」**のほうは、自然主義的ともいえるリアルな手法で作られている。それなりに説得力のある作品でもあるだろう。導入と終結のナレーションもキザではあるが力強いと思った。だがそれらのことは、いまここで、ぼくがかかわりあうことではない。あの映画を見て、ぼくが改めて子どもの空想力と児童劇映画について考えさせられた、そのことを語ればいいのだ。

ぼくは「若き日の豊田佐吉」を見ながら、しきりに観客のことを考えていた。もちろん子どもの観客のことだ。それは今でも考えているのだが、あの映画を見ながら、子どもたちがどこまで、あの映画のもつコジツケやウソを見破ることが出来るだろうかということ、それは子どもたちの想像力と深いかかわりのあることなのだが、ここでもまた、空想力と想像力とは区別して考えるべきだと思ったのである。ここでもまたというとは、このところずっと、ぼくがそれを考え続けてきたからで、ぼくは想像力を思考的体験の翼ということで規制したいのである。それでは空想力とは、となるとぼく自身非常にアイマイな考え方しか持っておらず、いまここでいうことができない。それでも区別だけはつけたいと思うのだ。

「若き日の豊田佐吉」のコジツケとウソについてだが、その第一は、佐吉が父親から他人の飯を食って修業するようにいわれ、母と連れ立って家を出る。二又道にかかると母はどうしたのか別の道をいく。佐吉が仕方なくついていくと、野良小屋があって「ここならお父っさんも気がつきはしまい、食べる物はおっ母さんが持って来てやるからな」という、その野良小屋なのだが、その存在を佐吉が知らなかったというのが、なんとも不思議でならない。佐吉は長男であったらしい。父親も後継ぎとして佐吉を考えていたからこそ、大工仕事を怠けての研究にやかましいことをいったのである。とすれば、当然のこと、野良小屋の存在ぐらいは知っているはずなのに、あの映画では知らなかったことになっている。コジツケである。二本の道があって、一本の道をいけば佐吉は一人前の大工となって平凡な一生を送った。だがその道をいかず、別の道をいったがために、そこに野良小屋があり、そこで研究に没入し、織機王となることができたというわけ。なんとも御都合主義にすぎている。もしそこに野良小屋がなかったら、豊田佐吉という織機王は生まれなかったかも知れない。ここでぼくは現実の子どもたちとかかわりあって考えるわけだ。「発明は決して一朝一夕に出来るものではない。天才よりも努力、努力こそは偉大な発明を生む最大の力である。」と力説してみたところで、子どものなかのひとりが「そんなことといったって、ぼくの家には野良小屋がないよ」といってしまえば、それはカレンダーに印刷された教訓のようなものでしかなくなる。それにまた、佐吉は凧をあげる糸のたぐり方にヒントを得て試作品を完成したのだが、都会の子どもは凧上げをする機会にも恵まれていない。もちろんそれは、凧上げのように何気ない遊びのなかに発明の種がかくされているということなのだろうが、現実の子どもたちは、遊びについてさえ自由を奪ばわれているのだ。というふうに考えていくと、あの映画がいかに現実の子どもたちとかけ離れたところで作られているかがはっきりするだろう。それはまた、文部省特選のゆえんでもあるのだとぼくは思う。そしてそうなったのは、「若き日の豊田佐吉」の作者たちが、現実の子どもを見ていないということ、子どもたちに対して、大いなる想像力を働かすことのない人たちだということであり、この点では「白い少女」の作者たちとあまり違いはないようである。

だいぶ古くなるが岩佐氏寿さんが東映で作った**「わたしのお母さん」**という映画、あれについてもふれてほしいといわれていた。「わたしのお母さん」についてもぼくはかなり批判的で、岩佐さんにも直接話したことがある。それは主に、岩佐さんが意識的に取り入れたドキュメントな部分、たとえば青果市場の部分などが他の部分からあまりにも浮き上っているために、かえって記録性を失って見えるというような批判をしたわ

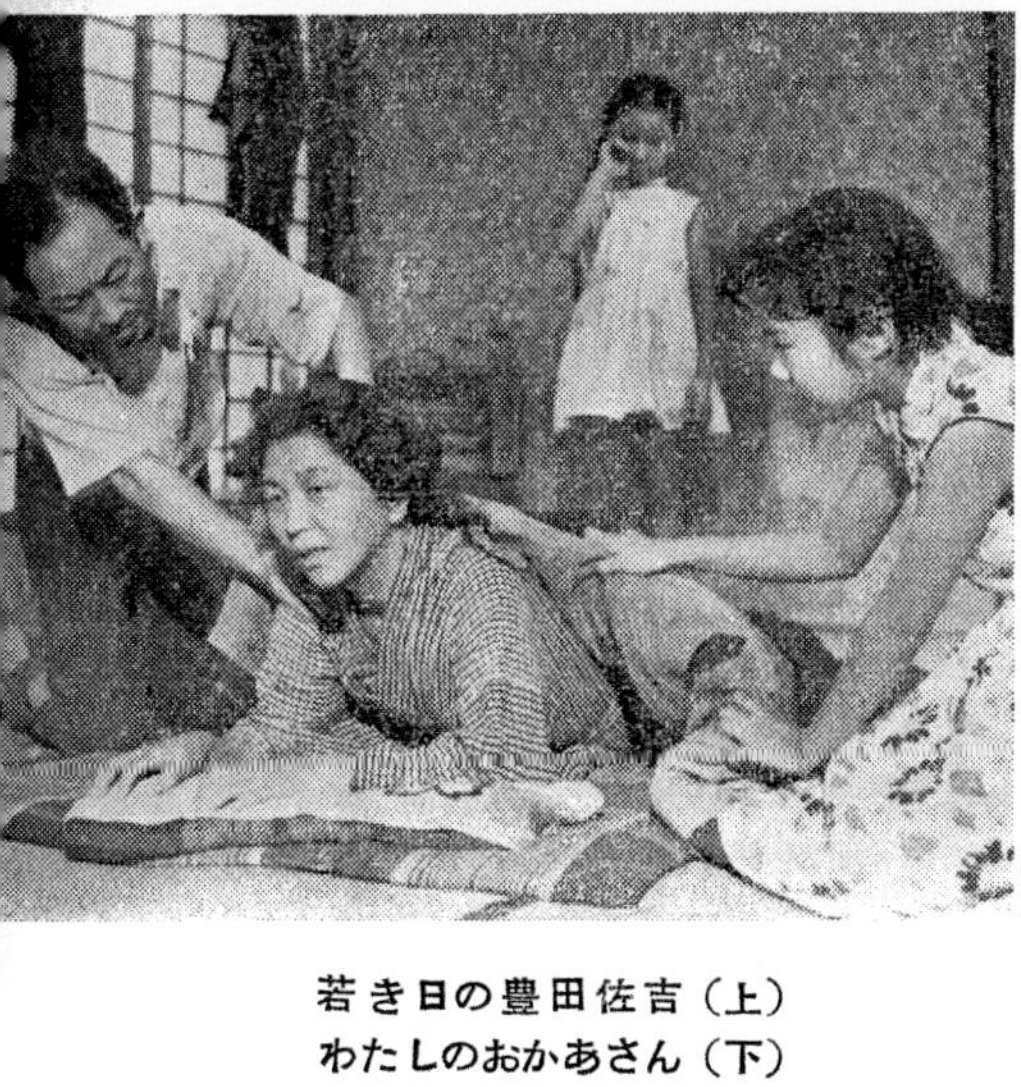

若き日の豊田佐吉（上）
わたしのおかあさん（下）

けだった。たしかに部分として見れば、あの青果市場のセリ風景などは生々としており、それなりの迫力もあった。だがその隅の方でしょぼんとしている父親と少女との対比がいかにもチグハグでまとまりがなかったのだ。それは俳優と実生活者との相違ということでもあったろうが、ぼくはそれよりも、青果市場に対する認識があまりにも一般的にすぎたからだと思っていた。そこでぼくは、青果市場というところでは、貧しい服装の婆さんなんかが、買物カゴをぶらさげて、屑野菜を拾いにきていたりするものだと話したりもした。もしもそうした状景なりともとらえられていれば、生産者と消費者のムジュンといったことも、すこしは観客になっとくされたのではないかと思う。生産者は野菜の売り値が安いとコボス。消費者はそれでも高いと思うというムジュンが、あの映画ではすこしも取上げられていなかった。あの映画の原作者鈴木喜代春さんに聞いたところでは、原作にはそれが出ていたはずだし、実際に、あの松戸市の小学校では、いつも子どもたちの間でそのことが問題になっているのだということだった。これまた、現実の子どもとのかかわりに深入りせず、大いなる想像力を働かせなかったということのあらわれではあるまいか。しかし失敗したとはいえ、児童劇映画のなかに、ドキュメントな手法を取り入れたということだけでも、新しもの好きのぼくは「わたしのお母さん」の作者に期待を寄せ、次への飛躍をのぞみたくなるのである。

それに第一、あの映画のどこにも、子どものなかに自己の投影をもとめようとする作者の姿勢は感じられない。それは童心主義からの脱却ということであって、それなりの評価は与えられるべきだろう。それと、あの映画がマンガ化されたということの関連も考えてみたいのだが、それは一言でいってしまえば、あの映画の持っていた感傷性がマンガに向いたということで、その意味では教育映画には珍しい通俗性を持っていたのである。試写会の席で、ぼくが思わず「ヒデェナァ」と口走ってしまった母親の死の場面なども、マンガともなればむしろリアリテイを持って訴えるのかも知れない。もちろんそれは眼のパッチリした女の子が主人公の少女向きマンガで、「ベスよ尾をふれ」「ママのヴァイオリン」などと同一に扱われているわけである。

ジャック・タチの「**ぼくの伯父さん**」という映画も、児童劇映画ではないけれども、子どもを登場させているということでは、若干ふれておく必要があるだろう。好き嫌いでいってしまえば、ぼくはジャック・タチは嫌いである。もっともぼくは、タチを「ぼくの伯父さん」以外には見ていないので、正確には「ぼくの伯父さん」に関する限り嫌いであるというべきかも知れないが、おそらく、今後どんなものを見ても、タチを好きになることはできないと思う。それというのもぼくが、レイアウトの美しいグラビア雑誌などを手にして暇をつぶすような趣味を持たない性質だからで、それはぼくが野放図を愛するということでもある。あのタチのきちんと計算された画面では、子どもたちの行動も当然のこと規制されている。個々に見てみれば、自動車のバンパーをいたずらする場面とか、揚げパンを嚙じりながら通行人を街灯の柱にぶつけさせ、それでカケをする場面とかは、いかにも子どもらしく生々としてさえいる。だがやっぱり、ぼくはそこにもタチの計算を見せつけられて嫌なのだ。もっと子どもを自由に行動させてほしいとねがわずにはいられない。そしてそれは作者次第で出来ることである。子どもが動きすぎたら、カメラをそのように操作し、動かない子どももまた、カメラの操作で動きを与えるというようなことが、現在では可能なはずである。一つの実例として、東映作品「**消えた牛乳びん**」のドッヂボールの場面を考える。ここからだって、子どもの奥のレアリテをつかみ出すことが出来るかも知れない。子どもが自分だけのものとして、うちにひめている空想を、カメラがひきだしてしまうということはあり得えないことだろうか。ぼくはあり得ると思う。「**戦艦ポチョムキン**」のオデッサの防波堤のところ、水兵の死体が置いてあり、人々がだんだんに群れ集ってくる。そのすぐそばで、釣をしている無関心な人々。あれをとらえたほどのカメラの眼があれば、子どもの空想をとらえることも出来るのではないか。しかも現状では、カメラそのものがいちじるしく進歩をとげている。その点、映画作家は恵まれているといわなければならない。文学でそれをやろうとしたら、子どもの思考体験をさぐるとともに、その発達段階にそくした文体を創造することまでが必要になってくる。映画では映像あるのみだ。だからこそ余計に、註文が出したくもなるのである。

それにつけても、子どもの空想力のほうが一向に具体的にならなかった。これはやはりその形象化が不足しているためか、とも考えられるが、どうも児童劇映画の現状では、子ども一般を描くことで事足れりとする風潮が見え、子どものすべてを描き出すことが、その努力が不足しているのではないかとぼくには思える。その努力のまえに、ことさら空想力を強調することは、子どもたちの人生をビニールの霧でつつむことにもなりかねないといった心配もある。それに、妖精だの怪物だのというものが、ともすると子どもの空想力の産物のように思われている社会一般の現状に対するぼくの不満も、空想力について明確に語ることのできない原因のようである。この点でも、ぼくの考えている空想力と、大島辰雄さんあたりのそれとは根本的に相違しているのだろう。だがいまは、作家主体の想像力の必要を強く訴えたいのである。繰返すようだが、「その奥のレアリテ」をとらえて形象化するのに、ほんのささいな想像力で足りるというのは、幻想であって、想像力の喪失現象に他ならないと思う。

（筆者は児童文学者）

「ドキュメンタリー映画論」より

ドキュメンタリー映画と商業映画産業

ポール・ローサ
シンクレア・ロード
厚木たか・訳

　過去十年間にわたって、商業映画の領域でのドキュメンタリイの発展は主として二つの方向にそって――長編ドキュメンタリイとマガジン映画。このいずれもすでに三十年代後期に姿を現し始めていた――展開されてきた。ついでにいえば、この二つの方向は、ドキュメンタリイ映画製作に最初から本来備わっていた主要な傾向の二つを代表しているのである。（原注原書一九四〜一九八ページ参照）個々の人間や地方色を性格づけようとする要求――これはフイクション映画技法の使用へと導く――は、すでにイギリスにおいては、ワットの「**ビル・ブレビットの救助**」（一九三七年）や、「**北海**」（一九三八年）とともに目立ってきたが、一方、ルーターボンド・ラビイ・グリアースンの映画「**われわれが生きている今日**」は、「物語」的な近づき方とジャーナリスティクな扱い方とを結合させたものであった。アメリカでは、「**生活の戦い**」（一九四〇年）のペア・ロレンツと、「**力と土地**」（一九四〇年）というオーソドックスな作品におけるヨリス・イヴェンスとはやはり、ドキュメンタリイな問題の人間的劇化（human dramatization）ということに関心をもっていた。戦争とともに、この要求はいっそう強くなり、「**今晩の目標**」、「**火の手はあがった**」、「**一緒に旅を**」において、それは、ドキュメンタリイの真正さをなんら失うことなく、もっとも劇的な形式に到達した。これらの映画――すべて政府スポンサーもの――に影響されて、イギリスの長編映画産業は、ドキュメンタリイ技術に商業的な価値があると考えはじめた。そしてそれは、「**親方はフランスへ行った**」、「**われら百万人**」、「**われの奉仕するところ**」、「**最後の突撃**」その他の作品によって、長年のあいだ失われていた国際的な評判をえたのである。数人のドキュメンタリイ作家たち――有名なハリーワットもふくめて――自身も、長編もののスタジオに移っていった。ハリウッドは、直接にはこれほどの影響はうけなかった。アメリカにおいては、ジョン・ヒューストン、アナトール・リトヴァーク、ウイリアム・ワイラー、ジョン・フォード、およびフランク・キャプラなどの長編ものの監督たちが、しばらく政府活動のほうに行っていたということが、むしろ問題であった。そして、そこでの彼らの功績はこのなかには、「**なぜわれらは戦うのか**」シリーズ、「**戦う婦人**」、「**メンフイス美人**」、「**サン・ピエトロの戦闘**」、「**そこに光を**」がふくまれている――たとえ一時的ではあったが、たしかに大きいものがあった。アメリカの正統なドキュメンタリイ演出家は長篇ドキュメンタリイの領域においては、ロレンツとイヴェンスの二作品、およびフラハーテイ自身の農業叙事詩「**土地**」（一九四〇―四二年）という名誉ある例外は別として、ほとんどなんら寄与するところはなかった。

　戦争が終るとすぐ、ヨーロッパの占領されていた多くの国々には長編ドキュメンタリイスタイルによる彼ら自身の試みをひっさげて、この領域にやってきた。フランスの「**鉄路の斗い**」、デンマークの「**あなたの自由がおびやかされている**」、そしてもちろんロッセリーニの「**無防備都市**」。この風潮が、広くまた首尾よく確立されるかのように思われた。レジスタンスというテーマによっていたこれらの作品は、戦争が終ったのちに現われたとはいえ、その発想においては、戦争の時期に属するものであった。この意味では、それはかならずしも前向きの道をさししめしたものとはかぎらなかった。しかしそれにもかかわらず、批評家たちの力説によって、多くのドキュメンタリイ作家たちは、切符売場での成功が証明され、それゆえにまたひきつづき受けいれられるこの種の作品でもって、自分たちがついに長編ものの世界に押し入ったのだと信じたのである。しかし、こうした希望にとって、この四年間というものは、とくにイギリスにおいては、かなりの失望をもたらした。戦争につきもののあの昂奮とドラマとが、けっきょくその主要な要素だったのである。だれもが当時、「**砂漠の勝利**」や「**今晩の目標**」を見ることを望んでいたのである。そして平和の建設が、かりに劇的に人の心を刺戟しながらできるとしても、それは、たしかにもっともっと困難なことであろう。主題は、よりいっそうの熟考のすえに選ばれねばならないし、また、スターや、通俗的な物語映画の一般にうける筋立てがないだけに、それを補うかなりの本質的な訴えを、その主題はもっていなければならない。いわゆる長編ドキュメンタリイといわれるものの将来は、これまで部分的にしか直面しなかった数多くの要素に依存している。この用語自身を明確に解釈することも、その一つである。イギリスにおいては、この言葉は、勝手に使われてきたのである。三巻をこえる長さのものは、どんなドキュメンタリイ映画でもこれに分類されると考えられていたようである。シュテムメルの「**ベルリン物語**」、ロッセリーニの「**奇蹟**」、ジャック・タチの「**祭の日**」のような作品がエデインバラ国際記録映画祭に含まれていたことは、いっそう混乱をまねいたのである。しかし、ただ一つ意見の一致している点は、

長さの問題と、スタジオ・セットのかわりに野外ロケをおこなうことや、スターのかわりに無名ないしは非職業的な演技者を使うことなどに見られる。また、ソビエトの映画界も、同様に戦時中これを公開していたために、長編ドキュメンタリイにたいする要求が、おおいに高まっている。しかしての場合には――「**スターリングラード戦**」や「**ベルリン陥落**」のような作品からはっきり判るように――スタジオにおける再構成や著名な職業俳優がいっそう強調されているのである。

しかしながら、ドキュメンタリイ映画体制の見地からすれば、明確な区別がなされねばならない。つまり、チェッコの「**盗まれた国境地方**」、ハンガリーの「**ヨーロッパのどこかで**」、ポーランドの「**国境の街**」や、戦後のイタリーの作品や、ある種のアメリカ映画と同様に、これらのソビエト映画は主題の選択およびその処理方法において、アクチュアリテイという、よりすぐれた感覚によってはっきりと性格づけられている。そして、ドキュメンタリイ作品は、強力な影響力をもつようになってきている。しかしそれにもかかわらず、これらの作品は、すべて長編劇映画として考えられ、かつ作られていたのである。ところで、イタリー映画に次いで、物語ドキュメンタリイ(story-documentary)技法の一貫した記録保持者は、戦争このかたずっと、あの逃避主義とスタジオの人工主義の牙城としておおいに非難されたハリウッドであったということは、興味ある論評であろう。すなわち、「**町の叫び**」、「**どの扉もノックする**」、「**ブーメラング**」、「**裸の町**」、「**暗黒の恐怖**」、「**墓場への乱入者**」、「**男たち**」、その他の作品は、スタジオで作られたものではあるがこれによって、監督たちは、商業映画産業の枠のなかでも、どんな仕事をなしうるかということを示したのである。たしかにここから、長編ドキュメンタリイの美学的および商業的成功は、長編映画産業それ自身のなかでの、長い歩みによってのみ達成さるべきものであり、とくに、製作が配給と結合されているかぎりにおいては、それを軽蔑してはならないと、結論することができよう。

ドキュメンタリイ作家自身に関するかぎりでは、彼らの多くは、長編製作というより広い活動舞台にたいする熱望をもっており、そして、なかには、たくみにくらがえすることができることを示したものもある。しかし他方、長編映画の領域は、ドキュメンタリイの主要な対象ではなかったのである。しかもまた、ドキュメンタリイの代表的な人びとは、すべてできそこないの長編作家にすぎないとほめかすことは、彼らの宣言した目的を挫折させることであり、また、この体制――これは、おおくの国々で、いまだに、商業映画産業が一貫して提供することのできないあの経済的保証と創造的機会とを、彼らに与えてきたのである――を破壊することになるであろう。

これにたいして、編集もののマガジン映画は、もっとたやすく分析できよう。そして、これもまた商業的支援によって成長してきたものである。この先例は、一九三五年の「**マーチ・オブ・タイム**」によって、はじめて確立された。これは、ルース出版の「タイム」および「ライフ」から財政的な援助をずっとうけてきたとはいえ、アメリカ全土はもちろん、ある程度他の国ぐにまで、広範な商業的配給ルートにのることができたのである。それはまた、アメリカ人がとくに精通しているスクリーン・ジャーナリズムの一つのタイプを作りだしその視野と技術において、ドキュメンタリイの領域をかなり拡大させた。一九四〇年から四六年にかけて、カナダ国立映画局によって製作された「**世界の動き**」は、その主導権と資金面とが映画産業以外のところからではいたが、同様に成功裡に配給ルートにのせられた。オーストラリアおよびニュージーランド政府映画部もまた同様に、戦時中映画館に毎月ニュース・マガジンを巡回しはじめた。これらはむしろこれに続く配布部門の仕事に属するものであるが、商業的需要が一般に承認されていることを、あきらかに証明するものであった、ところで、映画産業自身によって全体的に支えられた編集ものマガジン・シリーズの最初の例は、一九四二年から始められたR・K・O―パテ(今のワーナー・パテ)の「**これがアメリカだ**」であった。イギリスにおいては、四年後にこれにつづいて、ランク・オーガナイゼーションの「**この現代**」が始められたが、これは四年間うまくはこばれたのち中絶された。また一九五〇年、ブリティシュ＝パテ提携の「**世界の富**」シリーズもこれについで始められた。

これらの映画の商業的価値は、それが定期的なシリーズをなしており、映画館番組の急場にあうよう一定の長さに調整されているということにある。この点、映画産業にとっては、その配給はずっと容易になり、また観客もしだいに番組のなかのその立置に慣れてくるのである。したがって、その累積的効果は一本一本の映画のはんぱな組合せによりも、いっそう大きなものになるのである。この劇場マガジン映画は、とくにそれが、ある期間にわたる一つの論評的な問題に集約されている場合、テレビのスポット・ニュースにふくまれている普通のニュース映画とすでに競争しながら、前進的に発展していくであろう。

（シンクレア・ロード）

本稿はポール・ローサ、シンクレア・ロード共著、原木たか訳「ドキュメンタリイ映画論」(一九五一年版)の中の一部である。みすず書房版で五月末日刊行の予定。

シンクレア・ロードは一九四六年に「事実の映画」というレポートを書いてドキュメンタリイ映画にはいり、ドキュメンタリイ映画製作所連盟の書記を経てロンドンの「フイルム・センター」で活動していた人である。

なお次号にはポール・ローサの「ドキュメンタリイはどこへ行く」を掲載の予定です。

朝鮮映画のあけぼの

──「沈清伝」のことなど──

山内達一

　不幸にしてわれわれは、現在の朝鮮映画について、ほとんどまとまった知識をもっていない。いまの外画輸入制度がひどく偏っているため、すぐお隣りの国の映画でさえ自由にみることができないこのような状態で生れているわけだ。従って、いまのところわれわれは、非劇場で上映されるいくつかの作品や断片的なレポートなどを通じてしか、朝鮮の映画や映画界を知ることができない。

　そういうなかで、さいきん見せてもらった北鮮（朝鮮民主主義人民共和国）の映画「沈清伝」は、朝鮮映画の発展を知る意味で、たいそう意義ある作品だといえる。「沈清伝」というのは、「春香伝」「興甫伝」とともに、朝鮮でふるくから人々の間につたえられ、小説や演劇などに形象化されてきた誇るべき民族的古典である。とりわけ、唱劇とよばれるオペレッタ形式の舞台劇「沈清伝」は、一九五六年の晩秋から約三カ月間にわたって、中国の各都市で親善公演をおこない、またモスクワでひらかれた第六回世界青年学生平和友好祭でも上演され、その優雅で情緒にとんだ舞台は、ともに多くの反響をよび、すでに国際的にもたかく評価されている。

　むかし、黄州桃花洞という平和なうつくしい村に盲目の老人沈奉事（奉事は盲人の俗称）が住んでいた。かれは妻を失ってから、男手ひとつで娘の沈清を育ててきた。沈清は気立てのよい娘に成長し、貧乏で盲目の父に代って、米つきや臼ひきなどの賃仕事をやっては、老父に孝養をつくすのであった。ある日のこと、娘のかえりがおそいので迎えに出た沈老人は、あやまって川に落ちたが、折から通りかかった夢竜寺の坊さんに救けられて、家まで送ってもらう。沈老人は坊さんに米三百石を仏に寄進すれば眼があくとそそのかされ、前後もわきまえずに寄進を約束してしまう。しかし、三度の食事にもこと欠く乞食の身にとって、三百石もの米ができるわけがないことに気付いた老人は、たいへんな約束をしたことを嘆きかなしむ。これを知った娘の沈清はなんとかして三百石の米を工面して、老父の眼をあけたいと考えるが、そのころ南京通いの商人たちが海神に供えるいけにえを買いに村へやってくる。その噂をきいた沈清は、父の眼をなおしたい一心から、米三百石でわが身を売ることにした。やがて沈清をのせた船が、難所の臨堂水にさしかかるとたちまち暴風雨がおこり、沈清の姿は荒れ狂う波間に消えていった。こうして娘の生命とひきかえた三百石の米は、約束通り夢竜寺に寄進されたが、しかし沈老人の両眼はいぜんとして開かなかった。一方、荒波に身を投げた沈清は魚にのせられて竜宮へつれてゆかれ、その孝行ぶりに感動した玉皇上帝（神）のはからいで、父親とめぐりあわせるためふたたび人間社会に送りかえされることになった。やがて彼女は一輪の紅い蓮の花につつまれ地上にもどり、はからずも王妃となって生活するようになる。しかし、彼女の顔はいつも憂いにつつまれていた。いたわしい父親は、いまごろどこで、どうやって暮しているのやらと考えるにつけても、沈清の心はいっこうに晴れることがなかった。沈清の悲願をきいた王は全国の盲人を宮廷に招いて大宴会を催した。幾百幾千の盲人がやってきたが、しかし求める老父の姿はみえなかった。ところがある日、みすぼらしいなりをした沈老人が姿をあらわした。まぎれもない父である。「おとうさん！」とよびかける娘の声にびっくりした沈老人の両眼はおどろきと喜びのあまり、ふしぎにもぱっと開いた。

　以上がものがたりのあらましであるが、まことにうつくしい情緒にみちたファンタスティックなストーリーである。これを映画化したのは平壌にある国立芸術映画撮影所のスタッフで、監督金楽燮、撮影朴炳洙、出演は国立芸術映画撮影所と民族芸術劇場の創作グループである。主役の沈清には李順姫、沈奉事には功労俳優の趙相鮮が扮している。一九五七年度の作品で、アグファ・カラーの天然色映画である。

　もちろん、この作品にもすくなからぬ欠かんはある。作劇法が平板なため単調な印象をあたえることは否めないし、またこの種のオペレッタ形式の作品としては「白毛女」や「梁山伯と視英台」をはじめとするすぐれた中国映画がすでにあるので、いくぶん見劣りがしないではない。とくに痛感されるのは、技術上の未熟さからくる欠かんで、たとえばライティングの不備など、天然色映画としての格調を保つうえですくなからぬ弱点となっている。

　しかし、それにもかかわらず、こうした欠かんをのりこえて、全体として健康な息吹きがみなぎり、朝鮮映画の明るい将来を予測させる一種の気迫がみちていることはあきらかである。むしろ、底知れぬ量産競争のなかで、内容の類型化をきたしている日本映画の現状と較べれば、はるかに前向きの姿勢が感じとられるのである。

　それは、一九五六年四月に採択された〝朝鮮映画発展にかんする特別決定〟によって、現存の映画諸施設を拡充するとともに、一九五七年から一九六一年にわたる朝鮮民主主義人民共和国の第一次五ケ年計画の期間に、朝鮮映画を画期的に前進させようとする大きな

政策の一端としてこの作品がつくられたことを知れば、あきらかになるであろう。

すなわち、この五ケ年計画のなかで、天然色芸術映画撮影所、記録映画撮影所、の新設と拡充をはかること、映画芸術の主要なスタッフを養成するために、従来の映画幹部学校を映画大学に昇格させること、芸術映画製作本数を三・五倍、記録および科学ニュース映画製作本数を二・八倍にそれぞれ増大することなどが示されており、すでに着々と実現の歩みをつずけているわけであるが、そのぼう大な計画の一つとして、この作品はつくられている。そういう意味では、作品にみうけられる種々の欠かんはべつとして、朝鮮映画の将来にとって大きな意義をもつ映画であることが理解されるであろうし、またここにあらわれた技術上の不備などはおいおい改善されてゆくであろうことも疑う余地がない。

共和国の国立映画撮影所は、一九四七年二月六日に創設され、一九五〇年六月二五日、アメリカ帝国主義の武力侵攻がはじまるまでの約三年間に、「ふるさと」「熔鉱炉」などの芸術映画、「人民委員会」「南北連席会議」などの記録映画をはじめとする多くの作品をつくってきた。

しかし、侵略者たちは、むざんにも撮影所その他の施設を破かいしたので、最少限の設備を移動させて映画製作は続行されていった。この戦火のなかでつくられた作品としては、「郷土を守る人びと」「偵察兵」「ふたたび戦線へ」などの芸術映画、「正義の戦争」「たたかう鉄道従業員」「土地の主人公」などの記録映画があり、このうち多くの作品が国際映画祭で受賞した。

やがて侵略者たちが追い返されてから、各種の映画施設が復旧され、いまはもう戦前の三倍以上の生産能力をそなえるにいたっている。こうして社会主義建設の時期になってからは、「パルチザンの娘」「二度とそんなに暮すまじ」「狼」「白頭山が見える」「沙道城の物語」「幸福への道」「漁郎川」「忘れるな拔州を」「道はひとつ」などの芸術映画「祖国のふところへ」「鋼鉄」「八・一五の十周年」「金日成元帥の戦蹟」などの記録映画がつくられている。

考えてみると、朝鮮映画の歴史は、われわれ日本の映画人が想像もできないような苦難なたたかいの道であった。日本の帝国主義下にあった当時のことは秋民の「朝鮮における映画運動の系譜」（「世界映画資料」第十五号）で明らかにされているが、解放後の建設――破かい――再建のコースは朝鮮の映画人にとってまことに筆舌につくせぬ困難と苦しみのあゆみであったにちがいない。

日本と朝鮮の映画人が、お互いに手を結び、その経験を交換しあい、人と作品の交流をさかんにすることは、こんにちきわめてたいせつである。げんに、さきに紹介した作品の大部分は日本にきているが、いまの外画輸入制度では非劇場上映しかできないありさまである。従って、この状態を打開するため、これらの作品を国内でどう組織的に上映してゆくかを考えることも重要になっているし、両国映画の合作ということも具体的に考えてよい時期であろう。朝鮮ではすでに、ソヴェトとの合作天然色映画「東方の朝」がつくられているが、日本と朝鮮こそ、歴史的にみても合作の条件がもっとも多くあるのではなかろうか。

このようないろんな交流を一歩一歩すすめてゆきながら、平和の足場をかためてゆくことは、映画の問題であると同時に、両国国民にとって共通のねがいでもあるわけだ。

「戦艦ポチョムキン」の上映運動について

山田和夫

映画「戦艦ポチョムキン」は完成されてから三十四年目の今日ようやく日本全国で次々と上映されている。この映画ほど全世界で上映それ自体が広汎な政治的あるいは社会的問題になった映画はない。日本でも一九二六年（大正一五年）この映画が完成された翌年に横浜税関にまで送られてきたが、税関検閲で問答無用と輸入を禁止されてしまった。革命運動を扱った内容だけで、当時の天皇制政府の検閲が「ノー」と答えたのはある意味で当然だったかも知れない。

それ以来三〇年、ちょうど三年前の一九五六年の夏、「戦艦ポチョムキン」はもう一度日本の土をふんだ。曲りなりにもわれわれが大へんな犠牲をはらってかくとくした自由は、税関検閲の力も戦前とは問題にならぬぐらい弱めていたので、検閲はむろんノーカットで通過したが、こんどは大蔵省の外国映画輸入制度が巨大な壁として立ちふさがっていたというわけだ。どんなすぐれた映画を輸入しようと思っても、輸入割当がないと入れられない。輸入割当は厳重な実績主義で新規業者の割りこみを許さない。それは実績の七〇%をアメリカ映画会社がにぎっていたからで、この輸入制度こそ直接政府が権力をもって現に映画を統制している唯一の面だといってよい。のこった三〇%の割当を分けあっている日本業者は、もし入れた映画が稼ぎが悪いと次の年から割当をへらされる仕組みになっているので、どうしても商業価値一辺倒にならざるをえない。多くのすぐれた映画が税関までできながら送りかえされた最大の理由は、こういう輸入制度が業者のコマーシャリズムを助長する結果をもたらしていたからだ。

「戦艦ポチョムキン」を入れようとした業者はこの輸入割当をもっていなかった。割当をもっている業者は「商売にならない」という理由で協力しようとはしない。無割当業者にのこされた途は輸出ボーナス制を利用するか、枠外短篇制度で審査をうけるか、のどちらかしかないが、輸出ボーナス制は日本映画を輸出して　（二八頁へ）

〝日本の政治〟雑感

谷川義雄

作りたい意欲をそそるテーマと取組む機会は、現在の私にはごくまれにしかない。この作品はそのまれな部類に属するものであった。

この映画は総評が、来るべき参議院選挙と地方選挙にそなえて共同映画社に製作を依頼したものである。そのねらいは岸政府の公約——貧乏、汚職、暴力の三悪追放は、いずれも追放どころか、ますますはびこる。そして一方では自衛隊を増強し、憲法違反の軍国主義政策が、資本家の利益をまもるために強行されている。そのかげにはアメリカ独占資本の支配がある。この事実をつき、この道をすすめる保守政党に反対しない限り貧乏のきびしさからは逃れられないということを、農民、中小企業、商店の人々に訴える。これがこの映画の製作の目標である。

作家である私と企画者であり、スポンサーである総評との間に立場の相違は全くない。同じように現在の保守政府とその政党に苦しめられている。私は自分の胸の中には煮えたぎる敵に対する憎しみ怒り、それをこの作品に表現し、対象である農民、商店主に共感をあたえ、選挙には革新政党に一票を投じる行動にいたる。そうした作品にするということは至難なことであるが、やりがいがある。

ところが、きりつめられた製作費、限られたごく僅かな資料これはニュース映画の複製(デュープ)にたよらなければならない部分がかなりあるが、日経連から手がまわっていて、こちらが望むようなニュース映画は入手できないしかけになっている。自由な商取引さえ、こうした干渉をするのが自民党の正体である。——こんなことでへこたれていては敵の痛いところはつけない。

プロデューサーの高林氏が八方手をつくして集めてくれたニュース映画を基にして構成をたてた。総評の教宣部長に対象が農民であり、商店主であるから、デモはこの内容から避けてほしい。デモを理解させる内容のものは別の機会に作る。私もその意見に同意した。しかし、結びにどうしても、国民の意志のあらわれである戦争反対、貧乏反対、失業反対の具体的なものがほしい。たまたま戦争と失業反対大行進にぶつかったので、怒りをこめた静かな行進という意図で取入れてみた。だが結局画面としてもり上げられず、もとの構成の、子供たちの明るくたくましい行進——それは通学の児童たちの姿であるが、子供たちに戦争のない、幸福な日本を、ということで結んだ。

明日の希望をもつためには、自民党のいう道ではなく、この道だと私は表現したかった。自民党が強行する道にひきずられていくことは国民にとって地獄への道だとたとえわかったとしても、それでは明日への希望を抱く道はどの道か、それをさし示すことが必要である。

だがそのためには、どうしても革新政党の中にも温存されている欠陥をも洗い出さない限り国民は納得しないかも知れない。これができればきっと革新政党も強くなり、信頼できる党になるだろう。

岸内閣ののたれ死には時間の問題といわれている。かわりに河野になろうと、池田が政権をとろうと保守政党がつづく限り三悪は追放できない。だが、国民はそれがたとえ理解できても、革新政党に信頼がもてない限り、そう簡単に乗りかえないだろう。片山内閣の失政が連立内閣のせいであったとしても、期待を裏切った事実を反省する必要がある。同じ誤りをくりかえさないために。話がだいぶ横道へそれたが、保守政党とその上にたつ独占資本に対する攻撃はこの一本の短い二〇分たらずの映画では不充分である。誰にみせるか対象をしぼり、数多くの短篇がやつぎばやに打出されることによってはじめて成果をあげることが可能になるとおもう。

組合の幹部が、それを認識し、実行するまでには時間もかかるだろうが、私たちは機会あるごとに訴える努力をつづけたい。

労働者の意識の変革に映画はどれほど大きな役割をはたすことができるか、それはレーニンの言葉をまつまでもなく、下部の労働者諸君はよく知っているにちがいない。

私たちにとっては完成された作品が全てを決定する。出来なかった試みを述べることは、未練がましいいいわけでしかない。しかし最後に一つだけいわしてほしい。それは、岸首相の皇居園遊会の場面が入手できれば、次の大関松三郎の詩〝くさむし〟をナレーションにかえて入れたかったことである。

何だ　こいつめ
いいきもちになって　じぶんたちだけで　ひなたぼっこしているやつども
やいこら　くさむしめ
やいこら　くさむしめ
おれは　そんなやつは大きらいだ
おまえのようなやつは大きらいだ
それ　この指さきで
はじきとべ
やっ
やっ
やっ
もう一匹いるか
やっ

自民党や独占資本の親玉たちの画面に、この詩をかさねることによって生れる効果に、ひそかな期待をもっていたが、遂に果せなかった。

またの機会にとっておこう。

道徳教育について

間宮則夫

大沢野中学校は富山市から高山線で四十分ばかり入った処、富山県上新川郡大沢野町にある。

中学校のホームルーム活動を描くために僕は昨年の暮、この中学校を訪れた。

「道徳教育の強化」が一部の人々の間で殊更の如く主張され始めてきたのは衆知のことであるが、一体現在の学校教育はそれ程道徳面が置き忘れられて、英語だとか数学だとか国語だとかの知識つめこみ主義一辺倒のかたわな教育しかやっていないのだろうか。

たしかに世の親達からは口を開けば、「近頃の子供は……」というぐちに近い不満をよく聞くし、又新聞やラジオの社会面をにぎわす事も多い。しかしひるがえってよくそれらの言葉なり主張なりを分析してみたとき、そこには時代のずれというか、親はあくまでも彼等が過去に育ってきたそのままの環境の中で現代をみたり、あるいは大きな時代の流れをはっきりとつかまないで、あらわれた現象をそのまま表面的にとらえてその結果の良否のみを判断し、実はそういった原因の殆んどが自分達の側にあることに気がつかないでしまっていることが多いのではないだろうか。

こうした頑固でわからず屋の尺度で物をはかられる子供たちはかなわない。しかも彼等にはそれに対して公然と自己を主張してゆく場が一つもないのである。身につけた正義を固く胸に秘めたまま成長してゆくのみである。

本来道徳というものは、一つの社会生活において秩序を保ってゆくために個人々々が全体の立場にたってものを考へ、実行し、その社会生活の発展と共に自分もまた発展してゆくといういわば相互扶助のための秩序である。僕等が過去においてがんじがらめに身をしばられてきた道徳は自己を抹殺して全体の為につくし、個人は、まったくすくわれないという犠牲的奉仕が美徳とされてきた。社会を構成している個人の一人一人がこうした犠牲的奉仕を、では一体誰れが享受していたのだろうか、勿論、それは云うまでもなく一人の絶対権力者であり又それにつながる一党である。彼等はこうしてしぼりあげた奉仕を左うちわで受けとり、それを利用して権力への階段を一歩一歩のぼっていったのである。こうした順送り的な縦の構造をもった社会が過去の日本のそれであり、従って社会秩序も権力へ如何におとなしく服従するかというところで設定されていたわけである。戦後は縦のつながりをもった社会から横へのつながりをよく重要な構造要素とする社会に変った。当然その社会秩序——道徳の内容をもったわけである。つまり本来の内容をもった道徳で社会生活が維持されなければ社会そのものが成り立たないのである。

こう考へてくると道徳教育の変更というものは単に礼儀作法や規律を強化、維持するという外面的な問題をあつかうのが目的ではなく、大きく社会構造の変革そのものを目的としているのであり、そこに勤評問題と一貫した底流があると思われるのである。

では現在の中学生たちは学校社会でどんな生活をおくっているのだろうか。そこには集団とちがって社会と呼ばれる以上より高度な秩序が保たれていなければならない。そしてその社会が自分たち自身のものであればあるほどその秩序は自らの手で創り、育て、そして維持されなければならない。中学校には、クラブ活動、生徒会活動、ホームルーム活動などの特別教育活動があってそれが一般教科活動と並行しておこなわれているのである。云うまでもなくクラブ活動は趣味を通して社会生活への参加の仕方をまなぶのであり、生徒会活動はそこで自主的に学校社会の秩序を維持してゆく機関であると同時にそうしたなかで社会生活のあり方をまなぶのであり、ホーム・ルーム活動はこうした学校社会を構成している各学級ごとに小集団を構成し、もっとも直接的に起る利害問題をよく話しあい、実行してゆき、その中で規律が創られ、そうした繰り返しのなかで集団行動がしだいに社会行動にまでたかめられてゆくのである。そして、このホームルーム活動が基盤となって生徒会活動が推進されそれが学校社会をささえ、ひいては日本の社会をささえる原動力ともなると思うのである。

この現実のホームルーム活動を通して如何に子供たちが真剣に自分たちの社会を築いているか又そうした話しあいやその実行の繰り返しのなかで一つずつ築いてゆく秩序が如何に形だけの外面的な道徳よりも、より一層尊いものであり、暖かい血のかよったものであるかを文部省の一方的なお題目やマス・コミの興味本位の記事から勝手に想像して、そのことが自らの首をしめつける結果になるという事実に気がつかないで素直に賛意を表している人々にぜひ知ってもらいたいと思うわけである。

× × ×

プロダクション・ニュース

（文中略号、EK＝イーストマンカラー、35・16＝35ミリ、16ミリ、脚＝脚本、演＝演出、撮＝撮影、編＝編集）

関西映画株式会社

○準備中「バイ煙のない町」白黒、16、二巻
○撮影中「シネサイン誕生」アンスコクローム、16、一巻、構—山田清、撮—森川善治
○完成「瀬戸内海」EK、35、三巻、脚—加藤松三郎、演・編—伊勢長之助・西野直二郎、撮—長瀬直道

三井芸術プロダクション

○編集中「電弧の世界（仮題）」EK、35、（16）、二巻、演—上野大梧、撮—高尾隆、脚—古川良範
○撮影中「くらしのセンイ」EK、35、二巻、演—高井達人、脚—田口誠、撮—藤井良孝

東映教育映画部

○完成「若き日の豊田佐吉」白黒、35、五巻、脚—清水信夫、演—堀内甲、撮—仲沢半次郎「昆虫の口とたべもの」白黒、35、一巻、脚—尾田道夫、撮—小林一夫、「ちえ子の世代」白黒、35三巻、脚—古川良範、演—西原孝、撮—赤川博臣、「家族と老人」白黒、35三巻、脚—田代秀治・清本隆男・黒川義博、演—黒川義博、撮—赤川博臣、「ボーナスをかせぐ村」白黒、35、二巻、脚—岡田山仁、演—大山年治、撮—村山和男

神奈川ニュース映画協会

○編集中「大気汚染」シネスコ、35、一巻、脚—西村孝昭、演—深江正彦、撮—久村守
○撮影中「城ケ島大橋建設記録」EKパートカラー、35、四巻、脚・演—深江正彦、撮—久村守、「相模川」EK、シネスコ、35、二巻、脚・演—深江正彦、撮—久村守「僕らと改良普及員」16、一巻、演—吉田和雄、撮—高坂広

岩波映画製作所

○製作中「戸畑建設」EK、35、七巻、演—伊勢長之助、撮—川谷篤、「三井日比谷ビル」EK、35、三巻、演—喜渡正男、「新名古屋火力」EK、35、三巻、演—肥田侃、撮—柳武雄、「横須賀火力・第一部」EK、35、六巻、演—黒木和雄、撮—加藤和三、「新鋭火力発電機」EK、35、三巻、演—高村武次、撮—大小島嘉一、「横須賀火力工事記録」EK、シネスコ、二巻、脚・編—桑野茂、撮—加藤和三、「新しい製鉄所」EK、シネスコ、三巻、脚・演—伊勢長之助、撮—瀬川順一、「青い炎」EK、35、二巻、演—京極高英、撮—牛山邦一、「飛鳥美術」B/W、35、二巻、演—岩佐氏寿、撮—大小島嘉一、「パンザーマスト」EK35、二巻、演—藤江孝、撮—瀬川順一「たのしい科学シリーズ・温度計」B/W、16、一巻、演—各務洋一、撮—並木菊雄、「たのしい科学シリーズ・車輪」B/W、16、一巻、演—桑野茂撮—根岸栄、「たのしい科学シリーズメッキ」B/W、16、一巻、演—富沢昌一、撮—中山正治
○完成「国作りから米つくります」EKシネスコ、四巻、演—高村武次、撮—加藤和三、「醤油」EK、35、二巻、演—時枝とし江、撮—大小島嘉一、「伸びゆくスライドファスナー」EK、35、二巻、演—樋口源一郎、撮—江連高元

記録映画社

○準備中「京のみやこ」「貴族の生活」「東山文化」各白黒、16、二巻、脚・演—上野耕三、撮—藤洋三
○編集中「花のある風景」白黒、35、三巻
○撮影中「おやじ」白黒、35、二巻、演—菅家陳彦、脚—古川良範、撮—広川朝次郎

桜映画社

○完成「おやじの日曜日」白黒、35、16三巻、脚—柳沢類寿、演—金子精吾、撮—佐藤昌道、「僕わかってる—中学生の心理—」白黒、35、16、五巻、脚—片岡薫、演…青山通春、撮—山根重視、「愛することと生きること」白黒35、16、五巻、脚—木村荘十二・佐野美津男、演—木村荘十二、撮—長瀬直道

日本短篇映画社

○準備中「三十二人のきょうだい」B/W、16、二巻、脚—岩下正美、演—山本昌典、撮—佐藤利明
○編集中「日本の葉たばこ（黄色種篇）」EK、35、二巻、脚—大住勉、演—岩下正美、撮—佐藤利明、「同（バーレー篇）」EK、35、二巻、スタッフ前同
○撮影中「日本のフイルム」フジカラー35、二巻、脚・演—日高昭、撮—内田成雄
○完成「白い船」B/W、35、三巻、演—荒井英郎、撮—内田成雄、「日野ヂーゼルバス」EK、35、一巻、演—山本昌典、撮—佐藤利明

日映科学映画製作所

○準備中「日本の建築」EK、35、二巻演—丸山章治、「族のジプシー」EK35、二巻、演—諸岡青人
○編集中「教育放送」白黒、35、二巻、吉田功、附田博、大山高士
○撮影中「東洋の旅」EK、ワイド、小林正忠、川村浩士、弘中和則、「クレーンとコンベア」EK、35、三巻、諸岡青人、後藤渡、野見山務、「雪氷シリーズ」EK、35、二巻、奥山大六郎鈴木武夫、「ドック井3」EK、35、三巻、松尾一郎、高山富雄、「工業デザイン」EK、35、二巻、中村麟子、黒田清巳、「レントゲン」白黒、16、二巻、奥山大六郎

マツオカ・プロダクション

○撮影中「立坑」EK、35、二巻、「橋梁建設」EK、35、二巻
○完成「メートル法ものがたり」白黒、16、二巻、演—馬場英太郎「偉大な建設—東京タワー工事記録」EK、16、四巻

東京シネマ

○撮影中「癌（仮題）」EK、35、二巻脚—吉見泰、撮—小林米作、演—渡辺正巳、「ミクロの世界・第二部（仮題）」EK、35、二巻、脚—吉見泰、撮—小林米作

読者招待映画会予告

第一回の読者招待映画会を開くこととなりました。読者の方々には招待状をさしあげますから左記へハガキでお申込み下さい。

とき　一九五九年四月二一日（火）後五時二〇分
ところ　日比谷図書館地下ホール
内容　一、二等兵シュヴエイク十八分（チェッコ人形映画）
二、ガラスの雲　二〇分（幻想映画）
三、砂漠の果て　六七分（シエル石油PR映画）四、東京一九五八　二〇分（シネマ五九同人）五、太陽を独占するもの（漫画映画）
主催　教育映画作家協会、東京映愛連
協賛　株式会社日映科学映画製作所、シネマ五九同人、チェッコスロバキヤ大使館、新日本文学会

読者拡大について

「記録映画」も自主発行になり、はや三号を迎えるにいたりました。固定読者も百数十名となり、ますます発展させるべく運動をつずけております。

然し雑誌経営は楽ではありません。そこで書店購入の方々も、又映画館その他で一部ずつお買もとめの方々もぜひとも半ケ年又は一年の固定読者になって戴くことをおねがいする次第であります。

半カ年分　四〇〇円（送料共）
一年分　八〇〇円（〃）

お申込下されば雑誌同封で振替用紙をおくりします。

宛先
東京都中央区銀座西八—五
日吉ビル内教育映画作家協会
（振替番号　東京九〇七〇九番）

編集後記

十二月から、九州、奈良とロケーションが続き、三月も末になってやっと東京に帰ったので、編集長という大任に責任を感じながら、電話や手紙で、極めて間接にしか、編集の仕事ができませんでした。常任委員とくに吉見泰、大沼鉄郎、松本俊夫などの方々に、御迷惑をかけています。

方針の一つとして、現場通信を、ぜひ面白く、たのしく、充実させていきたいのですが、いかがでしょうか。難しい話でなく気楽に書いて頂けませんか。

同時に、論争よ、大いにおこれと考えています。意見のくいちがいのないところでは何も発展しません。ムリに意見の統一をはかることは、「押しつけ」ということになりましょう。その意味で、大いに論争が起ってほしいと考えています（岩佐氏寿）

誤植及び訂正・三月号二十三頁花松正卜氏「『片隅の事実』は訴える」の見出しのうち∧立体性論∨への提言とあるのは∧主体性論∨のまちがい、又目次に苗田康夫氏の「悪魔の発明」作品評が脱落していました。お詫と訂正をいたします。

記録映画 四月号
昭和三十四年四月一日発行
通算第九号 第二巻第四号
編集・発行人 中村敏郎
発行所 教育映画作家協会
東京都中央区銀座西八の五（日吉ビル）
電話東京（57）五四一八番
振替口座東京九〇七〇九番
定価 七十円

ncc
カンヌ映画国際賞受賞作品
滅びゆく民族
青銅の顔
優秀映画鑑賞会推薦
文部省選定
トータル・ビジョン
総天然色
29才の天才ベルナール・テザンが描く千古の秘境に展開する戦慄すべき奇習の数々！
NCC・日活共同配給
4月上旬ロードショウ

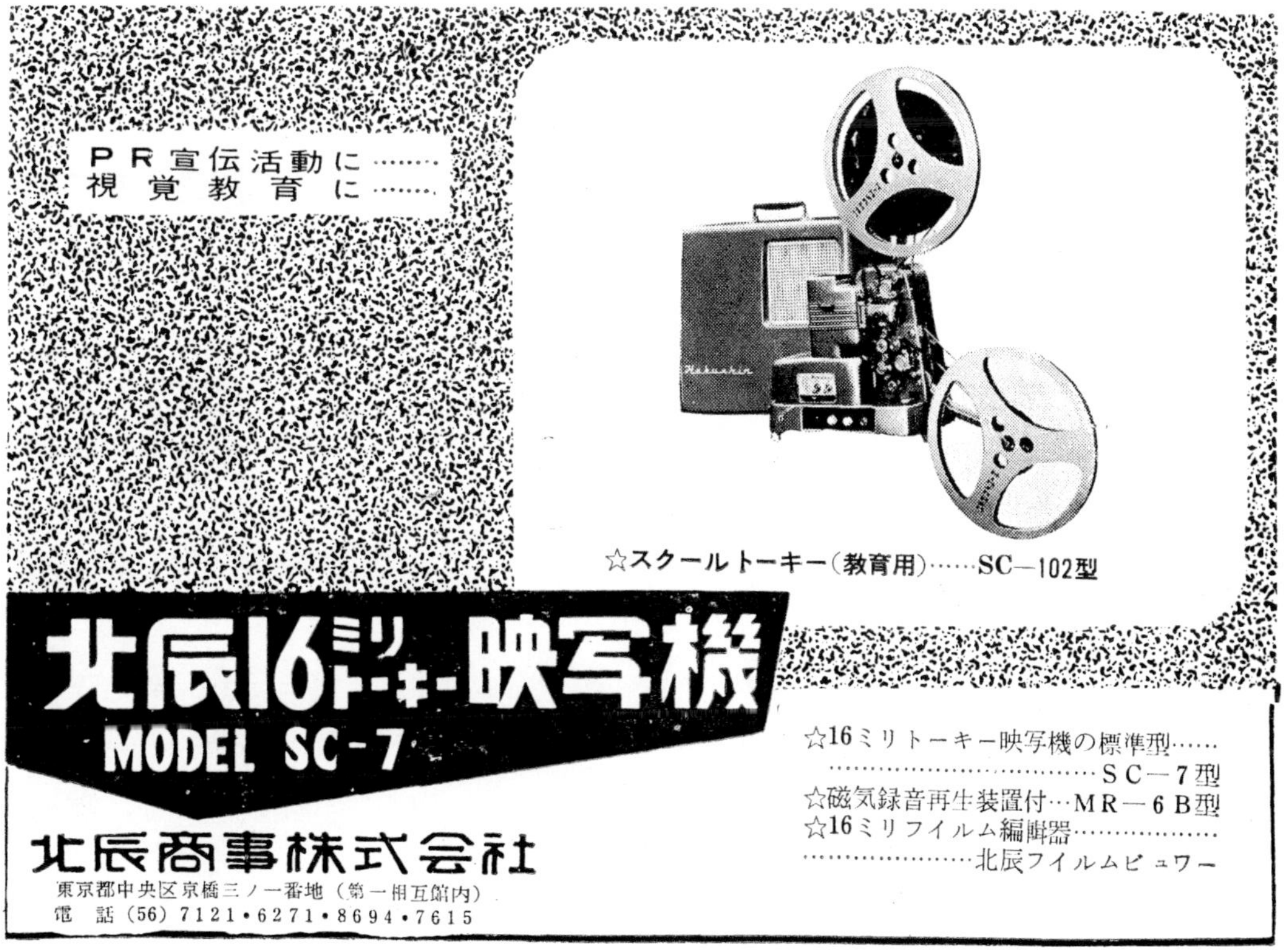
PR宣伝活動に……
視覚教育に……
☆スクールトーキー（教育用）……SC—102型
北辰16ミリトーキー映写機
MODEL SC-7
☆16ミリトーキー映写機の標準型……
……SC—7型
☆磁気録音再生装置付…MR—6B型
☆16ミリフイルム編輯器……
……北辰フイルムビュワー
北辰商事株式会社
東京都中央区京橋三ノ一番地（第一相互館内）
電話（56）7121・6271・8694・7615

第二巻第五号
昭和三十四年二月十日国鉄東局特別扱承認雑誌第四三八号
昭和三十三年九月五日第三種郵便物認可

教育映画作家協会編集

記録映画

THE DOCUMENTARY FILM

5月号

「飛鳥美術」

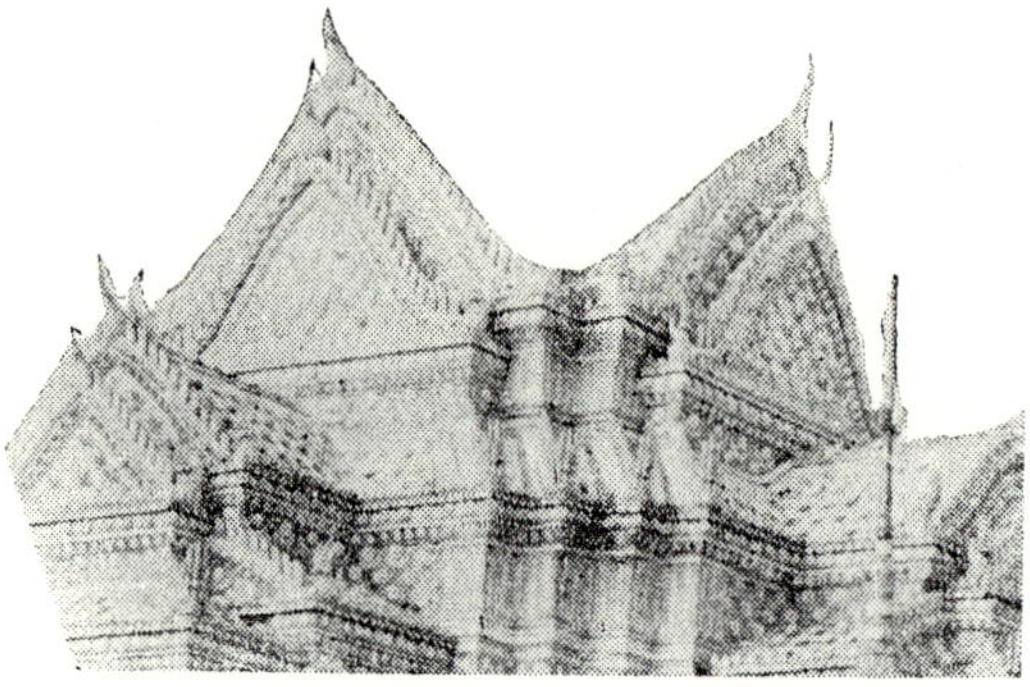

記録映画

1959　5月号

第2巻　第5号

時評

記録映画と劇映画

大分以前の話であるが、何故我々記録映画作家が、記録映画の製作に専念するかという問題について、劇映画の監督と話をし合ったことがあった。但し一言云っておけば、当時は所謂記録映画（一般には多く文化映画と云う名で呼ばれてはいたが）の昂揚期で、「ある姆母の記録」「小林一茶」その他の秀作が相次いで生れ、一般観衆の注目を集めた時代であったのである。そんなことから一部劇映画の監督の関心も記録映画に向けられていたので、そんな話が出たのであったろう。その時私は昂然と云ったものである。劇映画には、一部の特別な作品を除いて、リアリティが無い。殊に個々の人間の追求はあっても社会のしくみ、社会の動きに対する追求が全然行われていない。我々は我々の思想と方法でそれをやりとげるのだ、記録映画こそそのための最良の映画なのだと。

劇映画監督からの反論もあった。劇映画の作家にも、社会的関心の深い人もあり、そう云う観点から、人間を描こうとつとめている人もあるし、又その方法も劇映画を以てしては不可能だとも思えない、と云うことであった。結局観衆に感動を与え得る良い映画を作ると云うことでは一致するのであるから、夫々の方法で努力を続けようと云うことで一応話のけりはついたのであったが、その時の私の論点を少し詳しく述べれば、たとえ、同じ目的を持ったにせよ劇映画の場合は人間個々の行動・心理を通じて社会を描いて行くのに対して、記録映画では社会そのもの、或いはマスとしての人間そのものにカメラの眼を向けて社会構造の中の人間を追求するのだから、少くとも方法では判然と区別されるし又それ故にこそ記録映画の方法の優位性があると主張したものである。けれども私の考え方の中にもこの二つは必ずしも二本の平行線ではなく、一本の線を両端から夫々の方法で追求するのだから、やがては双方が重なり合って必ずしも之は劇映画だ、之は記録映画だと強いて弁別する必要のない作品が生れることも予想しないでもなかったのである。

そして、このことは戦後のイタリヤ映画、最近のポーランド映画等で、実証されつゝあるような気もするのである。劇映画も変って来た、いや進歩して来た。そうして、それらの映画の作家として記録映画出身の作家が活躍しているということには私は、特別な意味を感じている。但し凡ての映画がみんなこんな映画になると云うことではなく、矢張り従来のような劇映画、記録映画も存在を続けて行くのであるかも知れない。

表紙の写真

岩佐氏寿脚本演出、岩波映画作品「飛鳥美術」より。亀石、酒舟石、石人など奇怪な石の芸術の一つ、猿石。

もくじ

☆時　評「記録映画」と「劇映画」……(3)

座談会・「日本の政治」をめぐって
総評文化部をかこむ　若林　理…(6)
中村利一、矢部正男、谷川義雄
杉山正美、大沼鉄郎、野田真吉

戦前戦後のメーデー映画を見る
……山岸　一章…(10)

条件乱反射……………関根　弘…(4)

☆**作家の内部世界をどうとらえるか**
―〈作家主体論争〉への一つの異見
……丸山　章治…(12)

☆**非現実性のアクチュアリティ**
―芸術大衆化に関する一考察
……野田　真吉…(30)

☆**教材映画のあり方**―その小さな対象の問題……石田　修…(15)

☆**創作への条件**……吉見　泰…(17)

恋人たちをさえぎる汚れた手
―「恋人たち」の税関カット問題
……**大島　辰雄**…(23)

プログラムにない一幕―「皇太子結婚」のニュース・記録映画…**玉井　五一**…(28)

☆作品評・小さきものの世界
……谷川　義雄…(35)

☆イタリア映画祭ちらり・・・…大沼　鉄郎…(38)

☆あやつり人形による映画
「ファウスト」……岩淵　正嘉…(34)

現場通信
創作日記から……岩堀喜久男…(36)
戦いの日々……神原　照夫…(37)

☆写真頁・新作紹介・イギリス短篇映画…(19)

☆プロダクション・ニュース……(18)

☆編　集　後　記……(38)

■条件　乱反射

関根　弘

素晴らしいという評判だけで、お目にかかることのできなかった『戦艦ポチョムキン』を、ようやく新宿京王名画座でみることができた。異様な感銘を受けた。

谷川雁が「これはもはや映画ではない。革命が革命に重なり、群集が詩に重なり、才能が青春に重なってできた空前の結晶だ。」という讃辞を呈しているが、まさにそういう感じがする。

カメラの技巧についてはもはや論じつくされているので、いまさらわたしにつけくわえることもないが、シーンのところどころに挿入されているナレーション（字幕）について、かんがえてみたい。ナレーションは、詩人の持場に属すると思うからである。

『戦艦ポチョムキン』は、ナレーションも素晴らしかった。「水兵の夢は暗い」というファースト・シーンのひとこと、あるいはまた叛乱の夜の「夜になると、霧が流れ」……「噂が流れた」というたたみかけなどに、とくに強い印象を受けた。

わたしはまだ映画のナレーションを書いたことはないが、ラジオの録音構成のナレーションを、数回書いたことがある。また先日日本教育テレビで、若い日本の会が実験的に放送した『半常識の眼』のうちの一回、「現代の貴族」という番組のナレーションを担当した。自分自身の経験から割り出したところでは、ナレーションは、簡潔であればあるほど力強いし、象徴的な高みに達するが、あまりに簡潔すぎるという批判もあって、多少自信がゆらぎかけたところでもあった。それだから『戦艦ポチョムキン』のナレーションは、たいへんわたしの参考になった。革命のコトバは、詩のコトバなのである。

ところで、わたくしに、与えられたテーマは、記録映画の記録《ドキュメンタリー》性についてである。劇映画のなかのドキュメンタリーについては、安部公房をはじめとする論客の考察があるから、わたしには、記録映画そのもののドキュメンタリーをかんがえてもらいたいという注文である。わたしは引受けた。そして、泥縄式にさいきんの記録映画をみた。ことわるまでもないと思うが、それによっては、たいした収獲はえられなかった。なぜか？　まず第一には、記録映画製作の動機の必然性が稀薄である点があげられよう。

『青銅の顔』は、南米奥地の滅びゆくインディアンの生態を捉えた映画であるが、状況の珍らしさだけがあって、訴えの内容に乏しかった。データーとしては、貴重であるかもしれないが、あくまで他人のお話なのである。しかし、それにもかかわらず、わたしは、ひとつの場面が忘れられない。それは、未開民族の医者が治療を施している場面である。八つ手の葉っぱのようなもので体を叩きながらオマジナイを唱えている男、病人のまわりを踊るようにはねまわりながら酒の霧を吹きかけている男、これだけは他人ごととは思えなかった。治療を受けているものも、治療を施しているものも、ともにわたしたちの現実を象徴しているように思われた。もちろん、わたしは新興宗教を連想したのではない。病めるものを、オマジナイでなおそうとしているその男は、わたしたちのあいだでは、詩人と呼ばれるのだ、というようなことをかんがえたわけである。しかし、詩人にとってのオマジナイは論理をもたなければならないだろう。

『戦艦ポチョムキン』は、ある意味では、論理をもったオマジナイである。わたしたちの怯懦な精神を底からはげしくゆするからである。このばあいのオマジナイはさらに噛みくだいていえば表現ということになる。『戦艦ポチョムキン』は、いわゆる記録映画のハンチュウに入らないので、この映画を中心に据えて記録映画のドキュメンタリーをかんがえるわけにはいかないけれども、ドキュメンタリーということをかんがえるうえでは、『戦艦ポチョムキン』が提出しているもんだいを素通りできない。

オデッサの石段の場面は、ほんとうに圧巻だ。石段をころがりて落ちる乳母車のモンタジューはかねて話にきいていたが、聞くとみるでは、ほんとうに大きなちがいだった。長閑な気分を誘う乳母車が修羅の巷

と化した石段をころがり落ちてゆく風景は、突発した事態、事態の残酷さを訴えて、われわれの胃のあたりをしめつけるのである。しかし、わたしは、このばあいの乳母車は、象徴的道具立として使われたのではないと思う。乳母車はあくまで乳母車なのであって、他のなにものにも置換えられないところで、悲劇を即物的に表現しているのだ。

　さいきん、詩人の岩田宏に会ったとき、「オデッサの石段の場面は、みんながみんななんともいいようのない感じだというんだが、なんともいいようがないなんてバカなことがあるかと思ってみて、やっぱりなんともいいようがない。もう一回みればなんとかいえると思うんだが……」と口惜しそうであった。わたしのかんがえでは、このなんともいいようがないというのは、条件反射が混乱するからではないかと思う。お祭的楽しさを突如、おそった圧制者の暴虐。そこでは、プラスとマイナスの相反する方向に働く心理要素が乱反射を起す。この心理的効果を生むために、エイゼンシュンティンは、即物的表現を積重ねている。石段の場面だけに即物的表現を用いているわけではない。水兵をシーツにくるんで銃殺しようとするとき、一枚のシーツはシーツであって、シーツ以上のものを表現する。一杯のスープも食べられないとき、一枚のスープ皿は一枚のスープ皿以上のものを表現する。修羅場に置かれた乳母車は、乳母車であって乳母車以上のものを表現する。要するに日常の生活品がある状況のもとでいかに変貌するかが追求されているのであり、なにかの象徴、置換えになっているのではない。芸術方法上のドキュメンタリズムともいうべきものは、まさにこのような即物的捉え方にあるのではなかろうか。

　シーツ、スープ皿、乳母車などなどのクローズアップは、それら日常品の日常性を剝奪して、オブジェ化する。オブジェ化した「もの」は、わたしたちの内部に向って危機的状況の信号を発信する。そういうことになるのではあるまいか。

　わたしがこれまでにみた記録映画で深い感銘を受けたのは、「佐久間ダム」の第一部だが仮排水口が完成して、天竜の本流が止まるときの、さりげないカットがいまだに記憶に残っている。これまで流れていた天竜の水が池のように澱んでしまう一瞬をとらえたもので、トリックでとったって簡単にとれそうな場面なのだが記録映画でなければ味わえない感銘をわたしはそこで味わった。わたしはこれを単なるニュース的一回性からくる感銘であるとはかんがえない。天竜の流れが止った瞬間の即物的表現であるゆえに、それは大きな感動を伴っていたのである。結末の単純さはむしろ工事の壮大なスケールを物語っていたのだ。

　けれども「佐久間ダム」の制作意図は、必らずしもそこに焦点が絞られていたわけではない。ＰＲ映画という枠もあった。そこでもんだいをさらに進めてかんがえてみよう。若い日本の会が日本数育テレビで『半常識の眼』という実験番組を連続放送したことはさきにふれたが、そのうちの一回に、「だから世界は動く」という羽仁進構成の番組があった。これは、アルジェリアの民族解放斗争の記録映画とドナルド・リチィの「し」という実験映画を併映して、もんだい意識の断層を明らかにしたものだが、わたしたちの避けて通ることのできないもんだいを端的に示していた。前者は政治意識だけが、後者には芸術意識だけがあって、両者は互に理解を絶していた。いや、こういういい方はまずいかもしれない。後者の芸術意識というものもほんとうは政治意識そのものかもしれないのだ。

　わたしに、この企画の試みが面白かったのは、民族解放斗争の記録映画をみた感想を求められたドナルド・リチィがなにも感想を喋べらなかったことである。かれは両手をひろげて肩をすぼめる動作を示しただけだ。わたしは思った。かれらの国アメリカも昔は、独立運動に起上ったのではないか、感想がないなどというバカなことがあるか、と。しかし、ほんとうにかれはいかなる感想も持ってはいなかった。かれの作った実験映画「し」はむろんそれを裏付けるものであった。

　寺院の境内を背景に、男女のパントマイムが展開する。いわば男と女の出会いを超現実的にとらえようとこころみたものだが、民族解放斗争の記録映画をみたあとでは、苦い舌ざわりがした。おそらく作者は意識しないのだろうが、そこには、白色人種の有色人種にたいする優越意識がはっきり顔を覗けていた。珍らしい動物をみるように、日本人をみている。このドナルド・リチィの「し」は実験映画というもので、現実の忠実な模写ではなく、むしろ心理的世界をとらえたものだが、このカメラの眼は、ベルナール・テザンの『青銅の顔』におけるもんだい意識と、瓜二つなのである。これは不思議でもなんでもない。ドナルド・リチィは、日本人の内部の世界を風物としてとらえているにすぎないからだ。それはあくまで外人観光客の好奇心の対象に他ならないのだ。

　『青銅の顔』がとらえたインデアンの表情も、まったくこれとおなじものである。こちらは忠実にかれらの外部をカメラにおさめているが、このカメラもじつは忠実に外部を写しているのではなく、「ほろびゆくもの」という前提を写しているだけなのだ。ここにはいかなる意外性もない。ヴァンダインの探偵小説にでてくるフィロヴァンスは、あらかじめ結論をみいだしておいて、これに必要な状況証拠を蒐集してゆくが、方法的にはこれに似ている。

　『戦艦ポチョムキン』と併映していた中国で作った『世界の屋根を越えて』は、『青銅の顔』とは、まったく対遮的で拾い物だった。世界の屋根のチベットに道路を建設した民族の笑顔。これはわたしの条件反射を狂わせた。意外性の発見、これがドキュメンタリー映画の追求すべきドキュメンタリーではないか。遅れているもの、進みすぎているものを経蔑する笑いだけが笑いではない。心の底からうれしい、われわれの忘れていた笑いもあるのだ。

総評を囲む座談会

「日本の政治」をめぐって

出席者

総評・若林理　東宝商
事・中村利一　教育
映画作家協会・矢部正
夫・杉山正美・谷川義
雄・大沼鉄郎・野田真
吉（司会）

野田　最近、総評で「日本の政治」を作られたので、それを中心にして労働組合運動と記録映画との関係を話し合ってみたいと思います最初に「日本の政治」を担当された立場から若林さんに。

若林　総評の教育宣伝部長である山中さんが中心になって作ってくれたんで、山中さんに出てもらえるとよかったんですが、卒直にいいますと、選挙を間近かに控えて労働者は絶えずマス・コミや、PR、HRの包囲の中でいろいろな思想攻撃を受けているわけで、よほど今度の選挙は決意を固めてかからないと、勝つことはできないだろうと思います。そこで選挙に当り、実際の現状というものを選挙民に理解させていくことが非常に大事じゃないか。そのための映画をどうするか、新聞などで汚職だとかいろいろ問題が出されているわけだがこれらを、もっと緊迫した形で、資本主義社会における政治というものがどんなものであるかということを実際に描き出していく、特に岸なんかは三つの公約を示して、昨年選挙に大きな勢力を維持したわけであった。しかし失業、暴力、汚職の三悪追放は実現されていないばかりかむしろ大きくなっているような状態の中で、選挙民の裏切られた気持というものを画面の中でわき立たせるような映画が必要なんじゃないか。そういうことで、現在すでにあの映画が完成して、上映の運動が中央、地方で行われているわけです。なにしろ今までにないものができたというんで、おおいに選挙に利用したいと、各単産、地評等に要請している。利用に当っては、映画会を組織したり、あるいはまたその映画を選挙というものにしっかりと結びつけて教宣を強化していきたい。その場合にあの映画をフルに活用していくということで今進めております。

野田　若林さんから製作の意図及び今後の運用のしかたなど、お話していただいたんですが、「日本の政治」をつくった谷川君は作家として、総評の意図をどうくみとってつくっていきましたか。

谷川　大体、今若林さんから出たようなことで受けて立ったわけなんですが、普通のスポンサー映画と違って、総評側とわれわれ作家側とは同じ立場だというようなことから、全然矛盾するものは何もないというように感じたわけです。

労働者の立場でもって日本の現在の政治を支配している人に対する痛烈な批判を、画面に具象化するということを考えてかかったわけです。しかし、この一年間岸政府がやったことをさまざまに記録されたフィルムを、ばらばらにして、私の頭の中でもう一度構成し直すことによって新しい意味をつかみ出すということを考えて、作った。ところが、たいへん観念的なものにしかならなかったという点で、この前の批判会でじゅうぶんに皆さんのおっしゃることが骨身にこたえるような不満な結果に終ったことを残念に思っている訳です。非常に短い期間、あるいは少い製作費というものが絶えず頭の中で大きな障害となると思うんですけれども、それはどんな場合でもあり得ることだし、いいわけにはならないと感じるのですが、やはり総評の方でもこういった映画を通じて、農民や中小企業者を対象に作る今度の映画に対して要求されるものが、私なりに作ったものとある程度の隔たりがあったんではないかというようには感じるわけです。その隔りはどういうものかということは、明確に意見を申し述べるほど私の考えはまとまっていないのです。

野田　谷川君が、隔たりがどういうものかわからなかったというのはその隔たりがだいじなんで、きょうの話はそいつを少しずつ進めていったらどうかと思うんですが、総評の方ではどうなんですか。映画製作は文化対策の中の一項目なんだけれども、失礼ないいかただけれども、文化対策というものはまだ確立してないんじゃないかと思うんですが。

若林　そういう話も出るとは思っていました。（笑）湯河原で教研集会をやった結果、総評だけでなくて労働組合の文化政策の確立問題を相当突っ込んで討論しました。そこで私どもが絶えず考えていかなくちゃならんと強く感じたのは、結局私どもの出発点からもう一回、ばらばらに考えかたを崩していく必要があるんじゃないか、経験主義にしても、教条主義にしても、組合内部の弱点として出てるわけで、いくら自己批判を積み重ねても今までの実績を基礎としている限りでは、本当の意味

の自己批判にならんのじゃないか。

私どもの感じたものが本当にもっと下部の方に下りて、真剣に一般の組合員なり大衆なりに接触せんことには、自己批判の屋上屋を重ねたことになって、前進しないと、強く感じたわけです。そういうことが一つの前提になってるわけですが、文化政策は経済斗争

若林　理氏

と政治斗争とともに労働者階級の大きな任務としてあるわけなんで、それによって正しい世界観と正しい理論武装がされて、労働運動が発展していくという組合運動の原則がおろそかにされている。今の組合の運営を見ていると、いままで文化という問題は思想的な問題として見られておったし、幹部の中には、サークルなんていうと反幹部的なものであるというようなことから、知らず知らずのうちに組合内部にこれを統制するという、露骨な形でないにしても、そんな気分があった。これからやはりそういうものをぶち抜いて、実践を積み重ねていく中で、組合の正しい方向というものを導き出していきたい。その場合一ばん大事なのは労働者の学習活動といいますか、一にも二にも賃金斗争をささえる学習活動が徹底して行われなければならん。いったい学習活動によって何をしようとするのか、その問題を掘り下げていくと結局、思想というか、理論的な武装というか、そういうものに煮詰められてくる。労働組合の学習を強化し、正しい世界観を打ち立てていくという仕事が大きくあるわけです。そういう思想をどう高めていくかということで、映画活用も一つの大きな要素として出てくるわけなので、具体的な問題として当然財政的な、あるいは、製作を担当してもらう専門家の方々との交流の問題、またそれを地方に流してどういうふうに上映していくかという問題、そういうことを一つ一つ、いろいろな困難な条件の中にも現在の段階でどうしていったらいいかという体系的な活動方針というものがでてきてこなくてはなりません。サークルにおいても演劇、音楽、美術においても、労働者の文化をどう高めていくか、労働者の文化というものは何なのか、あるいはまた労働者の中から積極的な経験者、活動家を意識的にも思想的にも高めていく問題や、そういったことを含めて当然文化政策というものが積み上げられていかなくてはならないのですけれども、まだまだ、総評だけでなく全単産とも共通して文化政策の必要が強調されながら、実際にはできていない。総評としては、今年は何とかして文化政策の確立と、正しい思想を高めていく教育文化政策の確立をめざして、大々的に取り組もうという情勢にあるわけなんです。地域から、あるいは職場から、あるいはずっと下の方から、上へ向けて積み重ねていく実績や経験を総合して、最も具体的な現状に合った政策を確立するにはどうしたらいいか。そういう事に向って、今月から五月六月に分けて地方での教育文化集会、あるいは職場での文化集会を開こうということで、総評大会へもちこもうという計画が進められてるわけです。

野田　だいたい総評の現在の事情がわかりました。そういう中でできた「日本の政治」という映画は、非常によく、若林さんがおっしゃった条件、情況を反映してると思うんですけれども、それについて映画を通じて話を進めたいんですが、中村さん、この映画の移動映写活動していらっしゃると思いますが、上映された時のふんい気なんか、どういうように受け取られましたか。

中村　国鉄の組合の映写技術者連盟の方に行って聞いたんですが、こういう映画は、おそらく政治教育映画としてできたものは「悪法」について二作目だと思んですが、できたという意義が大きいことは、だれでも一致しているんです。内容について非常に問題が出ていたんですが、要するに、現場の人が今考えてることと、ずいぶんかけ離れてるんじゃないかという意見が多い。たとえば電通の関東なら関東にしてみれば、一ばん頭を悩ましているのは安保条約の問題だ。中央千代田青年婦人共斗会議など持って一生けんめいやってる。それがなかなかしみ通っていかない、これが中心問題だということは、組合としては勉強もしてわかるんだけれどもあの映画を見た場合、日本の政治的な中心課題がはっきりえぐり出されてこない。見ていて「また汚職やりやがった」「岸の野郎しようがない」ぐらいの話で終ってしまうんじゃないか。やはり今の政治の基本問題の安保条約の破棄、日本の核武装の問題、日中国交復交の問題等真っ正面から取り上げる必要があったんじゃないかという声が一番多かった。それから作る過程の中で、機労あたりから批判が出てたんですが、共同映画に依託したが、共同から機労の方に撮影機持って出てくれないかというわけです。ところが機労にしてみれば、今さら業者に依託したものをこちらはカメラかついで出ていく筋合じゃないが、弱ったという話がありまして、製作委員会をきちんと持って、それの一員として活動するんならできたという話があった。それも大切なことじゃないかと思います。

野田　『日本の政治』ができたという意義とは別個に、内容が安保条約問題、核武装反対という大きな線につながらないというのは、僕達の研究会にも出ました。

若林　山中さんもそういう点でどういう映画を作るかというのに国民と最も密着した形で映画を作るのにどんな程度のものがいいか、相当に悩んだし考えたろうと思うんです。私も考えたには考えたんですが、やはり具体的に職場の労働者や農民がどんなことを考えてるかという日常の感覚にうとかったということが、ああいう多少観念的なものを持ち込んだきらいがあったんじゃないか。そういう点では、この映画に基本線が抜

けてるというのは、マスコミの宣伝の中で、革新政党中心に使わせる映画を、基本線を露骨に出してしまうと選挙で票が逃げるというようなものにふり回されていた。いってみれば結局選挙民をそういう感覚でつかめるというふうに見ていたところに問題があります。

矢部　映画の作り手として、この前われわれの間でもいわれたことなんですが、日常生活の中で作家が怒りを覚え感動を覚えている問題に対していつでも映画にできるような形のシナリオを持っているということがまず前提のような気がします。そういうものがあっても実際には金がかかることだし、勝手に作れないの当り前ですが何かのチャンスを狙っていれば、たまたま総評なら総評からそういうテーマの映画の企画が打ち出されたという時はすぐそれにのっかれるはずです。そういう姿がわれわれの方にあると出来る映画もだいぶ話が違ってくると思います。今度こういうテーマで映画を作って教育しようという前提があって、教育するにはどうするか、みたいな話だとこれはやはり技術論に終始して、教育という功利的な成果まで上らないじゃないか。早い話が芸術でなければ教育的な効果はない。われわれはそこを反省もし、自己批判もし、そこからまず立ち上るように努力をしなければならないと思うんです。一方そちらの文化政策の確立というようなものとからみ合いながら、進むことが今後の一ばん大きな課題だと思います。

若林　この映画の製作に当っては一ばん苦労したのは谷川さんだと思いますよ。とにかくいろいろな注文をつけて、ひどかったんですから。

矢部　その場合、谷川さんが何か持っておられたらそれがエネルギッシュに出てくると思う。納得の行かない注文をつけられてもそんなばかなことができるかみたいなぶつかりが起る。そうすればまたそちらからの考えも少し変らないとは限らないし、どこまで建設的にぶつかり合ったかということがわからないと思うんですけどね。

谷川　デモをやること自体が悪いというふうに思ってる人達に、そのデモを理解させるだけでもたいへんなんだから、この映画においてはそういうものを取り入れないでくれ、といわれた。それはもっともだ、このわずか二十分の映画でデモは労働者の行動の一つの極点としてこういう形で出てくるということを、わからせるための映画というのは、長い時間を要する。わずかな映画ではできるものじゃないという僕あたりの考え方で、だからこれは農民の中小企業のおやじさん連中が見て、今度の選挙だけに使える映画。岸政府のやってることの実態のばくろ、これだけ見せればあとは候補者が受けてしゃべるんだからというような製作者の狙いというものを僕はそのまま受けてたわけです。

若林　その点でやはり私も山中さんとはいろいろ話もしたんですがデモや何かが入ったらいかんということなんですね。私も相当にいやそうではないこれはやはり労働者が納得しなかったらだれも写す人はいないんだというふうに考えていました。そしてどういう映画を作るか内容等について共同映画と谷川さんと総評の一部が行って三人や四人で、こそこそと相談すること自体が問題であったというまになって思っています。

矢部　少し図式的になりますけれども三悪追放なら追放の実態に対してみんな腹立てるわけです。それを映画にして描く場合おれは自分の家の生活を描くという人もいるでしょうし、たまたま農村へ行ってそういう断層を見た人はこれを描きたいと思うでしょうし、同じテーマでいろいろ描きたいものを持つはずだと思います。企画者の側がその中でどれが一ばん有効かという判定をされてこれでいこうというのが本当だと思います。こっちに積極的なものがなくそっちに予定のコースがあるというのが一ばんの弱みじゃないですか。コースの選定をいくらうまくやってもそういう中から出てくるものは本質的にはPR映画でしかないと思います。

中村　小手先でデモを入れるか入れないかという問題じゃないかと思います。デモが入ってもたとえば三年前に一カ月ぐらい関東一円を歩いた時真鶴という漁港で国鉄の鉄友会の連中が主催で学校の二階で写した。そのころふつうはニュース、劇映画、記録映画という順序で映写するとニュースの次に劇映画を見ると帰っちゃう。ところが番組のつごうでそうなった。ニュース・漫画劇・映画・「日鋼室蘭」という順で子どもは劇映画がすんだら帰ってくれと放送して写したんですが、子どももおとなも帰らない。デモなんかもとってるし、相当どぎつい映画だが、それでも共感を得る。「流血の記録・砂川」も国鉄の記録では農村で共感得たという報告を受けています。小手先だけではないと思います。

野田　ぼくはテレビなどマスコミのはげしい現在、映画というものの独自な上映形態をもう一度考える必要があると思う。今まで映画館上映が唯一の形態だという考えかたが多い。だが今やられている「戦艦ポチョムキン」の上映運動は一つの組織をもってする。映画館を利用して写すという今までと違った形態だと思う。また十六ミリによる非劇場上映のなかにみられる。いつでも、どこでも、好きなフィルムを写して話し合いをやるという上映形態がある。そういう独自の上映形態を利用して、マスコミの影響を一ばん受けてる労働者以下、農民、市民を、つまりうけ手の組織をつくっていくことをじゃないかと思うのですが。移動映写なんかも年々違った状況のなかに発展があるんじゃないかと思うが、中村さんどうですか。

中村　二三年前の活動形態と全然違います。昔はわれわれが映写機かついでぐるぐる回ったが、それだけだった。今は国鉄だけでも五百人から関東地域で千数百人に上る、組合の中で写せる人がおって、その人がどんどんやってるから、その規模で考えます。

野田　今は条件が違ってきてますね。映画館がテレビで参ってる面もあるが、都市のほとんどの公

会堂に映写施設があるということ、16ミリ機械が普及してること16ミリ版の映画がたくさんあるということ、そういう条件が違ってきてるんじゃないですか。サークル運動なんかが、映画館以外に目をつけないところに弱さがある。座館だけの上映形態唯一だと思ってるんじゃないかと思う。そうした映画館の上映形態の研究と利用はサークルの内部的な組織の強化をすすめるには、一ばんいいんじゃないかと思う。また、サークルだけじゃなく、労働組合もそうじゃないかと思う。

若林 今「荷車の歌」が上映されてますが、あれの成果を注目してるわけです。労働組合といわずいろいろな地方での非劇場地帯の映画運動が発展していく要素がありますから。非劇場地帯を映写活動でつないでいく、そういうものを組織的につながった地帯にしてセンターづくりや、配給組織をも充実し、強化し、統一していく。統一というのは悪い意味でなく、移動映写活動はどこの組合に行っても一台はある。どこへ行ってもちゃんとフィルムも補給されてる、絶えず組合はそれを見ているというような態勢を、何としても作っていかなくてはいけないという気がしてるわけです。

野田 だから、ある意味ではテレビやラジオの、上からのマスコミに対する、下からの組織を作るのに映画独自の上映形態を考えると、映画はわれわれにとって有利な情勢が逆に出てきてるんじゃないか。そういう状況の変りかたを活用する時じゃないかと思ってます。

中村 今、一ばんそういう活動やってるのは、小田原の近所の南足柄の、フジフィルムの工場だ。映画だけでなく組合員の生活、文化活動、全部めんどう見ている。家出人捜索まで組合でやっています。そこで撮影機もって映画を活用している。地域に全部地区会を作り、百近い地区に分れて計画して活動していますと、国鉄の組合にも関係してくる。御殿場線の沿線は通勤労働者が多い。その人達が全部入り、地区労を結成しながら映画と結びついている。児童劇の「オモニと少年」など使いながら、そこへ組合の斗争のニュースを映画にする。組合で宣伝カーを買いました。今団交をやってますというのを写してその中へ入れています。一つの組合の中だけで考えてるとできないことが広く地域を総合してやると、非常に発展していく条件が、今出ているんじゃないかと思います。

大沼 「悪法」とか「日本の政治」とか続いて出たわけですが、今のところ組合がフィルムを買っているわけですか。ツルの一声みたいなもので、それともアピールするところがあって売れてるんですか。

若林 はっきりいえば、やかましくいってせきたてて買わせる。(笑)だが選挙に結びついてるものですから、全逓日通炭労なんかは今までになく、十本に近いものを買っています。これは16ミリの映写活動を促進する結果になっています。持ち込む映画がどうであろうと、移動映写活動が発展している。日通なんか映写機を用意してなかったのが、五本買ってどんどん地域にまわして見せる。こういうように変ってきてるわけですね。

中村利一 氏

中村 だいたい選挙のたびに映画の活動は進みますね。

若林 今総評がやかましくいって、買わせ買ってる間は選挙資金とか組合の予算で買ってるわけです。ところが映画というものはどれ一つとっても高いものですから、今まで映画活動利用した経験のないところでは、予算がない。映画の関係の予算が大きなウェイトを占めてくる。そうすると行きづまる。そういう、組合が予算を出さないでもどういうように見せていくかというのが、将来大きな問題になってくる。「荷車の歌」みたいな長篇の劇映画は教育的な成果を持ってるわけですが、ああいうものも一応見て作っていかなくてはいかんのじゃないかね。そういう場合、全組合員がカンパしながら作っていくような形も出てくるじゃないか。

野田 おおいに即時的効果のある。しかも、今の製作条件ではながくつかえる作品をわれわれはつくっていかなくてはいけないと思う。

矢部 それは理想としてはけっこうだが頓服でもいいと思う。その頓服がきかないんだ。(笑)その頓服の作りかたに問題あるんで、さし当り経済的な条件もあるから頓服だけでいかなきゃならんということも仕方がないんじゃないかと思う。

中村 今の教育映画の問題ですが、教育映画なら教育映画の作りかたがあるし、そういうのも必要になってると思いますが、たとえば去年の暮、日経連で「接遇者訓練」というのがあった。日本相互銀行の下請けをやったんですよ。おもしろいんですね。読んでみると一冊のテキストがあって、机の並べかたお客様の接待法から教師のテキストに書いてある。お客さんの接待法についての幻灯を写し、ここまできたらだれか標準語の発音を吹き込んだテープをまわしてとある。それがね好評なんですよこれを進めていけばプラカードの作りかたみたいな映画ができてくる可能性もあると思う。

矢部 それはそうですね。何も政治的テーマばかりが映画の対象ではないですからね。

大沼 頓服というのは、時期的にはタイムリに作る必要があるし今の段階では組合なんかでやれ選挙とか、賃上げとか、ある情況の中でなければ金が集らないとかいう条件はあると思う。それはその時を利用して作らなければならない。ただ、作品がそれ一本で、あとは何もやらないでも組合員が立ち上って、選挙は全部革新陣営に入れるという、賃上げに参加するとかいう事はむりだと思う。僕なんか「日本の政治」のこと考えて労働者と他の市民層(十八頁へ)

戦前・戦後のメーデー映画

情熱と斗争の歴史・その今後

山岸一章

日本のメーデーも第三〇回をむかえる。一九二〇（大正九）年五月二日に、約五千人の労働者が東京の上野公園から万世橋に向けて、日本最初のメーデー行進を戦って三九年になるのである。この二年前にロシア革命が起り、つづいて日本では米騒動が起きた。そしてこの一九二〇年という年には、東京市電の労働者八千人が六日間のストライキを戦い、八幡製鉄二万三千人の労働者が熔鉱炉の火を消した年でもあった。

こうして日本のメーデーは始まり、年を重ねるごとに広がった。第三回（大正十一年）には全国十三都市で、第四回（大正十二年）には前日に指導者が二百余人も検束された。関東大震災があり、弾圧ははげしさを増してきたが労働者はひるまず、第八回（昭和二年）には全国七八ヶ所、四万二千人が参加して時の田中義一内閣の中国革命干渉に反対して激しく戦った。これがまた戦前最大のメーデーで、三・一五、四・一六と弾圧は更にきびしくなってきた。

ナップが結成されたのもこの頃で、プロ・キノがメーデー映画をつくり始めたのもこの頃らしい。そしてそれはどうにもつくり得なくなるまで、昭和七、八年まで毎年つくられたということである。そのうちの一回は、先年に亡くなられた中島信さんという人が中心になって、スタンダードのメーデー映画さえつくったというのだから驚いてしまう。

これらのメーデー映画のうち、現在保存されていて見られるのは一九三一年（昭和六年）の〃第十二回東京メーデー〃だけである。今後このほかに発見されない限り、戦前のメーデーをこの眼で見ることができるのはこのフィルムだけというわけである。

この映画を見ると、古い活動家の思い出話や、活字の上でしか知ることができない、戦前の労働者たちがどのようにメーデーを戦ったか、その燃えるような情熱と不屈の戦闘意識が、三〇年近い歳月をこえて、ぼくたちの胸をじかにはげしく打ってくる。――どんよりと曇った空の下を、前日の予備検束を免がれた労働者たちが、組合旗を持ち、しっかりとした足どりで、当時の会場、芝浦に集ってくる。会場には労働者の何倍もの警察が、サーベルを吊し、関門をつくり、参加する労働者の一人一人を身体検査する。そこで大部分の赤旗は取りあげられてしまう。やがてバスの車掌らしい婦人労働者が警官と仲間たちがせり合う中で、演説をする緊張した素晴しい顔がアップになる。デモが始まる検束が始まる。その中をデモはさらに前へ！――今では想像もできないような光景である。

この映画を撮影し、ぼくたちに残してくれた先人たちの労苦はどんなであったのだろうか。恐らく映画をつくる条件としてはお話しにならないものであったに違いあるまい。しかもなおぼくたちの魂を打ってくる、この秘密はどこにあるのだろうか。いずれにしても日本の労働者にとって今後ますます貴重な宝となるフィルムだと思う。（またプロ・キノの業績も今のうちにまとめておいてほしい。「記録映画」の誌上で、関係者の座談会などから緒口をつけたらどうでしょうか。）

戦後になってからは、日映、理研、新世界などの各ニュース映画社が毎年のメーデーを撮影してきた。国鉄労組の記録映画「ばくしん」などの中に、終戦直後のメーデーや食糧メーデーのようすが、これらのニュース映画から採録されている。

しかしメーデー映画がそれ自体としてつくられるようになったのは、これらのニュース映画社や東宝などから、多くの進歩的な映画人がレッド・パーヂで追放されてからである。第一作は世界のメーデー史上にも残る、一九五二年の〃第二三回東京血のメーデー〃の記録映画である。この映画は劇場でも公開され、七、八〇本のフィルムが焼増しされて全国で上映され、この種の映画の非劇場上映としては一つのピークをつくった。

このあと一九五三年の「朝鮮戦争やめろ」の第二四回メーデーは映演総連、五四年は「原水爆はごめんだ」を中心にして東京だけでも六十万人が集った第二五回メーデーで、この時はメーデー実行委員会、第二六回メーデーは映演総連、第二七回メーデーは新東宝労組と、製作団体は変っても毎年つくられるようになった。もっとも、五六年が新東宝労組でつくられたのを別にすれば、これらの映画は実際には日映作家集団、その発展した団体である教育映画作家協会や、自由映画人連合に所属する人たちを中心にした映画人の献身的な協力によってつくられたのであった。

この内容も、とにかく撮影してまとめるという初歩的な段階から、その年その年のメーデーの中心スローガンと特長を軸にして、ある程度意識的、計画的につくら

れるようになり、第二五回メーデーや、第二六回の雨のメーデー映画は、質的にもかなりまとまってきていた。

ところが残念なことにメーデー映画は一昨年から断絶してしまった。各労組や職場単位の八ミリメーデー映画はかなりつくられるようになったが、全体を統一した専門家によるメーデー映画は今年もつくられる気配はない。この原因としてはまず採算がとれないことがあげられている。映画人の協力によって、二巻のメーデー映画が五〇万円位でできて来たのに、その製作資金が貸出、販売によっても回収できないのである。（ニュース映画は、一巻の製作費が一〇〇万円といわれている。）

しかしこれはごく表面の理由であって真の原因ではない。映画のつくり方の問題もあるが、根本の問題はメーデーに対するぼくたちの考え方や、メーデーそのもの在り方がぼやけてきているところにあるのではないだろうか。

メーデーは年々、参加者がふえ家庭ぐるみの明るいものになってきた。昨年の第二九回メーデーなどは全国で八百ケ所、参加者は四百六十万を数えるようになった。このことは喜ぶべきことだと思う。しかしその一面に悪い意味でのお祭り化しているような気がしてならない。いうまでもなくメーデーは、今から七三年前の一八八六年にアメリカのシカゴで、世界最初のメーデーとして戦われた日から、全世界の労働者が団結を祝う日であると同時に〈戦いの日〉でもあったのだ。

現在でも一人一人の労働者は、〈戦い〉なくしてメーデーに参加することはできない。ぼくが働いていた国鉄の大井工場は、今では毎年のメーデーに中核になっているが、始めの頃は、仕事に差支えないものとか、メーデーを理由に半休したいものが大半で、終りまでデモに参加する者は物好きぐらいにしか言われなかった。それが最近ではメーデーの一ケ月位前になると、各職場競争の仮装行列の準備にかかる。まず仮装の内容をきめるのに意識的な討論が重ねられ、その製作に入ると職制との喧嘩になる、というのはある種の〈実力行使〉が必要になるから。そしてメーデー直前頃になると作業が中ばできなくなる程になる。各職場での力関係と、その戦い如何によって仮装の出来栄えも左右されてくるのである。これは一例で、整然として蛇行デモ一つが行なわれるにも、一人一人の職場での戦いが、幾度かの闘争の中で積みあげられて来ているのである。まして中小企業の労働者はもっと困難な戦いを通じなければ、参加できないのだろう。

ところで〈戦い〉は会場に来るまでで、あとは水増しされた〝お祭り〟にされてしまっている。人数がやたらと多いだけで、村のお祭りにきているのと大差ない気分にされてしまう。会場が外苑になってから特にそんな感じである。メーデーがこんな風だから、映画も血のメーデーを別にすれば、迫力がさっぱりない。表面はどんなに明るく華やかに行なわれようとも、そこにひそめられた〈戦い〉を、映画はえぐりだしてくるべきだと思う。この点で戦後のメーデー映画は不充分なのではないだろうか。

もう一つの問題点は、アメリカの作家ハワード・ファーストも言っているようにメーデーは「われわれの戦いの一里塚であり、力関係のバロメーター」であるという点である。メーデー当日の光景を追っているだけでは、そのメーデーを中心にした階級全体の戦いも、そのエネルギーも、目標もしぼれない。三六四日と切り離された一日だけの映画になってしまう。アメリカのニュース映画にでてくる復活祭風景とどこがちがうのかという疑問さえ生まれる。この点で記録映画製作協議会が健在だった当時の日鋼室蘭や砂川の戦いがとり入れられたメーデー映画はかなり見応えがあった。

これらの点が単純、力強く示されているメーデー映画ならば、メーデーを延長拡大した武器として大歓迎されるだろうし、数年前とは比較にならぬ程に労組の映写機が普及している今日、採算がとれない筈がない。

ではこのようなメーデー映画はどのようにして可能になるだろうか。ぼくの考えでは恒常的なメーデー映画製作委員会が必要だと思う。製作から資金の回収まで行うと同時に、各地の労組の十六ミリ活動家（カメラマン）と専門家との協力を強めながら、主要な〈戦い〉に参加し、でき得る限りは「日鋼室蘭」のような記録映画を製作し、じっくりと一年がかりで、メーデー映画を製作できるような体制がどうしても必要だと思う。

作家の内部世界をどうとらえるか

＜作家主体論争＞への一つの異見

■丸山章治

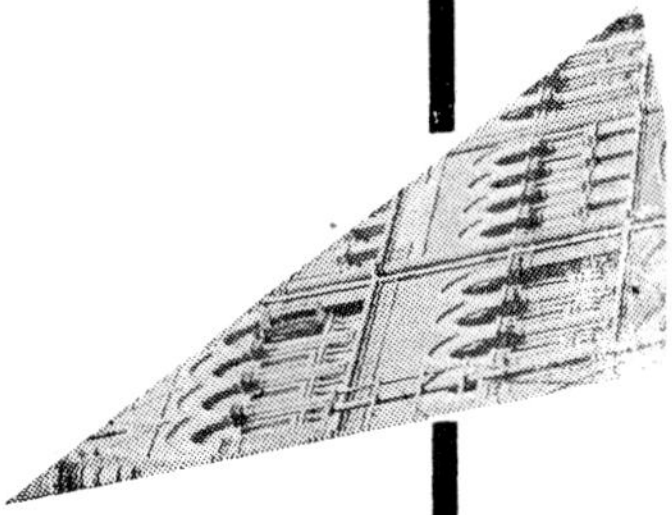

「僕も主体性問題については異見をもっている」などとツイ口をすべらしたが運のつきで、早速編輯委員会からハガキで、その異見なるものを具体的に申のべられたしとぶつけられてしまった。実を申すと、まだ多少の異見はないでもない。しかし、まだまとまったものではない。従って是非発表したいという程さしせまった気持はもっていない。しかし、切角の機会だから、自分の考えを整理するためにも書いてみることにした。

（一）作家主体と外部条件の問題

「戦後記録映画運動についての一考察」と題する論文によれば、我が友（敵にまわすとコワイからネ）野田君は「協議会の運動が、作家主体の喪失という内部的要因によって挫折した」と考えているようである。

僕は主体の喪失などという事件は一度も起らなかったと考えるが、どうだろうか。

文字どおり主体を喪失してしまっていたら、当然主体的責任などもてよう筈はあるまい。そうなれば当然又、責任は「外部的条件の圧力」なるものに帰するわけである。

むろん、野田君にそんなつもりのあろう筈はない。現に「作家の責任をすてさり、責任を外部条件の圧力にむきかえ」と云って、その責任転化の傾向を猛烈に攻撃している位だ。

だから、これは主体の喪失ではなくて、実は主体の不確立を指しているものと解していいだろう。あげ足をとるようで恐縮だが、あるのとないのとでは事情がちがうから、喪失と不確立とは一応区別した方がいいと思う。僕は今商売上微生物学の本をよんでいるが、電子顕微鏡でなければ存在のわからないようなヴィールスやリケッチアでも、これをないと云ってはいけないことをツクヅク痛感しているところである。

さて、ところで又「外部条件の圧力」というものも、まるっきり存在していなかった訳ではあるまいと思うが、どうだろうか。花松君のいうが如く「組織化された暴力の前には、個々の主体性などは、全く無力に等しかった、という厳たる歴史的事実」は、松川事件一つみても、存在しいてることは疑えないようだ。（もっとも、ウソの自白をせざるを得なかったという事情についても、まことに残念だと思うのだが——）

してみると、主体をとりまくこういう外部条件も、主体性不確立や、主体性確立の問題を考える場合に、当然考慮に入れてしかるべきではないだろうか。

もっとも、いつだったか何かの座談会でさる有名な左翼の指導者が、戦争中の左翼カイメツの原因を、当局の強暴な弾圧によるものだとのみ、テットウテツビ主張していたが、あゝいうのを弁護するつもりは毛頭ない。その座談会に同席の学者の一人が「そういう外的条件のあったことは充分みとめますが、しかし、そういう条件の中での、大衆カクトクの戦術には大いに欠けていたのではありませんか？」と暗に主体性について質問していたが、むろんその指導者は、一切の責めを弾圧に帰して、大いに敵に対するにくしみをヒレキするだけに終始し、座談会そのものは甚だ下らないものになってしまったのはイカンであった。

主体の問題は、主体でないものとの関係において追求されるべきものだ、という事をこの座談会が教えてくれているではないか。だから主体と「外部条件」との間における斗争と統一の関係を書きおとしてしまったのでは、切角のよい主張も、片手落のそしりをうけるだろうと思うが、どうだろう。

そして又、「外部条件」を考慮に入れなければならないとすれば、当然花松君のいうように「自己と大衆との意識の断絶を検討しようとせず」にはいられなくなってくる筈である。「亀井文夫を囲む座談会」で松本君が「（亀井さんの）ものの考え方に若干そういう悪くいえば俗流大衆路線的な考え方が……」と云うと「若干じゃなくて、それを意識的にやってるんだ。俗流というけれども、その方が必要だと思う」と亀井君が答えているくだりは、だから僕には興味シンシンたるものがあった。

野田君の論文の中にも松本君の発言と同じように、「いわゆる当時の大衆路線論、つまり、大衆への無条件追ずい主義の思想につらぬかれている」という自己批判があるが——どうも、そこのところに僕はひどくこだわりたくなる。「外部条件の圧力」を軽視する思想は、そのおもむくところ当然大衆路線軽視の思想につながると僕は考えるのだが、ちがうだろうか。むろん俗流大衆路線や無条件追ずいには僕も又賛成は

いたしかねるが、しかし、野田君、松本君は主体性確立を主張するに熱心のあまり、ツイ心ならずも一切の大衆路線を俗流視してしまったような気がしてならないのである。いや、僕のような老人は、とかく取越苦務をしすぎるのかもしれない。

（二）背反する二つの世界の論理

ところが、主体性の確立とは、いったいどういうことなのだろう。主体というからには、むろん主観だけではあるまい。行動することの出来る身体をも含んでいる筈だ。だから、花松君のように主体性などという「主観の産物」と云うのは、どうも科学的な表現ではないようだ。

こんなことがあった。そのむかし、東宝大争議たけなわの当時、どの組合でも「エロ・グロ文化反対！」をスローガンにかざしていたが、――僕たちの組合の戦斗的な役員の一人に、演説では猛烈にエロ・グロ文化に痛ゲキを加えながら、時々いかゞわしいエロ雑誌をひろげて耽読しているのがあった。イヤ、これは何も特別な例ではない。どこにでもゴロゴロころがっていることで、例えば我々の協会の中にも、口ではキチンキチン会費を納入し協会財政を安定させることこそ会員の義務だ、などとのたもうと、その実、一向キチンキチンと会費を納入するけはいもない人が――イヤ、そんなせんぎ立てはとにかく――その組合役員氏の主体性が今問題なのである。

意識と行動とがバラバラになっていたら主体性が確立しているとは義理にも云えまいと思うが、どうであろう。

ところで元来意識というものは行動のためにあるのであるから、行動と意識がバラバラになっているように見えたのも、実は意識自体がバラバラになり二つに（エロ雑誌にうつつをぬかす意識と、エログロ文化に反対する意識とに）分裂しているにすぎなかったわけである。

僕は何もエロ雑誌を見てはいかん、などと道学者ぶるつもりは毛頭ない。たゞ、エロ雑誌をたのしむ主体と、エログロ文化反対を叫ぶ主体とが、一つの主体の中にナレアイで平和的共存をしている事実を指テキしたまでゞある。

諸君はきっと「その野郎のエロ・グロ文化反対はまっかなウソの皮であり、本心はエロ・グロ文化賛成なんだろう」などと憶測するかもしれないが、それは単純な推理というものである。僕は彼の名誉のために敢えて申上げるが、どちらも本心であることは毫末のまちがいもない。

パブロフは（ドキメンタリストの専売をよこどりして恐縮だが、僕にもパブロフ位引用させてくれ給え）人間には第二信号型と第一信号型の二つの型が区別できる、と云っている。前者は思想家型で、後者は芸術家型だ、というのである。ところが、この組合役員の中には、エロ雑誌にうつつをぬかす芸術家と、エロ・グロ文化反対を訴える思想家とが雑居して、どうも第三の型を形成しているらしい。

どうして、このように正反対の互に矛盾する意識が、平和共存的に同棲できるのであろうか？　ナニ、たねを明かせば極めて簡単なことがらなのである。つまり、二つのうちの一方は善玉、一方は悪玉と、はじめから格づけがしてあるのだ。これでは最初から勝負は決まっているので、従って今更改めて、血みどろになって争そおうとはしないのである。

だからもし諸君が、その組合役員に向って「君のエロ趣味を、君は正しいと認めるのか？」と問いかけて見給え。彼はすこしもわるびれず「むろんこのエロ趣味は正しくない。認めるべきでない」と自己批判して、手にしたエロ雑誌をいさぎよく屑籠の中へたゝっこんでしまうことであろう。つまり、同じ主体意識の一方は、意識界での犯すべからざる公民権を獲得し、他の一方は公民権を喪失して無意識界の屑籠の中へみれんなく捨てられてしまうのである。これが平和共存の内容であり、そして又大方の自己批判なるものがかくの如きものなのである。

相互に矛盾敵対する二つの意識のそれぞれに、公平に公民権を与え、そして両者の間に激烈なる斗争をまきおこし、斗争を通じてこれを統一し、主体意識を真に確立する、という手つずきを一向にとろうとしない自己批判が、主体性確立のかえつて邪魔物となっているのである。さてこそ、自己批判がこんなにも大流行するにもかゝわらず、そのわりには一向主体性が確立されなかったわけである。

いや、これは、同一主体内部の二つの主体の場合ばかりではないようだ。主体と客体（外部条件）の対立においても、てっとりばやく一方をとり一方をすてゝ単純化する傾向が根づよく存在するようであり「主体はいいんだが外部がわるいんだ」なんてえのはしょせんこの手である。

物と意味との関係においても、事情は変っていない、と思うのだがどうだろう。

（三）芸術における「物」と「意味」

この春、友人の画家に誘われて、久しぶりで、上野へ絵の展覧会を見にいった。壁面の大半を占めるものは、例によって例の如き抽象絵画で、写実の絵画は極めてすくなかった。

野田君は「事実を、物と意味という単位に分解し」と書いているが、こゝでも物と意味が分解されてしまっていて、抽象絵画は意味だけを表現しようと苦斗しているし写実派は物だけを表現しようと努力している。

その昔、岸田リュウ生氏の「切り通しの坂道」を描いたすさまじい程の迫力ある絵をみたことがある。あの絵があんなに力強い感銘をあたえたのは、単に切り通しの坂道がそこにそのまゝ表現されていたからで

はなく（物を表現していただけではなく）そのどぎつく赤土のもり上ってかたい石ころのごろごろしたけわしい坂道が、何かある意味をも表現していたからである。それは、たとえば人生のけわしさ、あらあらしさとでもいったようなものであったと記憶している。

しかし、むろんそういう意味は、坂道という物の表現なしには、とても表現できるものではない。

ところで、この展覧会の抽象絵具は、物をすてさって意味だけを表現しようとしているし、写実絵画はその反対に意味をすてゝ物だけを表現しようとしていた訳である。どちらも一生懸命ムダな努力をしているようで、見ていて全く気の毒と申す他はなかったのである。

僕は、物の意味を説明するのが科学で、物の意味を表現するのが芸術だろうと思っている。（僕の尊敬おくあたわざる戸坂潤先生は、科学は物を生産し、芸術は意味を生産する、と書いていたが、これはこれでなかなか意味ある着眼だと思っている。）

むろん意味を生産するのは人間である。物それ自身が本来意味を所有しているわけではない。ブタはトンカツになるべく生きているわけではないし、星は道しるべになるべく空にちりばめられているわけでもない。

物をとり意味をすてるか、意味をとり物をすてるか、という二者択《たく》一の芸術方法はどうも僕には賛成いたしかねる方法なのである。

記録映画はフィクションか、しからばノン・フィクションか、の論争も、どうやら二者択一的に斗われているような気がしてしかたがない。

（四）　ドキュメンタリーとフィクションについて

どうせ穴をあけて糸でつないで首かざりをつくっちまうんだから、天然真珠か人工真珠かを討論してもはじまらないではないか、と柾木恭介氏は云っているようにも思われる。

柾木恭介氏（がどんな人なのか、僕はぜんぜん存じあげないが）が「フィクションは方法を具体化するものだ」と書いているが、その点については僕にも別段異論があるわけではない。ありのまゝの世界をありのまゝにひきうつしたって、しょせん芸術にはなりっこない。第一、はじめも終りもない世界をそのまゝひきうつそうとしたら、はじめも終りもない映画をつくらなければなるまい。どんな映画にも作者は始めと終りを創造しなければなるまいではないか。

しかし、「フィクションは方法を具体化するもの」というだけでは、記録映画はフィクションかノン・フィクションか、という論争にとどめをさして、成仏させることは出来ない、と思うがどうであろうか。

つまり、記録映画はノン・フィクションだ、という主張は、方法についても云っているのではなく、素材（対象）について云っているのではあるまいか。記録映画のとりあげる対象（素材）は、あくまでも生まのアクチュアリティ（実際）であって決してつくりものではないというわけである。ある特定の実在であって、その他のものではなく、たとえ再現は行われても、ある特定の人物の特定の行為や事件の再現であって、それとは別のつくりものであるわけではない。（むろん、だからと云ってフィクション映画（劇映画）とノン・フィクション映画（記録映画）との中間にあるような映画ができたって一向さしつかえはないと僕は思っている。）

もっとも、こういう現実に存在するジャンルの区別を無視しようとしたり、又は、すべての映画はドキュメンタリー一本でなければならないなどと主張するつもりなら——それはそれで又別問題であって、残念ながら僕には全く興味がない。

○

だらだらとトリトメなくこゝまで書いてきたが、こゝまで来たらむやみにクタビレてしまった。まだ、野田君の「絶望をとおしてこそ」変革が生まれる、という考え方や、花松君の「一度ニヒリズムを経ることによって」本物になる、という考え方を考察し、それと関連して「社会改良」の重要性について、いろいろ考えてみたかったのだが——もう枚数もなくなって来たから、そのうち折を見て、ということに致し、この辺でごめんこうむる次第である。

教材映画のあり方■

その小さな対象の問題

■石田　修

小学校の先生の著した本には、教育の念願が実践を通して書かれているので、頭がさがる思いがする。

「社会科やめて、ムカシッコよゥ」

（武士の成長）というところで、五年受持のこの東北の先生は子どもたちからせがまれる。

「今やってるのはムカシッコだぞ。日本の歴史は日本のムカシッコだぞ」

「それでなくてよォ」

「——せば、ムカシッコって、どんなのをいうんだ」

私はわざととぼけた声をだして、通じないふりをしてやりました。

「ありゃあ、ムカシッコだら、ムカシッコだべ」

子どもたちが要求するのは偶像化した英雄であり、斬ったり斬られたりするたぐいのものです。変化と発展の激しいリズムの渦そのものである子どもたちの心にとって、はたしてしあわせなことなのか。いつもこの要求の向けるべきあて先に混迷し、結局は押しつぶされてしまうのです。

「わかった！　それでは羅生門の鬼の話をするぞ」

子供たちはわッと手を打ちました。「今昔物語」にある渡辺綱の話をしてやったのです（略……）子どもたちの意見を聞きながら、少しずつ本筋へとまとめていきました。

(イ)いなかならまだしも、京都にまで鬼がでるようになったのはなぜか

(ロ)それを退治する者はだれか。なぜ、貴族が退治しないのだろう。

そんなふうにまとめてみると、この話のなかには、凋落していく貴族階級と、新しく成長する武士階級の姿が、いかにも巧みに反影していることがわかってきました（略……）時代の歴史がはらんでいた条理——貴族のだらしなさや、武士たちのあくことのない生命力、殺されても殺されても、生まれ湧く庶民の命のしぶとさに、ひどくおどろかされるのです。子どもたちの好むムカシッコは、いわばこのようなかたちでこそたいせつにされ、発展させてやらねばと反省したのでした。

この東北の先生は、また（機械の発達）の学習を通じて（——私たちの習った歴史はつねに「切りはなされた頂上」だけを見あげる歴史であったと思います。今日の私たちがもつべき歴史観は、この専制者たちの押しつけた「切りはなされた頂上」の歴史でもなければ、一部の公式的左翼歴史家のとなえる「切りはなされたふもと」の歴史でもないはずです。それは「頂上」と「ふもと」がたがいに密着し、同時に矛盾するような、山全体を統一的にみる歴史観であるべきです。こうした現代の日本の歴史を、子どもたちに教える準備として、少くとも次の三つのことが、子どもたちのイメージのなかに構築されているべきではないでしょうか。

(1)農村における生産の低能率、非生産性、その典型的な姿

(2)都市における不安定な中小企業の典型的な生態

(3)近代的な大企業の、高度に発達した生産様式、施設など

高学年の教科書などにのせる関係した記述や統計は、つねにこの三つの類型にしたがって表示するといった試みはどうでしょう。機能別な商業、工業、鉱業、農業などといった分け方では、今日の日本のおかれている歴史的現実を、ますますアイマイなものとすることにはならないでしょうか）——と、所感が述べられていた。

私がどうしてこんなことをはじめに書いたかというと、教材映画を作っていく上で、知りたいことだらけになったためである。怠まんのそしりはまぬがれないとしても、教材映画を作ることはたいへんたいせつな仕事なので、はたして自信をもって作っているのだろうかと思われだしたことにはじまっている。

永原さんの文章にあったように（本誌昨年十二月号）「教材映画は、題材も、内容も、それをみる対象も、あらかじめこまかにきめられている。二年生には、ゆうびんについてはこれだけのことを教える、と文部省がきめて」いて、単元の学習に密着したものが作られる。社会科の、それも小学校高学年から中学低学年の教材がわりあいに多く、日本地理シリーズのように、内容が二巻を必要とするようなばあいをのぞいては、需要と供給の関係から、たいてい一巻である。私は昨年の夏から、地理シリーズ一本を含めて、まだ数本しか作っていないが、単元に使われる教材映画には、一巻は適切のように思われる。一巻におさめることはなかなかむつかしいように思われたが、内容の典型を選びだして配列することに重点がおかれるので、かえって、明確にうちだされる。映画のもつ表現方法は、ここでは小さな理解者の側に立つので、ワン・カットは理解される「意味」でなければならない。ど

のカットも、小さな理解者にくみとられるものでなければ、役に立たないのである。だから、構図に衒いがあることも許されない。理解する前に、或いは理解するまでに、子どもたちはまず戸惑うからである。これはもはや典型ではなくなる。気の利いたカットをうちだすことは、興味をおこさせることと、しばしば混同されてしまう。わかりきったことのようだけれども、私などはいまもって冒しかねない。しかし、だからといって、むづかしく考える必要は毛頭ない。教材の場に立つことが優先するだけで、そうした意味では既成の手法に捉われることがない。例えば（O・L）の画面転換は、単に観念の技法にすぎないばあいがおき、時としては、おとなの映画の常識では不必要と思われるスーパーの要求が生じたりもするわけである。作家意欲は、そうしたなかで、どうすれば一番わかりやすく、正しく伝えることができるか、という一点に絞られているようである。

　この一点は、与えられた主題にもとづくものだが、ときとしては現地の実情とちがうばあいもおこりうる。あまりよい例ではないけれども、かりに鉱山を、その生産とあわせて働く人々のくらしを描く、といったようなばあい、現地では新しい問題として、三十年がかりでハゲ山を緑地にする計画が、実行にうつされている。排煙の中の亜硫酸ガスのために、緑の山はみんなハゲ山になってしまったのだが、長い間の研究の成果は、それを防止する段階に達したのである。緑の山がハゲ山になったくらいだから、ずいぶん長い間、作物にも、人体にもえいきようを与えてきたわけである。すると、作家は、この画期的な緑化の事実に、未来をもふくめて、対決したくなるだろう。しかし鉱山は生産と働く人々に主題があるので、それを理解さすために忠実ならば、とても緑化問題までは描きだせないだろうし、かりに不充分ながら描けたとしたら、それは主題からはなれたものになっているだろう。たしかに、うつりかわろうとする可能性は事実である。けれども、それだけからは教材映画は生れてこない。むしろ、そのことからおこるとしたら、鉱山は生産と生活かという、内容へのすなおな疑問であろう――だから一点に絞られるものは、それ以前の、教材映画のありかたの明確な把握の上に立つものと思われる。

　さいきん私も、川口でいものを撮ったときに、それと似たようなことを感じたことがあった。日本の工業の一つとして、古くからおこなわれているいものは、砂でいものの型をとるので、粘りのある砂のとれるところに発達した、というようなことからはじまり、工程をへ、生産高を示してたいせつな役目をはたしている、と結ばれているものである。いものの製品にはみる側のまわりでよくみかけられるものを、また工程ではミシンの頭が作られていくところを選んだ。というのは、できるまでが主題だからである。ある日、昔の絵を撮るために、いもの組合の二階を借りたが、六時をすぎているのに廊下をへだてた部屋がさわがしく、みると、夜学がはじまろうとしていた。職業訓練所の夜学である。六十人ほどすわれる机に、人数は極めてすくなかったが、昼のあの激しい労働をおえてから学ぶのは、なみたいていのことではない。この少年たちはたいてい地方からきている。いもの工業は中小企業体であって、川口では五五〇〇の工場のうち、一〇〇～二〇〇名の従業員のいる工場は、数えるほどしかない。従業員の半数以上は地方の中学をでてきた少年たちである。少数の少女もいる。すると、夜学を通じていっそう感じられたのは、いもの工業は中小企業からなりたっている、この実体を描くことではないのだろうか、ということであった。夜学や、職場の少年たちをリアリズムに描こうとすることなどではなく、この人たちのおかれている仕事の場というものは、いったいどういうところなのか、いもの工業は、世の中を構成しているしくみでは、どういう位置なのか――東北の先生の所感の意味も、誤解でなければ、或いはこういうところのものかとも察しられる。できるまで、も必要にちがいない。子どもたちに科学の知識を与えるために、映画はその機能を、ていねいにしめしてくれる。だから作られるのであるけれども、社会のしくみの事実は、たいせつと思われる。「人間は、かれが住んでいる世界をほんとうに知っているばあいに、自由なのである。教師の任務は、世界についてのそういう知識を手に入れるような準備を子どもにしてやること、子どもにできるだけ科学的見解を与えることであろう。そうしないなら、子どもはおとなになったとき、かれらが了解できない社会的な諸力の玩弄物になるであろう。（ポール・ドラーヌ）」

　私は教育者ではない。けれども、作家だからそれを知らなければならないと思うのである。

第二回読者招待特別試写会
「記録映画を見る会」として
五月二二・二三日に

第一回「ふだん見られない映画を見る会」として出発した、本誌読者招待特別試写会は、予想外の大盛況で、編集部の方も当日の会場整理にてんてこまいをいたしました。その後各方面から第二回はいつだ、という問合せが殺到し、この機会に、会の名前も「記録映画を見る会」と改称し、内容も系統的なものにして行きたいと思います。一層の御協力をお願いいたします。

　さて、第二回は五月二十二日（金）＝日比谷図書館地下ホール、午後六時、と同二十三日（土）＝池袋西武デパート七階リーディング・ルーム、午前十一時（自由観賞）午後一時（会員制）（午前の部は御家族、友人の方にお知らせ下さい）の二日間三回上映いたします。内容については三四頁下段を御覧下さい。

　観賞御希望の方は、東京都中央区銀座西八の五日吉ビル四階、教育映画作家協会まで、往復ハガキで申し込んで下さい。前回のように招待券はおくりいたしませんので御了承下さい。

創作への条件

本論を書く前にちょっと一言■

■吉見　泰

私が記録・教育映画製作協議会による記録映画運動を紹介する一文を書いて（本誌創刊号――九月号）以来、高島をはじめとする一、二の評言が寄せられた。

主として高島の評言は、当時本誌上を風びした、「作家主体」論に根ざして行われたもので、私の一文には作家主体が欠除していて、そこからは何の発展も得られないというものであった。これには驚いたし、面喰った。実はそのころ私は、作家の主体のあり方について考え、反省を試みていた。作家には常に主体はあったのだ。ただそのあり方、その内容に問題があった。現にある。主体の階級性、主体の客観性の問題、戦争責任、戦後責任の問題、主体的な現実認識の問題などみなそれだ。

作家主体の欠除をついた論者も、恐らくは、「主体」というとき、「主体のあり方、」「主体の内容」を意味していったのであろうが、それにしては、「主体意識」の再認乃至強調に終るだけで、主体さえ確立すれば万事が解決するかの印象しか残さなかった。

私のかつての報告は、その頃、私も参加して行なった（不充分なものではあったが）記銀・教育映画製作協議会の活動の総結をするしたものであった。その後の自己批判と、当時の活動の再評価が発展的に行なわれようとしていたとき、協議会の活動とその評価の一段階を報告して、その後の討論のための共通の材料を提供しておきたかったのである。

その点、当時の自己批判と活動の評価が主体内部の追求の点で不充分であったがために、たちどころに主体性が欠除しているという批判を受けたのはある意味では、当然のことであったと言えば言える。また別の観点から言えば、私の報告の仕方が、たとえ前述の意図にもとずいていたものとは言え、「自己との対決」という強い観点からなされなかったという点に、主体意識の薄弱が露呈したことも明らかだ。その点を強く衝かれたことが、私の主体形成の過程に大きな刺戟となったことも事実だ。

しかし私の不満は、私の報告に対する批判が、いきなり主体の欠除をつくという形で起っただけで、それも主体意識を強調するだけで終った点にある。本誌上に、作家主体の課題が提起されたとき、混乱の中に現われた最も信頼すべき一つのより所、一つのコードとしてこれに飛びつくような風潮が起きた。この問題の提起はそれほど大きかったようだ。けれども、「主体」という言葉を使ってあえて言えば、作家主体の具体的な用意なしに不用意に飛びついたところで、その後の発展はないということである。その場合には恐らく、主体意識の強調ということが関の山なのだろう。

私の関心は、何をどう描くかということより、描くべきなにを持つかということにある。それなしに、作家が作家たり得る契機はあり得ない。描くべきなにかを、確固として持ち、それが溢れるとき、方法への強烈な追究がはじまり、方法を持たざるを得なくなる。言わばそれが作家主体というものだ。それは常に現実認識の問題に裏付けられる。それがなければ、主体は常に空虚だ。「主体と方法」の課題が提起されたとき、実はこの現実認識の問題を、課題の軸として発展させるべきであった。そこに根がない限り、主体意識の強調に終る空虚さは避けがたい。

政治は芸術に先行するという。これとて、作家の中に、政治と芸術というものが別々に巣くっているのであろうか。まして、政治家の出す政治的課題というものがあって、それが芸術活動に先行するものでもあるまい。作家の現実認識の中にこそすでに、政治と芸術との統一母体が伏在する。そういう観点から、作家主体の形成過程を重視したいものだ。だからこそこの頃は直接的な言い方ではあまり言われなくなったが、階級的な人間改造の問題が提起されたのだし、われわれは常にこの課題と対決しているのである。それは具体的な問題なのだ。

以上のような観点から見て、幸い、本誌第2巻第2号に、「戦後記録映画運動についての一考察」が野田の手で発表された。私はこれによって、その後の自己批判と歩むべき方向について、発表したい様々な刺戟を受けた。

本稿は追って発表するものについての「ちょっと一言」前書きである。

プロダクション・ニュース

（脚＝脚本、演＝演出、撮＝撮影、16、35＝16ミリ、35ミリ、EK＝イーストマンカラー）

マツオカプロダクション

○製作中「立坑」EK、35、二巻、脚・演—松岡新也、撮—上岡喜伝次「橋梁建設譜」EK、35、「マンモス船建造」EK、35、各二巻、製作—松岡新也

共同映画社

○準備中「婦人会日記(仮題)」35三巻、脚—松原せつ・山形雄策「部落の子」35、七巻、脚—八木保太郎「青年会日記（仮題）」35、三巻、スタッフ未定
○完成「おやじ」35、二巻、脚—古川良範、演—菅家陳彦、撮—広川朝次郎、「日本の政治」16、二巻、構成—谷川義雄、編集—豊富靖

三井芸術プロダクション

○編集中「暮しのせんい」35、二巻、EK、演—高井達人、撮—藤井義孝、脚—田口誠「鉄をつなぐ火花・第二部」35、二巻、EK、演—上野大梧、脚—古川良範、撮—高尾隆
○撮影中「パーライト」16、二巻、アニスコ、脚・演—水不荘也、撮—岡田三八雄

新理研映画株式会社

○進行中「広島」三巻、EK、脚・演—赤佐政治、「美しき実りとネオンの蔭に」三巻、EK、脚—古川良範、演—岩光男、「御母衣ダム・第三部」五巻、EK、脚・演—赤佐政治・清水進、「若戸橋」三巻、ワイド、EK、脚・演—秋元憲、「川底トンネル」二巻、脚・演—原本透、「日本原子力研究所・第二部」三巻、EK、脚—松本俊夫、演—秋元憲「日本原子力研究所・第三部」三巻、EK、脚・演—秋元憲、「北陸トンネル」三巻、EK、脚・演—島内利男、「紀勢線」三巻、EK、脚—古川良範、演—岩光男、「伊豆災害復興」一巻、脚・演—斎藤益広
○完成「水辺の鳥」三巻、EK、構成—二瓶、「オーストリア首相」三巻、脚・演—大口和夫、「地下鉄・第二部」三巻、EK、脚—原本透、演—岸光男「機械開墾」三巻、EK、脚・演—斎藤益広、「日新電機への御案内」一巻、35、16、脚—秋元憲、演—草間達雄、「日新電機のDF式コンデンサ」一巻、EK、35、16、脚—秋元憲、演—草間達雄、「八郎潟干拓」一巻、EK、脚・演—青戸隆幸、「生産管理」二巻、脚—古川良範、演—斎藤益広、「御母衣ダム」五巻、EK、脚・演—赤佐政治、清水進、「ある火事の話」二巻、脚—草間達雄、演—斎藤益広、「住友の鋼管」三巻、EK、脚・演—島内利男、「伸びゆく東都製鋼」三巻、EK、脚—清水進、演—草間達雄、「日本の原子力」三巻、EK、脚・演—竹内信次

東京フィルム

○進行中「国語の教室シリーズ第二篇・話のしかた」二巻、白黒、16、脚・演—岩堀喜久男、撮—高尾隆○完成「黒又川ダム・第二篇」三巻、カラー、16、脚、演—上野大梧、撮—高尾隆

(九頁より)の違いという点はあるけれど、どんな人にも心の中にたくさんの層がある。その中のどこを突き崩せばいいか、今までの組合についての考えかた、家族についての考えかた、生活感情とか気分がだんだん今までの経験で作られてピラミッドになってる。そのどこかの石をひっぱってとるような効果を映画が果すということ、そうするとピラミッドがぐらぐらしてくる。そこへ組合の方でパンフレットでも、アジテーションでも話し合いでもして人々の意識を変えていく。そういう役割りを果せるんじゃないかと思う。

杉山　さっき何辺もいわれたが労働組合とまわりの地域の人達の活動との提携の問題が、そういう組織の中で映画だけやるということなく、いろいろな関係で労働組合が組織の力をもって、文化的な運動や地域的な問題をそのまわりの人達と一緒にやって行く事が、基本的な問題じゃないかと思うんですが、それに、いろいろな映画が出ていいと思います。頓服も含めて、今の社会の中で、私達国民と労働運動は何かについて分離させられているわけです。こうした点から考えて文化運動というものは、基本的には組合運動のあり方を反映して来るものだと思うので国民と組合運動の日常的なつながりをつくって行く事が基本的な問題ではないだろうか。

中村　僕達も組合の方々も、マスコミ、資本家側の攻勢に対して不勉強だと思う。この間、日本労働協会がラジオ東京で放送したのを聞いてもしゃくにさわってはがゆくてしようがない。映画に関係することでいえば生産性フィルムライブリー、産業フィルムライブリーというものを作り始めているし映画の動きに対してもわれわれ鈍感になっている。もう一つ組合の方に苦言で困ってることがある。映画担当者懇談会というのを若林さんの方でやっています。機関紙クラブで、視聴覚センターを作ろうという企画がある。国民文化会議で映画部会がある。この三つ仲が悪い。けんかしてるんじゃないが何となくちぐはぐなんですよ。うまく調整できないものかと思ってね。

若林　労働機関紙クラブが視聴覚映画ライブリーとか、そういうふうなことをやっている。僕らがそういう会議を始めたあとでわかってきたわけで、この運動が進んでいくなら非常にいいことでわれわれ別にどうのこうのという筋合でないわけです。しかし屋上屋を重ねるとか、不便な面はあるわけで、総評の狙いは製作と配給と労働組合の移動映画と、こういう三つの分野が集って構成してるわけなんです。労働機関紙クラブの方に新しくフィルム・ライブリーを作る作らないという問題と、直接の対象にならない。その点われわれの方で話し合っております。そういう点共通した問題ですから、文化会議の方でもどんどんやってくれるようになることが大切だと思っているんです。文化会議の方でも、組合の意思によって、総評が音頭とってやろうといっていくと、集ってくるのに、映画部会だというと集ってこない。そこに問題があるし、悩みがあります。

野田　問題はたくさんあるし、一回ぐらい話し合ったところで解決しないと思います。専門映画作家とサークル職場において映画を作ってる人達との関係なんかも重要な問題だと思います。今後もたがいにセクトル主義をすてて話しあっていきたいと思います

時間もないのでこの辺でおわりたいと思います。

新作紹介

飛鳥美術

岩波映画作品

我々の祖先が遺した作品をみつめ
その時代を想起する。

脚・演・岩佐氏寿
撮影・大小島嘉一

おやじ

共同映画社
記録映画社 作品

家を背負って立つおやじを通し
社会の矛盾を描く

演出・菅家陳彦
脚本・古川良範
撮影・広川朝次郎

おいしゃさん

学研映画部作品

おいしゃさんの仕事を描きつつ子
どもの理解を深める

演出・森下博美
脚本・杉浦克己
撮影・鈴木鉄男

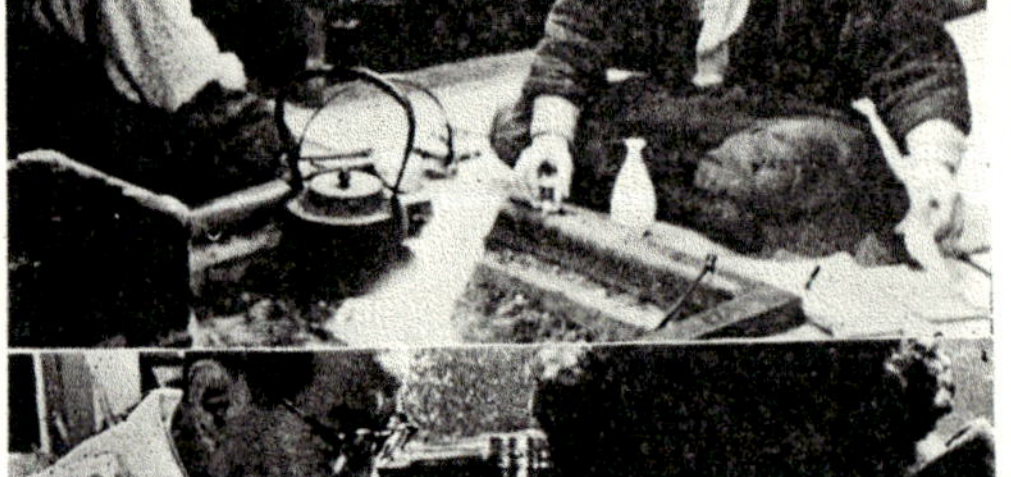

ラジオのある教室

日映科学作品

ラジオのある教室を描きつつ放送教育の理解を深める。

脚・演・吉田　功
撮　影・佐藤　正

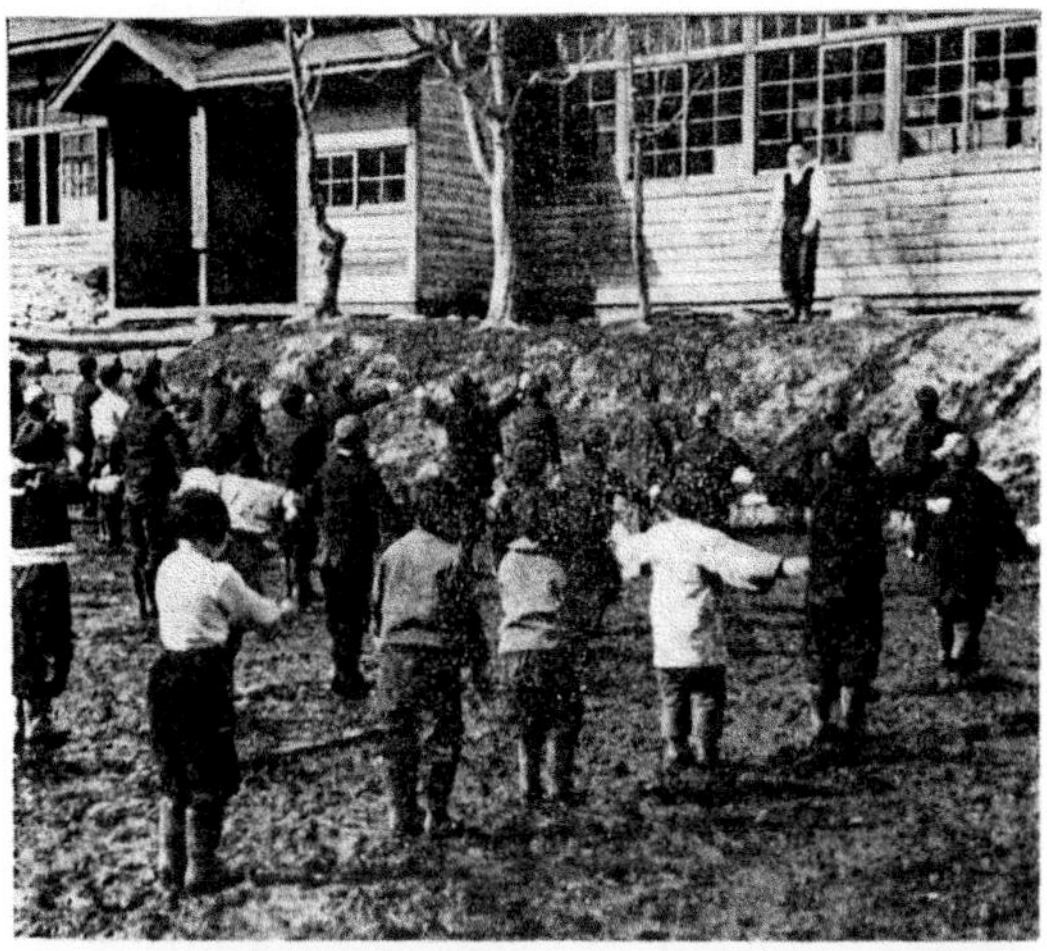

九州地方

東映作品

九州地方の自然・産業・文化を描き地理の関心を導く。

脚・演・斉藤正之
撮　影・江川好雄

鉄道郵便車

三木映画社作品

鉄道郵便車の機能と働く人々の姿をドキュメンタリータッチで描く。

脚・演・岡本昌雄
撮　影・関口敏雄

偉大なる建設

マツオカ・プロ作品

世界一の高塔東京タワーの偉大なる建設の記録

脚・演・松岡　新也
撮　影・上岡・石井・喜多村

心と病気

桜映画社作品

各種の職業にわたり具体的に、
ストレスに対する健康法を説く
演出・丸山　章治
脚本・丸山・岩崎
撮影・岡田　三八雄

東京の生活

新世界プロ作品
各種の東京の生活にふれつつ社会生活の実際を描く
演出・荒井　英郎
脚本・菅家　陳彦
かんけ・まり
撮影・吉田　清太郎

小さな島

演出・リチャードウィリアムス
脚色・エルヴィンブロンナー
たった一つの理想しか持たない三人の男の物語。ヴェニス短篇部門賞受賞

■ イギリス短篇映画

ハ レ ム の 一 夜

ロッテ・ライニガー夫妻製作
モーツアルトの後宮よりの誘拐からヒントを得
新婚夫婦の冒険を影絵で描いた
ファンタジアプロ作品

時評的試論

恋人たちをさえぎる汚れた手

■「恋人たち」（ルイ・マル）の税関カット問題

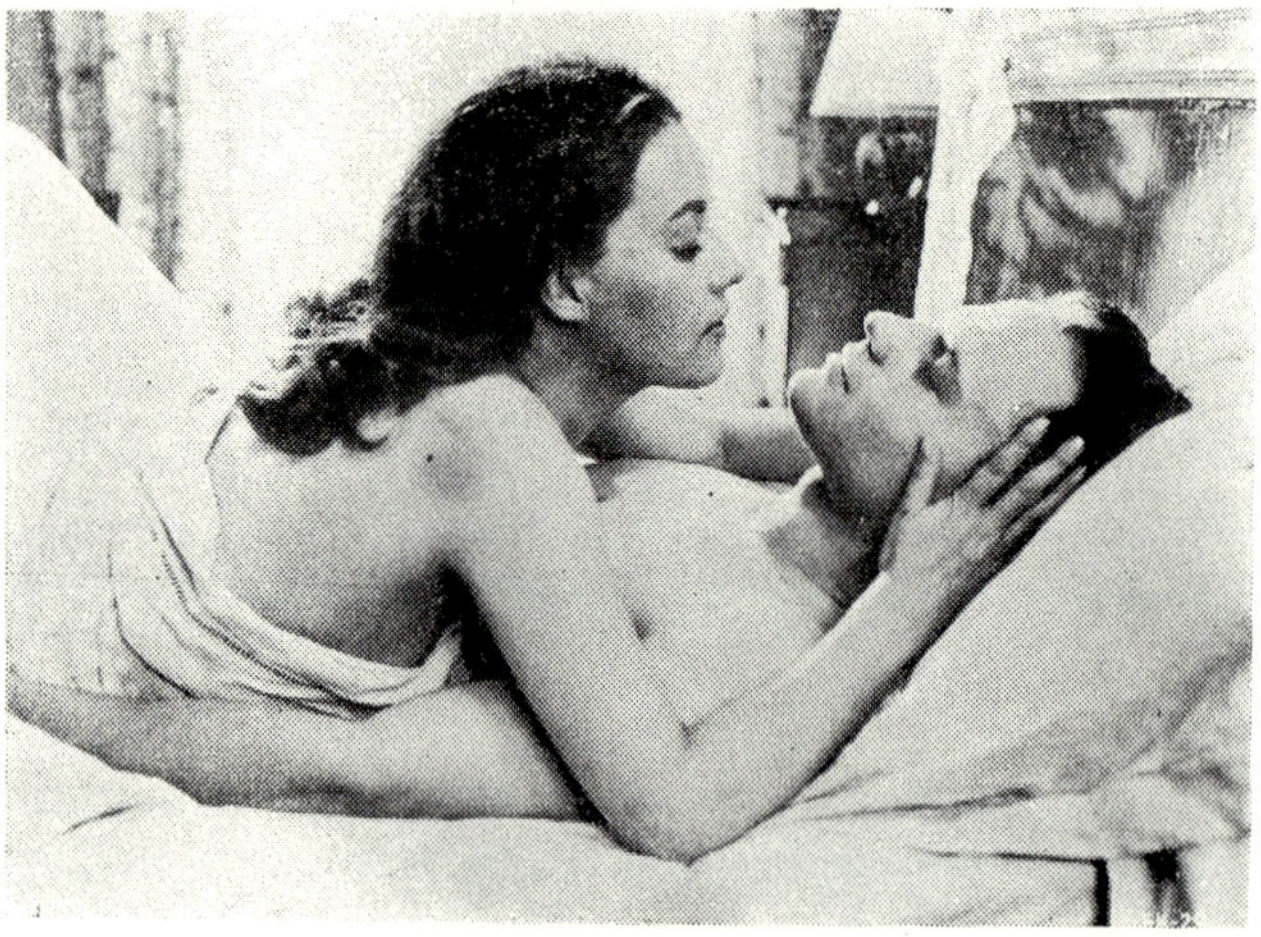

■

大島辰雄

恋人たちの裸形に眉をひそめる者は愛の清流を汲んだことのない者か

「平軍悉く潰ゆ。源廷尉《みなもとのていじょう》巳に乗輿の在る処を知り軍を合せて疾く攻む。知盛《とももり》乃ち帝船に赴く。諸嬪迎へて状《さま》を問ふ。知盛笑ふて曰く、卿等当《まさ》に東国の男子を賭《み》るべきのみと。」

日本人で春のめざめを経た者ならおそらく誰知らぬ者もない国宝的名著、壇之浦夜合戦記全一巻の書出しである。中世フランス語でものしたバルザックの名作コント・ドロラティークも顔まけといえそうなこの愛艶文学では、東国の男子は夜と霧にとざされた未開の蛮人どころか、なかなかに情をわきまえた武士、ものわかりのよいもののふたちで、平軍の諸嬪、太后の悉くに「憂ひを転じて」人生最大の歓喜を与えるのである。

東洋的ポエジーの満ちあふれたこの哀歓絵巻には、わいせつ、粗放の一点一劃もない。源廷尉・九郎判官義経が太后・建礼門院の心情をほだす言さながら全文「言語温和にして、勇を含み、柔にして義あり、又仁を兼ぬ」る名品で、いたずらに煽情的なだけのストリップ・ティーズでも、海水着か海女すがたのピンアップやグラマー蛙、入浴の場がせいいっぱいのヌード点景でも、もちろんない。万葉の世界を心得た阪東太郎のエネルギーが、雲上人となった平家門のエリート精神と盛衰をきそう春の調べであり、荒武者的ヴァンダリスムも、愛のモラルを知らぬ露出症状も、ただの一点だにないといえる。この古典的な性の世界をはじらう者は自らをいやしめる者であり、このエロチスムを排斥することは不感症もしくは性行為嫌悪症に通ずる。つまりは子を生むためという動物道徳（実際には動物はもっと赤裸々だ）の亡者か、さもなくば究極的には人類絶滅論者である。愛の真の悦びなど知るはずがない。

フランス映画「恋人たち」を切りさいなんだ人たちは、そうした人種だとぼくは考える。モラリストをよそおう通り魔的痴漢であり色盲的色情狂といってもいい。だから、そのおなじ汚れた手で、あの即物詩的ドキュメンタリー「夜と霧」を追放することによって、自らヒットラーの追従者たりえたのだ。まさに祓い給え、浄め給えの神主・巫女であり、夜と霧という名の残忍きわまる特別命令の執行者なのだ。この恥の上塗りを、醇風美俗や良心の名において繰返しうる人々は、日本全国民にとって、なんとわざわいなるかな！

彼らは、おそらく原水爆をもおそれぬ狂信者・荒くれ者どもを背後に擁しているのだ。そういいきってもいいと、ぼくは思う。「私は弾劾する！」——被害者意識によってではなく、あえて真向からの糾弾者の立場にたってだ。なぜなら日本は、今や原爆の被害者から加害者に変ろうとしているからだ。この危険な曲り角から恋人たちを救え！

この汚れた手の者たちも、かつては——あるいは今でも——「壇之浦」をひもとき、さらに「夜合戦記」群書類従に熱中したおぼえがあるに相違ない。だが彼らは、きっと盗み読みしただけなのだ。女性なら、嫁入道具の中に、母親のひそかな心づかいとして、あぶな絵や枕草紙のたぐいを忍ばせてもらったか、やったかしたおぼえのある人もあろう。だが盗み見はつまみ食いと同じで、いやしさとさもしさをともなう。だからこそ、彼らの目には「恋人たち」の裸形の抱擁も赤裸々な陶酔も、全裸の恍惚境も、ただあぶな絵としかうつらない。安ものの春画も国宝級

の官女法師痴戯図もいっしょくたの情痴漢・色盲症には、チントレットの「マルスとヴィーナス」（武神と愛の女神）も、毘沙門天と弁財天とのことかいいなあのお姿としか見えまい。心ゆくばかり愛のエクスタシーにひたった者なら、チャタレー夫人の歓喜を春本の幾ページとしてではなく、花の咲き乱れた森のように、たどり思いみることだろうに、哀しいかな、彼らにはそうできないのだ。男女をまじえた社会的エリートの宴席で、あなたがたは奥さんの春草のしげみから泉水を汲みほしたことがありますかと、あからさまにきいた日本の一声楽家もあるという。それだけの大胆さ――自然さをはじる者は、どんな芸術作品も、いや春画・春本すらも、うんぬんする資格はない、とぼくは心得る。秘戯そのものを美しくうたった愛と信頼の詩人エリュアールの詩精神はおろか、おそらくはバイブルの真諦すら、彼らには一行一句もわかりっこないのだ。明治の中葉に黒田清輝の裸体画の下腹部を蔽ったり何十年も前に日本に到来したロダンの「接吻」像に腰巻をつけさせた役人と、近くは、さきに「夜と霧」に門戸をとざし、こんどは「恋人たち」にさびついた鋏をふりかざした者たちとは一つ穴のむじなであり、まさに覗き趣味の助平どもである。ブラームスの妙なる楽曲《しらべ》を真黒な壁に塗りこめて平然たる音痴さ、チャタレー夫人を裁判にかける文盲的サディズム、そしてカット・フィルムをつなぎ合せて低級なエロ写真屋なみにブラック・チェインバーでやに下ったりする役人根性。この種の偽善者・偽証人こそ、刑法第百七十五条（ワイセツ物陳列罪）に問わるべきだ。

恥毛が描いてあるといって、モディリアニの裸婦像をひっこめさせたモンパルナスの刑事どもが日本の夜と霧の税関波止場にも汚れた手で手ぐすねひいているのだ。だが、それだけなら、まだしも前世紀のヴァンダリスムをとどめた植民地風景にふさわしい。問題は裸体写真の局部に天眼鏡をあてて毛のかずをしらべたり健康美にあふれた天心らんまんな裸体主義運動の機関誌を「廃棄」処分に附したりする文明開化性とともに、いわゆるエロ写真もヌード芸術も裸体主義運動も、ひとしなみに扱うことに同意する文化人の批評精神がなれあいつつ平和的共存を実践している事実だ。（だから「画家とモデル」といった類の写真集や「モデルと写真家」のような、ちゃちな映画しかできない）明治二十九年制定の関税法（第六十七条――輸入品の申告・検査・許可）・とともに同四十三年の関税定率法（第二十一条一項三号――「公安又ハ風俗ヲ害スベキ書籍、図画、彫刻物ソノ他物品ハ輸入禁止、没収、廃棄スルコトガデキル」）が、現行憲法第二十一条の検閲禁止規定にもかかわらず、ぬくぬくと温存され、汚れた手、忌わしい鋏に野放し的自由を許していることである。このエロ・グロ・ナンセンス！ 野蛮国・未開の秘境以上の蛮族が勢威をふるう日本ばんざい！ ドオミエが生きていたら、さっそく描きまくって珍品的傑作を加えたことだろう。

恋人たちの天国フランスでは純潔さのセンスが保持されている

この一九五〇年代の戦犯的なセックス犯の第一号は輸入映画審議会委員に選ばれている一部の批評家・評論家たちである。上申意見のベッド・シーン（なんと忌わしい用語ではないか！）の全部という大巾カットであれ、結果としての七カ所・二分五十一秒であれ、事の本質に変りはない。その筆頭は、かつてのドンQ・津村秀夫で、こんどの事件でもいちばんの強硬論者だったという。戦争責任を負おうとしない彼には、戦後責任を完うしえないのも当然すぎるほど当然だ。つぎに村岡花子女史。――「私たちの意見にもとずいて税関がベッド・シーンの一部をカットしたのは、道徳的・倫理的に社会に悪影響を与えるからというのではなく、今日の映画観客の多数を占める、性生活には未経験な若い世代に、必要以上の刺激を与えないようにとの、ごく常識的な配慮からでたことです」という、このおばさんは、この声明で、さきに「つづり方兄妹」の文部省非選定への社会的抗議にくみした実績を台なしにしている。若い世代の指導はおろか、常識的な性教育も、まかせてはおけない気がする。

「私は原則的には映画に対する検閲には反対です」といいながらも、「映画の行きすぎをチェックする」産児制限論みたいな、あいまいな主張で「社会の良識を代表する何らかの機関」――つまりは輸入映審という御用機関に味方しているのである。「夜と霧」のような記録作品では、卒倒して、壁厚き部屋の刑吏の部厚い胸板にしなだれかかったかもしれない。

もし誰か一人でも、節操ある批評家として終始沈黙を守ったとしたら……このばあいは、しかし、「沈黙は金」ではありえなかっただろう。黄金飴でも鉛玉でもなく、はるかそれ以上のオネスト・ジョン的弾丸であり、黙否権にも拒否権の行使にもなりえぬばかりか、その反対のおそるべき賛成の一票を投ずることにしかならなかったであろう。

ここで、ぼく自身の「恋人たち」観をちょっとだけモンタージュしておく必要があろう。

いかにも、この作品は、十八世紀末の作家で現在はもう存在を忘れ去られたヴィヴァン＝ドノンの「明日はあらず」という艶笑コントから出発している。（『キネマ旬報』春の特別号、植草甚一氏による分析参照）「死刑台のエレベーター」の作者ルイ・マルは、たしかに若い。能の世界のような、ほとんどカトリック的厳格主義《リゴリスム》を持する「抵抗」（原題・死刑囚脱出）の作家ロベール・ブレッソンの許には到底つきさることができなかったのが、こんどの作品でいっそうよくわかる気がする。この金持の道楽息子（？）のお坊ちゃん気質は、あきらかに巨匠ブレッソンの創造精神――それは、ギリシャの彫刻を見るような古典的人間像の追及であり、また粘土をのせてゆ

くのとは反対に、一枚一枚衣をはぎとって「無」に還元するようなポオル・ヴァレリイの詩精神で、その映画的形象づけはレオナルド・ダ・ヴィンチの構想力の論理を思わす――とは到底相容れなかったに相違ない。しかも、この青年監督の発想には「恋する女」――「チャタレー夫人」（ロオレンス）――「人形の家」（イプセン）が渾然と一体化しており、そうしたモチーフがボヴァリイ夫人やアンナ・カレーニナによるブルジョア社会のスノビスムへの批判精神とひとつになっていたのだと見られる。見給え、危険な（！）アヴァンチュールの五人が囲むあの夜の食卓の場を。キザっぽい会話のやりとり（若い考古学者だけは終始無言）、ぎごちない雰囲気、そして飛びこんできたこうもり……女主人公は、そうした「人形の家」から何もかも、子までうちすてて去り、ポロに興ずる上流社交界――シャトオやお屋敷町の「蛸」（うるさ型）や「鱶」（強欲漢）の群れ――をあとに「ビスケットと白葡萄酒」の人々の世界に向うのである。だからこそラストの恋人たちの車はスクリーンの向う側ではなく、こちら側に走ってくるのだ。ひたかくしのあいびきから帰るときの顔と、秘めようともしない一夜の陶酔のあとをとどめている顔と、――この冒頭と終結の自分をバック・ミラーにうつしみるジャンヌの瞳はそれを見やる私たちと一緒に、狂気と見えるまでの愛の純粋と絶体をみつめるのである。美しいカメラ・ワークとムードだけが、この映画の生命なのでは決してない。「霊肉の一致」――知性と肉体、つまり「精神と肉体が統一された最も完ぺきな恋愛のかたち」（L・マル自筆の映配宛メッセージ）を描ききろうとした大胆な（！）意欲が問題なのだ。それは戦前のチェコ映画「春の調べ」への一種の挑戦でもあり、芸術史上永遠の主題として、その新しい自然の流露なのだ。

「フランスでは純粋さの感覚が失われてはいない」――と、この映画を見、そして観客たちの純粋な感動に接してアラゴンはこう叫んだという。（『世界映画資料』18号、G・サドゥールの寄稿参照）輸入映審の委員たちには、このような詩精神は望めなくとも、せめて「純潔のセンスを喪失してはいない」フランス人の爪の垢でも煎じ薬にしてあげたい。美術批評家としてもすぐれているアラゴンは観客が「恋人たち」のアクションの一つ一つを見守りながら純潔な陶酔感にひたりこそすれ、そのパッションはいやしげな冷笑やいかがわしい劣情とはおよそ縁遠い恍惚境にあったのを正確に見とどけたのである。いやらしい覗き見趣味や物欲しげな羞恥ぶりの人々には、このような性教育などできっこないし、せいぜい場当り的に鑑賞させるぐらいが落ちなのだ。だからこそ「今日の映画観客の多数を占める」性生活には未経験な（！？）日本の若い世代は、危険きわまる曲り角で粗暴なはけ口を求めるのだ。

春さきの若い女性の二の腕からも「劣情」は発しうる。それを野放し状態から純潔化しうるかどうかは――なぜなら、性行為そのものは全くおなじ男性と女性との肉体と器官によるものだから――社会の問題であり、芸術に負わされた課題ではない。一歩をゆずって芸術作品の効果とすれば、芸術家の使命は創造方法（形象化）の中に「純粋さの感覚」をはたらかし、終始その純潔さをつらぬくことにある。輸入映審の先生がたには、その間の機微がチンぷんカンぷんなのだ。（こうした審議会と映倫との関係については、もはや世論の方向があきらかだし、ここでは立入らない。ただ、真先きに立上ったのが批評家よりも配給業者だったという事実は、批評精神の頽廃として繰返し糾弾されなければならないと思う）

ぼく自身の映画評的モンタージュは、まだひとこま残されている。あたかも、この一作を好機として新しい形象論の展開に躍気となっている若手の批評家はまだしも、映画サークル運動の機関紙にまで「映画芸術史上空前ともいわれる大胆な美しい恋愛場面」とか「撮影技術のもたらす無限の美しさを秘めた画調」とか、さては「映画芸術に新しい光を投げる画期的な野心作」といった広告文的絶讃の辞が散らばっているのは、どうしたことだ！　この種の讃美者は、ひたすら映像美だけを追求した、かつてのフォトジェニー派の歴史を知らないのか忘れているのか、ぼくには大へんな不勉強としか思えない。というのも、ぼくはすでに「死刑台」のときからルイ・マルの仕事にこうした前衛主義の逆戻り的コースをみとめている一人だからである。この「恋人たち」は、まさにそのエレベーターを逆回転させているのではないか。巨人アベル・ガンスは、フォトジェニーから出発して名作――というよりは無声映画時代の絶品「鉄路の白ばら」をつくり、そしてのちに彼の「レ・ミゼラブル」では革命的民衆と市街戦の迫真的演出を意図した。それはあたかも、アラゴンやエリュアールのたどった超現実主義から社会主義レアリスムへの道であり、その移行過程ではなかったか。その間の消息をしらべ返し、とくに形象論を中心とする映画史を見直す必要がありはしないか。ぼく自身をもふくめて、いやしくも批評の側にある者の不勉強は許されぬことを強調したい。歓喜に酔い痴れた一夜――その夜明けの女の白ちゃけた顔と眼の下の黒ずんだくまにも純粋さをみとめながら、ぼくは依然として、あの「死刑台のエレベーター」よりも、この「恋人たち」よりも、マルの師ブレッソンの「抵抗」、その前作「田舎司祭の日記」の方を、はるかに上位におくものである。

見給え――イタリア映画実験センターの編集したフィルム選集（第一部）の中に活劇の断崖の一カットがある。画面の両側を黒く塗りかくしているこのカットを見たとき、ぼくは「戦艦ポチョムキン」の細長い階段の場を即座に思い出した。今でも疑問としているひとコマだからである。――これは実験性ではあっても形式主義への危険を含むものではなかったかと。木のまがくれに恋人たちの小舟が

現われてくる「明暗芸術の最高表現」に感嘆することはやさしい。だが、その自然の溜息をこえて作者の発想の根源をあばきだすことこそ批評家としての役目ではないか。

さて、植草氏は、こうも書いている――「パリの映画館で或る日本人が見ているとき、隣席にいた一老婦人が感嘆の溜息をたえず洩らしていたという話を耳にしたが、この無邪気さが欲しかった。」トレービヤン！　村岡女史よりはこの老婦人のほうが、はるかにゆたかな鑑賞眼の持主だ。彼女の夫婦生活は若き日も年老いてからも幸福そのものだったにちがいない。純潔さを失わぬ市民は幸いなるかな！　パリ市の紋章は中世紀の船で、その銘には「波に揉まれど船は沈まず」とある。ラテン民族の明朗な「純粋さのセンス」――それがあのレジスタンスをささえ一貫させたのだ――と、東海の小島の磯の夜と霧に混濁した劣等感覚とのあいだには、そも何世紀のへだたりがあるのだろう？

危険な曲り角への無関心が
国民の変革への情熱を無政府化す

「恋人たち」のタイトル・バックは銅版ふうの地図で、その右手下方には LAC D'INDIFEREN-CE（無関心もしくは冷淡の湖）があり、左手上端には川の中の小島に DANGEREVSE（危険な）と注意書きされている。この十八世紀的イントロダクションは、探偵眼のある植草氏（だが同氏は「沈黙の湖水」と読みあやまっている）も指摘しているように、この作品のテーマ（性）に対するルイ・マルのほとんど唯一の仮装もしくはアリバイである。だが、そのことに的確に気づいた人も、最後のディアローグで、いわば「車にのって去りゆく女」にいわせている「危険な」の一言を正確にききとった者も、若手批評家のなかには皆無だったようだ。そのような若い世代だからこそ、マルやヴァディーム等、青年作家たちのこころみている技術革命的な面ばかり目うつりし、そこにいとなまれている芸術の革命の真相も、そこに沸とうしているエネルギーの真のありかたも、つかみきれず、まるで群盲撫象図に近いのだ。「女の一生」に「妻の座」や「女の哀しさ」の問題がモオパッサンの時代だけのものではないことを見るよりは「無意識」の展開として、耽美派アストリュックのカメラ万年筆に酔い痴れる一方、漫画家タチ（「ぼくの伯父さん」）のパントマイムにケチをつけたがる……。そのくせ、たとえば「大運河」（原題・知る人ぞなき）がダンテの「神曲」（神聖なるコメディー）の完膚なきまでのパロディーであることを見やぶった人を、ぼくは知らない。宇宙時代の不条理《アブシュルディテ》を描いたマンガ映画による出だし、その映画館での異邦人男女の出合い、そして水の都の橋の上の握手をきっかけにはじまるタイトル――こうした機智縦横の導入ぶりに、まず意表を突かれ、徹頭徹尾のテクニシャンぶりに右横左横、とまどうばかりで、テクニックのかげにかくされた意図もつきとめられず、さんざん引きまわされ放しで、サン・マルコ寺院の地下倉の番人に白痴のベアトリーチェを「天から降ってきたような美女」だといわせているのも、レジスタンスを経てきながら今は方向を見失っている世代のダンテが拳銃の狂人をその場で組伏せもせずに――アメリカの通俗映画なら、かんたんにそうするところだ――窓から天国に脱出して、そこの追いかけと格闘を展開するいみも、そして、そのあげくの果てが歴史を秘めた橋の上にむらがった群集を遠景に描き出されているのも、とんと「面白い」だけなのだ。つまりテクニック亡者で最後の幕切れで、つまらぬ話さと突放されても、ただおもしろがっているしかない。まったく阿呆みたいな話だ。こういう若手批評家だから「河は呼んでる」（原題・湧き水）を現代の神話と読み深めることも知らず、また「危険な曲り角」の原題「あざむく者たち」を手取り早く「自らをあざむくものたち」にしてしまい、馬鹿の一つ覚えみたいに「カルネの最大の詐術」（江藤淳――『映画芸術』5月号）などと口走るのである。一見、カイヤット流のフィルム・アテーズ（問題つまり特定のテーマ映画）にいちじるしく接近しているこの作品にせよ、また不道徳教育講座派と目される「お嬢さんお手やわらかに」（原題・かよわき女たち）のようなスター・システム的コメディーにせよ、彼らはそこにフランス精神固有のモラル（倫理、教訓）の二重写しを見ようとはせずひたすら古い世代の道徳擁護を訴追しようとする。まさに勧善懲悪型の検事だ。青年サン・ジェルマン派の反逆は、ひっきょう一種の裏返しのピュリタニスムにすぎない。――そのことを戦中派の兄の一人に代弁させている作者をくさすことしか知らない彼らは、日本現代史の危険な曲り角で芸術をミソもクソもいっしょくたにし、旧道徳の献立表で料理しているもう一方の彼ら――夜と霧組に加担するようなものだ。だから、エイゼンシュテインという「おんぶおばけ」などと断定して、いささか懐疑的（？）ながらも、エイゼンシュテイン等のモンタージュ理論は「今やかげをひそめたかに見える」（堀川弘通――『映画芸術』同前）と極言したりしてはばからないのである。（事実は、まさにその反対だ！）

こんな一辺倒センスで、そのうちポーランド映画「灰とダイヤモンド」やアラン・レネエの「ヒロシマ・わが恋人」（あるいは「二十四時間の情事」）――ともに、すばらしいベッド・シーン（！）が出てくる――について、またまたダダっ子のアヴァンギャルド主義をふりまわされてはまことに危険きわまりない、といいたい。すでにイタリア映画「青春群像」（原題・のらくら者たち）では、戦後の青春の共通性よりは、ゆがめられた一般性を論ずることにおわり、また「さすらい」（原題・叫び）には今日の勤労階級の負う十字架を見ず、全篇をつらぬく「エ

リ、エリ、レマ、サバクターニ！」（私の神よ、私の神よ、なぜ私を見すてられたのか）という声高き叫びもききとろうとはしない。とくにこの作品で気づく「ドーヴェ・ヴァイ？」（どこに行く）という問いは、「道」以後のネオ・レアリズモにおける「クオ・ヴァディス？」のライト・モチーフであり、いうならばドイツ浪曼派の「つねに家へ！」（ノヴァーリス）の答の今日化した「孤愁」の世界として、つまりは寂寥と孤独の画家ビュッフェの描く非情の人生サーカスに近いのである。さらに「挑戦」は、ことさらに、演劇的・オペラ的でありつつ、一小シーザーの栄光と没落の中に、あの「嘆きのテレーズ」のような社会的プロテストをつらぬいている。あの下層アパートのさわぎに多少とも視聴覚をはたらかした人なら新妻アッスンタが **Fine**（終）になっても気が狂ったように夫の名を叫びつづける姿を決して見逃しはしないだろう。

危険信号に鋭敏な新人諸君、色盲と文盲を警戒せよ。自らをあざむくなかれ！　他者をあざむき誣いることによって己れをあざむきむざむざ敵の汚れた手中におちいるな！

ついでながら、「エミールと少年探偵団」の短評（『キネマ旬報』同前）で中堅の批評家、小倉真美氏が「復興した西ベルリンを背景に演じられる子供向きのお話は一応面白いが、子供たちの組織力の巧みさはヒットラー・ユーゲントに通ずるものが感じられて、少し寒気を催させる」と、これは赤色色盲（たぶん桃色も黒に見える）ともいうべき症状を呈しているので一言。——この善意の人には、犬養道子の『お嬢さん放浪記』・「洪水」の章のドイツの青年や娘たちの組織力と明るい活動ぶりを色眼鏡なしで一見することをすすめたい。

歴史の曲り角は、たしかにいろいろないみで危険きわまりない。ほんのささいな無関心も許されないのだ。大きな危険にぶつかることになるばかりか、そうした危険を阻止すべき国民全体の変革への情熱を斜視《やぶにらみ》でしかとらえず、そのあげく藪をつついたように無政府化させるおそれがあるからだ。差当り、「恋人たち」の手傷《いたで》をいたわるだけが能ではない。（それは大きな損傷には相違ないが、心ゆくまでの抱擁を知る者なら、眼光徹紙背——真黒に伏せられた画面の彼方に、ブラームスの楽の音以上の、いとも妙なる曲譜を読みとれるはずである。不幸中の幸いにも残されたベッド・シーン——なんという拙劣な用語だ！——で真白なシーツの上をうねりながら滑ってゆく女の手、それを握りしめあう男の手とで、どんな愛の調べだったかは十分にわかる。）当面の夜と霧を一掃するための芸術家・批評家・愛好家全体の組織化された運動こそが問題なのだ。そのための提案的要綱——。

（一）問題の関税定率法即時停止全廃。

（二）御用機関たる輸入映審の廃止もしくは反動批評家を除去した再編成。

（三）映倫の強化あるいは積極的批評陣を中軸としての輸入映審との統一合同・再組織（税関・輸入映審・映倫の奇怪な三角関係の唯一の合理的解決策——映倫の完全自主化）

（四）右への一般鑑賞組織の全面的動員および参加。（映画倫理規程の全面的民主化）

（五）「戦艦ポチョムキン」上映促進運動を現在の模範的ケースとして外画輸入割当制度の全廃へ！

（国会内外の統一行動）

つまり、税関検査という名の事実上の検閲が日本国平和憲法に牴触するものである以上、これは全国民の運動化する必要性と必然性を併せもっている。それこそが国民映画運動といわるべきものだ。われわれの尊敬する（というのは芸術への深い理解を専門的視野の中で実証されているから）法学者、宮沢俊義先生は、かつての「夜と霧」から、こんどの「恋人たち」まで、終始一貫して「関税定率法の問題の条項は結果として検閲を認めており、憲法違反になると私は思う」と、違憲行為としての解釈を主張されている。この発言を範として、ぼくたちに残されているのは、ただ組織的実践あるのみだ。

恋人たちはささやき交す。

——夜は美しい。

——夜は女性だ。

だが、日本の夜は危険だ。この今のここの無関心は民族的絶滅の危険に通ずる。この夜と霧から、ことごとくの恋人たちを救え！

「神秘の国インド」「吸血鬼ドラキュラ」「月夜の宝石」「美と自由のパリ」さらにテレビ用ニュース（「キューバ革命」「裁判と処刑」）、フォックス・ムーヴィトーン・ニュース等々、小は一カ所五呎から大は十数カ所二百呎近くまで、ごく手近なケースだけでも、傷手は少くないし、例はこれにつきない。ついに日の目をみなかった「夜と霧」のばあい（「輸入禁止」）は、その最高・全面的な特例であり、まさにアウシュヴィッツの大量殺人工場そのままだ。この密室と処刑の部屋から、高圧電流の通ずる鉄条網にかこまれた広場から、長篇・短篇をとわず外国映画も日本映画も、すべての政治犯的犠牲（文部省非選定も、その烙印といえる）を救い出さなくてはならない。それこそは人民の正義にかけた国民の名による大赦であり恩赦であるだろう。

自主上映促進全国協議会へ

〃戦艦ポチョムキン〃上映促進の全国連絡会議が五月二、三日、東京の押上ホテルで、全国の観客団体、記録映画を見る会、県映画センター、労映、各労組、日ソ協会等、四〇団体の代表によって開かれた。各地方に促進の会が誕生してすでに上映し、又上映活動を巾広く押進めている。非劇場上映にふみきり全国的な規模で上映されるということの重要性が強くのべられた。自主上映促進の全国組織へ発展することが関西促進会の代表から提案され、内外の劇映画・記録映画を通じて国際交流を深める活動を盛上げ運動の中から新しい創造活動へ向う事が要請されている。

（山之内記）

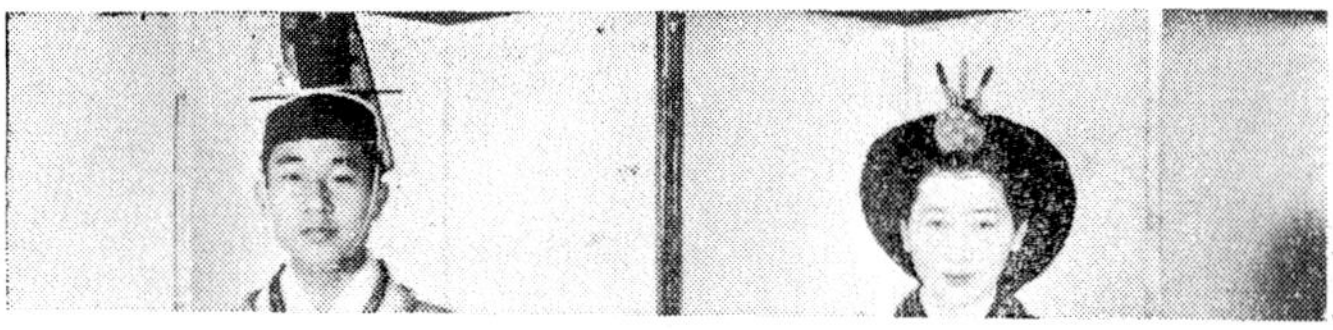

プログラムにない一幕

■「皇太子結婚のニュース・記録映画」を見る

■ 玉井五一

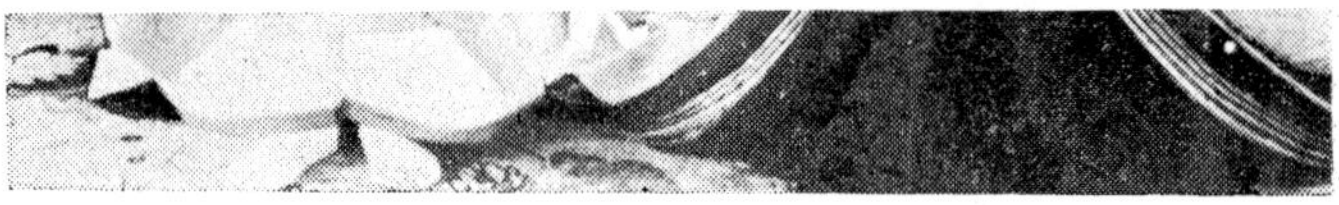

記録映画に見る四月十日の日本というのが、わたしに与えられた編集部からの主題であったといえば、いくらか不正確になろう。正確にいいなおせば、それは四月十日におこなわれた皇太子と正田美智子との結婚を唯一のテーマとしたニュース映画を論評せよ、といったところであった。

わたしは懇切な編集部の案内によって、毎日新聞社製作、日活封切の総天然色の短篇映画からはじめて、朝日、毎日、読売等々のニュース映画を見て歩いた。それらの短篇や映画ニュースは、まぎれもなく、皇太子と正田美智子の結婚を写して、報道していた。ぼくはそれらのニュース映画をたてつづけに見て、正直のところ退屈した。しかし、わたしはただ退屈したのではない。ぼくの心はいささか荒涼としていた、というべきだろう。

そこには、あの古い荘重さ、マスコミ天皇制をとおしてしかもぬぐいきれぬお召列車調と、夢のパレード式なショウとしてもりあげようと意図するアナウンスの調子をとおして、ぼくらの心にくいいってくる。あの残酷な抒情が底流していた。

いくらかの演出の違い、といったものは、わずかなニュアンスであっただろう。しかも、それにもかかわらず、それらカメラの視角は本質的には大同小異であった。それらのカメラは、一定の固定された軌道の上を走っていた。自由なカメラの視角は、封殺され、そして、事柄はプログラムのとおりに進んだというわけである。

そこにまず偽瞞がある。「夢のパレード」は、決してプログラムのとおり、平隠無事に進んだわけではない。それを、そうでなく見せたのは動物的清潔さ以下に転落したカメラの詐術である。

テレビのメカニズムはかろうじてそれをとらえた。最新のマス・メディアであるテレビの画像は、あらかじめ意図されたプログラムを意識することなく擯斥したところがあったのである。新来のマスメディアは、映画の視点が走ると同様の、ほぼ固定化したレールを走りながら、馴致された隠蔽の美徳に不似合いの部分を抱いていたというわけである。

事柄を具体的にいおう。皇太子と正田美智子の、めでたい結婚式の式次第の途上で、唯一のドラマチックな場面は、現象的にみて、新郎新婦の乗ったベンツの車が投石の少年(一九)に襲われたシーン以外にない。ぼくがその時実見した新聞記者の語るところによれば、その少年の投じた最初の一石は、彼ら夫妻の頭上をかすめたのである。そして、つづいて投げられた第二石は儀装車のワキバラにはじいて飛んだ。そこで第三石をコブシににぎりしめて、その少年は車に飛びのろうとしたというのである。

新聞の語るところによれば、その少年は「天皇制なんてものはない。それを沿道の交通をとめて、馬車を走らすこの馬鹿騒ぎはなにか。ぼくらの焼失した高校は二百万円あれば建つというのに、今度の結婚の経費に一億何千万円の金を使う、云々。」と語ったという。

この少年の突如の闖入をまえにして、テレビのアナウンサーは解説の文句に戸迷った。事件の報道を任務とする記者が、突如出来した出来事をまえにして、立往生したのである。しかしこの、いわば典礼解説者のロウバイをせめるのはやめよう。ただ、テレビの同時性というか即時性の機能は、この瞬時にとらえた突発事件を、カットするスキもあたえず伝達したのである。解釈はさまざまにあっても、事実そのものを消し去ることが出来ぬように、何の変哲もない夢のパレードの平面的空間は、そのとき妙にふくれケイレンし、ドラマチックな厚みをました。

しかも、この唯一の場面を、ぼくの見たすべてのニュース映画は、故意にか偶然にか、カットしていた。それがどれほど些細なものにせよ、この一場面のカットは、全体の真実を歪めている。

コンテはあらかじめつくられていたのだ。コンテにそって、ニュース映画はこともなげにつくられたにすぎない。そしてそこにドキュメンタリストとしての眼は微塵もない。といって、予定どおり進行する儀式やショウのなかで、突発事件を待望するようなケチな根性がドキュメンタリストのものだというのでもない。

国の総力をあげて敢行されたかにみえる「へだたりのパトス」(ニイチエ)という貴族的道徳の一億の観衆をえまにしてのロード・ショウ、それはこともなければないだけに、奇異である。これは「商業的に利用」しつくされ、独占資本の心理的補強に役立っている。はやりの言葉でいえば、マスコミ天皇制の大衆国家における最大の

政治的実験がそこにはくりひろげられた、というわけである。

キャパだったらそこで何を把え、何をえぐっただろうか。かって、死の灰による福竜丸の被害の報に、仏印戦線から飛行機をかって焼津に飛来し、原水爆反対にわくジャーナリズムの高音をよそに、そこでキャパがとらえたものは塀の影でカクレンボをして遊ぶ、二人の少年の姿に外ならなかった。ドキュメンタリスト、キャパがとらえたのは、単なる珍奇な光景ではない。当時の状況のなかにおいて、キャパが把えた物影で遊ぶ少年の姿をここでぼくらはもう一度、じっくり凝視してみるがいいのだ。キャパは一瞬にして、当時の日本の状況の本質をとらえたのである。

四月十日の結婚をめぐるニュース映画が、天皇制反対の少年の投石事件をカットしたばかりではない。たとえば、それはベンツの車とアップで把えた華やかな皇太子と正田美智子の顔を、そして晴れわたった空と歓呼にわく沿道の市民の表情をソツなくとらえてはいた。しかし、五反田の正田家と皇居を結ぶ鋪道の、道の片側のみ鋪装しなおされていて、カメラがとらえぬ片方はそのままという、皮肉なにわか仕立ての装置をカメラはどうして把えなかったか。そこにはすりかえられたよそゆきのモンタージュがある。

ここのところマスコミの紙面が、馬鹿バヤシに似た、皇太子結婚にまつわる、読んでムナクソの悪くなる記事ばかりでうめられていたように、見てムナクソの悪くなるような画面の連続である。絵葉書のような、批評一切ぬきのニュース映画を云々してもはじまらない。

そこでぼくは、ふと目についた、『アサヒ芸能』(四月二十六日号)の「特集、四月十日の日本」をひらいてみた。それは四月十日の日本各地の断面を林忠彦、田村茂ほかの写真家がつかまえて村山知義が構成したグラビヤ頁である。そこでは、ちょっとちがった断面をとらえている。

「浅草のあるストリップ劇場では、客を舞台にひきずりあげて、ストリッパーと結婚式をやらせている」という写真などちょっと面白い。どこでとったのか「意見をきいても、この人たちは黙って坑の内へおりていった」という昇降機に三人しゃがんでいる坑夫や、「おめでたいことです、でもオラたちや稼げるうちに稼がにゃ……と九十九里浜の漁民」という説明文のついた、全裸の男と女たちの、波に半身をつけて船をひく写真などいい。しかし、それにしてもなぜか平板な薄さを感じさせるのは、凝縮し、膨張しようとする空間を対立の運動においてとらえる衝激力に欠けるからである。

主題を内包したショット自身のなかに対立し矛盾する二つの力が相搏っていなければならない。それは困難な作業ではあるけれども、その運動と運動の間にひろがる境界領域をつかまえることなしには、ある歴史的時点における日本の内実はあきらかにはならないのである。

とにかく皇太子と正田美智子との結婚をめぐる正気の沙汰とも思えない馬鹿騒ぎの現状は、一部の絶望を深めるであろうけれども、ひるがえって考えてみれば、ブームをいやがうえにもわきたたせ、またわきたっているように見えるマスコミの詐術を見逃がしてはならない。

たとえば十日の結婚を祝って札幌、東京、大阪、福岡を結ぶテレビの地方中継の多元放送があったけれども、それは特定の繁華街、目抜きの場所でごく一部の人たちを相手に意見をきくといった安易なものであり、どこでもいたるところでわいているな、という気配をあふりたてたのみである。しかしとらえられてない日本の領域は広いのだ。裏街の通り、日本のすみずみでは皇太子の結婚などどこふく風と生業にかりたてられる人々がいる。かかるコントラストをあざやかにひき出してくることこそ記録映画家に課せられたテーマでなくてはならない。

寺田透のいうように、転形期に生きたモンテスキューやヴォルテールはそのペルシャ人やキャンディードによって、おのれを実体はどうでもいい機能的存在と化することによって、「変態な習俗、仕組みを持つ旧文明の正体を揶揄したり、盲目的な信仰に安んじ、それによって支えられているかに見える社会の前に、その眉をひそめさせ、自分に絶望させるようなおかしな物語を、くりひろげ」えたのである。もちろん、モンテスキューやヴォルテールはそれを活字によって形象化した。

旧文明が奇妙キテレツな、政治的実験をあらゆる面でくりひろげてくる。それは戦前、戦中の前論理的な神秘化というだけではない。「へだたりのパトス」へというだけではない。それは、ぼくらの側の、いまだ整備されていない戦線と方法論の弱い間隔をぬって、「独占資本的商業利用」とタイアップし、バックアップされながら、おしすすめてくる。その裏面にあってあやつる、抽象的なあやつりの意志こそ、敵ながら、なかなかのものというほかない。

「天皇制」はあきらかに、戦後の体制を確立しつつある。その裏にある旧い文明の、変態的な奇妙な仕組みを、間髪なくとらえ、とらえてみれば枯尾花式の正体を映像として、ありありとさらけ出すこと、そこにぼくらの「創造的悲喜劇」の課題があろう。それはただ単に、記録映画者にのみ課せられた仕事ではないけれども、すべての死活はそこにかかっている。

非現実性のアクチュアリティ

■芸術大衆化に関する一考察

野田真吉■

（一）自分のなかの大衆——あるいは大衆の不在

いわく『マス・コミュニケーションとしての芸術』いわく『芸術の大衆化』が今日の芸術の課題として大きくとりあげられてくるにつれて、いわゆる大衆芸術について一席弁じないと今日の芸術をかたることにならないという一種の風潮がみなぎっている。

その風潮はいままで「高踏的な芸術」にあぐらをかいていた職人的芸術家やコットウ趣味的芸術家に挨をあびせ、挨のなかに彼等を、埋没させようとしている。大いによいことであるが、その風潮は風潮をよんで、自分のなかにある大衆意識をほこらしげにみせびらかすことで、自分の大衆性、自分の大衆にたいする理解と「共感」を語ることで、「今日の――」という資格をえようとしているものがあらわれてきている。

たとえば何々大学教授という筆者紹介のついた論文が満載されている高級綜合雑誌をありがたがるとともに、万才、落語や週刊雑誌のエロ捕物帖をありがたがる。サルトルと西部劇映画をともにみとめないとひけめを感じるかのように現代芸術を語る。パチンコをやらないとアヴァンギャルド芸術派になれないかのようにパチンコの妙味をとく、といったみせかけの風潮である。それはそれとして一方、農村そだちであるから、高級芸術はわからぬが大衆芸術が大衆の心をつかんでいるものをもっとも、よくしっているといって、農村出身の農村研究学は大衆性の何たるかを解明する。

少年期にたくさんの講談本を朝から晩まで耽溺した感動をもとに、チャンバラ時代劇映画にある、強きをくじき、弱きをたすける「権力に対する抵抗」が大衆の心にうけるのだと大衆映画論をとく。また、サークルなどの集会にでて、サークルの人たちの発言をメモして、その発言を金箇玉条として蒐集する評論家。など、など。「大衆の発見」の証言はピンからキリまである。その立場、み方、態度は、人さまざまだが、要するに自分のなかに「大衆」をみいだそうとし、「大衆」のなかに自分をみいだそうとしているのである。あるものは「自分の想定した大衆」を大衆のなかにさがしもとめているのである。あるものは手ばなしで大衆のなかをさまよい、「大衆」をもとめ、とらえようとしているのである。そしてつかまえた、「自分のなかの大衆」の存在を証言しようとしているのである。

こうした証言の動機は「大衆の発見」と「大衆のかく得」が今日の芸衆の野要な基礎であると考えるからである。「自分のなかの大衆の不在」は今日の芸術の失格につながるものであると考えるからである。

このような考えは別に原則的にはまちがっていないし必然なことである。

だがこのような考えをもとにして、どうしたらただしい「大衆の発見」がなされるかということとは別であり、その考えを教条主義的にうのみにして、たんなる大衆の追跡や追従、迎合、さらにそれが、前にふれたようなみせかけのポーズになったり、スタイルになつたりしてきては、その大衆の発見や存在の証言もあやしいものとなる。

風潮が風潮をうみといったのはそうした教条主義的傾向の出現である。「大衆の不在」が、今日の芸術をつくり、かたるものにとって、一種のコンプレックスとなり、「大衆発見の証言」がコンプレックスのうらがえしとして一部にあらわれてきていることである。

『おまえのこの論文もそうではないか。』そうであってはならないと思っているが、そうであるかもしれない。ではどうしたら「大衆の発見」の道が、方法があるかということである。

それで思いだすのは黒田喜夫が雑誌『現代詩』（五八年八月号）にのせた『田舎インテリの害悪』というエッセイである。

その一節を引用すると――。

『小市民インテリゲンチャは自己のなかの他者たる農民をみつけるというより、自己のなかの自己たる地主をみつけることが必要なのではありませんか。自己のなかなる地主の発見です。自己のなかなる農民の発見といってもひとつの分裂の認識であり、対立の発見ですが、もうこのことばのすぐうらには、そして再統一という処方箋

があまりにみえすいているのです。農民との窮極における共同体的統一をゆめみるのは、もっとあとでいいと思います。それより自己のなかなる分裂をもっともっと知るがいいのです。対立の極点までそれをもってゆくのがいいのです。被圧迫者たちとの想像を絶する断絶を意識したとき被圧迫者たちの憎悪と希望を、はじめてイメージとして得ることができるだろうと思うのです。……』

黒田喜夫の言葉は作家にとって、いや、ぼくにとって『大衆の発見』にもあてはまるものだと思うのである。つまり、『大衆の不在』を自分の内部で身をもってしることから『大衆の発見』があるということである。

どうも、話は本題の『芸術大衆化』にははいるにはほど遠い基本論になってきたようだが、「大衆の不在」と「大衆の発見」ということをぬきにしては芸術大衆化もないと思うのである。

自分の内部に大衆の不在を発見し、その「不在」をふんまえて、自分のなかに、「大衆の発見」をなし、その発見された大衆を、現実に即して、とらえ、解体していくことによって大衆を再発見することであると思う。その過程を平面的に順序に追求するのではなく、同時的に関係しながら追求することによって、「大衆の発見」があると思うのである。

いわゆる高級芸術と大衆芸術を弁証法的統一をもって、綜合する芸術大衆化の問題もそうした『大衆の不在』と『大衆の発見』との関係に対応すると思う。前置きはこれぐらいにしておいて次にすすもう。

（二）　欲求不満を充足する芸術、あるいは映画の大衆性

映画芸術は高級芸術と大衆芸術の弁証法的統一の上にたった綜合芸術であらねばならないし、ありうることで芸術大衆化の一つの今日的な代表的芸術である。――といわれている。それには異論はない。そこで弁証法的統一のために、大衆芸術としてのいままでの映画から何を止揚すべきかということである。芸術大衆化の手がかりをいかに現在の映画のなかにつかむかということである。

それにしても、映画芸術というものを手がけている映画人（こんな人間の種類がいまなお、あるところに問題があるのである）が周囲からやれ映画的思考だの、文学的映画芸術論だとか、ドキュメンタリー方法の提起とかミュージカルス映画の提唱とか、映画は芸術大衆化のチャンピオンとかいわれても映画の世界だけにとじこもって手をこまねいているのはどうしたことだろうか。手をこまねないまでも他のジャンルの芸術を高級なる芸術だと思いこんだ河原乞食的なコンプレックスが、今ではいろいろな側からあれこれと意見がのべられたり、批判されたりすると、『外部批判は映画をしらず、映画製作の現実をしらぬタワゴトである』といわんばっかりである。これじゃあ、河原乞食的コンプレックスのうらがえしである。

ぼくは河原乞食的芸術であるからこそ、映画芸術が今日的な意味をもっているのだと思う。ガヤガヤと外部からいわれるのもそこにある。『いや、いや、おまえさんも、映画人じゃあないか。無国籍者みたいな口をきくものでないぞ』としかられるだろう。ぼくは芸術上のジャンルにしばられぬ無国籍者に映画人がならなければ映画芸術は前進しないと思っている。河原乞食的芸術の雑草のような根づよさで、あらゆる芸術ジャンルの栄養分をすいあげ、雑草のような繁殖力をもって、ひろがっていかねばならないと思う。『出身が映画人だから身びいきしている。テレビの進出で落目のくせに。――』ぼくはテレビはさらにさらに発展すると思うし、映画は映画としてのあらゆる表現上の可能性を活用し、その独自なマスコミュニケーションの形態をいかすことによって、生きつづけるだろうと思っている。そのためには映画はたんなる商業主義の手代であってはいけないだろう。社会変革の力とならなくてはならないだろうといったからといってたちどころにきりかえられないことはわかりきっている。それを目指してねばりっこく斗かわねばいけない。それはながい過程をへるだろう。その過程のなかで映画が社会変革の力としだいになるにつれ、映画のもっている、いつでも、どこでもしかも作品が選択でき、大衆的に上映しうる可能性（たとえば、「戦艦ポチョムキン」の上映組織運動や現在の十六ミリフィルムを中心とした非劇場上映活動にその要素はひそんでいる。）を積極的にとりあげ活用するならばマスコミュニケーションのうけ手を下からじっくりと変革する一つの大きい力となるであろう。同時にそれは作品をも変革するだろう。そして、マスコミュニケーションに関してのみいうならばうけ手の組織化となり、その組織化はおくり手を変革せずにはおかぬだろう。とくにおくり手の独占、専制による、現在のテレビ、ラジオのマスコミュニケーションはそうしたうけ手の組織が大きい役割をもってくるであろう。同様なことは商業主義映画の映画館上映にも影響するだろう。

さて、マスコミュニケーションにおける映画の将来の位置や役割、その展望を考えるにつけても、映画のもっている大衆性を、あるいは現在の大衆芸術としての映画の魅力を再検討してみる必要があると思う。それには映画形式のもっている独自な特質（映画的映像による伝達と思考）とその魅力と関係してみなければならないが、ここでは映画独自の内容と形式を全的に活かすために、まず、現在の映画、ことに大衆映画といわれている映画のもっている大衆とのつながりをみていきたいと思う。さきほどふれた「大衆の発見」と関連して検討してみたいと思う。

再検討するにあたって、専門的職業映画批評家の是々非々論的中立批評とか、テーマ至上主義の批判とかはあとまわしにし

て、社会的心理学的見解にたった大衆芸術としての映画の分析や批判に問題点をしぼることにする。

社会心理学的見解にたって映画分析をおこなっている一派はいわゆる大衆娯楽映画といわれる股旅もの、忠臣蔵から、チャンバラものまでの時代劇映画、西部劇映画、メロドラマ映画、母もの映画、スーパーマン映画が、観客大衆をひきつけているものを追求していっている。彼等は社会心理学でいう社会行動をかりたてる心理的な原動力としての大衆の「欲求の不満」（フラストレーション）という、心理状態を軸として解析している。佐藤忠男や鶴見俊輔などがその代表的な評論家といってよいだろう。

彼等は大衆芸術としての映画がその表現機能とあいまって、歴史的社会的に基因する大衆の欲求不満のはけ口として大衆にうけいれられていることをあきらかにした。

それは階級イデオロギー論の機械的な適用でたんにテーマの進歩性、反動性によってエロ・グロ、ナンセンス、ピストル、チャンバラ映画は『わるい映画』ときめ、そうでない、社会的なテーマをもったリアルなものは『よい映画』であるといったような、まったく大衆との現実関係を無視した分類主義では解決できず、ふかめられなかった問題点を大衆の心理の側面からふれることで問題をときすすめようとした。

その成果は芸術を社会変革の力としようとするためにも、芸術大衆化の方途をもとめるためにも、一つの手がかりを提出したことである。

ところで、「欲求不満」はスクリーンの上に大活躍するさまざまなスーパーマンによって形づくられる白日夢、つまり「代理空想」によって「代理満足」をうけとる。また、欲求不満は母もの映画などのように逆に欲求不満をさらにつのらせ、いためつけ自虐化することで、つまり、スクリーンのなかで「運命」にたえぬく主人公に同化して自慰的な満足を味わう。これはスーパーマンによる代理空想のうらがえしである。すれちがい的メロドラマ映画は、まさに両者の混合による代理満足である。

このように、大衆の欲求不満の反映として欲求の代理的満足、あるいは忘れさすものとして大衆娯楽映画をみる時、それらの映画と大衆との関係をさらに対象化して分析してみるならば「欲求不満」の反映としてしめされた代理空想のなかに大衆の意識のかくされているたくさんのものが、また無意識の世界が照らしだされる。そこには佐藤忠男が『裸の日本人』にいっているような封建的で閉鎖的な心理が自虐的な快感となってあらわれた「判官びいきの民族心理」もあるだろう。さらに、そこには日本人のもっている意識構造の深層部からふきでるドロドロとなった醗酵物のような無意識部分がみいだされる。

そこでぼくは思うのである――欲求不満をテコとして大衆芸術と大衆との関係を、解明する場合、大衆芸術が欲求不満を直接、大衆芸術のなかに反転して代理満足さしている現象的な点でのみとらえてはいけないのではないだろうかと。

大衆は、人間を解体し、物体化してやまない現実のメカニズムのなかで、なにごとも思いにまかせられない。やりたいことといいたいことを思う存分してみたいと思っている。その欲求不満の現象面にあてこんだスーパーマン映画が大衆を魅了したとする。魅了したことをただちにスーパーマン映画と欲求不満の現象心理をむすびつけて、「大衆の欲求」とみてはいけないのではないか。魅了したということを中心にスーパーマン映画とむすびあった欲求不満をもう一度みなおし、解体してその本質をとらえなおさなければならないと思う。そうしてはじめて「大衆の欲求したもの」をただしくつかまえうると思う。

欲求不満はその奥に人間の本然的欲求としてのエネルギーがある。それは生きようとするエネルギーであり、そのために、すべてのものを自分のものに変革しようとするエネルギーである。それは自由への欲求でもある。人間の歴史をささえてきたエネルギーである。そのエネルギーは歴史的、社会的な条件によって抑圧され、また埋没し、厚い層にかこまれながらもつねに、出路をみつけて層のすき間から、ふきだしたり、たくさんの屈曲をえてあらわれてくる。ことに今日のはげしい人間解体の状況においては欲望はむきだしになり、非合理な意味をもたない行為にかりたてようとする。欲求不満はそうしたなかであらわれるエネルギーであるが、それゆえに現象的である。

だから、現在の大衆娯楽映画のように欲求不満を現象的にとらえ、それをそのまま、欲求としてナマに作品に仮託するならば一場の白日夢とならざるをえない。欲求と現実との断層をうめようとするからみたされるものがあったと思うが結局は自慰であり、おもしろかったがみおわるとみたされない、むなしさがのこる。埋らない欲求と現実との断層を埋めてみせるからである。

だが、そこには、写実的な（自然主義的な）リアリズム芸術（この傾向の多くが映画では「高級な芸術作品」となっている）が現実事象に忠実に即そうとする一面性が現実を変革しようとする欲求不満からくる他の一面であることによって逆にリアリティをうしなっているのと反対に、現実とかかわっている欲求不満のもっている非現実性を現実とのかかわりをすてることによって非現実性がたんなる白日夢となり、残骸となってのこり、リアリテイをうしなっていることである。

そこで、現象的にあらわれている欲求不満を大衆娯楽映画が単純にナマに答えているところに芸術大衆化における大衆娯楽映画の否定的媒介の契機があるのではなく、大衆の欲求不満をテコとしてとらえているところにその契機をみいだすべきであると思うのである。つまり、大衆芸術における非現実性のアクチュアリテイを契機とすることである。

（三）　魔術の非現実性、あるいはリアリティ

欲求不満をテコにして、その非現実性のアクチュアリティをいかし、リアリティにまでたかめられたものはなんであろうかということである。ぼくは大衆芸術の古典的な遺産である民話を考えるのである。その民話も傍系的なものに、ぼくはみかけるのである。

たとえば信濃の民話に、——ある山家の娘が恋人（武士）のいる町へあいたさに毎夜、誰もこわくてとおれないような七里の山坂の道をあるいてあいにいく。武士の家をたずねる時、いつもつきだての餅をもってきて、武士にごちそうする。武士ははじめのうちは娘のま心をうれしく思っていたが、友人たちが武士に「あの娘は毎夜、あんな山道をかよってきたり、つきだての餅をもってくる。どうも魔性の女にちがいない。あんな女にとりつかれているといまにおまえの生命もすいとられてなくなるぞ」と忠告する。武士はそういえば何か、娘が薄気味わるく思える。そこで、ある夜、娘のさしだす餅をうけとらず、たべない。娘は自分をうたがって心変りしているのをかなしく思い、餅について弁明する。それは娘が家をでる時、力をつけるために一握のモチ米をにぎってでるがあいたい一心にモチ米をにぎりしめて山道をかけているとモチ米は餅になってしまうのであり、それをたべてもらうのがうれしくって毎夜そうしているのだという。だが、武士は逆になお、娘がこわくなり、恋心もさめ、ある夜山道の途中に娘をまちぶせてきり殺すのである。娘の血がその時谷に散って、以来まっ赤なつつじが谷いっぱい咲くようになった。というのがあら筋である。にぎりしめたモチ米が餅になり、その餅を男にたべてもらうという娘の一途な恋心と彼女をきりころす武士の行為との発想と表現は古典的な見事さがあり、ぼくの印象につよくのこっている民話の一つである。

この非現実的な発想と表現がリアリティをもっているのはどういうことであろうか。民話にはこのようなエネルギッシュな想像力がみられる。大衆映画のミイラのようになったやせかれた想像力の残骸と格段のちがいがある。「つつじの乙女」などの民話の発想の非現実性のアクチュアリティを考えるにつけて、ぼくは大衆演芸の一つである魔術のもっているリアリティを思うのである。

魔術はもっとも欲求不満の単純化された充足として民話のもっている非現実性のアクチュアリティのからくりをみせていると思うのである。

魔術はもともとタネがあり、巧妙なトリックによって、ありうべからざることをありうることとしてみせ、観客をたのしませる演芸である。ぼくは去年の暮、久方ぶりに浅草で天勝や天洋たちの魔術大会をみた。半日魔術をたんのうしてみてきた。ぼくは手品のストレートなトリックがすきでないが、魔術は大好きである。とにかく、袋にいれた娘を、箱にいれ、なわをかけて、カーテンをめぐらしたなかにいれる。そこで魔術師がカーテンのなかにはいり首だけをだしている。ワン、ツウ、スリーの掛声で首をカーテンのなかにひっこめるとすぐ、カーテンをあける。魔術師はいない。例のなわをかけた箱をひきだしてあけると魔術師が娘といれかわって袋にはいり、箱にいれられている。もちろん娘はいない。まことにみていておもしろくたのしい。

なぜ、おもしろいかであるが、ぼくはぼくなりにありうべからざることをありうることとしてみせてくれることにあると思っている。Aが非Aとなり、非AがAとなるという超現実的な（非現実的な）ものへの欲求の、代理充足があるからである。魔術にはトリックがあるのだがトリックがあるとしりつつもたのしさを感じるのは、ぼくたちの目の前で、しかもそのトリックが現実的な素材と対立し、かかわりあうなかで、その素材をまったく解体して、非現実的な現実世界に再構成していることである。その巧妙なフイクションで内部からささえていることである。そこに魔術のたのしさがある。くりかえしていうならば、魔術のたのしさのなかには人間のもつ単純素朴な現実変革の欲求、自由への欲求のストレートな代理満足をみるのである。いいかえるならば欲求不満の原形的な代理満足をみるのである。それがストレートな代理満足だから他愛もなく純粋にたのしいのである。

人間の現実変革の欲求は昔は神の力にすがることしか考えられなかった。魔術的変革力はいっさいの変革をつかさどる神や人間界の神の代理人のものとして、かの奇蹟という伝説のなかに托されている。階級社会となる支配階級は彼等が支配者としてのよりどころを神の申し子であるというために降神術、呪術、妖術を利用して支配をかためたのは遠い歴史にあきらかである。政治的に魔術を利用して、権威と力をしめして、大衆の欲求不満をおさえたのである。ちょうど同じ手はいまや、映画やテレビという魔術的表現媒体をもって支配階級は大衆の欲求不満をおさえるのでなく、代理物でみたしながら、その欲求の本質的なものをそらしているのである。手はずいぶん、こんできている。この手のこんだ二十世紀の政治的魔術師たちのインチキな鼻をあかすことが、実は芸術大衆化の問題とふかくからんでいるのであるが、指定の紙数もつきたので、話をすぐれた民話の非現実的な（超現実的な）発想と表現、構成、のもつリアルテイにかえそう。それは現実的な（現象的にあらわれる）欲求不満を直接、ナマにたんなる白日夢の代理空想として表現していないことである。その欲求不満と対立し一方その欲求不満を解体し、その奥にひそむ本然の欲求であるエネルギーをたぐりだし、そのエネルギーを解放助長することによって現実的《アクチュアル》な欲求不満とかかわりあう往復運動のなかに再構成していることであると思う。そこには魔術にみた非実性とアクチュアリティの対立による統一の図

式つまり両者を否定的媒介とした高次元でくまれた巧妙なフイクションが芸術として生々と活用され、しめされていることである。

ぼくはこのところに、芸術大衆化の問題として、大衆芸術のなかにひそむ一つの問題点があると思うのである。

芸術大衆化における大衆娯楽映画の否定的媒介の契機を現実的な欲求不満にナマに答えているというところにとらえるのでなく、大衆の欲求不満の徹底的な解体をテコとしてとらえているところ、――その非現実性のアクチュアリティを契機とすることであると思うのである。

今日の芸術が、いっそう、現実にかかわり、きびしく人間を解体していくことによつて、既製の人間像を破壊し、そこにとぐろをまくナマな慾望、非合理な、意味のない行為にみたされた物体化した人間のイマージュを非情に描きあげることと、以上のべてきたことはうらはらである。それは人間解体をもたらしている現実のメカニズムをうちこわしていく、エネルギーをうかびあがらせるからである。

×　×

×　×

海外だより

「チエコ」

あやつり人形による映画「ファウスト」

岩渕正嘉

ゴットワルドウ撮影所で短篇映画「ファウスト」が完成した。これは最初のカラー、ワイルド化によるあやつり人形映画で、脚本はJ・B・ノウォトニー、美術はV・ベネシュ、音楽はZ・リスカ、監督はエミル・ラドク、撮影はスワトプルク・マリーである。さまざまな映画的技巧の応用によって、ファウスト伝説に基くチェコのあやつり人形の芝居は巧みに映画化された。

この作品のスタッフの意図はチェコの古いあやつり人形芝居の雰囲気を保存することにあった。素朴で単純な古い人形芝居は今なおわれわれを魅惑するものであるが、それを映画に可能なあらゆる手法を用いて再現しようというのである。

エミル・ラドクの「ファウスト」は悲劇に終る点で他のあやつり人形用の小品と異っている。彼とその協力者たちは、もし自分にそぐわない力を持てば、人は誰でもそれを他人を傷つける為に使うということを示そうとした。かかる者は罰せられねばならない。それゆえに、この作品におけるファウストは地獄に堕ち、悪魔に裂きさいなまれるのである。作者たちは特に、ことさら芸術的な身ぶりや術がなくとも現われて来るあやつり人形のとりわけその詩的な力の魅力を今日の観客に見てもらいたいと思っている。

構図と色彩こそこの作品の重要な要素である。まことにこれらこそこの革新的な映画の支えである。ラドクとその協力者たちはシネマスコープであるという条件の上で、みごとに構図の問題を解決した。（四八九メートル、十七分、カラー、シネマスコープ）

「チェコスロヴェンスキ・フィルム」一九五九年　第一号より

記録映画を見る会御案内

○五月二十二日（金）午後六時、日比谷図書館地下ホール（第一回と同じ会場）

特集・美術映画とドキュメンタリー

①ゲルニカ（アラン・レネ）②飛鳥美術（岩佐氏寿）③西の果てに（京極高英）④忘れられた土地（野田真吉）⑤朝鮮の子（京極高英・荒井英郎）

○五月二十三日（土）午前十一時（自由観賞）午後一時（会員制）、池袋西武デパート七階リーディング・ルーム

特集・美術映画

①ゲルニカ、②ゴッホ（アラン・レネ）⑥飛鳥美術、⑤室町美術（柳沢寿男）④広重（樋口源一郎）

なお両日共評論家・大島辰雄氏のお話を予定しています。

作品評■「小さきものの世界」

小動物の標本的羅列

谷川義雄

昆虫の世界に私の眼を開いてくれたのは、ソヴエトの生物学者ヤンラリイの少年向け冒険小説〃自然の教室〃であった。これは、昆虫の生態が一貫した作家の愛情に満ちた観察眼で描写されたすぐれた物語であったが、私は〃小さきものの世界〃をみて、今から二十数年も前に読んだこの小説を思い出したのである。

生物の生活に対する観察によって、私たちは自然の摂理のたくみさを発見して驚異の眼をみはることは多い。

〃小さきものの世界〃のはじめの製作意図はファーブルの昆虫記の映画化であったそうだが、出来上った作品は、およそ生物に対する愛情とはかけはなれているようだった。

三ケ年の歳月と三万フィートの天然色フィルムを費して作りあげられたというこの苦心の作品が、全篇、随所にあらわれる動物たちの痛ましい死に私は胸を痛め、なんともやりきれない気持にさせられたのである。

すさまじいのはカマキリの残虐さ、水中の殺し屋タガメたちのドン欲な生態、小人の町の埋葬屋として野ねずみの死骸を地中に埋める昆虫。牛ふんの中で生活する昆虫。これらのひつっこい描写に作者の神経を疑いたくなる。

戦後のハンガリー映画のなかで生物映画の二、三の作品から受けた非情な生物観察に、私はうなづけないものを感じていた。悲惨な最後をとげる鳥の雛たちを執拗に撮っていたが、私はいたましくて正視出来なかった。そして、この〃小さきものの世界〃からも、これと共通する印象を受けたのである。

私はディズニーの生物映画が、生物を興味本位の目的で、ショウ化している点に多くの不満をもっているが、それでも、残忍なシーンはつとめて避けている心づかいがあるから安心してみられる。

この映画の中にも、クロオオアリとクロシジミの助けあいにみられるほほえましい生活がたんねんに撮られている。

クロオアリはクロシジミという蝶の幼虫を地下の自分たちの巣に運んで、さなぎになるまで育てそのおかえしにクロシジミから蜜をもらう。こうした関係をセットを使ってわかりやすく見せてくれた。

クモの空中旅行、トンボのヤゴの羽化。秋の夜の昆虫のオーケストラなどの場面を私は高く評価したい。

樹液に集まる昆虫たちの場面も、小人の町の酒場にたとえながら捉えているのはいいが、もっと楽しく描ける素材であるにもかかわらず、甲虫のギャングの来襲に視点を合わし見る者を中途半端な気分にさせている。これは昆虫のオーケストラにもいうことができる。楽しい音楽会にする可能性をもった素材はもっとくだけて表現していいとおもう。

一時間十三分の長篇の作品にするために、平板な羅列にならないよう作者は構成に苦しんだのかも知れないが、音楽や歌の効果も工夫をこらしたわりに退屈で、結局さまざまな小動物たちの標本的な羅列に終っている。

個々のショットにどれほどすぐれたものが撮られていても、作品全体をつらぬく作家の眼を通して訴えかけてこない限り、その映画はつまらないものになり、一つの感動を与えることさえ不可能である。そうした教訓をこの映画は私たちに再確認させてくれた。

× × ×

創作日誌から

岩堀喜久男

○月○日　ジェトロ（貿易振興会）が去年作った六本ばかりの発表会を見る。「日本の味」に小味な個性のあったほかは、「鉄道信号」「通信機械」などすべて広告映画としても平板で退屈な作品ばかり。挿話の転換に二〇年も前の古い手法がそのまま使われていたり、ひどいもんだね、とY君と笑う。これがジェトロの好みとしたら、今年の一本をやってくれというT社の依頼は断った方がかしこそうだ。

○月○日　T社から再度の依頼。曰く都合で演出だけにしてくれ。脚本は、リベート五〇万円の中に含ませ、必ず審査にパスする本を先方で書いてくれることになった云々。

脚本料がすっ飛んだのは予算はずれで残念だが、しかし、数社が争うコンクールで、業者代表と映画批評家とジェトロとによる審査を、必ずパスさせるというのは、大変なことだ。リベートの裏工作に乗るにしても、納得のいく本は必要だ。どんな男が、われ〱本職でもむずかしい、そんな本を書くのだろう……。

○月○日　T社から連絡。本を書く人が構想をのべるから立ち会って意見を聞かせてくれ、云々。

冗談じゃない、勝手に割りこんできたんだから勝手に書けばいいじゃないか。こちらでカレコレいう必要はない。

しかしどんな男が、どんなアイデアを出すか、一見の興味はある。

○月○日　T社に現われたその男は、予想外に、若い人であった。出された名刺を見ると、作家協会々員Hとある。

瞬間、わが目を疑う。

わが理解では、ジェトロの内部か外廊の男、内意を受けながらツボを押えた本が書ける。誰か器用な人のアルバイト――。そして、そんなカラクリも註文をとるための必要悪として目をつぶっていてやろうと思っていた。

それが、どっこい、協会の同じ会員なのだった。

ナーンダ、と思った。オカシイゾ、と思った。クワセヤガッタナ、と思った。そして、ついに、コン畜産メ、フテエ野郎だ、と思った。

由来、作家協会には、作家というより濁りを打った方がふさわしい人、つまり雑貨屋もいるが、しかし、リベートの臭い線でのりこみながら堂々と協会の看板を出すとは、雑貨屋よりもゾッキ屋風情だ。

出された名刺が、果し状とも見える。

初めて見る相手だが、同じ仲間なら、負けてはおれん。岩喜流の広告術を見せてやろう。

○月○日　競い立って本を書く。思い付きは、歴史や考古学の本でみた発掘された古代のコメの遺物。それを、例のシルク・ロード（絹の道）と考え合せ、古いイネの道として、アジア南部原産のイネが、数千年の昔、島伝いに、また大陸を通って、日本へ渡ってきた。その古イネの道を、今は逆に、日本の化学肥料が戻っていく、というアイデア。その間に、肥料工場のいろ〱を叩きこんでいく。

初めは広島の花田植。終りも何処かの豊年踊り。色彩と音楽で賑かにし、民俗的な雰囲気を出すと同時に、千年も変らないイネ作の古さを肥料工場の新しさに対比する。

ついでに、競争相手に日映科学がいるから、こちらも科学映画らしく、イネの微速度撮影と、アイソトープのことを入れること。

大体、そんな戦術で、一気に書きおろしていく。

○月○日　T社に提出する。Hの本もできているが、どちらを出すかはT社にまかせる。

○月○日　T社の情報によると、案の条、日映科学のと古いイネの道とが争っている。肥料業者はこちらを推し、日映科学のに肥料への理解の足りないことを衝くが、映画批評家はあちらを推して止まぬ由。紐があるかないかは不明だが、大した熱の入れかただそうだ。

○月○日　「国語の教室」の学校内ロケが終る。

が、まだ〱、イネはもまれているのだ。

業者の代表は、T社からいくらもらうのか、とまで外務省側からいわれたとのこと。リベートの正体を外務省側は知らないだろうか。しかし、そんなことをいうのは、やはり、役人の子はニギ〱をよく覚え、というわけか。

○月○日　やっと決着。脚本の一部訂正のためジェトロにいく。批評家が衝いていたというのはほんの一部であった。肥料のことがわからないで、一部の画面のツナギをかれこれいうのはこまったものだ。

日映科学の本も見る。うまくまとめてはあるが、逃げているところもあり。全体としては例によって例のごとき日映科学調。サッポロビールにアイヌを出した程度の思い付きもない。

古いイネの道を戻って、というアイデアに、ジェトロも引っかかったことがわかる。考古学万才！というところ。

○月○日　製作便りをみていると、やはりジェトロの作品の中に、脚本H、とある。よほどジェトロの好きな男とみえる。

そういえば、Hの書いた肥料の

本も、画面で見せるより解説の文章のアヤで読ませていく点が、ジェトロ式であった。活動写真ではない。文学放送だから、見て退屈なのは当り前なのだ。

しかし、ことによると、彼はリベートの裏は知らず、ジェトロ好みのところから単純に推センされて出てきたのかも知れない。とするとむきになって本を書いたばかりに、いやおうなく演出までしたこちらの方がバーであって、踊ったつもりが踊らされていたわけか。ジェトロ坂の決斗も、所詮、アイデアではなく、リベートの勝負だったのか。それにしても、リベート五〇万に対して脚本料五万はケタが違いすぎる。骨打ってバカをみるのは、なんだって、いつも作家なんだ?……

闘いの日々

「春を呼ぶ子ら」ロケだより

神原照夫

三月二十六日　盛岡にて

前日まで岩手県北僻地を廻り、農家、中学校、職安、雪山を歩いて炭焼き、伐材など撮り終える。朝、B班着く。デンスケも来た。慌ただしくスタッフ及び関係者と打合せて午後四時過ぎ、集団就職臨時列車を撮るため盛岡駅に向う。……五百数十名の乗車人員、ホームは人の波である。発車時刻（五時四分）が迫るにつれて人々の別れの興奮状態は益益つのる。

だが「もの云わぬ農民たち」——彼等は、育てあげたわが子らと今や別れる瞬間が来ている。「がんばれよ」「げんきでな」「窓から顔を出せ」それ以外の言葉は彼等の口からもう出ない。デンスケも弱る。声がとれぬ。それでいて耳を聾する人の声、これは喚声か、ときの声か、同年の友達同志は会話多し。泣いている。じっとみつめている。おやじさんの眼がまっか。男泣き。そして東京都内のラッシュアワーでも未経験な人と人の圧力に押されつゝ廻つてるカメラとテープ。中学校校歌とベルの音。汽笛。凄い喚声。テープ。列車が見えなくなると異様な騒音は急に落ちて、人々は、ホームの上のちぎれたテープを踏みながら静かに帰って行く。われ〳〵もため息をつく。

三十分間の人間の集団の別離であった。カメラ助手のA君が真顔で「ドライになれって云ったってねエ……僕は弱いんだ、こんな風景には」

盛岡以北の岩手は、おゝむね気候も悪く、冷害地帯として農民は苦しみを背負い続けている。「人間の住む処じゃあないです。もとは馬の飼育しかやらぬ土地だった」と述懐する老人の顔には諦めがただよう。

岩手県岩泉地方安家（アッカ）という処は、県の僻地中の僻地として、県北の僻地の中学の先生が真先に挙げる土地である。「葉の上で寝る」という生活が本当なのか、演出のM氏「こんどはきっと行くよ、日本のどん底を探索するんだ、『日本の底辺』を撮りに行くんだ……バスの時間聞いておこうじゃないか」——聞けば一戸駅から五時間、三時間おき三・四本とのこと。

三月十四日　都内ロケ

六日から今日まで都内各規模職場を撮り続けて三十ヶ所に及ぶ。江東・墨田の零細企業、品川・五反田の中小企業、大企業、渋谷の商店街。スケジュールより遅れ気味となり製作部から注文が来る。

雨のシーンが残っているのが廿い。雨よ降らぬか、今夜から明日午前中一ぱい。少いスタッフは連日ぎっしりの撮影で疲労し始めている。

午前八時大井町駅集合、鐘紡化粧品の工場から始める。流れ作業、コンベアーベルトが流れてコールドクリームが量産されている。ライト不足でカメラが苦労する。十一時半、中企業、堀内製作所（荏原）に着く。昼休みの工員達のバレーボール、ピンポン、バトミントンが対象、オープン、晴天でも風が強くて球が流れてゲームが一部不能、バレーのみ撮る。小企業、セントラル自動車（五反田）に向う。工場内外を撮って、午後三時半、約束の時間に三田高校着、昼間部のラグビーの練習風景をやってもらう。ハイスピード撮影、二時間後、定時制（夜間）高校の教室内、生物のN先生が視聴覚教育の係で協力がスムースにゆく、教室とクラスを変更してもらって、二時限目を四十五分間、いろんなチャンスを狙う。

この映画は、中学卒業生の進路問題をテーマとし中学生進路指導教材ものとして企画されたシリーズ第一編。

「春を呼ぶ子ら」（進路指導シリーズ展望篇）——である。中卒の進路問題、この奥行きの広い内容を二巻で展望するのは至難の業である。編集室で今演出M氏は不眠不休で縮められている。シナリオを直され、経費を、日程をきりつめられ、編集でサービスカットをつなぎ、コメントで生ぬるい教科書的な文句を連ねざるを得ない現況の中でなお創ることへの熱意を捨てずにやり抜くこと、表現したいものを全体のムードの中に秘かにぬりこめてみること、大切です。非常に大切です。しかし演出補佐の所持する七ツ道具が全く閉鎖的な現況を打ち破る武器と変ぼうしはじめるためには、疲れてはいけない。記録映画作家N氏の言葉を想う「一日二時間はどんなことがあろうと本を読むという習慣をつける」疲れてはいけない。

イタリア映画祭ちらり・・・

決算期に来たネオ・レアリズモ

四月一日に突然、編集部からいわれて、イタリア映画祭に出席することになりました。誰か予定になっていた人が、急に都合がわるくなったということで、幸運に役がまわってきたのですが、何の気なしに、ひょっこり行ってみると、これがものものしいような開会式で始まりました。イタリアの監督さんや女優さん達も壇の上に並びましたが、ウニタリア・フィルムという企業の代表もきていました。主催は、イタリア内閣総理府とイタリア大使館、それとこのウニタリア・フィルムになっているのですが、このウニタリア・フィルムというのは、イタリア映画を海外に宣伝販売する統一的な対外窓口機関だとのことです。国内市場のせまさ（その原因の一つにイタリアにとっての外国映画の進出ということがあるでしょうが）を解決するために、こういう統一的な対外機関を持つというのは、日本に比べてずい分大人らしいやり方と言うべきでしょう。それで、このイタリア映画祭というのも何のことはない、これから日本で封切る作品の前景気をあふるカンパニヤと思われました。

ついでに、四月一日から七日までこの映画祭で上映された作品を紹介しておきますと、

「わらの男」ピエトロ・ジェルミ作品

「パンと恋と……」ディーノ・リージ作品

「挑戦」フランチェスコ・ロージ作品

「パリオ祭の娘」ルイジ・ザンパ作品

「フォルトゥネラ」エドアルド・デ・フィリッポ作品

「ベニスと月とあなた」ディーノ・リージ作品

「さすらい」ミケランジェロ・アントニオーニ作品

以上七本で、いずれも五六年以後のもので、最近のイタリア映画の代表作なのでしょう。

僕がみた「わらの男」は「鉄道員」の姉妹篇というべきもので、大変面白く、「鉄道員」よりいゝと思いましたが、それにしても、わらの男（ワラ人形のように頼りない男の意）を金属労働者の中から探し出してきて、メンメンとその恋愛心理を追及しなくてはならない、という現在のイタリア映画のおかれている状況の悲しさが思いやられてなりません。あとの作品を見た人の感想をきいた所でも、おおよそは、たそがれ的美しさが目に立つらしく、かつてのネオ・レアリズモを標傍した諸作品が僕達をシンガイさせたあの力感はないようです。あるいは、現在のイタリアにとって必要な芸術は、あのネオ・レアリズモのショッキングな、なまなましさや、はげしさではなく、しみじみした静かな語り口でなければ語れない内容を持ったものでしょうか。

そういえば、ウニタリア・フィルムという対外統一機関に感心する一方では、イタリア自身、自分の国の中ではどんなフィルムが喜ばれ一番もうかっているのか、ひと事ながら知りたいものです。以前、「無防備都市」や「戦火の彼方」が国内でよりも、専ら外国でかせいだという話をきいたこともありますし、こゝの所には、芸術の民族性と国際性の問題もひそんでいるような気もします。

今度の映画祭には、別の世界の僻地をめぐり歩く記録映画の類は出てきませんでした。まだ探せば僻地はあるでしょうに。なお、併映の短篇中、僕の見た「映画都市チネチタ」は全くくだらないものでした。が、ともかく、最近のイタリア映画の高度な技術には、大へんひきつけられるものがありますし、方法論的にも、ネオ・レアリズモの決算期を迎えたと言ったらいゝのでしょうか、気にならずにはいられません。個々の作品についても評価がむずかしく、その中からとるべきもの、すてるべきものを、はっきり探し出しておく必要を感じています。

大沼鉄郎

編集後記

この号から印刷所がかわり、いろいろな手ちがいのため発行が大変おくれて申訳ありません。

皇太子の結婚映画について、玉井氏に論じてもらうため、急いで映画館を見てまわってもらったが、折角のアクチュアルなテーマを選べば季節おくれみたいなことになって残念です。

ラジオできいた皇太子観は子供たちの方が卒直で面白い。うちの隣の小学三年の子供は〝おめでたい人だよ〟とずばり一言で語った。

次号は本誌の発刊一周年になります。とくに記念号と銘うちませんが、内容をより充実したものにしたいと努力しています。御期待下さい。

プロダクション・ニュースの資料の集りが悪くなげいています。PR映画を製作しているところは大いに寄こしてくれそうなものですが、製作社の宣伝関係の人たちが多忙すぎるのか思うように集りません。御協力の程をお願いします。

読者招待の映画会は大変好評でした。今後たびたび開催したいものです。読者で何かいい企画があれば編集部までお知らせ下さい。

なお地方の読者に対するこうした催しのよい方法はないかと思案中ですが、いいプランがあれば申入れて下さい。

ソ連から映画人が二十名ほど日本観光の目的で来日するが、五月十三日、歓迎パーティーが開かれます。私たちの協会も参加していますが、この機会に日ソ映画人の交流のきっかけになればと期待しています。

明日からまたしばらく北国での仕事で東京を離れます。昨夜はその前に別のアニメーション映画のコンテ化に夜明けまでかかり、何かとあわただしいことです。（谷）

記録映画　五月号
昭和三十四年五月一日発行
第二巻第五号　通巻第十号
編集・発行人　中村敏郎
発行所　教育映画作家協会
東京都中央区銀座西八の五（日吉ビル）
電話東京（57）五四一八番
振替口座東京九〇七〇九番
定価　七十円